제5판

아동과 청소년의 심리치료
교육상담의 이론과 실제

경과기록계획서

Arthur E. Jongsma, Jr., L. Mark Peterson, William P. McInnis, David J. Berghuis 지음
김정휘, 홍종관, 허주연, 김은영 옮김

Σ 시그마프레스

아동과 청소년의 심리치료 -교육상담의 이론과 실제-

발행일 | 2018년 3월 26일 1쇄 발행

저 자 | Arthur E. Jongsma, Jr., L. Mark Peterson, William P. McInnis,
         David J. Berghuis
역 자 | 김정휘, 홍종관, 허주연, 김은영
발행인 | 강학경
발행처 | (주)시그마프레스
디자인 | 송현주
편 집 | 김성남

등록번호 | 제10-2642호
주소 | 서울특별시 영등포구 양평로 22길 21 선유도코오롱디지털타워 A401~403호
전자우편 | sigma@spress.co.kr
홈페이지 | http://www.sigmapress.co.kr
전화 | (02)323-4845, (02)2062-5184~8
팩스 | (02)323-4197

ISBN | 979-11-6226-077-7

The Child Psychotherapy Progress Notes Planner, 5th Edition

* 책값은 뒤표지에 있습니다.
* 이 도서의 국립중앙도서관 출판예정도서목록(CIP)은 서지정보유통지원시스템 홈페이지(http://seoji.nl.go.kr)와 국가자료공동목록시스템(http://www.nl.go.kr/kolisnet)에서 이용하실 수 있습니다. (CIP제어번호 : CIP2018008265)

역자 서문

이 양서는 교육과 심리학은 치료라는 것을 확인시켜 주는 데 유익한 지침이 되는 책으로서 활력이 분출하는 아동과 청소년들의 행동, 성격, 정서의 일탈 현상의 양상과 원인, 특징, 심리, 정상화와 회복력과 근거에 의한 대처(치료교육) 방안과 관련된 임상적으로 축적된 전문적·치료적 경험을 관계자들에게 공유하고 전수하기 위해서 펴냈다.

심리치료와 교육심리 상담 관련 이론과 방법론을 다룬 교재가 역서나 저서 형태로 출판되어서 학계에 소개, 교재로 애용되고 있지만, 문제 제기와 해결 방안을 실질적으로 실무자용으로 소개한 책은 드물다.

그러나 이 양서는 아동과 청소년을 대상으로 이들의 발달 경로상에서 나타날 수 있는 일탈 행동이나 이상심리 유형을 35개로 분류하여 심리치료 전문가나 심리상담 전담 교사 또는 임상심리학자, 정신건강의학 전문가, 청소년 지도 전문가, 사회사업가, 가족치료사 등 전문가들이 필요로 하는 이들의 건강성이나 정상성 또는 역경 극복 역량 발현이나 회복을 위해서 활용 가능한 실질적 치료상의 처방을 제안한 것이 이 책의 장점이다.

참고로 불량행동(misbehaviour)을 하는 아동과 위기에 처한 청소년들에 대한 이상심리 상담과 심리치료 및 정신건강 담론을 다루는 전문가의 학문적 배경과 자질 및 전문성의 차별성을 구분하는 자료를 소개한다.

심리 치료와 심리 상담 전문가 유형

전문가 유형	학위(학문 배경)
심리학자(psychologist)	(임상, 심리치료 심리학 박사, 심리상담학자)(Psy D)
성인 대상의 정신건강의학 전문의(Adult Psychiatrist) 아동과 청소년 정산건강의학 전문의(Child & Adolescent Psychiatrist)	의학박사(MD Doctor of Medicine)
사회사업가	MSW(Master of Social Worker)
정신건강의학 간호사(Psychiatric nurse)	간호학 석사(Master of Science Nursing)
심리상담 전담 교사(School Counselor) ▲	학사, 석사나 교육학(Educology)·심리학(Psychology) 박사(교육학이나 상담심리학. 심리치료 전문가 자격증)

출처 : Sonderegger, T., (1998). Psychology. New York : Wiley Publishing, Inc. Cliffs Quick Review. 145.
▲ 옮긴이가 추가함

▲ 이 주제에 대한 설명을 추가하면, 초·중·고교 학생들이 상식이나 가치 판단에 어울리지 않는 일탈행동을 하는 경우에 교사들이 달가워하지 않으며 다루는 데 고충이 많다. 그럼에도 불구하고 포기하거나 학교 밖으로 퇴출시키기보다는 학교 내에서 교화나 선도, 훈육, 간접 체벌, 특정 전문기관에 위탁시켜서 건강성·정상성을 회복시켜 보려는 노력을 사회인지 행동과 자아의 사회인지 효능성 증진 노력을 발휘하는 데 필요한 검증된 행동 수정 방법을 응용시키는 요령을 다뤘다. 그래서 학교에서 상담전담 교사를 배치하여 교육 성장 상담을 담당할 수 있도록 각급 학교에 상담 전담 교사를 배치하여 악동이 되지 않도록 예방 지도 및 상담 활동을

하도록 지원하고 있다. 학교 내에서의 심리상담 활동의 성공을 위해서는 학교장의 적극적인 지원과 권한과 재량권의 부여와 담당자의 전문성 증진과 경력 개발이 필수 조건이다.

'인간은 왜 타인의 도움을 필요로 하는가, 누가 누구를 어떻게 도와주는가'에 관한 주제를 이 양서에서 전문가들이 실무적으로 진지하게 담론을 설명하고 있다.

이 양서에서는 35개의 상이한 일탈적인 정신병리나 이상심리의 주인공인 아동과 청소년이 착하고 순진하고 온유한 천사가 아니며 무서운 악동(enfant terrible)이라는 것, 동시에 어른과 부모들 중에도 남에게 기질적으로 폭력, 살인과 사기성 범죄, 나치 전범자와 일본의 대동아 전쟁의 전범자들과 같이 가해자로서 타인에게 해악(害惡)을 끼치는 삶을 살아가도록 운명적으로 결정된 인간인 악(惡, malice)의 동반자인 사이코페스니 소시오패스와 같은 인간도 있지만, 과장하면 이러한 성인의 축소판(? miniature of adult)일지도 모르는 사례를 임상심리학이나 아동과 청소년 심리상담, 청소년 정신건강의학 전문가들이 무엇을 어떻게 실무적으로 다루고 대처, 조력할 수 있는가를 심도 있게 다룬 양서이다.

아동과 청소년의 일부가 악동이면서 일탈행동을 하기 때문에 학교와 교사의 역량, 즉 교육력의 효과를 시험하는 가능성과 한계에 대한 도전일 수가 있어서 학교와 교사가 다루기 어려운 난제일 수가 있다.

이 기회에 아동과 청소년이 천사가 아니라 유해(有害, malice)한 인간일 수도 있음을 확인시켜 주는 충격적인 사례를 인용, 소개한다.

우리 내면에서 작동하는 사이코패스 현상은 '어린 시절 학대 경험'이 가장 큰 원인… 뇌 '공감' 영역보다 쾌락 · 분노 발달

일명 '어금니 아빠'가 가뜩이나 어두운 세상을 더 암울하게 한다. 딸의 친구를 살해한 것도 모자라 아내에게 성매매를 강요한 정황이 드러났다. 전 세계에 환자가 5명뿐인 유전성 거대백악종을 앓는 딸의 수술을 돕기 위해 숱한 사람들이 후원했는데, 그 돈마저 유용했다. 그 돈으로 외제차를 몰았고, 고가의 혈통견을 분양받고, 평범한 사람이라면 상상할 수 없는 거액을 들여 문신을 했다. 어안이 벙벙해지는 어금니 아빠의 행태는 '악마를 보았다'라는 영화 제목을 떠올리게 한다. 영화에서나 존재할 것 같던 악마가 이제는 현실에도 출몰하게 된 것은 아닌가 두렵다.

괴물의 심연 저자인 제임스 팰런은 캘리포니아대학교의 어바인 캠퍼스 의대 교수이자 신경과학자로 '사이코패스 살인마의 뇌 구조'가 전문 연구 분야였다. 온화한 가정에서 자랐고, 신경과학자로 나름 명성도 얻었다. 주변에 친구도 많았고, 세 자녀는 더할 나위 없이 잘 자라 주었다. 그러던 어느 날 연구자료를 보다가 사이코패스의 특징을 가진 뇌 사진을 하나 발견했다. 이내 제임스 앨런은 기겁했다. 바로 자신의 뇌 사진이었던 것이다. 감정을 느끼고 공감하는 뇌 영역은 꺼져 있고 흥분과 쾌락, 분노의 감정 등을 느끼는 영역은 유독 발달했다. 문제는 연민이나 상대방의 아픔 등을 느끼는 일은 불가능하다는 점이다. 이내 그는 자신의 가계를 연구했는데 4장을 '나의 조상들은 살인마였다'는 제목으로 지을 정도로 조상 중 살인마가 득실글했다. 미국 식민지에서 일어난 첫 번째 모친 살해 사건의 장본인도 있었고, 그 위에는 수녀원을 쑥대밭으로 만든 조상도 있었다. 다분히 사이코패스가 될 가능성이 높을 텐데, 팰런은 그렇게 되지 않았다.

사이코패스의 뇌는 유전자와 호르몬의 작용으로 만들어진다. 팰런은 여기에 가설 하나를 덧붙인다. 사이코패스의 뇌를 가졌다고 해도 '어린 시절 학대받은 경험'이 있느냐 없느냐에 따라 기질이 발현된다는 것이다. 이유는 간단하다. 인간의 뇌는 충분히 성숙하지 못한 채 세상에 노출되고 경험적 요소들이 결합되면서 완전한 꼴을 갖춰 간다. 저자가 보기에 출산 후 몇 개월이 가장 중요하다. 이 기간에 학대가 있었다면 아이의 뇌는 치명상을 입게 된다. 한 번 망가지면 회복 불가능한 것도 문제다. 사이코패스의 뇌를 선천적으로 가진 사람이 어린 시절 학대를 받았다면 장차 살인마가 될 확률이 높다.

각종 연구 보고를 종합해 보면 전 세계 인구 중 2%가 사이코패스라고 한다. 다행히 어린 시절 학대를 받지 않았으므로 또는 덜 경험했기에, 그중 많은 사람이 평범한 삶을 영위한다고 저자는 주장한다. 그렇다고 이들이 무작정 평범한 삶을 산 것도 아니다. 사이코패스 기질의 사람들이 정치인이나 투자가 또는 군인 등의 직업을 통해 오히려 사회적 이득을 주는 경우도 많다. 저자는 한 발 더 나아간다. 그는 "사이코패스의 존재 없이는 인류가 멸망할 것"이라고 주장한다. 스스로가 학문 영역에 집중해 괜찮은 성과를 내지 않았느냐며, 사이코패스 기질을 부정적으로만 볼 이유가 없다고 항변한다. (출처 : 장동석. 우리 안에 있는 사이코패스. 어린시절 학대 경험이 가장 큰 원인 '뇌 공감' 영역보다 쾌락·분노 발달. 서울신문 19. 2017. 10. 14.)

신사복을 입은 성공한 기업가, 정치인, 대학교수, 의사, 군인들과 우리 이웃집과 마트의 손님들, 법조인, 수사관, 상인, 성직자와 종료인과 여성들 중에도 사이코패스가 많으며 이들을 어떻게 다룰 것인가는 사연 많은 인간사의 난제이다.

도연명(陶淵明)의 탄식(歎息)

오래전에 조선일보의 논설위원으로 필명을 날린 홍사중(洪思重) 언론인이 전술한 제목으로 시론(時論)을 발표했는데 공부는 누구를 위해서 왜 하나, 학교는 왜 가야 하나, 학교에서 공부하는 것 말고 보다 가치 있고 건실하게 학생 시절을 가치 있게 보낼 수 있는 주제와 프로그램은 무엇이 있을까, 수업 내용을 이해하지 못하겠는데 대책이 없는가, 수업 시간표에 편성되어 있는 시간보다 예체능 교과목을 더 많이 배우고 싶은데 수요자 중심 교육을 한다면서 왜 학생의 흥미와 적성 계발을 할 수 있는 수업지도가 이뤄지지 않는가, 남녀 학생들간에 능력별 특성과 차이가 있어서 학습 지도 방법과 교수 방법이 달라야 한다는데 왜 교육 현장에서 반영이 안 되는가, 학교생활 부적응과 학습 부진 현상이 학생의 학습 능력상의 문제 때문인 것으로 해석하는 것은 오류가 아닌가, 학교 공부보다 학원에서의 공부가 더 이해가 잘되는 이유와 그 대책은 무엇인가, 대학에서 수학을 전공할 것도 아닌데 현재와 같이 고난도의 수학을 배워야 하는가와 같은 공부 심리와 학교 공부와 학생의 지각 형성 및 공부 심리학과 관련해서 성찰하게 하는 주제이므로 소개한다.

"하기 싫은 공부를 안 하는 곳으로 보내 주세요."

중학교 2학년, 14세 소년의 부모는 매일같이 공부만 하라고 채찍으로 때렸다. 학교 시험 때 성적이 평균 점수 이하면 용돈도 주지 않았다. 공교롭게도 그의 사촌 형제들은 공부를 잘했다. 부모는 툭하면 왜 너는 그들처럼 공부를 잘하지 못하느냐며 야단을 쳤다. 부모는 아들 녀석을 자극하려는 뜻에서였겠지만 가뜩이나 열등감에 사로잡혀 있던 그로서는 견딜 수 없이 고통스런 일이었다.

중간시험 성적표를 받아 본 부모는 또다시 아들을 괴롭혔다. 격분한 아들은 얼떨결에 부모를 찔러 죽이고 이를 말리던 할머니까지 죽게 했다. 3년 전에 일본에서 있었던 일이다. 여기까지는 우리나라에서 아직은 있을 수 없는 일이라고 접어 둘 수도 있다. 그러나 그 뒷얘기가 우리에게 충격을 준다.

직계 존속 살해, 즉 부모를 죽인 그 소년은 소년원에 들어가게 됐다. 마지막으로 면회하러 간 친지에게 그가 물었다. "내가 가는 소년원은 무엇을 하는 곳입니까?" 오전 중에는 학교처럼 공부를 하고 오후에는 여러 가지 직업훈련을 하는 곳이라고 그 사람은 일러 주었다. 그러자 경찰이며 검찰청의 조사를 받을 때나 재판을 받을 때도 눈물 한 방울 보이지 않던 이 녀석이 눈물을 흘리면서 애원했다.

"제발 저를 공부하지 않는 곳으로 보내 주세요. 나는 범죄자니까 공부 같은 것은 하지 않아도 되잖아요."

학교처럼 소년원에서도 공부를 하면, 공부 잘하는 아이와 못하는 아이로 갈라지게 된다. 그렇게 할 때에 공부를 못하기 때문에 당하는 고통과 수치를 또다시 맛보지 않게 해 달라는 것이다.

얼마 전에 입시를 앞둔 어느 여중생이 뒤진 성적 때문에 음독자살을 했고 그 며칠 전에는 어느 고교생이 입시 중압감 때문에 자살을 했다. 부모들은 시험 지옥 속에서 시달리는 자녀들의 심리적 고통을 짐작을 하지만 실감을 못한다. (교육 당국도 문제의 심각성을 알고 있겠지만 적합한 대처 방안을 제시하고 있지 않다.)

공부에 취미가 업고 그래서 잘하지 못하며, 여러 가정 형편상 공부가 싫어진 학생들은 탈선과 유혹의 길로 휩쓸릴 수가 있다. 이 사회는 법관과 대학교수와 고급 공무원들만으로 구성되어 있지 않으며, 시험성적이 우수하지 않아도 할 수 있는 일, 똑똑해서 공부를 잘한 사람들이 할 수 없는 일이 많다. (서로 어울려서 공존할 수 있는 사회가 좋은 사회이다.)

도연명에게는 다섯 아들이 있었지만, 모두 글공부를 잘하지 못했던 것 같다. 그러나 크게 낙담하거나 책망하지 않았으며 "자식을 책(責)한다"는 시를 남겼다고 한다.

"내 자식이 다섯 명이나 있으되 한결같이 지필(紙筆)을 좋아하지 않는다. 만약에 이런 게 내 팔자라면, 나는 이대로 자족하여 좋아하는 술이나 마시기로 하자." (홍사중)

영재 교육의 권위자인 탄넨바움 박사는 '중간 표준(midium standard)'이라는 개념을 소개했는데 지력이 너무 우수한 인물과 다소 부족한 인물, 즉 양극단에 속하는 인물 중에서 전자는 광기(狂氣, madness)와 후자는 부적응한 인물과 관련이 있으며 여러 가지 사연으로 생존 지능에 문제를 일으키므로 양극단에 포함되지 않는 평범한 인물(average person)이 바람직한 인물이라는 관점이다. 과거에 노태우 대통령은 보통 사람을 위한 대통령이 되겠다고 공언했다. 이 가치관은 국가 경영의 주류 세력인 금수저나 흙수저 출신 인물의 역할 독점에 대한 부정적 관점을 반영한 것이다. 금수저 출신의 지도자가 너무 뛰어나면 평범한 국민들이 국정의 지도력의 향방을 추종, 협치하기가 어렵다.

이 책이 평범하지 않은 아동과 청소년의 심리치료를 주제로 교육 상담의 이론과 실제를 다루면서 대상 주제 (35개)의 발생 원인에 대한 설명은 되어 있지 않은데 그런 점에서 간단히 소개하고 아울러서 35개 주제와 관련하여 보충적인 읽을거리들을 소개한다.

우선 인간의 불량 행동의 발현 원인을 범죄심리학 전문가인 레인(Raine)은 **폭력의 해부**(이윤호 역, 2015)에서 (1) 인간에게는 범죄성을 표출시키는 기본적 본능이 있으며, (2) 범죄성의 유전적 기저가 되는 범죄성의 근원과 (3) 자율신경계통 이상으로 인한 냉혈 살인자가 있으며, (4) 두뇌 기능 장애 때문에 범죄를 저지르고, (5) 어릴 때 성장과정에서 학대나 폭력성, 내쫓김, 방치 가정 실조 등의 경험에 의한 일탈과 (6) 영양실조, 철분, 정신건강의 문제로 범죄성에 노출되어 있는 환경 조건에 의해서 발생되며, (7) 동료들이 공유하는, 즉 예시하면 청소년 문화의 역기능성이 범죄성에 관여한다고 밝히고 있다. 즉 기존의 환경적·문화적·경제적·취약성 외에 생물학적 근원에서 범죄성 유발 원인을 탐구하였다.

이 기회에 아동과 청소년 심리치료와 교육 상담 실무자와 정신건강의학 전문가용 참고 도서 몇 가지를 소개한다. 아울러서 국내에 그 많은 대학 교수들 중에서 이 참고문헌 수준에 필적할 만한 수준의 양서를 펴낼 만한 학자와 전문가가 누구인지 그의 전문성을 확인할 수 있는 저서를 발견, 탐독할 수 있기를 기대한다.

(1) 김정휘, 허주연, 김태욱 옮김. (2014). 진단명 : 외상후 스트레스장애(PTSD). 원인, 증상, 진단, 치료와 예방. 서울 : (주)시그마프레스.

(2) Frances, E. Jensen., Amy Ellis Nutt. (2013). *The Teenage Brain : A Neuroscience's Survival Guide to Raising Adolescents and Young Adults.* New York : Harper. 359.

(3) Adrian Raine. (2013). The Anatomy of Violence : The Biological Roots of Crime. New York : Vintage Books. 478. (이 양서는 한글 번역판이 출판되었으며 폭력과 살인 등의 범죄 행동의 생태학적 원인을 생물·두뇌 과학 관점에서 분석과 설명함으로써 기존의 현상기술적, 사회심리학, 환경론에 근거해서 설명해 온 참조 체제를 수정하는 데 학문적, 방법론상으로 크게 공헌한 양서임.)

(4) Jonathan Hill., Barbara Maughan. (Eds.) (2001). *Conduct Disorders in Childhood and Adolecence.* New York : Oxford University Press. 581. Cambridge Child and Adolescent Psychiatry Book Series.

(5) Louis Cozolino. (2006). *The Neuroscience of Human Relationships : Attachment and the Developing Social Brain.* New York : W. W. Norton & Company. 447.

(6) Dorothy Einon. (1988). Child Behaviour : Comprehensive sympathetic and Accessible, This is the only Guide to Child Behaviour You will Ever Need. Denver : Love Publishing Company.

(7) Albert Bernstein. (2003). How to Deal with Emotionality Explosive People. New York : McGraw-Hill.

그러나 이 책에서 소셜 미디어 폭력, 가상현실 세계와 접속해서 발생하고 있는 여러 유형의 사이버 폭력, 청소년 문화의 유형 및 유해한 현황 및 대처, 유해한 결과에 무책임하고 무분별한 성적 충동을 조장하는 어리석은 강화 학습과 실수와 잘못된 충동적인 행동이 아니라 심신의 건강과 더 좋은 것, 발전적인 주제나 숭고한 대상으로 접근하기 위하여 노력하면서 성장 고통을 승화하기 위하여 역경극복 역량이나 긍정적 스트레스 학습 역량과 이상적인 역할 모델 발견과 다가가기와 같은 똑똑한 강화학습을 구분, 제안하지 않은 아쉬움이 있다. 그리고 이 책에 등장하는 아동과 청소년들이 특출하지 않아서, 잘나지 않아서 모범생이 아니어서 행복해요라고 부모, 교사에 호소할 것 같다. 이론 물리학의 천재, 아인슈타인과 발명왕 에디슨, IT의 천재인 빌 게이츠와 스티브 잡스, 오락의 천재인 디즈니가 학교생활의 부적응자였으며, 그래서 학업 성적이 우수하지 않았으며 미국의 대통령 가운데는 링컨 대통령이나 6.25전쟁 때 UN 결의보다도 먼저 인류의 보편적 가치이며 생존 지능(survival intelligence)의 기반인 자유민주주의를 수호하는 것이 미국이 추구하는 이상의 실현에 맞는다는 신념하에 UN의 한국 파병 결의보다 미군의 한국 파병을 먼저 결정해서 공산주의를 물리치는 데 결정적인 공헌을 한 투르만 미국 대통령이 대학 졸업생이 아니었다는 사실-즉 보통 사람의 위대한 이야기-에서 용기와 위안을 체득하면서, 패자 부활전에 담대하게 도전을 하려고 준비를 하고 있다고 생각한다.

이 책을 번역하면서 다루고 있는 35개 주제의 내용의 함의(含意, implications)를 고찰하면서 유전체(genome)나 (조)부모의 유전적 형질의 영향력에 의한 전성 유전의 피해자일 수도 있지만 또 한편으로 주인공들의 사연 많은 삶의 행로가 어리석음과 무관하지 않은 현상, 선택가능한 행동과 무관하지 않은 것으로 해석되어서 관련 설명을 추가한다.

하버드대학교의 교육학자인 퍼킨스(Perkins, 1988)는 어리석음은 모든 인간이 지닌 인간 조건 또는 존재의 이유라고 설명하고 그 유형을 다음과 같이 구분했다.

인간은 자신의 약점을 어리석음으로 생각하거나 또는 대통령이나 장관, 대기업체 회장이나 군 고위 사령관, 종합대학교 총장이나 대형 교회의 성직자들은 직책이나 지도력의 위상 때문에 자신의 어리석음을 발견, 자인하여 과오를 수정하지 못할 수도 있다.

퍼킨스는 어리석음을 '눈먼 어리석음'과 '보이는 어리석음'으로 구분했다. 관련 설명에서 이 책의 주인공인 아동과 청소년들의 이상 행동은 어느 어리석음의 유형에 속하는가에 대한 판단은 교육심리상담과 심리치료 전문가와 독자의 몫이다.

(1) '눈먼 어리석음'은 유능한 인물(?)이 깨닫지 못하고 저지르는 어리석은 행동으로 심각한 자기기만과 허위의식(위선, 자신과 상대방도 속이는 짓)이 포함되어 있다. 직무 수행상에서 상황, 사물, 사건과 사람을 객관적으로 균형감각을 가지고 대처하지 못한다. 정치 지도자가 민주적으로 지도력을 행사하고 생각하지만 그러나 국민들은 그를 독재자로 인식하고 여론도 그렇게 평가를 한다.

(2) '보이는 어리석음'은 자신이 어리석은 행동을 하고 있다고 자각하면서도 그 행동을 고치거나 그만 두지 못하는 행동이다. 담배 피우는 흡연 행동과 음주나 도박 중독, 성 중독, 인터넷 중독, 일 중독증(workaholism)으로 인한 과로사에 의한 해악이 엄청남에도 불구하고 시정이 안 되는 것은 대처가 쉽지 않다는 증거이다.

반복되는 어리석음과 관련된 행동 유형에는 충동 조절과 억제 장애, 행동 수정을 위한 단호한 결단력 부족, 지연, 역행, 어리석은 행동에 대한 만족감이나 탐닉, 태만, 지나침과 어리석지 않음을 선택할 수 있는 대안과 기회가 불충분 한 것과 어리석음에의 보상보다 어리석지 않은 선택에의 보상이 긍정적이고 기대 이익이 크면, 어리석음을 수정할 수 있을 것이다. 이 두 가지 행동 유형이 인지 양식에서 인지적 편향성과 주관적 오류와 관련성이 있다. 똑똑함을 존중하는 지식 기반 사회인 21세기에는 인류의 건강성과 행복, 안전을 해치는 수많은 난제를 해결하고 안심하고 건강하게 생존하기 위해서는 덜 똑똑한 인간의 출현이 필요한 것으로 생각한다.

이 제5판의 개정판 출판에는 여러 사람이 수고를 해 줬는데 그중에서 춘천교육대학교 4학년 김동영(金東怜)군이 무더운 여름철에 난해한 번역 작업에 장기간의 정성과 헌신적인 조력 덕분에 펴낼 수 있어서 감사하며 향후에 한국의 초등교육계를 빛낼 훌륭한 인재로 성장할 인물이 될 수 있음을 확신한다. 이미 3판을 번역, 출판했으므로 의무감으로 또다시 이 양서의 출판 작업을 요청받았지만, 방대하고 다양하며 이질적인 주제를 사회인지 행동 수정 및 개입과 관련된 교육 치료적 접근을 하고 있어서 작업의 진행이 쉽지 않았다. 그러나 이 책의 주제 및 처방 방안을 다루면서 "과연 어른들이 할 일을 어른들이 하고 있다"는 시사점을 체득했다.

추석 명절을 보낸 만추(晚秋)의 계절에 그리고 스산한 겨울 바람을 연상케 하는 임박한 엄동설한에 그리운 어머님과 아버님에게 그리고 애국자이셨고 존재 자체가 한국의 교육력이셨던 고 이영덕(李榮德) 전 국무총리와 이화여자대학교 사범대학 초등교육과 명예교수이신 고 정확실(鄭確實) 교수님과 그 어머님이신 김영성 권사님께 성묘를 가서 이 거룩한 어르신들의 고마운 사랑과 은혜를 기억하고 눈물을 흘리면서 남기신 유업을 확대 재생산하고 계승해야 한다는 사명감을 실천할 것을 다짐했다. 고 김옥길 총장님과 김동길 교수님, 그 어머님이신 고 방신근 권사님의 사랑과 고마움을 잊을 수가 없다. 뿐만 아니라 교육, 인간(학생), 가족사랑, 인류애, 종교, 헌신, 희생, 배려, 지능과 창의성, 노력, 공부, 정성, 애국심, 의사의 치료, 믿음, 기도, 공감과 친절성, 책임은 명사가 아니라 동사, 실천적 형용사라는 것을 체득했다.

어려운 출판 사정임에도 출판을 진행하시고 제5판의 출판과 진행을 격려해 주신 (주)시그마프레스의 강학경 사장님과 이 양서가 출판되기까지 많은 수고를 해 준 편집부 직원 여러분에게 감사한다.

2018. 3. 26.

춘천교육대학교 명예 교수 교육심리학

역자 대표 김정휘

제3판 역자 서문

이 방대한 책을 번역, 소개하게 된 이유는 독자에게 이 책에서 제시한 주제, 관점, 제안하고 있는 문제해결 방안과 문제의식이 **초, 중, 고등학교에서의 교육상담의 이론과 실제**에 매우 쓸모(효용가치)가 있다고 생각했기 때문이다. 즉, 이 책의 유용성과 실용성을 매우 가치 있게 평가했기 때문이다.

이 책에서 다루고 있는 주제, 문제의식, 제안하고 있는 문제해결 방안들이 교사와 상담 전담 교사, 상담과 심리치료 전문가, 소아 청소년 정신건강의학과 의사, 사회사업가에게 매우 쓸모 있게 활용될 수 있을 것으로 생각한다. 이 책에서 다루고 있는 문제의식과 문제해결 방안은 정신건강의학 분야의 전문가들인 저자들의 풍부하고 심오한 임상적, 학문적인 경험과 경륜, 식견을 반영하는 것이다.

미국 독립 선언문을 기초했으며 제3대 대통령이었던 토머스 제퍼슨(Thomas Jefferson)은 미국 건국의 아버지 가운데 한 사람으로서 행복추구의 자유를 실현하고 향유(享有)하라고 자유에 관한 가장 위대한 선언서를 이 세상에 남겼다. 버지니아대학교의 설립자이기도 한 제퍼슨은 교육의 힘을 통해서 사람들이 내재적 자유를 누릴 수 있는 토대를 마련했다.

토머스 제퍼슨은 유용한 지식 증진을 위한 미국 철학협회(American Philosophical Society for Promoting Useful Knowledge)를 조직했다. 이 협회의 강령에는 다음과 같은 내용이 포함되어 있다.

사색만으로 끝나는 지식은 무용지물이다. 공론(空論)이 행동으로 바뀔 때, 이론이 일상생활에 적용될 때, 지식이 생활을 보다 편안하게 만들고 인류의 행복을 증진시킬 때 지식은 진실로 쓸모가 있는 것이 된다.

토머스 제퍼슨이 남긴 이 메시지가 저자들이 이 방대한 책에서 구현, 실천하고자 하는 지식과 방법의 실용적 쓸모를 잘 나타내고 있다고 생각한다.

교사가 가르치기 좋아하는 학생 유형을 예시하면,

(1) 교사들의 신체적, 지적, 정신적인 에너지를 고갈시키지 않는 학생들
(2) 예의 바르며 열심히 공부하는 평범한 가정의 모범적인 학생들이라고 한다.

그 이유는 이런 요건에 해당되지 않는 학생들의 지도에서 발생하는 교사의 직무 스트레스와 탈진(Teacher Job stress & burnout), 무력감은 교사를 너무 힘들게 하기 때문일 것이다. 이 책에서는 위에 예시한 학생들이 아닌 교육 기회의 보편성에서 소외되거나 부적응 학생들 또는 위기에 처한 학생들(at-Risk Youth)의 발달상의 위기 문제들을 다루면서 학교 상담의 차원에서 행동수정과 심리치료를 시도하기 위한 처방을 제안하고 있다.

이 책에서 다루고 있는 주제와 관련된 학생들의 문제는 교사의 지도력과 교육력에 도전적인 사례에 해당하지만 난제 중에 난제인 이 학생들이 어려움을 극복하고 건전하게 자라도록 지도하는 것도 교육 또는 교사의 포기할 수 없는 책무(accountability)라는 것이 옮긴이의 판단이다. 이 학생들의 문제를 질병으로 비유한다면

불치병이 아니라 난치병이라는 것이 옮긴이의 생각이다. 청소년 문제에 남다른 관심과 애정, 열의를 갖고 포용하는 데 많은 노력을 기울이는 강지원 변호사는 나쁜 아이는 없다고 체험적 호소를 한 바 있다.

이 책에서 아동과 청소년의 심리치료라는 논지에 따라 사연 많은 이 세상에서 34개의 이질적이고 다양한 주제를 다룸에 있어서 학문적인 참조체제는 아동과 청소년의 발달 정신 병리학, 아동 이상심리학, 행동수정 (behavior modification, BM), 아동과 청소년 정신건강의학, 정서 및 행동장애의 토대 위에서 심리 치료적 접근을 하고 있다.

상이한 34개의 주제들은 **교육력과 교육(학교) 상담의 가능성과 한계를 동시에 표출하고 있지만 개입 방안에 관한 전체적인 기조는**

첫째, **행동적 접근 방법을 활용하고 있다.** 행동수정의 가능성과 효과를 신뢰하며 동시에 인간의 행동, 정서, 성격은 변할 수 있다는 신념을 구현하는 것이다. 응용행동분석 방법을 적용하고 있다.

둘째, **사회인지적 접근 방법을 활용하고 있다.** 예컨대, 정서장애가 잘못된 인지에 의해서 발생한다고 해석한다. 사연 많은 이 세상에 대하여 느끼고 경험하고 생각하고 지각하는 방법인 인지 내용은 정서를 유발하고 행동, 생활, 삶에 영향을 끼치며 인지심리학자들은 인지가 개인의 통제, 지각 형성에 의해서 좌우된다고 해석한다. 사회인지 이론에 의하면 행동이 (1) 외적 자극 사건, (2) 외적 강화, (3) 인지 매개과정이 서로 분리되거나 상호작용하는 조절체계에 영향을 받아서 나타나는 결과라고 해석한다. 즉 생각(사고)하는 방법을 변화시킴으로써, 행동이 변하고 생활이 바뀌도록 하는, 이를 동기화시키는 방안들을 사회인지 심리학자들은 잘 알고 있으며 인지심리학의 방법들을 아동과 청소년들의 정신발달, 인격장애, 행동장애의 치료, 예방, 상담에 효과적으로 활용할 것을 권장하고 있다.

이 책은 누가, 왜, 무엇을, 어떻게 개입할 것인가를 다룬 예시한 35개 문제 유형별 치료를 위한 처방요령 (manual)이기도 하다.

아마도 행동적 접근 방법과 인지, 사회적 접근 방안의 통합을 시도하고 있다고 할 수가 있다.

다음과 같은 유대인의 속담이 그러한 믿음을 대변한다고 생각한다.

한 명의 목숨을 구하는 자가 이 세계를 구하는 것이다.

한 사람을 구하면 많은 사람을 살릴 수 있고
한 사람을 잃으면 많은 사람에게 해(害)가 될 수 있을 것이다.

상처가 있다면 치유를 해야 하고
의사는 치료하는 방법을 알고 있고
하나님은 상처와 치유의 의미를 깨닫게 하시지.

– 〈코넬리의 만돌린〉 영화 속의 대사에서

평범한 의사는 병이 생긴 후 치료하는 자이고,
최상의 의사는 병이 나기 전에 치료하는 자이다.

이 감동적인 메시지가 이 책이 지향하고 실현하고자 하는 이론, 철학, 접근방법의 함의(含意)이고 가치라고 생각한다.

희망이 필요할 때, 고통으로부터 벗어나고자 할 때 Mozart의 음악을 들어 보라.

또 Mozart는 다음과 같이 호소했다고도 한다.

절망이여 안녕
우울증도 안녕

아동과 청소년 심리치료의 영역에서 교육상담에의 접근을 시도함에 있어서 이 책에서 소개하고 있는 35개의 주제를 다룰 때 지식, 즉 두뇌(IQ)·전문성에 의거해서 사무적으로만 다루기보다는 가슴, 인간미(감성·EQ)와 사회적 지능(SQ), 즉 전문성과 감성＋사회성이 합쳐져서 역량을 발휘한다면 노력만 만큼의 성과가 있을 것으로 기대된다.

어려운 출판환경에도 이 귀한 자료를 국내 독자들에게 소개될 수 있도록 노력해 주신 강학경 사장님과 편집, 교정에 따른 난해한 작업에 동참해 준 편집부의 직원 여러분께 사의를 표한다. 어려운 교육환경 속에서 뜻을 세워 사도(師道)의 삶에 헌신하고자 전념하고 있는 박혜진, 김지윤, 김나현 양과 변상진 군이 책이 나오기까지 번거로운 워드 작업에 동참해 줘서 고맙게 생각한다.

2010. 9.
역자 대표 김정휘

Practice Planners® 시리즈 서문

책무성(accountability)은 심리치료의 실행에서 매우 중요한 장을 차지한다. 치료 프로그램, 공공기관, 상담소(clinic) 그리고 치료전문가(practitioners)들은 자신들이 제공한 서비스를 변제받기 위해 외부 검토기관에 치료계획의 정당성을 입증하고 이를 문서화해 제출해야 한다. *Practice Planners*® 시리즈의 서적들과 소프트웨어는 치료전문가들이 이러한 자료 제출 요건을 효과적이고 전문적으로 충족시키는 것을 돕도록 고안되어 있다.

Practice Planners® 시리즈는 다양한 치료계획 서적들을 선보인다. 여기에는 제일 처음 선보였던 『성인 심리치료 치료계획서(Adult Psychotherapy Treatment Planner)』, 『아동 심리치료 치료계획서(child Psychotherapy Treatment Planner)』, 『청소년 심리치료 치료계획서(Adolescent Psychotherapy Treatment Planner)』 전집이 포함되며, 현재 이 책들은 모두 개정 제4판이 출판되었다. 여기에 추가하여 치료계획서는 다음과 같은 광범위한 치료 전문분야를 다루도록 설정되어 있다.

- 중독
- 공병장애
- 행동의학
- 대학생
- 커플치료
- 위기상담
- 조기아동교육
- 근로자 지원
- 가족치료
- 게이 및 레즈비언
- 집단치료
- 소년 재판 및 거주 보호
- 정신지체 및 발달장애
- 신경심리
- 노인
- 양육 기술
- 목회상담
- 성격장애
- 보호관찰과 가석방
- 정신약리학
- 재활심리

- 학교상담 및 학교사회사업
- 중증 및 지속성 정신질환
- 성 학대 피해자 및 가해자
- 사회사업 및 사회복지 서비스
- 특수교육
- 언어병리학
- 자살 및 살인 위험 평가
- 재향군인 및 현역 군복무
- 여성 문제

여기에 추가하여 치료계획서와 병행 또는 단독으로 사용할 수 있는 세 가지 지침서도 있다.

- **경과기록계획서**(progress notes planner)는 내담자의 증상과 치료 제공자의 치료적 개입을 자세히 기록한 경과기록 목록을 제공한다. 각 경과기록계획서는 치료계획서에 나오는 행동 정의와 치료적 개입과 직접적으로 연결되어 있다.
- **과제계획서**(homework planner)는 치료계획서의 각 장에서 집중적으로 다루고 있는 각각의 발현 문제(예 : 불안, 우울증, 약물 의존성, 분노 조절, 섭식장애 또는 공황장애)를 타깃으로 하는 과제 처방을 다루고 있다.
- **내담자 교육 안내계획서**(client education handout planner)는 내담자에게 나타나는 문제와 정신건강 문제를 교육하고 알려 주는 동시에 일상생활 기술 기법들을 일러 주는 것에 도움이 되는 소책자와 전단지를 제공한다. 이런 전단지들은 CD-ROM에 담겨 있어서 컴퓨터에서 손쉽게 출력할 수 있고 대기실 비치용, 프레젠테이션, 소식지 또는 정신질환 문제로 고통받고 있는 내담자에게 정보자료 제공용으로 적합하다. 전단지와 소책자에서 다루고 있는 주제들은 치료계획서에 나오는 문제들과 연결된다.

이 시리즈는 『심리치료 문서화 입문(*The Psychotherapy Documentation Primer*』 및 임상 문서화 자료집(*The Clinical Documentation Sourcebook*)』과 같은 보조 도서를 포함하고 있으며, 이 책들은 정신건강 실제의 관리에 필요한 양식 및 자료들을 임상가에게 제공한다.

이 시리즈의 목표는 심리치료와 관련된 책임의 문제를 감당해야 하는 임상가들에게 양질의 치료를 위해 필요한 자료를 제공하기 위한 것이다. 간단히 말해서 우리는 여러분이 서류작업의 시간을 줄여서, 내담자와 더 많은 시간을 보낼 수 있도록 도우려는 것이다.

미시간주 그랜드레피즈에서
Arthur E. Jongsma Jr.

차례

서론

Practice Planners® 경과기록에 대해서   1

경과기록계획서 사용법   1

경과기록서와 HIPAA법에 관한 마지막 제언   2

01   학업 부진   3

02   입양   20

03   분노조절장애   34

04   불안장애   51

05   애착장애   65

06   주의력결핍이 수반된 과잉행동장애(ADHD)   81

07   자폐스펙트럼장애   99

08   복합 가족   115

09   학교폭력/협박하는 가해자   127

10   품행장애/청소년 비행   139

11   우울증   154

12   분열적 행동/관심 끌기 행동   171

13   이혼에 대한 반응   187

14   야뇨증/유분증   206

15   방화하기   221

16   성 정체감 장애   231

17   해결되지 않은 비탄/상실감   242

18   지력발달장애   255

19   낮은 자존감   271

20   거짓말 일삼기/속이기   284

21   의학적 상태   299

22   강박장애(OCD)   313

23   적대적 반항성장애(ODD)   325

24   비만과 과체중   338

차례

25	자녀 양육하기	350
26	동료/형제자매 간의 갈등	365
27	신체적 · 정서적 학대 피해자 보살피기	377
28	외상 후 스트레스 장애(PTSD)	392
29	등교 거부	409
30	분리불안	428
31	성폭력 피해 아동과 청소년을 보살피기	445
32	수면장애(불면증)	462
33	사회불안	473
34	특정 공포증	488
35	말하기/언어장애	499

참고문헌   515

서론

Practice Planners® 경과기록에 대해서

경과기록은 치료과정을 문서화하는 것에 있어서 주요 자료일 뿐 아니라 내담자에 관한 보상 치료(reimbursable treatment)의 적합성을 판단하는 주요 요소이기도 하다. **경과기록계획서 총서의 목적은** 치료 전문가가 내담자의 치료계획과 철저히 통합된 경과기록서를 손쉽고 빠르게 작성하는 것을 돕는 것에 있다.

　각 경과기록계획서는

- 문서 작업의 시간을 줄여 준다.
- 원하는 방식의 경과기록을 자유롭게 작성하도록 한다.
- 내담자 소개와 실시된 치료를 요약하여 미리 작성한 1,000여 개의 경과기록서를 제공한다.
- 이 책과 한 쌍을 이루는 지침서인 **치료계획서에** 나오는 행동 문제와 *DSM-IV, DSM-5* 진단분류에 대한 여러 종류의 치료 접근법을 제공한다.
- 미국 의료기관신임합동위원회(JCAHO), 인증위원회(COA), 재활시설인증위원회(CARF), 국립의료서비스품질보장위원회(NCQA) 등을 포함한 대부분의 제3자 지불인과 공인기관에서 요구하는 조건에 맞는 샘플 경과기록서를 제공한다.

경과기록계획서 사용법

경과기록계획서는 행동 정의(또는 내담자가 보이는 증상) 및 이 책의 역할을 분담하는 **치료계획서에** 나오는 치료 중재에 기초한 경과기록 작성에 사용될 수 있는 문장 목록을 제공한다. 모든 경과기록서는 내담자의 치료계획과 연결되어 있어야 한다. 즉 치료 시간 보고서는 문제, 증상, 계획에 나와 있는 치료 중재를 자세히 기술해야 한다.

　이 책에서 각 장의 제목은 내담자의 잠재적 예상 문제를 반영하여 정했다. 각 장의 첫 부분인 '내담자 소개'에서는 내담자의 문제가 어떤 식으로 행동 징후와 증상에 드러나는지를 보여 주는 자세한 진술 목록을 제공하고 있다. 내담자 소개에 나오는 괄호 안의 숫자들은 관련 서적인 **치료계획서**의 행동 정의의 숫자와 일치한다.

각 장의 두 번째 부분인 '중재 실행'은 내담자 또는 청담자의 상태 진전을 돕기 위해 치료 시간에 실시한 조치들과 관련된 진술 목록을 담고 있다. 중재 실행의 번호 순서는 관련 서적인 **치료계획서**에 나오는 치료 중재의 숫자와 정확히 일치한다.

모든 항목은 몇몇 핵심 단어로 시작된다. 이 단어들은 그 목록에 포함된 문장의 주제나 내용을 담고 있다. 치료자는 이런 핵심 단어 목록을 사용해서 내담자의 증상과 치료자의 개입과 일치하는 내용을 찾을 수 있을 것이다.

치료자는 내담자의 증상과 치료에 적합한 기록 작성을 위해 이 책에 기재된 문구들을 수정할 수도 있다. 또한 완벽한 내담자 기록을 유지하기 위해서는 이 책에서 선별돼 개별화될 경과기록서 문구와 더불어 날짜, 시간, 치료 경과 시간, 치료 시간 참석자, 치료 제공자, 치료 제공자의 자격증명서, 서명을 기재해야 한다.

경과기록서와 HIPAA법에 관한 마지막 제언

미국 건강보험의 이전 및 책무성에 관한 법률(Health Insurance Portability and Accountability Act, HIPAA)의 하위법인 연방 법규는 내담자의 심리치료 보고서를 비롯한 기타 보호의료정보(protected health information, PHI)에 적용된다. 심리치료 보고서와 PHI는 비밀 유지를 위해서 외부에 공개되어서는 안 되며, 내담자의 치료사 또는 치료팀 이외의 다른 사람에게 이 비밀 정보자료를 공개하기 위해서는 열람자를 구체적으로 적시한 내담자의 위임 서명이 있어야 한다. 더 나아가 심리치료 보고서는 HIPAA 아래서 특별 보호를 받는다. 예를 들면, 초기에 작성된 사후 보고서는 수정될 수 없다. 치료사가 이 보고서를 확장, 삭제 또는 수정하고 싶다면 보고서에 공식적인 개정문을 작성하여 서류로 제출해야 한다. PRACTICE PLANNERS의 테라스크라이브 소프트웨어는 경과기록서가 작성되면 이를 잠금처리하고, PHI 열람 시 환자의 동의요구를 통보하며, 시간에 따른 심리치료 보고서의 개정을 추적할 수 있는 기능을 가지고 있어 치료사들이 PHI 처리와 관련된 규칙들을 준수하도록 도움을 주고 있다.

이 책에 포함된 내용이 내담자의 기록에 경과기록서로 수록되면 '심리치료 보고서'로 인정되어 그 결과 HIPAA법의 비밀 보호를 보장받는가? 만약 경과기록서가 이 책에 수록된 데이터베이스의 문장들을 선별해 작성된 후 내담자의 PHI 관련 자료와 별도의 공간에 보관된다면 일반 PHI보다 더 강한 보호를 받은 심리치료 보고서 관련 자료로 인정받을 수 있을 것이다. 하지만 이 책에 수록된 문장들은 내담자의 상태 개선과 관련한 일반적인 정보자료를 전달하기 때문에, 치료사는 이것을 내담자의 PHI 기록과 합쳐서 심리치료 보고서 관련 자료로 취급하지 않을 수도 있다. 간단히 말해, 당신이 (PHI와 분리시키든지 통합하든지 간에) 정보자료를 어떤 식으로 처리하느냐에 따라 이 경과기록계획서가 심리치료 보고서 정보자료의 지위를 얻을 수 있다. 만약 당신이 이 책의 일반적인 문장을 내담자에 관한 좀 더 개인적인 정보자료를 포함한 내용으로 수정·편집한다면, 이런 보고서를 PHI와 구분하여 별도의 심리치료 보고서로 취급하고자 하는 당신의 의견에 좀 더 힘이 실릴 것이다. 일부 치료사에게는 이 책의 문장이 심리치료 보고서로 인정받을 만큼 충분한 개인 정보자료를 포함한 것이 될 수도 있는데, 그런 경우 이들은 이 보고서를 내담자의 PHI와 구분해야 한다. 또한 내담자로부터 확실히 인증되고 명확하게 제시된 목적을 가진 사람이 보고서를 열람하려면 내담자로부터 구체적인 위임을 받아야 한다.

제1장 　**학업 부진**

내담자 소개

1. **학업 부진 (1)[1]**

   A. 내담자의 지능과 표준 학력검사(SAT) 결과를 고려할 때 내담자의 학업 성취도[2]가 기대치에 미달한다고 내담자의 교사와 부모가 말했다.

   B. 내담자가 자신의 현재 학업 성취도가 기대치에 미달한다고 구두로 시인했다.

   C. 내담자가 학교 공부를 완수하거나 집에서 숙제를 할 때 더 책임감 있게 임하기 시작했다.

   D. 내담자가 자신의 학업 성취도를 높이기 위해 적극적 조치(예 : 일정 시간을 정해서 공부하기, 과외교사의 도움 구하기, 방과 전후에 교사와 상담하기)를 취했다.

   E. 내담자의 학업 성취도가 자신의 역량에 맞게 개선되었다.

2. **과제물 미완성 (2)**

   A. 내담자가 일관되게 수업 중 과제 및 방과 후 숙제를 제때 완성하는 것에 실패했다.

   B. 내담자가 수업 중 과제나 방과 후 숙제를 완성하라는 부모와 교사의 요청에 따르는 것을 거부했다.

   C. 내담자가 수업 중 과제나 방과 후 숙제를 완성해야겠다고 한 번씩 다시 다짐하는 모습을 보였다.

   D. 내담자가 최근에 일관성 있게 수업 중 과제나 방과 후 숙제를 완료했다.

   E. 내담자가 규칙적으로 수업 중 과제나 방과 후 숙제를 완료한 것이 성적 향상으로 나타났다.

3. **주의력 결핍 (3)**

   A. 내담자가 학교에서 산만한 모습을 보인 적이 있다고 부모와 교사들이 말했다.

   B. 내담자가 종종 교과서, 학교 신문, 혹은 학교에서 과제 수행 및 활동에 필요한 중요한 물건들을 잘 잃어버리거나 엉뚱한 곳에 두는 일이 빈번하다.

---

[1] 괄호 안의 숫자들은 아동 심리치료 치료계획서(*The Child Psychotherapy Treatment Planner*), 제5판(Jongsma, Peterson, McInnis, Bruce 공저, 2014년, Hoboken, NJ : Wiley)에서 동일한 제목을 지닌 관련 장의 치료 중재의 숫자와 연결된다.

[2] 역자 주 : 표준 학력 수준을 의미함

C. 내담자가 학교생활을 계획적으로 잘하기 위해 여러 조치(예 : 학교 및 방과 후 과제를 수첩이나 일기에 기록하기, 방과 전후에 교사와 상담하기, 규칙적인 공부 시간 짜기 및 계획하기)를 실천하기 시작했다.

D. 내담자가 보다 짜임새 있게 생활하는 것이 학업 성취도 향상에 기여했다.

4. 나쁜 공부방법 (3)

A. 내담자가 예전부터 나쁜 공부방법을 가지고 있다고 부모와 교사들이 얘기했다.

B. 내담자가 자신의 낮은 학업 성취도는 주로 공부를 하지 않기 때문이라는 것을 인정했다.

C. 내담자가 공부하기 위하여 시간을 사용한 적이 거의 없다.

D. 내담자가 공부 시간을 최근에 늘렸다고 말했다.

E. 내담자가 공부 시간을 늘린 것이 학업 성취도 향상에 크게 기여했다.

5. 미루는 버릇 (4)

A. 내담자가 사회적 활동, 여가활동 또는 오락활동을 하는 것을 더 선호하여 수업 중 과제나 방과 후 숙제 하는 것을 늑장 부리거나 뒤로 미루는 일을 반복적으로 해 왔다.

B. 내담자가 수업 중 과제나 방과 후 숙제를 하는 것을 뒤로 미루는 행동을 계속했다.

C. 내담자가 숙제를 다 마칠 때까지 사회적 활동, 여가활동 또는 오락활동을 하는 것을 연기하기로 동의 했다.

D. 내담자가 사회적 활동, 여가활동 또는 오락활동을 하기 전에 숙제를 완료함으로써 더 강한 자제심을 발휘했다.

E. 내담자가 학업 목표를 달성하고 자신의 사회적 · 정서적 욕구를 충족시키는 것 사이에서 건전하게 균 형을 확보하고 유지했다.

6. 학업에 문제가 있는 학생의 가족력 (5)

A. 내담자와 부모가 학업 문제와 학업 실패 문제와 관련된 가족력이 있음을 설명했다.

B. 내담자의 부모는 내담자의 학업이나 학교 활동에 관심을 거의 보이지 않거나 관여하는 일이 거의 없 었다.

C. 내담자는 부모가 자신의 학업이나 학교 활동에 좀 더 관심을 갖고 관여해 주었으면 하는 바람을 표현 했다.

D. 부모가 내담자의 학업이나 학교 활동에 좀 더 많은 관심을 보이고 그것에 더 많이 참여할 의지가 있다 고 언어로 표현했다.

E. 부모가 내담자의 학업에 적극적으로 관심을 표명하고 관여하는 생활을 유지했으며 내담자의 학업 목 표를 달성하기 위해 몇 가지 효과적인 개입을 실행했다.

7. 우울증 (6)

A. 무감각, 무관심, 동기 결핍으로 나타나는 내담자의 우울한 기분이 학업 성취도 저하에 기여했고, 또 학업 성취도 저하로 우울한 기분이 나타났다.

B. 학업 성취도 저하에 대해 이야기를 나눌 때 내담자가 눈에 띄게 우울해 보였다.

C. 내담자가 학업 성취도가 향상된 것에 기쁨을 표현했다.

D. 내담자의 우울증이 완화된 이후에 학업 성취도가 향상됐다.

8. 낮은 자존감 (6)

A. 내담자의 낮은 자존감, 불안감, 자신감 부족이 학업 성취도 저하에 기여했고, 또 학업 성취도 저하로 그러한 것들이 발생했다.

B. 내담자가 자신감 부족을 보였으며 자신의 학업 성취도 향상에 강한 회의감을 표현했다.

C. 내담자가 불안감이 밀려오거나 자신에 대한 확신이 없을 경우 쉽게 포기하고 수업에서 위축된다고 언어로 인정했다.

D. 내담자가 자신의 학업 성취도에 대한 긍정적 자기기술적 문구를 언어로 표현했다.

E. 내담자가 학업 목표를 달성하는 것에 대한 자신감을 일관성 있게 표현했다.

9. 파괴적/관심 끌기 행동 (7)

A. 내담자가 학업에 집중하지 않고 부정적인 관심 끌기 행동으로 종종 교실 분위기를 해쳤다.

B. 부모는 내담자(자녀)가 부정적인 관심 끌기 행동으로 교실 분위기를 계속 방해한다는 이야기를 교사로부터 들었다.

C. 내담자가 불안감을 느끼기 시작하거나 학업에 좌절감을 느끼면 파괴적 행동을 하는 경향이 있다고 인정했다.

D. 내담자가 수업 중에 좀 더 강한 자기 통제력을 보이기 시작했고, 관심을 끌기 위해 하는 행위표출 행동에 대한 충동을 억제하기 시작했다.

E. 내담자가 파괴적 행동 및 부정적인 관심 끌기 행동을 하는 경우가 크게 줄었다.

10. 낮은 욕구좌절 인내성 (7)

A. 내담자가 어렵거나 능력을 시험하는 학업 과제를 만났을 때 쉽게 포기하는 고질적인 행동 패턴을 유지함에 따라 낮은 욕구좌절 인내성(frustration tolerance)을 갖게 됐다.

B. 내담자의 학업에 대한 욕구좌절 인내성이 매우 낮은 상태다.

C. 내담자가 욕구좌절 인내성이 향상된 모습을 보이기 시작했으며 이전처럼 수업 중 과제 혹은 숙제를 쉽게 포기하지 않았다.

D. 내담자가 양호한 욕구좌절 인내성을 보였으며 일관성 있게 자신의 수업 중 과제 혹은 숙제를 포기하지 않고 완수하는 모습을 보였다.

11. 시험 불안 (8)

A. 내담자가 시험 전 혹은 시험 중에 매우 불안해진 전력이 있다고 말했다.

B. 시험 도중 높아진 내담자의 불안감이 학업 성취를 방해했다.

C. 내담자가 자신의 시험 불안(test taking anxiety)[3]은 실패에 대한 두려움, 중요한 타인들로부터 인정받지 못하거나 비판을 받을 것에 대한 두려움과 관계가 있다고 털어났다.

D. 내담자가 시험을 치를 동안 자신의 불안감을 줄이고 좀 더 편안한 마음을 갖기 위해 여러 가지 조치(예 : 심호흡, 긍정적인 자기 선언, 비합리적 사고 의심하기)를 취하기 시작했다.

---

[3] 역자 주 : 초·중·고교 재학생 중 소수가 시험 불안을 경험하며 그 사실을 교사에게 호소해도 교사, 학교, 교육청, 교육부, 교육심리학자와 관련 교재에 이 주제에 대한 담론과 처방, 연구가 불충분한 것이 현실인데 그러나 이 시험 불안이 학생의 교육력 저하와 정신건강에 유해한 영향을 끼치고 있으므로 시험 불안을 예방, 해소, 극복할 수 있도록 필요한 처방을 제공해야 한다.

E. 내담자가 시험을 치는 동안 겪는 불안감 수준이 급격히 감소했다고 얘기했다.

12. 부모의 지나친 압력 (9)

A. 내담자는 자신의 부모가 학업 성공에 대한 과도하거나 비현실적인 압력을 주고 있다고 생각한다.

B. 부모는 학업 성공 달성을 위한 과도하거나 비현실적인 압력을 내담자에게 주었음을 시인했다.

C. 부모는 내담자에게 과도하거나 비현실적인 압력을 준 적이 없다고 부인했다. 오히려 내담자의 학업 성취도 저하가 내담자의 동기 및 노력 부족 탓이라고 말했다.

D. 내담자는 학업의 성공적인 달성을 위해 부모가 자신에게 행사하던 압력이 줄어들었다고 말했다.

E. 부모가 내담자의 능력 수준에 맞는 현실적인 기대치를 설정했다.

13. 과도한 비판 (9)

A. 내담자는 부모가 자신의 학업 성취도에 지나치게 비판적이라고 묘사했다.

B. 내담자가 자신의 학업 성취와 관련해 부모가 비판적으로 말한 것에 대해서 슬픔과 무능감을 표현했다.

C. 부모가 지나치게 비판적임을 인지한 경우 고의로 학교 과제 하는 것을 거부했다고 내담자가 인정했다.

D. 부모가 내담자의 학업 성취도에 지나치게 비판적이었음을 인정했다.

E. 부모가 내담자의 학업 성취도에 관해 비판적으로 말하는 빈도를 크게 줄였다.

14. 동기 부족 (9)

A. 내담자가 학업 성취도 향상에 대한 동기가 별로 없다고 언어로 표현했다.

B. 내담자가 학교 공부가 지겹다거나 공부에 흥미가 없다고 종종 불만을 토로했다.

C. 내담자가 학업에 관심을 갖고 더 노력하지 않으면 학업 성취도 향상을 달성하지 못할 것이라고 언어로 인정했다.

D. 내담자가 학교 공부에 더 많은 관심을 보였고 더 많은 노력을 들였다.

E. 내담자가 공부에 대한 흥미와 동기를 새로이한 것이 학업 성취도 향상에 기여했다.

15. 환경 스트레스 (10)

A. 내담자가 개인적 그리고/또는 가족 생활에서 스트레스 유발 요인을 경험한 이후 학업 성취도가 눈에 띄게 떨어졌다.

B. 내담자의 가족이 주거지를 옮기고 내담자가 전학한 이후 학업 성취도가 떨어졌다.

C. 내담자가 환경 스트레스 유발 요인에 대응해야 했기 때문에 학교 공부에 충분한 시간이나 에너지를 쏟을 수 없었다.

D. 내담자가 학교 공부에 더 많은 시간과 에너지를 확보할 수 있도록 자신의 스트레스를 보다 효과적으로 관리하기 시작했다.

E. 환경 스트레스 유발 요인을 해소하거나 이에 대처할 효과적인 방법을 찾은 이후 내담자의 학업 성취도가 향상되었다.

16. 상실 또는 분리 (10)

A. 내담자가 상실 또는 분리를 경험한 이후 학업 성취도가 눈에 띄게 떨어졌다.

B. 내담자가 과거의 분리 또는 상실 경험으로 인한 슬픔, 상처, 실망감의 감정을 언어로 표현했다.

    C. 내담자가 과거의 분리 또는 상실을 극복하는 것을 도울 수 있는 긍정적인 지지망을 학교에서 구축하기 위해 적극적인 조치(예 : 또래들과 정기적으로 어울리기, 또래들과 공부하기, 과외활동에 참여하기)를 취했다.

    D. 슬픔의 문제를 극복하기 위해 노력한 이후 내담자의 학업적 흥미와 성취도가 상당히 향상되었다.

중재 실행

1. 심리교육[4] 평가 적용하기 (1)[5]

    A. 내담자의 학업 부진을 일으키는 원인일 수도 있는 학습장애(LD)의 존재 가능성을 배제하기 위해 내담자에게 심리교육 평가를 실시했다.

    B. 내담자가 심리교육 평가 중에 협조적이었고 성의를 다해 평가를 받을 의욕을 가진 것으로 보였다.

    C. 내담자가 심리교육 평가 중에 비협조적이고 성의를 다해 평가에 임하는 것으로 보이지 않았다.

    D. 심리교육 평가 도중 내담자가 보인 저항은 불안감 그리고 어쩌면 앞으로 받게 될지 모를 특수교육에 대한 반감에 따른 것으로 나타났다.

    E. 내담자, 가족, 학교 담당자들에게 심리교육 평가에 관한 다시 챙겨주기를 제공했다.

2. 심리검사를 ADHD/정서적 요소에 적용하기 (2)

    A. 내담자가 저조한 학업 성취의 원인일지도 모르는 주의력 결핍/과잉행동장애(ADHD)를 갖고 있는지를 쉽게 판단하기 위해 내담자에게 심리평가를 실시했다.

    B. 내담자의 정서적 요소가 저조한 학업 성취도에 영향을 끼치는지를 쉽게 판단하기 위해 내담자에게 심리검사를 실시했다.

    C. 내담자가 평가 과정 내내 비협조적이었으며 평가 실시에 저항했다.

    D. 내담자가 정직하고 솔직한 태도로 심리검사에 임했으며 평가자에게 협조적이었다.

    E. 내담자와 그의 가족, 학교 담당자에게 심리검사와 관련된 다시 챙겨주기를 제공했다.

3. 심리사회적 병력을 조사하기 (3)

    A. 내담자의 과거 학업 성취도, 발달지표, 교육적 성과와 실패의 가족력에 관한 정보자료를 수집하기 위해 심리사회적 사정이 실시되었다.

    B. 내담자와 부모는 내담자의 초기 발달사[6], 학교생활 기록, 가족 배경에 관한 정보자료를 제공하는 것에 협조적이었다.

    C. 내담자의 배경을 검토한 결과 발달지연의 이력과 저조한 학업 성취도가 발견되었다.

    D. 심리사회적 사정 결과, 학업 부진과 학업 실패의 가족력이 나타났다.

    E. 심리사회적 사정을 통해 가족 구성원들에게 학업의 성공적인 달성에 대한 강한 기대감을 가졌던 과거

---

4) 역자 주 : 심리상담과 치료의 실제에서 활용되는 방안으로 생존, 즉 삶에 대한 지식, 기술, 문제해결 방안을 배우고 체험하는 것이다.

5) 역자 주 : 괄호 안의 숫자들은 **아동 심리치료 치료계획서**(*The Child Psychotherapy Treatment Planner*), 제5판(Jongsma, Peterson, McInnis, Bruce 공저, 2014년, Hoboken, NJ : Wiley)에서 동일한 제목을 지닌 관련 장의 치료 중재의 숫자와 연결된다.

6) 역자 주 : 내담자의 증상에 대한 정확한 진단, 개입, 상담과 치료를 위해 면담, 관찰, 심리검사 시점까지의 발달 경로와 관련된 구체적인 자료와 사실을 수집 · 분석 · 해석한다.

시절이 있었음이 드러났다.

4. 통찰력 수준 평가 (4)

A. 내담자는 보이는 문제들을 향한 통찰 수준으로 평가되었다.

B. 내담자는 보이는 문제들에 관하여 그의 통찰의 동조적인 본성 대 이질적인 본성에 따라 평가되었다.

C. 내담자는 행동과 증상에서 문제가 되는 본성에 대한 좋은 통찰을 보여 주었다.

D. 내담자는 다른 사람들의 우려에 동의하는 것이 목격되어 변화에 힘쓰도록 동기유발되었다.

E. 내담자는 묘사된 문제에 대해 양면성이 있음이 드러났고 그 문제들을 우려사항으로 보는 것을 꺼렸다.

F. 내담자는 문제 영역의 인식에 관해 저항적인 것으로 나타났고, 걱정하지 않았으며, 변화에 대한 동기가 없었다.

5. 관련 장애의 평가 (5)

A. 내담자는 연구 기반의 관련 장애들의 증거에 의해 평가되었다.

B. 내담자는 자살에 대한 취약성 수준으로 평가되었다.[7]

C. 내담자는 동반장애를 가진 것으로 확인되었고, 치료는 이를 처리할 수 있도록 조정되었다.

D. 내담자는 또 다른 관련 장애가 있는지 평가되었지만 아무것도 발견되지 않았다.

6. 문화적으로 혼란스러운 문제에 대한 평가 (6)

A. 내담자는 그의 임상 행동을 더 잘 이해하도록 도와줄 수 있는 나이 관련 쟁점으로 평가되었다.

B. 내담자는 그의 임상 행동을 더 잘 이해하도록 도와줄 수 있는 성별 관련 쟁점으로 평가되었다.

C. 내담자는 그의 임상 행동을 더 잘 이해하도록 도와줄 수 있는 문화의 증후군, 고통의 문화적 관용구, 혹은 문화적으로 감지된 사건으로 평가되었다.

D. 다른 요인들이 내담자의 현재 정의된 '문제 행동'에 기여할 것이라고 확인되었고 이 요인들은 그의 치료에 반영되었다.

E. 내담자의 현재 정의된 '문제 행동'을 설명할 수 있는 문화적 기반 요인들은 조사되었지만 중대한 요인은 발견되지 않았다.

7. 장애의 심각성 평가 (7)

A. 내담자의 장애의 심각성은 보호의 적절한 정도를 결정하기 위해서 판단되었다.

B. 내담자는 사회적 · 관계적 · 교육적인 노력에서의 손상 정도로 평가되었다.

C. 내담자는 그의 장애가 자신의 기능에 가볍거나 중간 정도의 영향을 끼친다는 것을 알았다.

D. 내담자는 그의 장애가 자신의 기능에 심각하거나 더 심각한 영향을 끼친다는 것을 알았다.

E. 내담자의 치료의 효율성과 적절성, 그리고 장애의 심각성은 꾸준히 평가되었다.

8. 병원의 돌봄 평가 (8)

A. 병원의 돌봄과 관심으로 내담자의 집, 학교, 사회가 평가되었다.

B. 내담자의 다양한 환경은 아동의 욕구에 지속적인 무관심, 돌보는 사람이 자주 바뀌는 경우, 안정적 애착의 제한된 기회, 가혹한 훈육 혹은 다른 심각한 부적절한 돌봄이 있었는지 평가되었다.

---

7) 역자 주 : 자살 위험성(취약성)을 알아낼 수 있는 진단법이 임상적으로 개발, 시도되고 있다.

C. 병원의 돌봄이 확인되었고 치료계획에 이러한 우려를 관리하고 바로잡는 것과 아동을 보호하는 전략이 포함되었다.

D. 어떠한 병원의 돌봄도 확인되지 않았고, 이것은 내담자와 돌보는 사람에게 반영되었다.

9. 청력/시력/의학적 검사 의뢰하기 (9)

A. 내담자의 학교생활을 방해할 가능성이 있는 문제를 배제하기 위해 내담자에게 청력·시력 검사를 받아 보라고 권고했다.

B. 혹시나 있을지도 모를 건강 이상 문제를 배제하기 위해 내담자에게 의학적 검사를 받아 보라고 권고했다.

C. 청력검사 결과 내담자의 학업 성취를 방해하는 문제가 있음이 드러났다.

D. 시력검사 결과 내담자의 학교생활을 방해하는 문제가 있음이 드러났다.

E. 의학적 검사 결과 내담자의 학교생활을 방해하는 건강 문제가 있음이 드러났다.

F. 내담자는 청력·시력·의학적 검사를 받지 않았으나, 내담자에게 이러한 검사를 받게 하라고 부모에게 재차 지시했다.

10. 개별화교육계획위원회 회의 참석하기 (10)

A. 부모, 교사, 학교 담당자들이 개별화교육계획위원회(Individualized Educational Planning Committee, IEPC) 회의를 개최해 내담자에게 특수교육을 실시할지를 결정하고, 교육 중재를 고안하고 교육 목표를 설정했다.

B. 내담자의 학습 문제를 다루기 위해 내담자에게 특수교육을 받게 하자는 제안을 IEPC에 했다.

C. 내담자가 학습장애 준거에 해당하지 않으므로 특수교육을 받을 필요가 없다고 IEPC 회의에서 결정되었다.

D. IEPC 회의는 구체적인 교육 목표를 찾아내는 데 도움이 되었다.

E. IEPC 회의는 내담자를 위한 구체적인 교육 중재를 고안하는 데 도움이 되었다.

11. 적절한 교실 환경 구성하기 (11)

A. IEPC에서 설정한 목표와 제안에 기반하여 내담자의 학습을 최대화할 수 있는 적절한 교실 환경으로 내담자를 이동하는 조치를 취했다.

B. 내담자를 좀 더 적절한 교실 환경으로 옮겼으며, 이런 조치로 얻을 이점에 대해 검토했다.

C. 구체적인 제안을 했음에도 불구하고 내담자가 좀 더 적절한 교실 환경으로 이동하지 않았으며, 이런 조치의 필요성에 대해 좀 더 설명했다.

12. 수업 중재 전략에 대해 자문하기 (12)

A. 내담자, 부모, 학교 담당자와 함께 내담자의 강점에 기반하되 약점은 보완해 주는 중재 전략이 포함된 효과적인 수업 프로그램을 고안하기 위해 자문을 했다.

B. 내담자의 학업 성취도를 향상시키는 것에 활용할 수 있는 내담자의 학습 능력상의 강점 혹은 성격의 강점 몇 가지를 내담자, 부모, 교사가 인지하도록 도움을 주었다.

C. 내담자, 부모, 학교 담당자에게 자문을 실시함으로써 내담자의 약점을 인지하고 내담자가 자신의 문제점을 극복하는 데 활용할 수 있는 중재 전략을 발견했다.

13. 개인 과외를 받도록 권유하기 (13)

A. 내담자가 취약한 과목의 실력을 높이기 위해 방과 후 개인 과외를 받을 것을 부모에게 권유했다.

B. 내담자와 부모는 방과 후 개인 과외 교습을 받는 것에 기꺼이 동의하는 모습을 보였다.

C. 내담자와 부모는 개인 과외 교습이 내담자의 학업 성취도를 향상시키는 데 도움이 됐다고 보고했고, 이러한 변화가 갖는 이점을 내담자와 부모에게 설명해 주었다.

D. 내담자와 부모는 개인 과외 교습이 내담자의 학업 성취도 개선에 별 도움이 되지 않았다고 보고했고, 계속해서 과외를 받을지 여부를 논의했다.

E. 내담자와 부모는 방과 후 개인 과외 교사를 구하는 방안에 반대하는 모습을 보였다.

14. 사설 학습 센터를 이용하도록 권유하기 (14)

A. 취약 과목의 과외 교습을 받고 공부방법 및 시험응시 기술을 향상시키는 데 도움을 받도록 사설 학습 센터를 이용해 보라고 내담자에게 권유했다.

B. 내담자가 사설 학습 센터에서 제공하는 보충 과외 교습과 지원이 취약 과목에서의 성적 향상에 도움이 되었다고 보고했고, 이런 성과가 갖는 이점을 검토했다.

C. 사설 학습 센터를 다닌 이후에도 취약 과목의 성적이 오르지 않았다고 내담자가 보고했지만 계속해서 학습 센터를 다녀 볼 것을 격려했다.

D. 사설 학습 센터를 다닌 이후 공부방법과 시험응시 기술이 늘었다고 내담자가 보고했고, 이런 성과가 갖는 이점을 검토했다.

E. 사설 학습 센터를 다닌 이후에도 내담자의 공부방법과 시험 성적이 향상되지 않았으나, 계속해서 사설 학습 센터를 이용할 것인지 여부를 논의했다.

15. 공부방법 가르치기 (15)

A. 어떤 곳이 공부하기 좋은 장소인지 내담자가 깨닫도록 도움을 주었다.

B. 공부할 때는 잡음과 주의를 산만하게 하는 요소들을 최대한 제거하라고 내담자에게 가르쳐 주었다.

C. 공부하거나 시험을 위해 복습을 할 경우 중요한 점은 요약을 하거나 밑줄을 치도록 내담자에게 가르쳐 주었다.

D. 시험공부를 하거나 중요한 사항을 복습할 때 보조도구로 녹음기를 사용하도록 내담자를 격려했다.

E. 공부하다가 주의가 산만해지고 집중하기가 어려울 경우 휴식을 취하라고 내담자에게 알려 주었다.

16. 또래 교수 활용하기 (16)

A. 내담자에게 또래 교사를 배정해서 공부방법을 향상시키고 취약 과목을 다루도록 부모와 교사에게 권유했다.

B. 내담자가 추천받은 또래 교사의 도움을 받아 공부방법 및 학업 성취도를 향상시키겠다는 욕구와 의지를 언어로 표현했다.

C. 내담자가 또래 교사의 도움을 받아 공부방법 및 학업 성취도를 향상시키자는 아이디어에 반대를 표명했지만, 이 방법을 써 보라고 내담자를 격려했다.

D. 또래 교사가 공부방법 개선 및 학업 성취도 향상에 도움이 되었다고 내담자가 보고했고, 이 방법의 이점을 내담자에게 강조했다.

　　E. 내담자가 그의 공부방법과 학업 성취도를 향상시키는 데 또래 교사의 도움을 받지 않았지만 학업에 정진하도록 격려했다.

　　F. 내담자가 또래 교사와 함께 공부하고 배우는 방안을 이용하지 않아서 이 방법을 활용하도록 다시 지시했다.

17. 시험응시 전략 가르치기 (17)

　　A. 내담자에게 학업 성취도를 향상시킬 효과적인 시험응시 전략 목록을 검토해 보도록 요청했다.

　　B. 내담자가 수업 내용을 정기적으로 복습하고 장기간에 걸쳐 시험 준비를 하도록 격려했다.

　　C. 내담자에게 시험 문제에 답하기 전에 지시문을 두 번 정도 읽도록 지시했다.

　　D. 내담자는 부주의로 실수한 것을 고치고 더 좋은 답안을 쓰려면 시험 답안을 검토할 필요가 있음을 깨달았고, 이렇게 유용한 기술을 깨달은 것에 대해 칭찬해 주었다.

18. 심상유도 혹은 긴장이완 기법 가르치기 (18)

　　A. 시험 전 또는 시험 도중 불안 정도를 낮추는 데 도움이 되도록 내담자에게 심상유도 기법과 심부근육 이완 기법의 사용을 훈련시켰다.

　　B. 내담자가 시험 전과 시험 도중 불안감을 없애는 데 도움이 되도록 심상유도 기법과 심부근육이완 기법을 사용하는 데 긍정적인 반응을 보였다.

　　C. 치료 기간 중에 심상유도 기법과 심부근육이완 기법 사용을 가르쳐 주었을 때 내담자의 기분이 언짢아 보였다.

　　D. 비록 내담자가 이전 치료 회기 이후 긴장 또는 좌절감 감소에 거의 또는 전혀 도움이 되지 않았다고 보고하더라도, 계속해서 심상유도 기법과 심부근육이완 기법의 사용을 연습하도록 격려했다.

19. 가정과 학교 간의 의사소통 유지하기 (19)

　　A. 내담자의 학업 진전에 관해 정기적으로 전화 통화 또는 짧은 편지로 연락을 주고받도록 부모와 교사를 격려했다.

　　B. 내담자의 지도 교사들에게 내담자의 학업 진전에 대해 알려 주는 일일 혹은 주간 경과기록서[8]를 부모에게 발송할 것을 요청했다.

　　C. 부모와 교사 간에 정기적인 연락을 취하기 위해 내담자에게 일일 혹은 주간 경과기록서를 학교에서 집으로 가져가야 하는 책임이 있다고 알려 주었다.

　　D. 내담자가 일일 또는 주간 경과기록서를 학교에서 집으로 가져오는 데 실패할 경우의 결과를 부모가 인지한 것에 대해 지지해 주었다.

　　E. 전화 통화 또는 정기적인 경과기록서 전달을 통한 교사와 부모 간 소통 증가가 내담자의 학업 성취도 향상에 크게 기여했음이 드러났다.

　　F. 부모는 아동의 교사와 정기적인 연락을 유지하지 못했으나, 이를 하도록 재차 지시받았다.

20. 자기 점검표 작성하기 (20)

　　A. 내담자에게 학교 과제의 완성도를 높이고 학업 성취도를 향상시키기 위해 자기 점검표를 활용하도록

---

8) 역자 주 : 가정통신문이라고도 할 수 있다.

격려했다.

B. 내담자에게 **때려치우지 않고 숙제하는 방법**(*How to Do Homework Without Throwing Up*)(Trevor Romain)의 일부분을 읽도록 하였다.

C. 내담자가 지시대로 자기 점검표를 사용했더니 생활을 좀 더 체계적으로 하고 학교 과제를 제시간에 완성하는 데 도움이 되었다고 보고했다.

D. 내담자의 교사들에게 내담자가 수업 중 과제와 방과 후 숙제를 정기적이고 일관성 있게 할 수 있도록 자기 점검표를 활용하는 것이 어떻겠냐고 의견을 물었다.

E. 내담자의 수업 과제, 숙제를 완료하는 빈도 및 학업 성취도 향상을 위해 자기 점검표와 더불어 보상체계를 활용하도록 부모와 교사들에게 지시했다.

F. 내담자가 일관성 있게 자기 점검표를 활용하는 데 실패했고 그 결과 수업 중 과제 및 숙제를 완성하는 데 계속 어려움을 겪었다. 그리하여 내담자에게 자기 점검표를 사용할 것을 장려했다.

21. 과제 계획표 또는 일정표 사용하기 (21)

A. 내담자에게 계획표나 일정표를 사용해 수업 중 과제와 숙제를 기록하고 장기 과제 계획을 미리 작성하도록 강하게 권고했다.

B. 내담자가 규칙적으로 계획 일정표를 사용한 것이 수업 중 과제와 숙제를 일관성 있게 완수하는 데 도움이 되었음이 목격되었다.

C. 계획 일정표를 사용한 것이 장기 과제 계획을 미리 짜는 데 도움이 되었다고 내담자가 보고했고, 이를 계속해 나가도록 내담자를 격려했다.

D. 내담자가 계획 일정표를 일관성 있게 사용하는 데 실패했고 수업 중 과제와 숙제를 완수하는 데 계속 어려움을 겪었다. 이 기법을 사용할 것을 내담자에게 다시 지시했다.

E. 내담자의 ADHD 증상(이 책의 제6장 참조)이 계획표 또는 일정표를 정기적으로 사용하지 못하는 데 영향을 끼친 것으로 나타났다.

22. 과제 완료 여부 모니터링하기 (22)

A. 내담자가 수업 과제와 숙제를 완료하는지 모니터링했다.

B. 아동 심리치료 과제계획서(*Child Psychotherapy Homework Planner*)(Jongsma, Peterson, & McInnis)의 '과제 끝내 버리기'에서 제시한 숙제를 끝내기 프로그램을 활용해 내담자가 수업 중 과제와 숙제를 일관성 있게 끝내도록 도움을 주었다.

C. 부모와 교사에게 '과제 끝내 버리기' 프로그램의 일일 또는 주간 학교생활 기록부를 활용해 내담자가 수업 과제 및 숙제를 얼마나 잘 완료하고 있는지에 대해 서로 정기적인 연락을 하도록 격려했다.

D. 부모와 교사 간의 정기적인 연락이 내담자가 수업 과제와 숙제를 일관성 있게 완수하는 데 도움이 되었음이 관찰되었다.

E. 내담자, 부모, 교사에게 '과제 끝내 버리기' 프로그램에 간단히 나오는 보상체계를 활용해 내담자가 수업 과제와 숙제를 정기적으로 완수하는 것을 돕도록 격려했다.

F. 보상체계의 사용은 내담자가 수업 과제 및 숙제를 완수하려는 동기를 갖는 데 도움을 주었다.

23. 공부 및 레크리에이션 일정 짜기 (23)

A. 내담자가 숙제 완수 및 독립적인 놀이 참여 혹은 가족과 또래와 함께 재미있고 즐거운 시간을 보내는 것 사이에 건전한 균형을 유지할 수 있도록 내담자와 부모가 일과표를 작성하는 데 도움을 주었다.

B. 내담자가 합의한 일정을 따랐으며, 성공적으로 숙제를 마치고 독립적인 놀이 또는 가족과 또래와 재미있고 즐거운 시간을 보낼 수 있었다.

C. 내담자가 합의한 일정을 지키지 않아 일관성 있게 숙제를 완수하지 못했다.

24. 긍정적 강화를 격려하기 (24)

A. 내담자가 수업 과제와 숙제를 완수하는 데 계속 흥미를 느끼고 동기를 가질 수 있게 자주 긍정적 강화를 주도록 부모와 교사를 격려했다.

B. 부모에게 자녀의 숙제를 도와주는 방법(*How to Help Your Child with Homework*)(Jeanne Shay Schumm)의 일부분을 읽도록 권장하였다.

C. 내담자가 책임감 있게 행동하지 못했거나 성공하지 못한 것에 집중하기보다는 내담자가 학교에서 책임감 있게 행동하거나 좋은 성과를 얻은 것에 대해 칭찬해 줄 기회를 찾도록 부모와 교사에게 촉구했다.

D. 오늘 회기는 부모가 내담자에게 일관성 있게 칭찬을 해 주거나 긍정적 강화를 해 주는 것을 막는 요소 혹은 그 밑에 깔린 역학에 대해 탐구했다.

25. 동기부여 상태를 유지하도록 보상을 실시하기 (25)

A. 내담자가 수업 과제를 완수하도록 흥미와 동기를 증가시킬 실행 가능한 보상 또는 긍정적 강화물의 목록을 내담자와 부모가 작성하도록 도움을 주었다.

B. 내담자가 수업 과제를 완성했을 경우 받는 긍정적 강화물이 구체적으로 적시된 서면 계약에 서명했다.

C. 보상과 긍정적 강화물이 내담자가 수업 과제를 완성하는 것에 흥미와 동기를 계속 유지해 나가도록 도움을 주었다.

D. 내담자와 부모는 동기 유지를 위한 보상을 실시하지 않았고 이것을 하도록 재차 지시받았다.

26. 스트레스 대처 전략 가르치기 (26)

A. 내담자가 어렵거나 능력을 시험하는 수업 과제를 접했을 때 불안과 낙담을 줄이는 데 도움이 되도록 심상유도 기법과 긴장이완 기법을 가르쳤다.

B. 어렵거나 능력을 시험하는 수업 과제를 접했을 때 불안감을 줄이고 낙담을 다스리는 방법으로 긍정적 자기 대화를 활용하도록 내담자를 격려했다.

C. 내담자에게 학교 공부와 관련된 불안과 낙담을 줄이기 위해 인지 재구조화 기법을 가르쳐 주었다.

D. 내담자가 배운 긍정적인 대처 기제(예 : 이완 기법, 긍정적 자기 대화, 인지 재구조화)를 사용하였더니 어렵거나 능력을 시험하는 수업 과제를 접했을 때 생기는 불안감과 낙담을 줄이는 데 도움이 되었다고 말했다.

E. 내담자가 긴장이완 기법, 긍정적 자기 대화, 인지 재구조화 등의 기법을 사용했음에도 불안감 혹은 낙담 수준이 거의 또는 전혀 줄어들지 않았다고 보고했다.

27. 가족의 스트레스 알아보기 (27)

A. 가족치료 회기를 실시해 내담자의 학업 성취도 하락을 유발하는 요소일 수도 있는 (가족 내) 역학관계가 있는지 살펴보았다.

B. 가족에게 부정적 영향을 주었던 스트레스 유발 요인들을 열거하도록 가족 구성원들에게 요청했다.

C. 가족 구성원들에게 가족 내에서 바뀌었으면 하는 점을 열거하도록 했다.

D. 부모의 부부 문제가 내담자에게 어떤 식으로 스트레스를 주고 있는지를 깨달은 부모를 지지해 주었고 부모가 부부 상담을 받기로 합의했다.

E. 부모가 부부 상담을 받으라는 권유를 따르는 것을 거부했다.

28. 부모의 관여 독려하기 (28)

A. 내담자의 학교 활동과 숙제에 정기적으로 관심을 보이고 관여할 것을 부모에게 강하게 권면했다.

B. 부모가 내담자의 학교 협의회에 참석하도록 장려했다.

C. 내담자의 읽기 능력 향상을 위해 부모가 정기적으로 내담자에게 소리 내어 책을 읽어 주거나 옆에서 읽어 줄 것을 장려했다.

D. 부모에게 내담자의 수학 능력 향상을 위해 정기적으로 플래시 카드를 사용하도록 장려했다.

E. 부모에게 등교일 저녁마다 내담자의 철자법 향상을 위해 내담자와 함께 공부하도록 장려했다.

F. 여러 관여 행위를 장려했음에도 부모는 학교 공부에 더 관여하지 않았고, 이러한 부모 관여의 필요성을 부모에게 다시 상기시켰다.

29. 체계적 보상을 사용하기 (29)

A. 부모와 교사는 내담자의 학업 향상 및 성취를 강화하기 위해 체계적 보상을 사용하는 것을 자문했다.

B. 내담자의 수업 과제 및 숙제 완수를 강화하기 위해 보상체계를 고안했다.

C. 보상체계는 내담자가 학업 목표를 달성하는 것을 강화하기 위해 고안되었다.

D. 내담자가 학업 성공을 달성했을 때 자주 칭찬해 주도록 부모와 교사에게 강하게 권면했다.

E. 부모와 교사에게 내담자의 학업 향상 및 성취 강화를 위해 별 스티커[9] 붙이기 방법을 활용하도록 장려했다.

F. 부모와 교사는 체계적 보상 프로그램을 사용하지 않았고, 이 부분을 사용하도록 다시 지시했다.

30. 부모의 비현실적인 기대치 알아보기/대면하기 (30)

A. 가족치료 회기를 실시해 부모가 비현실적인 기대치를 발달시킨 적이 있거나 내담자의 행동에 과도한 압박을 주고 있는지의 여부를 알아보았다.

B. 내담자와 부모가 내담자의 학업 성취도에 대한 좀 더 현실적인 기대치에 대해 논의하고 이를 설정하는 것에 도움을 주었다.

C. 부모는 내담자에게 학업 성공을 달성하도록 과도한 압박을 주고 있음을 인지하고 이런 행동이 갖는 문제점을 검토했다.

D. 오늘 가족치료 회기에서는 왜 부모가 내담자에게 학업 성공에 과도한 압박을 주었는지 그 이유를 살펴보았다.

---

9) 역자 주 : 또는 별표

E. 내담자와 별도로 만나 부모가 주는 과도한 압박감에 대한 생각과 느낌을 표현할 기회를 주었다.

F. 내담자가 과도한 압박감을 주는 부모에 대한 분노, 낙담, 상처받은 것을 표현할 기회를 주기 위해 가족 치료 회기를 실시했다.

31. 숙제 거부에 대한 단호한 선을 설정하도록 부모를 격려하기 (31)

A. 부모가 내담자의 숙제 거부 행위에 단호하고 일관성 있는 한계를 설정하고 그에 대한 자연스럽고 논리 적 결과를 내담자가 감당하도록 격려했다.

B. 부모가 내담자의 숙제 거부 시 사용할 몇 가지 방법을 생각해 낸 것에 긍정적 다시 챙겨주기를 주었다.

C. 내담자는 부모가 설정한 한계 또는 숙제 거부 시의 결과에 긍정적으로 반응했으며 숙제를 정기적이고 일관되게 완수하기 시작했다고 부모가 보고했다. 한계와 숙제 거부 시의 결과를 설정한 것의 이점을 검토했다.

D. 부모가 단호한 한계선을 설정하기 시작했음에도 불구하고 내담자가 숙제를 마치라는 부모의 요청에 따르는 것을 거부했다. 그래도 부모에게 계속 그 방법을 고수할 것을 독려했다.

E. 부모에게 단호하고 일관된 한계선을 지키고, 숙제 문제 때문에 매일 밤 내담자와 건전치 못한 권력 다툼이나 논쟁에 빠져들지 말도록 지시했다.

F. 내담자가 자신에 대한 부모의 기대치를 이해한다는 뜻으로 자신의 숙제에 관한 규칙을 다시 말해 달라 고 요청했다.

32. 부모의 과잉보호 성향 평가하기 (32)

A. 가족치료를 실시해 부모의 과잉보호 성향 혹은 어린애 취급하기가 내담자의 학업 부진을 일으키는 요인인지를 점검했다.

B. 부모가 자신들의 과잉보호 성향과 어린애 취급하기 양상이 내담자의 학업 부진에 어떻게 영향을 끼치 는지 인지하는 데 도움을 주었다.

C. 내담자와 부모에게 부모의 방임 및 내담자를 어린애 취급하는 행동양식으로 얻는 이차적 이득이 무엇 인지를 파악하도록 도움을 주었다.

D. 부모에게 과잉보호 및 어린애 취급하기 행동을 멈추기 시작할 경우 예상할 수 있는 약간의 저항(예 : 울기, 불평하기, 성질 부리기)을 알려 주었다.

E. 내담자가 숙제로 부모를 시험할 때 단호하게 일관된 한계선을 지킬 것을 부모에게 당부했다.

F. 부모가 내담자의 학습 잠재력에 대한 현실적인 기대치를 형성하도록 도움을 주었다.

G. 내담자와 부모가 내담자의 학습 잠재력에 걸맞는 현실적인 학업 목표를 설정하도록 도움을 주었다.

33. 과제 집중 행동 향상을 위해 학교 담당자와 상의하기 (33)

A. 치료사가 내담자의 과제 집중 행동을 향상시킬 방법을 학교 담당자와 논의했다.

B. 내담자를 교실 앞쪽 또는 긍정적인 동료 역할 모델 근처에 앉혀 수업 및 과제에 집중하도록 돕자는 제안이 나왔다.

C. 내담자의 흥미 및 주의집중을 유지하기 위해 수업 중에 내담자를 자주 지명하도록 교사를 격려했다.

D. 교사는 내담자가 흥미와 동기를 계속 가지고 학교 과제물을 완성하도록 하기 위해 내담자에게 자주 되짚어 주도록 지시받았다.

E. 교사에게 큰 과제를 여러 작은 과제로 나누어 내담자에게 주도록 제안했다.

34. 조직화와 공부방법에 관한 자료 읽기 (34)

A. 내담자에게 조직화 기술 및 공부방법을 향상시키도록 고안된 자료를 읽도록 했다.

B. 내담자의 조직화 기술 및 공부방법을 향상시키기 위해 성적 향상으로 가는 13단계(*13 steps to Better Grades*)(Sharon Hernes Silverman)를 읽도록 지도했다.

C. 내담자가 읽은 성적 향상으로 가는 13단계를 오늘 치료 시간에 다루었다.

D. 성적 향상으로 가는 13단계를 읽은 후 내담자는 수업 시간에 조직화 상태 유지에 도움이 되는 몇 가지 긍정적인 공부방법을 알아낼 수 있었다.

E. 내담자는 조직화 기술 및 공부방법 향상에 관한 정보자료를 읽지 않았고, 다시 읽어 보도록 내담자에게 지시했다.

35. 성공적인 학교 경험 강화하기 (35)

A. 부모와 교사에게 내담자의 성공적인 학교 경험을 강화하도록 격려했다.

B. 내담자에게 하루에 한 가지씩 학교에 대한 긍정적인 진술을 하는 숙제를 내주었다.

C. 내담자가 학교에 대해 말한 모든 긍정적인 언급을 주목하고 강화했다.

D. 내담자의 학교에 대한 부정적인 태도가 동료 간 우정 형성 능력을 방해한다는 점을 내담자가 깨닫도록 도움을 주었다.

36. 자기 비하 발언과 맞서기 (36)

A. 내담자는 자기 경멸적인 발언을 하고 학업에서 어려움을 겪을 때 쉽게 포기하는 자기파괴적 양상과 대면했다.

B. 학교에서 어렵거나 능력을 시험하는 학습 과제를 만났을 때 자기 비하적인 발언을 하거나 쉽게 포기하는 대신 긍정적인 자기 대화를 하도록 내담자를 지도했다.

C. 내담자가 학교에서 만나는 다른 주변 사람들에 대한 긍정적인 자기 진술을 적어도 하나씩 언어로 표현하도록 지시했다.

D. 내담자가 학교에서 만나는 다른 주변 사람들에 대한 긍정적인 자기기술적 진술을 하지 않았으나 정기적으로 이러한 긍정적 자기 대화를 하도록 다시 지시했다.

37. 학교에 대한 긍정적 진술 기록하기 (37)

A. 내담자에게 매일 하나씩 학교에 관한 긍정적인 진술을 하는 과제를 내주었고, 진술을 일기장에 기록하거나 포스트잇에 적어 부엌이나 자신의 침실에 붙여 놓도록 했다.

B. 내담자에게 아동 심리치료 과제계획서(Jongsma, Peterson, & McInnis)에 제시된 연습문제를 풀어 보라고 지시했다.

C. 내담자가 매일 학교 경험에 관한 긍정적인 진술을 적어도 매일 하나씩 기록하는 숙제를 잘했다.

D. 일기장에 기록한 학교에 관한 긍정적 진술을 검토한 후, 내담자에게 학교를 더 보람 있고 만족스러운 경험을 하는 공간으로 만드는 것에 도움이 되는 이런 비슷한 긍정적 행동을 하도록 격려했다.

E. 내담자가 학교 경험에 관한 긍정적 진술을 적어도 매일 하나씩 기록하는 숙제를 하는 것에 협조하지 않았다.

38. 동기 증가하기 (38)

A. 내담자가 학업 성취도를 향상시키기 위한 동기를 증가시키는 것에 도움이 될 보상 혹은 긍정적 강화 목록을 작성하도록 도움을 주었다.

B. 내담자가 구체적인 학업 목표를 달성하는 것을 조건으로 하는 긍정적 강화물을 적시한 서면 계약에 서명했다.

C. 부모, 교사와 함께 내담자의 향상된 학업 성취도를 강화하기 위한 구체적인 보상을 논의하기 위해 회의를 개최했다.

39. 개별 놀이치료 사용하기 (39)

A. 내담자의 고통스러운 감정, 핵심 갈등 또는 학업 성취를 방해한 스트레스 유발 요인을 다루고 해소하기 위해 내담자와 개별 놀이치료 회기를 실시했다.

B. 정신분석학적 놀이치료 접근을 활용해 내담자의 학업 성취를 방해하는 핵심 갈등을 조사했다.

C. 내담자가 개별 놀이치료 회기를 잘 활용해 핵심 갈등 또는 중요 스트레스 유발 요인들을 둘러싼 자신의 고통스러운 감정을 표현했다.

D. 내담자 중심의 놀이치료 방법을 활용해 내담자가 핵심 갈등 또는 자신의 학업 성취를 방해하는 중요 스트레스 유발 요인들을 둘러싼 고통스러운 감정을 인식하고 표현하는 데 도움을 주었다.

40. 감정과 행동 연결하기 (40)

A. 오늘 치료 회기는 내담자의 학업 성취 저하에 영향을 끼치고 있을지도 모르는 잠재된 고통스러운 감정을 탐구했다.

B. 오늘 치료 회기는 내담자가 자신의 학업 성취도 저하가 잠재된 고통스러운 감정과 연결되어 있는지 통찰(insight)할 수 있도록 도움을 주었다.

C. 역할 연기(role playing)와 역할 모델(role model) 기법을 사용해 내담자가 자신의 잠재된 고통스러운 감정을 표현하는 적절한 방법을 보여 주었다.

D. 내담자가 학교 공부를 포기 그리고/또는 거부하는 대신 자신의 좌절감 혹은 고통스러운 감정을 다루는 효과적인 방법을 더 많이 발견하도록 도움을 주었다.

41. 자기통제 전략 가르치기 (41)

A. 내담자에게 심호흡(deap breathing)과 긴장이완 기법을 가르쳐 행위표출 행동을 하거나 부정적인 관심 끌기(attention seeking)를 하고 싶은 충동을 억제할 수 있도록 했다.

B. 내담자가 학업에서 낙담할 때 행위표출 행동 혹은 부정적인 관심 끌기 행동을 하기보다는 긍정적인 자기 대화를 활용할 것을 장려했다.

C. 학업에서 낙담할 때 행위표출 행동 또는 부정적인 관심 끌기 행동을 하고 싶은 충동을 억제할 수 있게 내담자에게 명상적인 자기통제 전략(예 : '멈추기, 듣기, 생각하기, 행동하기')을 가르쳤다.

42. 과거에 학업에서 성공을 거둔 기간을 검토하기 (42)

A. 내담자는 자신이 정기적으로 학업을 완료하고 학업적 성공을 거둔 바 있는 과거의 시간을 검토하는 것에 도움을 받았다.

B. 내담자에게 과거에 학업 성공을 달성하기 위해 사용했던 유사 전략 또는 조직화 기술을 사용하도록

권장했다.

C. 내담자는 방과 후 활동 또는 중요 동료 집단 활동 참여가 학업 성공을 달성하겠다는 동기를 강화시켜 주는 것을 깨달았다고 이야기를 함께 나누었다.

D. 상담 회기를 통해 내담자가 가족으로부터 강한 지지를 받고 긍정적인 동료 집단과 어울렸을 때 좀 더 규율된 모습이었음이 드러났다.

E. 내담자가 과거에 숙제를 완료하기 위한 시간을 따로 할당했을 때 더 큰 학업 성공을 달성했다는 것을 인지하도록 도와주었다.

43. 과거의 성공적인 대처 전략을 검토하기 (43)

A. .내담자가 이전에 다른 문제들을 해결하기 위해 사용했던 다른 대처 전략들을 살펴보도록 도움을 주었다.

B. 내담자가 학습과 관련해 현재 겪는 문제들을 극복하기 위해 과거에 성공적으로 사용했던 유사 대처 전략들을 사용하도록 격려했다.

C. 상담 회기를 통해서 내담자가 교사, 부모 또는 동료들에게 따로 도움을 구했을 때 과거의 학습 문제들을 잘 극복했음이 드러났다.

D. 내담자가 과거에 학교 과제와 장기 프로젝트를 일정표에 기록했을 때 학교 과제를 더 잘 완료했다는 것을 인지했고, 이러한 기법들을 다시 사용하도록 내담자를 격려했다.

44. 학교 내 조력자[10] 알아보기 (44)

A. 내담자가 학습과 관련하여 어려움 혹은 낙담을 호소할 때 학교 내에서 지지, 조력, 수업 지도를 할 수 있는 조력자들의 목록을 작성하도록 도움을 주었다.

B. 학교 조력자 목록을 작성한 뒤, 내담자에게 다음 치료 시간 전에 이들 중 적어도 한 명에게 도움을 부탁하도록 지시했다.

C. 내담자가 학교에서 다른 사람들에게 받은 별도의 조력이 어려움을 극복하고 새로운 개념과 기법을 익히는 것에 도움이 되었다고 보고했다. 이 기법의 장점을 강조해 주었다.

45. 개별적으로 독서하기[11)]에 대한 보상체계 설정 독려하기 (45)

A. 부모에게 내담자가 개별적으로 독서하는 것을 강화하도록 보상체계를 사용할 것을 권장했다.

B. 부모에게 아동 심리치료 과제계획서(Jongsma, Peterson, & McInnis)의 '독서 모험(Reading Adventure)' 프로그램을 사용할 것을 권장했다.

C. 부모에게 '독서 모험' 프로그램에 나오는 보상체계를 사용해 내담자가 개별적으로 독서하기에 참여하는 것을 강화하도록 지도했다.

D. 부모가 '독서 모험' 프로그램이 내담자의 독서에 대한 흥미와 즐거움을 증가시켰다고 보고했다.

E. 부모는 아직 내담자의 개별적으로 독서하기를 강화하기 위한 보상체계를 사용하지 않았고, 이를 시행할 것을 지시받았다.

---

10) 역자 주 : 자원인사, 자원인력이라고도 많이 쓴다.
11) 역자 주 : 혼자서 책 읽기로도 많이 쓴다.

46. 상호 이야기하기 기법 사용하기 (46)

A. 상호 이야기하기 기법을 사용해 내담자가 학습 문제와 관련해 느끼는 낙담을 조절하는 적절한 방법을 구상했다.

B. 상호 이야기하기 기법을 사용해 학업 목표 달성이 어떻게 자기 가치 감정의 향상을 이끌어 내는지 보여 주었다.

C. 상호 이야기하기 기법을 사용해 내담자에게 사회활동 혹은 오락활동에 참여하기 전에 숙제를 마치는 것의 이점을 보여 주었다.

D. 내담자는 상호 이야기하기 기법이 자신의 학습 문제와 관련해 느끼는 낙담을 다스리는 즐거운 방법이 될 수 있음을 발견했다.

E. 내담자가 꼭두각시 인형, 인형 혹은 봉제 동물인형을 사용해 배우기 위해 노력하는 과정에서 느끼는 불안과 낙담을 반영하는 것으로 보이는 이야기를 만들어 냈다.

47. 미술치료 기법 사용하기 (47)

A. 내담자가 규칙적으로 숙제를 완료했을 경우 내담자와 가족의 생활이 어떻게 달라질지를 묘사한 그림을 여러 장 그리도록 지시했다.

B. 그림 그리기를 마친 후, 내담자가 자신의 학업 부진 혹은 실패가 자존감과 가족 관계에 어떻게 부정적인 영향을 끼쳤는지 언어로 표현하는 것을 도와주었다.

C. 내담자의 완성된 그림을 보면서 학업 성취도 향상을 위해 내담자가 어떤 단계를 거쳐야 할지에 대한 논의로 이어졌다.

D. 내담자의 작품이 지나치게 비판적인 부모의 모습 혹은 내담자의 학업 성공에 대해 과도한 압박을 가하는 부모의 모습을 반영하는 것으로 나타났다.

48. 미술작품을 통해서 학교에서의 스트레스 유발 요인 평가하기 (48)

A. 내담자의 학습 및 학업 향상을 방해할지도 모르는 스트레스 유발 요인들을 평가하기 위해 내담자에게 학교 건물을 그린 다음, 학교에서 학생으로 지내는 것이 어떤 것인지를 담은 이야기를 만들어 보라고 지시했다.

B. 내담자가 만들어 낸 그림과 이야기가 그가 학교에서 겪는 스트레스 유발 요인들을 반영하는 것으로 드러났다.

C. 그림 그리기와 이야기 짓기를 마친 후, 내담자가 학습 및 학업 향상을 방해하는 학교에서의 스트레스 유발 요인들에 대처하는 보다 효과적인 방법을 알아내는 것을 도와주었다.

D. 내담자의 미술작품과 이야기는 내담자의 동료 간 대인관계 갈등이 내담자의 학습 및 학업 향상을 방해해 온 것을 보여 주었다.

E. 내담자는 미술치료와 상호 이야기하기 기법이 자신의 학습 및 학업 향상을 방해하는 스트레스 유발 요인에 대처하는 재미있고 유익한 방법임을 알았다.

제2장   입양

내담자 소개

1. **유아 입양 (1)[1]**

   A. 내담자는 유아기 때 현재의 가정에 입양되었다.

   B. 양부모가 내담자의 출생 직후에 입양하기를 간절히 원했다.

   C. 내담자가 1~2세 때 가족으로 입양되었다.

2. **2세 이후 입양 (2)**

   A. 내담자가 2세 이후 현재의 가정으로 입양되었다.

   B. 내담자가 2세 혹은 그 이후까지 친부모와 함께 살다가 현재의 가정에 입양되었다.

3. **장애 아동의 입양 (3)**

   A. 부모가 최근에 장애아/장애가 있는 형제자매를 입양했다.

   B. 부모가 입양한 장애 아동들을 보살피는 것에 압도되는 기분이라고 표현했다.

   C. 부모가 입양 아동(들)의 특별한 요구를 다루는 데 도움이 되는 지원과 자원을 요청했다.

   D. 부모가 점진적으로 장애 아동(들)에 익숙해졌고 이들을 받아들이기 시작했다.

4. **위축된 태도/거부하는 태도로 타인들과 관계를 맺음 (4)**

   A. 내담자가 처음부터 그들에게 위축된 행동을 보이고 거부하는 행동을 보였다고 부모가 지적했다.

   B. 내담자가 모든 사람들과 소원한 관계를 형성한다는 것이 돌보는 사람과 전문가들에게 관찰되었다.

   C. 평가 결과, 내담자가 타인과 거의 눈 맞춤을 하지 않고 신체적으로 그들과 떨어져 있으려고 하는 것으로 나타났다.

   D. 내담자가 타인들과 더 친밀한 관계를 맺기 시작했고 근처로 사람들이 다가오는 것을 허용하고 있다.

---

1) 괄호 안의 숫자들은 아동 심리치료 치료계획서(*The Child Psychotherapy Treatment Planner*), 제5판(Jongsma, Peterson, McInnis, Bruce 공저, 2014년, Hoboken, NJ : Wiley)에서 동일한 제목을 지닌 관련 장의 치료 중재의 숫자와 연결된다.

5. 음식을 몰래 숨겨 놓거나 식탐이 있음 (5)

A. 내담자가 자신의 방 여러 곳에 음식을 숨겨 놓는 것을 부모가 발견했다.

B. 내담자가 더 많이 먹기 위해 음식을 매우 빨리 먹는 것이 관찰됐다.

C. 내담자가 배탈이 날 정도로 음식을 많이 먹는 일이 잦다고 부모가 보고했다.

D. 내담자가 나중에 먹으려고 집과 학교에서 음식을 몰래 숨겨 왔다.

E. 내담자가 이제는 적정량의 음식을 섭취하며 나중에 먹으려고 음식을 숨겨 놓는 일이 더 이상 없다고 부모가 내비쳤다.

6. 공격 행동 (6)

A. 내담자에 관한 기록을 보면 그가 오랫동안 형제자매, 동료, 돌보는 사람에게 공공연하게 공격 행동을 보여 온 전력이 있다.

B. 부모의 말에 따르면 내담자가 형제자매, 동료, 돌보는 사람, 그리고 그들에게 매일 공격 행동을 한다.

C. 학교 담당자들이 내담자가 동료들을 향해 빈번한 공격 행동을 하는 것을 말린 적이 있다고 말했다.

D. 내담자가 자신의 공격적인 행동을 거의 혹은 전혀 인지하지 않는다.

E. 내담자가 동료들과 형제, 부모에게 자신이 보인 공격 행동의 빈도와 정도를 줄여 나간다.

7. 잦은 거짓말 (7)

A. 내담자가 매사에 자주 거짓말을 한다고 부모가 보고했다.

B. 교사와 돌보는 사람은 내담자가 명확한 이유 없이 혹은 불필요하게 거짓말을 자주 하는 것을 목격해 왔다.

C. 내담자에 관한 기록은 내담자가 자신의 행동에 대해 거짓말을 자주 했음을 보여 준다.

D. 거짓말을 하다가 걸렸을 때 내담자는 거의 양심의 가책을 느끼지 않는다.

E. 내담자가 거짓말하는 빈도가 줄었고 이제 내담자가 거짓말하다가 들켰을 때 양심의 가책을 느끼는 게 보이기 시작했다.

8. 도벽(불필요한 물건 절도) (7)

A. 내담자에게 과거에 도벽 전력이 있다.

B. 내담자가 불필요한 물건을 훔치다가 걸린 적이 여러 번 있다.

C. 내담자가 물건을 훔친 명확한 이유 또는 설명을 하지 못하는 것을 시인했다.

D. 내담자가 도벽을 멈췄다.

9. 과잉 친절 반응 (8)

A. 내담자가 어떤 어른이든지 간에 지나친 친절을 보이고 과도한 친밀감을 느낀다고 부모가 보고한다.

B. 내담자가 치료사와 지나치게 친해지고 과도한 친밀감을 보인다.

C. 내담자가 공공장소에서 만나는 낯선 사람에게도 과잉 친절을 베풀고 일종의 애정을 나타내는 것이 목격되었다.

D. 내담자가 낯선 사람에게 과잉 친절을 보이고 과도한 친밀감을 나타내는 것을 멈췄다.

10. 아동의 발달과 성취 수준에 대한 부모의 좌절감 (9)

    A. 부모가 아동의 성취 및 발달 수준에 대한 좌절감을 표현했다.

    B. 부모가 아동이 발달 단계상 있어야 할 지점에 대한 비현실적인 기대를 표현했다.

    C. 부모가 아동의 성취 수준에 대한 실망감을 표현했고 아동에게 기대한 바가 훨씬 컸다고 언급했다.

    D. 부모가 아동에 대한 기대치를 좀 더 현실적인 수준으로 조정했다.

11. 내담자의 입양 관련 질문에 대한 부모의 불안감/두려움 (10)

    A. 내담자가 입양 관련 질문을 하는 것에 대한 불안감과 두려움을 부모가 언어로 표현했다.

    B. 부모가 입양 아동이 자신의 출생 배경에 관한 질문을 할 때 어떻게 대처해야 하는지 많은 전문가들로부터 조언을 구했다.

    C. 내담자가 자신의 출생 배경에 관한 궁금증을 질문할 때마다 부모는 이를 회피, 무시, 저지할 방법을 찾았다.

    D. 부모는 내담자가 자신의 출생 배경에 관한 질문을 해도 이제는 더 편안해졌고 불안하고 두려운 마음이 줄어들었다.

    E. 부모는 내담자가 입양 관련 질문을 할 때를 대비해 이치에 맞는 답변을 준비해 뒀고, 덕분에 이 문제에 대한 걱정이 줄었다.

중재 실행

1. 신뢰 쌓기 (1)[2]

    A. 무조건적 긍정적 배려를 사용해 초기 신뢰감을 형성했다.

    B. 양육 관계의 근간을 형성하기 위해 따뜻한 수용과 적극적 경청 기법을 활용했다.

    C. 내담자가 신뢰감에 기반한 관계를 형성하고 자신의 생각과 느낌을 표현하기 시작한 것에 대해 지지해 주었다.

    D. 적극적 경청, 따뜻한 수용, 무조건적 긍정적 배려를 했음에도 불구하고 내담자가 신뢰감 형성을 여전히 거부하며 자신의 생각과 감정을 공유하지 않는다.

2. 심리사회적 사정 실시하기 (2)

    A. 부모와 자녀들이 심리사회적 사정에 참여했다.

    B. 모든 당사자들이 심리사회적 사정에 전적으로 협조하고, 요구한 모든 정보자료를 자세하게 제공했다.

    C. 부모는 전반적으로 심리사회적 사정에 협조적이었으나 그들이 제공한 정보자료는 자세하지 않았다.

    D. 정보자료를 제공하는 것에 대한 부모의 장벽에 부딪혔으며, 이 문제를 다루고 해결했다.

3. 심리평가 실시하기 (3)

    A. 내담자에게 심리평가를 실시해 내담자의 행동/정서 기능, 인지 방식, 지능을 측정했다.

    B. 내담자가 모든 평가 영역 측정에 협조했다.

---

2) 역자 주 : 심리상담과 치료의 실제에서 활용되는 방안으로 생존, 즉 삶에 대한 지식, 기술, 문제해결 방안을 배우고 체험하는 것이다.

C. 부모가 심리평가의 필요성에 대한 질문을 제기했으며, 그들이 만족하도록 성실히 답변해 주었다.

D. 내담자의 협조 부족으로 심리평가가 부분적으로만 완료됐다.

4. 통찰력 수준 평가 (4)

A. 내담자는 보이는 문제들을 향한 통찰 수준으로 평가되었다.

B. 내담자는 보이는 문제들에 관하여 그의 통찰의 동조적인 본성 대 이질적인 본성에 따라 평가되었다.

C. 내담자는 행동과 증상에서 문제가 되는 본성에 대한 좋은 통찰을 보여 주었다.

D. 내담자가 다른 사람들의 우려에 동의하는 것이 목격되어 변화에 힘쓰도록 동기유발되었다.

E. 내담자는 묘사된 문제에 대해 양면성이 있음이 드러났고 그 문제들을 우려사항으로 보는 것을 꺼렸다.

F. 내담자는 문제 영역의 인식에 관해 저항적인 것으로 나타났고, 걱정하지 않았으며, 변화에 대한 동기가 없었다.

5. 관련 장애의 평가 (5)

A. 내담자는 연구 기반의 관련 장애들의 증거에 의해 평가되었다.

B. 내담자는 자살에 대한 취약성 수준으로 평가되었다.

C. 내담자는 동반장애를 가진 것으로 확인되었고, 치료는 이를 처리할 수 있도록 조정되었다.

D. 내담자는 또 다른 관련 장애가 있는지 평가되었지만 아무것도 발견되지 않았다.

6. 문화적으로 혼란스러운 문제에 대한 평가 (6)

A. 내담자는 그의 임상 행동을 더 잘 이해하도록 도와줄 수 있는 나이 관련 쟁점으로 평가되었다.

B. 내담자는 그의 임상 행동을 더 잘 이해하도록 도와줄 수 있는 성별 관련 쟁점으로 평가되었다.

C. 내담자는 그의 임상 행동을 더 잘 이해하도록 도와줄 수 있는 문화의 증후군, 고통의 문화적 관용구, 혹은 문화적으로 감지된 사건으로 평가되었다.

D. 다른 요인들이 내담자의 현재 정의된 '문제 행동'에 기여할 것이라고 확인되었고 이 요인들은 그의 치료에 반영되었다.

E. 내담자의 현재 정의된 '문제 행동'을 설명할 수 있는 문화적 기반 요인들은 조사되었지만 중대한 요인은 발견되지 않았다.

7. 장애의 심각성 평가 (7)

A. 내담자의 장애의 심각성은 보호의 적절한 정도를 결정하기 위해서 판단되었다.

B. 내담자는 사회적·관계적·교육적인 노력에서의 손상 정도로 평가되었다.

C. 내담자는 그의 장애가 자신의 기능에 가볍거나 중간 정도의 영향을 끼친다는 것을 알았다.

D. 내담자는 그의 장애가 자신의 기능에 심각하거나 더 심각한 영향을 끼친다는 것을 알았다.

E. 내담자의 치료의 효율성과 적절성, 그리고 장애의 심각성은 꾸준히 평가되었다.

8. 병원의 돌봄 평가 (8)

A. 병원의 돌봄과 관심으로 내담자의 집, 학교, 지역사회가 평가되었다.

B. 내담자의 다양한 환경은 아동의 욕구에 지속적인 무관심, 돌보는 사람의 잦은 변화, 안정적 애착의 제한된 기회, 가혹한 훈육 혹은 다른 심각한 부적절한 돌봄이 있었는지 평가되었다.

C. 병원의 돌봄이 확인되었고 치료계획에 이러한 우려를 관리하고 바로잡는 것과 아동을 보호하는 전략이 포함되었다.

D. 어떠한 병원의 돌봄도 확인되지 않았고, 이것은 내담자와 돌보는 사람에게 반영되었다.

9. 평가 결과 요약하기 (9)

A. 평가 결과와 권고 사항을 가족에게 제시하고 설명해 주었다.

B. 평가와 권고 사항에 관한 가족의 질문 내용을 명확하게 설명해 주고 이에 대해 이야기를 나누었다.

C. 부모에게 평가에서 도출된 모든 제안 사항을 잘 따르겠다고 언어로 다짐할 것을 요청했다.

D. 부모가 제안 사항을 따르겠다고 언약하는 것을 꺼리는 이유를 조사하고, 이를 다루어 해결했다.

E. 평가에서 도출된 제안 사항을 부모가 잘 따르는지를 모니터링했다.

F. 내담자의 부모가 제안 사항을 따르지 않아서 그 이유를 밝히고 문제를 해결했다.

10. 불임으로 인한 미해결된 슬픔을 진단하기 (10)

A. 불임으로 인한 부모의 미해결된 슬픔을 진단했다.

B. 슬픔 진단 결과, 부부가 불임과 관련된 대부분의 문제를 해결하려고 노력해 왔음을 알았다.

C. 슬픔 진단을 통해 부부가 불임과 관련해 해결하지 못한 많은 문제를 갖고 있다는 점과 이런 문제를 전문으로 다루는 상담가나 전문가의 상담을 받아 볼 것을 권고받은 적이 있음이 드러났다.

D. 슬픔 상담을 받아 보라는 제안에 따르고 상담에 대해 전반적으로 만족하는지 여부를 확인하기 위해 부모의 슬픔 상담에 관한 의뢰를 모니터링했다.

E. 부모가 슬픔 상담을 통해서 많은 긍정적 결과를 얻었다고 보고했다.

F. 부모가 불임 문제와 관련된 슬픔 상담을 받지 않아서 이러한 상담 과정이 있음을 부모에게 알려 주었다.

11. 가족을 위한 건강관리 계획 세우기 (11)

A. 가족에게 건강관리 계획을 세우는 목적, 계획을 세우고 따르는 것의 이점을 설명해 주었다.

B. 가족과 건강관리 계획을 세웠으며, 부모에게 그 계획을 실행하겠다고 언어로 약속할 것을 요구했다.

C. 가족이 건강관리 계획을 실행하는지를 모니터링했고, 필요하면 방향을 다시 제시해 주었다.

D. 가족이 적극적으로 분기별 건강진단을 받았다.

12. 기술 중심의 부부 프로그램 참여를 부모에게 추천하기 (12)

A. 부부의 결혼생활을 강화해 주는 프로그램에 참여함으로써 얻을 수 있는 점들을 부모에게 제시하고 함께 논의했다.

B. 개인의 책임, 의사소통 기술, 갈등 해결법을 가르치는 기능 중심의 부부 프로그램(예 : Markman, Stanley, Blumberg의 PREP)을 부모에게 추천했다.

C. 부모가 부부관계 심화 프로그램을 참여해 이수하는 것을 모니터링했으며 프로그램에서 얻은 긍정적 성과를 강화해 주었다.

D. 부모가 부부관계 프로그램 이수를 완료했고 많은 새로운 기술을 배워 결혼생활이 개선됐다고 말했다.

E. 부모가 결혼관계 심화 프로그램을 중도에 포기했다는 소식이 들려와 이를 조사했다.

13. 부모-자녀 놀이치료 실시하기 (13)

A. 부모에게 부모-자녀 놀이치료 교육의 목적을 설명했고, 부모의 참여를 요청하고 독려했다.

B. 내담자의 분노에 공감하는 반응을 보이는 법을 연습할 기회를 주기 위해 역할 연기 기법을 사용했다.

C. 부모-자녀 놀이치료 회기를 실시했고, 내담자와 부모 모두 적극적으로 참여했다.

D. 부모-자녀 놀이치료 회기에서 부모는 내담자가 분노의 감정을 표출한 것에 공감으로 반응했다.

E. 내담자와 부모의 적극적인 참여로 내담자의 분노 수준이 상당히 감소했고 내담자와 부모의 결속이 강화되는 결과를 가져왔다.

14. 정신분석학적 놀이치료 실시하기 (14)

A. 내담자의 행위표출 행동의 원인이 되는 문제, 고착, 발달 정지를 조사하기 위해 정신분석학적 놀이치료 회기를 실시했다.

B. 내담자가 적극적이고 자유롭게 정신분석학적 놀이치료에 참여했다.

C. 회기에서 나타난 전이 문제를 극복하고 해결했다.

D. 정신분석학적 놀이치료에서 표출한 감정을 해석해 내담자의 행위표출 행동과 연관 지었다.

E. 내담자가 정신분석 놀이치료에 참여하면 행위 표출 행동의 빈도와 강도가 감소했다.

F. 정신분석학적 놀이치료를 사용했음에도 내담자의 행위표출 행동의 빈도와 정도가 줄어들지 않았다.

15. 개별 놀이치료 실시하기 (15)

A. 내담자가 느끼는 상실, 방임, 유기의 감정을 표현하는 것을 돕기 위해 개별 놀이치료를 실시했다.

B. 내담자가 놀이치료에 적극적으로 참여했다.

C. 내담자가 놀이를 통해 표출한 감정을 확인, 고찰, 정당화했다.

D. 놀이치료의 지지적 환경이 내담자가 상실, 방임, 유기의 감정을 표출하고 이겨 나가는 데 도움이 되었다.

16. 놀이치료의 ACT 모델 도입하기 (16)

A. 놀이치료의 ACT 모델(Landreth)을 실시해 내담자의 감정을 인정하고, 한계를 전달하고 행위표출 혹은 공격적 행동에 대한 적절한 대체 행동을 찾고자 했다.

B. 내담자가 행위표출 또는 공격 행동 대신 적절한 대체 행동을 보이거나 언어화할 경우 ACT 놀이치료에서 긍정적인 언어로 지지해 줬다.

C. 내담자가 ACT[수용전념놀이(Acceptance & Commitment Therapy)] 놀이치료에 기꺼이 적극적으로 참여했다.

D. 내담자가 ACT 놀이치료 회기에 참여한 것이 행위표출 또는 공격 행동의 빈도와 강도를 줄이는 데 도움이 되었다.

E. 놀이치료의 ACT 모델을 사용했지만 내담자의 행위표출 혹은 공격 행동의 빈도와 강도가 줄어들지 않았다.

17. 행위표출 행동과 고통스런 감정 연관시키기 (17)

A. 내담자가 상실, 거부, 유기의 고통스런 감정과 자신의 행위표출 그리고/또는 공격 행동 사이에 핵심 연관관계를 찾도록 도움을 주었다.

B. 내담자가 자신의 감정과 행동 사이의 관계를 하나씩 찾을 때마다 언어로 칭찬과 지지를 해 주었다.

    C. 고통스러운 감정과 행동을 연관시키는 작업에서 내담자가 진전을 보인 것이 내담자의 행위표출 행동의 빈도를 줄이는 데 도움이 되었다.

    D. 내담자가 자신의 고통스러운 감정을 행위표출 행동과 연결시키지 않았고, 이 부분에 대한 모호한 해석을 제시했다.

18. 작은 인형을 사용해 상실의 이야기 말하기 (18)

    A. 다른 사람의 상실, 거부 그리고/또는 유기에 대한 이야기를 작은 인형 그리고/또는 봉제 동물인형을 사용해 내담자에게 들려주었다.

    B. 내담자에게 작은 인형, 봉제 동물인형을 이용해 자신의 상실, 거부 그리고/또는 유기에 대한 이야기를 만들도록 지시했다.

    C. 내담자가 자신의 상실, 거부 그리고/또는 유기에 관한 이야기를 들려준 것에 긍정적인 칭찬을 해 주었다.

    D. 내담자가 이야기를 통해 표현한 감정을 확인하고 정당화했다.

    E. 내담자가 손인형을 이용해 자신의 상실에 대해 이야기하는 것을 조심스러워해서 내담자를 격려해 주었으며, 이런 부분을 지지해 주었다.

19. 자화상 그리기를 지시하기 (19)

    A. 내담자가 종이에 윤곽선으로 자화상을 대략적으로 그리는 것을 도와주었으며, 다 그린 후에 자신의 행위표출 행동의 원인이 되는 사물과 그림으로 윤곽선 안을 채우도록 내담자에게 지시했다.

    B. 내담자가 완성된 자화상을 묘사하고 설명했으며, 그런 다음 내담자와 함께 자화상을 점검했다.

    C. 내담자가 자신의 마음속에 있는 것과 행위표출 행동 사이의 연관성을 집어낼 때마다 언어적 지지와 정당화를 제공했다.

    D. 내담자가 자화상 그리기 연습을 마쳤고 자신의 감정과 행위표출 행동 사이의 연관성을 파악하는 데 도움을 주었다.

20. 미술치료 기법 사용하기 (20)

    A. 표현적 미술 재료(예 : 플레이 도[3], 찰흙, 손가락 그림)를 사용해 내담자가 그림과 조각품을 만들었다.

    B. 내담자가 그림 그리기 및 조각품 만들기에 적극적으로 참여한 것이 분노, 거부, 상실의 감정을 표현하는 데 도움이 되었다.

    C. 내담자가 미술작품을 통해 표출한 감정들을 밝히고, 고찰하였으며, 정당화했다.

    D. 내담자가 다양한 미술 재료를 사용해 만든 작품이 내담자가 분노, 거부, 상실의 감정을 표현하고 해소하는 것을 시작하는 데 도움이 되었다.

21. 분노 관리에 관한 책 읽기 (21)[4]

    A. 분노 관리에 관한 책을 내담자와 함께 읽었다.

---

3) 역자 주 : Play-Doh, 유아용 색깔 찰흙의 상표명이다.
4) 역자 주 : 이와 관련해 출판된 문헌은 다음과 같다.
    홍경자, 김선남 편역(1996), 화가 날 때 읽는 책-화를 내지 않고 사는 방법-, 서울 : 학지사.
    박윤정 옮김(2003), 내 안의 화 다스리기, 서울 : Human & Books.
    박애선 옮김(2004), 자신의 분노를 이기는 방법, 서울 : (주)시그마프레스.
    한동완, 김기화 옮김(1993), 화. 다스리는 지혜, 서울 : 외길사.

B. 내담자가 분노의 감정을 다루는 여러 방법을 익히는 것을 돕기 위해 치료사와 함께 수요일에는 화내지 마세요5)(*Don't Rant and Rave on Wednesday*)(Moser) 그리고/또는 내 뱃속에 화산이 있어요(*A Volcano in My Tummy*)(Whitehouse & Pudney)를 읽도록 지시했다.

C. 내담자가 책에서 제안한 여러 분노 관리 방법을 접하고 화가 날 때 이를 다룰 수 있는 전략 두 가지를 고르는 것을 도왔다.

D. 지목한 분노 관리 전략을 실행할 방법을 내담자와 함께 찾았고, 내담자 일상에서 분노가 느껴질 때 그 전략들을 사용하겠다고 다짐했다.

E. 내담자가 분노 관리에 관한 책 읽기에서 얻은 분노 관리 전략을 일관성 있고 효과적으로 사용해서 화가 난 감정을 부적절하게 표현해서 나타나는 문제가 줄어들었다.

22. 치료 게임하기 (22)

A. '말하기, 느끼기, 행동하기' 게임(Gardner) 그리고/또는 '분노 조절' 게임(Berg)을 사용해 내담자가 자신의 감정을 인식하는 것을 도왔다.

B. 내담자가 게임을 하면서 확인한 감정과 생각을 지지하고 정당화하였다.

C. 부모에게 게임(들)을 전해 주고 가정에서 중간중간에 한두 번씩 내담자와 게임을 하도록 권장했다.

D. 내담자가 적극적으로 치료 게임에 참여한 것이 자신의 생각과 감정을 인지하고 표현하는 능력을 향상시켰다.

23. 감정 도표 사용하기 (23)

A. 감정 도표와 감정 카드를 내담자와 사용해 특정 감정을 인식하는 능력을 향상시키고자 했다.

B. 내담자가 회기 동안 특정 감정을 인지한 것에 대해 칭찬과 강화를 받았다.

C. 내담자가 자신의 감정을 인식하고 이에 저항하는 것을 부드럽게 대면하고, 잘 다루어 해결했다.

D. 내담자가 감정 도표와 카드를 사용하는 것을 통해 감정을 인식·이해·표현하는 능력을 향상시켰다.

24. 입양에 대한 과정 사고 (24)

A. 내담자에게 입양되는 것에 대한 생각을 나눠 달라고 요청했다.

B. 내담자에게 아동 심리치료 과제계획서(Jongsma, Peterson, & McInnis)에 있는 "입양되는 것에 대한 문제와 관심(Questions and Concerns About Being Adopted)" 활동을 과제로 내주었다.

C. 내담자는 입양에 대한 그의 생각과 감정을 진행시키는 데 도움을 받았다.

D. 내담자는 입양에 대한 그의 생각과 감정을 표현하는 것에 대해 망설임을 표하는 것이 확인되었고 정리되었다.

25. 입양에 관한 책 읽기 (25)

A. 내담자에게 입양에 관한 책을 읽도록 과제로 내주었다.

B. 내담자에게 입양에 대한 느낌은 어떠한가(*How It Feels to Be Adopted*)(Krementz)를 읽고 책을 읽으며 얻은 주요 개념의 목록을 만들어 보도록 요청하였다.

C. 내담자는 입양 관련 책을 읽으며 동일시된 감정들을 느꼈다.

---

5) 역자 주 : 아돌프 모저의 저서로 국내에는 총 7권의 책이 '월화수목금토일 행복심리학'이라는 시리즈로 번역·출간되었다.

D. 내담자는 거절과 배반의 감정을 성공적으로 이겨 냈고 그의 양부모가 그를 입양했을 때 진심이 담긴 관심이 있었다고 보게 되었다.

E. 내담자는 입양에 대한 느낌은 어떠한가를 읽지 않아서 읽을 것을 재차 지시받았다.

26. 가족 건강 확인하기 (26)

A. 부모에게 가족체계의 건강과 힘에 대해 언어적으로 지지해 주고 인정해 주었다.

B. 부모에게 아동에 의한 권위와 그것이 가족 기능에 미치는 효과의 다각화와 손상에 대해 교육시켰다.

C. 다각화와 손상을 차단하거나 방지하는 방법을 부모와 함께 조사하고, 확인하고, 개발했다.

D. 부모는 다각화와 손상에 관한 이해와 인식을 갖게 됐으며 이를 효과적으로 대하는 법을 알게 됐다.

27. 지원 단체에 도움을 구하기 (27)

A. 부모, 내담자와 함께 지원 단체의 도움을 요청하는 방안을 고려했다.

B. 부모와 내담자에게 다양한 지원 단체에 관한 정보자료를 제공하고 그중 한 단체의 모임에 참석하겠다는 약속을 하도록 요청했다.

C. 가족은 치료 외의 도움을 받아야 하는 것에 대해 의문을 제기했고 단 한 번이라도 모임 참석을 시도해 보겠다는 언급을 하지 않았다.

D. 내담자와 부모는 지원 단체의 모임에 참석하기 시작했고 모임 참석이 그들에게 도움이 되었다고 보고했다.

E. 내담자와 부모는 입양 지원 단체의 모임에 참석하지 않았으며, 참석할 것을 다시 지시받았다.

28. 행위표출 행동을 재정의하기 (28)

A. 부모가 내담자의 행위표출 행위를 내담자의 재교육 기회로 이해하도록 부모와 공동 상담 회기를 마련했다.

B. 부모가 행위표출 행위를 재양육의 기회로 받아들이는 데 장애가 되는 요소를 찾아서 논의하고, 해결했다.

C. 부모가 내담자의 문제 행동을 위한 새로운 중재 방법을 개발하고 실행하도록 도움을 주었다.

D. 부모에게 새로운 중재 방법을 실행하고 재양육 기회로 여기는 것에 긍정적 강화를 주었다.

E. 부모가 내담자의 행위표출 행동에 새로운 중재 기법으로 대처하여 긍정적인 결과를 얻었다고 보고했다.

F. 부모가 행위표출 행위를 내담자의 재양육 기회로 재정의하지 않아서 이 기법을 사용하는 것에 대해 주지시켰다.

29. 부모에게 입양 관련 서적 읽히기 (29)

A. 입양에 관한 그들의 지식과 이해를 높이기 위해 자료를 읽도록 부모에게 지시했다.

B. 입양에 관한 지식과 이해도를 높이기 위해 부모에게 어린이들이 이별과 상실에 대처하도록 돕는 법(*Helping Children Cope with Separation and Loss*)(Jewett) 그리고/또는 지혜로운 입양(*Adoption Wisdom*)(Russell)을 읽도록 요청했다.

C. 부모에게 평생 입양 길라잡이(*The Whole Life Adoption Book*)(Schooler), 입양 이해하기(*Making Sense of Adoption*)(Melina) 읽기를 권장하고 독서를 통해 입양이 정체성에 끼치는 영향에 대한 지식과 이해를 향상시키도록 했다.

D. 부모가 입양에 관한 책을 읽으면서 알게 된 주요 개념들을 다루고 강화했다.

E. 책을 읽으면서 생긴 입양에 관한 부모의 질문에 대해 토론하고 답해 주었다.

F. 부모가 독서 및 독서 과제 점검을 통해 입양에 관한 지식과 이해를 더했다.

G. 부모가 입양에 관한 권장 도서들을 읽지 않은 것에 대해 조사했다.

30. 부모에게 입양에 관한 인터넷 정보자료 알려 주기 (30)

A. 부모에게 양부모를 위한 정보자료와 지원을 제공하는 믿을 만한 인터넷 사이트들을 알려 주었다.

B. 부모에게 입양에 관한 인터넷 사이트(예 : www.adoption.com, www.adoption.about.com, www.olderchildadoptions.com, www.adoptionsites.com)를 알려 주었다.

C. 부모가 입양에 관한 추가 정보자료와 지원을 얻기 위해 인터넷 사이트를 이용했고 이 정보자료의 이점들을 검토했다.

D. 부모가 입양에 관한 추가 정보자료와 지원을 얻을 수 있는 믿을 만한 인터넷 사이트에 접속하지 않았고, 이런 정보자료에 대해 상기시켜 주었다.

31. 내담자의 정체성을 긍정하도록 부모를 교육하기 (31)

A. 부모에게 내담자의 과거사 전체를 긍정해 주는 것의 중요성을 교육했다.

B. 내담자의 과거사 전체를 인정해 줄 수 있는 여러 방법을 생각해 내도록 부모에게 도움을 주었다.

C. 내담자의 정체성을 긍정하기 위한 부모의 목록을 점검하고 각 항목별로 이를 실천할 구체적인 방안을 강구했다.

D. 부모가 내담자의 정체성을 긍정하기 위해 고안한 방법을 실행에 옮기는 것을 모니터링했고 그들의 끊임없는 노력을 언어적으로 강화했다.

E. 부모가 내담자의 모든 과거사를 인정해 주는 것에 내담자가 매우 긍정적인 반응을 보여 왔음이 관찰됐다.

32. 라이프 북 만들기 (32)

A. 부모에게 내담자의 라이프 북을 만듦으로써 얻는 주요 이득에 대해 교육시켰다.

B. 부모와 내담자에게 라이프 북을 만드는 방법을 가르친 후 함께 이것을 만들라는 과제를 내주었다.

C. 부모는 아동 심리치료 과제계획서(Jongsma, Peterson, & McInnis)에 나오는 '추억 앨범 만들기(Create a Memory Album)' 과제를 하도록 지시받았다.

D. 라이프 북 만들기 과제를 완수하는지 살펴보기 위해 부모와 내담자를 모니터링했다.

E. 완성된 라이프 북은 내담자가 자신의 과거에 대해 지식과 관점을 갖고 기억할 수 있도록 부모가 내담자와 함께 검토하게 했다. 그리고 이 기법의 결과를 검토했다.

F. 부모는 라이프 북 제작을 완료하지 못했고, 이를 하도록 다시 지시받았다.

33. 욕구와 욕망을 뚜렷이 밝히기 (33)

A. 내담자가 자신의 욕구와 욕망을 뚜렷이 밝히고 표현하도록 도움을 주었다.

B. 내담자의 욕구와 욕망 표현을 돕기 위해 내담자에게 아동 심리치료 과제계획서(Jongsma, Peterson, & McInnis)에 나오는 '세 가지 소원 게임(Three Wishes Game)'과 '네가 나에 대해 알면 좋을 몇 가지(Some Things I Would Like You to Know about Me)'를 완료하고 이를 해 보도록 하였다.

    C. 완료한 활동은 내담자와 함께 점검했고 내담자가 표현한 각각의 욕구와 욕망에 대해 언어로 정당화해 주었다.

    D. 내담자에게 완료된 활동에서 나온 결과를 바탕으로 자신의 욕구 목록을 작성하고 제시하도록 요청했다.

    E. 내담자가 자신의 욕구 목록을 제시했고 목록에서 자신이 인식한 각각의 욕구에 대해 언어로 인정해 주었다.

    F. 욕구와 욕망 표현 연습의 결과, 내담자의 욕구 및 욕망에 대한 인식과 표현 능력이 향상되었다.

34. 자존감 연습을 할당하기 (34)

    A. 내담자의 자기 이해, 자기 수용, 자신감을 발달시키는 자존감 연습을 내담자에게 할당했다.

    B. 내담자에게 자기 이해, 자기 수용, 자신감을 발달시키도록 고안된 **자존감과 삶의 기술 플러스**(*SEALS & Plus*)(Korb-Khara, Azok, & Leutenberg)[6)]에 나오는 연습을 하도록 지시했다.

    C. 내담자가 자기인식 연습이 자신감을 쌓는 데 도움이 됐다고 보고했다.

    D. 내담자가 자기인식 연습을 하지 않았으며, 이를 시도해 보라고 다시 지시했다.

35. 행동에 대한 부모의 기대치 점검하기 (35)

    A. 내담자의 행동과 적응에 대한 부모의 기대치를 조사하고, 인식했으며, 이를 다루었다.

    B. 부모가 가진 비현실적인 기대치를 직면했고, 이를 좀 더 현실적인 기준으로 수정했다.

    C. 부모가 몇몇 비현실적인 기대치의 수정에 저항하는 것이 나타났고, 이를 다루고 해결했다.

    D. 부모가 그들의 기대치를 내담자의 발달 단계와 입양 절차에 좀 더 적합한 수준으로 조정한 것으로 드러났다.

36. 치료 놀이 접근을 활용하기 (36)

    A. 내담자와 관계 형성을 위한 치료 놀이 접근법(Jernberg & Booth)을 부모에게 교육시켰다.

    B. 치료 놀이식 접근을 사용하는 데 있어서 부모가 적극적인 공동 치료사가 될 것을 명시한 구두 동의를 받아 냈다.

    C. 내담자가 관계 형성을 시도하고 심리내면적 갈등에서 벗어나도록 유도할 목적으로 치료에서 치료 놀이 애착기반 접근법을 중점적으로 실시했다.

    D. 치료 회기 사이에 가정에서 부모가 내담자에게 실시할 구체적인 치료 과제를 주었다.

    E. 부모가 공동 치료사의 입장에서 과제를 실행하는 것을 모니터링했으며 상황에 따라서는 방향을 재설정해 주었다.

    F. 내담자가 치료사, 부모와 관계 설정을 시작한 것으로 비추어 볼 때 치료 놀이식 접근법이 효과가 있는 것으로 나타났다.

    G. 내담자가 행위표출 행동을 계속하고 부모 및 치료사와 진전된 관계를 형성하지 못함에 따라 치료 놀이식 접근법이 효과적이지 않은 것으로 드러났다.

37. 내담자와 일대일로 놀아 줄 것을 부모에게 지시하기 (37)

    A. 매일 내담자와 일대일로 놀아 주며 시간을 보내는 것의 가치를 탐구하고 부모에게 짚어 주었다.

---

6) 역자 주 : 책의 원제는 다음과 같다. 자존감과 삶의 기술—교사와 상담가를 위한 응용 가능한 활동 중심 안내물(Self Esteem and Life Skills—reproducible activity based handouts created for teachers and counselors)

B. 일관되게 내담자와 일대일로 놀아 주며 시간을 보내겠다고 약속할 것을 부모에게 요청했다.

C. 각 부모가 내담자와 놀아 주는 일대일 놀이 일일 계획표를 세워 실행에 옮겼다.

D. 부모가 매일 일대일로 내담자와 놀아 주는지 부모를 모니터링하고, 격려했으며, 놀이 방향을 재설정해 주었다.

E. 매일 내담자와 일대일로 놀아 준 결과 내담자의 애착관계 형성에 눈에 띄는 성과를 얻었다고 부모가 보고했다.

F. 부모가 별도로 시간을 내서 내담자와 일대일로 놀아 주지 않았으며, 그렇게 하도록 재차 권고받았다.

38. 언어적 강화/신체적 애정 표현을 격려하기 (38)

A. 마음에서 우러나오는 언어적 강화와 신체적 애정 표현을 매우 많이 하는 것의 긍정적 가치를 부모에게 알려 주었다.

B. 부모가 내담자에게 강화나 애정 표현을 매우 많이 해 줄 수 있는 여러 가지 방법을 찾도록 도움을 주었고 이를 시작하는 구체적인 방법을 여러 개 선정해 주었다.

C. 부모가 내담자에게 매일 엄청난 양의 진심을 담은 언어적 강화와 신체적 애정 표현을 하도록 격려하고, 지지해 주었으며, 그들의 노력을 모니터링했다.

D. 부모가 내담자에게 엄청난 양의 강화와 애정 표현을 일관되게 해 준 것을 강화해 주었고, 내담자는 애착감이 증가했음을 보여 주는 여러 가지 신호로 반응했다.

E. 부모는 내담자에게 일관성 있게 정적 강화와 애정 표현을 많이 해 주지 않았고, 이를 하도록 부모에게 다시 권고했다.

39. 친부모에 대한 부정적인 언급을 단념시키기 (39)

A. 양부모가 내담자의 친부모에 관한 부정적인 언급을 하는 것이 갖는 잠재적인 부정적 결과를 조사하고, 인식하고, 다루었다.

B. 양부모에게 내담자가 친부모에 관한 질문을 했을 때의 대응법을 가르쳐 주었다.

C. 친부모에 관한 부정적인 언급을 한마디라도 할 수 있는 상황이 어떤 것인지 양부모에게 제시했다.

D. 양부모에게 친부모에 관한 부정적인 언급이 입양 아동들에게 얼마나 악영향을 끼칠 수 있는가에 민감할 것을 당부했다.

E. 양부모가 내담자의 친부모에 관한 일체의 부정적인 언급을 더 이상 하지 않은 것을 강화해 주었다.

40. 양부모의 입양 관련 질문에 답변하기 (40)

A. 양부모에게 입양과 관련된 구체적인 문제와 궁금증을 물어볼 기회를 주었다.

B. 양부모가 제기한 여러 가지 입양 관련 질문과 문제에 대해 해결 방향을 제시하고 지지를 해 주었다.

C. 양부모에게 어떤 종류의 질문이나 문제를 제기해도 된다고 허락하고, 격려하고, 강화해 주었다.

D. 양부모에게 질문이나 문제 제기를 할 기회를 열어 준 것이 입양에 관련된 그들의 불안감과 걱정을 감소시키는 데 도움이 되었다.

41. 양부모에게 훈육에 관한 교육을 제공하기 (41)

A. 양부모에게 훈육 방법에 관한 교육을 할 것을 제안했다.

B. 부모와 함께 모욕과 일관된 훈육을 실행하는 방법을 연구해 보았다.

C. 반항하는 아이를 양육하는 Kazdin의 방법(*The Kazdin Method for Parenting the Defiant Child*)(Kazdin)의 일부분을 읽도록 부모에게 권장하였다.

D. 의지가 강한 아이 양육하기(*Parenting the Strong-Willed Child*)(Forehand & Long)의 일부분을 읽도록 부모에게 권장하였다.

E. 부모의 훈육 체계 실행을 격려하고, 지지하고, 모니터링했다.

F. 부모가 훈육 체계를 일관성 있게 사용해 내담자와의 갈등 빈도와 강도가 줄어들었음이 목격되었다.

G. 부모가 훈육 체계를 일관성 있게 사용하지 않아서 이것을 사용하도록 부모에게 다시 지시했다.

42. 성공하는 가족들의 일곱 가지 습관 읽기 (42)

A. 부모에게 가족의 건강과 상호관계성을 증진시킬 아이디어를 얻도록 성공하는 가족들의 일곱 가지 습관(*7 Habits of Highly Effective Families*)[7](Covey)을 읽도록 지시했다.

B. 가족 건강과 유대관계 증진을 위한 부모의 제안을 점검하고 이들을 실행에 옮길 방안을 검토하고 개발했다.

C. 부모가 가족의 건강과 화합을 증진시킬 제안을 실행에 옮기도록 도와주었다.

D. 부모가 성공하는 가족들의 일곱 가지 습관에서 얻은 제안들을 실행하는 것을 격려하고, 지지하고, 효과가 있는지 모니터링했다.

E. 부모가 성공하는 가족들의 일곱 가지 습관에서 얻은 새로운 아이디어들을 실행하는 것이 가족의 건강을 증진시키고 가족 간 일체감을 강화시키는 데 도움이 된 것으로 나타났다.

F. 부모가 성공하는 가족들의 일곱 가지 습관에서 얻은 새로운 아이디어를 실행에 옮기지 않았고, 그들 가족에게 적합한 아이디어들을 사용하도록 다시 지시했다.

43. 다른 자녀들과도 일대일로 시간을 갖도록 부모에게 지시하기 (43)

A. 다른 자녀하고도 일대일로 시간을 보내 주는 것의 가치를 부모와 함께 탐구하고 그 이점을 제시하고 다루었다.

B. 부모가 모든 자녀와 일대일로 시간을 보내겠다고 약속한 것을 강화해 주었다.

C. 부모가 각각의 자녀들과 일대일로 시간을 보내는 일주일간의 일정을 작성하고 실행에 옮겼다.

D. 부모가 일대일로 각각의 자녀들과 시간을 보내고 있는지를 모니터링하고, 격려했으며, 방향 설정을 다시 해 주었다.

E. 부모가 각각의 자녀와 일대일로 시간을 보내고 나서 아이들과의 갈등과 아이들의 관심 끌기 행동이 줄었다고 보고했으며, 이러한 개선의 이점을 검토했다.

F. 부모가 일대일로 모든 아이들과 시간을 보내겠다는 약속을 지키지 않았고 약속을 이행하도록 부모에게 다시 권고했다.

44. 이니셔티브 주간을 가족에게 추천하기 (44)

A. 이니셔티브 주간(initiative weekend) 참석이 지닌 긍정적 이점을 가족에게 인식시키고, 설명해 주고, 가족과 함께 짚고 넘어갔다.

B. 부모에게 몇몇 이니셔티브 프로그램에 대한 정보자료를 주었고 그중 하나를 골라 참석해 볼 것을 권유

---

7) 역자 주 : 국내에서 번역, 출판되었다.

했다.

C. 가족이 준비해 이니셔티브 주간에 참석했다.

D. 가족 이니셔티브 주간 경험을 점검했고, 신뢰·협력·관계 면에서의 긍정적인 이득을 인식하고, 확인하고, 강화했다.

E. 가족이 이니셔티브 주간 경험을 이용하지 않았으나 관련 자원을 이용해 보도록 상기시켜 주었다.

45. 가계도 작성하기 (45)

A. 가족 구성원 각각의 출신과 연결고리 등을 포함한 가계도를 작성했다.

B. 가족이 적극적으로 가계도 작성에 참여했다.

C. 각 가족 구성원의 출신과 가족에서의 현재 위치를 밝히고, 긍정했으며, 확증했다.

D. 가족이 협동해서 가계도 작성에 참여한 것이 각 가족 구성원들이 가족과 자신이 어떤 식으로 연결되어 있는지 인지하는 데 도움이 되었다.

제3장 **분노조절장애**[1]

내담자 소개

1. **단편적인 과도한 분노 (1)[2]**

    A. 내담자는 특정한 상황에서 이성을 잃은 경험을 이야기했다.

    B. 내담자는 일반적으로 특정한 감정 주제와 관련해 언어적 폭발, 소유물 파괴 등을 포함해 이성을 잃었던 수년 전의 경험을 이야기했다.

    C. 치료가 진행될수록 내담자는 그의 단편적인 과도한 분노를 조절할 수 있는 능력이 증진되었다고 보고했다.

    D. 내담자에게 단편적인 과도한 분노가 일어나는 사건이 최근에 전혀 발생하지 않았다.

2. **분노에 대한 인지 편견 (2)**

    A. 내담자는 흔히 분노와 관련된 인지 편견 패턴을 보인다.

    B. 내담자는 남들에게 많은 기대를 한다.

    C. 내담자는 분노의 대상을 정할 때 보편화하는 경향을 보인다.

    D. 내담자는 인지된 모욕에 대한 반응으로 분노를 보이는 경향이 있다.

    E. 치료가 진행될수록 분노와 관련된 인지 편견의 감소가 내담자에게서 관찰됐다.

3. **생리학적 흥분의 증거 (3)**

    A. 내담자는 분노의 감정에 직접적인 생리학적 흥분의 증거를 보였다.

    B. 내담자는 분노의 감정에 간접적인 생리학적 흥분의 증거를 보였다.

    C. 치료가 진행될수록 분노가 더 조절 가능해지면서 내담자의 생리학적 흥분 수준은 낮아졌다.

---

[1] 역자 주 : 이 분노조절장애를 화병(火病, 禍病)으로 표현한다.

[2] 괄호 안의 숫자들은 아동 심리치료 치료계획서(*The Child Psychotherapy Treatment Planner*), 제5판(Jongsma, Peterson, McInnis, Bruce 공저, 2014년, Hoboken, NJ : Wiley)에서 동일한 제목을 지닌 관련 장의 치료 중재의 숫자와 연결된다.

4. 화난/긴장된 몸짓 언어 (4)

A. 내담자는 분노의 언어뿐 아니라 긴장되고 뻣뻣한 근육과 노려보는 표정을 보여 주었다.

B. 내담자는 근육 긴장, 꽉 쥔 주먹, 눈 맞춤을 피하는 몸짓 신호로 그의 분노를 표현하였다.

C. 내담자는 점점 더 편안해 보였고, 덜 화나 보였으며, 공격적인 물리적 신호를 보이지 않았다.

D. 내담자의 가족은 내담자가 점점 가족 환경 안에서 편안해졌으며 노려보는 표정이나 책상에 주먹을 내리치는 행동을 보이지 않았다고 보고했다.

5. 인지된 부정적 상황에 대한 과잉반응 (5)

A. 내담자는 반감, 거절, 혹은 비판을 인지하면 과잉반응을 하는 것으로 보인다.

B. 반감, 거절, 혹은 비판이 없더라도 내담자는 화가 날 수 있다.

C. 내담자는 반감, 거절, 혹은 비판에 대한 그의 경험에 대한 편견이 있는 것으로 보인다.

D. 치료가 진행될수록 반감, 거절, 혹은 비판에 대한 과잉반응의 패턴이 줄었다.

E. 인지된 반감, 거절 혹은 비판에 대한 내담자의 분노 과잉반응이 줄었다.

6. 합리화와 책임전가 (6)

A. 내담자는 그의 분노 폭발이나 공격적인 행동을 다른 사람이나 외부 상황 탓으로 돌린 적이 있다.

B. 내담자는 그의 분노 폭발이나 공격적인 행동에 대한 책임을 지려고 하지 않았다.

C. 내담자는 그의 분노 조절 문제에 대한 책임을 좀 더 받아들이기 시작했고 그의 분노 폭발이나 공격적인 행동의 책임전가 횟수도 줄기 시작했다.

D. 내담자는 그의 분노와 공격적 충동은 자신의 조절 능력 부족 때문이라는 것을 언어적으로 인정하였다.

E. 내담자는 자신의 분노 조절 문제에 대해 죄책감을 느끼고 주변의 소중한 사람들에게 그의 분노 조절 상실에 대한 사과를 하였다.

7. 분노 폭발 (7)

A. 내담자가 분노 폭발을 빈번하게 나타냈으며, 도를 넘어 거침없는 수준의 상태를 보였다.

B. 내담자가 오늘의 치료 회기 도중에 화나고, 적대적이고, 안달하는 것처럼 보였다.

C. 내담자가 최근에 집과 학교에서 여러 번 분노를 표출했다.

D. 내담자가 자신의 분노에 대해 더 강한 통제력을 갖기 시작했으며, 평소 화나거나 좌절할 때처럼 빠르고 충동적으로 반응하지는 않았다.

E. 내담자가 분노 폭발에 대한 빈도와 강도가 눈에 띄게 감소하였음을 보고했다.

8. 언어적 욕설 (8)

A. 내담자는 과거에 욕구가 충족되지 않을 때나 하기 싫은 일을 해야 되는 상황에서 고함지르거나, 욕하기 또는 언어적인 폭력을 행사한 전력이 있다.

B. 내담자가 오늘의 치료 회기 도중에 고함지르고 욕설을 내뱉었다.

C. 내담자의 큰소리치기, 욕설 및 언어적 폭력이 강도 및 빈도 면에서 감소했다.

D. 내담자가 자신의 화나는 감정을 절제된 방식으로 표현하기 시작했다.

E. 내담자가 일관되게 자신의 분노를 적절히 통제했으며, 타인에게 큰소리치거나 난폭한 언어를 쓰지 않았다.

9. **신체적 공격성/폭력 (9)**

   A. 내담자가 신체적 공격성 또는 폭력 행동에 연관된 내력을 가지고 있다.

   B. 내담자가 최근에 신체적 공격 또는 폭력을 휘두른 적이 있다.

   C. 내담자가 조금씩 자신의 분노를 통제하는 능력이 발달하기 시작했으며, 최근에는 과거만큼 자주 다툼에 개입하지 않았다.

   D. 내담자가 최근에 양호한 자기통제력을 보여 줬으며, 어떤 신체적 공격성이나 폭력 행동에도 관여하지 않았다.

10. **언어적 위협/협박 (10)**

    A. 내담자가 자신의 욕구를 충족시키기 위해 타인을 위협하거나 협박한 내력이 있다.

    B. 내담자가 치료 회기 도중에 언어로 위협하는 태도를 보였다.

    C. 내담자가 집, 학교 및 지역사회에서 남에게 지속적으로 위협 또는 협박을 하였다.

    D. 내담자가 언어적 위협 및 협박 행동의 강도 및 빈도가 약간의 감소를 보였다고 보고했다.

    E. 내담자는 최근에 적절한 자기 분노 통제력을 나타냈고, 타인을 위협하거나 협박하는 태도를 보이지 않은 것으로 나타났다.

11. **파괴적 행동 (11)**

    A. 내담자는 화가 나거나 좌절할 때 반복적으로 나타나는 파괴적인 행동이나 물건 던지는 행위를 이야기 했다.

    B. 내담자는 소유물에 대해 파괴적인 행동을 보였던 사건들에 대해 이야기했다.

    C. 내담자는 화났을 때 물건을 파괴하거나 던지고 싶은 충동을 조절하기 시작했다.

    D. 내담자는 최근에 자신이 물건을 던지거나 소유물을 파괴한 적이 없다고 보고했다.

12. **비난하기/표출하기 (12)**

    A. 내담자는 자신의 분노 폭발 또는 공격적인 행동을 타인이나 외부 환경 탓으로 돌린 내력이 있다.

    B. 내담자는 최근에 일어난 분노 폭발 또는 공격적인 행동에 대한 책임을 받아들이지 않았다.

    C. 내담자는 자신의 분노 조절 문제에 대해서 책임감을 좀 더 느끼기 시작했으며, 자신의 분노 폭발 또는 공격적인 행동에 대해 종종 타인의 탓으로 돌리는 일을 덜 하게 됐다.

    D. 내담자는 자신의 분노 또는 공격적 충동에 대한 서투른 조절 능력에 대해 책임감을 느낀다고 말했다.

    E. 내담자는 자신의 분노 조절 문제에 대해 죄책감을 나타냈으며, 주변의 소중한 사람들에게 자신이 분노를 참지 못한 것에 대해 사과했다.

13. **방어성 (13)**

    A. 내담자는 오늘 치료 회기 동안에 방어적이고 지나치게 신중한 태도를 보였다.

    B. 내담자가 치료과정에 참여하는 데 어려움을 겪었고, 자신의 분노 조절 문제에 영향을 끼친 요소들을 알아내는 일에 대해 저항하는 태도를 보였다.

    C. 내담자의 방어 성향은 감소하기 시작했고, 자신의 분노 조절 문제에 기여한 내재적 원인을 찾는 것에 더 큰 의지력을 보여 줬다.

    D. 내담자가 치료 회기 내내 즐겁고 협조적이었으며, 자신의 분노 조절 문제에 기여한 내재적인 원인을

찾는 일에 자발적인 의지를 보였다.

14. 수동성-공격 행동 (13)

A. 부모와 교사는 내담자의 지속적인 수동성-공격 행동의 양상에 관해서 이야기했다(예 : 잊어버리기, 듣지 않는 척하기, 빈둥거리기, 늑장 부리기).

B. 내담자는 자신이 종종 고의적으로 수동성-공격 행동을 통해 타인을 화나거나 좌절하게 했다는 것을 언어적으로 인정했다.

C. 내담자는 자신의 분노나 적개심을 수동성-공격 행동 대신 타인에게 직접 언어로 표현하기 시작했다.

D. 내담자가 분노 감정을 직접 표현하거나 자제, 존중받을 만한 방안으로 표현했다.

E. 내담자의 수동성-공격 행동은 최근 들어서 그 빈도가 매우 감소했다.

15. 대립적/반항적 행동 (13)

A. 내담자의 분노는 종종 대립적이고 반항적인 행동으로 전달된다.

B. 내담자가 오늘의 치료 회기에서 매우 대립적이었으며 단지 논쟁을 위한 논쟁을 하는 것처럼 보였다.

C. 내담자가 최근에 집이나 학교 또는 지역사회의 권위 있는 법칙과 규정을 무시한 적이 있다.

D. 내담자가 집, 학교 또는 지역사회의 규정이나 법칙을 따르려는 의지가 어느 정도 높아졌다.

E. 내담자는 최근에 자신이 집, 학교 및 지역사회의 규칙을 잘 따르고 순응했다고 보고했다.

16. 권위 갈등 (13)

A. 내담자는 오늘의 치료 회기에서 부정적이고 매우 논쟁적인 태도를 보였다.

B. 내담자는 권위를 가진 인물과 빈번한 다툼에 휘말리고, 논쟁에서 쉽사리 물러서지 않는다.

C. 내담자는 권위를 가진 인물에게서 꾸중을 들었을 때 종종 무례한 방식으로 말대꾸를 한다.

D. 내담자는 자신의 분노를 조절하며, 권위를 가진 인물을 존중해야 한다는 필요성을 언어적으로 인정했다.

E. 내담자는 자신이 존중하는 태도로 권위를 가진 성인들과 지속적으로 상호작용을 한다고 보고했다.

17. 가족 간의 갈등 (13)

A. 내담자는 자신의 부모나 형제와 반복적으로 심한 논쟁 또는 신체적인 싸움에 개입되었다.

B. 내담자는 가족 구성원에 대해서 강한 분노와 원망의 감정을 나타냈다.

C. 내담자는 가족 구성원에게 절제하고 존중하는 태도로 분노를 표현했다.

D. 내담자는 집에서 자신의 분노 조절을 바람직하게 나타내기 시작했다.

18. 빈곤한 또래관계 (14)

A. 내담자의 분노 조절 문제는 또래와의 불안정한 상호관계에 영향을 끼치는 중요한 요소가 되었다.

B. 내담자는 상호관계에서 일어나는 문제를 종종 친구 탓으로 돌리고, 자신의 분노 조절 문제가 어떻게 갈등에 기여했는지 인정하기를 거부했다.

C. 내담자는 자신의 분노 조절 문제가 친구관계를 맺고 유지하는 능력을 어떻게 방해했는지에 대해 인정하기 시작했다.

D. 내담자는 자신의 효과적인 분노 조절로 또래와의 관계가 좋아졌다고 보고했다.

19. 공감(감정이입)의 부족 (14)

A. 내담자는 자신의 분노 폭발 또는 공격적 행동이 남에게 끼치는 충격에 대해 거의 신경 쓰지 않거나 공감하지 않았다.

B. 내담자는 타인의 희생을 통해 자신의 욕구를 충족하기 위해서 협박 또는 폭력을 행사하려는 의지를 보였다.

C. 내담자가 자신의 반항적이고, 공격적이고, 파괴적인 행동이 어떻게 타인에게 부정적인 영향을 끼치는 지를 깨달았음을 언어적으로 인정했다.

D. 내담자가 말로 공감하거나 치료 기간에 타인에게 관심을 표현했다.

E. 내담자는 타인의 생각, 감정, 욕구에 대해서 지속적으로 공감하고 반응했다.

20. 우울 및 불안의 감정 (15)

A. 내담자의 분노 조절 문제는 종종 우울증이나 불안감과 관련된 깊은 감정을 감추고 있다.

B. 내담자가 화나거나 적대적인 감정을 통제하는 자신의 노력에 대해 우울 및 불안감을 나타냈다.

C. 내담자가 우울하거나 불안하기 시작할 때 화내거나 공격적으로 반응한다는 것을 언어적으로 수긍했다.

D. 내담자가 자신의 분노를 더 효과적으로 조절하는 능력에 대해 행복과 만족감을 나타냈다.

E. 내담자가 자신의 우울 및 불안감을 줄이기 위해서 적극적인 태도(예 : 든든한 친구에게 우울한 감정 표현하기, 불안을 일으키는 상황에 정면 대처하기, 긍정적인 또래 모임과 교류하기)를 취했다.

21. 낮은 자존감 (15)

A. 내담자의 분노 폭발 및 공격적 행동은 종종 낮은 자존감, 불안감, 열등감 같은 깊은 감정을 숨기고 있다.

B. 내담자의 지속적인 분노 조절 문제는 자신에 대한 부정적 이미지와 낮은 자존감을 발달시키는 결과를 가져왔다.

C. 내담자가 자신의 분노 표출 및 공격적 행동이 종종 열등감 및 불안감과 관련되었다고 언어로 인정했다.

D. 내담자가 분노를 조절하는 자신의 향상된 능력에 대해 긍정적인 자기 의견을 표현했다.

E. 내담자가 자존감 향상과 긍정적인 자아 이미지 형성을 위해 적극적인 태도를 취했다.

22. 아동기 학대 (15)

A. 내담자가 자신의 분노 조절 문제의 발병과 상관관계가 있는 과거의 신체적·언어적 학대 경험을 이야기했다.

B. 내담자가 과거의 학대 사건들에 대해서 언급하기를 꺼렸다.

C. 내담자가 과거에 학대받은 일화에 대해 강한 분노, 상처 및 슬픔을 나타냈다.

D. 내담자가 과거의 학대 경험에 대한 수많은 생각과 감정을 다루면서 개선된 분노 조절 능력을 보이기 시작했다.

E. 내담자가 과거의 학대 경험에 대한 자신의 감정에 대해 대처한 이후, 그의 분노 폭발과 공격적인 행동의 빈도와 심각성은 눈에 띄게 감소했다.

23. 분리/상실 (15)

A. 내담자는 자신의 인생에서 중요한 사람과의 분리 또는 이별 경험이 자신의 분노 조절 문제의 발병과

관련이 있다고 보고했다.

B. 내담자는 과거의 분리나 헤어짐의 경험에 대해 말하기를 꺼리며 매우 조심스러워했다.

C. 내담자는 과거의 분리나 이별 경험에 대해서 강한 분노, 상처 및 슬픔의 감정을 나타냈다.

D. 내담자는 과거의 분리나 이별 경험에 대한 자신의 생각과 감정에 대처하기 시작한 이후로 자신의 분노 조절을 개선하기 시작했다.

E. 내담자는 과거의 분리나 이별 경험을 둘러싼 자신의 생각과 감정에 대처하기 시작한 이후로 분노 폭발이나 공격적 행동의 빈도 및 심각성에서 눈에 띄는 감소를 보였다.

중재 실행

1. 치료적인 신뢰 쌓기 (1)[3]

A. 오늘 치료 회기는 내담자와 지속적인 눈 맞춤, 적극적 경청, 무조건적인 긍정적 시선 및 따뜻한 수용을 통해 상호 간의 신뢰도를 쌓는 데 집중했다.

B. 내담자의 관심사를 귀담아들었으며, 그의 감정은 자신의 상태를 반영하였다.

C. 오늘 치료 회기에서 내담자가 자신의 생각과 감정을 표현하는 데 있어서 공감과 지지를 받았다.

D. 내담자가 자신의 내면에 깔린 생각과 감정을 나누기를 꺼리고 불신하는 태도를 보였다.

E. 내담자가 과거에 자신이 타인으로부터 종종 거절당했던 것처럼 느꼈기 때문에 신뢰를 쌓는 데 어려움을 느낀다고 말했을 때 격려를 해 주었다.

2. 분노의 동력 평가하기 (2)

A. 내담자는 자신의 분노를 유발한 다양한 자극을 평가받았다.

B. 내담자는 자신의 분노를 유발했던 상황, 인물, 사고를 밝혀내는 데 도움을 받았다.

C. 내담자는 자신의 분노 반응을 특징짓는 생각, 감정, 행동을 이해하는 데 도움을 받았다.

3. 분노에 대한 부모의 반응 평가하기 (3)

A. 내담자의 분노에 대한 부모의 반응을 평가하였다.

B. 부모의 반응이 내담자의 분노 폭발을 잡을 수 있는 강화의 수준에 초점을 맞추었다.

C. 내담자의 분노 폭발에 대한 부모의 반응이 내담자의 분노를 어느 정도 강화한다는 것이 발견되었다.

D. 부모가 무심코 내담자의 분노를 강화하게 이끌었을 수 있다는 것이 발견되었다.

4. 부모의 일관성 평가하기 (4)

A. 부모의 접근과 일관성은 그들이 자녀의 분노 조절을 어떻게 다루는지에 따라 평가되었다.

B. 구체적인 초점은 자녀의 분노 조절 문제에 관한 양육법 실행에서 부모 사이에 일어나는 갈등에 맞추었다.

C. 자녀의 분노 조절 문제에 대한 부모의 접근에 관한 갈등은 확인되었고 해결 과정을 거쳤다.

---

3) 괄호 안의 숫자들은 아동 심리치료 치료계획서(*The Child Psychotherapy Treatment Planner*), 제5판(Jongsma, Peterson, McInnis, Bruce 공저, 2014년, Hoboken, NJ : Wiley)에서 동일한 제목을 지닌 관련 장의 치료 중재의 숫자와 연결된다.

D. 부모는 그들의 접근이 일관적이라고 생각하였고 양육법 실행에서 일어나는 그들 사이의 뚜렷한 갈등은 없다고 보았다.

5. 신체검사 의뢰 (5)

A. 내담자의 분노와 관련된 신체 기관의 원인 요소들을 배제하기 위해 내담자는 종합 신체검사를 전문의사에게서 받았다(예 : 뇌손상, 종양, 테스토스테론 수치 향상을 검사).

B. 내담자가 신체검사를 받는 데 동의하였고, 그 결과도 확인하였다.

C. 신체검사를 통해서 몸속 기관의 원인으로 미숙한 분노 조절이 초래되었는지를 확인했고, 치료방법이 제시되었다.

D. 신체검사를 통해 몸속 기관의 원인으로 미숙한 분노 조절이 초래되지 않았음을 확인했고, 이 결과는 내담자에게 반영되었다.

E. 내담자가 신체검사를 통해 몸속 기관을 검사하는 것에 동의하지 않았으나, 검사를 받도록 다시 지시받았다.

6. 심리검사 의뢰/실시 (6)

A. 심리검사는 내담자의 분노 조절 문제에 정서적 요소나 ADHD가 원인을 제공했는지를 판단하기 위해서 실행됐다.

B. 내담자에게 정직하고 솔직한 자세로 심리검사에 임하라고 강조했으며, 주어진 어떤 요구에 대해서도 협력해 줄 것을 강조했다.

C. 내담자는 심리검사 과정에서 비협조적이고 저항적이었으나, 검사에 응할 수 있도록 조언을 받았다.

D. 내담자는 심리검사 과정 중에 저항적이었으며 ADHD나 다른 심각한 정서적 문제의 가능성에 대한 고려를 거부했으나, 이에 대해 지지하고, 다시 지시받았다.

E. 심리검사 결과가 내담자와 부모에게 전달되었다.

7. 통찰력 수준의 평가 (7)

A. 내담자는 보이는 문제들을 향한 통찰 수준으로 평가되었다.

B. 내담자는 보이는 문제들에 관하여 그의 통찰의 동조적인 본성 대 이질적인 본성에 따라 평가되었다.

C. 내담자는 행동과 증상에서 문제가 되는 본성에 대한 좋은 통찰을 하도록 보여 주었다.

D. 내담자가 다른 사람들의 우려에 동의하는 것이 목격되어 변화에 힘쓰도록 동기유발되었다.

E. 내담자는 묘사된 문제에 대해 양면성이 있음이 드러났고 그 문제들을 우려사항으로 보는 것을 꺼렸다.

F. 내담자는 문제 영역의 인식에 관해 저항적인 것으로 나타났고, 걱정하지 않았으며, 변화에 대한 동기가 없었다.

8. 관련 장애의 평가 (8)

A. 내담자는 연구 기반의 관련 장애들의 증거에 의해 평가되었다.

B. 내담자는 자살에 대한 취약성 수준으로 평가되었다.

C. 내담자는 동반장애를 가진 것으로 확인되었고, 치료는 이를 처리할 수 있도록 조정되었다.

D. 내담자는 또 다른 관련 장애가 있는지 평가되었지만 아무것도 발견되지 않았다.

9. 문화적으로 혼란스러운 문제에 대한 평가 (9)

A. 내담자는 그의 임상 행동을 더 잘 이해하도록 도와줄 수 있는 나이 관련 쟁점으로 평가되었다.

B. 내담자는 그의 임상 행동을 더 잘 이해하도록 도와줄 수 있는 성별 관련 쟁점으로 평가되었다.

C. 내담자는 그의 임상 행동을 더 잘 이해하도록 도와줄 수 있는 문화의 증후군, 고통의 문화적 관용구, 혹은 문화적으로 감지된 사건으로 평가되었다.

D. 다른 요인들이 내담자의 현재 정의된 '문제 행동'에 기여할 것이라고 확인되었고 이 요인들은 그의 치료에 반영되었다.

E. 내담자의 현재 정의된 '문제 행동'을 설명할 수 있는 문화적 기반 요인들은 조사되었지만 중대한 요인은 발견되지 않았다.

10. 장애의 심각성 평가 (10)

A. 내담자의 장애의 심각성은 보호의 적절한 정도를 결정하기 위해서 판단되었다.

B. 내담자는 사회적·관계적·교육적인 노력에서의 손상 정도로 평가되었다.

C. 내담자는 그의 장애가 자신의 기능에 가볍거나 중간 정도의 영향을 끼친다는 것을 알았다.

D. 내담자는 그의 장애가 자신의 기능에 심각하거나 더 심각한 영향을 끼친다는 것을 알았다.

E. 내담자의 치료의 효율성과 적절성, 그리고 장애의 심각성은 꾸준히 평가되었다.

11. 병원의 돌봄 평가 (11)

A. 병원의 돌봄과 관심으로 내담자의 집, 학교, 지역사회가 평가되었다.

B. 내담자의 다양한 환경은 아동의 욕구에 지속적인 무관심, 돌보는 사람의 잦은 변화, 안정적 애착의 제한된 기회, 가혹한 훈육 혹은 다른 심각한 부적절한 돌봄이 있었는지 평가되었다.

C. 병원의 돌봄이 확인되었고 치료계획에 이러한 우려를 관리하고 바로잡는 것과 아동을 보호하는 전략이 포함되었다.

D. 어떠한 병원의 돌봄도 확인되지 않았고, 이것은 내담자와 돌보는 사람에게 반영되었다.

12. 약물치료를 위한 검사 의뢰 (12)

A. 내담자는 전문의사에게 분노 증상을 조절하는 데 도움이 되는 향정신성 약물치료를 위한 검사를 받을 것을 권고받았다.

B. 내담자는 약물검사에 동의했고 약속을 지켰다.

C. 내담자는 향정신성 약물치료를 위한 전문의사의 검사에 응하기를 거부했으나 검사를 받을 수 있을 때 이행하라는 조언을 받았다.

13. 약물치료의 순응도/유효성 관찰하기 (13)

A. 약물치료 순응도 및 유효성의 사안은 내담자와 부모에게 전달되었다.

B. 내담자에 대한 약물 처방은 성사되고 신청되었다.

C. 내담자에 대한 약물 처방 및 그 효과와 관련된 정보자료는 담당 전문의에게 전달됐다.

D. 내담자의 약물치료에 대한 책임감 있는 태도는 언어적으로 강조되었다.

E. 내담자는 향정신성 약물 복용이 자신의 분노 경험을 줄이는 데 효과적이었다고 보고했다.

14. 동기적 인터뷰 사용 (14)

A. 동기적 인터뷰 기법은 고객들이 그들의 동기를 바꾸기 위한 동기 부여를 돕기 위해 사용되었다.

B. 동기적 인터뷰 기법은 내담자가 화를 내고 관리하는 새로운 방법을 학습하는 데 동의하는 단계로 이동하는 데 도움이 되었다.

C. 내담자는 현상에 대한 불만과 변화의 이점을 파악하는 데에 도움을 받았다.

D. 내담자는 변화를 일으킬 정도로 자신의 긍정적인 수준을 파악하는 데 도움을 받았다.

15. 거짓말과 비난의 도전 (15)

A. 내담자가 자신의 실수에 대해 거짓말하고 타인을 비난하는 진술을 하는 동안 치료적 조치가 취해졌다.

B. 내담자는 자신의 행동에 대한 책임을 인정하지 않았을 때 침착하게 맞섰다.

C. 내담자는 책임감의 수용과 분노조절장애를 기꺼이 변화시키려는 방향으로 지도되었다.

D. 내담자의 분노 조절 문제에 대한 책임감의 점진적 수용이 강화되었다.

E. 내담자는 자신의 분노 조절 문제에 대한 책임을 인정하지 않아 왔으며, 그렇게 하도록 격려받았다.

16. 가족 간의 역동적 관계를 발견하기 (16)

A. 가족치료 과정은 가정 내에서 내담자의 분노 조절 문제의 발병에 기여한 역동적 관계를 찾아내기 위해 실시되었다.

B. 가족 구성원들은 화를 잘 내고 공격적인 환경에 기여한 스트레스 요인을 나열해 보라는 지시를 받았다.

C. 가족 구성원들은 가정 내에서 변화시킬 수 있는 것에 대해 알아보도록 지도받았다.

D. 내담자에게 미치는 부정적인 본보기의 영향으로서 가족들의 서투른 분노 관리 습관이 드러났다.

E. 가족 구성원들은 내담자의 분노 조절 문제를 발생시킨 가정 내의 역동적 관계에 대한 결과를 알게 되었다.

F. 가족 구성원들은 내담자의 분노 조절 문제에 가족의 역동적 관계가 어떻게 영향을 끼쳤는지에 대한 다시 챙겨주기(조사결과)에 대해 저항적이었다.

17. 새로운 기술에 대한 부모의 의견을 살피기 (17)

A. 부모는 새로운 육아 기술을 배우고 실행하려는 의지에 관해 조사되었다.

B. 부모는 자녀들의 분노 조절 문제를 다루기 위해 고안된 새로운 기술을 활용하도록 격려받았다.

C. 부모는 자녀들의 분노 조절 문제를 다루기 위해 새로운 기술을 시도하는 일에 대한 헌신이 강화되었다.

D. 부모는 자녀들의 분노 조절 문제를 다루기 위해 시도하는 새로운 기술에 대해 신중함을 보였고, 이 영역에서 추가적인 다시 챙겨주기를 제공받았다.

18. 부모 노릇하기에 관한 훈련 적용하기 (18)

A. 자녀와 함께 살기(*Living with Children*)(Patterson)에서 제시된 부모관리 훈련이 적용되었다.

B. 부모는 부모-자녀 간의 행동적 상호작용이 어떻게 긍정적 또는 부정적 행동을 격려하거나 낙담시키는지에 대해서 배웠다.

C. 부모는 부모-자녀 간의 상호작용에서 핵심요소들의 수정이 어떻게 긍정적 변화를 촉진하는 데 쓰일 수 있는지에 대해서 배웠다.

D. 부모는 의지가 강한 아이 양육하기(Forehand & Long) 그리고/또는 자녀와 함께 살기(Patterson)에서 나온

기법들을 배웠다.

   E. 부모에게 긍정적 행동을 격려하고 북돋워 주는 것이 어떻게 긍정적 변화를 증진시키는지에 대한 구체적인 사례를 제공했다.

   F. 부모에게 부모관리(역할) 훈련 방안을 이용해보도록 긍정적으로 되짚어 주기를 시도했다.

   G. 부모는 부모관리 훈련을 시도하지 않았고 이에 대해 다시 지도를 받았다.

19. 부모훈련 지도서 제공하기 (19)

   A. 부모는 부모훈련 매뉴얼을 읽어 보도록 지도받았다.

   B. 부모는 의지가 강한 아이 양육하기(Forehand & Long)를 읽도록 지시받았다.

   C. 부모는 부모훈련 과정에서 적용된 기법을 보여 주는 영상물을 시청하도록 지도받았다.

   D. 부모가 학습한 부모훈련 관련 자료들은 검토되고 체계적으로 정리되었다.

   E. 부모는 과제로 받은 부모훈련 관련 자료들을 검토하지 않았고 이를 하도록 다시 지도받았다.

20. 부모가 상황적 측면을 정의 내리도록 가르치기 (20)

   A. 부모는 어떻게 자녀의 문제 행동을 구체적으로 정의하고 인식하는지에 대해서 알게 되었다.

   B. 부모는 자녀의 행동에 대한 자신들의 반응을 어떻게 인식해야 하는지 그리고 그 반응이 자녀의 행동을 격려하거나 어떻게 낙담시키는지에 대해서 알게 되었다.

   C. 부모는 자녀의 문제 행동에 대해 대안책을 마련하는 것에 대해 배웠다.

   D. 부모는 문제 행동, 행동에 대한 반응, 결과 및 대안을 구체적으로 정의하고 인식하는 기술에 대해 긍정적인 다시 챙겨주기가 주어졌다.

   E. 부모는 자녀의 문제 행동과 자신들의 상호작용, 반응 그리고 대안에 관해 정확히 인식하도록 노력하는 과정에서 교정적 다시 챙겨주기를 받았다.

21. 일관된 양육법 가르치기 (21)

   A. 부모는 중요한 양육태도를 일관적으로 어떻게 수행하는지에 대해서 배웠다.

   B. 부모는 자녀의 용납할 만한 또는 용납하지 못할 행동에 대해 현실적이며 연령에 적합한 역할을 확립하는 것에 관해 배웠다.

   C. 부모는 긍정적인 행동을 장려하고 긍정적인 강화를 주는 것에 대해 배웠다.

   D. 부모는 자녀의 문제 행동에 맞서는 분명한 지시법, 격리시키는 법 그리고 다른 권리박탈 방법 등에 대해서 배웠다.

   E. 부모는 자녀들과의 협상과 재협상에 대해 배웠다.

   F. 부모는 일관된 양육실습을 개선할 수 있었으므로 긍정적인 다시 챙겨주기를 받았다.

   G. 부모는 일관된 양육실습을 개선하지 못했으며, 그에 대해 다시 지도를 받았다.

22. 가정에서의 양육법 실행을 위한 과제 할당하기 (22)

   A. 부모가 가정에서 직접 양육법을 적용하고, 실행의 결과를 기록하도록 하는 과제가 주어졌다.

   B. 부모가 청소년 심리치료 과제계획서, 제2판(*Adolescent Therapy Homework Planner*, 2nd ed.)(Jongsma, Peterson, & McInnis)에서 나온 '분명한 규칙, 긍정적인 강화, 적절한 결과(Clear Rules, Positive Reinforcement, Appropriate Consequences)'를 실천하도록 했다.

C. 부모가 가정에서 적용한 과제 실행은 회기 중에 검토되었다.

D. 개선된, 적합하고 일관적인 양육법의 실천을 돕기 위해 교정적인 다시 챙겨주기가 개입되었다.

E. 부모는 집에서 과제를 완수하지 않았고 이에 대해 다시 지도를 받았다.

23. 분노 조절의 긍정적인 결과를 인식하기 (23)

A. 내담자는 자신이 분노를 조절하면서 경험한 긍정적인 결과를 인식하도록 지도받았다.

B. 내담자는 분노 조절의 긍정적인 결과를 인식하도록 도움을 받았다(예 : 타인과 자신에 대한 존중, 타인과의 협력, 향상된 신체적 건강).

C. 내담자는 분노를 개념화하고 관리하는 새로운 방법을 배울 수 있도록 격려받았다.

24. 분노 조절 훈련법의 사용 (24)

A. 분노 조절 훈련법(Williams와 Barlow이 고안)은 반응의 다른 영역과 예측 가능한 시퀀스에 관한 좌절과 분노를 재개념화하는 데에 내담자들을 돕기 위해 사용되었다.

B. 내담자는 인지적·생리적·효과적·행동적인 반응 영역을 식별하는 데에 도움을 받았다.

C. 내담자는 충족되지 않아서 각성과 분노가 증가하고 행동으로 나타나는 기대치를 포함하여 분노의 수준을 식별하는 데 도움을 받았다.

D. 영역 내에서의 면담을 통해 분노가 관리될 수 있음이 내담자에게 강조되었다.

25. 안정 기술 가르치기 (25)

A. 내담자는 근육이완, 흉식호흡, 편안하게 만드는 형상(이미지) 등을 이용할 수 있도록 교육받았다.

B. 내담자는 분노 조절을 돕기 위해 배운 안정 기술로 인한 긍정적인 반응을 보고했다.

C. 내담자가 안정 기술을 적용하도록 교육받을 때, 긴장 완화를 불편해하고 어려워하는 것으로 나타났다.

26. 독백하기(탐문하기) (26)

A. 자신의 화난 감정을 전달하는 내담자의 독백이 실행되었다.

B. 내담자가 '반드시', '~해야만 한다'로 나타나는 지나친 기대 같은 독백을 하는 것으로 평가되었다.

C. 내담자가 자신의 선입견을 깨닫고 이에 대처하도록 도움을 받았고, 그 선입견을 바로잡는 대안적인 독백을 하게끔 지원을 받았다.

D. 배상의 청구자(원고)는 내담자가 좌절 시에 더 유연하고 절제된 반응을 용이하게 해 주는 교정적 독백을 어떻게 실행해야 하는지에 대해 배웠다.

27. 사고중지법(생각중단법) 실행하기 (27)

A. 내담자는 매일 치료과정 도중에 사고중지법을 이행하도록 지시받았다.

B. 내담자와 부모가 **청소년 심리치료 과제계획서, 제2판**(Jongsma, Peterson, & McInnis)에 나온 '사고중지법의 활용(Making Use of the Thought-Stopping Technique)'을 실천하도록 했다.

C. 내담자의 사고중지법 실행은 검토되었다.

D. 내담자에게 사고중지법의 효과적인 실행을 위한 긍정적인 다시 챙겨주기가 제공되었다.

E. 내담자에게 사고중지법 효과를 높이도록 돕는 교정적인 다시 챙겨주기가 제공되었다.

28. 단호한 의사소통 기술 가르치기 (28)

A. 내담자는 교육, 모델링, 역할 연기 등을 통해 단호한 의사소통 기술에 대해 배웠다.

B. 내담자가 적극성 훈련 수업을 받도록 했다.

C. 내담자가 향상된 적극성을 나타냈고, 이 부분에서 긍정적인 다시 챙겨주기를 받았다.

D. 내담자가 자신의 적극성 수준을 높이지 못했으며, 이 부분에서 추가적인 다시 챙겨주기를 받았다.

29. 갈등 해소법 가르치기 (29)

A. 내담자가 모델링, 역할 연기, 행동 시연 등을 통해 갈등 해소법을 배웠다.

B. 내담자가 감정이입 및 적극적 경청에 대해 배웠다.

C. 내담자는 '나 메시지', 존중적 의사표현, 공격 성향을 배제한 적극성, 화해 등에 대해서 배웠다.

D. 내담자는 자신의 갈등 해소법에 대한 분명한 이해를 위해 격려를 받았다.

E. 내담자는 갈등 해소법에 대한 이해가 부족했으며, 이에 대해 개선적인 다시 챙겨주기가 제공되었다.

30. 분노 다스리기를 위한 전략 마련하기 (30)

A. 내담자는 자신의 분노를 다스리는 전략을 마련하기 위한 도움을 받았다.

B. 내담자가 자신이 필요로 하는 신체, 인지, 의사소통, 문제해결, 갈등 해소법을 결합할 수 있도록 격려 받았다.

C. 내담자에게 종합적인 분노 다스리기 전략의 중요성을 강조했다.

D. 내담자가 분노 다스리기 전략을 더 광범위하게 개선하게끔 다시 지도했다.

31. 분노 조절을 위한 도전적인 상황 선택하기 (31)

A. 내담자에게 자신의 분노를 조절하는 새로운 전략을 적용시킬 수 있는 도전적인 상황이 제공되었다.

B. 내담자는 분노를 조절하기 위해 예측 가능한 도전적인 상황에 대해서 규정하도록 질문을 받았다.

C. 내담자는 잇달아 점점 어려운 상황에서 분노를 조절하는 자신의 전략을 활용하도록 지도받았다.

32. 습득한 기법 연습시키기 (32)

A. 내담자에게 새롭게 습득한 안정, 단언/주장, 갈등 해소 및 인지적 재구성 기법 등을 연습할 수 있도록 돕는 과제가 제공되었다.

B. 내담자의 과제 실행은 통합적 관점에서 검토되고 체계적으로 정리되었다.

C. 내담자가 새롭게 습득한 대처 방법과 관련된 과제의 수행에 대해 긍정적인 다시 챙겨주기를 받았다.

D. 내담자가 새롭게 습득한 대처 방법을 연습하는 과제를 수행하지 않았으며, 그에 관해 다시 지도를 받았다.

33. 분노 폭발 관찰하기/감소시키기 (33)

A. 분노 폭발에 관한 내담자의 기록은 그것의 빈도, 강도 그리고 지속기간을 줄이기 위한 목표를 위해 관찰되었다.

B. 내담자가 분노 폭발의 빈도, 강도 그리고 지속기간을 감소시키기 위한 목적으로 새로운 분노 관리법을 활용하도록 강력히 지도받았다.

C. 내담자에게 아동 심리치료 과제계획서, 제2판(Jongsma, Peterson, & McInnis)에 나오는 '분노 다스리기

'(Anger Control)' 과제가 주어졌다.

    D. 내담자에게 **아동 심리치료 과제계획서, 제2판**(Jongsma, Peterson, & McInnis)에 나오는 '아동 분노 점검표(Child Anger Checklist)' 과제가 주어졌다.

    E. 내담자의 분노 폭발이 감소되는 개선 상황이 검토되었다.

    F. 내담자는 분노 폭발의 빈도, 강도 그리고 지속기간이 성공적으로 감소하는 것에 대해 격려를 받았다.

    G. 내담자가 분노 폭발의 빈도, 강도 그리고 지속기간을 줄이지 못했으며, 이에 따라 교정적인 다시 챙겨 주기가 주어졌다.

34. 드러냄을 격려하기 (34)

    A. 내담자가 자신의 변화를 지지하는 신뢰할 만한 사람들과 자신의 분노 관리 목표에 관한 의견을 나누도록 격려받았다.

    B. 내담자가 자신의 변화를 지지할 인물들이 누구인지를 분명하게 깨닫도록 도움을 받았다.

    C. 내담자는 신뢰하는 사람들과 자신의 분노 관리 목표를 검토했으며, 그들의 반응은 체계적으로 정리되었다.

    D. 내담자가 자신의 분노 관리 목표에 대한 의견을 나누지 않았고, 그에 대해 다시 지도를 받았다.

35. 부모-자녀 상호작용 요법 지도하기 (35)

    A. 적절한 자녀 행동 및 부모 행동 관리 기술을 가르치기 위해서 부모-자녀 상호작용 치료요법(Bell & Eyberg)을 적용했다.

    B. 자녀지향 회기는 자녀에게 아동의 적합한 행동을 가르치는 데 중점을 뒀다.

    C. 부모지향 회기에서는 부모 행동 관리 기술(예 : 분명한 지시, 일관적인 결과, 긍정적 강화)을 가르치는 데 중점을 뒀다.

36. 부모 기술 훈련 촉진하기 (36)

    A. 증거 기반의 부모 기술 훈련 프로그램에 대한 부모의 등록이 촉진되었다.

    B. 부모는 증거 기반의 부모 기술 훈련 프로그램에 대해 언급했고 핵심 개념들이 검토되었다.

    C. 부모는 증거 기반의 부모 기술 훈련 프로그램과의 연관을 따르지 않았고 그렇게 하도록 다시 지도를 받았다.

37. 상황/보상체계 계획하기 (37)

    A. 내담자와 함께 보상체계를 개발했다.

    B. 내담자와 함께 상황계약을 만들었다.

    C. 내담자가 행한 긍정적 행동을 강화하기 위해 학교 담당자들과의 만남이 이루어졌다.

    D. 내담자가 보상체계/상황계약에 참여해서 충동적이거나 반항적인 행동들을 그만둘 수 있도록 격려를 받았다.

    E. 집과 학교에서 이뤄진 긍정적 행동을 강화하기 위해서 보상체계/상황계약에 다소의 조율이 행해졌다.

38. 가족의 학대 내력 찾아보기 (38)

    A. 내담자의 분노 조절 문제의 발생에 기여했을지 모를 신체적, 성적 혹은 약물남용의 내력에 대한 가족

배경이 조사되었다.

B. 내담자가 자신의 가정에서 일어난 중요한 긍정적 또는 부정적인 과거사를 인식하는 치료과정에서 자율적으로 시간을 조정하도록 도움을 받았다.

C. 부모는 신체적으로 학대하거나 지나치게 처벌하는 훈육법을 중단하도록 요구받았다.

D. 부모는 신체적인 학대나 지나친 처벌의 훈육이 내담자와 형제들에게 어떻게 부정적으로 영향을 끼쳤는지를 일깨우는 질문을 받았다.

E. 부모는 내담자에게 신체적인 학대와 지나치게 심한 훈육에 대해 사과할 수 있도록 도움을 받았다.

F. 부모는 공격적인 훈육이 어떻게 내담자가 공격성과 서투른 분노 관리를 조성하는지에 대해 알게 되었다.

G. 부모에게 부모 수업을 알아보도록 했다.

39. 학대로부터 의뢰인을 보호하기 (39)

A. 내담자의 신체적 학대는 적절한 보호기관에 보고되었다.

B. 가정 내에서 학대하는 사람을 분리시키고 치료를 받도록 경고가 주어졌다.

C. 더 큰 학대로부터 보호받는 차원에서 내담자와 형제들은 집에서 떠나 있도록 권장했다.

D. 내담자와 가족 구성원들은 미래에 일어날 수 있는 학대의 위험을 최소화하기 위해 필요한 조치를 인식할 수 있도록 지원받았다.

E. 비학대적인 부모는 장래에 내담자와 형제들을 신체적 학대로부터 보호한다는 약속을 언어로 표현하도록 지지받았다.

40. 존중심 강조하기 (40)

A. 내담자가 타인을 존중하는 기본 태도에 대해 배웠다.

B. 내담자는 자신이 바라는 것처럼 타인을 존중하며 대하는 방법에 중점을 둔 상호작용의 원칙에 대해서 배웠다.

C. 내담자가 일주일 동안 모든 사람을 존중하는 태도로 대하고, 다른 사람들도 그를 존중하는 태도로 상호작용하는지를 확인할 수 있는 실험을 수행하도록 하였다.

D. 내담자가 타인을 존중하는 태도에 관한 실험 결과가 검토되었다.

41. 인형, 꼭두각시, 푹신한 동물인형 이용하기 (41)

A. 분노를 다스리고 갈등을 해결하기 위해 인형, 푹신한 동물인형, 꼭두각시를 이용한 상호 이야기하기 요법이 적합한 모범 사례를 보이도록 활용되었다.

B. 상호 이야기하기 요법은 내담자가 자신의 분노를 다스리고 갈등을 해결하는 데 효과적인 방법을 알아가는 데 도움이 되었다.

C. 내담자가 분노와 공격성의 강한 감정을 나타내는 푹신한 동물인형이나 꼭두각시 등의 사용을 통해서 이야기를 지어낼 수 있게끔 도움받았다.

D. 분노를 다스리고 갈등을 해소하기 위해 적절한 방법을 본받는 데 도움이 되도록 다양한 게임(예 : 서양 장기)이 사용되었다.

42. 자선활동에 참여하는 것을 격려하기 (42)

A. 내담자가 세 가지 이타적 또는 자선적 활동에 참여하도록 지도받았다.

B. 내담자에게 이타적이고 자선적인 행위(예 : 발달장애 학생에게 책 읽어 주기, 노인가정의 잔디 깎기 등)의 사례가 제공되었다.

C. 내담자가 이타적 또는 자선적 활동을 한 경험에 대해 검토했다.

D. 내담자의 이타적 또는 자선적인 행위를 통해 타인의 요구에 대한 공감과 민감성을 어떻게 개발하는지에 관한 중요성이 강조되었다.

E. 내담자가 주어진 이타적·자선적인 행위 과제를 이행하지 않았고 이에 대해 다시 지도받았다.

43. 내담자가 어떤 일에 책임지도록 격려해 주기 (43)

A. 가족은 집에서 내담자가 어떤 책임을 갖는 일을 할 수 있도록 지도받았다.

B. 내담자가 집에서 책임감을 가질 수 있는 영역에 대한 구체적인 사례가 검토되었다(예 : 가족 모임을 위한 음식을 준비하고 요리하기, 방 청소하기, 샐러드 만드는 일 돕기).

C. 가족은 내담자가 책임 있게 행동하는 능력에 대해 신뢰감을 표현하도록 지도받았다.

D. 내담자가 집에서 책임지는 행동에 대한 가족들의 경험이 검토되었고 체계적으로 정리되었다.

E. 가족은 집에서 내담자가 어떤 특정한 책임도 가질 수 있도록 허락하지 않았고 이에 대해 다시 지도를 받았다.

44. 무시나 학대와 결부된 감정들을 드러내기 (44)

A. 내담자에게 과거의 무시, 학대, 분리 또는 유기와 관련된 자신의 감정을 표현하는 기회가 주어졌다.

B. 내담자는 과거의 무시, 학대, 분리 또는 유기와 관련된 자신의 감정을 반영하는 그림을 그리도록 지시받았다.

C. 내담자가 과거의 무시, 학대, 분리 또는 유기와 관련된 자신의 생각과 감정을 기록하도록 일기 쓰기를 권유받았다.

D. 과거의 무시 또는 학대와 관련된 감정의 표현을 용이하게 하기 위해 빈 의자 기법이 사용되었다.

E. 내담자는 가정에서 **아동 심리치료 과제계획서, 제2판**(Jongsma, Peterson, & McInnis)에 나온 '연어 바위의 교훈… 싸움은 외로움으로 이어진다(The Lesson of Salmon Rock… Fighting Leads to Loneliness)'를 과제로 할당받았다.

45. 결혼생활에서의 갈등 조사하기 (45)

A. 결혼 문제가 아닌 자녀의 분노 조절 문제에 집중시키는 일어남 직한 갈등 또는 삼각측량/다각화에 대해서 부부간 상호관계가 평가되었다.

B. 있을 수 있는 약물남용 문제를 위해서 부부간의 관계가 평가되었다.

C. 부모는 그들의 결혼 문제가 내담자에게 어떻게 스트레스를 주는지 인식했고, 결혼생활 관련 상담을 받기로 동의했다.

D. 부모는 결혼생활 관련 상담을 받아 보라는 충고에 따르기를 거절했다.

46. 가족치료 회기 이행하기 (46)

A. 가족치료 회기는 자녀의 분노 조절 문제의 발생 원인이 된 역학들을 밝혀내기 위해 마련되었다.

B. 가족치료 회기에서 당사자(내담자)의 분노 조절 문제의 원인이 된 여러 역학들을 확인했다.

C. 가족역학은 가족치료 회기 진행 도중에 다루어졌다.

47. 가족조각 기법 사용하기 (47)

A. 과정 내에서 가족 구성원 각각의 역할과 행동에 대한 깊은 통찰을 얻기 위해서 가족조각 기법이 사용되었다.

B. 내담자가 가족 구성원들이 가정 내에서 실현하고 싶은 긍정적인 변화를 인식하기 위해 가족조각 기법을 사용하도록 도움받았다.

C. 가족조각 기법을 통해 내담자가 어떻게 부모에 대해 거리감을 느끼고 무익하게 받아들이는지 알 수 있음을 명시했다.

48. 이별한 부모의 개입 시도하기 (48)

A. 이별한 부모가 내담자의 여가, 학교 또는 직업 활동에 더 많은 시간을 함께 보내도록 촉구되었다.

B. 내담자가 이별한 부모와 더 많은 시간을 보내고자 하는 요구를 이야기할 때 도움을 받았다.

C. 오늘의 치료과정을 통해 내담자가 이별한 부모 간의 거리감 있는 관계에 기여한 요소들을 찾아냈다.

D. 이별한 부모는 내담자와 더 많은 시간을 보내겠다는 다짐을 언어로 표현하도록 격려받았다.

E. 내담자와 이별한 부모는 그들이 함께 즐길 수 있는 활동 목록을 세우도록 도움받았다.

F. 이별한 부모가 내담자에 대한 개입 수준을 일정하게 늘리지 않았으나, 이에 대해서 본인이 다짐한 내용을 재확인시켰다.

분노 다스리기 : 분노 증후군

화병(火病)의 일종인 분노조절장애가 본인과 타인 및 사회에 심각한 피해를 유발하는 화병(禍病)으로 연결된다는 사례를 동아일보 이광표(2018) 논설위원은 다음과 같이 소개했는데, 관련 가해와 피해 손실액 및 관리비용은 아마도 상상을 초월할 것으로 예상되며, 문제는 웰빙에 역행하는 화병 예방과 심리상담과 심리치료 활용 기회와 공·사적으로 건실하게 해소·중재하는 개입 대책이 불충분하여 전문가 활용과 관련 기구 운영을 검토해야 할 것이다.

2008년 2월 국보 1호 숭례문에 불이 났다. 70대 노인의 방화였다. 그는 "토지 보상가가 너무 적어 세상에 복수하고 싶었다"고 했다. 2017년 6월엔 경남 양산의 고층아파트에서 40대 주민이 밧줄에 의지한 채 외벽 작업 중이던 근로자의 밧줄을 자르는 바람에 근로자가 추락해 숨지는 사고가 발생했다. 일자리를 못 구해 술 마시다 홧김에 밧줄을 잘랐다는 것이다. 한 인터넷 수리 기사는 자기 인터넷 속도만 느려져 주식 투자에서 손해를 봤다고 믿은 50대 고객의 화풀이 때문에 목숨을 잃었다. 모두 분노조절장애에서 비롯된 범죄다.

분노조절장애는 분노 욕구에 의해 자신의 충동을 조절하지 못하고 느닷없이 화를 내거나 폭력적인 행동을 하는 증상을 일컫는다. 2017년 건강보험심사평가원에 따르면 2012～2016년 이런 증상으로 진료를 받은 환자가 4,937명에서 5,920명으로 19.9% 증가했다. 2015년 대한정신건강의학회 조사를 보면 성인 절반 이상이 분노 조절이 잘 안 되는 것으로 나타났다. 층간소음 문제로 인한 각종 충돌, 운전 도중 발생하는 돌발행동만 봐도 분노조절장애가 일상화됐음을 알 수 있다.

분노는 본능적인 감정이다. 누군가는 인간의 탄생 자체가 분노로 가득한 사건이라고 말한다. 안온한 엄마의 자궁 속에서 예측불허의 세상으로 쫓겨나는 것이니 일리 있는 지적이다. 그렇다면 아기의 첫울음은 분노의 절규가 아닐 수 없다. 그 인간적인 감정도 잘 조절하지 못하면 병이 된다. 평소 분노를 지나치게 억압하지 않는 것이 특히 중요하다. 억압된 분노는 언젠가 분노조절장애를 일으키고 끝내 폭력으로 이어질 수 있기 때문이다.

일본의 정신과 의사 가타다 다마미는 『왜 화를 멈출 수 없을까?』라는 책에서 화내는 기술에 대해 조언한다. 첫째, 왜 화가 났는지 상대에게 정확히 말할 것. 둘째, 말하면서 상대의 입장을 고려할 것. 셋째, 내 불만을 표출했다고 해서 늘 만족스러운 결과가 나오는 게 아니라는 사실도 받아들일 것. 평범한 말 같지만, 최소한 이 세 단계만 실천해도 분노 폭발은 예방할 수 있을 것 같다(이광표. 2018. 분노 다스리기. 동아일보 A31. 오피니언. 2017. 1. 3).

울화병(鬱火病)을 다스리는 기술과 지식, 조력이 필요한 경우에 공·사적으로 각 지역 보건소의 수동적인 역할 이상의 긍정적·적극적 조력과 개입, 정신건강을 보호하고 치료해 주는 SOS 서비스가 필요한데 그 대상에는 성인뿐만 아니라 (위기에 처한 그리고 장애)아동과 청소년, (독거)노인들도 포함되어야 할 것이다. 협치가 요구되는 분야로서 (아동과 청소년)정신건강의학, 심리치료와 심리상담, 가족치료, 여성상담, 스트레스 상담, 행동유전학, 사회사업 전문가의 동참이 필요하다. 억울함을 호소할 길이 없는 소시민(無故之民)의 어려움을 해결해 주는 인간의 얼굴을 한 관료 행정이 『목민심서(牧民心書)』가 가르쳐 준 교훈이며 국민에게 봉사하는 권력이 실천된다면, 화병을 긍정적으로 다스릴 수 있는 현책(賢策)이 될 것이다.

제4장 불안장애

내담자 소개

1. 과도한 걱정 (1)[1]

A. 내담자가 치료 회기에서 최근 있었던 일들에 대해 근심하고 걱정하는 것으로 나타났다.

B. 치료사가 내담자를 쉽게 진정시킬 수 없을 정도로 근심하고 걱정하는 정도가 심했다.

C. 내담자가 자신을 불안하게 만든 핵심 주제들을 접할 수 있었다.

D. 내담자가 최근 있었던 일과 관련해 덜 걱정하고 그러한 불안한 마음에 대해 덜 집착하게 된다고 보고했다.

2. 두려움/초조함 (1)

A. 내담자가 매우 강한 초조함을 드러냈고 자신이 느끼는 두려움에 대해 어떤 형태로라도 안심시켜 주기를 바랐다.

B. 내담자의 두려움을 둘러싼 초조함이 극심하다.

C. 치료사가 안심시켜 줘도 내담자의 초조함이 줄어들지 않는다.

D. 내담자의 두려움을 둘러싼 초조함이 더 이상 존재하지 않고, 내담자가 더 이상 안심시켜 달라고 요구하지 않는다.

3. 공황/통제 불가능 (1)

A. 내담자가 불안의 원인 때문에 통제 불가능할 정도로 공황상태에 빠지는 증세를 보인다.

B. 부모가 중재를 시도했지만 내담자가 한 번 공황상태에 빠지면 내담자를 진정시킬 수 없었다고 이야기했다.

C. 내담자가 통제할 수 없을 정도로 공황상태에 빠지면 내담자를 진정시키려는 자신과 부모, 치료사의

---

1) 괄호 안의 숫자들은 **아동 심리치료 치료계획서**(*The Child Psychotherapy Treatment Planner*), 제5판(Jongsma, Peterson, McInnis, Bruce 공저, 2014년, Hoboken, NJ : Wiley)에서 동일한 제목을 지닌 관련 장의 치료 중재의 숫자와 연결된다.

노력이 효과가 없었다.

    D. 내담자가 침착하고 안심시키는 목소리에 반응했고, 자신의 공황상태를 극복하고 이런 특정한 반응의 원인을 점검할 수 있었다.

    E. 내담자의 공황 증상 문제가 해결됐고, 이런 현상이 최근에 발생했다는 보고가 없었다.

4. 안절부절못함/긴장 (2)

    A. 내담자가 안절부절못하고 긴장한 상태여서 치료 회기 동안 의자에 앉아 있게 하거나 생각 또는 활동을 완료하는 것이 어려웠다.

    B. 내담자가 긴장하는 정도가 덜하며, 이제 질문에 대해 주의집중하는 반응을 보일 수 있다.

    C. 내담자가 좀 더 편안해졌고 불안감을 초래했던 문제를 다룰 때조차도 치료 시간 동안 집중할 수 있게 됐다.

5. 자율신경 과잉활동성 증상 (3)

    A. 내담자가 매우 불안해하면서 빈맥과 호흡곤란을 경험하는 것으로 나타났다.

    B. 불안감 때문에 내담자에게 어지러움증과 설사가 생겼으며, 이를 일으키는 모든 신체적 가능성이 의학적으로 배제되었다.

    C. 내담자가 입이 마르고 자주 어지럽다고 불평했다.

    D. 내담자가 불안감을 초래하는 원인에 대해 이야기하기 시작한 이후 빈맥 또는 호흡곤란을 경험하지 않았다고 지적했다.

6. 몸에 집중된 불만/신체적 불만 (3)

    A. 내담자가 무수한 신체적 불만들을 늘어놓고, 자신의 몸에서 일어나는 일에 집중한다.

    B. 몸에 관련된 관심사들이 치료 회기 전체를 차지했고, 이로부터 내담자의 관심을 돌리는 것이 어려웠다.

    C. 어머니가 자신의 건강에 관심을 기울이고 있고, 어머니가 얼마나 자신을 잘 돌보아 주는지에 관해서 내담자가 이야기했다.

    D. 내담자가 신체적 불만에 관해 안심해도 된다는 것을 받아들였고, 자신이 경험하는 다른 불안에 대해 이야기하는 것으로 넘어갔다.

    E. 내담자가 몸에 초점을 맞추는 것에서 벗어나 다른 고민거리들에 대해 탐구하기 시작했다.

7. 과잉 각성 (4)

    A. 내담자가 긴장하고 초조한 모습을 나타냈다.

    B. 내담자의 긴장 및 불안의 정도가 너무 높아서 아무것에도 집중할 수 없고 예민했다.

    C. 내담자가 불안, 걱정으로 수면장애를 겪고 있다고 말했다.

    D. 내담자의 불안이 줄어들었고, 상당한 정도로 안정감을 찾았다.

8. 특정 공포증 (5)

    A. 내담자가 특정 자극 상황에 노출되면 매우 한정적인 범위에서만 자기통제를 할 수 있는 것으로 보였다.

    B. 내담자가 공포증에 대한 불안감이 점점 증가해 이제는 일상생활과 가족의 생활까지 방해한다고 보고했다.

C. 내담자가 왜 공포증에 대한 불안감이 자신의 일상생활을 지배하게 됐는지 전혀 모르겠다고 말했다.

D. 내담자가 공포증에 대한 두려움에 직면하기 시작하자 일상생활에서 제어하는 능력이 계속해서 증가했다.

9. 부모가 불안감을 초래함 (6)

A. 내담자가 부모의 끊임없는 다툼 때문에 걱정되고 불안하다고 불평을 토로했다.

B. 부모가 오늘날 존재하는 위험 요소로부터 내담자를 보호하기 위해 내담자의 자유와 신체적 활동 시간을 제한한다고 보고했다.

C. 부모가 과도하게 죄책감 및 유기 위협을 사용한 것이 내담자에게 걱정과 불안을 초래한 것으로 관찰됐다.

D. 부모가 부부 싸움을 멈췄기 때문에 이제 덜 불안하다고 내담자가 지적했다.

E. 부모가 내담자에 대한 제한과 통제 수준을 낮춘 결과 내담자의 걱정 및 불안 정도가 줄어들었다.

중재 실행

1. 신뢰 형성하기/불안감 표현하기 (1)[2]

A. 무조건적 긍정적 배려를 사용해 초기 신뢰감을 형성했다.

B. 신뢰하는 관계의 근간을 형성하기 위해 따뜻한 수용과 적극적 경청 기법을 활용했다.

C. 내담자가 신뢰감에 기반한 관계를 형성하고 자신의 생각과 느낌을 표현하기 시작한 것에 대해 강화를 해 주었다.

D. 적극적 경청, 따뜻한 수용, 무조건적 긍정적 배려를 했음에도 불구하고 내담자가 신뢰감 형성 및 자신의 생각 및 감정 공유를 망설인다.

2. 불안 증상의 본질을 평가하기 (2)

A. 내담자에게 불안 증상·공포·회피의 빈도, 정도, 지속기간과 내력을 물었다.

B. 아동을 위한 불안장애 면담 스케줄—부모용(The Anxiety Disorders Interview Schedule for Children—Parent Version) 또는 아동용(Child Version)(Silverman & Albano)을 사용해 내담자의 불안 증상을 평가했다.

C. 내담자의 불안 증상 정도의 측정을 돕기 위해 **청소년 심리치료 과제계획서, 제2판**(Jongsma, Peterson, & McInnis)에 나오는 '불안감을 확인하고 없애기(Finding and Losing Your Anxiety)'를 이용했다.

D. 내담자의 불안 증상 평가 결과 내담자의 증상이 극심하고 생활을 심각하게 방해하고 있는 것으로 나타났다.

E. 내담자의 불안 증상 평가 결과 이러한 증상들이 중간 정도이며 종종 일상생활을 방해하는 것으로 나타났다.

F. 내담자의 불안 증상 평가 결과 이러한 증상들이 경미하고 일상생활을 거의 방해하지 않는 것으로 나타

---

2) 괄호 안의 숫자들은 **아동 심리치료 치료계획서**(*The Child Psychotherapy Treatment Planner*), 제5판(Jongsma, Peterson, McInnis, Bruce 공저, 2014년, Hoboken, NJ : Wiley)에서 동일한 제목을 지닌 관련 장의 치료 중재의 숫자와 연결된다.

났다.

G. 내담자의 불안 증상 평가 결과를 내담자에게 알려 주었다.

3. 내담자 보고 측정 시행 (3)

A. 내담자의 불안 반응의 깊이와 범위를 더 자세히 점검하기 위해 내담자/부모 보고 측정을 사용했다.

B. 부모 보고서는 내담자의 불안 반응의 깊이와 폭을 심층적으로 평가하는 데 사용되었다.

C. 개정된 아동들의 분명한 불안 척도(Revised Children's Manifest Anxiety Scale)(Reynolds & Richmond)는 내담자의 불안 반응의 깊이와 폭을 평가하는 데에 사용되었다.

D. 아동 행동 체크리스트(Ollendick)는 내담자의 불안 반응의 깊이와 폭을 평가하기 위해 사용되었다.

E. 내담자 보고 측정 결과 내담자의 불안이 극심하고 일상생활을 심각하게 방해하는 것으로 나타났다.

F. 내담자 보고 측정 결과 내담자의 불안이 중간 정도이고 종종 일상생활을 방해하는 것으로 드러났다.

G. 내담자가 내담자 보고 측정을 거부했고, 이 때문에 치료의 초점이 바뀌었다.

4. 통찰력 수준의 평가 (4)

A. 내담자는 보이는 문제들을 향한 통찰 수준으로 평가되었다.

B. 내담자는 보이는 문제들에 관하여 그의 통찰의 동조적인 본성 대 이질적인 본성에 따라 평가되었다.

C. 내담자는 행동과 증상에서 문제가 되는 본성에 대한 좋은 통찰을 하도록 보여 주었다.

D. 내담자가 다른 사람들의 우려에 동의하는 것이 목격되어 변화에 힘쓰도록 동기유발되었다.

E. 내담자는 묘사된 문제에 대해 양면성이 있음이 드러났고 그 문제들을 우려사항으로 보는 것을 꺼렸다.

F. 내담자는 문제 영역의 인식에 관해 저항적인 것으로 나타났고, 걱정하지 않았으며, 변화에 대한 동기가 없었다.

5. 관련 장애의 평가 (5)

A. 내담자는 연구 기반의 관련 장애들의 증거에 의해 평가되었다.

B. 내담자는 자살에 대한 취약성 수준으로 평가되었다.

C. 내담자는 동반장애를 가진 것으로 확인되었고, 치료는 이를 처리할 수 있도록 조정되었다.

D. 내담자는 또 다른 관련 장애가 있는지 평가되었지만 아무것도 발견되지 않았다.

6. 문화적으로 혼란스러운 문제에 대한 평가 (6)

A. 내담자는 그의 임상 행동을 더 잘 이해하도록 도울 수 있는 나이 관련 쟁점으로 평가되었다.

B. 내담자는 그의 임상 행동을 더 잘 이해하도록 도울 수 있는 성별 관련 쟁점으로 평가되었다.

C. 내담자는 그의 임상 행동을 더 잘 이해하도록 도울 수 있는 문화의 증후군, 고통의 문화적 관용구, 혹은 문화적으로 감지된 사건으로 평가되었다.

D. 다른 요인들이 내담자의 현재 정의된 '문제 행동'에 기여할 것이라고 확인되었고 이 요인들은 그의 치료에 반영되었다.

E. 내담자의 현재 정의된 '문제 행동'을 설명할 수 있는 문화적 기반 요인들은 조사되었지만 중대한 요인은 발견되지 않았다.

7. 장애의 심각성 평가 (7)

A. 내담자의 장애의 심각성은 보호의 적절한 정도를 결정하기 위해서 판단되었다.

B. 내담자는 사회적 · 관계적 · 교육적인 노력에서의 손상 정도로 평가되었다.

C. 내담자는 그의 장애가 자신의 기능에 가볍거나 중간 정도의 영향을 끼친다는 것을 알았다.

D. 내담자는 그의 장애가 자신의 기능에 심각하거나 더 심각한 영향을 끼친다는 것을 알았다.

E. 내담자의 치료의 효율성과 적절성, 그리고 장애의 심각성은 꾸준히 평가되었다.

8. 병원의 돌봄 평가 (8)

A. 병원의 돌봄과 관심으로 내담자의 집, 학교, 지역사회가 평가되었다.

B. 내담자의 다양한 환경은 아동의 욕구에 지속적인 무관심, 돌보는 사람의 잦은 변화, 안정적 애착의 제한된 기회, 가혹한 훈육 혹은 다른 심각한 부적절한 돌봄이 있었는지 평가되었다.

C. 병원의 돌봄이 확인되었고 치료계획에 이러한 우려를 관리하고 바로잡는 것과 아동을 보호하는 전략이 포함되었다.

D. 어떠한 병원의 돌봄도 확인되지 않았고, 이것은 내담자와 돌보는 사람에게 반영되었다.

9. 약물치료를 위한 검사 의뢰 (9)

A. 내담자는 의사를 찾아가 불안 증상 통제에 도움이 될 만한 향정신성 약물치료를 받을 것을 권유받았다.

B. 내담자가 약물치료를 받는 것에 동의했고 검사에 응했다.

C. 내담자가 향정신성 약물치료를 위해 의사와 만나는 것을 거부했으나 검사를 받을 수 있을 때 이행하라는 조언을 받았다.

10. 약물치료 순응도/효과성 모니터링하기 (10)

A. 약물치료 순응도와 효과성 문제를 부모와 내담자에게 제시했다.

B. 내담자가 약물 복용 거부반응을 나타냈고, 이를 다루었다.

C. 내담자의 약물치료 순응도와 효과성에 관한 정보자료가 담당 의사에게 전달됐다.

D. 내담자가 충실히 약물 복용에 순응한 것을 언어로 강화했다.

E. 내담자가 향정신성 약물 사용이 불안감 감소에 효과가 있다고 보고했다.

11. 불안 주기에 관해서 논의하기 (11)

A. 내담자에게 근거 없는 공포와 회피의 주기가 두려움의 대상이나 상황에 대한 긍정적 · 교정적 체험을 배제시켜 불안함과 공포가 유지됨을 알려 주었다.

B. 내담자는 불안의 심리적 · 인지적 · 감정적 · 행동적 요소의 상호작용에 대해 배웠다.

C. 내담자에게 긍정적 · 교정적 경험을 하며 치료에 임하면 불안 주기를 깨뜨릴 수 있음을 가르쳐 주었다.

D. 내담자의 근거 없는 공포와 회피의 불안 주기에 대한 이해도가 높아진 것에 대해 내담자를 강화해 주었다.

E. 내담자가 불안에 대해 제대로 이해하지 못했고, 이 분야에 대해 교정적 다시 챙겨주기를 제공해 주었다.

12. 치료 표적을 논의하기 (12)

A. 내담자가 걱정을 효과적으로 관리하는 것을 돕도록 걱정, 불안 증상, 회피 등을 어떻게 표적 치료할

것인지에 대해 논의했다.

    B. 불필요한 회피와 과잉 각성의 감소가 치료 표적으로 강조되었다.

    C. 내담자가 치료 표적에 대해 명확하게 이해한 것으로 드러났고 이런 면에 대해 긍정적인 다시 챙겨주기를 제공했다.

    D. 내담자가 치료 표적을 이해하는 데 어려움을 겪었고, 이에 대한 구체적인 사례를 내담자에게 제공했다.

13. 불안에 관한 독서 지시하기 (13)

    A. 부모에게 불안에 관한 서적 또는 치료 설명서 중 심리교육 관련 장들을 읽도록 지시했다.

    B. 내담자와 부모는 대처 C. A. T. 워크북(*The Coping C. A. T. Workbook*)(Kendall & Hedtke)의 심리교육 관련 절을 읽도록 할당받았다.

    C. 부모에게 불안하고 걱정 많은 아이, 어떻게 도와줄까?(*Helping Your Anxious Child*)(Rapee, Spence, Cobham, & Wignall)에 나오는 정보자료를 읽도록 지시했다.

    D. 부모가 불안에 관한 정보자료를 읽었고, 책에 나온 요점을 검토했다.

    E. 부모가 불안에 관한 독서 과제를 수행하지 않았고, 독서를 하도록 다시 지시했다.

14. 긴장 이완 기법 가르치기 (14)

    A. 내담자에게 긴장 이완 기법을 가르쳤다.

    B. 내담자에게 점진적 근육 이완, 유도된 심상, 느린 횡격막 호흡을 가르쳤다.

    C. 내담자에게 긴장 이완과 긴장을 더 잘 구별하는 법을 가르쳤다.

    D. 내담자에게 긴장 이완 기법을 일상생활에 적용하는 법을 가르쳤다.

    E. 내담자에게 긴장 이완 기법의 사용에 대한 되짚어 주기(feedback)를 제공했다.

15. 긴장 이완에 관한 연습 과제 내주기 (15)

    A. 내담자에게 매일 집에서 긴장 이완 연습을 하도록 과제를 내주었다.

    B. 내담자는 아동 심리치료 과제계획서(Jongsma, Peterson, & McInnis)의 '깊게 숨쉬기 연습(Deep Breathing Exercise)'을 과제로 할당받았다.

    C. 내담자가 규칙적으로 긴장 이완 연습을 했고, 이런 연습이 갖는 유용한 이점을 검토했다.

    D. 내담자가 규칙적으로 긴장 이완 연습을 하지 않았고, 이 분야에 대해 교정적 다시 챙겨주기를 내담자에게 제공했다.

    E. 내담자가 몇 가지 긴장 이완 연습을 하긴 했으나 별로 도움이 되지 않았다. 내담자가 이런 연습들을 더 유용하게 수정해 활용할 방법을 생각해 내도록 도움을 주었다.

16. 긴장 이완 및 긴장 진정 기법에 관한 독서 할당하기 (16)

    A. 부모에게 관련 서적들과 치료 설명서에 나오는 점진적 근육 이완 및 다른 긴장 진정 기법들에 관해 읽도록 지시했다.

    B. 부모에게 점진적 긴장 이완 훈련의 새로운 방향(*New Directions in Progressive Relaxation Training*)(Bernstein, Borkovec, & Hazlett-Stevens)에 나오는 근육 이완법과 다른 긴장 진정 기법에 대해 읽도록 지시했다.

    C. 내담자와 부모는 아동을 위한 긴장 이완과 스트레스 감소 워크북(*The Relaxation and Stress Reduction*

Workbook for Kids)(Shapiro & Sprague)의 일부분을 읽도록 할당받았다.

    D. 내담자와 부모는 대처 C. A. T. 시리즈(*The Coping C. A. T. Series*)(WorkbookPublishing.com)의 일부분을 읽도록 할당받았다.

    E. 부모가 점진적 근육 이완에 관한 독서 과제를 수행했고 책에 나오는 요점을 검토했다.

    F. 부모가 점진적 근육 이완에 관한 독서 과제를 수행하지 않았고 이를 수행하도록 다시 지시했다.

17. 생체송환 기법 사용하기 (17)

    A. 내담자의 긴장 이완 기법 습득의 성공을 촉진하기 위해 생체송환 기법을 사용했다.

    B. 내담자에게 긴장 이완 기법 훈련에 따른 생리학적 반응에 일관성 있는 되짚어 주기를 제공했다.

    C. 생체송환 훈련을 통한 긴장 이완 기법의 향상에 대해 내담자를 강화했다.

    D. 내담자가 생체송환 훈련을 통해서도 학습기량이 향상되지 않으므로 치료교육을 제공했다.

18. 추정오차 논하기 (18)

    A. 오늘 치료 회기에서 비현실적인 걱정이 대체로 위험 발생 확률을 지나치게 높게 평가하는 예들에 대해 논의했다.

    B. 비현실적인 걱정이 종종 내담자의 현실적인 욕구 관리 능력을 과소평가하게 만든다는 점이 드러났다.

    C. 내담자가 자신의 비현실적인 걱정이 어떤 식으로 추정오차와 관련이 있는지 인지하도록 도움을 주었다.

    D. 내담자가 비현실적인 걱정과 부적절한 추정을 통찰력 있게 인지한 것을 강화해 주었다.

    E. 내담자가 자신의 비현실적인 걱정과 관련된 추정오차를 인식하는 데 어려움을 겪었고, 이 분야에 대한 실질적인 예를 제시해 주었다.

19. 공포에 대항하기 (19)

    A. 내담자가 부정적인 기대 발생의 실제 확률, 부정적 기대 발생의 실제 결과, 예상 결과를 통제할 능력, 최악의 결과 그리고 이를 수용하는 자신의 능력을 검토하면서 자신의 공포나 걱정에 도전하도록 도움을 주었다.

    B. 내담자가 정기적으로 자신의 공포나 걱정을 시험하는 생각을 하는 것을 강화해 주었고, 이 분야에 대해 긍정적 다시 챙겨주기를 제공했다.

    C. 내담자가 규칙적으로 자신의 공포와 걱정을 시험하지 않았고, 이를 실시하도록 다시 지시했다.

20. 걱정을 회피로 보는 통찰력을 기르기 (20)

    A. 내담자의 걱정은 공포 문제를 회피하는 형태의 한 가지이며, 이것이 만성적 긴장을 유발함을 깨닫도록 도움을 주었다.

    B. 내담자가 자신의 걱정이 회피와 긴장을 유발함을 통찰력 있게 이해한 것을 강화해 주었다.

    C. 내담자가 걱정의 본질이 일종의 회피임을 이해하는 데 어려움을 겪었고 이 분야에 대해 치료적 정보자료를 제공해 주었다.

21. 왜곡된 사고 인식하기 (21)

    A. 내담자가 왜곡된 (인지) 도식과 불안 반응을 매개하는 관련된 자동적 사고를 인지하는 데 도움을 주었다.

B. 내담자에게 왜곡된 사고가 감정적 반응을 촉진함을 알려 주었다.

C. 내담자가 인지적 신념과 자신의 불안 반응을 매개하는 메시지를 이해했음을 언어로 표현함에 따라 내담자를 강화해 주었다.

D. 내담자가 왜곡된 메시지를 긍정적이고 현실적인 인지로 대체하는 데 도움을 주었다.

E. 내담자가 자신의 왜곡된 사고와 인지를 깨닫지 못했고, 이 분야에 대한 실제적인 예를 내담자에게 제공했다.

22. 자기 대화 연습시키기 (22)

A. 내담자에게 두려움을 가져다주는 자기 대화를 인식하고 현실에 근거한 대안 생각하기 연습을 해 볼 수 있도록 내담자에게 숙제를 내주었다.

B. 청소년 심리치료 과제계획서(Jongsma, Peterson, & McInnis)에 나오는 '불안 측정 도구(Tools for Anxiety)'를 사용해서 내담자가 두려움을 가져다주는 자기 대화를 인지하는 데 도움을 주었다.[3]

C. 내담자가 두려움을 가져다주는 자기 대화를 현실에 근거한 대안들로 대체한 것을 평가했다.

D. 내담자가 두려움을 가져다주는 자기 대화를 현실에 근거한 대안들로 성공적으로 대체한 것에 대해 강화해 주었다.

E. 내담자가 두려움을 가져다주는 자기 대화를 현실에 근거한 대안들로 대체하지 못한 것에 대해 내담자에게 교정적 다시 챙겨주기를 제공했다.

F. 내담자가 두려움을 가져다주는 자기 대화와 관련된 연습을 완수하지 않았으며, 이를 연습하도록 다시 지시했다.

23. 사고중지 가르치기 (23)

A. 내담자에게 정지 표지판을 떠올리며 부정적 사고를 유쾌한 장면으로 대체하는 사고중지 기법을 가르쳤다.

B. 성인 심리치료 과제계획서(*Adult Psychotherapy Homework Planner*)(Jongsma)에 나오는 '사고중지법의 활용'을 변형해 내담자가 공포와 걱정을 일으키는 사고를 멈추는 법을 익히는 데 도움이 되도록 이를 활용하도록 했다.

C. 내담자의 사고중지 기법 실행을 모니터링했고, 이 도구 사용에 성공한 것을 강화해 주었다.

D. 내담자가 사고중지 기법이 불안을 유발하는 인지에 빠져드는 것을 줄이는 데 도움이 되었다고 보고했다. 이 기법을 계속 사용하도록 내담자를 격려했다.

E. 내담자가 사고중지 기법 사용에 실패했고, 기법을 사용하려는 시도를 검토하고 문제를 해결했다.

24. 공포의 인지 재구조화에 관한 독서하기 (24)

A. 부모에게 서적이나 치료 안내서에 나오는 공포 또는 걱정의 인지 재구조화에 관해 읽고 토론하도록 지시했다.

B. 대처 C. A. T. 시리즈(Workbookpublishing.com)가 부모에게 인지 재구조화에 관해 배우는 것을 돕도록 할당되었다.

C. 부모에게 인지 재구조화를 가르쳐 주는 것을 돕기 위해 불안하고 걱정 많은 아이, 어떻게 도와줄까?

---

3) 역자 주 : 불안 측정 도구가 우리나라에서 제작되어 쓰인 바 있다. 주영숙, 김정휘(1990), 불안검사, 서울 : 코리안테스팅센타.

(Rapee et al.)를 읽도록 지시했다.

D. 인지 재구조화의 주요 구성 요소에 대해 검토했다.

E. 내담자와 부모가 인지 재구조화에 관한 독서를 하지 않았고 이를 실행하도록 다시 지시했다.

25. 걱정 시간의 활용 (25)

A. 내담자는 '걱정 시간'의 사용이 걱정과 환경적인 자극 간의 연관성을 어떻게 제한하는가를 배웠다.

B. 내담자는 걱정 시간과 장소가 시행되는 것을 설정하도록 도움 받았다.

C. 내담자의 걱정 시간의 사용에 대한 경험이 처리되었다.

D. 내담자는 걱정 시간 기술을 시행하지 않았고 그렇게 하도록 재지시받았다.

26. 걱정 시간까지의 걱정 연기 (26)

A. 내담자는 동의된 시간과 장소까지 걱정을 인식하고 연기하는 것을 배웠다.

B. 내담자는 사고중지, 이완, 그리고 주의 재지시 하기와 같은 기술들에 대해 배웠다.

C. 내담자는 청소년 심리치료 과제계획서(Jongsma, Peterson, & McInnis)의 '걱정 시간(Worrk Time)' 훈련을 할당받았다.

27. 불안 자극 위계를 작성하기 (27)

A. 내담자가 걱정하고 있는 두세 가지 영역과 결합해 나타나는 불안감 유발 상황의 위계를 작성하도록 도움을 주었다.

B. 내담자의 불안 원인이 꽤 모호한 상태여서 내담자가 자극 상황 위계를 작성하는 데 어려움을 겪었다. 그러나 내담자가 위계를 완성하도록 도움을 주었다.

C. 내담자가 점진적으로 증가하며 불안을 조성하는 특정 자극 상황 위계를 명확하게 작성하는 데 성공했다. 작성된 위계를 검토했다.

28. 초기 노출 수준을 정하기 (28)

A. 불안 유발 상황 위계에서 성공 확률이 높을 것 같은 것으로 초기 노출 수준을 선정했다.

B. 내담자가 초기 노출을 하는 동안 나타날 증상을 관리할 계획을 개발했다.

C. 내담자가 상상을 통해 노출 관련 증상관리 계획을 예행연습하도록 도움을 주었다.

D. 내담자가 증상관리 기법을 유용하게 사용한 것에 대해 긍정적 다시 챙겨주기를 제공했다.

E. 내담자에게 증상관리 기법을 향상시킬 방법을 다시 알려 주었다.

29. 상상 연습하기 (29)

A. 내담자에게 불안감을 유발하는 상황을 생생하게 상상하게 하고, 걱정에 따른 불안감이 약해질 때까지 걱정거리를 마음에 담고 있도록 지시했다.

B. 내담자가 불안감이 약해질 때까지 불안을 유발하는 상황에 집중한 것을 지지해 주었다.

C. 내담자가 걱정스러운 장면 대신 현실에 근거한 대안들을 생성해 내는 데 도움을 주었고, 치료 회기 동안 이런 대안들을 다루었다.

30. 상황 노출에 대한 과제 내주기 (30)

A. 내담자에게 걱정되는 상황에 스스로를 노출시키고 그 경험을 기록하는 연습을 숙제로 내주었다.

B. 내담자에게 아동 · 청소년의 공포 및 불안장애(*Phobic and Anxiety Disorders in Children and Adolescents*) (Ollendick & March)에 나오는 상황 노출 과제를 수행하도록 지시했다.

C. 내담자에게 청소년 심리치료 과제계획서(Jongsma, Peterson, & McInnis)에 나오는 '공포에 대한 두려움에 서서히 맞서기(Gradually Facing a Phobic Fear)' 연습을 하도록 지시했다.

D. 내담자가 걱정 노출 기법을 사용한 것을 검토하고 강화했다.

E. 내담자가 걱정 노출 기법을 실행하는 데 어려움을 겪었고, 내담자에게 교정적 다시 챙겨주기를 제공했다.

F. 내담자가 걱정 노출 기법의 사용을 시도하지 않았지만 다시 시도해 보도록 지시했다.

31. 주요 갈등 목록 작성하기 (31)

A. 내담자에게 공포나 걱정을 유발하는 주요 갈등을 목록으로 작성하도록 지시했다.

B. 내담자가 작성한 갈등 목록을 해결하기 위해 검토했다.

C. 내담자가 주요 갈등을 해소하는 것을 돕기 위해 문제해결 기술과 자기주장 기법을 사용했다.

D. 내담자의 주요 갈등에서 발생하는 감정 조절장애를 줄이는 것을 돕기 위해 수용 및 인지 재구조화 기법을 사용했다.

E. 내담자가 몇몇 주요 갈등을 해결함으로써 공포와 걱정이 크게 줄어들었음이 보고되었다.

F. 내담자가 문제해결, 자기주장, 수용, 인지 재구조화 기법을 사용함에도 주요 갈등을 겪고 있어 이 부분에 대해 교정적 다시 챙겨주기를 내담자에게 제공했다.

32. 문제해결 연습시키기 (32)

A. 내담자에게 집에 가서 현재 문제를 해결하도록 연습 과제를 주었다.

B. 내담자에게 불안하고 걱정 많은 아이, 어떻게 도와줄까?(Rapee et al.)에서 설명한 문제를 해결하도록 지시했다.

C. 내담자가 문제해결 연습 과제를 사용한 것에 대해 다시 챙겨주기를 제공했다.

33. 활동 증가를 격려하기 (33)

A. 활동 증가를 통해 불안한 생각들을 분산시키는 방식으로 새로운 비회피성 전략을 강화시키도록 내담자를 격려했다.

B. 내담자에게 사회활동 및 학술활동의 참여를 통해 불안한 생각을 분산시킬 것을 권장했다.

C. 내담자에게 자신의 불안한 생각을 분산시키는 것에 사용할 자신만의 잠재적 보상 경험 목록을 사용할 것을 권장했다.

D. 내담자가 불안한 생각을 분산시키는 방법을 사용한 데 대해 강화해 주었다.

E. 내담자가 불안한 생각을 떨쳐 버리기 위해 분산 기법을 규칙적으로 사용하지 않았고 이것을 활용하도록 다시 지시했다.

34. 부모를 치료에 참여시키기 (34)

A. 내담자의 부모를 어느 정도 선까지 치료에 참여시킬 것인지 내담자와 논의했다.

B. 부모에게 내담자 치료과정 중 선택활동(selective activities)에 참여할 것을 격려했다.

35. 인지 행동 집단 치료의 시행 (35)

A. 집단 치료는 불안한 아동에 대한 인지행동치료(*Cognitive Behavioral Therapy for Anxious Children*) 또는 청소년을 위한 친구들 프로그램(*FRIENDS Program for Youth*)(Barrett et al.)에 의해 지지된 개념에 따라서 시행되었다.

B. 인지 행동 집단 치료는 내담자가 불안의 인지, 행동, 그리고 감정적 요소를 배우기 위해 시행되었다.

C. 인지 행동 집단 치료법은 내담자가 불안에 대처하는 기술을 배우고 시행하며, 몇몇 불안 유발 상황에 대한 새로운 기술을 연습하기 위해 시행되었다.

D. 내담자는 인지 행동 집단 치료에 적극적으로 참여하였고 이것의 이점들이 검토되었다.

E. 내담자는 인지 행동 집단 치료에 적극적으로 참여하지 않았고 그렇게 하도록 상기되었다.

36. 인지 행동 가족 치료의 시행 (36)

A. 인지 행동 가족 치료는 불안한 아동에 대한 인지행동치료 또는 청소년을 위한 친구들 프로그램(Barrett et al.)에 의해 지지된 개념에 따라서 시행되었다.

B. 인지 행동 가족 치료는 가족 구성원들이 불안의 인지, 행동, 그리고 감정적 요소를 배우기 위해 시행되었다.

C. 인지 행동 가족 치료는 가족 구성원들이 불안에 대처하는 기술을 배우고 시행하고, 새로운 기술을 시행하고, 부모는 치료의 발전을 촉진하기 위한 육아 기술을 배우도록 시행되었다.

37. 부모에게 아이들의 불안 관리를 가르치기 (37)

A. 부모는 아이들의 불안을 관리하기 위한 건설적인 기술을 배웠다.

B. 부모는 용기 있는 행동에 대해 어떻게 대처하고 보상하는지에 대해 배웠다.

C. 부모는 과도한 불평과 다른 무례한 행동들을 공감적으로 무시하는 것에 대해 배웠다.

D. 부모는 그들 자신의 불안을 관리하고 치료 회기에서 배운 행동들을 모델링하는 것에 대해 배웠다.

38. 가족 불안 관리 회기를 실시하기 (38)

A. 가족에게 용기 있는 행동을 어떻게 촉발하고 이를 보상하는지 가르쳐 주었다.

B. 가족에게 내담자의 과도한 불평과 다른 회피적 행동에 공감해 주면서도 이를 무시하는 방법을 가르쳐 주었다.

C. 가족에게 자신들의 불안과 치료 회기에서 배운 모델 행동을 관리하는 법을 가르쳐 주었다.

D. 아동을 위한 친구들 프로그램(*FRIENDS Program for Children*)(Barrett, Lowry-Websters, & Turner)에 기반해 가족 불안 관리 회기를 실시했다.

39. 실수와 재발 구별하기 (39)

A. 실수와 재발을 구분하는 것에 대해 내담자와 함께 토의했다.

B. 실수는 증상, 공포 또는 회피하고 싶은 충동이 처음으로 한 번 되돌아오는 것과 관련이 있다.

C. 재발은 두렵고 피하고 싶은 행동 패턴으로 돌아가겠다는 결정을 수반한다.

D. 내담자가 실수와 재발 사이의 차이점을 이해했음을 보임에 따라 내담자에게 지지와 격려를 제공했다.

E. 내담자가 실수와 재발 사이의 차이점을 이해하는 데 어려움을 겪었고, 이 점에 대해 교정적 다시 챙겨 주기를 제공했다.

40. 실수 위기 상황 관리 논의하기 (40)

A. 내담자가 실수가 발생할 수 있는 미래의 상황이나 환경을 인식하는 데 도움을 주었다.

B. 치료 회기 동안 실수가 발생할 수 있는 미래 상황이나 환경을 관리하는 예행연습에 집중했다.

C. 내담자가 실수 관리 기술을 적절히 사용한 것을 강화해 주었다.

D. 내담자가 실수 관리 기술을 잘 사용하지 못함에 따라 다시 지도해 주었다.

41. 전략의 규칙적 사용 권장하기 (41)

A. 내담자에게 치료 시간에 배운 전략들(예 : 인지 재구조화, 노출)을 규칙적으로 사용하도록 지시했다.

B. 내담자에게 새로 배운 전략들을 생활에서 최대한 많이 반영하도록 강제했다.

C. 내담자가 대처 전략들을 자신의 생활 및 일과 속에 적용시킨 방법들을 말했고, 이를 강화해 주었다.

D. 내담자에게 새로 배운 전략들을 자신의 일과와 생활 속에 적용시킬 방법들을 찾도록 다시 지도했다.

42. 대처 카드 만들기 (42)

A. 내담자에게 특정 대처 전략이 기입된 대처 카드(coping card)를 주었다.

B. 내담자가 자신에게 유용한 대처 전략을 열거할 수 있도록 대처 카드를 만드는 것을 도와주었다.

C. 내담자가 불안을 유발하는 상황으로 어려움을 겪을 경우 자신의 대처 카드를 사용하도록 격려했다.

43. 인지 행동 가족 치료의 시행 (43)

A. 인지 행동 가족 치료가 시행되었다.

B. 부모는 아이들의 불안 행동을 관리하고 내담자의 발전을 가능하도록 돕는 기술에 대해 배웠다.

C. 내담자는 불안 관리 기술들을 배웠다.

44. 아동중심 놀이치료 접근법 사용하기 (44)

A. 내담자가 불안감을 이겨 내고 해소하는 것을 돕기 위해 아동중심 놀이치료 접근법을 활용했다.

B. 아동중심 놀이치료 시간에 내담자의 감정을 반영, 고찰하고 정당화했다.

C. 치료 시간에 내담자가 불안을 이겨 내는 행동을 활성화하기 위해 내담자의 감정을 도덕적인 판단 없이 (nonjudgmental) 강조해 주는 방식으로 내담자에게 다시 들려줬다.

D. 아동중심 놀이치료 접근법이 내담자가 자각하지 못한 갈등과 주요 불안감의 대부분을 감소, 해소시키는 데 도움이 되었다.

E. 아동중심 놀이치료 접근법을 사용했음에도 내담자가 자각하지 못한 갈등과 주요 불안감의 대부분을 감소하거나 해소시키지 못했다.

45. 불안한 상황 그리기 (45)

A. 내담자에게 대체로 자신을 불안하게 만드는 두세 가지 상황을 그림으로 그리도록 지시했다.

B. 내담자가 각 그림을 설명하고 짚어 나가며 불안감을 유발하는 상황을 자세히 말하는 동안 적극적 경청 기법을 사용했다.

C. 각각의 그림에 따라 내담자의 불안감을 다루는 여러 방법을 조사했다.

D. 내담자가 일상생활에서 불안을 유발하는 상황에 처했을 때 각 대처 전략을 사용하려고 노력했고 곤란함이 감소했다고 얘기했다.

E. 내담자가 불안을 유발하는 상황에 처했을 때 대처 기제 사용을 시도하지 않았고, 내담자가 그린 각각의 그림을 상기시키며 그림 속 불안 상황에 대처할 수 있는 여러 방안이 있음을 상기시켜 주었다.

46. 정신분석학적 놀이치료 실시하기 (46)

A. 정신분석학적 놀이치료법을 사용해 내담자의 중심 갈등을 밝히고, 점검하고 해소했다.

B. 정신분석학적 놀이치료 회기에서 내담자가 주도권을 갖고 자신이 자각하지 못한 갈등과 핵심 불안감을 조사하도록 허용했다.

C. 정신분석학적 놀이치료에서 나타난 저항 문제를 다루고 해결했다.

D. 내담자의 적극적인 정신분석학적 놀이치료 참여가 내담자가 자각하지 못한 갈등과 핵심 불안을 이겨 내고 해소하는 데 도움을 주었다.

E. 정신분석학적 놀이치료를 사용했음에도 내담자가 자신이 자각하지 못한 갈등과 핵심을 이겨 내지 못하고 해결하는 데 실패했다.

47. 불안에 대한 긍정적 인지 반응 만들기 (47)

A. 손인형, 모래상자, 펠트보드를 사용해 불안을 일으키는 시나리오를 만들어 보도록 내담자를 격려했다.

B. 내담자가 적극적으로 자신을 불안하게 만드는 다양한 상황을 만들어 내고 설명하도록 지지해 주었다.

C. 내담자가 창안한 각각의 시나리오에 대해 긍정적인 인지 반응을 설정해 그 상황에서 느끼는 내담자의 불안감을 줄이는 데 도움을 주고자 했다.

D. 내담자가 불안감을 유발하는 상황을 처리하는 데 자신을 위해 만든 긍정적 인지 반응을 성공적으로 사용했다.

E. 내담자가 불안에 대한 반응으로 긍정적 인지 메시지를 사용하지 않았고, 이 유용한 치료 기법을 사용할 것을 다시 지시했다.

48. '나의 집 우리 동네' 놀이하기 (48)

A. 내담자와 '나의 집 우리 동네' 게임을 했고, 내담자는 아무런 저항 없이 게임에 참여했다.

B. 내담자가 '나의 집 우리 동네' 게임을 하면서 무엇이 자신을 불안하게 만드는지를 깨닫도록 도움을 주었다.

C. 내담자가 '나의 집 우리 동네' 게임을 치료사와 억지로 했으며, 단편적이고 미미한 반응만을 보였다.

49. 불안 해소를 위해 이야기 기법(narrative approach)[4] 가르치기 (49)

A. 내담자에게 자신의 불안감에 관한 이야기를 적어 내는 과제를 내주었다.

B. 내담자에게 자신이 만든 불안감에 관한 이야기를 행동으로 표현하도록 지도했다.

C. 내담자가 이야기한 행동 표현을 마친 뒤, 외재화된 불안 이야기를 내담자와 함께 검토했다.

D. 내담자가 이야기에 대해 일상생활에 적용할 수 있는 효과적인 대처 방법을 개발하는 데 도움을 주었다.

E. 내담자가 일상에서의 공포를 감소시키는 전략을 실행할 수 있는 방법을 찾도록 도움을 주었다.

F. 이야기 연습에서 개발하고 실행에 옮긴 전략들이 일상에서 내담자의 공포를 감소시키는 데 도움이 되었다.

---

4) 역자 주 : 양돈규(2003), 심리학용어 사전, 서울 : 학지사에서는 해설적 접근이라고 정의함.

G. 내담자가 일상에서의 공포를 감소시키기 위한 전략들을 사용하지 않았고 이런 전략들을 규칙적으로 적용해야 함을 내담자에게 상기시켰다.

50. 불안감을 유발하는 상황에 집중하기 (50)

A. 불안감을 유발하는 상황을 스토리텔링, 그림 그리기, 그림 쳐다보기 등의 기법으로 내담자가 불안감을 유발하는 상황을 표현했고, 내담자가 느끼는 불안감의 수준을 이야기하고 낮추는 것을 돕기 위해 이와 같은 방법을 사용했다.

B. 내담자가 점진적으로 불안을 유발하는 상황들을 더 잘 견디고 자유롭게 자신의 불안에 대해 이야기할 수 있게 됐다.

C. 내담자가 불안을 유발하는 상황에 대한 이야기, 그림 그리기, 그림 쳐다보기를 시도하는 것에 격려와 지지를 했다.

D. 내담자가 불안을 유발하는 상황이 발생해도 이를 견디는 능력이 향상되었다고 말했다. 이런 성공이 갖는 이점을 검토했다.

E. 스토리텔링 기법, 그림 그리기, 불안 유발 상황을 담은 그림 쳐다보기 등을 통해 불안을 유발하는 상황에 집중했음에도 내담자의 불안 정도가 크게 줄어들지 않았다.

51. 상호 이야기하기 기법 활용하기 (51)

A. 상호 이야기하기 기법을 사용해 불안을 유발하는 상황에 대해 이야기하도록 내담자를 격려했다.

B. 내담자가 기꺼이 불안에 관한 이야기를 털어놓았고, 이 이야기에 내포된 의미를 파악하기 위해 이야기를 해석했다.

C. 내담자가 동일한 인물과 배경을 사용하면서도 불안을 어떻게 다루고 대처하며 해소하는지를 보여 주는 건전한 방식으로 이야기를 구성했다.

D. 내담자가 상호 이야기하기 기법이 불안감을 다루고 해소하는 것에 유용했다고 언어로 표현했다.

52. 예상 과제 내주기 (52)

A. 내담자에게 매일 밤마다 내일 자신을 괴롭게 할 불안 요소가 무엇인지, 그리고 좋은 하루가 되기 위해 꼭 필요한 요소들이 무엇인지를 예상하는 연습을 하도록 지시했다.

B. 불안 예상하기 경험을 내담자와 함께 점검했고, 좋은 하루가 되기 위해 꼭 필요한 요소들을 긍정하고 강화해 주었다.

C. 내담자가 좋은 하루가 되기 위해 필요하다고 제시한 관련 자료를 모아 해결책을 구성했다. 내담자에게 좋은 날들이 발생하는 빈도를 높이기 위해 이 해결책을 실행하도록 지시했다.

D. 내담자가 적극적으로 예상 과제를 수용한 결과, 내담자가 자신의 불안을 조절하는 데 성공한 좋은 날의 수가 증가했다.

E. 내담자가 예상 과제를 수행하지 않았고, 이 과제를 규칙적으로 사용하도록 종용했다.

제5장 애착장애

내담자 소개

1. 학대 가정에서 입양됨 (1)[1]

A. 여러 경로와 보고에 의하면 내담자의 생물학적 가족이 아이에게 심한 학대를 가하고 아이를 무시했다.

B. 내담자의 정서와 감정적 거리감이 과거의 학대받은 경험과 태만한 가족 배경과 일치한다.

C. 부모의 말에 따르면 내담자가 입양된 가족의 안정된 구조와 서로 보살피는 분위기에 적응하지 못하고 혼란스러워했다.

D. 부모가 내담자가 과거의 학대, 무시당한 경험을 극복하고 새 가족의 일원이 되어 가는 조짐을 목격하기 시작했다.

2. 사회적 상호작용을 개시하지 않거나 관련 반응을 보이지 않음 (2)

A. 부모의 말에 따르면 내담자가 처음부터 부모의 따뜻한 보살핌과 애정 어린 행동에서 위축되고 애착을 거부했다.

B. 내담자가 모든 사람들과 소원한 관계를 형성한다는 것이 보호 제공자와 전문가들에게 관찰되었다.

C. 부모와 교사 모두 내담자가 동료 혹은 어른들과의 관계 형성 시도를 하지 않음을 알아차렸다.

D. 내담자가 몇 가지 사회적 접촉을 시도하기 시작했고 다른 사람들과의 만남에서 따뜻하게 반응하기 시작했다.

3. 과잉 친절 반응 (3)

A. 내담자가 어떤 어른이든지 간에 지나친 친절을 보이고 과도한 친밀감을 느낀다고 부모가 보고한다.

B. 내담자가 치료사와 지나치게 친해지고 과도한 친밀감을 보인다.

C. 내담자가 공공장소에서 만나는 낯선 사람에게도 과잉 친절을 베풀고 일종의 애정을 나타내는 것이

---

1) 괄호 안의 숫자들은 **아동 심리치료 치료계획서**(*The Child Psychotherapy Treatment Planner*), 제5판(Jongsma, Peterson, McInnis, Bruce 공저, 2014년, Hoboken, NJ : Wiley)에서 동일한 제목을 지닌 관련 장의 치료 중재의 숫자와 연결된다.

목격되었다.

　D. 내담자가 낯선 사람에게 과잉 친절을 보이고 과도한 친밀감을 나타내는 것을 멈췄다.

4. 보호 제공자와 유대감이 없음 (4)

　A. 내담자가 과거의 보호 제공자에게 고마움을 표현한 적이 없다.

　B. 내담자가 생모나 보호 제공자 누구와도 애착이 없음이 여러 평가와 보고서에서 드러났다.

　C. 내담자가 집 외의 다른 환경에서 부모를 찾지 않는 것이 관찰됐다.

　D. 내담자가 새 부모와 긴밀한 유대감을 형성하고 있음을 보여 주는 사례와 징후가 나타나기 시작했다.

5. 타인의 도움과 보호를 거부함 (5)

　A. 내담자가 부모의 애정 어린 보살핌인 언어나 몸짓에 저항하거나 이를 거부한다.

　B. 내담자가 타인의 도움 없이 자기가 원하는 일을 할 수 있으며 그렇게 하는 것을 더 선호한다고 명확하게 의사 표시를 한다고 말했다.

　C. 내담자가 교사의 모든 도움에 저항하거나 이를 거절했다.

　D. 내담자가 서서히 타인의 도움을 받아들이거나 그들의 보살핌 행동을 용납한다.

6. 음식을 몰래 숨겨 놓거나 식탐이 있음 (6)

　A. 내담자가 자신의 방 여러 곳에 음식을 숨겨 놓는 것을 부모가 발견했다.

　B. 내담자가 더 많이 먹기 위해 음식을 매우 빨리 먹는 것이 관찰됐다.

　C. 내담자가 배탈이 날 정도로 음식을 많이 먹는 일이 빈번하다고 부모가 보고했다.

　D. 내담자가 나중에 먹으려고 집과 학교에서 음식을 몰래 숨겨 왔다.

　E. 내담자가 현재 적정량의 음식을 섭취하며 나중에 먹을 음식을 숨겨 놓는 일이 더 이상 없다고 지적했다.

7. 공격 행동 (7)

　A. 내담자에 관한 기록을 보면 그가 오랫동안 형제자매, 동료, 보호 제공자에게 공공연하게 공격 행동을 나타낸 전력이 있다.

　B. 부모의 말에 따르면 내담자가 형제자매, 동료, 보호 제공자 그리고 자신에게 매일 공격 행동을 한다.

　C. 학교 직원들이 내담자가 동료들을 향해 빈번한 공격 행동을 하는 것을 말린 적이 있다고 말했다.

　D. 내담자가 자신의 공격적인 행동에 대해 거의 혹은 전혀 인지하지 않는다.

　E. 내담자가 동료들과 형제, 부모에게 자신이 보인 공격 행동의 빈도와 정도를 줄여 나간다.

8. 잦은 거짓말 (8)

　A. 내담자가 매사에 자주 거짓말을 한다고 부모가 보고했다.

　B. 교사와 보호 제공자들이 내담자가 명확한 이유 없이 혹은 불필요하게 자주 거짓말을 하는 것을 목격해 왔다.

　C. 내담자에 관한 기록을 보면 내담자가 자신의 행동에 대해 자주 거짓말을 했음을 알 수 있다.

　D. 거짓말을 하다가 탄로가 났을 때 내담자가 양심의 가책을 거의 느끼지 않는다.

　E. 내담자가 거짓말을 하는 빈도가 줄었으며, 거짓말을 하다가 들키면 이제 양심의 가책을 느낀다.

9. **도벽(불필요한 물건 절도) (9)**

   A. 내담자에게 도벽 전력이 있다.

   B. 내담자가 불필요한 물건을 훔치다가 들킨 적이 여러 번 있다.

   C. 내담자가 물건을 훔친 명확한 이유나 설명을 하지 못하는 증상을 보였다.

   D. 내담자가 도둑질을 멈췄다.

10. **양심 발달의 징후가 전혀 없음 (10)**

   A. 내담자가 자신의 나쁜 행동에 대해 아무런 죄책감이나 후회를 보이지 않는다고 보호 제공자들이 보고했다.

   B. 내담자가 나쁜 행동을 하고서 다른 사람의 탓으로 돌리고, 심지어 증거가 명백함에도 자신의 잘못을 인정하려고 하지 않는다고 부모가 보고했다.

   C. 내담자의 행동에 대한 기록을 보면 거짓말을 하다가 탄로가 난 경우, 혹은 규칙을 어기거나 남에게 상처를 주는 행위를 하다가 들킨 경우 양심의 가책을 거의 느끼지 못함을 보여 준다.

   D. 내담자가 자신이 한 행동이 나쁘거나 잘못된 것인지를 인지하지 못한다.

   E. 내담자가 잘못된 행동을 하다가 들켰을 때 이를 약간 걱정하거나 반성하는 기미가 나타나기 시작했다.

11. **주요 보호 제공자에게 매달림 (11)**

   A. 내담자가 부모와 떨어질 때 극도의 감정적 혼란에 빠진다고 부모가 보고했다.

   B. 내담자가 부모에게 과도하게 매달리는 행동을 보인다.

   C. 부모가 시야에서 사라지면 매우 두렵고 걱정스럽다고 내담자가 표현했다.

   D. 내담자가 부모에게 과도하게 매달려서 학교에 보내는 것이 어렵다.

   E. 내담자가 정서적으로 혼란에 빠지지 않고서도 점점 부모와 떨어져 있을 수 있게 됐다.

12. **정서적 · 신체적 방임을 당한 경험 (12)**

   A. 내담자의 가정환경에 관한 기록을 보면 내담자가 생모와 다른 보호 제공자들로부터 심한 정서적 · 신체적 무시를 받았음이 드러난다.

   B. 내담자가 오늘날까지 부모의 보살핌과 지지해 주는 행동을 받아들이거나 이에 반응하는 것에 어려움을 보인다고 부모가 보고했다.

   C. 내담자가 자기 자신을 항상 스스로 돌보고 경계를 늦추지 않음을 은연중에 보였다.

   D. 내담자의 정서적 · 신체적 필요를 충족시켜 주려는 부모의 노력에 긍정적인 반응을 보이기 시작했다.

13. **1차 보호 제공자의 빈번한 교체 (13)**

   A. 기록에 따르면 내담자에겐 많은 1차 보호 제공자가 있었으며, 모두 내담자에게 보호를 제공한 기간이 짧았다.

   B. 내담자가 자신의 주요 보호 제공자였던 사람들의 목록을 재빨리 줄줄 읊었다.

   C. 내담자가 1차 보호 제공자들 몇 명을 기억하지 못한다.

   D. 내담자가 많은 주요 보호 제공자들을 거쳤던 사실이 내담자가 새 부모와의 애착 형성을 망설이게 한다.

   E. 부모가 계속 주요 보호 제공자라는 것에 더 안심하고 있는 것으로 보이며 부모에게 더 애착을 보인다.

중재 실행

1. 신뢰감 형성하기 (1)[2]

A. 내담자와 일정 수준의 신뢰감을 형성하기 위해 지속적인 눈 맞추기, 적극적 경청 및 공감의 자세를 취했다.

B. 무조건적인 긍정적 존중 요법을 사용해 내담자와 적극적인 신뢰감 형성을 했다.

C. 내담자와 일정 수준의 신뢰감 형성에 성공해 내담자가 이제 공개적으로 자신의 생각과 감정을 표현한다.

D. 지속적인 눈 맞추기, 적극적 경청, 공감의 자세에도 불구하고 내담자와 미미한 수준의 신뢰감이 형성됐다.

2. 유명인 취재 형식을 빌린 면담 시도 (2)

A. 내담자와 관계를 형성하고 내담자 스스로 자기 자신을 더 잘 알 수 있도록 돕기 위해 유명인을 취재하듯 내담자와 면담을 했다.

B. 면담을 마친 후에 내담자는 치료사에게 동일한 질문을 하거나 궁금한 점을 자유롭게 물을 수 있는 기회를 가졌다.

C. 면담을 통해 드러난 내담자에 관한 중요한 정보자료는 내담자가 자기 자신을 더 잘 알 수 있도록 내담자에게 전달했다.

D. 내담자가 면담을 통해 자기 자신에 대해 알게 된 몇 가지 특이한 점들을 인지할 때 적극적으로 경청했다.

3. 일관성 있는 행동에 관한 시간을 갖기 (3)

A. 치료 시간 구조는 일관성 있고 예측 가능한 형태로 구성되어 내담자가 보다 편안한 분위기에서 치료사를 신뢰하는 데 도움이 되었다.

B. 치료 시간 구조를 내담자에게 설명했고, 내담자가 제기한 질문을 만족할 만한 수준으로 설명해 주었다.

---

2) 괄호 안의 숫자들은 아동 심리치료 치료계획서(*The Child Psychotherapy Treatment Planner*), 제5판(Jongsma, Peterson, McInnis, Bruce 공저, 2014년, Hoboken, NJ : Wiley)에서 동일한 제목을 지닌 관련 장의 치료 중재의 숫자와 연결된다.

신뢰의 힘

1982년 미국 시카고에서 진통제인 타이레놀을 복용한 지역 주민 7명이 사망하는 사건이 발생했다. 경찰 조사 결과 누군가가 타이레놀 캡슐에 치명적인 독극물을 주입했다는 사실이 밝혀졌다. 미국식품의약국(FDA)은 제조사인 존슨 앤드 존슨에 시카고 지역에 배포된 타이레놀을 회수할 것을 권고했다. 그러나 존슨 앤드 존슨은 예상을 뛰어넘어 시카고뿐만 아니라 미국 전역에 배포된 약 3,000만 병, 1억 달러 상당의 타이레놀 전량을 회수했다. 그 결과 존슨 앤드 존슨은 회사 존립의 위기를 오히려 전화위복의 계기로 만들 수 있었다.

이와는 반대로 2002년 발생한 일본의 유키지루시 식품 사례는 진실의 은폐가 기업에 얼마나 치명적 결과를 가져올 수 있는지를 잘 보여 주고 있다. 일본 햄·소시지 시장 점유율 86%를 자랑하던 일본 제1의 육가공업체인 유키지루시 식품은 수입 쇠고기를 국산으로 둔갑시키는 등 소비자를 기만하는 우를 범했다. 그러나 사건 발생 초기 잘못을 시인하기보다는 사실을 축소하고 은폐하는데 급급했고 그 결과는 참담했다. 유키지루시 브랜드는 믿을 수 없다는 소비자의 불신이 팽배해지면서 불과 1개월 만에 도산의 길로 들어서고 말았다.

일찍이 미국 조지아대 캐롤 교수는 기업의 사회적 책임 4단계론을 제기한 바 있다. 그 첫 단계는 기업이 값싸고 질 좋은 제품을 생산, 공급하는 경제적 책임이고, 그 다음은 준법 경영을 철저히 하는 법적 책임의 단계이다. 세 번째는 도덕적이고 투명한 윤리경영의 단계이며, 마지막이 자선, 기부 같은 사회적 책임의 단계이다. 기업이 성장하고 국가 경제가 성숙해질수록 기업의 사회적 책임에 대한 요구가 커지게 된다. 단계가 올라갈수록 기업의 책임은 커지지만 그만큼 소비자의 신뢰도 높아지게 된다.(역자 주)

C. 내담자가 치료 시간 구조를 매우 편안하게 느끼는 것으로 나타났고 자기 자신을 더 자유롭게 표현하기 시작했다.

D. 일관성 있고 예측 가능한 치료 시간 구조임에도 불구하고 내담자는 더 편안함을 느끼지 못했고 치료사를 기꺼이 신뢰하려고 하지 않았다. 또한 내담자에게 치료 시간이 계속 일관되고 예측 가능한 형태로 진행될 것이라고 상기시켜 줬다.

4. **심리사회적 평가 실행하기 (4)**

A. 부모와 내담자에게 심리사회적 평가를 실시했다.

B. 부모와 내담자가 협력하여 심리사회적 평가의 모든 질문에 매우 자세히 대답하고, 평가에 적극적으로 협력했다.

C. 부모와 내담자가 심리사회적 평가에 응하기는 했으나 질문 항목에 별도의 정보자료가 없는 간결한 답변을 내놓았다.

D. 심리사회적 평가를 통해 부모와 내담자의 장점이 확인됐고 당사자들 역시 그것을 인정했다.

5. **심리평가 수행하기 (5)**

A. 심리평가의 목적을 내담자와 부모에게 설명했고, 그들이 평가에 관해 의문사항이 있을 경우 모두 대답해 줬다.

B. 내담자에게 심리평가를 실시해 내담자의 행동특성 수준, 인지 양식과 지능을 측정했다.

C. 내담자가 심리평가 실시에 잘 협력했다.

D. 내담자의 집중력과 협력 부족으로 심리평가의 일부만 수행했다.

6. **통찰력 수준의 평가 (6)**

A. 내담자는 보이는 문제들을 향한 통찰 수준으로 평가되었다.

B. 내담자는 보이는 문제들에 관하여 그의 통찰의 동조적인 본성 대 이질적인 본성에 따라 평가되었다.

C. 내담자는 행동과 증상에서 문제가 되는 본성에 대한 좋은 통찰을 하도록 보여 주었다.

D. 내담자가 다른 사람들의 우려에 동의하는 것이 목격되어 변화에 힘쓰도록 동기유발되었다.

E. 내담자는 묘사된 문제에 대해 양면성이 있음이 드러났고 그 문제들을 우려사항으로 보는 것을 꺼렸다.

F. 내담자는 문제 영역의 인식에 관해 저항적인 것으로 나타났고, 걱정하지 않았으며, 변화에 대한 동기가 없었다.

7. **관련 장애의 평가 (7)**

A. 내담자는 연구 기반의 관련 장애들의 증거에 의해 평가되었다.

B. 내담자는 자살에 대한 취약성 수준으로 평가되었다.

C. 내담자는 동반장애를 가진 것으로 확인되었고, 치료는 이를 처리할 수 있도록 조정되었다.

D. 내담자는 또 다른 관련 장애가 있는지 평가되었지만 아무것도 발견되지 않았다.

8. **문화적으로 혼란스러운 문제에 대한 평가 (8)**

A. 내담자는 그의 임상 행동을 더 잘 이해하도록 도울 수 있는 나이 관련 쟁점으로 평가되었다.

B. 내담자는 그의 임상 행동을 더 잘 이해하도록 도울 수 있는 성별 관련 쟁점으로 평가되었다.

C. 내담자는 그의 임상 행동을 더 잘 이해하도록 도울 수 있는 문화의 증후군, 고통의 문화적 관용구, 혹은 문화적으로 감지된 사건으로 평가되었다.

D. 다른 요인들이 내담자의 현재 정의된 '문제 행동'에 기여할 것이라고 확인되었고 이 요인들은 그의 치료에 반영되었다.

E. 내담자의 현재 정의된 '문제 행동'을 설명할 수 있는 문화적 기반 요인들은 조사되었지만 중대한 요인은 발견되지 않았다.

9. 장애의 심각성 평가 (9)

A. 내담자의 장애의 심각성은 보호의 적절한 정도를 결정하기 위해서 판단되었다.

B. 내담자는 사회적·관계적·교육적인 노력에서의 손상 정도로 평가되었다.

C. 내담자는 그의 장애가 자신의 기능에 가볍거나 중간 정도의 영향을 끼친다는 것을 알았다.

D. 내담자는 그의 장애가 자신의 기능에 심각하거나 더 심각한 영향을 끼친다는 것을 알았다.

E. 내담자의 치료의 효율성과 적절성, 그리고 장애의 심각성은 꾸준히 평가되었다.

10. 병원의 돌봄 평가 (10)

A. 병원의 돌봄과 관심으로 내담자의 집, 학교, 지역사회가 평가되었다.

B. 내담자의 다양한 환경은 아동의 욕구에 지속적인 무관심, 돌보는 사람의 잦은 변화, 안정적 애착의 제한된 기회, 가혹한 훈육 혹은 다른 심각한 부적절한 돌봄이 있었는지 평가되었다.

C. 병원의 돌봄이 확인되었고 치료계획에 이러한 우려를 관리하고 바로잡는 것과 아동을 보호하는 전략이 포함되었다.

D. 어떠한 병원의 돌봄도 확인되지 않았고, 이것은 내담자와 돌보는 사람에게 반영되었다.

11. 가족에게 현재 평가 관련 자료를 전달하기 (11)

A. 심리평가와 심리사회적 평가의 관련 자료를 요약·정리했고 치료법 제안을 덧붙여 가족에게 전달했다.

B. 평가 결과와 치료법 제안에 관해 부모가 질문한 내용에 답변했다.

C. 내담자와 부모로부터 모든 치료 제안을 따르겠다는 구두 동의를 얻었다.

D. 몇몇 치료 제안에 부모가 거부 반응을 보였으나 해결되었다.

12. 부모에게 기술 중심의 부부 프로그램 참여를 추천하기 (12)

A. 부부의 결혼생활을 결속시킬 수 있는 프로그램에 참여하는 것의 장점을 부모에게 제시하고 함께 논의했다.

B. 개인의 책임, 의사소통 기술, 갈등 해결법을 가르치는 기술 중심의 부부 프로그램(예 : Markman, Stanley, & Blumberg의 PREP)을 부모에게 추천했다.

C. 부모가 부부관계 심화 프로그램에 참여해 이수하는 것을 모니터링했으며 긍정적 성과는 강화했다.

D. 부모가 부부관계 프로그램 이수를 완료했고 그들의 결혼생활을 개선시키는 많은 새 기술을 배웠다고 말했다.

E. 부모가 결혼관계 심화 프로그램을 중도에 포기했다는 소식이 들려와 이를 조사했다.

13. 불임으로 인한 미해결된 슬픔 진단하기 (13)

A. 불임으로 인한 부부의 미해결된 슬픔을 진단했다.

B. 슬픔 진단 결과 부부가 불임과 관련된 대부분의 문제를 해결하려고 노력해 왔음을 알 수 있었다.

C. 슬픔 진단을 통해 부부가 불임과 관련해 해결하지 못한 많은 문제를 갖고 있다는 점과 이런 문제를 전문으로 다루는 상담가나 전문가의 상담을 받아 볼 것을 권고받은 적이 있음이 드러났다.

D. 상담을 완료하고 상담 내용에 전반적으로 만족하는지 여부를 확인하기 위해 부모의 슬픔 상담 의뢰를 모니터링했다.

E. 슬픔 상담을 다 마친 후 부모가 상담을 통해 많은 긍정적 결과를 얻었다고 이야기했다.

F. 부모가 불임 문제와 관련된 슬픔 상담을 받지 않았으며 이러한 상담 과정이 있음을 부모에게 알려 주었다.

14. 부모의 치료 동참에의 요청 (14)

A. 내담자의 치료에 부모가 적극적으로 참여하는 데에 따른 이점에 대해 부모와 논의했다.

B. 부모가 치료에 참여할 수 있는 구체적인 방안을 알아보고 다뤘다.

C. 부모에게 가정과 상담 회기에서 이뤄지는 내담자의 치료과정에 적극적으로 참여하겠다는 구두 서약을 하도록 요청했다.

D. 부모의 참여도가 감소하면 부모에게 부드럽지만 단호하게 내담자의 치료과정에 동참하겠다는 약속을 했음을 상기시키고, 부모의 참여가 가져오는 이점을 인지시켰다.

E. 가정과 상담 회기에서 이뤄지는 내담자 치료에 부모가 적극적인 참여를 하는 것이 부부간 그리고 내담자와 부모 간의 결속력을 강화시키는 데 도움이 되는 것으로 나타났다.

15. 행위표출 행동을 재구성하기 (15)

A. 공동 상담 회기를 거치면서 부모는 내담자의 행위표출 행동이 내담자를 재교육시킬 기회라고 이해하게 되었다.

B. 부모가 행위표출 행동을 재교육의 기회로 받아들이는 것에 장애가 되는 요소를 찾아서 논의하고, 해결했다.

C. 내담자의 문제 행동을 해결하기 위한 새로운 중재 방법을 개발하고 행동에 옮기도록 부모에게 도움을 주었다.

D. 부모에게 새로운 중재법을 실행하고 내담자의 행동을 재교육 기회로 여기는 것에 정적 강화를 주었다.

E. 부모가 내담자의 행위표출 행동에 새로운 중재 방법으로 대처하여 긍정적인 결과를 얻었다고 말했다.

F. 부모가 행위표출 행동을 내담자의 재교육 기회로 재인지하지 않아서 이 기술을 사용하는 것을 상기시켜 주었다.

16. 부모를 공동 치료사로 훈련시키기 (16)

A. 부모에게 내담자 치료과정에 있어서 공동 치료사의 개념을 소개시켰다.

B. 부모가 공동 치료사일 때의 장점을 밝히고 검토했다.

C. 부모를 내담자 치료의 공동 치료사로 참여하도록 훈련하고 권한을 부여했다.

D. 공동 치료자로서 부모의 역할을 지도하고 지침을 주었다.

E. 내담자 치료의 공동 치료사로서 지속적으로 참여하는 부모에게 긍정적인 발언으로 칭찬해 주었다.

F. 부모가 공동 치료사로 참여한 덕분에 내담자가 튼튼한 결속력을 발달시키는 능력 면에서 분명한 긍정적 성과를 보였다.

G. 부모가 내담자 치료에 공동 치료사로 참여함에도 내담자는 계속해서 강한 결속력을 발달시키는 것을 꺼리고 있는 상태이다. 하지만 부모에게 계속 치료에 참여하도록 격려하고 있다.

17. 부모에게 애착에 관한 교육 실시하기 (17)

A. 부모에게 애착의 본질과 그로 인한 정신적 외상에 대해 교육을 실시했다.

B. 부모는 아동 심리치료 과제계획서(Jongsma, Peterson, & McInnis)의 '애착 설문조사(Attachment Survey)' 활동을 배정받았다.

C. 부모에게 애착과 정신적 외상에 관한 질문 항목을 만들 것을 지시했다.

D. 부모가 작성한 애착과 정신적 외상에 관한 질문 항목에 답변해 주고 토론했다.

E. 부모가 이제 애착에 대해 보다 잘 이해하는 것으로 보인다.

18. 내담자에 대한 부모의 기대를 점검하기 (18)

A. 부모가 내담자에게 기대하는 것을 목록으로 작성하고 그중 어떤 것이 가장 중요한지 물었다.

B. 부모가 내담자에게 갖고 있는 기대 목록을 살펴보고, 비현실적인 기대에 집착하고 있다면 그것을 수정하거나 폐기했다.

C. 부모가 내담자에 대한 비현실적인 기대를 고수하고 있음을 지적하고, 그에 따른 부정적인 결과를 설명해 주었다.

D. 보다 현실적인 기대치를 형성하고 내담자가 이러한 기대를 충족시키도록 돕는 방법을 강구하도록 도움을 주었다.

E. 부모의 기대를 수정함으로써 내담자와 더욱 편안한 관계를 형성하게 될 것임을 알려 주었다.

19. 사랑의 실체가 지속됨을 보여 주기 (19)

A. 부모가 튼튼한 관계를 형성하기 위한 주요 요소를 파악하고 토의하는 데 도움을 주었다.

B. 부모에게 내담자에 대한 자신들의 소망과 요구를 표출하고 이에 접근하도록 도움을 주었다.

C. 부모는 사랑으로 충분치 않을 때 : RAD와 관련된 자녀양육지침(*When Love Is Not Enough : A Guide to Parenting Children with RAD*)(Thomas)의 일부분을 읽도록 추천받았다.

D. 사랑은 내담자에게 가장 마지막으로 표현하고 보여 줘야 하는 정서라는 현실 감각을 부모에게 전달했다.

E. 내담자가 그들에게 반응하지 않아 낙담하는 부모에게 내담자와의 관계에서 가장 마지막으로 표현해야 하는 감정이 사랑이라는 현실을 상기시켰다.

F. 내담자가 말 또는 행동으로 사랑을 표현할 것을 기대하지 않고 관계를 형성하는 것을 계속하도록 부모에게 재차 강조했다.

20. 치료 놀이식 접근을 시도하기 (20)

A. 내담자와 관계 형성을 위한 치료 놀이식 접근법을 부모에게 교육시켰다.

B. 치료 놀이식 접근 사용에 있어서 적극적인 공동 치료사가 될 것이라는 명시적인 구두 동의를 부모로부

터 받아냈다.

C. 내담자가 관계 형성을 시도하고 심리내면적 갈등에서 벗어나도록 유도할 목적으로 치료에서 치료 놀이 애착기반 접근법을 중점적으로 실시했다.

D. 치료 시간 도중 가정에서 부모가 내담자에게 실시할 구체적인 치료 과제를 주었다.

E. 부모가 공동 치료사의 입장에서 과제를 실행하는 것을 모니터링했으며 상황에 따라서는 방향을 재설정해 주었다.

F. 내담자가 치료사, 부모와 관계 설정을 시작한 것으로 비추어 볼 때 치료 놀이식 접근법이 효과가 있는 것으로 나타났다.

G. 내담자가 행위표출 행동을 계속하고 부모 그리고 치료사와 진전된 관계를 형성하지 못함에 따라 치료 놀이식 접근법이 효과적이지 않은 것으로 드러났다.

21. 놀이치료에 ACT 모델3)을 도입하기 (21)

A. 놀이치료에서 ACT 모델을 내담자에게 실시했다(즉 내담자의 감정을 인정하고, 한계점을 같이 짚어 보고, 행위표출 혹은 공격적인 행동에 대해 수용 가능한 대체 행동을 찾는 것을 목표로 설정했다).

B. 내담자가 ACT 놀이치료 회기에 적극적으로 참여하고 행위표출 및 공격 행동 대신 적절한 대체 행동을 하는 것을 수용할 경우 긍정적인 언어로 지지해 주었다.

C. 내담자가 ACT 놀이치료 회기에 참여했지만 행동에 한계선을 설정하고 목적 행동을 받아들이는 것에 저항하는 것이 목격되었다.

D. 내담자에게 ACT 놀이치료를 실시한 것이 기존의 행위표출 및 공격 행동을 대체하는 새로운 행동을 정착시키는 것에 효과적이었다.

E. 놀이치료에서 ACT 모델을 사용했지만 내담자의 행위표출 혹은 공격 행동의 빈도와 강도가 줄어들지 않았다.

22. 부모-자녀 놀이치료 실시하기 (22)

A. 부모에게 부모-자녀 놀이치료(filial therapy)4) 교육을 실시하고 부모의 참여가 내담자에게 줄 수 있는 이점을 알려 주었다.

B. 부모-자녀 놀이치료 회기에서 내담자가 자신의 분노를 표출하도록 유도했고, 내담자에게 내재된 상처, 두려움, 무력감의 감정에 공감하도록 부모를 지도했다.

C. 내담자가 공개적으로 분노를 표출했고, 부모는 내담자에게 내재된 상처, 두려움, 무력감 등에 공감하

---

3) 역자 주 : 수용 전념 치료(Acceptance & Commitment Therapy, ACT)는 Steven C. Hayes 등에 의해 개발된 심리치료 이론으로 인지 행동 치료의 제3동향으로 알려진 새로운 치료이론 중의 하나이다. 문제 행동이나 비합리적 신념에 대한 변화를 목표로 했던 기존 인지행동 치료이론과 달리 제3동향의 치료법들은 마음챙김(mindfulness), 수용, 맥락, 영성 등을 치료의 핵심 요인으로 가정한다. ACT는 인간의 상징 능력의 총화인 언어의 기능을 분석함으로써 여타의 유기체와는 다른 인간 고유의 심리적 문제를 다룬다는 점에서 흥미를 끈다. 인간은 언어(상징화)를 통해 현실을 구성하는 존재이다. 이러한 인간 고유의 상징 능력은 인간 문명을 일으키는 원동력이기도 하지만 인간 고통의 근원이기도 하다. ACT의 치료 목표는 언어를 통한 가상적 현실 구성을 타파하고 있는 그대로의 현실을 경험하게 하는 것이다. 이를 위해 심리적 수용, 마음챙김, 맥락적 자기의 경험, 인지적 탈융합, 가치 재구성 등의 방법을 사용한다. 특이할 만한 점은 ACT가 과학적 심리학의 배경에서 출발하였음에도 인간고통의 진단과 치료에 대한 관점이 동양적 수행의 방법론과 상당히 일치하는 지점에 도달하고 있다는 점이다. 현재 ACT는 불안장애, 우울증, 성격장애를 포함한 다양한 심리증상의 치료 이외에도 교육장면이나 직무장면에서 폭넓게 활용되고 있다(강사 : 박성현(서울불교대학원 교수, KACC 부회장)].

4) 역자 주 : 부모에 대한 자녀의 관계 치료

는 발언을 하며 적절하게 대응했다.

D. 부모-자녀 놀이치료 기간 동안에 내담자와 부모의 적극적인 참여로 내담자의 분노가 상당히 감소하는 결과를 가져왔다.

23. 부모에게 책 읽기 권고하기 (23)

A. 내담자를 보다 잘 이해하고 내담자를 대할 때 아이디어와 용기를 얻도록 부모에게 독서할 것을 권고 했다.

B. 부모에게 까다로운 아이(*The Difficult Child*)(Turecki), 도전적인 아이(*The Challenging Child*)(Greenspan)[5], 사랑으로 충분치 않을 때 : RAD와 관련된 자녀양육지침(Thomas)를 읽어 보라고 지시했다.

C. 독서를 통해 알게 된 지식으로 하나 이상의 새로운 접근을 시도해 보라고 부모를 격려했다.

D. 부모가 독서하면서 생긴 의문점들에 답해 주고 상의했다.

E. 부모가 육아법에 관한 자료를 읽은 후 내담자에 대한 이해도가 높아지고 새로운 아이디어와 용기를 얻었음이 발견되었다.

F. 부모가 애착장애에 관한 권장도서를 읽지 않았으므로 책을 읽어 보라고 다시 권고했다.

24. 부모의 고충에 공감하기 (24)

A. 애착관계를 형성하지 않은 자녀와 함께 살면서 겪는 부모의 좌절감의 실체를 밝히는 것에 도움을 주 었다.

B. 부모가 느끼는 고통과 실망감은 애착을 보이지 않는 자녀와 사는 것에 기인한다는 점을 표현하도록 유도했다.

C. 그들의 좌절감, 고통, 실망감을 인식하고 표현하는 것에 방해가 되는 것을 밝히고 다루었으며 해결했다.

D. 애착감을 보이지 않는 아이와 살면서 느끼는 좌절감을 표현한 이후, 부모가 자녀와 관계를 형성하기 위해 계속 노력하려는 의지가 확인되고 강화되었다.

E. 부모가 좌절감을 인식하고 표현하는 것이 내담자와 효과적인 관계 형성을 계속해 나가는 것에 도움을 주었다.

25. 자기 수용에 대한 두려움을 나누도록 격려하기 (25)

A. 내담자가 자기 자신을 수용하기 위해 자신의 두려움을 나누도록 격려했다.

B. 내담자가 두려움을 공유하고 자기 수용을 하도록 돕기 위해 아동 심리치료 과제계획서(Jongsma, Peterson, & McInnis) 중 '딕시가 두려움을 이겨 내다(Dixie Overcomes Her Fears)' 또는 '관계 맺기 (Building Relationships)' 연습을 시도하고 완료하도록 지시했다.

C. 연습을 완료한 후 이것을 내담자와 검토하고 넘어갔으며, 내담자는 자신의 두려움을 구체적으로 인지 하고 공유하면서 자기 수용을 할 수 있게 되었다.

D. 연습에서 제시된 몇몇 아이디어를 내담자가 실행할 수 있도록 계획을 수립해 내담자가 계속해서 자기 수용을 더 많이 할 수 있도록 했다.

E. 내담자는 연습을 자신의 두려움을 공유하고 자기 수용도를 높이는 것에 효과적으로 사용했다. 이 프로

---

5) 역자 주 : 딥스(샘터), 한 아이(샘터), 자라지 않는 아이(샘터), 친구가 많은 아이로 키워라(가야넷), 아무도 네 인생을 대신 살아주지 않는다(뜨란), 엄마는 주치의(경향 미디어), 부모와 다른 아이들(열린책들) 등도 자식 농사가 힘든 부모에게 읽어 볼 것을 권한다.

젝트로 인한 이득을 검토했다.

26. 자존감 연습을 처방하기 (26)

A. 내담자가 자기 자신을 더 잘 이해하고 자신을 수용하며 자신감을 가질 수 있도록 내담자에게 자존감 연습을 처방했다.

B. 내담자에게 **자존감과 삶의 기술 플러스 워크북**(Korb-Khara, Azok, & Leutenberg)에 나오는 자존감 연습을 지시해 자기 이해도, 자기 수용, 자신감을 발달시키도록 했다.

C. 내담자가 워크북에 나오는 자존감 연습을 마친 후 자기 이해, 자기 수용과 자신감과 관련된 핵심 항목들을 언어로 확인하며 점검했다.

D. **자존감과 삶의 기술 플러스 워크북** 연습이 내담자의 자기 이해도, 자기 수용, 자신감을 눈에 띄게 높였다.

E. 내담자의 자존감 워크북 연습을 완료하고 그 경험을 공유하고 연습을 하는 것에 대한 저항감이 약간 나타났으며 이를 진단하고 해결했다.

27. 라이프 북 만들기 (27)

A. 부모에게 내담자의 라이프 북을 만듦으로써 얻는 주요 이득에 대해 교육시켰다.

B. 부모와 내담자는 라이프 북을 만드는 방법을 배운 후 라이프 북을 만들라는 지침을 받았다.

C. 부모는 **아동 심리치료 과제계획서**(Jongsma, Peterson, & McInnis)에 나오는 '추억 앨범 만들기' 과제를 받았다.

D. 라이프 북 만들기 과제를 완수하는지를 살펴보기 위해 부모와 내담자를 모니터링했다.

E. 완성된 라이프 북은 내담자가 자신의 과거에 대해 지식과 관점을 갖고 기억할 수 있도록 부모가 내담자와 함께 검토했다. 그리고 이 기법의 결과를 검토했다.

F. 부모는 라이프 북 제작을 완료하지 못했고, 다시 제작하도록 지시받았다.

28. 부모에게 내담자의 정체성을 긍정하는 법을 가르치기 (28)

A. 부모에게 내담자의 과거사 전체를 긍정해 주는 것의 중요성을 교육했다.

B. 내담자의 과거사 전체를 긍정해 줄 수 있는 여러 가능한 방법을 생각해 내도록 부모에게 도움을 주었다.

C. 내담자의 정체성을 긍정하기 위한 부모의 목록을 점검하고 각 항목별로 이것을 실천할 구체적 방안을 강구했다.

D. 부모가 내담자의 정체성을 긍정하기 위해 고안한 방법들을 실행에 옮기는 것을 모니터링했고 그들의 끊임없는 노력에 대해 언어적으로 강화를 주었다.

E. 부모가 내담자의 모든 과거사를 긍정해 주는 것에 관해서 내담자가 매우 긍정적인 반응을 보여 왔음이 관찰됐다.

29. 부모가 내담자와 일대일로 놀아 주도록 지시하기 (29)

A. 매일 내담자와 일대일로 놀아 주며 시간을 보내는 것의 가치를 탐구하고 부모에게 짚어 주었다.

B. 일관되게 내담자와 일대일로 놀아 주며 시간을 보내겠다고 약속할 것을 부모에게 요청했다.

C. 각 부모가 내담자와 놀아 주는 일대일 놀이 일일 계획표를 세워 실행에 옮겼다.

D. 부모가 매일 일대일로 내담자와 놀아 주는지 부모를 모니터링하고, 격려했으며 놀이 방향을 재설정해 주었다.

E. 매일 내담자와 일대일로 놀아 준 결과 내담자의 애착관계 형성에 눈에 띄는 성과를 얻었다고 부모가 보고했다.

F. 부모가 별도로 시간을 내서 내담자와 일대일로 놀아 주지 않았으며, 그렇게 하도록 재권고받았다.

30. 구두 강화/신체적 애정 표현을 격려하기 (30)

A. 마음에서 우러나오는 구두 강화와 신체적 애정 표현을 매우 많이 하는 것의 긍정적 가치를 부모에게 알려 주었다.

B. 부모가 내담자에게 강화나 애정 표현을 매우 많이 해 줄 수 있는 여러 가지 방법을 찾도록 도움을 주었고 이를 시작하는 구체적인 방법 여러 개를 선정해 주었다.

C. 부모가 내담자와 매일 엄청난 양의 진심을 담은 구두 강화와 신체적 애정 표현을 하도록 격려하고, 지지해 주고 그들의 노력을 모니터링했다.

D. 내담자에게 엄청난 양의 강화와 애정 표현을 일관되게 하도록 부모에게 용기를 북돋아 주었고, 내담자는 애착감이 증가했음을 나타내는 여러 증거를 보이며 반응했다.

E. 부모가 내담자에게 일관성 있게 정적 강화와 애정 표현을 많이 해 주지 않았으므로, 정적 강화와 애정 표현을 하도록 부모에게 다시 권고했다.

31. 목표달성 또는 모험 중심적 여름 캠프에 참여하도록 권고하기 (31)

A. 목표달성 또는 모험 중심적 여름 캠프 참여의 장점이 무엇인지 알아보고 이를 설명했으며, 이에 대해 내담자와 부모가 함께 논의했다.

B. 부모에게 몇몇 캠프에 대한 정보자료를 알려 주고 그중 하나를 골라 내담자를 참가시키도록 격려했다.

C. 목표달성 여름 캠프에 내담자를 참여시키기 위해 올바른 준비를 하는 부모를 강화해 주었다.

D. 캠프 참여 경험을 내담자, 부모와 함께 나누었으며 자신감 영역에서 긍정적 성과를 얻은 것이 발견되었고 이에 대해 칭찬해 줬다.

E. 내담자가 목표달성 혹은 모험 중심적 여름 캠프에 참여하지 않았고, 부모에게 이 방법을 활용하라고 재권고했다.

32. 눈 가리고 함께 걷기 (32)

A. 내담자, 가족, 치료사가 눈 가리고 함께 걷기를 하는 시간을 가졌다.

B. 내담자와 가족이 눈 가리고 함께 걷기를 했고, 그 과정에서 신뢰 형성에 장애물이 되는 것을 발견하고 해결했다.

C. 가족과 눈 가리고 함께 걷기 경험을 반복해서 하고 이에 대해 토론했으며, 눈 가리고 함께 걷기를 통해 얻은 것을 각 구성원별로 얘기하고 확인했다.

D. 눈 가리고 함께 걷기 경험을 통해 가족 구성원들이 서로를 신뢰하는 정도를 높여 주는 이득을 얻었다.

E. 내담자가 눈 가리고 함께 걷기에 참여하는 것에 극도의 어려움을 겪었지만 이런 종류의 경험을 완료하도록 격려해 주었다.

33. 내담자에게 명상과 심호흡 훈련시키기 (33)

A. 명상과 심호흡 기술을 내담자에게 가르쳐 긴장감, 분노, 좌절감을 느낄 때 진정할 수 있도록 했다.

B. 내담자는 아동을 위한 이완과 스트레스 감소 워크북(Shapiro & Sprague)의 기술들을 추천받았다.

C. 역할 연기와 행동으로 옮기는 예행연습을 통해 내담자가 명상과 심호흡법을 해 볼 기회를 주었다.

D. 내담자가 어떤 상황에서 스트레스 감소 기법을 사용할 수 있는지를 구분하는 데 도움을 주었고 일상에서 이런 상황에 닥쳤을 때 스트레스 감소 기법을 사용하라고 조언했다.

E. 내담자가 명상과 심호흡법을 하는 것을 모니터링했고, 방향 전환과 격려를 해 주었다.

F. 일관성 있게 명상과 심호흡법을 실시한 결과 내담자의 긴장, 분노, 좌절감이 감소했다.

G. 내담자가 자기 자신을 진정시키기 위해 정기적으로 명상과 심호흡법을 사용하지 않았고, 이런 방법이 있다는 것을 내담자에게 주지시켰다.

34. *수요일에는 화내지 마세요*를 읽기 (34)

A. 내담자가 치료사와 함께 수요일에는 화내지 마세요(Moser)를 읽으며 분노의 감정을 억누르는 방법을 익히도록 한다.

B. 내담자가 수요일에는 화내지 마세요(Moser)에 제시된 분노를 다스리는 여러 방법에 접근하고 자신의 분노를 다스릴 때 쓸 수 있는 방법 두 가지를 찾는 것을 도와주었다.

C. 책에서 발견한 분노 다스리기 전략을 실행에 옮길 방법을 내담자와 찾았으며 내담자는 일상에서 화가 나면 이를 활용하겠다는 의지를 보였다.

D. 내담자가 치료사와 함께 수요일에는 화내지 마세요에서 익힌 분노를 다스리는 전략을 지속적이고 효과적으로 활용할 때 긍정적인 다시 챙겨주기를 주었으며, 내담자가 분노의 감정을 부적절하게 표현해서 발생하는 문제가 줄어들었다.

E. 내담자는 분노 다스리기 전략을 쓰지 않았고 이러한 전략을 쓸 수 있는 여러 방법을 인지하는 데 추가적인 도움을 받았다.

35. 예방적 안전 조치를 구상하기 (35)

A. 내담자의 행동이 위험해질 경우 사용될 예방적인 안전 조치의 필요성과 가치를 설명하고, 그 중요성을 강조했으며 부모에게 재확인시켰다.

B. 내담자의 행동이 자기 자신이나 타인에게 위험해지면 사용할 예방적 안전 조치를 부모가 고안하도록 도움을 주었다.

C. 예방적인 안전 조치를 취해야 할 상황을 파악하도록 부모를 훈련시켰다.

D. 부모가 예방적인 안전 조치를 취하는 것을 모니터링하고 내담자 치료과정 중 정기적 간격을 두어 검토했다.

E. 부모가 예방적인 안전 조치를 내담자에게 제대로 취하고 내담자의 위험 행동이 확대되는 것을 막았음이 드러났다.

F. 부모는 내담자의 위험 행동이 확대되는 것을 막기 위해 예방적인 안전 조치를 정기적으로 사용하지 않았고, 부모에게 이 분야에 대한 치료 관련 정보자료를 제공했다.

36. 기대감을 담아 되짚어 주는 법을 부모에게 가르치기 (36)

A. 부모에게 주도권이 있음을 내담자에게 확실히 인식시키기 위해 되짚어 주는 법과 그 구조, 그리고 기대감을 반복해 강조하는 법을 부모에게 훈련시켰다.

B. 상황의 주도권이 부모에게 있음을 알리고 내담자의 감정상태를 수시로 확인할 수 있도록 일관성 있게

되짚어 주기, 구조, 기대감의 반복 강조법을 사용할 것을 부모에게 지시했다.

C. 내담자에 대한 통제를 강화하는 조치에 잘 따르는 부모를 격려해 주었다.

D. 부모가 주도권을 갖는 것과 내담자의 격한 감정상태를 계속 확인할 것임을 내담자에게 알리는 방법을 부모가 계속해서 사용했음이 보고되었다.

E. 부모가 주도권을 갖는 것과 내담자의 격한 감정상태를 계속 점검할 것임을 내담자에게 확인시켜 주는 방법들을 아직 정기적으로 사용하지 않았으며 이를 다시 하도록 지시받았다.

37. 응집성 있는 공동 경험을 하도록 격려하기 (37)

A. '응집성 있는 공동 경험(cohesive shared experience)'(James)의 가치와 이점을 내담자 부모에게 설명하고, 강조하며, 강화시켰다.

B. 응집성 있는 가족 공동 경험이 있는지 목록을 작성하고 그중 실행에 옮길 수 있는 두세 가지를 고르도록 부모에게 지시했다.

C. 응집성 있는 공동 경험 만들기를 방해하는 요소엔 무엇이 있는지 연구하고, 실체를 규명한 후 해결했다.

D. 내담자 가족이 목록에서 뽑은 응집성 있는 가족 공동 경험을 만들기 위해 구체적인 계획을 세우는 것에 도움을 주었다.

E. 부모가 응집성 있는 가족 공동 경험을 만들기 위해 노력하는 것을 격려하고 지지해 주었으며 모니터링했다.

F. 부모가 응집성 있는 가족 공동 경험 만들기를 실행에 옮기고 이를 수행하는 것이 내담자와 가족 간의 유대관계를 발전시켰다고 보고했다.

G. 부모가 응집성 있는 가족 공동 경험 만들기 방법을 수행하지 않았고, 이 기법을 수행하도록 재지시받았다.

38. 신체적 접촉하기 (38)

A. 신체적 접촉이 내담자에게 주는 잠재적인 효과가 무엇인지 부모가 인지하도록 도와주었다.

B. 내담자와의 신체적 접촉 횟수를 증가시키는 것에 방해 요소가 되는 것을 찾아보고, 정체를 밝혔으며, 이를 해결했다.

C. 하루에 두 차례 10분씩 내담자와 신체적 접촉을 하는 연습을 2주 동안 하도록 부모에게 지시했다.

D. 신체적 접촉 연습 경험을 부모와 함께 검토했으며, 긍정적인 결과들이 발견되어 이를 강화했다.

E. 신체적 접촉 연습 이후에도 내담자와 계속해서 신체적 접촉을 늘리도록 부모를 격려했다.

F. 부모가 신체적 접촉 기법을 사용하지 않아 이 기법을 활용하는 것에 장애 요소가 무엇인지 살피고 문제점을 해결했다.

39. 일시적 위탁 보호자를 만들어 활용하기 (39)

A. 일시적 위탁 보호자의 역할이 무엇인지 부모와 토의하고 점검했다.

B. 부모가 잠재적인 일시적 위탁 보호자 목록을 만들도록 도움을 주었다.

C. 몇몇 일시적 위탁 보호자들을 방문해 면담한 다음 그중 두 가지를 고르는 과제를 부모에게 주었다.

D. 일시적 위탁 보호를 활용하는 데 있어 부모가 겪는 어려움이 무엇인지 살펴보고, 점검했으며 해결했다.

E. 부모가 일시적 위탁 보호자를 사용하는 것을 격려했으며 이 방법을 계속해서 쓰는지 모니터링했다.

F. 부모는 일관성 있게 일시적 위탁 보호법을 사용하기 시작했으며, 이것은 내담자를 다룰 때 필요한 부모의 에너지와 균형을 감안할 때 유익한 경험이었다.

40. 부모의 좌절감을 표출하도록 격려하기 (40)

A. 공동 상담 회기를 마련해 내담자를 매일 대하면서 느끼는 부모의 고민과 좌절감을 표출하도록 허용하고 격려했다.

B. 부모가 내담자와 대면하면서 좌절감을 느끼는 어려운 상황이 언제인지 파악하는 데 도움을 주었다.

C. 부모가 지적한 어려운 행동 관리 상황을 살펴보고 부모가 시도해 볼 수 있는 구체적인 방안들을 제안했다.

D. 부모가 내담자를 매일 대면하면서 느끼는 좌절감과 걱정을 공개적이고 자유롭게 표출했고, 자신들이 무기력하게 느껴질 때 위에서 제시한 방안대로 해 보는 것을 시도했다.

E. 부모는 내담자와 매일 대면하면서 얻는 좌절감과 관련해 자신들의 부정적인 감정을 표현하는 것을 꺼렸으며, 할 수 있다면 공개적인 감정 표현을 하도록 부모에게 권유했다.

41. 탈애착에 관해 부모를 교육하기 (41)

A. 내담자의 탈애착(detachment)[6]의 의미와 목적을 이해하도록 부모를 교육시켰다.

B. 탈애착과 관련된 부모의 고민과 의문점에 대해 논의하고 이에 대답했으며 문제를 해결했다.

C. 내담자의 행동을 다룰 때 치료적인 방식으로 적절한 중재를 실시할 수 있도록 부모를 훈련시켰다.

D. 새로운 중재법을 실시함에 있어서 부모의 기술을 발전시키고 자신감을 심어 주기 위해 역할극과 예행연습을 실시했다.

F. 부모는 새로운 중재법을 효과적이고 일관성 있게 내담자에게 매일 사용했으며, 내담자의 애착감을 형성하는 것에 도움을 받았다고 보고했다.

42. 부모의 중재를 모니터링하고 조절하기 (42)

A. 내담자의 애착을 증가시키기 위해 고안된 중재법을 부모가 사용하는 것을 모니터링하며 이것이 효과가 있는지를 점검했다.

B. 부모의 중재 조정을 도와주어 내담자의 격한 감정이 행동화되는 것을 더 효과적으로 막을 수 있도록 했다.

C. 부모는 중재에 대한 다시 챙겨주기를 잘 받아들였고 내담자의 격한 감정을 통제할 수 있도록 다시 챙겨주기에서 제안한 대로 중재법에 수정을 가했다.

43. 내담자에게 선택권을 주도록 부모에게 지시하기 (43)

A. 내담자에게 선택권을 주는 것의 이점을 탐구하고, 이를 밝히고, 부모를 강화했다.

B. 내담자에게 통제권과 권능감을 맛보게 해 줄 목적으로 합리적인 선에서 많은 선택권을 주도록 부모에게 지시했다.

C. 선택권을 부여한 부모의 행동을 모니터링했고 필요한 경우 방향도 재설정해 주었다.

D. 합리적 상황에서 내담자에게 선택권을 주는 것을 부모가 효과적으로 이행했으며, 내담자는 권능과 통

---

6) 역자 주 : 탈애착을 정을 떼는 것과 같은 의미로 생각한다. 젖먹이 유아가 더 이상 젖을 빨지 않도록 어머니 젖 언저리에 씁쓸한 맛을 발라 이젠 젖을 그만 먹고 이유식을 먹도록 훈련시키는 것도 이것의 한 사례이다.

제권의 분별력을 획득한 것으로 보였다.

E. 내담자에게 선택권을 주는 것에 부모가 저항감을 가지고 있음이 발견되어 이를 분석하고 해결했다.

44. 약물치료의 평가/모니터링 순응도를 조사하기 (44)

A. 약물에 대한 정신건강의학적 평가의 필요성을 부모와 내담자에게 설명했고, 이와 관련된 질문에 답변해 주었다.

B. 내담자의 약물치료에 대한 정신건강의학적 평가를 의뢰했고, 내담자는 정신건강의학적 평가의 모든 면에서 완전히 협조했다.

C. 정신건강의학상의 평가 결과를 내담자 및 부모와 공유하고 의논했으며, 질문에 답변해 주었다.

D. 내담자가 처방전대로 약을 복용하는지를 모니터링해 약물 순응도와 효과성 그리고 발생 가능한 부작용이 있는지를 점검했다. 약물 부작용이 목격되었다면 이를 치료사나 정신건강의학과 의사에게 알리도록 내담자와 부모에게 요청했다.

E. 내담자가 약물을 불규칙적으로 복용한 증거를 내담자와 부모에게 제시했다.

F. 약물치료의 전반적인 효과에 대해 정신건강의학과 의사와 의견을 나누었다.

45. 애통의 과정을 돕고 지원하기 (45)

A. 내담자가 애통(grieving)의 단계를 인식하고 그 단계 중 자신이 어디에 위치해 있는지를 인식하도록 도왔다.

B. 내담자가 애통의 단계를 통과할 동안 계속해서 격려와 지원, 조력을 제공했다.

C. 내담자가 애통의 과정에서 겪는 어려움을 인지하고 회피하지 않았으며 이를 해결했다.

D. 상실감에 대한 애통의 과정을 내담자가 겪어 낼 것이라고 정기적으로 내담자를 안심시켰다.

E. 내담자가 성공적으로 애통 과정의 각 단계를 감당해 내도록 도움을 주었다.

제6장 주의력결핍이 수반된 과잉행동장애 (ADHD)

내담자 소개

1. 짧은 주의집중 시간[1] (1)[2]

A. 내담자의 주의집중 시간이 짧고 내담자가 긴 시간 동안 주의집중하는 것을 어려워한다고 부모와 교사들이 보고했다.

B. 내담자가 오늘 치료 회기 시간에 집중하는 것에 어려움을 겪었고, 자주 한 주제에서 다른 주제로 화제를 바꿨다.

C. 내담자가 주의집중된 상태로 있었고, 충분한 길이의 시간 동안 적절한 주제로 대화할 수 있었다.

D. 타인의 감독하에서 내담자에게 좀 더 개별화된 주의를 기울일 수 있는 구조화된 상황 안에서 내담자의 주의집중 시간이 길어졌다.

E. 부모와 교사 모두 내담자가 집과 학교에서 일관성 있게 주의집중을 잘했다고 보고했다.

2. 주의산만 (2)

A. 부모와 교사가 내담자가 외재적 자극과 내재적 생각에 쉽게 주의가 산만해진다고 보고한다.

B. 내담자가 오늘 치료 회기에 매우 산만했고 내담자를 자주 논의 주제로 주의를 다시 집중시켜야 했다.

C. 내담자의 주의가 산만해서 집과 학교에서 자주 주제에 다시 집중시켜야 했다.

D. 오늘 치료 회기에서 내담자가 전보다 주의가 덜 산만했고 더 집중하는 모습을 보였다.

E. 내담자가 전보다 주의가 덜 산만해졌고 집과 학교에서 더 집중하는 모습을 보이고 있다.

3. 경청하지 못함 (3)

A. 내담자가 집과 학교에서 사람들이 말하는 내용에 귀를 기울이지 않는다는 인상을 종종 주었다.

---

1) 역자 주 : ADHD 아동의 주의집중 시간을 연장시키는 약이 개발되어 의사의 처방에 의해서 복용 가능하다. 머리를 좋게 하는 약으로 잘못 알려져 있어서 주의를 해야 한다.

2) 괄호 안의 숫자들은 **아동 심리치료 치료계획서**(*The Child Psychotherapy Treatment Planner*), 제5판(Jongsma, Peterson, McInnis, Bruce 공저, 2014년, Hoboken, NJ : Wiley)에서 동일한 제목을 지닌 관련 장의 치료 중재의 숫자와 연결된다.

B. 내담자가 오늘 치료 회기에서 다룬 주제에 경청하는 것으로 보이지 않았다.

C. 내담자가 오늘 치료 회기에서 잘 경청했다.

D. 내담자가 집과 학교에서 경청하는 정도가 증가하는 모습을 최근에 보여 줬다.

4. 지시에 따르지 않음 (4)

A. 부모와 교사가 내담자가 지시에 일관성 있게 따르지 않는다고 보고했다.

B. 내담자의 지시 수행에 대한 반복적 실패가 내담자가 학교 과제, 가사일, 시간에 맞춰서 해야 하는 직무를 완수하는 것을 방해했다.

C. 내담자가 전반적으로 하나 또는 간단한 지시는 잘 따랐지만, 여러 개의 복합적 지시를 수행하는 것에는 어려움을 겪었다.

D. 내담자가 지시를 따르는 능력이 향상되기 시작했다.

E. 내담자가 최근 일관성 있게 부모와 교사의 지시에 잘 따랐다.

5. 수업 과제/숙제 미완수 (4)

A. 내담자가 계속적으로 수업 과제와 숙제를 제시간에 끝내는 데 실패했다.

B. 내담자가 수업 과제를 하면서 허둥지둥하는 일이 빈번하고 과제를 제대로 끝맺지 않는다.

C. 내담자가 최근에 수업 과제 및 숙제를 완료하는 것에 약간의 개선을 보였다.

D. 내담자가 일관성 있게 수업 과제 및 숙제를 마쳤다.

6. 가사일 미완료 (4)

A. 내담자가 가사일을 해치우라는 부모의 부탁을 따르는 것에 종종 실패했다.

B. 내담자가 종종 샛길로 새고 가사일을 끝내지 않았다고 부모가 보고했다.

C. 내담자가 가사일 또는 집에서 맡은 일을 마치는 것에 약간의 개선을 보였다.

D. 내담자가 가사일을 일관성 있게 완수했다.

7. 조직화 기술 부족 (5)

A. 내담자의 조직화 기술이 부족해서 내담자가 종종 집과 학교에서 과제 및 활동에 필요한 중요한 물건을 잃어버리거나 엉뚱한 곳에 둔다.

B. 내담자가 외부 자극이 많은 비구조화된 틀에서는 더 산만하고 충동적인 반응을 보이는 경향이 있다.

C. 내담자가 집과 학교에서 좀 더 조직화되기 위해 최근 적극적 조치(예 : 계획서 활용하기, 과제에 대해 교사에게 자문하기, 규칙적인 시간을 정해 숙제와 가사일 하기)를 취했다.

D. 내담자가 집과 학교에서 정기적으로 좋은 조직화 기술을 선보였다.

8. 과잉행동 (6)

A. 부모와 교사가 내담자가 매우 기력이 넘치고 지나치게 활동적인 사람이라고 묘사했다.

B. 내담자가 힘이 넘쳐 보였고 긴 시간 동안 의자에 앉아 있는 것을 힘들어했다.

C. 내담자가 자신의 에너지를 건설적이거나 지속적인, 목적이 있는 활동으로 돌리는 데 어려움을 겪었다.

D. 부모와 교사 모두 내담자의 과잉행동 정도가 줄어들었다고 보고했다.

E. 내담자가 일관성 있게 자신의 에너지를 건설적이고 목적이 있는 활동으로 돌렸다

9. 계속 몸을 움직임 (6)

A. 부모와 교사 모두 내담자가 가만히 있지 못하고 손발을 만지작거리며 안절부절못한다고 묘사했다.

B. 오늘 치료 회기 동안 내담자가 손발을 계속 만지작거리며 가만히 있지 못하고 안절부절못했다.

C. 내담자가 손을 가만히 두지 못해서 동료들을 짜증 나게 하거나 동료들의 반감을 사는 일이 잦다.

D. 내담자가 오늘 치료 회기 동안 몸을 꼼지락거리는 정도가 줄어든 모습을 보였다.

E. 내담자가 몸을 계속 움직이는 것을 자제하는 능력이 정기적으로 더 커졌다.

10. 충동성 (7)

A. 내담자는 자신의 욕구가 즉각적으로 충족되기를 원하는 매우 충동적인 사람으로 보이며 자기 행동의 결과를 잘 생각하지 못한다.

B. 내담자가 자신의 충동을 억제하는 것에 상당한 어려움을 느끼고 급하게 행동하는 경향이 있다.

C. 내담자가 충동 제어 능력을 향상시키고 욕구의 즉각적 충족을 지연시키기 위한 방법을 강구하기 시작했다.

D. 내담자가 최근에 충동 조절을 잘 해내는 모습을 보였다. 이것은 자신이 반응하기 전에 행동을 먼저 멈추고 자기 행동으로 인한 여러 가지 결과에 대해 생각하는 능력이 향상된 것이 그 증거이다.

11. 파괴적/관심 끌기 행동 (8)

A. 부모와 교사가 내담자가 종종 어리석고 미성숙하며 부정적인 관심 끌기 행동으로 교실 분위기를 자주 흐트렸다고 설명했다.

B. 내담자가 부적절한 때에 불쑥 말을 한마디씩 던져 종종 교실 분위기를 흐트렸다.

C. 내담자가 자기 통제 연습을 더 많이 하기 시작했고 최근에는 교실 분위기를 그다지 흐리지 않았다.

D. 내담자가 집과 학교에서 파괴적 또는 부정적인 관심 끌기 행동을 하는 빈도가 크게 줄었다.

12. 분노 나타내기/공격 행동 (8)

A. 내담자가 분노 조절을 못하고 빈번히 분노를 나타내거나 공격 행동을 한 전력이 있다고 말했다.

B. 내담자가 오늘 치료 회기 시간 동안 화나고 적대적인 모습이었다.

C. 내담자가 사소한 문제에 쉽게 화가 난 경우들을 보고했다.

D. 내담자가 분노 및 공격충동 조절을 위한 조치를 강구하기 시작했다.

E. 내담자가 최근에 분노 조절을 잘하는 모습을 보였고 분노를 크게 나타내거나 공격 행동을 하지 않았다.

13. 부주의한/잠재적인 위험 행동 (9)

A. 내담자가 부주의하거나 또는 잠재적으로 위험한 행동을 한 내력이 있다고 말했고, 자신과 다른 사람들의 행복 또는 안전에는 거의 관심이 없다.

B. 내담자의 충동성이 부주의하고, 아슬아슬하거나 위험한 행동을 하려는 성향을 강화시켰다.

C. 내담자가 아슬아슬하거나 잠재적으로 위험한 행동을 하기 전에 자기 행동의 결과가 자신과 남에게 끼칠 결과들에 대해 생각할 필요가 있음을 언어로 인정했다.

D. 내담자가 최근에 부주의하거나 잠재적인 위험 행동을 하지 않았다.

14. 비난/투사 (10)

A. 내담자가 종종 자기 행동의 결과에 책임지는 것을 거부했고, 자신의 서투른 결정이나 문제를 다른 사람이나 외부 환경 탓으로 돌렸다.

B. 내담자가 방어적이었고 자신의 서투른 결정과 행동에 핑계를 대거나 다른 사람 탓을 했다.

C. 내담자가 천천히 자신의 행동에 대해 더 많은 책임을 지기 시작했고 자신이 잘못한 것을 다른 사람 탓으로 비난하는 경우가 줄었다.

D. 내담자가 자신의 잘못을 시인하고 자신의 행동에 대한 책임을 지겠다고 언어로 표현했다.

15. 가족 구성원들과의 갈등 (10)

A. 내담자는 가족 구성원들과 무수한 말다툼이나 싸움에 휘말려 왔다고 보고했다.

B. 내담자의 충동성, 과잉행동성 그리고 언어적·신체적 공격 행동 때문에 가족관계가 긴장상태에 있다.

C. 내담자가 최근에 가족 구성원들과 말다툼하는 빈도에서 경미한 감소를 보였다.

D. 내담자와 부모가 내담자의 충동 통제 능력의 큰 향상으로 가족 구성원들과의 관계에 진전이 있었다고 보고했다.

16. 낮은 자존감 (11)

A. 내담자가 자신의 서투른 결정과 충동적 행동에 기인한 낮은 자존감과 부적절감을 보였다.

B. 내담자의 뿌리 깊은 낮은 자존감, 부적절감과 불안정감이 내담자의 방어적 태도와 자신의 행동에 따른 결과를 책임지지 않으려는 태도로 반영됐다.

C. 내담자가 자신의 부적절감이 파괴적·충동적 행동을 더 많이 일으킨다는 것을 인식했음을 언어로 표현했다.

D. 내담자가 오늘 치료 시간에 긍정적 자기기술적 문구를 언어로 표현했다.

E. 내담자가 자신의 자존감을 높이고 긍정적인 자화상을 만들기 위한 행동을 취하기 시작했다.

17. 서투른 사회적 기술 (11)

A. 내담자가 서투른 사회적 기술과 충동성 때문에 동료와의 우정을 형성하고 관계를 유지하는 데 어려움을 겪어 왔다.

B. 내담자가 중요한 사회적 신호나 사람 간의 뉘앙스를 파악하지 못해 사람 간의 말다툼에 자주 휘말린다.

C. 내담자의 불쑥 끼어드는 행동이 내담자의 대인관계에 긴장을 초래한다.

D. 내담자가 자신의 사회적 기술을 향상시키기 위해 여러 방법(예 : 더 주의 깊게 듣기, 다른 사람 칭찬하기, 먼저 양보하기)을 사용하기 시작했다.

E. 내담자가 최근에 좋은 사회적 기술을 선보였고, 형제자매, 동료, 어른들과도 일관성 있게 좋은 관계를 유지했다.

18. 공감/감수성 부족 (11)

A. 내담자가 타인의 사고, 감정, 욕구에 관심이 거의 없거나 공감하지 못하는 모습을 보였다.

B. 내담자가 오늘 치료 회기에 자신의 파괴적 또는 충동적 행동이 타인에게 부정적으로 영향을 끼쳤는지 거의 이해하거나 인지하지 못했다.

C. 내담자가 종종 즉각적인 자기 욕구 충족을 추구해 왔으며 잠시 행동을 멈추고 타인의 권리나 욕구에

대해 생각해 보지 않았다.

D. 내담자가 자신의 파괴적·충동적 행동이 어떤 식으로 타인에게 부정적 영향을 끼쳤는지 이해한 것을 말로 표현했다.

E. 내담자가 최근 타인의 사고, 감정, 욕구에 공감하면서 감수성(sensitivity)을 보이고 반응하기 시작했다.

중재 실행

1. 신뢰를 형성하다 (1)[3]

A. 무조건적인 긍정적 존중의 사용을 통해 내담자와의 초기 신뢰 수준이 형성되었다.

B. 내담자와의 신뢰할 수 있는 관계의 기초를 위해 따뜻한 수용과 적극적인 경청 기법이 사용되었다.

C. 수용의 수준으로 인해 내담자는 신뢰 기반 관계를 형성하였다.

D. 적극적인 경청, 따뜻한 수용, 그리고 무조건적인 긍정적 존중에도 불구하고 내담자는 여전히 자신의 감정을 공유하고 신뢰하기를 주저한다.

2. 목표의 식별 (2)

A. 내담자의 ADHD 행동을 유발하는 다양한 자극은 상황, 사람, 생각을 포함하여 평가되었다.

B. 내담자의 ADHD 행동과 그 결과들을 특징짓는 생각, 감정, 행동이 검토되었다.

C. 내담자는 목표 행동, 선행 사건, 결과와 개입의 적절한 시행을 확인하는 데에 도움을 받았다.

D. 중재의 배치는 학교 기반 상황에 우선되었고, 보다 적게 가정 기반과 동료 기반 상황에 우선순위가 지정되었다.

E. 중재의 배치는 가정 기반 상황에 우선되었고, 보다 적게 학교 기반과 동료 기반 상황에 우선순위가 지정되었다.

F. 중재의 배치는 동료 기반 상황에 우선되었고, 보다 적게 가정 기반과 학교 기반 상황에 우선순위가 지정되었다.

3. 대체 조건들의 배제 (3)

A. 부주의함, 과잉행동, 충동성을 유발할 수 있는 대체 조건들이 재검토되었다.

B. 행동적·신체적·정서적 문제들이 내담자의 부주의함, 과잉행동, 충동성에 끼치는 영향에 대해 재검토 되었다.

C. 내담자의 정상적 발달 행동 수준이 재검토되었다.

4. ADHD 여부 판단을 위한 심리검사 실시하기 (4)

A. 내담자가 주의력결핍/과잉행동장애(ADHD)인지, 혹은 감정적 요소가 내담자의 충동적 또는 부적응 행동의 원인인지를 판단하기 위해 심리검사를 실시했다.[4]

---

3) 괄호 안의 숫자들은 아동 심리치료 치료계획서(*The Child Psychotherapy Treatment Planner*), 제5판(Jongsma, Peterson, McInnis, Bruce 공저, 2014년, Hoboken, NJ : Wiley)에서 동일한 제목을 지닌 관련 장의 치료 중재의 숫자와 연결된다.

4) 역자 주 : ADHD 아동의 70% 정도가 다른 정신과적 질환을 갖고 있다는 조사 결과가 발표되었다. ADHD 아동은 증상 때문에 정상적인 학교생활이 어려운 정신건강의학적 장애로 초등학교 1~2학년의 3~4%, 3~4학년의 2~3% 정도로 나타난다. 삼성서울

B. 내담자가 검사 중 비협조적이었고 열심히 노력을 기울이지 않았다. 내담자에게 검사에 따를 것을 격려했다.

C. 내담자가 심리교육 평가를 받는 동안 협조적이었고 최선을 다하려는 의욕을 보였다.

D. 평가자가 내담자, 부모, 또는 학교 관계자들에게 평가 결과 되짚어 주기를 제공했고 적절한 중재 실행에 대해 논의했다.

E. 평가 결과는 ADHD 진단을 뒷받침했다.

F. 평가를 통해 내담자의 주의부족, 주의산만, 충동성 문제를 일으키는 내재된 감정적 문제들의 존재가 드러났다.

G. 검사과정에서 학습장애, 감정적 문제 또는 내담자의 주의력결핍, 산만, 충동성을 일으키는 ADHD의 존재가 드러나지 않았다.

5. 통찰력 수준의 평가 (5)

A. 내담자는 보이는 문제들을 향한 통찰 수준으로 평가되었다.

B. 내담자는 보이는 문제들에 관하여 그의 통찰의 동조적인 본성 대 이질적인 본성에 따라 평가되었다.

C. 내담자는 행동과 증상에서 문제가 되는 본성에 대한 좋은 통찰을 하도록 보여 주었다.

D. 내담자가 다른 사람들의 우려에 동의하는 것이 목격되어 변화에 힘쓰도록 동기유발되었다.

E. 내담자는 묘사된 문제에 대해 양면성이 있음이 드러났고 그 문제들을 우려사항으로 보는 것을 꺼렸다.

F. 내담자는 문제 영역의 인식에 관해 저항적인 것으로 나타났고, 걱정하지 않았으며, 변화에 대한 동기가 없었다.

6. 관련 장애의 평가 (6)

A. 내담자는 연구 기반의 관련 장애들의 증거에 의해 평가되었다.

B. 내담자는 자살에 대한 취약성 수준으로 평가되었다.

C. 내담자는 동반장애를 가진 것으로 확인되었고, 치료는 이를 처리할 수 있도록 조정되었다.

D. 내담자는 또 다른 관련 장애가 있는지 평가되었지만 아무것도 발견되지 않았다.

7. 문화적으로 혼란스러운 문제에 대한 평가 (7)

A. 내담자는 그의 임상 행동을 더 잘 이해하도록 도울 수 있는 나이 관련 쟁점으로 평가되었다.

B. 내담자는 그의 임상 행동을 더 잘 이해하도록 도울 수 있는 성별 관련 쟁점으로 평가되었다.

C. 내담자는 그의 임상 행동을 더 잘 이해하도록 도울 수 있는 문화의 증후군, 고통의 문화적 관용구, 혹은 문화적으로 감지된 사건으로 평가되었다.

병원 소아청소년정신건강의학과 정유숙 교수와 서울시립아동병원 정신건강의학과 변희정 전문의 팀이 2004년 3~11월까지 ADHD 아동 환자 80명을 대상으로 조사한 결과 73.8%인 59명이 다른 정신건강의과적 질환을 함께 갖고 있었다고 발표했다(2010). ADHD 아동의 동반 정신질환 조사는 국내에서는 처음 이루어진 것으로 50% 이상에게 동반 정신질환이 나타난다는 서구의 조사 결과와 비슷하다. 나타난 동반 정신건강의학적 질환은 (1) 반항적이거나 거친 행동을 보이는 행동장애가 41명(51%)으로 가장 많았으며, (2) 정서불안 등을 호소하는 불안장애의학 28명(35%), (3) 우울증 등 기분장애 10명(12.5%), (4) 틱장애 10명(12.5%), (5) 야뇨증 8명 순으로 많았다. 정 교수는 ADHD 아동 환자는 자신의 감정이나 상황에 대한 표현이 서투르고 과잉행동을 하는 경우가 많은데, 이 점을 모르고 버릇없는 아이로 치부하고 다그치면 치료가 더 힘들어질 뿐 아니라 불안장애나 우울증 등의 후천적 동반 질환이 나타날 수 있다며 조기 발견과 주위에서의 따뜻한 배려와 이해가 필요하다고 촉구했다. 이들에게는 약물치료, 행동수정 치료, 심리치료, 운동치료 등이 필요하다고 제안했다. ADHD는 가족력이 있는 질환이며 적합한 약물치료로 호전이 가능하며 성인과 여성 ADHD도 있다.

    D. 다른 요인들이 내담자의 현재 정의된 '문제 행동'에 기여할 것이라고 확인되었고 이 요인들은 그의 치료에 반영되었다.

    E. 내담자의 현재 정의된 '문제 행동'을 설명할 수 있는 문화적 기반 요인들은 조사되었지만 중대한 요인은 발견되지 않았다.

8. 장애의 심각성 평가 (8)

    A. 내담자의 장애의 심각성은 보호의 적절한 정도를 결정하기 위해서 판단되었다.

    B. 내담자는 사회적 · 관계적 · 교육적인 노력에서의 손상 정도로 평가되었다.

    C. 내담자는 그의 장애가 자신의 기능에 가볍거나 중간 정도의 영향을 끼친다는 것을 알았다.

    D. 내담자는 그의 장애가 자신의 기능에 심각하거나 더 심각한 영향을 끼친다는 것을 알았다.

    E. 내담자의 치료의 효율성과 적절성, 그리고 장애의 심각성은 꾸준히 평가되었다.

9. 병원의 돌봄 평가 (9)

    A. 병원의 돌봄과 관심으로 내담자의 집, 학교, 지역사회가 평가되었다.

    B. 내담자의 다양한 환경은 아동의 욕구에 지속적인 무관심, 돌보는 사람의 잦은 변화, 안정적 애착의 제한된 기회, 가혹한 훈육 혹은 다른 심각한 부적절한 돌봄이 있었는지 평가되었다.

    C. 병원의 돌봄이 확인되었고 치료계획에 이러한 우려를 관리하고 바로잡는 것과 아동을 보호하는 전략이 포함되었다.

    D. 어떠한 병원의 돌봄도 확인되지 않았고, 이것은 내담자와 돌보는 사람에게 반영되었다.

10. 약물치료를 위한 검사 의뢰하기 (10)

    A. 내담자에게 주의집중 시간(attention span), 집중(concentration), 충동 조절을 향상시키기 위해 약물치료를 위한 검사(medication evaluation)를 받아 볼 것을 권유했다.

    B. 내담자의 기분을 안정시키는 것을 돕기 위해 내담자에게 약물치료를 받아 볼 것을 권유했다.

    C. 내담자와 부모가 약물치료에 따르겠다고 동의함에 따라 긍정적인 되짚어 주기를 제공했다.

    D. 내담자가 주의집중 시간 및 충동 조절력을 향상하는 데 도움을 주기 위해 약물을 처방하는 것에 강하게 반대해서 내담자의 감정을 인정해 주었다.

11. 약물치료에의 순응도와 효과성 모니터링하기 (11)

    A. 내담자가 약물 복용이 아무런 부작용 없이 자신의 주의력, 집중력, 충동 조절력을 향상시키는 것에 도움이 되었다고 보고했고, 이것의 이점에 대해 검토했다.

    B. 내담자가 약물 복용을 했음에도 나아진 점이 거의 혹은 전혀 없다고 보고했다. 내담자와 부모에게 담당의사를 다시 만나 볼 것을 지시했다.

    C. 내담자가 주기적으로 약물치료 복용하는 것을 따르지 않아서 이를 잘 지키도록 다시 지시했다.

    D. 내담자와 부모에게 약물 부작용이 조금이라도 발견되면 약을 처방한 의사 혹은 정신건강의학과 전문의에게 보고하도록 권고했다.

    E. 약물을 처방한 임상의사와 협의를 가졌다.

12. 가족에게 ADHD에 대해 교육하기 (12)

A. 내담자의 부모와 형제자매에게 ADHD의 증상에 대해 가르쳐 주었다.

B. 치료 회기가 내담자의 부모와 형제자매가 ADHD에 대한 이해도를 높이고 ADHD의 증상을 인식하도록 도움을 주었다.

C. 가족 구성원들에게 ADHD 자녀 혹은 형제자매를 둔 것에 대한 생각과 느낌을 표현할 기회를 주었다.

13. 치료 옵션에 관한 논의 (13)

A. ADHD에 대한 다양한 치료 옵션이 내담자 그리고/또는 부모와 논의되었다.

B. 행동 관련 부모 훈련, 교실 중심의 행동 관리 프로그램, 동료 중심 프로그램, 약물 치료와 관련된 옵션들이 검토되었다.

C. 각각의 다양한 치료 옵션들의 찬반 의견이 검토되었다.

D. 각 치료 옵션의 위험과 이익은 부모가 충분히 알고 결정을 내릴 수 있도록 돕기 위해 검토되었다.

14. 부모에게 ADHD 정보자료를 읽게 하기 (14)[5]

A. 자녀의 ADHD의 증상에 대한 지식을 높이기 위해 부모에게 독서 과제를 내주었다.

B. 내담자의 부모에게 ADHD 정복하기(*Taking Charge of ADHD*)(Barkley)를 읽도록 지시했다.

C. 부모는 주의력결핍/주의력결핍이 수반된 과잉행동장애 검목표 : 부모와 교사용 실용적 참고문헌(*The ADD/ADHD Checklist : A Practical Reference for Parents and Teachers*)(Rief) 읽기를 과제로 할당받았다.

D. 부모는 ADHD 자녀를 둔 가족용 대처요령 : 자녀의 주의집중 극대화와 부모의 스트레스를 경감시킬 수 있는 과학적 방안(*The Family ADHD Solutions : A Scientific Approach to Maximizing Your Child's Attention and Minimizing Parental Stress*)(Bertin)을 읽도록 배정받았다.

E. 부모가 ADHD에 관한 정보자료를 읽었고, 책에 나온 요점들을 검토했다.

F. 내담자의 부모가 ADHD에 관한 정보자료를 읽지 않아서 정보자료를 읽도록 다시 지시했다.

15. 아동에게 ADHD에 관한 정보자료를 읽도록 하기 (15)

A. 내담자는 ADHD에 대한 인식을 높이기 위해 읽을거리를 할당받았고 그렇게 하도록 다시 지시받았다.

B. 내담자에게 ADHD에 대해 더 많이 배우도록 브레이크를 밟아요(*Putting on the Brakes*)(Quinn & Stern)를 읽도록 지시했다.

C. 내담자와 부모가 ADHD에 대해 더 자세히 알고 ADHD의 증상을 받아들이는 것을 돕기 위해 그들에게 나도 가끔은 엄마를 화나게 하지만 엄마가 나를 사랑하는 것을 알아요(*Sometimes I Drive My Mom Crazy, But I Know She's Crazy About Me*)(Shapiro)를 읽도록 지시했다.

D. 내담자는 아동을 위한 ADHD 워크북(*The ADHD Workbook for Kids*)(Shapiro)을 읽도록 할당받았다

E. ADHD를 다룬 양서를 구해 읽어 볼 것을 점검했다.

F. 내담자가 브레이크를 밟아요를 읽고 난 후 좀 더 효과적인 조직화 기술과 공부방법을 배웠다고 보고했다.

---

5) 역자 주 : ADHD 아동의 긍정적인 삶의 경로를 다룬 참고자료를 소개한다.
  (1) 양돈규, 변명숙 공역(2007), ADHD 아동의 재능, 서울 : (주)시그마프레스.
  (2) 이영나, 우주영 공역(2008), ADHD 재능 찾기, 서울 : (주)시그마프레스.

G. 내담자가 ADHD에 관한 아동용 도서들을 읽고 난 후 충동을 제어하는 더 효과적인 방법을 알게 됐다.

16. 행동적 상호작용의 이점에 대한 설명 (16)

A. 오늘의 치료 회기는 어떻게 부모와 아이의 행동적 상호작용이 충동적이고, 지장을 주고, 부정적인 관심 끌기 행동의 빈도수를 줄이고 바람직한 친사회적 행동을 늘릴 수 있는지에 집중했다.

B. 긍정적 행동을 유도하고 강화하는 것의 활용이 검토되었다.

C. 문제 행동을 위한 명확한 지침, 타임아웃, 그리고 다른 특권 손실의 관행 활용이 강조되었다.

D. 반항하는 아이를 양육하는 Kazdin의 방법(Kazdin)이 부모에게 추천되었다.

E. 의지가 강한 아이 양육하기(Forehand & Long)가 부모에게 추천되었다.

F. 자녀와 함께 살기(Patterson)가 부모에게 추천되었다.

17. 부모에게 상황적 측면을 정의하는 것을 가르치기 (17)

A. 부모에게 자녀의 문제 행동을 구체적으로 정의하고 인식하는 방법을 가르쳤다.

B. 부모에게 자녀의 행동에 대한 자신들의 반응이 무엇인지, 그리고 그 반응이 문제 행동을 촉진 또는 억제시키는 것을 인식하는 법을 가르쳤다.

C. 부모에게 자녀의 문제 행동에 대한 대체 행동 유발하는 법을 가르쳤다.

D. 문제 행동, 반응, 결과, 대체 행동을 구체적으로 정의하고 인지하는 기술을 지닌 부모에게 긍정적인 다시 챙겨주기를 했다.

E. 자녀의 문제 행동과 부모의 반응, 대응과 대체 행동을 정확하게 인식하는 것에 어려움을 겪는 부모에게 교정적 다시 챙겨주기(remedial feedback)를 했다.

18. ADHD 행동 기능에 대한 교육 (18)

A. 부모는 가능한 ADHD 행동 기능에 대해 배웠다.

B. 회피, 주의 끌기 행동, 소기의 목적 달성, 또는 감각 자극 조절하기와 같은 ADHD 행동의 대안적 기능이 검토되었다.

C. 부모는 그 행동에 의해 어떤 기능이 작용하는지를 시험하는 방법을 검토하는 데에 도움을 받았다.

D. 부모는 ADHD를 다루는 기능에 좌우되는 행동을 관리하기 위한 부모 훈련 방법을 사용하는 법을 배웠다.

19. 양육 기법을 실천하는 숙제 내주기 (19)

A. 부모에게 양육 기법을 실천하고 양육 기법 실천 연습 결과를 기록하는 숙제를 내주었다.

B. 부모에게 청소년 심리치료 과제계획서(Jongsma, Peterson, & McInnis)에 나오는 '명확한 규칙, 긍정적 강화, 적절한 결과' 연습을 과제로 내주었다.

C. 치료 회기에서 부모의 숙제를 검토했다.

D. 기법을 향상시키고 적절하면서 일관성 있게 사용하는 것을 돕기 위해 교정적 다시 챙겨주기를 주었다.

E. 부모가 숙제를 완수하지 않아서 이를 완수하도록 다시 지시했다.

20. 부모 관리 연수 과정의 언급 (20)

A. 부모에게 부모 관리 연수 과정을 언급했다.

B. 부모는 부모 관리 연수 과정을 수료했고 주요 개념이 검토되었다.

C. 부모는 부모 관리 연수 과정을 활용하지 않았으며 그렇게 하도록 재지시되었다.

21. 교사와 상담하기 (21)

A. 내담자의 학교생활 향상 전략을 실행하기 위해 교사들과 상담했다.

B. 내담자가 계속 과업에 집중하는 것을 돕기 위해 교사 근처 의자에 앉아 있거나 주의를 산만하게 하는 요소가 없는 장소에 있도록 지시했다.

C. 내담자의 주의가 분산되기 시작할 때 내담자에게 다시 과업에 집중하도록 지시하는 사인을 미리 만들어 사용하기로 내담자, 교사, 치료사가 동의했다.

D. 과업 사이 혹은 어려운 과제 사이에 휴식 시간을 두어 주의집중 유지를 도울 수 있도록 내담자의 시간표를 수정했다.

E. 교사에게 내담자의 주의집중, 흥미, 동기를 유지하는 것을 돕기 위해 다시 챙겨주기를 자주 주고받도록 권장했다.

F. 내담자에게 상담 친구를 만나도록 지시했다.

22. 행동적 교실 관리 조정의 도입 (22)

A. 부모와 적절한 학교 직원들은 연령에 적절한 행동적 교실 관리 조정을 시행하기 위해 상담을 받았다.

B. 행동적 교실 관리 조정은 바람직하지 못한 행동에 대한 시간제한과 경과 관찰을 위한 일일 보고서 카드를 사용하여 학교와 가정에서의 적절한 행동을 강화하는 것에 초점을 두었다.

C. 행동적 교실 관리 프로그램이 사용되었고 유용성이 검토되었다.

D. 행동적 교실 관리 프로그램이 사용되지 않았고 미러한 조정의 문제점이 해결되었다.

23. 행동적 또래중재 참조 (23)

A. ADHD 여름방학 치료 프로그램(Summer Treatment Programs for ADHD)에서 PelHam 등에 의해 설명된 행동적 또래중재가 사용되었다.

B. 행동적 또래중재는 코치를 받는 집단 놀이 뒤에 따라오는 간단한 사회적 기술 훈련과 관련되어 사용되었다.

C. 포인트 시스템과 시간제한을 포함하여 행동적 또래중재의 부분으로서 긴급 상황 관리 시스템이 사용되었다.

D. 객관적 관찰, 빈도수 측정, 성인 수준의 사회적 행동이 결과 척도로서 사용되었다.

24. 조직체계 적용하기 (24)

A. 내담자의 과제집중 행동 향상 및 학교 과제, 가사일 또는 맡은 일의 완료 정도 및 빈도를 높이기 위해 부모가 조직체계를 만드는 데 도움을 주었다.

B. 내담자가 규칙적이고 일관성 있게 수업 과제나 숙제를 완료하는 것을 돕도록 알림장이나 일정 계획표를 사용해서 정기적으로 연락을 주고받을 것을 부모와 교사에게 장려했다.

C. 내담자와 부모에게 내담자가 가사일이나 집에서 맡은 일을 완료해야 하는 시점을 파악하는 것을 도울 수 있도록 달력이나 도표를 사용할 것을 권장했다.

D. 교사에게 수업 계획표를 달라고 요청하고 달력을 사용해서 대규모 혹은 장기 프로젝트를 좀 더 작은

단계로 나누어 실행하는 계획을 세우도록 내담자와 부모에게 지시했다.

E. 내담자와 부모에게 바인더가 있는 공책을 구입해 내담자가 수업 과제 및 숙제물을 잘 챙길 것을 권장했다.

F. 내담자와 부모는 내담자의 과제집중 행동을 향상시키기 위한 조직체계를 사용하지 않아 이를 실시할 것을 지시했다.

25. 일과 스케줄 개발하기 (25)

A. 수업 과제/숙제 완성 빈도를 높이기 위해 내담자와 부모가 일과 스케줄을 짜는 데 도움을 주었다.

B. 내담자가 해야 할 가사일의 종류 및 예상완료 시기를 담은 목록을 내담자와 부모가 작성하는 데 도움을 주었다.

C. 수업 과제, 가사일, 맡은 일과 직무 관련 책임 완수를 강화하기 위한 보상체계를 고안했다.

D. 내담자가 학교 과제나 맡은 가사일을 완료하는 데 성공하거나 실패한 것에 대한 결과를 적시한 유관계약에 내담자, 부모, 치료사가 서명했다.

E. 내담자와 부모는 내담자의 수업 과제/숙제 완성 빈도를 높이기 위해 일과 스케줄을 짜지 않았고 이것을 실행하도록 다시 지시했다.

26. 효과적인 공부방법 가르치기 (26)

A. 내담자가 공부하기 좋은 장소를 생각해 내도록 도움을 주었다.

B. 공부할 때는 최대한 잡음과 주의를 산만하게 하는 요소들을 제거하라고 내담자에게 가르쳐 주었다.

C. 공부하거나 시험을 위해 복습을 할 경우 중요한 점은 요약을 하거나 밑줄을 치도록 내담자에게 가르쳐 주었다.

D. 시험 공부를 하거나 중요한 사항을 복습할 때 보조도구로 테이프 녹음기를 사용하도록 내담자를 격려했다.

E. 공부하다가 주의가 산만해지고 집중하기가 어려울 경우 휴식을 취하라고 내담자에게 알려 주었다.

27. 시험응시 전략 가르치기 (27)

A. 내담자와 치료사가 내담자의 학업 성취도를 향상시킬 효과적인 시험응시 전략 목록을 검토했다.

B. 내담자가 수업 내용을 정기적으로 복습하고 장기간에 걸쳐 시험 준비를 하도록 격려했다.

C. 내담자에게 시험 문제에 답하기 전에 지문을 두 번 읽도록 지시했다.

D. 내담자에게 부주의로 실수한 것을 고치고 더 좋은 답안을 쓰도록 시험 답안을 검토하라고 가르쳐 주었다.

28. 공부방법에 관한 정보자료 읽히기 (28)

A. 내담자에게 자신의 조직화 기술 및 공부방법을 향상시킬 공부방법에 관한 정보자료를 읽도록 지시했다.

B. 내담자의 조직화 기술 및 공부방법을 향상시키기 위해 성적 향상으로 가는 13단계(Silverman)를 읽도록 지도했다.

C. 성적 향상으로 가는 13단계를 읽은 후 내담자는 수업 시간에 조직화 상태 유지에 도움이 되는 몇 가지 긍정적인 공부방법을 알아낼 수 있었고 이 공부방법들을 검토하고 요약했다.

D. 아동 심리치료 과제계획서(Jongsma, Peterson, & McInnis)에 나오는 '숙제 일과 짜기(Establish a Homework Routine)' 연습을 내담자에게 내주었다.

E. 내담자는 공부방법에 관한 정보자료를 읽지 않았고, 그렇게 하도록 내담자에게 다시 지시했다.

29. 일상 과제의 개발 (29)

A. 부모는 내담자가 다른 임무를 완수하고 숙제를 우선순위로 하는 것을 돕기 위해 일상적인 스케줄을 개발하는 것에 도움을 받았다.

B. 가족은 아동 심리치료 과제계획서(Jongsma, Peterson, & McInnis)에 나오는 '숙제 일과 짜기' 연습을 내담자에게 내주었다.

C. 내담자는 과제 우선순위화와 함께 임무를 완수하기 위한 표준적인 일상을 개발해 냈고 이것에 대해 긍정적으로 강화되었다.

D. 내담자는 여전히 다른 임무를 완수하는 동안 숙제 일과 짜기를 위해 고군분투했고 이 영역에서 교정적 다시 챙겨주기를 받았다.

30. 자기통제 전략 가르치기 (30)

A. 즉각적인 욕구 충족 필요를 지연하고 충동 제어를 돕기 위해 내담자에게 명상 및 자기통제 전략(예 : 이완 기법, '멈추기, 듣기, 생각하기, 행동하기')을 가르쳤다.

B. 내담자에게 행위표출 행동을 하거나 자신의 행동 결과를 고려하지 않고 반응하려는 충동을 지연시키기 위해 적극적 경청 기법을 사용하도록 권장했다.

C. 내담자에게 장기 이득을 우선 고려해 즉각적인 욕구 충족을 미루는 것의 이점을 알아보도록 지시했다.

D. 내담자가 장기 목표를 달성하기 위한 행동 계획을 세우는 데 도움을 주었다.

31. 욕구 충족 지연을 촉진하기 (31)

A. 이번 치료 회기는 장기 목표 달성을 위한 내담자의 즉각적 욕구 충족 필요를 지연시키는 것을 돕기 위해 부모가 가정에 구조(structure)를 증가시키는 것을 지원하는 데 초점을 맞췄다.

B. 부모가 내담자에게 가사일 또는 숙제를 완수하기 전에는 사회적 활동, 레크리에이션 혹은 여가 활동을 할 수 없다는 규칙을 세운 것을 지지해 주었다.

C. 부모가 내담자의 임무 완료에 실패했을 때의 결과를 인식한 것을 지지해 주었다. 내담자가 이러한 결과를 인지했음을 언어로 표현했다.

D. 내담자와 부모에게 가사일 및 숙제의 예상완료 일시 계획표를 작성할 것을 장려했다.

32. 의사소통 기술 형성하기 (32)

A. 수업에서 내담자의 일반적인 사회적 기술 및 의사소통 기술을 형성하기 위해 지시, 모델링, 역할 연기 기법을 사용했다.

B. 내담자가 일반적인 사회적 기술 및 의사소통 기술을 연습하는 데 도움을 주었다.

C. 내담자가 사회적 기술 및 의사소통 기술 향상을 보인 것에 대해 강화해 주었다.

D. 내담자가 의사소통 및 사회적 기술에 계속 어려움을 겪는 분야를 다시 지도해 주었다.

33. 사회적 기술 형성 책/안내서 읽히기 (33)

A. 부모에게 일반적인 사회적 그리고/또는 의사소통 기술 관련 서적이나 사회적 기술 쌓기에 관한 치료 안내서를 읽도록 지시했다.

B. 내담자에게 아동 심리치료 과제계획서(Jongsma, Peterson, & McInnis)에 나오는 '사회적 기술(Social Skills)' 연습하기를 내줬다.

C. 내담자는 아동 심리치료 과제계획서(Jongsma, Peterson, & McInnis)의 '친구들 환영하기(Greeting Peers)' 활동을 할당받았다.

D. 부모가 읽은 안내서의 요점을 점검하고 검토했다.

E. 부모가 사회적 기술 및 의사소통 기술에 관한 독서 과제를 수행하지 않았으나 이를 실시하도록 다시 지시했다.

34. 문제해결 기술 가르치기 (34)

A. 내담자에게 효과적인 문제해결 기술(예 : 문제 인식하기, 대안 생각하기, 선택지 고르기, 행동으로 옮기고 평가하기)을 치료 회기에서 가르쳤다.

B. 내담자는 아동 심리치료 과제계획서(Jongsma, Peterson, & McInnis)의 '문제 해결 활동(Problem-Solving Exercise)'을 할당받았다.

C. 내담자에게 효과적인 문제해결 전략을 사용해 자신의 현재 삶에서 맞닥뜨린 문제나 스트레스 요인을 해결하거나 극복하도록 권장했다.

D. 내담자에게 가정 또는 학교에서 문제해결 전략을 다음 치료 회기까지 적어도 세 가지 경우에 사용하도록 지시했다.

E. 내담자가 집이나 학교에서 문제해결 전략을 사용하지 않았으나 이를 다시 사용하도록 지시했다.

35. 의사소통 및 자기주장 기술 가르치기 (35)

A. 내담자가 문제를 해결하고 절제된 방법으로 감정을 표현하고 더 건설적인 행동을 통해 자신의 욕구를 충족시키는 법을 배우도록 내담자에게 효과적인 의사소통 및 자기주장 기술을 가르쳤다.

B. 내담자에게 감정을 통제하고 문제를 해결하는 방법을 가르치고 욕구를 충족시킬 수 있는 적절한 방법을 인식시키기 위해 역할 연기와 모델링 기법을 사용했다.

C. 내담자에게 '나 전달법(I message)'과 긍정적 문구를 활용해 타인에게 효과적으로 욕구를 언어로 표현하도록 격려했다.

D. 내담자가 자기통제력을 높이는 것을 돕기 위해 치료 게임 '멈추기, 긴장 풀기, 생각하기(Stop, Relax, and Think)'(Bridges)를 사용하여 내담자와 놀아 주었다.

E. 내담자가 치료 게임이 자기통제 전략을 가르치는 데 유용한 것으로 인식했다.

F. 내담자에게 치료 게임에서 배운 자기통제 전략을 다음 치료 회기까지 연습하도록 숙제를 내주었다.

36. 충동 조절이 잘되는 때를 알아보기 (36)

A. 과거에 내담자가 충동 조절이 잘되고 충동적 행동을 현저히 적게 했을 때가 언제인지 생각해 내도록 도움을 주었다.

B. 내담자가 과거에 충동 통제를 잘했을 때 사용했던 유사한 대처 전략을 사용하도록 격려했다.

C. 치료 회기를 통해서 내담자가 가족의 강한 지지를 받고 긍정적인 동료 집단과 어울렸을 때 더 뛰어난 자기통제력을 행사하고 올바른 태도를 보였음이 드러났다.

37. 부모에게 자녀의 긍정적 행동을 강화하도록 가르치기 (37)

A. 부모에게 치료 회기와 회기 사이에 내담자를 관찰해 내담자의 긍정적 행동 3~5가지를 기록해 오도록 권장했다.

B. 부모에게 내담자가 긍정적 행동을 할 때 강화해 주도록 격려했다.

C. 자존감을 형성하고 부모의 인정을 받고 타인으로부터 칭찬을 받기 위해 긍정적 행동을 계속할 것을 내담자에게 권면했다.

38. 부모와 일대일 시간을 갖도록 지시하기 (38)

A. 내담자와 부모가 가까운 과거에 그들 간에 부정적인 상호작용이 많았음을 인정했고, 이들에게 긍정적인 경험을 쌓기 위한 기회를 마련하기 위해 일대일 시간을 함께 갖도록 지시했다.

B. 내담자와 부모에게 긍정적 상호작용의 빈도를 높이고 보다 가까운 부모-자녀 유대관계를 만드는 것에 도움이 되기 위해 매일 10~15분씩 일대일 시간을 함께 갖도록 했다.

C. 부모에게 일대일 시간 동안 내담자가 과업 또는 활동을 선택하는 것에 주도권을 갖도록 허락할 것을 지시했다.

D. 내담자와 부모가 함께 일대일로 시간을 보낸 것이 좀 더 가까운 관계를 발전시키는 데 도움이 되었다고 보고했다.

E. 내담자와 부모는 일대일로 시간을 함께 보내지 않았으나 이를 실천하도록 다시 지시했다.

39. 강점 혹은 흥미 찾기 (39)

A. 내담자에게 자신의 강점 혹은 흥미를 5~10가지를 찾아오는 과제를 내주었다.

B. 내담자는 아동 심리치료 과제계획서(Jongsma, Peterson, & McInnis)의 '자신의 강점 보여 주기(Show Your Strengths)' 활동을 할당받았다.

C. 내담자의 흥미 또는 강점을 검토했고, 이를 발휘해 내담자가 우정을 형성하도록 격려했다.

D. 내담자가 흥미 또는 강점을 활용해서 더 많은 친구관계를 형성할 수 있었다고 보고했다.

E. 내담자가 5~10가지 강점 또는 흥미 찾기 숙제를 완료하지 않았으나, 이를 완료하도록 다시 지시했다.

40. 공감과 친절 보이기에 관한 과제를 내주기 (40)

A. 내담자에게 타인의 생각, 감정, 욕구에 대한 공감과 민감성을 증가시키기 위해 다음 치료 시간까지 이타적인 행동 또는 배려하는 행동 세 가지 해 오기 숙제를 내주었다.

B. 내담자에게 지역 봉사 기관이나 기금 모금 활동에 자원봉사자로 참여해 타인에 대한 공감과 관심을 표명하도록 격려했다.

C. 내담자가 이타적인 행동을 묘사하고 공감과 친절 행동을 한 것에 대해 되짚어 주기를 제공했다.

D. 내담자가 타인에 대한 공감과 친절을 보이지 못했고, 이런 종류의 과업을 완수하도록 다시 지시했다.

41. 충동적 행동에 맞서기 (41)

A. 내담자에게 자신의 충동적 행동이 자기 자신과 타인에게 어떤 부정적인 영향을 끼치는지 단호하고

일관성 있게 보여 주었다.

B. 내담자에게 자신의 충동적 행동이 자신과 타인에게 끼치는 부정적 결과들을 열거하도록 지시했다.

C. 역할 전환 기법을 사용해 내담자의 충동적인 행동이 타인에게 어떤 부정적 영향을 끼치는지 내담자가 깨닫도록 도움을 주었다.

42. 책임지는 법을 가르치기 (42)

A. 내담자에게 자신의 충동적 행동을 다른 사람 탓으로 돌리는 것을 멈추고 자신의 행동에 더 큰 책임을 질 것을 일관성 있게 지적하고 도전의식을 심어 주었다.

B. 내담자에게 자신의 서투른 결정과 충동적 행동이 자기 자신과 타인에게 어떤 부정적 결과를 낳았는지 열거하도록 지시했다.

C. 내담자가 충동적 태도로 행위표출 행동을 하기보다는 갈등을 해결 그리고/또는 자신의 욕구 충족을 시킬 보다 효과적인 방법을 찾는 데 도움을 주었다.

D. 내담자에게 자신의 충동적 행동에 따른 부정적 결과를 끼친 것에 대해 타인에게 사과하도록 지시했다.

E. 내담자가 자신의 행동에 책임을 지지 않았으므로, 행동을 책임지도록 다시 지시했다.

43. 충동성을 일으키는 사건 깨닫기 (43)

A. 치료 회기에 내담자의 과잉 활동성, 충동성, 주의산만 정도를 빈번히 악화시키는 스트레스 높은 사건이나 기여 요소를 탐구했다.

B. 내담자가 자신의 과잉 활동성, 충동성, 주의산만 정도를 높이는 것에 영향을 끼치는 스트레스 높은 사건이나 기여 요소를 인식하는 것에 도움을 주었다.

C. 역할 연기와 모델링 기법을 사용해서 스트레스를 조절하고 갈등을 보다 효과적으로 해결하는 적절한 방법을 가르쳤다.

D. '멈추기, 듣기, 생각하기, 행동하기', 긴장 이완, 긍정적 자기 대화 기법을 내담자에게 가르쳐 스트레스를 보다 효과적으로 조절하도록 도움을 주고자 했다.

E. 내담자와 부모가 스트레스를 관리하고 상황에 충동적으로 반응하는 대신 중요 욕구를 충족시키는 것에 사용할 수 있는 좀 더 효과적인 대처 전략을 깨닫도록 도움을 주었다.

F. 내담자가 충동성을 유발하는 사건들을 생각해 내지 못했고, 이것에 대해 몇 가지 예를 제시해 주었다.

44. 미래의 스트레스 요인 또는 장애물 알아보기 (44)

A. 내담자가 미래에 충동적 행위와 행위표출 행동을 유발할 수도 있는 스트레스 유발 요인, 장애물 또는 어려움을 알아보도록 도움을 주었다.

B. 내담자가 미래에 비슷한 스트레스 많은 사건, 장애물, 어려움 등을 만났을 때 사용할 수 있는 성공적인 대처 전략들을 생각해 낸 것에 대해 지지해 주었다.

C. 심상유도 기법을 사용해 내담자가 미래에 잠재적 문제나 스트레스 유발 요인을 해결하는 것을 상상할 수 있도록 했다.

D. 내담자에게 미래에 문제나 스트레스 유발 요인을 만났을 때 상담을 요청하거나 가족 구성원 또는 중요한 타인의 지지를 요청할 것을 권장했다.

45. 위험 재발에 대한 대처 전략 개발 (45)

A. 대처 전략은 내담자와 가족이 스트레스 요인, 장애물, 또는 난관을 대처 혹은 극복하도록 돕기 위해 식별되었다.

B. '멈추기, 응시하기, 듣기, 생각하기'와 같은 이미지로 지도된 기술들과 필요에 대한 의사소통을 위해 '나 메시지'를 사용하는 것은 효과적인 대처 전략으로 확인되었다.

46. ADHD 부모 지지 집단에 문의하기 (46)

A. ADHD 증상에 대한 이해와 지식을 향상시키기 위해 부모에게 ADHD 지지 집단을 알려 주었다.

B. 부모가 ADHD 지지 집단에 참여한 것이 ADHD에 대한 이해와 지식을 향상시켰다고 언어로 표현할 때 적극적 경청 기법을 사용했다.

C. 부모가 ADHD 지지 집단 모임에 참석하는 것을 통해 내담자의 충동적 행동을 다루는 새로운 전략을 배웠다고 보고했고 이런 점들을 검토하고 요약했다.

D. 내담자의 부모가 ADHD 부모 지지 집단 모임에 참석하지 않았고, 이런 유용한 정보자료가 있음을 부모에게 다시 상기시켰다.

47. 뇌전도 되짚어 주기의 사용 (47)

A. 내담자는 ADHD를 위한 뇌전도 되짚어 주기를 참조받았다.

B. 뇌전도 되짚어 주기(신경치료)가 실시되었다.

48. 높은 에너지 수준의 효과를 명확히 하기 (48)

A. 내담자는 자신의 높은 에너지 수준의 긍정적 그리고 부정적 측면을 분류하기 위한 과제를 부여받았다.

B. 내담자는 자신에게 할당된 과제를 완수했고 자신의 높은 에너지 수준의 긍정적 측면과 부정적 측면을 분류하였다.

C. 내담자는 자신의 에너지를 건강한 물리적 출구와 긍정적 사회 활동으로 전환하도록 격려받았다.

주의력결핍이 수반된 과잉행동장애(ADHD)와
학습장애(LD)가 있는 성공한 성인들

ADHD 아동과 청소년, 성인도 정상적으로 자라면서 사람 구실을 제대로 할 수가 있을까? 부모와 가족, 교사 모두가 궁금해하고 확신이 없어서 의심을 한다. 그러나 정상적으로 살아갈 뿐만 아니라 성공한 명사로 잘 알려진 인물들의 프로필을 소개하면(Guyer & Guyer, 2000, 193~196) 장애를 극복하고 인간 승리의 삶을 살 수 있다는 가능성을 발견할 수 있으며, 희망을 가질 만하고, 이들의 존재는 육아와 가정교육, 학교교육, 교사, 교육자에게 도전의 주제이면서 연구가 필요한 과제이다. 특수교육, 임상심리학, 아동발달 정신병리학, 소아청소년 정신건강의학, 교육학, 뇌과학에서 봤을 때 무엇이 어떻게 이들을 성공한 삶을 살도록 자극하고, 촉매 역할을 하며, 영향을 끼쳤는가? 삶의 전환점의 계기가 된 동인(motive), 즉 뉴런의 가소성(可塑性)과 과정 변인(process variable)의 유관성을 탐구하는 연구를 BK-Korea 사업 프로젝트로 연구할 만한 중요한 연구 과제라고 제안하는 바이다.

ADHD 또는 학습장애(LD)자가 성공한 인물 사례

(1) 조지 패튼(육군 장군 · 소장) : 전쟁을 게임으로 생각하고 즐긴 미 육군 기갑부대 장군으로서 제2차 세계대전 당시 히틀러 집권 시에 역시 명장으로 알려진 독일군의 롬멜 장군과의 대결에서 승전하였다. 용장(勇壯)으로서 그의 생애를 다룬 패튼 장군 제명의 영화가 제작되어, 국내 영화관에서 상영되었을 뿐만 아니라 TV에서도 방영되었다. 하지만 그의 ADHD와 경조증(Hypermania) 기질 때문에 상관 · 지휘부와 갈등이 발생, 전공이 뛰어난 용장이었으나 퇴역했다.

(2) 그렉 루가니스(올림픽 금메달 선수) : 6~8살 때까지만 해도 게으르고 그 후에도 허송세월하는 나태한 삶을 살았으나, 이후 수영을 즐기더니 올림픽에 출전하여 금메달을 획득했다.

(3) F. W. 울워스(의류계통에서 성공한 사업가) : 21살까지는 야드 단위로 파는 옷감 상점에서 일하면서 고객을 기다리게 하거나 말을 함부로 하는 등 사업수완을 발휘하지 못했으나 후일 의류계통에서 재벌로 성공하였다.

(4) 월트 디즈니(오락영화 제작자. 남녀노소 즐길 수 있는 테마공원을 개발하여 관광명소로 흥행에 성공시킨 오락에 대한 재치가 뛰어난 인물) : 그 당시 누구도 생각하지 못했던 오락과 음악, 영화, 게임을 결합하여 오락을 산업화시켜서 흥행에 성공을 거둔 인물로서 명예와 부를 이루었다. 그러나 그를 가르쳤던 교사는 학생 시절 그에게서는 그런 면모를 발견하지 못했다고 평가했다.

(5) J. C. 페니(억만장자 재벌) : 57세에 정신과 병원에 입원하여 광기 증상(craze)이 있는 것으로 진단되어 치료를 받았으며, 사업이 어려움에 처해 600만 달러의 빚쟁이 신세였으나, 후에 새로운 사업으로 재산이 극적으로 증가하여 억만장자 재벌이 되었다.

(6) 레프 톨스토이(러시아의 유명한 작가) : 대학 입시에 낙방한 탁월한 작가, 철학자로서 그는 시간이나 돈 관리를 잘 못했으며 어떤 주제에 주의집중하는 데 어려움을 겪었다. 많은 명작을 남긴 그는 위대한 도덕적 사상이면서 당시 러시아의 정치 · 사회 · 경제 체제를 바꾸고자 시도한 사회개혁자였다. 전 세계인의 사랑을 받으며 영화로도 제작된 바 있는 그의 작품으로는 〈전쟁과 평화〉와 〈안나 카레리나〉, 〈사람은 무엇으로 사는가〉 등이 있다. 그는 명작 소설 속에서 인류애, 남녀 간의 사연 많은 감동적인 애정, 두려움과 증오, 인류의 생존과 관련된 문명사와 역사지능의 중요한 주제인 전쟁과 평화의 소용돌이 속에서 전개되는 죽은 자와 살아남은 자의 심리묘사와 등장인물의 역할상의 특징을 곁들인 인간사의 명암(明暗)과 반면교사로서의 그 교훈과 고뇌를 감동적으로 진술하게 다뤘다. 생존 당시에 노벨 문학상이 있었다면 톨스토이가 마땅히 수상자로 선정되었을 것이다. 그러나 그의 말년은 불행했다.

(7) 베르너 폰 브라운(천재적인 로켓 공학자였으나 학교 재학 시에 수학시험에서 낙방함) : 교사로부터 참을성이 부족하므로 학교 공부를 완수해 내는 데 조력이 필요하다는 평가를 받았으며, 전 우주를 대상으로 생명체에 대한 실험과 연구를 시도한 창의적 천재로 알려져 있다. 미국의 원자탄 개발에 아인슈타인과 같이 참여했다.

(8) 아마데우스 모차르트(음악가) : ADHD의 고전적인 사례로서, 참을성이 부족하고, 충동적이었으며, 정서적으로 미성숙했고, 주의가 산만했으며, 활력이 넘쳤고, 창의적이었으며(작곡가로서 이 재능을 유감없이 발휘함), 음악

(계속)

보 충 자 료

계에서 이단적인 인물이었다. 조(操)증이 심했으며 여성 편력이 심했다.

(9) 루이자 메이 알코트(미국 소설가) : 성장소설인 고전 〈작은 아씨들〉을 쓴 인기 작가.

(10) 하비 쿠싱(미국 외과 의사) : 명의(名醫)로 알려진 외과 의사로 윌리엄 오슬러에 대한 전기문학(biography)에서 문재(文才)를 인정받아 퓰리처상을 받은 의학박사이다. 난독증과 관련된 철자법상의 장애가 심했으나 비범한 창의력으로 잘 극복하였다.

(11) 파울 에를리히(독일 의학자, 세균학자) : 독일의 유명한 박테리아 학자로 대학 진학을 위한 예비학교(preparatory/school)에서 성적이 부진하여 대학에 입학하지 못하고 대학 입학을 위한 필기시험에도 실패하였다. 아마도 난독증(難讀症, dyslexia)이 원인이었을 것으로 설명이 된다.

(12) 루이스 파스퇴르(프랑스 면역학자, 화학자, 세균학자) : 영재 과학자(gifted scientist)였으며 미생물학자이면서 노벨 과학상 수상자였는데 학교 재학 시절에는 공부를 뛰어나게 잘했거나 또는 유별나게 못하지도 않은 평범한 학생(mediocre student)이었지만 담임교사는 그의 비범한 잠재능력을 발견하고 후일 매우 수준 높은 성취를 해낼 수 있는 학생(capable of performing on a much higher level)이 될 수 있다고 정확하게 평가한 바 있다.

출처 : Guyer B. A. (Ed.)(2000). *ADHD : Achieving Success in School and in Life*. Boston: Allyn and Bacon. 193-195.

제7장 자폐스펙트럼장애[1]

내담자 소개

1. 무관심/무반응 (1)[2]

A. 내담자가 매사에 무관심하고 무반응인 태도를 보였다.

B. 내담자가 실질적으로 상담 과정, 심지어는 치료사와의 사소한 상호작용에도 전혀 흥미를 보이지 않았다.

C. 내담자와 연계해 보려는 모든 시도에도 식별되는 반응이 전혀 없었다.

D. 내담자가 치료사의 상호작용 시도에 조금씩 반응하기 시작했다.

2. 초탈함/무흥미 (1)

A. 내담자가 자신 외에는 타인에게 관심을 보이지 않는 초탈한 태도를 보였다.

B. 내담자가 타인에게 지나칠 정도의 무관심을 보여 왔다고 부모가 보고했다.

C. 내담자가 다소 일관성 있게 타인을 인식하기 시작했다.

D. 내담자가 치료 회기를 거치면서 치료사와 관계를 형성하는 것에 점점 많은 관심을 보이기 시작했다.

3. 사회 소속감 (2)

A. 내담자가 사회적 관계에 거의 또는 전혀 관심이 없다.

B. 내담자는 어릴 때부터 우정이나 기타 사회적 관계에 관심을 보이지 않았다고 부모가 지적했다.

---

1) 역자 주 : 자폐 아동을 전반적 발달장애(pervasive developmental disorder, PDD)라고 하는데, 진단명 그대로 인간 발달의 전반에 여러 모양으로 장애가 발생되는 질환군이기 때문에 PDD라고 한다. 자폐증은 사회성 발달, 언어발달, 행동발달, 인지능력 발달장애라는 증상이 동반되는데 또 발달이 지연되거나 또 어느 정도 발달이 진행되다가 퇴행되는 특징이 있다. 전반적 발달장애(PDD)라는 진단명은 1980년에 DSM-III에서 처음 제안되었고, 최근의 분류에서도 사용되고 있으며 ICD 10판에서도 이 진단명을 사용하고 있대조수철(1999), 소아정신질환의 개념, 서울 : 서울대학교 출판부, 81l. 자폐아동은 환경, 사람, 이 세상을 지각하는 조망능력이 미숙하며 특징으로는 의사소통능력과 인간친화능력에 장애가 나타난다.

2) 괄호 안의 숫자들은 **아동 심리치료 치료계획서**(*The Child Psychotherapy Treatment Planner*), 제5판(Jongsma, Peterson, McInnis, Bruce 공저, 2014년, Hoboken, NJ : Wiley)에서 동일한 제목을 지닌 관련 장의 치료 중재의 숫자와 연결된다.

C. 격려 속에서 내담자가 제한된 범위에서 특정 동료와 상호작용을 시작했다.

D. 내담자가 치료사, 가족 구성원, 특정 동료와 관계를 형성하는 것에 어느 정도 더 많은 관심을 보이기 시작했다.

4. 말을 하지 않거나/뻣뻣한 태도 (3)

A. 내담자가 치료 회기 동안 상호작용을 할 때 표정 및 신체가 경직되어 있고 언어적 표현이 없었다.

B. 내담자가 방해를 받았거나 화가 나지 않는 이상 말을 하는 일이 거의 없다고 부모가 말했다.

C. 회기를 진행하는 동안 내담자가 이따금씩 치료사에게 말을 하기 시작했다.

D. 내담자가 규칙적으로 부모와 치료사에게 말을 하기 시작했다.

5. 사회적·정서적 자발성의 결여 (3)

A. 내담자가 실질적으로 기분이나 행동에 자발성을 전혀 보이지 않았다.

B. 다른 사람들이 감정을 보일 때 내담자는 감정 변화가 없다.

C. 내담자가 한 번씩 자발성을 보였다.

6. 언어 결함 (4)

A. 부모가 내담자의 언어발달이 크게 지연되고 있다고 보고했다.

B. 내담자가 단어 몇 개만 익힌 상태이며 언어발달 예상치를 훨씬 밑돌고 있다.

C. 내담자가 치료 회기 동안 치료사에게 매우 제한된 어휘 사용을 보였다.

D. 타인에 대한 내담자의 언어적 기술과 사용이 미약하게나마 향상됐다.

E. 타인에 대한 내담자의 언어적 기술과 사용이 크게 향상됐다.

7. 대화 결핍 (5)

A. 부모가 내담자의 언어발달이 크게 지연되고 있다고 보고한다.

B. 내담자가 가족 구성원들과 대화 기술을 한 번도 사용하지 않았다고 부모가 보고했다.

C. 내담자가 가끔 부모의 묻는 말에 간단한 대답을 한 적이 있다고 부모가 보고했다.

D. 내담자가 대화를 개시하고 부모가 말을 걸면 단어 하나로 반응하는 능력이 약간 향상됐다고 부모가 보고했다.

8. 이상한 말과 말버릇 (6)

A. 내담자가 이상한 말버릇(예 : 반향언어, 대명사 반전)을 다양하게 선보였다.

B. 내담자가 치료 회기 내내 비유적인 언어를 주요 대화 패턴으로 사용했다.

C. 내담자가 치료 시간 동안 치료사로부터 들은 소리와 단어를 자주 따라 했다.

D. 내담자가 성장할수록 이상한 언어 사용이 증가하고 있다고 부모가 지적했다.

E. 전문가의 도움을 받아 내담자의 대화 방식을 저지하고 개선하려는 부모의 모든 노력이 실패했고 성과가 없었다고 부모가 말했다.

F. 내담자가 다른 사람들과 훈계조의 태도로 의사소통하기 시작하면서 이상한 말버릇이 줄어들었다.

9. 고집스러움/반복적 행동 (7)

A. 부모와 학교 관계자들이 내담자가 비효율적인 일의 반복 또는 상동적 운동 기행 행동에 고집스런 집착

을 보인다고 보고했다.

　　B. 내담자의 행동 패턴이 변하거나 깨지면 화를 낸다고 부모가 보고했다.

　　C. 내담자가 자신의 반복적 행동을 줄이기 시작했고 다른 활동들을 조금씩 시도하는 것에 좀 더 마음을
　　　여는 것으로 보인다.

　　D. 내담자가 오늘 치료 시간 동안 새로운 활동에 기꺼이 참여하려고 했다.

　　E. 내담자가 오늘 치료 시간 동안 자신의 상동적인 운동 기행 행동을 보이지 않았다.

10. 집착/집중 (8)

　　A. 내담자가 거의 항상 좁은 범위의 사물 또는 흥밋거리에 집착하거나 집중한다고 부모가 보고했다.

　　B. 내담자의 집착 또는 집중을 깨뜨리는 것이 거의 불가능했다.

　　C. 내담자가 다른 사람들이 자신의 집착과 집중을 방해하는 것을 허용하기 시작했다.

　　D. 내담자가 최근에는 한 가지 물건에만 집착하거나 집중하는 경향이 줄어들었고 새로운 외부 자극에도
　　　반응하는 양상을 보인다.

11. 지능 및 인지 기능장애 (9)

　　A. 내담자의 지능 및 인지 기능에 장애가 있는 것이 나타났다.

　　B. 내담자의 사고 과정을 따라가고 이해하는 것이 어렵다고 부모가 말했다.

　　C. 내담자의 사고는 다른 사람들의 사고와 다시 챙겨주기에 거의 영향을 받지 않는다.

　　D. 내담자의 지능 및 인지 기능이 긍정적으로 향상되기 시작했다.

12. 지적 변동성 (9)

　　A. 내담자의 지적 기능 수준에 상당한 변동이 나타난다.

　　B. 내담자는 언어 이해 기술에 심각한 장애를 가지고 있는 것으로 나타났으나, 특정 분야에서는 상당히
　　　높은 지능을 보였다.

13. 변화에 저항 (10)

　　A. 내담자는 외부 자극과 내담자를 활동에 끌어들이려는 시도에 저항해 왔다.

　　B. 부모와 교사 모두 내담자가 일상 스케줄, 일과나 행동에 변화를 주는 것에 매우 저항적이라고 보고했다.

　　C. 내담자가 저항적으로 변하지 않으면서도 일상의 작은 변화를 견디기 시작했다.

　　D. 내담자가 최근에 어떠한 저항 의사도 보이지 않고 치료사와 새로운 일을 시도하기 시작했다.

14. 화남/공격적임 (10)

　　A. 내담자의 기분과 행동이 종종 분노와 공격적 행동의 폭발로 점철된다.

　　B. 타인들이 교감하거나 관계를 맺으려고 할 때 내담자가 분노와 공격적인 행동으로 반응했다.

　　C. 내담자가 종종 자신의 일과나 환경에 사소한 변화가 생긴 것에 분노와 공격성으로 과잉 반응을 보였다.

　　D. 내담자가 최근에 자신의 일과나 환경에 사소한 변화가 생겨도 분노와 공격성을 덜 보이기 시작했다.

15. 단조로운 감정 (11)

　　A. 내담자의 감정이 종종 단조롭고 제한적이라고 부모가 보고했다.

　　B. 내담자가 생기가 넘치고 자신의 감정을 자발적으로 표현하는 경우는 매우 드물다고 부모가 보고했다.

C. 내담자가 치료사와 상호작용할 때 더 많은 감정을 보이기 시작했다.

D. 내담자가 자신의 관심 주제에 대해 이야기할 때 감정 표현에 활기를 띠었다.

16. 자기 학대 (12)

A. 내담자가 자기 학대적 행동(예 : 머리를 부딪히기, 스스로를 때리기)의 경향을 보여 왔다.

B. 내담자가 짜증이 나면 자학적 행동을 보인다고 부모가 보고했다.

C. 내담자가 오늘 치료 시간에 자학적 행동을 보였다.

D. 내담자가 자학적 행동을 하는 빈도가 줄었다.

E. 내담자가 오늘 치료 시간에는 어떠한 자학적 행동도 하지 않았다.

중재 실행

1. 치료적 신뢰감 쌓기 (1)[3]

A. 지속적인 눈 맞추기, 적극적 경청, 무조건적인 긍정적 존중, 따뜻한 수용의 방법을 사용해 내담자와 일정 수준의 신뢰 쌓기를 시도했다.

B. 치료 회기에 내담자와 기본적 수준의 신뢰를 쌓는 것에 성공했다.

C. 내담자가 치료사에게 언어로 말하는 것이 증가한 것으로 보아 내담자와 초기 단계의 신뢰가 형성됐다.

D. 따뜻한 수용, 잦은 주의집중, 무조건적인 긍정적 존중을 사용했음에도 내담자가 여전히 무관심한 상태이며 치료사와의 상호작용에 관심이 없는 상태이다.

2. 자폐증 진단 (2)

A. 자폐증의 이력에 접근하기 위해 아이와 부모를 대상으로 초기 임상 인터뷰를 하였다.

B. 추가적 평가의 필요성이 확인되었고 이를 수행하기 위해 위탁이 이루어졌다.

C. 초기 임상 인터뷰 결과는 경미한 자폐증 우려를 나타냈다.

D. 초기 임상 인터뷰 결과는 온건한 자폐증 우려를 나타냈다.

E. 초기 임상 인터뷰 결과는 심각한 자폐증 우려를 나타냈다.

3. 인지 및 지적 기능 평가하기 (3)

A. 내담자의 강점과 약점을 파악하기 위해 지적 및 인지 평가를 실시했다.

B. 내담자가 평가 과정에 비협조적이고 저항적이어서 검사를 좀 더 기분 좋게 받아들이도록 내담자를 격려했다.

C. 내담자가 지적 및 인지 평가를 하는 동안 협조적이었고 만족할 수준의 노력을 기울이는 것으로 나타났다.

D. 부모와 내담자에게 지적 및 인지 평가 결과에 관해 다시 챙겨주기를 제공했다.

---

3) 괄호 안의 숫자들은 **아동 심리치료 치료계획서**(*The Child Psychotherapy Treatment Planner*), 제5판(Jongsma, Peterson, McInnis, Bruce 공저, 2014년, Hoboken, NJ : Wiley)에서 동일한 제목을 지닌 관련 장의 치료 중재의 숫자와 연결된다.

4. 청력 및 시력 검사를 받도록 의뢰하기 (4)

A. 내담자의 사회적 발달 및 말/언어발달을 방해하는 문제가 있을 가능성을 배제하기 위해 내담자에게 시력 및 청력검사를 받아 보라고 권고했다.

B. 시력검사 결과 내담자의 시력에 아무런 이상이 없었고 이 사실을 가족에게 알렸다.

C. 청력검사 결과 내담자의 청력에 아무런 이상이 없었고 이 사실을 가족에게 알렸다.

D. 시력검사 결과 내담자의 시력에 이상이 있음이 드러났고 이 사실을 가족에게 알렸다.

E. 청력검사 결과 내담자가 청력을 상실한 것으로 드러났고 이 사실을 가족에게 알렸다.

5. 건강진단 의뢰하기 (5)

A. 내담자의 말/언어발달을 방해하는 건강 문제가 있을 가능성을 배제하기 위해 내담자에게 건강진단을 받아 보라고 권고했다.

B. 부모가 내담자의 말/언어발달을 방해하는 건강 문제가 있을 가능성을 배제하기 위해 내담자에게 건강진단을 받아 보라는 지시에 순응했다.

C. 건강진단 결과 내담자의 말/언어발달을 방해하는 건강 문제가 없는 것으로 나타났고, 이 점을 가족과 검토했다.

D. 건강진단 결과 내담자의 건강 문제 그리고/또는 신체적 조건이 말/언어발달을 방해한 것으로 나타났고, 이 점을 가족과 함께 검토했다.

E. 부모가 건강진단을 받으라는 권고를 따르지 않았고, 내담자의 말/언어발달을 방해하는 건강 문제가 있을 가능성을 배제하기 위해 내담자에게 건강진단을 받아 보라고 부모에게 권유했다.

6. 구어 및 언어 평가 의뢰하기 (6)

A. 내담자에게 구어 및 언어 평가를 받아 보도록 권유했다.

B. 내담자가 구어 및 언어 평가 시간 동안 협조적이어서 이를 칭찬해 주었다.

C. 내담자의 저항 때문에 구어 및 언어 평가를 완료하지 못했다.

D. 부모와 치료사의 강요로 내담자가 최소의 저항만 보이고 구어 및 언어 평가를 받고 이를 완료했다.

E. 내담자와 부모에게 구어 및 언어 평가 결과를 알려 주었다.

F. 말하기/언어 평가 결과는 내담자의 말하기와 언어 능력을 향상시키기 위한 지속적인 서비스의 필요성을 나타낸다.

7. 신경학적·신경심리학적 검사를 받도록 의뢰하기 (7)

A. 내담자에게 기질적 요인들을 배제하기 위해 신경심리학적인 검사를 받도록 권유했다.

B. 내담자가 신경학적 검사 또는 신경심리학적 검사를 하는 동안 협조적이었다.

C. 부모의 권유에 힘입어 내담자가 신경학적 검사를 잘 따르고 완료했다.

D. 내담자가 비협조적이어서 신경심리학적 검사를 완료하지 못했다.

E. 부모가 신경심리학적 검사의 필요성을 인지하는 데 도움을 주었다.

F. 신경학적 검사 또는 신경심리학적 검사의 결과를 내담자, 부모와 함께 검토했다.

8. 통찰력 수준의 평가 (8)

A. 내담자는 보이는 문제들을 향한 통찰 수준으로 평가되었다.

B. 내담자는 보이는 문제들에 관하여 그의 통찰의 동조적인 본성 대 이질적인 본성에 따라 평가되었다.

C. 내담자는 행동과 증상에서 문제가 되는 본성에 대한 좋은 통찰을 하도록 보여 주었다.

D. 내담자가 다른 사람들의 우려에 동의하는 것이 목격되어 변화에 힘쓰도록 동기유발되었다.

E. 내담자는 묘사된 문제에 대해 양면성이 있음이 드러났고 그 문제들을 우려사항으로 보는 것을 꺼렸다.

F. 내담자는 문제 영역의 인식에 관해 저항적인 것으로 나타났고, 걱정하지 않았으며, 변화에 대한 동기가 없었다.

9. 관련 장애의 평가 (9)

A. 내담자는 연구 기반의 관련 장애들의 증거에 의해 평가되었다.

B. 내담자는 자살에 대한 취약성 수준으로 평가되었다.

C. 내담자는 동반장애를 가진 것으로 확인되었고, 치료는 이를 처리할 수 있도록 조정되었다.

D. 내담자는 또 다른 관련 장애가 있는지 평가되었지만 아무것도 발견되지 않았다.

10. 문화적으로 혼란스러운 문제에 대한 평가 (10)

A. 내담자는 그의 임상 행동을 더 잘 이해하도록 도울 수 있는 나이 관련 쟁점으로 평가되었다.

B. 내담자는 그의 임상 행동을 더 잘 이해하도록 도울 수 있는 성별 관련 쟁점으로 평가되었다.

C. 내담자는 그의 임상 행동을 더 잘 이해하도록 도울 수 있는 문화의 증후군, 고통의 문화적 관용구, 혹은 문화적으로 감지된 사건으로 평가되었다.

D. 다른 요인들이 내담자의 현재 정의된 '문제 행동'에 기여할 것이라고 확인되었고 이 요인들은 그의 치료에 반영되었다.

E. 내담자의 현재 정의된 '문제 행동'을 설명할 수 있는 문화적 기반 요인들은 조사되었지만 중대한 요인은 발견되지 않았다.

11. 장애의 심각성 평가 (11)

A. 내담자의 장애의 심각성은 보호의 적절한 정도를 결정하기 위해서 판단되었다.

B. 내담자는 사회적·관계적·교육적인 노력에서의 손상 정도로 평가되었다.

C. 내담자는 그의 장애가 자신의 기능에 가볍거나 중간 정도의 영향을 끼친다는 것을 알았다.

D. 내담자는 그의 장애가 자신의 기능에 심각하거나 더 심각한 영향을 끼친다는 것을 알았다.

E. 내담자의 치료의 효율성과 적절성, 그리고 장애의 심각성은 꾸준히 평가되었다.

12. 병원의 돌봄 평가 (12)

A. 병원의 돌봄과 관심으로 내담자의 집, 학교, 지역사회가 평가되었다.

B. 내담자의 다양한 환경은 아동의 욕구에 지속적인 무관심, 돌보는 사람의 잦은 변화, 안정적 애착의 제한된 기회, 가혹한 훈육 혹은 다른 심각한 부적절한 돌봄이 있었는지 평가되었다.

C. 병원의 돌봄이 확인되었고 치료계획에 이러한 우려를 관리하고 바로잡는 것과 아동을 보호하는 전략이 포함되었다.

D. 어떠한 병원의 돌봄도 확인되지 않았고, 이것은 내담자와 돌보는 사람에게 반영되었다.

13. 정신건강의학적 평가를 위해 의뢰하기 (13)

A. 내담자에게 정신건강의학적 평가를 받아 볼 것을 권유했다.

B. 부모의 도움을 받아 내담자가 정신건강의학적 평가를 받고 완료했다.

C. 내담자가 비협조적이고 비언어적이었기 때문에 정신건강의학적 평가를 완료하지 못했다.

D. 내담자의 기분을 안정시키고 분노 폭발의 강도를 줄이기 위해 내담자에게 약물을 투약했다.

E. 내담자의 주의집중 시간을 늘리고 주의산만을 줄이면서 과잉행동 수준을 낮추기 위해 내담자에게 흥분제를 시험적으로 투약했다.

14. 자폐스펙트럼장애에 대한 교육 (14)

A. 내담자의 부모와 가족들은 자폐스펙트럼장애의 특성, 치료법, 도전, 그리고 지원에 대해서 교육받았다.

B. 부모는 자녀의 자폐증 진단과 관련된 그들의 생각과 감정에 대해 공유하도록 격려받았다.

C. 부모는 아동 심리치료 과제계획서(Jongsma, Peterson, & McInnis)의 '자폐증 진단에 대한 초기 반응(Initial Reactions to Diagnosis of Autism)' 활동을 할당받았다.

D. 부모와 가족은 자폐증 진단과 관련된 정보자료와 감정을 처리하는 데에 도움을 받았다.

15. 자폐증에 관한 자료 읽거나 보게 하기

A. 부모에게 자폐증에 관한 정보자료를 시청하거나 읽도록 지시했다.

B. "부모와 자녀를 위한 자폐증에 관한 솔직한 이야기(Straight Talk About Autism With Parents and Kids)" (ADD Warehouse)라는 비디오 영상물을 보도록 부모에게 지시했다.

C. 부모가 자폐증에 관한 정보자료를 검토했고, 치료 회기 동안 요점을 점검했다.

D. 부모가 자폐증에 관한 정보자료를 검토하지 않았고 이 자료를 읽어 보거나 시청하도록 다시 지시했다.

16. 대안적 배치의 필요성 여부를 검토하기 (16)

A. 내담자의 부모, 학교 관계자 또는 정신건강 전문가들과 함께 내담자를 위탁가정, 그룹 홈 또는 수용시설 프로그램에 배치해야 할지 논의했다.

B. 내담자의 부모, 학교 관계자 또는 정신건강 전문가들과 논의한 후 내담자를 위탁가정에 보내자는 제안이 나왔다.

C. 내담자를 그룹 홈이나 수용시설 프로그램에 배치해 내담자의 지적·학업적·감정적 욕구를 충족시키자는 제안이 나왔다.

D. 내담자의 부모, 학교 관계자 또는 정신건강 전문가들과 회의를 하는 동안 내담자를 위탁가정, 그룹 홈 또는 수용시설 프로그램에 배치하자는 제안이 나오지 않았다.

17. 의사소통 지속 (17)

A. 전 영역에서 내담자의 현재 욕구가 충족되고 있는지 확인하기 위해 아이의 일차진료의와 다른 관련 제공자와의 지속적인 대화가 유지되었다.

B. 의료적·심리학적·교육적 서비스가 제공되는 것을 확실시하기 위해 후속 조치가 학교 기반의 제공자, 청력학자, 신경학자, 그리고 가정 기반의 치료사/가정교사와 함께 수행되었다.

C. 서비스 및 적절한 조회의 결정을 지원하기 위해 적절한 의료진에게 정보자료가 제공되었다.

D. 치료가 조정되도록 다른 전문가들과 함께 후속 조치를 수행했다.

18. IEPC의 검토 마치기 (18)

A. 개별화된 교육계획위원회(IEPC) 회의를 개최해 내담자에게 특수교육을 실시할지를 결정하고, 교육 중재를 고안하고 교육 목표를 설정했다.

B. 내담자를 자폐장애(AI)로 분류해 내담자에게 특수교육을 실시할 자격이 있다고 IEPC 회의에서 결정했다.

C. 내담자가 특수교육을 받을 자격이 없다고 IEPC 회의에서 결정했다.

D. 내담자의 부모, 교사, 기타 적절한 전문가들과 함께 내담자의 학업 성취를 돕기 위한 교육 중재를 고안하는 회의를 가졌다.

E. IEPC 회의에서 내담자의 학업 목표를 밝혔다.

19. 효과적인 교수 프로그램을 고안하기 (19)

A. 내담자의 부모, 교사, 기타 적절한 학교 관계자들과 효과적인 교수 프로그램 또는 내담자의 강점에 기반하되 약점은 보완해 주는 중재법을 고안하기 위해 회의를 가졌다.

B. 내담자의 부모, 교사, 기타 적절한 학교 관계자들과 함께한 회의에서 내담자의 학습 강점과 약점을 제시했다.

C. 내담자의 부모, 교사, 기타 적절한 학교 관계자들과 내담자의 학습 강점을 극대화할 방법에 대해 토론했다.

D. 내담자의 부모, 교사, 기타 적절한 학교 관계자들과 내담자의 학습 약점을 보완할 방법에 대해 토론했다.

E. 기존에 고안했던 학습 프로그램이나 중재법의 효과성을 평가하고 교정이 필요한 부분을 수정했다.

20. Lovaas 모델 사용 (20)

A. 자폐증에 대한 Lovaas 모델의 적용된 행동 분석을 활용했다.

B. 내담자는 자폐증에 대한 Lovaas 모델의 적용된 행동 분석에 의해 훈련된 공급자에게 언급되었다.

C. 부모 훈련, 정적 강화, 형성 및 연쇄, 기능적 행동 평가, 동료 통합이 Lovaas 모델과 관련된 기술을 발달시키기 위해 사용되었다.

D. 의사소통 기술, 말하기 및 언어 기술, 학업 기술, 자조 기술, 놀이 기술이 Lovaas 모델을 사용하여 발달되었다.

E. 내담자는 다양한 환경에서 새로운 기술의 사용을 일반화하고 학교 환경에 그것을 통합하는 것을 도움받았다.

21. 중심축 반응 중재를 가르치기 (21)

A. 아이에게 놀이 맥락에서 반응하고 스스로 사회적 상호작용을 개시하려는 동기를 높여 주기 위한 행동 관리 기법을 어떻게 사용하는지를 부모에게 지도했다.

B. 부모에게 **자폐아를 위한 중심축 반응 훈련**(*Pivotal Response Training for Autism*)(Koegel & Koegel)에서 설명한 중심축 반응 중재 기법을 가르쳐 주었다.

C. 부모에게 자연적 강화물과 아이가 고른 자극물을 사용하도록 권고했다.

D. 부모의 중심축 반응 기법 향상을 위해 다시 챙겨주기를 제공했다.

22. 파워카드 전략의 훈련 (22)

A. 부모는 아이의 동기를 높이기 위해 파워카드 전략(Gagnet의 *Powercards* 참조)의 사용을 훈련받았다.

B. 아이의 특별한 흥미는 다양한 실력 향상 활동들과 통합되었다.

C. 부모는 기술을 사용하기 위해 고군분투했던 상황에 적절한 사용과 상황의 수정을 통해 그들의 파워카드 전략의 사용을 검토하도록 도움받았다.

23. PRT와 파워카드 기술의 연습 (23)

A. 부모와 내담자는 중심이 되는 반응 훈련과 파워카드 기술을 하루 종일 다양한 상황에 걸쳐 연습했다.

B. 부모는 80%의 정확한 사용 기준을 달성하기 위해 기량 개발 기술의 사용을 강화받았다.

C. 부모는 그들의 기량 개발 기술의 정확한 사용을 증진하도록 재지시받았다.

24. 기능 분석 수행 (24)

A. 원하지 않는 행동의 이유에 대한 기능 분석이 수행되었고, 적절한 기능적 행동 교육을 위한 긍정적 계획의 발전에 의해 뒤따라왔다.

B. 내담자와 가족은 **아동 심리치료 과제계획서**(Jongsma, Peterson, & McInnis)의 '변화와 과도한 자극에 대한 반응(Reaction to Change and Excessive Stimulation)' 활동을 할당받았다.

C. 원하지 않는 행동의 이유에 대한 이해를 발전시키기 위해 기능 분석이 사용되었다.

D. 기능 분석에 기초하여 원하지 않는 행동에 대한 대체 행동을 돕기 위해 내담자에게 기술을 가르쳤다.

25. 행동 관리 기법을 가르치기 (25)

A. 내담자의 어려운 행동을 다루는 데 도움이 되는 행동 관리 기법(예 : 행동 유도하기, 강화계획 사용하기, 탈과제적 행동 무시하기)을 부모에게 가르쳐 주었다.

B. 내담자를 매일 양육하는 데 행동 관리 기법을 적용할 계획을 부모와 함께 개발했다.

C. 역할 연기와 예행 기법을 사용해 부모가 새로운 기술을 사용할 기회를 주었다.

D. 부모가 일관성 있게 행동 관리 기법을 사용한 것에 대해 언어로 강화해 주었다.

E. 행동 관리 기법이 내담자에게 효능성을 강화하는 것으로 평가되었다.

F. 부모가 행동 관리 기법을 일관성 있게 사용하지 않았고 그렇게 하도록 다시 지시했다.

26. 맞춤 사회 기술의 개발 (26)

A. 내담자는 특정한 사회 기술에 관해서 평가되었다.

B. 내담자는 특정한 사회 기술의 개발을 훈련받았다.

C. 훈련시키는 역할을 점진적으로 부모에게 옮김으로써 부모가 내담자의 사회적 기술 훈련에 포함되었다.

D. 부모는 일반화를 가능하게 하기 위한 다양한 환경에서의 사회적 기술 훈련을 안내하도록 지시되었다.

27. 사회 기술 훈련에 대한 부모 지원 (27)

A. 부모는 아이들의 사회적/의사소통 기술의 학습을 돕기 위한 의미 있고 나이에 적합한 학습 활동에 참여하도록 도움을 받았다.

B. 훈련 기회는 아동이 사회적/의사소통 기술을 배우는 동안 행동 관리 기술을 사용하기 위한 능력과 함께 선택되었다.

C. 자연주의적 교수 방법과 교훈적인 다양한 시도, 어른의 지시, 일대일 교수 방법이 사용되었다.

D. 아이들의 선택은 일차 강화물로서 사용되었다.

28. 공격 행동 감소를 목표로 행동 관리 기법을 적용하기 (28)

A. 내담자의 성질 폭발을 줄이기 위해 부모에게 행동 관리 기법을 적용하는 법을 가르쳤다.

B. 부모에게 행동 관리 기법(예 : 행동 유도하기, 강화계획 사용하기, 탈과제적 행동 무시하기)을 적용하는 법을 가르쳐 주었다.

C. 청소년 심리치료 과제계획서, 제2판(Jongsma, Peterson, & McInnis)에 나오는 '명확한 규칙, 긍정적 강화, 적절한 결과'를 가족에게 과제로 내주었다.

D. 부모가 행동 관리 기법을 적용한 것에 대해 긍정적 다시 챙겨주기를 제공했다.

E. 부모가 행동 관리 기법을 정기적으로 사용하지 않았고, 이를 사용하도록 다시 지시했다.

29. 토큰 경제 고안하기 (29)

A. 부모가 토큰 경제를 고안하고 그것을 어떻게 실행할지를 계획하는 데 도움을 주었다.

B. 토큰 경제를 모니터링하여 효과성이 있는지, 그리고 수정해야 할 사항이 있는지를 점검했다.

C. 부모가 토큰 경제를 효과적이고 일관성 있게 실행하고 관리한 데 대해 칭찬과 격려로 강화해 주었다.

D. 내담자가 토큰 경제를 수용하는 것이 내담자의 사회적 기술, 분노 다스리기, 충동 제어 및 언어발달 향상을 낳은 것으로 드러났다.

E. 내담자가 토큰 경제체제에 협조하는 것을 거부했으나 이것에 협력하도록 다시 지시했다.

30. 보상체계를 고안하기 (30)

A. 내담자의 사회적 기술을 향상시키는 데 도움을 주기 위해 보상체계를 고안했다.

B. 내담자의 분노 조절을 향상시키는 데 도움을 주기 위해 보상체계를 고안했다.

C. 부모가 내담자의 사회적 기술과 분노 조절을 향상시키는 데 사용할 긍정적 강화물을 생각해 내도록 도움을 주었다.

D. 부모에게 보상체계를 실행하고 관리하겠다고 언어로 다짐할 것을 요구했다.

E. 보상체계를 사용했더니 내담자의 사회적 기술과 분노 조절이 약간, 보통, 상당히(이 중 하나에 동그라미 치기) 향상되는 결과를 낳았다.

31. 행동 관리 기법을 자기 학대적 행위 감소에 적용하기 (31)

A. 내담자의 자기 학대적 행위(예 : 스스로를 할퀴거나 때리는 행위)를 줄이기 위해 행동 관리 기법을 적용할 것을 부모에게 가르쳤다.

B. 부모에게 행동 관리 기법(예 : 행동 유도하기, 강화계획 사용하기, 탈과제적 행동 무시하기)을 적용하는 법을 가르쳐 주었다.

C. 청소년 심리치료 과제계획서(Jongsma, Peterson, & McInnis)에 나오는 '명확한 규칙, 긍정적 강화, 적절한 결과'를 가족에게 과제로 내주었다.

D. 아동 심리치료 과제계획서(Jongsma, Peterson, & McInnis)에 나오는 '변화와 과도한 자극에 대한 반응' 활동을 가족에게 과제로 내주었다.

E. 부모가 행동 관리 기법을 적용한 것에 대해 긍정적 다시 챙겨주기를 제공했다.

F. 부모가 정기적으로 행동 관리 기법을 사용하지 않았으나 이를 사용할 것을 다시 지시했다.

32. 자기 보호 기술 사용을 격려하기 (32)

A. 내담자에게 자기 보호 기술을 가르칠 여러 가지 방법을 부모와 함께 점검했다.

B. 부모가 적극적으로 매일 내담자에게 자기 보호 기술을 가르치고 개발하기 위해 노력한 것에 대해 강화해 주었다.

C. 부모가 내담자와 함께 노력한 결과 내담자의 위생과 자기 보호 기술에 큰 향상이 나타났고, 부모에게 계속해서 이를 이어 나가도록 격려했다.

D. 부모가 내담자에게 자기 보호 기술을 정기적으로 가르치지 않았으나, 이를 시도하도록 다시 지시했다.

33. 모델링과 조작적 조건화 원칙을 사용하기 (33)

A. 내담자의 자조 기술을 발달시키고 개인적 위생상태를 개선하기 위해 모델링과 조작적 조건화 원칙, 반응 조형 기법을 사용했다.

B. 내담자의 자조 기술과 개인위생을 개선하기 위해 부모에게 반응 조형 기법을 가르쳤다.

C. 내담자의 자조 기술과 개인위생 향상을 위한 보상체계를 고안했다.

D. 내담자와 부모가 내담자의 자조 기술과 개인위생을 강화하기 위한 보상 목록을 구성하는 데에 도움을 주었다.

E. 보상체계와 반응 조형 기법이 내담자의 자조 기술과 개인위생을 향상시키는 데에 도움이 된 것으로 나타났다.

34. 개인위생/자조 프로그램 사용하기 (34)

A. 내담자의 개인위생과 자조 기술을 향상시키기 위해 부모에게 보상체계를 사용하도록 지시했다.

B. 내담자의 개인위생과 자조 기술을 향상시키기 위해 부모에게 아동 심리치료 과제계획서(Jongsma, Peterson, & McInnis)의 '일상활동(Activities of Daily Living)' 프로그램에 나오는 보상체계를 사용하도록 지시했다.

C. 내담자가 개인위생과 자조 기술에 향상을 보였을 경우 내담자에게 칭찬과 강화를 실시할 것을 부모에게 강하게 권면했다.

D. 부모가 '일상활동' 프로그램이 내담자의 개인위생과 자조 기술 향상에 도움이 되었다고 보고했다.

E. 부모가 '일상활동' 프로그램을 사용한 이후 내담자의 개인위생과 자조 기술의 향상이 거의 또는 전혀 나타나지 않았다고 이야기했지만, 계속해서 그 기법을 사용할 것을 권장했다.

F. 부모가 개인위생/자조 기술 프로그램을 사용하지 않았고 이를 사용할 것을 지시했다.

35. 구조화된 가족 상호작용 격려하기 (35)

A. 가족 구성원들에게 내담자와 함께하는 구조화된 작업 시간과 놀이 시간을 일과에 포함시킬 것을 제안했다.

B. 부모가 내담자와 구조화된 작업 시간과 놀이 시간을 개발하고 실행한 것에 대해 긍정적 다시 챙겨주기를 제공했다.

C. 구조화된 놀이 시간과 작업 시간이 내담자의 사회적 시작행동과 타인에 대한 관심도를 향상시켰고, 이 기법을 계속 사용할 것을 강조했다.

D. 내담자에게 책임감이나 소속감을 심어 주기 위해 가족 안에서 수행해야 할 과제를 내주었다.

E. 과제를 성공적으로 마친 것에 대해 오늘 치료 시간에 내담자를 칭찬해 주었다.

F. 가족이 내담자와 구조화된 상호작용 시간을 사용하지 않았고 이를 실시하도록 다시 지시했다.

36. 노래를 통한 부모-자녀 유대관계를 강화하기 (36)

A. 보다 친밀한 부모-자녀 유대관계를 형성하는 데 도움이 되도록 부모에게 내담자와 함께 노래(예 : 동요, 자장가, 인기 가요, 내담자의 관심사와 관련된 노래들) 부르기를 권장했다.

B. 내담자가 집에서 언어적 표현을 더 많이 하도록 도움을 주기 위해 내담자와 노래를 부를 것을 부모에게 권장했다.

C. 내담자와 노래 부르기가 부모와 자녀 간의 관계를 맺는 데 도움이 되었다고 부모가 보고했다. 부모에게 이 기법을 계속 사용할 것을 격려했다.

D. 내담자와 노래 부르기가 내담자의 집에서의 언어적 표현 사용을 향상시키는 데에 도움이 되었다고 부모가 보고했고, 부모에게 이 기법을 계속 사용할 것을 격려했다.

E. 부모가 내담자와 노래 부르기를 통해서 내담자와 관계를 형성하지 못했다고 말했으나, 이를 계속 해 나가도록 부모를 격려했다.

37. 아이에게 소원한 부모를 관여시키기 (37)

A. 아이에게 소원한 부모에게 내담자의 일과, 여가활동, 학교 공부에 대한 관여도를 높이도록 강하게 권유했다.

B. 아이에게 소원한 부모에게 매일 내담자와 ___ [숫자를 채울 것]분간 사회적 혹은 신체적 상호작용을 할 것을 지시했다.

C. 아이에게 소원한 부모에게 내담자의 학교 숙제를 도와주는 과제를 내주었다.

D. 아이에게 소원한 부모가 내담자의 일상생활에 관여하는 정도를 높인 데 대해 칭찬과 강화를 해 주었다.

E. 내담자의 생활에 대한 부모의 관여도를 높이려는 노력을 했음에도 아이에게 소원한 부모는 매우 미미한 정도만 내담자의 생활에 관여하는 것에 그쳤다.

38. 가족 구성원들의 감정 표현을 허용하기 (38)

A. 가족치료 회기를 실시해 부모와 형제자매가 내담자의 자폐스펙트럼장애에 대한 자신들의 느낌을 공유하고 극복할 기회를 주었다.

B. 가족 구성원들에게 내담자의 자폐스펙트럼장애 증상에 대한 교육을 실시했다.

C. 부모에게 자폐스펙트럼장애를 가진 자녀를 키우는 것에 대한 자신들의 생각과 느낌을 표현할 기회를 주었다.

D. 부모와 형제자매가 자폐스펙트럼장애를 지닌 자녀 또는 형제자매를 가진 것에 따른 슬픔, 상처, 분노와 실망감을 언어로 표현하도록 지지해 주었다.

E. 부모가 자폐스펙트럼장애를 지닌 자녀를 기르는 것에 따른 죄책감을 극복하도록 도움을 주었다.

39. 부모-자녀 놀이치료를 이용하기 (39)

A. 부모가 내담자의 생각, 감정, 욕구를 더 잘 이해할 수 있도록 도움을 주기 위해 부모-자녀 놀이치료 접근법을 사용했다.

B. 부모가 놀이치료 회기에 참여한 것이 내담자와 좀 더 밀접한 유대관계를 형성하는 데 도움이 된 것으로 나타났다.

C. 부모-자녀 놀이치료 회기가 내담자의 생각, 감정, 욕구에 대한 부모의 이해도를 증가시키는 데 도움이 되었다.

D. 내담자가 오늘 부모-자녀 놀이치료 회기에서 자신의 생각과 감정을 표현한 것에 대해 부모가 공감과 지지를 표했다.

40. 신뢰와 상호의존 쌓기 (40)

A. 내담자와 부모에게 신뢰와 상호의존을 쌓는 과제를 주었다.

B. 부모와 내담자가 집에서 신뢰와 상호의존을 형성할 수 있는 활동을 생각해 내는 데 도움을 주었다.

C. 부모와 가족 구성원들에게 정기적으로 내담자를 가족 외출이나 활동에 포함시킬 것을 강하게 권장했다.

D. 내담자를 가족 외출이나 활동에 포함시키는 데 대한 가족 구성원들의 저항감이나 반대가 있는지 살피기 위해 가족치료 회기를 실시했다.

E. 부모와 내담자가 함께 활동에 참여하라는 제안에 따르는 것을 계속한 결과 내담자와 부모 사이에 신뢰와 상호의존도가 증가한 것으로 나타났다.

41. 내담자의 사회적 접촉 증가를 위해 자문하기 (41)

A. 부모, 교사와 내담자의 사회적 접촉 빈도를 증가시킬 방법을 논의했다.

B. 내담자에게 수업조교를 시키자는 제안이 나왔다.

C. 부모에게 내담자를 주일학교 또는 다른 소집단에 배치하는 것에 대해 목사 또는 교회 지도자와 이야기를 나눠 볼 것을 권유했다.

D. 동료들과의 사회적 접촉을 증가시키기 위해 내담자를 패럴림픽에 출전시킬 것을 부모에게 권장했다.

E. 내담자의 사회적 접촉 능력을 키우기 위해 장애 아동들을 위한 여름캠프 프로그램에 참여할 것을 권유했다.

F. 부모가 내담자의 동료들과의 사회적 접촉 빈도를 높이기 위해 나온 제안들을 잘 따름에 따라 이를 강화해 주었다.

42. 사회적 기술의 일반화 (42)

A. 내담자는 그들의 서로 다른 다양한 활동과 환경의 이용을 정리함으로써 새로운 사회적 기술을 일반화하는 도움을 받았다.

B. 내담자의 사회적 기술 사용은 하루 전체를 통해 많은 어른들과 아이들에 의해 조직화되었다.

C. 내담자는 새로운 사회적 기술에 대한 긍정적인 이용에 대하여 강화되었다.

D. 내담자는 새로운 영역으로 일반화하는 데에 어려움이 있는 사회적 기술에 대한 방향 수정에 대해 도움 받았다.

43. 관찰 과정에 대한 부모 교육 (43)

A. 부모는 아이들의 진전을 어떻게 점검하는지와 그 자료를 진행 중인 임상 의사 결정에 어떻게 결합하는지를 배웠다.

B. 내담자가 어른과 아동에게 반복해서 사회성 기량을 조율해 보도록 권고했다.[4]

44. 힘을 보태기 (44)

A. 부모와 자녀들은 비심판적이고 공감적인 지지를 받았다.

B. 부모는 가족 각 구성원의 복지를 증진하기 위한 요구의 균형을 점검하도록 격려되었다.

C. 부모는 *Parenting Your Child With Autism : Practical Solutions, Strategies and Advice for Helping Your Family*(Sastry & Aguirre)를 읽도록 권고받았다.

D. 부모는 *Helping Your Child With Autism Spectrum Disorder : A Step-by-Step Workbook for Families* (Lockshin, Gillis, & Romanczyk)를 읽도록 권고받았다.

E. 부모는 할당된 책들을 읽어 왔고 핵심 개념에 대하여 검토했다.

F. 부모는 할당된 책들을 읽지 않았고 그렇게 하도록 격려되었다.

45. 가족 스트레스 관리에 대한 도움 (45)

A. 내담자와 가족 구성원들은 지원된 스트레스 관리 조정을 통해 관련된 스트레스 요인을 관리하도록 격려받았다.

B. 가족 구성원들은 차분하고, 의식적이고, 시간을 관리하고, 갈등을 해결하는 기술을 배웠다.

C. 가족 구성원들은 그들의 스트레스를 관리하기 위한 사회적 지지가 가능하도록 격려받았다.

46. 지원 단체 찾기 (46)

A. 부모가 지원 단체에 대해 갖는 의견과 느낌을 살폈다.

B. 부모에게 발달장애를 지닌 사람들의 가족을 위한 지원 단체 모임이 있음을 알려 주고 참석할 것을 권유했다.

C. 부모가 자폐증/발달장애 지원 단체 모임에 참석했을 때 적극적 경청 기법을 사용했고, 모임 참석 경험이 긍정적이고 유용했다고 말했다.

D. 모임 참석을 권유했음에도 부모가 자폐증/발달장애 지원 단체와 관계를 맺는 데 계속 저항감을 보였다.

47. 일시적 위탁 보호 이용하기 (47)

A. 일시적 위탁 보호라는 방안을 부모에게 소개하고 설명했다.

B. 일시적 위탁 보호를 이용하는 것의 장점을 제시했고, 부모에게 이 방법을 정기적으로 이용할 것을 권장했다.

C. 부모가 일시적 위탁 보호에 대해 저항감을 갖고 있는 것이 나타났고, 이를 해결했다.

D. 부모에게 일시적 위탁 보호를 활용할 정기적인 계획을 세우도록 지시했다.

48. 미술치료 기법을 사용하기 (48)

A. 내담자가 자신의 기본적 욕구나 감정을 표현하는 것을 돕기 위해 미술치료 기법을 활용했다.

B. 내담자가 치료사와 라포를 형성하는 것을 돕기 위해 미술치료 기법을 활용했다.

C. 보다 친밀한 부모-자녀 관계를 촉진하기 위해 미술치료 기법을 활용했다.

D. 미술치료 기법이 내담자가 기본 감정을 표현하고 자신의 욕구를 인지하는 데 도움을 주었다.

---

4) 역자 주 : 이렇게 요청, 권고하는 이유는 자폐증 아동과 청소년들의 공통적인 난제는 인간친화 지능에 문제가 있다는 것이므로 생존 자체의 출발과 종점이 인간관계의 본질이며, 인간은 왜 남의 도움을 필요로 하는가를 각성하게 하기 위한 처방으로 제안하는 것이다(아동 심리치료 과제 계획표(Jongsma, Pertson과 McInnis)에서 제안한 자료 참조).

E. 미술치료 회기 동안 내담자가 비협조적이었고 참여하는 것에 저항했다.

49. 감정 포스터를 사용하기 (49)

A. 내담자가 자신의 기본 감정을 인식하고 표현하는 것을 돕기 위해 감정 포스터(Childswork/Childsplay, LLC에서 구입 가능)를 사용했다.

B. 내담자가 자신의 기본 감정을 인식하고 표현하는 것을 돕기 위해 부모에게 가정에서 감정 포스터를 사용하도록 권유했다.

C. 내담자가 흥분하거나 화를 내기 시작할 때 성질 폭발이 일어나는 것을 방지하기 위해 집에서 부모에게 감정 포스터를 사용할 것을 권장했다.

D. 부모가 감정 포스터를 사용한 것이 내담자가 자신의 기본 감정을 인식하고 표현하는 데 도움이 되었다고 보고했고, 이 기법을 계속하도록 부모를 격려했다.

E. 감정 포스터를 사용하는 것이 감정을 인식하고 표현하는 내담자의 능력 향상에 거의 또는 전혀 효과가 없었다.

보 충 자 료

자폐스펙트럼장애의 원인

2번 염색체 SLC25A12 세포에 에너지를 공급하는 ATP 생성에 관여하는 유전체로 변이형을 가질 경우 자폐증에 걸릴 가능성이 높다. 자폐증은 유전성이 큰 정신질환으로 형제 가운데서 자폐증 환자가 있을 경우에 자폐증이 나타날 가능성이 평균보다 100배나 높다. 이 외에도 자폐증 발병에 10여 종의 유전체들이 관여하는 것으로 추정된다. 임신성 당뇨가 자폐아동의 출산 가능성을 40%까지 높인다고 알려져 있다. 2012년에는 강봉균 서울대 교수, 이민구 연세대 교수 연구진과 함께 자폐증의 원인을 밝혀 《네이처 지네틱스》에 논문을 냈다. 특정 유전체가 호흡기·소화계에 끼치는 영향을 분석하던 이 교수가 김 단장에게 공동 연구를 제안했고, 전기생리학 분야에서 세계적 성과를 거두고 있는 강 교수 연구진의 도움을 빌려 낸 성과였다.

통상 기초연구가 응용 단계를 거치려면 시간이 오래 걸리지만 이 분야의 연구 결과는 인과관계의 고리가 하나씩 밝혀질 때마다 빠르게 산업화되고 있다. 뇌과학의 산업화는 빠른 편이라고 견해를 밝힌 김 단장은 "지난해 말 다국적 제약회사에서 자폐를 치료하기 위해서 임상검사를 하는 약물 리스트를 만들었는데 6개 중 4개가 시냅스 유전체 기능을 조절하는 내용이었다"며 "그동안 자폐증엔 약이 없어 환자는 물론이고 가족, 담당의사까지 고생했다"고 말했다.

뇌과학 연구는 아직 밝혀진 것보다 앞으로 밝혀낼 것이 더 많다. 김 단장은 "시냅스 뇌과학 분야에서도 지금까지 알려진 시냅스 속 단백질 수는 1,000여 개이지만 이 중 기능이 밝혀진 단백질은 30개도 안 된다"고 했다. 미국, 일본 등 세계 각국에서도 뇌과학 연구에 경쟁적으로 뛰어들고 있다.

김 단장은 "전기생리학, 동물행동분석, 분자세포생물학 등 다양한 분야에서 연구 역량을 한데 모아야 하기 때문에 융합이 중요한 분야"라며 "변화와 도전을 두려워하지 않는 연구자라면 도전할 만한 가치가 있다"고 강조했다.

시냅스란 신경세포 뉴런 사이의 연결 부위를 가리킨다. 한 개의 뉴런은 수천 개에서 만여 개에 이르는 다른 세포와 시냅스로 연결돼 있다. 이 연결 부위를 통해 신경전달물질이 이동한다.

자폐증의 원인이 뇌에서 공포와 즐거움 등 감정을 담당하는 편도체의 크기와 관계가 있다는 연구 결과가 발표되었다. 류인균 서울대 의과대학 교수는 2010년 11월 1일 "자폐아동의 편도체가 정상아동보다 10%가량 크다는 사실을 세계 최초로 알아냈다"고 밝혔다. 류 교수팀은 자기공명영상(MRI)

촬영 장치로 6~7세 자폐아동 31명과 정상아동 20명의 뇌를 1.5mm 두께로 분할 촬영해서 이와 같은 결과를 얻었다. 특히 자폐아동의 경우에 편도체를 구성하는 세 개의 핵 가운데 하나인 측기저핵의 부피가 10%쯤 컸다.

지금까지는 자폐증의 원인으로 편도체의 구조 이상을 꼽는 주장이 제기된 적이 있었지만 자폐증과 편도체 이상의 관계를 정확히 밝혀낸 것은 류 교수팀이 처음이다. 이번 연구로 자폐증의 조기진단의 가능성이 열렸다. 류 교수는 "3세 이하의 아동은 언어능력이 발달하지 않아서 자폐 여부를 확인할 방법이 없었다"면서 "자폐증을 앓는 형제자매가 있다면 뇌 영상을 찍어서 자폐증을 조기에 발견할 수 있게 되었다"고 말했다. 앞으로 연구진은 연구에 참여한 자폐아동의 뇌를 3년마다 한 번씩 MRI로 찍어서 이들이 성장하면서 편도체의 크기가 어떻게 변화하는지를 추적할 계획이다. 이번 연구 결과는 《일반 정신건강의학회지》 2010년 11월 2일자 논문집에 발표되었다. 미국 텍사스대학 사우스웨스턴의료센터 권창혁 박사는 2008년 4월 3일 "생쥐의 뇌에서 'Pten'이라는 유전체를 제거하자 사회성 결핍이나 발작 등 자폐 증상이 나타난다는 새로운 사실을 미국과학자들과 공동으로 규명했다"고 밝혔다. 이러한 연구 결과는 미국 과학 저널 《뉴런(Neuron)》 2008년 4월 4일 자 온라인판 특집기사로 소개된 바 있다. 지금까지는 자폐 환자의 뇌가 정상인에 비하여 15% 정도 크거나 작다는 사실만 알려졌을 뿐 그 발병 원인을 밝혀내지는 못했다. 그 외에 자폐증의 발병과정이 국내 과학자에 의해서 밝혀졌다. 포스텍 생명과학과 김정훈 교수팀은 자폐증을 일으키는 것으로 알려진 유전체가 어떤 과정을 거쳐서 그런 증상을 나타나게 하는지를 알아냈다고 2008년 6월 24일 발표했으며 이 연구 결과는 미국 과학원 회보(PNAS)에 발표되었다. 이에 따라서 학계는 신경활동을 조절함으로써 자폐증을 치료할 수 있는 가능성이 열린 것으로 보고 있다. 뇌 안쪽에 깊숙이 위치한 편도체에 있는 뉴로리긴(neuroligin)이라는 유전체가 자폐증과 관련이 있을 것이라는 사실은 이미 오래전에 밝혀졌다. 자폐증인 사람의 뉴로리긴 유전체는 대부분 돌연변이가 돼 있었기 때문이다. 그러나 왜 그렇게 되는지는 지금까지 알아내지 못했다. 편도체는 감정정보자료를 처리하고 공포기억을 담당하는 뇌 부위인데, 이번 연구를 통해서 신경전달과정을 잘 조절할 수 있는 약물을 개발하면 뉴로리긴 돌연변이에 의한 자폐증은 치료가 가능할 수도 있을 것이라고 전망했다(김정휘 역, 2009, p. 137).

제8장 복합 가족[1]

내담자 소개

1. 분노에 참/적개심을 보임 (1)[2]

A. 부모가 두 가족을 합친 이후 내담자의 태도가 분노와 적개심으로 차 있다.

B. 내담자가 새로운 복합 가족의 일부가 된 것에 극도로 화를 내고 적개심을 품었다.

C. 내담자가 새로운 복합 가족의 일부가 된 것을 받아들인 이후 내담자의 분노와 적대감 수준이 줄어들기 시작했다.

D. 내담자가 분노와 적개심을 버리고 새 복합 가족에 협력적인 가족 구성원이 되었다.

2. 좌절감/긴장감 (1)

A. 내담자가 복합 가족 상황에 대해 이야기하자 내담자에게 깊은 좌절감과 긴장감이 느껴졌다.

B. 내담자가 새로운 복합 가족에 억지로 편입되는 것에 좌절감과 긴장감을 느낀다고 보고했다.

C. 내담자가 새 복합 가족의 일원이라는 생각을 좀 더 편안하게 받아들이자 내담자의 긴장감이 누그러들었다.

3. 거부/배신당한 기분 (1)

A. 내담자가 부모의 재혼 이후 배신, 거부당한 기분이 든다고 보고했다.

B. 내담자가 새 계부모로부터 거부와 불신감을 느꼈다.

C. 내담자가 느끼는 배신감과 거부감이 줄어들었고, 계부모와 진심 어린 관계를 형성하기 시작했다.

---

1) 역자 주 : 복합 가족(blended Family)이란 이혼, 재혼, 사별 등으로 혈연관계가 없는 가족이 뒤섞여서 가족이 형성된 경우를 의미함.

2) 괄호 안의 숫자들은 **아동 심리치료 치료계획서**(*The Child Psychotherapy Treatment Planner*), 제5판(Jongsma, Peterson, McInnis, Bruce 공저, 2014년, Hoboken, NJ : Wiley)에서 동일한 제목을 지닌 관련 장의 치료 중재의 숫자와 연결된다.

4. 계부모에 대한 저항감 (2)

A. 내담자가 계부모에게 반항적인 태도를 보였다.

B. 내담자가 반항적인 태도로 새 계부모와는 아무런 관계도 맺지 않을 것이라고 보고했다.

C. 내담자가 새 계부모를 난처하게 만들겠다고 협박했다.

D. 내담자가 저항감을 조금 낮추고 새 계부모에게 약간의 온정을 베푸는 것처럼 보인다.

5. 계부모에게 반항적임 (2)

A. 내담자가 새 계부모에 대한 일정 수준의 통제력을 행사할 목적으로 동맹을 맺고 갈등을 일으키는 행동 유형을 보였다.

B. 내담자가 계부모의 지시를 받거나 (행동 범위의) 한계를 따르는 것에 관심이 없다고 보고했다.

C. 내담자가 서서히 계부모에 대해 반항하는 것을 포기하고 계부모의 지시를 따르기 시작했다.

6. 이복 형제자매 갈등 (3)

A. 이복 형제자매 간에 늘 서로 갈등이 있다.

B. 두 형제자매 집단이 서로에 대한 반감과 분노를 공공연하게 언급했다.

C. 부모가 새로운 가족 집단을 구성하려는 자신들의 노력을 망치려는 형제자매의 명백한 의도 때문에 좌절감을 느낀다고 말했다.

D. 두 형제자매 집단이 눈에 보이는 갈등 구도를 청산하고 서로를 견디고 기본적인 존중을 보이기 시작했다.

7. 다른 부모와 살겠다는 협박 (4)

A. 형제자매가 자기 뜻대로 일이 안 풀리거나 부모가 안 된다고 거부했을 때마다 다른 부모와 살겠다고 협박하는 바람에 인질이 된 것 같은 기분이라고 부모가 보고했다.

B. 형제자매가 누구와, 왜 같이 살고 싶은지에 관해서 양면적이고 교묘한 태도를 가진 것으로 나타났다.

C. 형제자매는 어느 부모와 같이 지낼지에 관해서 여러 차례 마음을 바꿨다고 말했고 현재 아직 결정하지 못한 상태이다.

D. 형제자매가 다른 부모의 집으로 가겠다는 협박을 덜 하며, 새로운 가족 단위에 참여하기 시작했다.

8. 전(前) 배우자의 간섭 (5)

A. 각 배우자가 자신의 새로운 가족에게 전 배우자가 간섭하는 일이 잦다고 말했다.

B. 전 배우자 간섭이 새로운 가족 단위 안에서 계속되는 갈등과 소란을 일으켰다.

C. 새로운 가족의 일에서 전 배우자를 배제시키려는 노력이 실패로 돌아갔고 형제자매에 의해 좌절됐다.

D. 새로운 가족의 일상생활에서 전 배우자를 배제시키려는 노력이 효과를 발휘하기 시작했고 새 가족이 결속하고 서로 관계를 형성하기 시작했다.

9. 부모의 불안 (6)

A. 내담자의 부모가 그들의 두 가정이 하나로 합치는 것에 대해 불안을 나타냈다.

B. 부모가 새 복합 가족 안에서 나타나는 문제들에 어떻게 대응해야 할지 잘 모르는 것처럼 보였다.

C. 부모가 복합 가족 문제에 어떻게 대응하는 것이 가장 좋은지에 대해 확신과 일종의 안정감을 느끼고

싶어 했다.

　　D. 양 가족이 새로운 복합 가족을 구성하는 것에 함께 노력하면서 편안해지자 부모의 불안이 감소했다.

10. 책임 명확성 부재 (7)

　　A. 가족 간의 명확한 한계선, 규칙, 책임 정의가 내려지지 않아 가족이 매우 혼란스러워 보였다.

　　B. 부모가 가족 구성원들을 위해 각자에게 기대하는 예상 책임에 대한 명확한 정의를 세우는 데 어려움을 겪었다고 보고했다.

　　C. 형제자매가 새로운 가족 내에서 자신들의 역할, 책임 또는 기대치가 무엇인지 잘 모르겠다고 말했다.

　　D. 가족이 모든 구성원들을 위한 책임 범위를 설정하고 정립하기 시작했고, 그 결과 모두가 겪던 혼란과 혼동이 사라졌다.

중재 실행

1. 신뢰감 형성하기 (1)[3]

　　A. 내담자와 신뢰하는 관계의 근간을 형성하기 위해 따뜻한 수용과 적극적 경청 기법을 활용했다.

　　B. 내담자가 치료사와 신뢰감에 기반한 관계를 형성한 것으로 보이며 자신의 생각과 느낌을 표현하기 시작했다.

　　C. 적극적 경청, 따뜻한 수용, 무조건적인 긍정적 배려를 사용했음에도 내담자와 가족이 치료사를 믿고 감정과 갈등을 털어놓는 것을 망설이는 것으로 나타났다.

2. 가족 협동화 그리기 시키기 (2)

　　A. 모든 가족 구성원이 협력해 그린 그림을 보면서 각 가족 구성원이 그림을 해석하고 다른 사람이 해석하는 것에 귀를 기울이는 일에 참여했다.

　　B. 모든 가족 구성원이 기꺼이 가족화를 그리는 것에 참여했지만 이를 해석하는 것에는 저항감을 보였다.

　　C. 가족화 그리기 연습을 하는 동안 그림 그리기에 대한 저항과 가족 간의 사소한 말다툼이 있었던 것으로 보아 가족 구성원들이 서로 협력하는 데 어려움을 겪는 것으로 나타났다.

3. 가족 문제 및 부부 문제 다루기 (3)

　　A. 관계 형성 점검 및 촉진, 가족 대소사 참여에 초점을 맞춘 가족치료 회기를 마련했다.

　　B. 가족 구성원들은 아동 심리치료 과제계획서(Jongsma, Peterson, & McInnis)의 '혼합 가족 문장 완성(Blended Family Sentence completion)' 활동을 할당받았다.

　　C. 각 가족 구성원에게 최근에 자신이 겪은 상실 경험에 대한 목록을 작성해 가족치료 회기 동안 다른 가족 구성원들과 이를 공유하도록 지시했다.

　　D. 부모에게 의붓가족 내의 역학관계와 작동 형태를 교육시켰다.

　　E. 갈등중재 기술을 가족 구성원들에게 가르쳤고, 의붓가족에게 특별히 적용되는 역할 연기 상황에서 이

---

3) 괄호 안의 숫자들은 아동 심리치료 치료계획서(*The Child Psychotherapy Treatment Planner*), 제5판(Jongsma, Peterson, McInnis, Bruce 공저, 2014년, Hoboken, NJ : Wiley)에서 동일한 제목을 지닌 관련 장의 치료 중재의 숫자와 연결된다.

를 연습했다.

F. 가족 구성원들이 의붓가족에 대한 정보자료와 이해를 얻고, 서로에게 중재 기술을 사용하고 관계를 형성하는 법을 배운 것으로 드러났다.

G. 가족 및 부부 문제를 다루려는 시도에도 불구하고 가족 내의 갈등이 계속해서 잦은 빈도로 발생하고 있다.

4. 통찰력 수준의 평가 (4)

A. 내담자는 보이는 문제들을 향한 통찰 수준으로 평가되었다.

B. 내담자는 보이는 문제들에 관하여 그의 통찰의 동조적인 본성 대 이질적인 본성에 따라 평가되었다.

C. 내담자는 행동과 증상에서 문제가 되는 본성에 대한 좋은 통찰을 하도록 보여 주었다.

D. 내담자가 다른 사람들의 우려에 동의하는 것이 목격되어 변화에 힘쓰도록 동기유발되었다.

E. 내담자는 묘사된 문제에 대해 양면성이 있음이 드러났고 그 문제들을 우려사항으로 보는 것을 꺼렸다.

F. 내담자는 문제 영역의 인식에 관해 저항적인 것으로 나타났고, 걱정하지 않았으며, 변화에 대한 동기가 없었다.

5. 관련 장애의 평가 (5)

A. 내담자는 연구 기반의 관련 장애들의 증거에 의해 평가되었다.

B. 내담자는 자살에 대한 취약성 수준으로 평가되었다.

C. 내담자는 동반장애를 가진 것으로 확인되었고, 치료는 이를 처리할 수 있도록 조정되었다.

D. 내담자는 또 다른 관련 장애가 있는지 평가되었지만 아무것도 발견되지 않았다.

6. 문화적으로 혼란스러운 문제에 대한 평가 (6)

A. 내담자는 그의 임상 행동을 더 잘 이해하도록 도울 수 있는 나이 관련 쟁점으로 평가되었다.

B. 내담자는 그의 임상 행동을 더 잘 이해하도록 도울 수 있는 성별 관련 쟁점으로 평가되었다.

C. 내담자는 그의 임상 행동을 더 잘 이해하도록 도울 수 있는 문화의 증후군, 고통의 문화적 관용구, 혹은 문화적으로 감지된 사건으로 평가되었다.

D. 다른 요인들이 내담자의 현재 정의된 '문제 행동'에 기여할 것이라고 확인되었고 이 요인들은 그의 치료에 반영되었다.

E. 내담자의 현재 정의된 '문제 행동'을 설명할 수 있는 문화적 기반 요인들은 조사되었지만 중대한 요인은 발견되지 않았다.

7. 장애의 심각성 평가 (7)

A. 내담자의 장애의 심각성은 보호의 적절한 정도를 결정하기 위해서 판단되었다.

B. 내담자는 사회적·관계적·교육적인 노력에서의 손상 정도로 평가되었다.

C. 내담자는 그의 장애가 자신의 기능에 가볍거나 중간 정도의 영향을 끼친다는 것을 알았다.

D. 내담자는 그의 장애가 자신의 기능에 심각하거나 더 심각한 영향을 끼친다는 것을 알았다.

E. 내담자의 치료의 효율성과 적절성, 그리고 장애의 심각성은 꾸준히 평가되었다.

8. 병원의 돌봄 평가 (8)

A. 병원의 돌봄과 관심으로 내담자의 집, 학교, 지역사회가 평가되었다.

B. 내담자의 다양한 환경은 아동의 욕구에 지속적인 무관심, 돌보는 사람의 잦은 변화, 안정적 애착의 제한된 기회, 가혹한 훈육 혹은 다른 심각한 부적절한 돌봄이 있었는지 평가되었다.

C. 병원의 돌봄이 확인되었고 치료계획에 이러한 우려를 관리하고 바로잡는 것과 아동을 보호하는 전략이 포함되었다.

D. 어떠한 병원의 돌봄도 확인되지 않았고, 이것은 내담자와 돌보는 사람에게 반영되었다.

9. 아동중심 놀이치료 접근법 이용하기 (9)

A. 내담자가 새 복합 가족에 적응하고 협력하는 문제를 해결하도록 돕기 위해 내담자와 아동중심 놀이치료 회기를 실시했다.

B. 내담자가 새 가족에 적응하는 것과 관련된 문제를 해결할 것을 신뢰한다는 것을 보여 주기 위해 아동중심 놀이치료 접근법을 사용했다.

C. 내담자가 아동중심 놀이치료 회기에 적극적으로 참여했다.

D. 내담자가 아동중심 놀이치료 회기에 적극적으로 참여한 것이 내담자가 새 의붓가족의 일부가 되는 것에 따른 문제를 해결하는 데에 도움이 되었다.

E. 아동중심 놀이치료 회기를 실시했음에도 내담자가 새 복합 가족의 일부가 되는 것에 관한 문제들을 적극적으로 해결하는 것을 시작하지 않았다.

10. 감정 표현을 격려하기 (10)

A. 내담자가 자신의 삶에서 일어난 상실과 변화에 대한 감정을 표현할 수 있는 기회를 주기 위해 놀이치료 회기를 실시했다.

B. 오늘 치료 회기에서 내담자에게 자신의 삶에서 일어난 상실과 변화에 대해 감정을 표현할 기회를 주었다.

C. 내담자가 놀이치료 회기에서 자신의 삶에서 일어난 상실과 변화에 관한 감정을 표현하는 것에 방어적이었고 저항했고, 이런 기분을 표현하도록 조심스럽게 격려했다.

D. 내담자가 효과적으로 놀이치료 회기를 활용하고 자신의 삶에서의 상실 그리고/또는 변화와 관련된 감정들을 솔직하게 표현한 것에 대해 강화해 주었다.

E. 내담자가 자신의 삶에서의 상실과 변화에 관한 감정을 표현하는 것에 방어적이었고, 할 수 있을 것 같은 기분이 들면 이런 기분을 표현할 것을 요청했다.

11. 존중과 협력을 강조하기 (11)

A. 모든 가족 구성원 사이에서의 존중과 협력의 필요성을 놀이치료, 형제자매 치료, 가족치료 회기에서 강조했다.

B. 가족치료 회기에서 존중과 협력의 예를 가족에게 보여 주고 강조했다.

C. 가족 구성원들이 서로를 존중하지 않거나 형제 및 가족 치료 회기에서 비협조적일 때 이에 대해 상냥하고도 존중하는 방식으로 문제를 제기하고 방향을 재조정했다.

D. 가족 구성원 간의 존중과 협력을 강조하는 기회를 제공할 수 있는 시나리오를 구성하기 위해 놀이치료

회기에서 손인형을 활용했다.

E. 존중과 협력을 막는 장애물이 있는지 살피고, 이를 파악하여 가족 구성원들과 해결했다.

F. 가족치료 시간에 가족 구성원 간의 존중과 협력의 긍정적 가치와 이점을 제시, 강조, 강화했다.

12. 새로운 가족에 대한 기대를 열거하기 (12)

A. 각 가족 구성원은 새로운 가족에 대해 기대하는 것을 목록으로 열거하도록 지시받았다.

B. 각 가족 구성원이 복합 가족의 미래와 관련해 가지고 있는 기대 목록을 가족치료 회기에 공유하고 다루었으며, 공통의 현실적인 기대를 확인하고 강화해 주었다.

C. 가족 구성원에 대한 비현실적인 기대감을 조심스럽게 지적하고 좀 더 현실적이고 달성 가능한 기대치로 재조정했다.

13. 가족에게 순간적인 사랑이 생길 것이라는 미신 알리기 (13)

A. 가족에게 새로운 가족 구성원 사이의 '순간적인 사랑'이라는 미신의 허구성을 알려 주었다.

B. 복합 가족 구성원들 사이에 순간적인 사랑과 관계가 형성될 것이라는 가족 구성원들의 기대가 관계가 성장할 시간이 필요하다는 현실과 대치됨을 보였다.

C. 모든 가족 구성원들이 그들 간에 의미 있는 관계가 형성되는 데에 시간이 필요함을 고려해 더 현실적인 관점을 갖게 되었고, 이것은 긍정적인 반응으로 여겨졌다.

D. 가족 구성원들에게 즉각적인 사랑이 생길 것이라는 믿음이 허구임을 알려 주었으나, 그들은 계속해서 화목한 관계가 즉각적으로 생길 것으로 기대한다.

14. 가족끼리 친절하게 대하고 존중을 강화하기 (14)

A. 가족에게 새로운 가족 구성원들끼리 서로 사랑하거나 좋아할 필요는 없지만 서로를 친절하고 존중하는 마음으로 대해야 함을 상기시켰다.

B. 가족 구성원들이 각자가 경험한 상실과 변화를 인식하는 데 어려움을 겪었다.

C. 부모에게 모든 가족 구성원들을 존중하고 친절함을 베푸는 데에 모범이 되는 법을 가르쳤고, 무례한 상호작용이 일어나는 상황을 대면하고 그에 상응하는 대가를 치르게 할 것을 가르쳤다.

D. 새로운 가족 구성원들 간에 존중과 배려가 눈에 보일 정도로 커졌고, 부모가 이 점에 대해 긍정적 강화를 실시하고 있음이 관찰되었다.

15. *변하는 가족들*이라는 책 읽기 (15)

A. 가족에게 변하는 가족들(*Changing Families*)(Fassler, Lash, & Ives)이라는 책을 읽고 각자가 가족생활에서 겪은 변화를 인지하고 강화하도록 지시했다.

B. 가족 구성원들이 변하는 가족들을 읽은 후에도 각자가 경험한 상실과 변화를 인식하는 데 어려움을 겪었다.

C. 변화는 성장하고 더 나은 삶을 위한 기회이지 단지 생존을 위한 것이 아님을 가족에게 상기시켰다.

D. 변하는 가족들을 읽은 뒤 가족 구성원들은 복합 가족을 구성하면서 그들이 최근에 겪은 어려운 과정을 더 잘 이해하게 되었다.

E. 가족 구성원들이 변하는 가족들을 읽지 않았고 책을 읽도록 다시 지시했다.

16. 상실과 변화 목록 작성하기 (16)

A. 각 형제자매에게 지난해에 자신이 겪었던 모든 상실과 변화를 목록으로 작성하도록 지시했다.

B. 각 형제자매의 상실과 변화 목록을 다른 가족 구성원들과 공유하고 목록 간의 유사점을 발견했다.

C. 각 형제자매의 상실 목록을 검토한 것이 그들 간의 이해도와 동질감을 높였다.

17. 자기 이해도를 높이는 게임 하기 (17)

A. 가족에게 '언게임(The Ungame)'[4](Ungame Company) 또는 '생각하기, 느끼기, 행동하기(Thinking, Feeling, and Doing)' 게임(Gardner) 놀이를 하면서 자신과 자신의 감정을 깨닫는 시간을 갖도록 지시했다.

B. 자기인식을 표현하고 자신의 감정을 인지한 것을 가족치료 회기에서 강화했다.

C. 가족 구성원들은 함께 치료 게임을 하는 동안 매우 불편해했고, 대부분 감정을 인식하고 표현하는 데 매우 큰 어려움을 토로했다. 그들이 이 과제를 좀 더 편안하게 느끼도록 도움을 주었다.

18. 감정 도표 사용하기 (18)

A. 가족이 감정을 인식하고 표현하는 기술을 향상시키도록 돕기 위해 감정 도표, 카드, 펠트 보드를 이용했다.

B. 집에서 자녀들과 가족 활동으로 감정 도표와 감정 카드를 사용하도록 부모에게 권장했다.

C. 가족 구성원들이 치료 회기에서 감정을 인지하거나 표현할 때 긍정적인 언어 칭찬과 강화를 제공했다.

D. 각 가족 구성원이 자신의 감정을 인지하고 적절하게 표현하는 능력의 향상을 보인 것으로 나타났다.

19. 감정을 인지하고 표현하는 연습 하기 (19)

A. 가족이 감정을 인지하고 표현하는 능력을 확대하도록 도움을 주기 위해 가족과 함께 여러 감정 연습을 사용했다.

B. 가족 구성원들이 자신의 감정을 인식하고 적절히 표현했을 때 긍정적인 확인을 해 주었다.

C. 가족 구성원들과 대면했고 그들에게 자신의 감정을 인지하지 않고 표현하지 않은 때가 언제인지 상기시켰다.

20. 혼합 가족에 관한 자료 읽기 (20)

A. 부모는 의붓 가정들과 그들의 형성에 대한 지식을 확장하기 위해 자료를 읽도록 할당받았다.

B. 부모에게 혼합 가족의 현실(*Stepfamily Realities*)(Newman), 행복한 재혼가정이 되기 위하여(*How to Win as a Stepfamily*)(Visher & Visher) 또는 혼합 가족들이 앞으로 나아가려면(Stepfamilies Stepping Ahead)(미국혼합가족협회)을 읽도록 지시했다.

C. 혼합 가족에 관한 책에서 나온 핵심 개념을 제시하고 강화했다.

D. 부모가 혼합 가족에 관한 독서를 통해 얻은 몇몇 아이디어들을 현재 상황에 적용했고, 이를 검토하고 조사했다.

E. 부모가 혼합 가족에 관한 독서 과제를 마치지 않아서 독서 과제를 끝낼 것을 부모에게 권장했다.

---

4) 역자 주 : 대화 게임의 일종. 자기 차례가 오면 질문지를 잔뜩 넣어 놓은 통에서 질문지를 꺼내 질문을 읽고 답하며 서로 대화를 하는 치료 게임.

21. 혼합가족협회에 문의하기 (21)

A. 부모에게 미국 혼합가족협회와 접촉해 복합 가족이 겪는 과정에 대한 정보자료를 얻도록 제안했다.

B. 미국 혼합가족협회에서 얻은 정보자료들을 살펴보고 이것을 혼합 가족의 실제에 관한 보다 현실적인 관점으로 변모시켰다.

C. 혼합 가족이 일반 가족에 비해 열등하지 않고 다만 다를 뿐이라는 사실을 전달하고 미국 혼합가족협회에서 부모가 얻은 새 정보자료들도 소개했다.

D. 부모가 미국 혼합가족협회에서 추가로 정보자료를 얻으라는 권유를 따르지 않았으나 이를 실행하도록 다시 권유했다.

22. '종이 찢기' 연습 지시하기 (22)

A. '종이 찢기' 연습(Tearing Paper exercise)(Daves)을 시키고 가족에게 연습 지침을 설명했다.

B. 가족이 적극적으로 '종이 찢기' 연습에 참여했고 연습 지침을 잘 따랐다.

C. '종이 찢기' 연습 경험을 에너지와 감정 해소의 긍정적 측면과 관련해 가족과 함께 점검했다.

D. '종이 찢기' 연습을 잘 따르고 협력한 후 뒷정리까지 한 가족에게 긍정적인 언어 되짚어 주기를 해 주었다.

23. 가족의 문제 해결 기술 훈련 (23)

A. 가족 구성원들은 문제 해결 기술을 사용하는 것에 대하여 훈련받았다.

B. 가족 구성원들은 문제를 식별하고 정확히 기술하고, 해결방법을 브레인스토밍하고, 장단점을 평가하며, 타협하고, 해결방법에 동의하고, 실행 계획을 만들도록 가르침을 받았다.

C. 가족 구성원들은 아동 심리치료 과제계획서(Jongsma, Peterson, & McInnis)의 '문제 해결 연습(Problem-Solving Exercise)'을 할당받았다.

D. 가족은 가족치료에서 나타나는 이슈들에 대한 문제 해결 기술을 수행하는 데에 도움을 받았다.

24. '평화 협정 협상하기' 연습을 지시하기 (24)

A. 형제자매에게 자신의 갈등을 구체적으로 얘기하고 해결책을 제안하도록 지시했다.

B. 형제자매에게 아동 심리치료 과제계획서(Jongsma, Peterson, & McInnis)의 '평화 협정 협상하기(Negotiating a Peace Treaty)' 연습을 완료하고 점검할 것을 지시했다.

C. '평화 협정 협상하기' 연습을 통해서 내담자가 자신의 갈등을 인식하고 여러 다양한 해결책을 알아보는 데 도움을 받았다.

D. 형제자매에게 자신이 협상 연습에서 인식한 한 가지 해결책을 골라서 그것을 집중해 사용해 보도록 지시했다.

E. 형제자매가 협상 연습을 완수한 것을 통해 그들 간에 공통점이 있는지 여부를 살펴보았을 때 서로의 견해차가 얼마나 큰지 드러났고, 이 점을 그들에게 보여 주었다.

25. 긴장을 줄이기 위해 유머를 사용하기 (25)

A. 긴장감을 줄이고 균형과 관점을 설정해야 할 필요성이 있을 때 유머를 치료 회기에 삽입했다.

B. 가족 구성원들에게 매일 서로에게 농담을 하나씩 하도록 지시했다.

C. 가족 구성원들 중 치료 회기에 적절한 유머를 던진 사람에게 긍정적 다시 챙겨주기를 주었다.

D. 긴장도가 높고 타인을 놀리면 성난 반응이 되돌아오기 때문에 구성원 간에 가볍고 즐거운 분위기를 유지하는 것이 극도로 어려웠음을 가족 구성원들에게 알려 주었다.

26. '완벽한 형제자매 흉내 내기' 연습 하기 (26)

A. 가족 형제자매 치료 회기에서 아동들에게 각 형제자매만의 특별한 특징과 능력을 열거하고 인정해 주는 언어적 표현을 하도록 지시했다.

B. 형제자매에게 **아동 심리치료 과제계획서**(Jongsma, Peterson, & McInnis)의 '완벽한 형제자매 흉내 내기(Cloning the Perfect Sibling)' 연습을 완료하도록 지시했다.

C. 흉내 내기 연습을 진행하는 동안 형제자매가 개별적 차이를 인식하고 그로부터 긍정적인 면모를 확인해 나가는 데 도움을 주었다.

D. 흉내 내기 연습을 활용했음에도 형제자매가 서로의 독특한 특징과 성격에 대해 불만을 토로하면서 계속 서로 논쟁하고 사소한 일로 말다툼했다.

27. 갈등을 하나의 단계로 정상화하기 (27)

A. 갈등을 하나의 단계로 정상화하기 위해 가족에게 해결 중심 단기 중재를 실시했다.

B. 가족 구성원들이 갈등 다음 단계를 인식하고 그 방향으로 어떻게 나아가야 할지를 파악하는 데 도움을 주었다.

C. 가족의 보고에 따르면, 갈등을 하나의 단계로 정상화하는 중재법이 갈등의 빈도를 감소시켰다.

D. 가족이 재구조화 또는 정상화 중재법을 수용하려고 하지 않았다.

28. 새 부모에 대한 감정 처리 (28)

A. 내담자는 친부모의 새로운 파트너/배우자에 대한 자신의 감정을 표현하도록 격려받았다.

B. 내담자는 자신의 감정이 얼마나 더 긍정적으로 변할 수 있는지를 식별하도록 요청받았다.

C. 내담자는 **아동 심리치료 과제계획서**(Jongsma, Peterson, & McInnis)의 "부모와 동거 중인 파트너에 대한 생각과 감정(Thoughts and Feelings About Parent's Live-In Partner)" 활동을 할당받았다.

D. 내담자는 친부모의 새로운 파트너에 대한 자신의 생각과 감정의 처리를 도움받았다.

29. *스니치스* 읽기 (29)

A. 스니치스(*Sneetches*)(Dr. Seuss) 이야기를 읽고 가족과 함께 토론했다.

B. 사람들을 승리자/패배자 그리고 내부자/외부자로 구분하는 어리석음을 가족 구성원들과 살펴보았다.

C. 가족 구성원들에게 새로운 구성원들보다 자신들이 더 낫거나 우월하다고 느꼈던 경험을 열거하도록 지시했다.

30. 친부모에게 양육의 역할 격려하기 (30)

A. 계부모에게 각 친부모가 자신의 자녀들의 양육에서 주요한 역할을 맡는 것에 대한 긍정적 측면을 교육시켰다.

B. 부모가 입양자녀의 교육방향을 재설정하는 방법을 개발해 내는 데 도움을 주었다.

C. 부모에게 전 배우자를 향한 모든 부정적인 언급을 제거하도록 지시했다.

D. 부모가 전 배우자에 대해 부정적인 언급을 하는 사례를 발견하고 이를 점검했다.

31. 부모역할 훈련집단 소개하기 (31)

A. 부모에게 계부모를 위한 부모역할 훈련집단을 소개했다.

B. 부모가 부모역할 훈련집단에서 배운 새로운 개념을 실행하는 데 도움을 주었다.

C. 부모에게 부모역할 훈련집단 모임에 성실히 참석하지 않은 점을 지적했다.

32. 가족회의 구성하기 (32)

A. 부모가 주 1회 정기 가족회의를 구성하고 계획하는 데 도움을 주었다.

B. 가족회의를 모니터링했고, 부모가 갈등적인 문제를 해결하는 데 도움을 주었다.

C. 부모가 매주 가족회의를 실시, 수행하는 것에 칭찬과 격려를 해 주었다.

D. 부모가 정기적으로 가족회의를 열 것을 따르지 않아서 부모로부터 가족회의 시간을 따로 설정하겠다는 약속을 받았다.

33. 가족 행사 만들기 (33)

A. 가족 행사의 긍정적 측면을 부모에게 가르쳤다.

B. 부모에게 새로운 가족 단위를 위해 만들 수 있는 가족 행사를 생각해 열거하도록 지시했다.

C. 부모가 가족 행사를 설정해 이를 실행하는 계획을 짜도록 도움을 주었다.

D. 가족 행사가 실시되고 효과가 있는지를 모니터링했다.

E. 부모가 새로운 가족 행사를 실행하고 강화하려는 노력을 기울인 것에 대해 칭찬과 격려를 해 주었다.

34. 과거의 가족 행사를 고르기 (34)

A. 가족 구성원들에게 이전 가족에서 있었던 가족 행사를 열거하도록 지시했다.

B. 이전 가족에서 있었던 행사에 대해 논의하고, 이 중에서 주요 행사들을 선택해 새로운 가족에서 실시하고자 했다.

C. 이전 가족에게서 선택된 행사를 실행하기 위한 계획을 세웠다.

D. 가족 구성원들이 새 가족 행사를 만들고 그 효과성을 높이기 위해 필요한 여러 조정사항을 설정하는 데 도움을 주었다.

35. 생일 파티 준비하기 (35)

A. 새로운 가족을 위한 새로운 생일 파티를 준비하라는 과제를 가족에게 주었다.

B. 부모에게 기회가 생기는 대로 새로운 생일 파티를 열도록 지시했다.

C. 생일 파티의 가치를 부모에게 강조했다.

D. 새로운 생일 파티를 진행했고, 가족 구성원들이 자신들의 특별한 지위를 인식한 것에 매우 기쁘게 반응했다.

E. 가족이 새로운 생일 파티를 추진하지 않았으므로, 이 과제를 수행하도록 다시 지시했다.

36. 가족 상호작용 양상을 가르치기 (36)

A. 부모에게 가족 상호작용의 주요 측면과 양상을 가르쳤다.

B. 지난 가족의 상호작용 양상을, 특히 다각화와 관련된 문제에 초점을 맞춰 조사하고 살펴보았다.

C. 가족의 상호작용 양상을 보여 주는 가족 가계도를 작성했다.

D. 가족 내에서 일어나는 다각화의 양상을 막도록 부모에게 도움을 주었다.

E. 가족 내의 다각화 사례들이 크게 줄어들었다.

F. 부모가 가족 내의 다각화 양상을 인지하지 못해서 이것이 어떻게 일어나는지 대략적인 예를 부모에게 제시했다.

37. 부부치료 제안하기 (37)

A. 부모에게 기술 중심의 부부치료 프로그램 참여를 추천했다.

B. 부부치료에서 얻은 점들을 부모와 함께 긍정하고 강화했다.

C. 부모에게 기술 중심의 치료 프로그램에서 얻은 점들을 제시하고 양육법을 어떻게 개선할 수 있을지 이야기해 보도록 지시했다.

D. 부모가 부부치료를 받지 않아서 부부치료를 다시 받도록 부모에게 권고했다.

38. 부모의 개별적 욕구 인식하기 (38)

A. 부모에게 부부간의 관계 및 가족 내에서 자신들의 욕구를 탐구하고 인식하도록 도움을 주었다.

B. 부부 각자의 욕구를 인식하고 긍정해 주었으며, 부부의 욕구를 일관성 있게 충족시킬 수 있는 방안을 강구했다.

C. 부모가 자신들의 개별적 욕구 달성에 실패하고, 욕구 달성을 위한 계획에 따르지 않았던 때가 발견됐다.

D. 부모에게 가족 관계 내에서의 개별적 욕구 충족의 중요성을 강화해 주었다.

39. 애정 표현 방식을 점검하기 (39)

A. 공동 상담 회기에서 부모가 서로에게 애정을 표현하는 방식을 살펴보았다.

B. 아이들 앞에서의 부부간 노골적인 신체적 애정 표현이 지니는 부정적 측면을 부모와 함께 살펴보았다.

C. 부모가 아이들 앞에서 적절한 방식으로 부부간 애정 표현을 하는 방법을 인지하는 데 도움을 주었다.

D. 부모가 부부간의 노골적인 애정 표현을 하는 것에 대해 지적을 받았고, 이것이 자녀들에게 끼칠 수 있는 부정적인 영향을 부모에게 상기시켰다.

40. 가족 가계도 그리기 (40)

A. 모든 가족 구성원 및 그들 간의 연결 고리를 보여 주는 가족 가계도를 가족과 함께 작성했다.

B. 가계도를 통해서 가족들이 서로 다른 가족 구성원들과 어떤 방식으로 연결되어 있는지 말해 보도록 지시했다.

C. 가족 가계도를 작성한 결과, 몇몇 가족 구성원들이 다른 가족 구성원들과 사실상 연결되지 않았음이 밝혀졌고, 이 사실을 바꾸기 위한 방법들을 논의했다.

41. 이니셔티브 캠프 참석 권유하기 (41)

A. 가족에게 이니셔티브 주간에 참석해 신뢰, 협력 및 각 가족 구성원의 갈등 해결 기술을 확립하도록 권유했다.

B. 이니셔티브 경험을 가족과 함께 점검했고, 각 구성원들이 이니셔티브 주간에서 얻은 긍정적인 점을 인지했다.

C. 가족이 이니셔티브 주간에서 얻은 점을 계속 활용하고 확장해 나갈 것을 생각하도록 도움을 주었다.

42. 가족 문장(紋章) 만들기 연습 완수하기 (42)

A. 가족에게 포스터 보드에 콜라주 기법으로 자신들의 새로운 가족 문장을 만들도록 지시했다.

B. 가족 문장 만들기 경험을 가족과 함께 짚고 넘어갔고, 과거 정체성과 새로운 정체성을 인정하고 강화했다.

C. 부모에게 새로운 가족 문장을 전시하도록 요청했다.

43. 일대일 만남 시간을 계획하기 (43)

A. 부모에게 자신의 자녀와 의붓자식 각각과 일대일 접촉 시간을 갖도록 권유했다.

B. 부모-자녀 관계를 쌓기 위해서는 시간을 할애하는 것이 중요함을 부모에게 상기시켰다.

C. 부모가 자신의 자녀와 의붓자식 각각과 일대일 접촉 시간을 갖지 않았으나, 이를 위해 시간을 조정할 것을 부모에게 권유했다.

44. 관계 형성은 천천히 이루어짐을 강조하기 (44)

A. 가족치료 회기에서 관계 형성이 천천히 이루어지도록 용납할 필요가 있다고 가족에게 강조했다.

B. 부모가 입양자녀들과 천천히 관계를 형성하는 것을 돕기 위해 가족 관계 속에서 신뢰를 쌓는 방법을 부모와 함께 조사했다.

C. 부모가 관계 형성을 위해 인내하는 자세를 보이는 것을 언어로 강화해 주었다.

제9장 학교폭력/협박하는 가해자

내담자 소개

1. 언어적 위협 (1)[1]

A. 내담자가 자신보다 어리거나 약한 동료들을 위협하거나 협박한 전력이 있다.

B. 내담자가 자신보다 어리거나 약한 동료들이 자신의 요구를 들어주지 않을 때 때리겠다고 위협했다.

C. 내담자가 언어적 위협 횟수 및 강도를 약간 줄였다고 보고했다.

D. 내담자가 최근에 분노 조절을 잘하는 모습을 보였고, 어리거나 약한 동료들을 위협하거나 협박하지 않았다고 말했다.

2. 친구들에 의해 강화된 경우에 협박함 (2)

A. 내담자가 친구들이 부추길 때만 다른 사람을 협박하는 경향이 있다.

B. 내담자의 협박 행동이 사람들과 어울려 있을 때에만 나타난다.

C. 친구들이 협박 행동을 하도록 부추기는 것이 자신에게 강화하는 효과가 있음을 내담자가 인정했고, 협박 행동의 빈도를 줄였다.

3. 혼자 있을 때 협박함 (3)

A. 내담자가 혼자 있을 때 협박 행동을 하며, 친구들의 강화에 의해 협박하지 않는다.

B. 내담자가 친구들과의 관계에서 부정적 영향을 끼쳐도 협박 행동을 사용했다.

C. 내담자가 협박하는 식의 행동 방식을 줄였다.

4. 경미한 신체적 공격 (4)

A. 내담자가 자신의 언어적 위협을 강화하기 위한 방법으로 경미한 신체적 공격 행위를 한 과거의 경험들을 설명했다.

---

1) 괄호 안의 숫자들은 아동 심리치료 치료계획서(*The Child Psychotherapy Treatment Planner*), 제5판(Jongsma, Peterson, McInnis, Bruce 공저, 2014년, Hoboken, NJ : Wiley)에서 동일한 제목을 지닌 관련 장의 치료 중재의 숫자와 연결된다.

B. 내담자가 괴롭힌 대상을 밀치고, 멱살을 잡거나 그 사람에게 물건을 던졌다.

C. 내담자가 점점 자신의 행동에 대한 강한 통제력을 갖기 시작했고 신체적 공격 행위로 해결하는 식의 행동을 줄였다.

D. 내담자가 최근에 자기통제를 잘하는 모습을 보였고, 신체적 공격 행위 또는 폭력 행위에 일절 가담하지 않았다.

5. 피해자의 물건을 빼앗거나 부서뜨림 (5)

A. 내담자가 다른 사람들의 물건을 종종 훔쳤다.

B. 내담자가 고의로 자신이 괴롭히는 희생자의 물건을 망가뜨렸다.

C. 내담자가 최근에 자신이 괴롭히는 희생자의 물건을 뺏거나 망가뜨리는 행동을 했다.

D. 내담자가 다른 사람을 협박하기 위한 수단으로 다른 사람의 물건을 훔치는 식의 도벽 행위에 전혀 참여하지 않았다.

E. 내담자가 자신을 괴롭히는 희생자의 물건을 망가뜨리는 일을 멈췄다.

6. 분노 폭발 (6)

A. 내담자가 동료들 앞에서 비명 지르기, 소리 지르기, 욕하기 등 자주 분노를 나타내는 행태를 보였다.

B. 내담자가 오늘 치료 시간 동안 화가 나 보였으며, 적대적이고 짜증스런 모습이었다.

C. 내담자가 최근 동료들 앞에서 자신을 화나게 만든 행동에 대해 지나치게 과도한 분노 폭발을 한 적이 몇 번 있다.

D. 내담자가 자신의 분노에 대해 더 강한 통제력을 보이기 시작했다.

E. 내담자가 발끈하는 빈도가 크게 줄었다고 말했으며 점점 비명 지르기, 소리 지르기, 위협하기 또는 욕하기 등의 행동을 줄였다고 보고했다.

7. 원가족 모델(family-of-origin model) (7)

A. 내담자의 원가족 구성원들이 위협, 협박 또는 공격적 행동의 모델이었다.

B. 내담자가 위협, 협박 또는 공격적인 행동을 일삼는 가족 구성원들을 예로 들며 이런 행동들이 자신이 사람들과 관계를 맺는 방법을 배우는 방법이라는 암시를 했다.

C. 내담자의 원가족 구성원들이 위협, 협박, 공격적 행동을 하는 것을 멈췄고, 내담자에게도 그런 행동을 멈추도록 지시했다.

D. 내담자가 더 이상 원가족 구성원들을 위협, 협박 또는 공격적 행동의 모델로 여기지 않게 되었다.

중재 실행

1. 동료와의 상호작용 정보자료를 수집하기 (1)[2]

A. 내담자에게 동료들과의 상호작용 양상이 어떤지를 물었다.

B. 내담자가 자신이 상황을 통제하거나 동료들을 협박하려고 할 때 동료들과 어떤 상호작용을 하는지

---

2) 괄호 안의 숫자들은 아동 심리치료 치료계획서(*The Child Psychotherapy Treatment Planner*), 제5판(Jongsma, Peterson, McInnis, Bruce 공저, 2014년, Hoboken, NJ : Wiley)에서 동일한 제목을 지닌 관련 장의 치료 중재의 숫자와 연결된다.

집중해서 생각할 수 있도록 내담자에게 도움을 주었다.

C. 내담자가 협박을 통해 상황을 통제하려는 경우에 대해 숨김없이 솔직하게 말한 것에 대해 지지해 주었다.

D. 내담자가 동료들과의 상호작용 양상에 대한 정보자료를 제공하는 데 대해 방어적인 모습을 보인 것을 내담자에게 부드럽게 지적했다.

2. 어른들로부터 정보자료를 얻기 (2)

A. 내담자의 부모/보호 제공자에게 동료들을 괴롭히거나 협박하는 내담자의 행동 양상에 관해서 들은 것이 있는지 물었다.

B. 내담자의 학교 교사들에게 동료들을 괴롭히거나 협박하는 내담자의 행동 양상에 관한 정보자료가 있는지 물었다.

C. 부모/보호 제공자와 학교 교사의 정보자료를 요약했고, 그 정보자료는 동료들을 괴롭히거나 협박하는 행동 양상을 반영했다.

3. 통찰력 수준의 평가 (3)

A. 내담자는 보이는 문제들을 향한 통찰 수준으로 평가되었다.

B. 내담자는 보이는 문제들에 관하여 그의 통찰의 동조적인 본성 대 이질적인 본성에 따라 평가되었다.

C. 내담자는 행동과 증상에서 문제가 되는 본성에 대한 좋은 통찰을 하도록 보여 주었다.

D. 내담자가 다른 사람들의 우려에 동의하는 것이 목격되어 변화에 힘쓰도록 동기유발되었다.

E. 내담자는 묘사된 문제에 대해 양면성이 있음이 드러났고 그 문제들을 우려사항으로 보는 것을 꺼렸다.

F. 내담자는 문제 영역의 인식에 관해 저항적인 것으로 나타났고, 걱정하지 않았으며, 변화에 대한 동기가 없었다.

4. 관련 장애의 평가 (4)

A. 내담자는 연구 기반의 관련 장애들의 증거에 의해 평가되었다.

B. 내담자는 자살에 대한 취약성 수준으로 평가되었다.

C. 내담자는 동반장애를 가진 것으로 확인되었고, 치료는 이를 처리할 수 있도록 조정되었다.

D. 내담자는 또 다른 관련 장애가 있는지 평가되었지만 아무것도 발견되지 않았다.

5. 문화적으로 혼란스러운 문제에 대한 평가 (5)

A. 내담자는 그의 임상 행동을 더 잘 이해하도록 도울 수 있는 나이 관련 쟁점으로 평가되었다.

B. 내담자는 그의 임상 행동을 더 잘 이해하도록 도울 수 있는 성별 관련 쟁점으로 평가되었다.

C. 내담자는 그의 임상 행동을 더 잘 이해하도록 도울 수 있는 문화의 증후군, 고통의 문화적 관용구, 혹은 문화적으로 감지된 사건으로 평가되었다.

D. 다른 요인들이 내담자의 현재 정의된 '문제 행동'에 기여할 것이라고 확인되었고 이 요인들은 그의 치료에 반영되었다.

E. 내담자의 현재 정의된 '문제 행동'을 설명할 수 있는 문화적 기반 요인들은 조사되었지만 중대한 요인은 발견되지 않았다.

6. 장애의 심각성 평가 (6)

A. 내담자의 장애의 심각성은 보호의 적절한 정도를 결정하기 위해서 판단되었다.

B. 내담자는 사회적·관계적·교육적인 노력에서의 손상 정도로 평가되었다.

C. 내담자는 그의 장애가 자신의 기능에 가볍거나 중간 정도의 영향을 끼친다는 것을 알았다.

D. 내담자는 그의 장애가 자신의 기능에 심각하거나 더 심각한 영향을 끼친다는 것을 알았다.

E. 내담자의 치료의 효율성과 적절성, 그리고 장애의 심각성은 꾸준히 평가되었다.

7. 병원의 돌봄 평가 (7)

A. 병원의 돌봄과 관심으로 내담자의 집, 학교, 지역사회가 평가되었다.

B. 내담자의 다양한 환경은 아동의 욕구에 지속적인 무관심, 돌보는 사람의 잦은 변화, 안정적 애착의 제한된 기회, 가혹한 훈육 혹은 다른 심각한 부적절한 돌봄이 있었는지 평가되었다.

C. 병원의 돌봄이 확인되었고 치료계획에 이러한 우려를 관리하고 바로잡는 것과 아동을 보호하는 전략이 포함되었다.

D. 어떠한 병원의 돌봄도 확인되지 않았고, 이것은 내담자와 돌보는 사람에게 반영되었다.

8. 사실과 대면하기 (8)

A. 내담자가 동료들을 협박하는 행동에 가담함을 보여 주는 타인들의 이야기를 내담자에게 제시했다.

B. 내담자는 **아동 심리치료 과제계획서**(Jongsma, Peterson, & McInnis)의 '따돌림 사건 보고(Bullying Incident Report)' 활동을 할당받았다.

C. 내담자가 동료들을 협박한 자신의 행동을 인정하는 능력을 가진 것을 칭찬해주었다.

D. 내담자가 계속해서 동료들을 협박하는 행동을 하지 않았다고 부인해서 내담자의 행동을 입증하는 더 직접적인 내용들을 내담자에게 제시했다.

9. 괴롭히기 역할 연기 (9)

A. 내담자가 사회적 상호작용에 관한 역할 연기에 참여했고, 역할 연기에서 치료사가 내담자 역할을 하면서 타인을 괴롭히는 행동(bullying behavior)을 했다.

B. 내담자에게 역할 연기에서처럼 타인을 괴롭히는 행동을 자신이 실제로 한다는 것을 인정하는지를 물었다.

C. 내담자가 역할 연기 상황에서 나타난 것처럼 타인을 괴롭히는 행동을 한다고 시인한 것에 대해 지지와 격려를 해 주었다.

D. 내담자가 계속해서 타인을 괴롭히는 행위를 하지 않았다고 부인해서 이 점을 반박하는 보다 직접적인 증거를 내담자에게 제시했다.

10. 공감하기를 가르치기 (10)

A. 내담자에게 자신이 괴롭힌 피해자에게 공감(empathy)하도록 가르쳤다.

B. 내담자에게 자신의 괴롭히는 행동으로 인해 피해자가 느낄 감정들을 열거하도록 지시했다.

C. 내담자는 **아동 심리치료 과제계획서**(Jongsma, Peterson, & McInnis)의 '따돌림에 대한 사과 편지(Apology Letter for Bullying)' 활동을 할당받았다.

D. 내담자가 자신의 괴롭힘으로 피해자가 느끼는 감정(예 : 공포, 거부, 분노, 무력감, 사회적 위축)을 인

지한 것을 지지해 주었다.

    E. 내담자가 자신의 행동으로 인해 내담자가 느끼는 감정을 인식하지 못했고, 이에 대해 대략적인 예를 내담자에게 제시했다.

11. 괴롭힘이 끼치는 감정적 영향에 대한 역할 연기 (11)

    A. 내담자가 자신이 동료(치료사가 맡은 역할)로부터 괴롭힘을 당하는 희생자의 역할로 역할 연기 회기에 참여했다.

    B. 역할 연기를 한 번씩 멈추고 내담자에게 괴롭힘을 당한 피해자가 느낄 감정을 조사하고 인식하고자 했다.

    C. 피해자가 경험할 감정을 내담자가 인지한 것에 대해 지지와 격려를 제공했다.

    D. 괴롭힘을 당한 피해자가 경험할 감정의 구체적인 예를 내담자에게 제공했다.

12. 괴롭히는 행동을 관찰하는 과제 내주기 (12)

    A. 타인이 괴롭히는 행동을 하는지 주의 깊게 관찰하는 과제를 내담자에게 내주었다.

    B. 피해자가 경험하는 감정을 특별히 주의 깊게 보도록 내담자에게 지시했다.

    C. 내담자가 타인이 괴롭히는 행동을 한 사례들을 찾아냈고, 피해자가 느낄 감정을 인식했으며, 이런 경험들을 살펴보았다.

    D. 내담자가 타인에 의해 행해지는 괴롭힘의 사례를 인지하지 못해서 이것에 대한 예를 더 찾기 위해 주의를 기울이도록 내담자에게 지시했다.

13. 공감할 수 있는 역량 찾기 (13)

    A. 내담자가 공감할 수 있는 역량을 지녔는지를 살펴보았다.

    B. 품행장애(CD)의 척도를 살펴보았다(예 : 동물 학대).

    C. 품행장애 척도를 제시했고 치료의 초점을 이 분야로 옮겼다.

    D. 품행장애 척도로 내담자에게 평가를 실시했으나, 내담자에게 품행장애가 나타나지 않았다. 내담자가 공감할 수 있는 역량을 많이 갖추고 있는 것으로 나타났다.

14. 자기 지각을 평가하기 (14)

    A. 내담자에게 자기 기술적인 단어들을 적도록 지시했다.

    B. 내담자가 어떻게 자기를 인식하는지 평가하는 것을 돕기 위해 내담자가 적은 자기 기술적인 단어들을 검토했다.

    C. 내담자의 자기 기술어는 낮은 자존감, 고립감, 사랑받지 못한다는 느낌을 보여 주는 척도로 해석됐다.

    D. 내담자의 자기 기술어들이 공격성의 척도로 해석됐다.

    E. 내담자가 타인을 협박하는 자신의 행동 방식을 인지하지 못했기 때문에 내담자의 자기 지각이 왜곡되고 비현실적인 것으로 판단됐다.

15. 심리검사 실시하기 (15)

    A. 감정적 요소, 자기 지각, 관계방식의 문제가 내담자의 기능에 영향을 끼치는지를 알아보기 위해 심리 검사를 실시했다.

B. 내담자가 심리검사에 정직하고 솔직한 태도로 임하는 것으로 나타났으며, 자신에게 주어진 어떤 요구에도 협조적이었다.

C. 내담자가 비협조적이었으며 심리검사 과정에 참여하는 것에 저항했다.

D. 심리검사에 대한 되짚어 주기를 내담자와 부모에게 전달했다.

16. 협박의 목적을 알아보기 (16)

A. 내담자가 타인을 협박할 때 자신의 목적이 무엇인지 알아보도록 도움을 주었다.

B. 동료들에게 깊은 인상을 심어 주고 이들에게 수용받고자 하는 내담자의 욕구가 협박의 목적임을 인지하도록 내담자에게 도움을 주었다.

C. 내담자의 협박이 타인에 대한 지배력을 행사하려는 목적을 지닌다는 점을 인지하도록 내담자에게 도움을 주었다.

D. 내담자가 행하는 타인에 대한 협박이 공격적 행동을 통해 갈등을 해결하려는 수단으로 사용됨을 인식하는 것에 도움을 주었다.

E. 내담자가 자신이 타인에게 협박을 행사하는 목적을 이해하는 것에 어려움을 겪었고, 이것에 대해 대략적인 예를 내담자에게 제공했다.

17. 괴롭히기의 목적을 역할 연기하기 (17)

A. 내담자가 가해자 역을 맡고 사회적 상호작용을 역할 연기했다.[3]

B. 역할 연기 상호작용을 중간중간에 멈추고 내담자가 자신의 목적 또는 의도를 언어로 표현하도록 했다.

C. 내담자가 타인을 괴롭히는 행동을 하는 자신의 목적과 의도를 인지함에 따라 내담자에게 지지와 다시 챙겨주기를 해 주었다.

D. 내담자가 타인을 괴롭히는 행동을 하는 자신의 목적과 의도를 인식하는 데 어려움을 겪었고, 역할 연기에서의 내담자 행동에 기초해 임시 해석을 내담자에게 제공했다.

18. 협박 목적을 인지하는 능력을 시험하기 (18)

A. 타인을 괴롭히는 상황에 관한 책의 구절들을 내담자에게 읽어 준 뒤, 내담자에게 가해자의 목적과 희생자의 기분을 맞혀 보라고 지시했다.

B. 타인을 괴롭히는 상황을 담은 비디오 영상물을 내담자에게 보여 준 뒤, 내담자에게 가해자의 목적과 희생자의 기분을 맞혀 보라고 지시했다.

C. 내담자가 협박의 목적과 피해자의 감정을 명확하게 이해하는 모습을 보임에 따라 긍정적인 다시 챙겨주기를 내담자에게 제공했다.

D. 내담자가 협박의 목적과 희생자의 감정을 인지하는 데 실패했고, 이것에 대해 교정적 다시 챙겨주기를 제공했다.

19. 목적 달성을 위해 친(親)사회적 수단을 사용하는지를 알아보기 (19)

A. 건강한 상호작용의 목적을 달성하기 위한 친사회적 수단을 인지하도록 도움을 주었다.

B. 내담자는 냉정하거나 조용하거나 어린이에게 자기주장 능력을 발휘하는 데 유익한 연습장(*Cool, Calm and*

---

3) 역자 주 : 심리극(psychodrama)에서 역할 연기는 가해자뿐만 아니라 피해자, 심판자 역할을 모두 해 보도록 하는 것이 행동 수정, 즉 치료의 효과가 있는 것으로 알려졌다.

Confident : A Workbook to Help Kids Learn Assertiveness Skills)(Schab)에서 발췌된 부분을 읽도록 추천받았다.

C. 내담자에게 친절하고, 정직하며 믿음직한 행동으로 존중을 얻을 수 있다는 점을 인지하도록 도움을 주었다.

D. 내담자가 공격성보다는 자기주장(self assertiveness)과 타인에 대한 존중을 통해 리더십을 얻을 수 있다는 점을 인지하도록 도움을 주었다.

E. 내담자가 협박보다는 효과적인 문제 해결 기법을 어떤 식으로 사용할 수 있는지 인지하도록 도움을 주었다.

F. 내담자가 건강한 상호작용 목적을 달성하기 위한 친사회적 수단을 인지하는 것에 방어적이었고 이용하기를 꺼렸으나, 이 분야에 대해 대략적인 예를 내담자에게 제공했다.

20. 자기주장 역할을 연기하기 (20)

A. 갈등 상황에 대해 내담자와 역할을 연기했다. 처음에는 괴롭히는 방식을 사용하다가 나중에는 자기주장 및 문제해결 기법을 사용하는 상황을 연출했다.

B. 내담자는 **아동 심리치료 과제계획서**(Jongsma, Peterson, & McInnis)의 '문제 해결 연습' 활동을 할당받았다.

C. 내담자가 성공적으로 괴롭히는 행동을 자기주장과 문제 해결 기법으로 대체했고, 이 점에 대해 되짚어 주기를 제공했다.

D. 내담자가 전에는 괴롭히는 방식을 사용하던 상황에서 자기주장 또는 문제 해결 기법을 사용하는 방법을 인식한 데 대해 지지해 주었다.

E. 내담자가 자기주장과 문제 해결 기법을 괴롭히기 행동의 대체 행동으로 사용하는 데 실패했으나, 이 분야를 시도하도록 내담자를 더 격려해 주었다.

21. 가족 과제 내주기 (21)

A. 가족치료 회기에서 가족에게 갈등 해결 과제를 내주었다.

B. 가족은 **아동 심리치료 과제계획서**(Jongsma, Peterson, & McInnis)의 '문제 해결 연습' 활동을 할당받았다.

C. 문제 해결 기법에서 효과적으로, 타인을 존중하는 태도로 사용하는지를 알아보기 위해 가족의 문제 해결 기술을 평가했다.

D. 내담자의 가족이 효과적이고 타인을 존중하는 문제 해결 기법을 사용한 것에 대해 긍정적인 되짚어 주기를 제공했다.

E. 자녀가 또래와의 관계에서 타인을 존중하는 문제 해결 방식보다는 권위주의적이고 공격적인 기법을 주로 사용했음을 가족에게 보여 주었다.

22. 가족의 상호작용 양상을 살펴보기 (22)

A. 가족 구성원들 간에 공격성, 협박, 위협이 갈등 상황에서 자주 사용되었는지를 알아보기 위해 가족 상호작용 양상을 살펴보았다.

B. 가족 구성원들이 공격성, 협박, 위협이 가족 외의 사람들과의 갈등 상황에서 자주 사용되었음을 인지한 것을 지지해 주었다.

C. 가족 구성원들이 가족 내에서의 갈등 대부분을 해결하는 것에 공격성, 협박, 위협이 주로 사용되었음을 인지한 것에 대해 지지를 해 주었다.

23. 갈등 해결 기법으로서 타인을 존중하는 방법을 가르치기 (23)

A. 가족 구성원들에게 부모의 권위를 인정하면서도 타인의 감정을 경시하지 않는 방식으로 서로를 존중하는 갈등 해결 기법을 가르쳤다.

B. 가족에게 상호 존중하는 갈등 해결 기법이 가족 내에서 활용될 수 있는 구체적인 사례를 제시했다.

C. 가족이 상호 존중하는 갈등 해결 기법을 명확하게 이해하는 모습을 보인 것에 대해 긍정적인 되짚어 주기를 제공했다.

D. 가족 구성원들이 상호 존중하는 갈등 해결 기법의 사용 및 권위주의적이지 않으면서도 부모의 권위를 인정하는 법을 이해하는 것에 실패했고, 이 분야에 대해 추가적인 정보자료를 가족에게 제공했다.

24. 가족 구성원들과 친사회적 문제 해결 기법을 위해 역할 연기하기 (24)

A. 각 개인의 권리와 감정을 존중하는 친사회적 문제 해결 기법을 사용하는 법을 가족에게 지도하기 위해 역할 연기를 사용했다.

B. 역할 연기 기법의 사용을 통해 가족 구성원들이 친사회적 문제 해결 기법에 대한 이해도를 더 높였다.

C. 역할 연기 동안 가족 구성원들이 각자의 권리와 감정을 존중하는 모습을 보였다.

D. 역할 연기 동안 가족 구성원들이 각자의 권리와 감정을 존중하도록 보장하기 위해서 이들을 지도해 주는 것이 필요했다.

25. 사회적 기술 훈련집단 참여 권유하기 (25)

A. 내담자가 동료에 대한 존중과 연민을 보이는 것을 향상시키기 위해 내담자에게 사회적 기술 훈련집단 참여를 권유했다.

B. 내담자에게 집단치료 시간 동안 적어도 한 번 자기 노출을 하라는 지시를 주었다.

C. 내담자에게 집단치료 시간 동안 타인의 생각, 감정, 욕구에 대한 존중과 연민을 보이도록 격려했다.

D. 내담자가 정기적으로 집단치료 회기에 참석했고, 이런 회기의 이점을 검토했다.

E. 내담자가 정기적으로 사회적 기술 훈련집단에 참여하지 않아서 여기에 참여할 것을 다시 지시했다.

26. 사회적 기술 훈련 집단에서 배운 내용 검토하기 (26)

A. 내담자가 사회적 기술 훈련 집단에서 얻은 정보자료들을 검토했다.

B. 내담자가 사회적 기술 훈련 집단에서 얻은 정보자료들을 살펴보고 내담자의 현재 상황에 적용했다.

C. 내담자가 사회적 기술 훈련 집단에서 배운 정보자료들에 대해 명확한 이해를 보였고 자신의 상황에 어떻게 적용할 것인지에 대해서도 명확하게 이해하고 있었다. 내담자가 이런 진전을 이룬 것에 대해 긍정적 되짚어 주기를 제공했다.

D. 내담자가 사회적 기술 훈련 집단에서 새롭게 얻은 정보자료를 정확하게 인식하는 것 또는 이것을 어떻게 자신의 삶에 적용시킬지 이해하는 것에 어려움을 겪었고, 이 분야에 대해 내담자에게 치료적 조력을 제공했다.

27. '사회적 갈등' 해결 게임 놀이하기 (27)

A. 내담자와 함께 '사회적 갈등(Social Conflict)' 해결 게임(Berg)을 했다.

B. '사회적 갈등' 해결 게임을 사용하는 것을 통해 내담자가 타인과의 반사회적 상호작용을 감소시키는 행동 기술을 발달시킬 수 있었다.

C. 내담자가 '사회적 갈등' 해결 게임을 할 때 솔직했고 언어적 표현을 했으며, 이런 진전을 달성한 것에 대해 내담자를 격려했다.

D. 내담자가 '사회적 갈등' 해결 게임을 할 때 조심스럽고 방어적이었으며, 사람 간의 갈등을 줄이는 기술을 습득하기 위해서 좀 더 솔직해질 것을 내담자에게 권고했다.

28. 분노 조절을 위한 치료 게임 사용하기 (28)

A. 내담자가 공격적인 감정을 다스리는 방법을 더 확장하도록 돕기 위해 치료 게임을 사용했다.

B. 내담자가 공격적 감성을 다스리는 방법을 확장하도록 돕기 위해 '분노 조절(Anger Control)' 게임(Shore)을 사용했다.

C. 내담자가 적극적으로 치료 게임에 참여하고 공격적인 감정을 다스리는 방법을 배운 것에 대해 긍정적인 되짚어 주기를 제공했다.

D. 내담자가 치료 게임에 참여할 때 조심스럽고 방어적인 태도를 보였고, 내담자에게 좀 더 솔직해질 것을 독려했다.

29. 놀이치료에서 ACT 모델 도입하기 (29)

A. 놀이치료의 ACT 모델(Landreth)을 실시해 내담자의 감정을 인정하고, 한계를 전달하고 행위표출 혹은 공격적 행동에 대한 적절한 대체 행동을 찾고자 했다.

B. 내담자가 행위표출 및 공격 행동 대신 적절한 대체 행동 및 발언을 한 경우 내담자에게 칭찬을 해 주었다.

C. 내담자가 ACT[분노 조절 훈련(Anger Control Training)] 놀이치료에 기꺼이 적극적으로 참여했다.

D. 내담자가 ACT 놀이치료에 참여한 것이 행위표출 및 공격 행동의 빈도와 강도를 줄이는 데 도움이 되었다.

E. 내담자가 ACT 놀이치료에 적극적으로 참여하지 않았고, 이 치료법에 좀 더 참여할 것을 권장했다.

30. 정신분석학적 놀이치료 실시하기 (30)

A. 내담자의 행위표출 행동의 원인이 되는 문제들, 고착, 발달정지를 조사하기 위해 정신분석학적 놀이치료 회기를 실시했다.

B. 내담자가 적극적으로 그리고 자주 정신분석학적인 놀이치료에 참여했다.

C. 회기에서 나타난 전이 문제들을 극복하고 해결했다.

D. 정신분석학적 놀이치료에서 표출한 감정들을 해석해 내담자의 행위표출 행동과 연관 지었다.

E. 내담자가 정신분석학적 놀이치료에 참여한 결과 내담자의 행위표출 행동의 빈도와 강도가 줄어들었다.

F. 정신분석학적 놀이치료에 참여했음에도 내담자가 계속해서 빈번하게 강도 높은 행위표출 행동을 보인다.

31. 고통스런 감정을 행위표출 행동과 연관 짓기 (31)

A. 내담자가 상실, 거부, 유기와 관련된 고통스런 감정과 자신의 행위표출 그리고/또는 공격적인 행동 간의 주요 연관관계를 설정하는 데 도움을 주었다.

B. 내담자가 자신의 감정과 행동 간에 하나씩 연관을 지을 때마다 내담자에게 언어로 칭찬 및 긍정을 해 주었다.

C. 내담자가 자신의 고통스러운 감정을 행동과 연관 짓는 진전을 보인 것이 내담자의 행위표출 행동 빈도 감소에 도움을 주었다.

D. 내담자가 자신의 고통스러운 감정과 행위표출 행동을 연관 짓는 것에 어려움을 겪었고, 이 분야에 대해 교정적 조력을 제공했다.

32. 건설적인 갈등 관리법(ACT) 설정을 위해 손인형 사용하기 (32)

A. 다른 사람이 동료와의 갈등을 조정·관리하는 건설적인 방법을 사용한 이야기를 손인형, 인형, 봉제 동물인형을 사용해 내담자에게 들려주었다.

B. 내담자에게 손인형, 인형, 봉제 동물 인형을 사용해 동료 갈등을 조정·관리하는 건설적인 방법에 관해 이야기해 볼 것을 지시했다.

C. 내담자가 손인형, 인형, 봉제 동물인형을 가지고 놀면서 갈등 관리 기법을 설명할 수 있었던 것으로 보아 내담자가 이런 기법들을 내면화한 것으로 보인다.

33. 괴롭히는 이유와 그로 인한 영향을 가르치기 (33)

A. 내담자에게 괴롭히기의 원인과 관련 영향에 대해 가르쳐 주기 위해 내담자와 함께 책을 읽었다.

B. 나도 때때로 싸우는 걸 좋아하지만 이젠 더 이상 그러지 않아요(*Sometimes I Like to Fight, But I Don't Do It Much Anymore*)(Shapiro)와 에이미에겐 아주 화나는 날이 없어요(*The Very Angry Day That Amy Didn't Have*)(Shapiro) 등을 포함해 여러 권의 책을 내담자와 읽었다.

C. 내담자에게 괴롭히기의 원인과 영향을 가르치기 위해 게임을 사용했다.

D. 타인 괴롭히기의 원인과 영향을 내담자에게 가르치기 위해 '더 이상 괴롭히지 않기(No More Bullies)' 게임[변화를 위한 용기(Courage to Change)] 또는 '괴롭히기 추방하기 게임(Anti-Bullying Game)'(Searle & Streng)을 사용했다.

E. 독서와 게임을 통해 얻은 교훈을 내담자의 일상에 적용했다.

34. 내담자 행동에 영향을 끼치는 가족 내 역학관계 조사를 위해 가족치료 실시하기 (34)

A. 내담자의 괴롭히기/협박 행동을 발생시키는 것에 기여하는 역학관계를 조사하기 위해 가족치료 회기를 실시했다.

B. 부모의 공격적 행동 모방 및 가족 구성원의 성적·언어적·신체적 폭력, 약물 남용을 포함해 가족 역학관계를 조사했다.

C. 가정 안에서 구체적인 가족 역학관계가 나타났고, 이런 문제들을 해결하기 위한 적절한 치료법을 가동했다.

D. 가족치료 회기에서 내담자의 괴롭히기/협박 행동을 발생시키는 것에 기여하는 역학관계를 노출시키지 못했으나, 나중에 문제들을 다시 한 번 검토하기로 했다.

35. 감정 표현 격려하기 (35)

A. 방임(neglect), 학대(abuse), 분리(separation) 또는 유기(abandonment)의 경험과 관련된 내담자의 감정을 표현하도록 내담자를 격려했다.

B. 내담자가 방임, 학대, 분리 또는 유기 경험과 관련된 감정을 표현하는 것을 지지해 주었다.

C. 내담자가 방임, 학대, 분리 또는 유기 경험과 관련된 감정을 표현하는 것에 방어적인 태도를 보였으나, 이를 털어놓아도 괜찮다는 느낌이 들면 이를 표현하도록 내담자를 격려했다.

36. 울도록 허락하기 (36)

A. 내담자에게 상실, 분리 또는 유기 때문에 울어도 된다고 구체적인 허락을 해 주었다.

B. 내담자에게 울음의 치유적 성격에 대해 가르쳐 주었다.

C. 내담자에게 울음이 슬픔을 표현하고 분노를 제거할 수 있는 기회이며 마음을 침착하게 만드는 것에 도움이 됨을 가르쳐 주었다.

D. 내담자가 과거의 상실, 분리 또는 유기에 대해 울 수 있다는 것을 지지해 주었다.

E. 격려와 지지에도 불구하고, 내담자가 자신의 상실, 분리 또는 유기 경험에 대해 우는 것에 조심스러운 태도로 일관했다. 이런 점들에 대해 울 수 있을 것 같다는 기분이 들면 울어도 된다고 내담자를 격려했다.

보 충 자 료

학교 폭력 행위 축소, 종용하고 피해자를 가해자로 몰아붙이기도
여수의 섬 마을 초등학교의 '수상한 학폭 처리' 경위

학교장의 사익 추구와 보신주의의 대표적인 사례

전남 여수의 한 섬 마을 학교에 다니는 초등 4학년생인 쌍둥이 형제(11)는 지난 1일부터 학교에 나가지 못하고 있다. 10일간 정신신경과 병원에 입원, 집중적인 치료를 받았지만 아직도 이틀 걸러 병원에 나가 추가 치료를 받아야 한다. 또 상담센터에서 심리상담도 받고 있다.

형제는 올해 같은 반 학생이 휘두른 '학교폭력'의 피해자다. 지난 4월 전학 온 ㄱ군이 유난히 몸집이 왜소한 쌍둥이 동생을 자주 때리자 이를 보다 못한 형이 ㄱ군에게 맞서는 과정에서 폭력이 지난 9월 말까지 계속돼 왔다. 상급생까지 폭행당하는 일이 벌어지자 피해 학부모들이 교장에게 이를 수차례 알리며 문제 해결을 요구했다.

당시 폭력 정도와 횟수 등을 감안하면 학교폭력위원회도 열 만했지만 학교 측은 꿈쩍하지 않았다. 지난 6월 쌍둥이 동생이 ㄱ군에게 맞아 왼쪽 어깨가 찢어져 피투성이가 됐는데도 "앞으로 지도하겠다."는 답변만 돌아왔다. 지난 9월 말 또다시 이틀간 ㄱ군의 폭력이 이어지자 학부모들이 '학폭위' 소집을 요구해 2017년 11월 17일, 24일 위원회가 열렸다.

학교 측은 위원회 개최에 앞서 사실확인서를 받으면서 ㄴ군을 압박하고, 교장은 ㄴ군 어머니를 찾아가 학교 측에 협조하라고 회유하기도 했다. ㄴ군 어머니 이 모 씨는 "상담교사는 우리 아이가 반발하는데도 뺨 3대 맞은 일을 1대 맞은 것으로 작성하도록 하고, 교장은 학폭위 심의 결과가 어떻게 나오든 받아들여야 한다고 해서 반대했다."고 털어놨다.

학교 측은 또다시 피해학생을 가해학생으로 몰아붙이기도 했다. 학교 측은 지난달 26일 ㄱ군의 폭력행위에 대해 '서면 사과' 조치가 내려진 지 나흘 만인 30일부터 이틀간 쌍둥이

형제와 ㄴ군이 ㄱ군을 폭행한 혐의에 대해 조사했다.

ㄱ군의 폭력에 맞서 쌍둥이 형이 몸싸움하고, ㄴ군이 뺨을 맞을 때 ㄱ군을 1대 때리며 대항한 행위도 학교폭력으로 해석했다. 쌍둥이 어머니 김 모 씨는 "ㄱ군의 상습적인 폭력행위를 막아 달라고 할 때는 7개월 만에 학폭위를 열더니, 피해자를 가해자로 몰아붙이는 학폭위는 곧바로 열었다."면서 "교장의 권위에 반발한 데 대한 앙갚음으로 의심한다."고 말했다.

또 다른 한 학부모는 "학교장이 내년 전보인사를 앞두고 학교폭력이 불거질 경우 받을 불이익을 우려해 문제를 숨기려다 악화된 것 같다."고 말했다. 이 학교 교장은 "학교폭력 관리지침에 따라 대응했다."고 말했다.

이 학교의 교장은 학교 폭력 처리에 관한 교육청의 지침의 방향성을 몰라서 이런 식으로 처리했는가, 이 사건과 관련해서 발생할 만한 영향을 축소하면, 가해자와 피해자가 있는데도 없었던 일로 묵살하면, 자신에게 불이익이 발생되지 않을 것으로 잘못 판단했거나 대처 방식이 비교육적이고 통솔력 행사를 잘못한 것으로 판단이 된다. 그리고 가해자와 피해자를 다룬 방법이 비교육적이고, 전문성을 상실한 대처였다. 피해자에게는 위로와 심리상담치료를 실시하고, 가해자는 재발 방지를 위해서 학교 밖의 전문가에게 의뢰를 해 인지행동수정 방법에 의한 처치와 양육 방법 학습과 실천을 위한 부모 교육이 동시에 필요한 사안이다.

그리고 이 사건과 유사 사건 처리에 대한 학교(장)의 재량권 부여와 가해학생과 피해학생 부모 간의 다툼 발생에 대한 학교장의 중재와 개입 범위가 명시되어야 할 것이다.

제10장 품행장애/청소년 비행

내담자 소개

1. 순종하지 않음 (1)[1]

A. 내담자가 집, 학교, 지역사회의 규칙이나 기대에 따르는 것에 계속 실패하는 모습을 보였다.

B. 내담자가 집과 학교에서 규칙에 반대한다는 의견을 밝혔다.

C. 내담자가 집, 학교, 지역사회의 규칙과 기대에 따르기 시작했다.

D. 내담자가 집, 학교, 지역사회의 규칙과 기대에 따르겠다는 의지를 언어로 표현했다.

E. 내담자가 일관성 있게 집, 학교, 공동체의 규칙과 기대에 따랐다.

2. 공격적·파괴적인 행동 (2)

A. 내담자가 공격적 행동을 한 몇 가지 사건들 또는 화가 나거나 좌절감을 느껴 파괴적 행동을 한 경우를 설명했다.

B. 내담자가 자신의 공격적·파괴적인 행동을 다른 사람 탓으로 돌렸다.

C. 내담자가 자신의 적대적·공격적인 충동을 조절하는 조치를 취하기 시작했다.

D. 내담자가 최근에 자기통제를 잘하는 모습을 보였고 공격적 또는 파괴적인 행동에 가담하지 않았다.

E. 내담자에게서 공격적이거나 파괴적 행동의 발생 빈도와 강도가 유의미하게 감소했다.

3. 화가 난 모습/적대적인 태도 (2)

A. 내담자가 오늘 치료 시간 동안 화가 난 것처럼 보였고, 적대적이고 짜증스러운 태도였다.

B. 내담자가 사소한 문제로 쉽게 화가 나는 사건들을 얘기했다.

C. 내담자가 최근에 집과 학교에서 자주 분노를 폭발하는 모습을 보였다.

D. 내담자가 최근에 분노 조절에 약간 향상된 모습을 보였다.

---

1) 괄호 안의 숫자들은 아동 심리치료 치료계획서(*The Child Psychotherapy Treatment Planner*), 제5판(Jongsma, Peterson, McInnis, Bruce 공저, 2014년, Hoboken, NJ : Wiley)에서 동일한 제목을 지닌 관련 장의 치료 중재의 숫자와 연결된다.

  E. 내담자가 분노 조절을 잘하는 모습을 보였으며, 자기 통제를 크게 상실한 사건이 없었다.

4. 도벽 (3)

  A. 내담자가 집과 학교, 지역사회에서 타인의 물건을 훔친 오랜 경력이 있다고 부모가 말했다.

  B. 내담자가 최근에 물건을 훔치다가 들킨 적이 있다고 부모가 말했다.

  C. 내담자가 가까운 과거에는 물건을 훔친 일이 없었다.

  D. 내담자가 도벽(stealing)을 멈췄고 자신의 욕구를 충족시킬 보다 효과적인 방법을 찾았다.

5. 행위표출/반사회적 행동 (3)

  A. 내담자가 행위표출 행동 또는 반사회적 행동을 한 오랜 전력이 있다고 부모가 말했다.

  B. 내담자가 계속해서 행위표출 행동을 하고 반사회적 행동을 일으킨다.

  C. 내담자가 자신의 반사회적 행동의 심각성을 축소하는 경향이 있다.

  D. 내담자가 자신의 행위표출 및 반사회적 행동이 자기 자신과 타인에게 어떤 식으로 부정적인 영향을 끼치는지를 안다고 언어로 표현했다.

  E. 내담자가 행위표출 및 반사회적 행동의 빈도 및 정도를 크게 줄였다고 내담자와 부모가 말했다.

6. 학교에서의 행동 문제 (4)

  A. 내담자의 생활기록부를 검토한 결과, 내담자가 학교 환경에서 무수한 행위표출 및 반항적 행동을 했다

  B. 내담자가 종종 어리석고, 미성숙하거나 부정적인 관심 끌기 행동으로 교실 분위기를 흐뜨렸다.

  C. 내담자가 무단결석으로 학교 수업을 상당히 많이 빼먹었다.

  D. 내담자가 종종 학교 환경에서 학교 관계자들과 마찰을 빚었다.

  E. 내담자가 수업 환경에서 좀 더 자기통제를 하는 모습을 보이기 시작했다.

  F. 내담자가 최근 학교에서 행위표출 또는 반항적인 행위를 하는 빈도를 크게 줄였다.

7. 권위에 대한 갈등 (5)

  A. 내담자가 오늘 치료 시간 동안 사사건건 반대하는 태도를 보였고 매우 시비조의 태도였다.

  B. 내담자가 종종 집, 학교, 지역사회의 한계를 시험하고 권위자에게 도전했다.

  C. 내담자가 질책을 당했을 때 권위자에게 불손한 태도로 말대꾸를 했다.

  D. 내담자가 최근에 권위자들에게 좀 더 협조적으로 변했다.

  E. 내담자가 일관성 있게 권위자들에게 협조적이었고 이들을 존중하는 태도를 보였다.

8. 충동성 (6)

  A. 내담자가 자신의 즉각적인 욕구 충족을 추구하는 매우 충동적인 사람으로 나타났으며, 종종 자신의 행동의 결과를 고려하는 데 실패한다.

  B. 내담자가 짜릿함과 즐거운 기분을 얻기 위해 충동적이고 스릴감 있는 행동을 했다.

  C. 내담자가 자신의 충동 조절 능력을 개선하고 즉각적인 욕구 충족을 연기하는 방법을 강구하기 시작했다.

  D. 내담자가 최근에 뛰어난 충동 조절 능력을 보여 주었고 심각한 행위표출 또는 반사회적인 행동에 연루되지 않았다.

E. 내담자가 자신의 행동을 멈추고 자신의 행동에 대한 결과를 생각하는 능력에 향상을 보였기 때문에 행위표출 행동에 참여하는 것을 중단했다.

9. 거짓말하기/속이기 (7)

A. 내담자가 자신의 욕구를 충족시키고 자신의 행동의 결과를 받는 것을 피하기 위해 거짓말하기, 속이기, 타인을 조종하는 행태를 보였다고 말했다.

B. 내담자가 치료 시간에 자신의 잘못된 행동이나 무책임한 행동에 대해 거짓말하는 것으로 나타났다.

C. 내담자가 치료 시간에 정직한 태도를 보였고 자신의 잘못이나 무책임한 행동을 시인했다.

D. 내담자가 좀 더 정직해졌고 집에서 부모의 결정을 더 잘 받아들인다고 부모가 보고했다.

10. 비난/투사 (8)

A. 내담자가 자신의 서투른 결정과 행동에 따른 책임을 받아들이는 것을 꺼렸고, 오히려 자신의 결정과 행동을 다른 사람 탓으로 돌렸다.

B. 내담자가 자신의 행동에 대해 더 많은 책임을 지기 시작했고 자신의 잘못을 다른 사람에게 돌리며 비난하는 빈도가 줄었다.

C. 내담자가 자신의 잘못을 시인하고 자신의 행동에 대한 책임을 받아들인다는 것을 언어로 표현했다.

11. 통찰력 부족 (8)

A. 내담자가 자신의 문제 행동을 일으키는 요건에 대한 통찰력이 거의 없는 것으로 나타났다.

B. 내담자가 자신의 문제 행동을 일으키는 요건에 대해 통찰력을 약간 보이기 시작했다.

C. 치료 시간 동안 내담자가 자신의 문제 행동을 일으키는 요건에 통찰력을 보였다.

12. 양심의 가책/죄의식 부재 (9)[2]

A. 내담자가 자신의 무책임한 행동, 행위표출 또는 공격적 행동에 대해 양심의 가책을 거의 또는 전혀 느끼지 않았다.

B. 내담자가 자신의 행동에 대해 양심의 가책을 표했지만, 그러한 행동을 하다가 걸렸고 그 대가를 치러야 했기 때문에 양심의 가책을 느낀 것에 불과했다.

C. 내담자가 진심으로 자신의 잘못된 행동에 대한 양심의 가책 또는 죄의식을 느끼는 것을 보였다.

13. 공감 부재/감수성 부족 (10)

A. 내담자가 타인의 생각, 감정, 욕구에 대해 관심이 없거나 공감을 거의 하지 못했다.

B. 내담자가 자신의 욕구를 충족시키기 위해 타인의 권리를 기꺼이 무시하려는 의지를 자주 보였다.

C. 내담자가 자신의 행동이 타인에게 어떤 부정적인 영향을 끼치는지 이해한 것을 언어로 표현했다.

D. 내담자가 타인의 생각, 감정, 욕구에 대해 공감을 표했고 이에 따라서 감수성을 보이기 시작했다.

14. 초연함/조심스러움 (10)

A. 내담자가 치료 시간 동안 조심스럽고 방어적인 태도를 보였다.

---

2) 이런 태도는 인격장애(personality disorder), 적대적·반항적 장애(oppositional defiant disorder, ODD)와 사이코패시(psychopathy)에서도 나타난다. 이러한 문젯거리 학생의 지도는 교육의 품격을 저하시키는 주제이며, 초·중·고교에서 교육적 문제이지만 정신건강의학적·심리학적으로 불치병이 아니라 난치병이라고 진단할 수가 있다.

B. 내담자가 치료과정에 참여하는 데 어려움을 겪었고 자신의 행동상의 문제를 일으키는 요소를 조사하는 것에 관심을 거의 보이지 않았다.

C. 내담자의 방어적 태도가 줄어들기 시작했고, 내재된 정서적인 갈등을 더 기꺼이 탐구하려는 의지를 보였다.

D. 내담자가 솔직했고, 자신의 문제 행동과 주요 갈등에 대해 이야기를 많이 했다.

15. 아동 학대 (10)

A. 내담자가 자신의 문제 행동의 발현과 서로 연결되는 학대받은 경험을 이야기했다.

B. 내담자가 과거의 학대 경험을 이야기하는 것에 대해서 저항적 태도를 보였다.

C. 내담자가 과거의 학대 경험에 대해 분노, 상처, 슬픔의 감정을 언어로 표현했다.

16. 분리/상실/유기 (10)

A. 내담자가 자신의 인생에서 의미가 큰 분리 또는 상실을 경험한 과거사에 대해 보고했다.

B. 내담자가 과거의 상실 또는 유기 문제에 대해 이야기하는 것에 조심스러워했고 말을 아꼈다.

C. 내담자가 과거의 분리, 상실 또는 유기 문제에 대해 슬픔, 아픔, 실망감을 표현했다.

D. 내담자가 과거의 분리 또는 상실에 대해 강한 분노의 감정을 말로 표현했다.

중재 실행

1. 분노의 역학 평가하기 (1)[3]

A. 내담자의 분노를 촉발하는 다양한 자극을 평가했다.

B. 내담자가 자신의 분노를 촉발하는 상황, 사람 그리고 생각을 인식하는 데 도움을 주었다.

C. 내담자가 자신의 분노 반응을 특징짓는 사고, 감정, 행동을 인지하는 데 도움을 주었다.

2. 사전 응답의 평가 (2)

A. 부모는 어떻게 그들이 아동의 잘못된 행동에 반응하려고 노력해 왔는지에 대해 평가되었다.

B. 그러한 행동에 기여해 왔던 계기와 강화물이 검토되었다.

C. 부모는 아이에 대한 그들의 접근에 대한 일관성을 평가받았다.

D. 부모는 아이에게 어떻게 반응하는가에 대해 부부간 갈등을 경험해 왔는지를 평가받았다.

3. 심리검사 실시하기 (3)

A. 정서적 요소 또는 ADHD가 내담자의 충동성과 행위표출 행동의 원인인지를 살피기 위해 심리검사를 실시했다.

B. 내담자가 비협조적이었고 검사 과정에 참여하는 것에 저항했다.

C. 내담자가 정직하고 솔직한 태도로 심리검사에 임했으며 어떠한 요구에도 협조적이었다.

D. 심리검사의 다시 챙겨주기를 내담자, 부모, 학교 관계자 또는 경찰 및 법원 관계자에게 전달했고 적절

---

3) 괄호 안의 숫자들은 **아동 심리치료 치료계획서**(*The Child Psychotherapy Treatment Planner*), 제5판(Jongsma, Peterson, McInnis, Bruce 공저, 2014년, Hoboken, NJ : Wiley)에서 동일한 제목을 지닌 관련 장의 치료 중재의 숫자와 연결된다.

한 중재법 실시에 대해 논의했다.

4. 통찰력 수준의 평가 (4)

A. 내담자는 보이는 문제들을 향한 통찰 수준으로 평가되었다.

B. 내담자는 보이는 문제들에 관하여 그의 통찰의 동조적인 본성 대 이질적인 본성에 따라 평가되었다.

C. 내담자는 행동과 증상에서 문제가 되는 본성에 대한 좋은 통찰을 하도록 보여 주었다.

D. 내담자가 다른 사람들의 우려에 동의하는 것이 목격되어 변화에 힘쓰도록 동기유발되었다.

E. 내담자는 묘사된 문제에 대해 양면성이 있음이 드러났고 그 문제들을 우려사항으로 보는 것을 꺼렸다.

F. 내담자는 문제 영역의 인식에 관해 저항적인 것으로 나타났고, 걱정하지 않았으며, 변화에 대한 동기가 없었다.

5. 관련 장애의 평가 (5)

A. 내담자는 연구 기반의 관련 장애들의 증거에 의해 평가되었다.

B. 내담자는 자살에 대한 취약성 수준으로 평가되었다.

C. 내담자는 동반장애를 가진 것으로 확인되었고, 치료는 이를 처리할 수 있도록 조정되었다.

D. 내담자는 또 다른 관련 장애가 있는지 평가되었지만 아무것도 발견되지 않았다.

6. 문화적으로 혼란스러운 문제에 대한 평가 (6)

A. 내담자는 그의 임상 행동을 더 잘 이해하도록 도울 수 있는 나이 관련 쟁점으로 평가되었다.

B. 내담자는 그의 임상 행동을 더 잘 이해하도록 도울 수 있는 성별 관련 쟁점으로 평가되었다.

C. 내담자는 그의 임상 행동을 더 잘 이해하도록 도울 수 있는 문화의 증후군, 고통의 문화적 관용구, 혹은 문화적으로 감지된 사건으로 평가되었다.

D. 다른 요인들이 내담자의 현재 정의된 '문제 행동'에 기여할 것이라고 확인되었고 이 요인들은 그의 치료에 반영되었다.

E. 내담자의 현재 정의된 '문제 행동'을 설명할 수 있는 문화적 기반 요인들은 조사되었지만 중대한 요인은 발견되지 않았다.

7. 장애의 심각성 평가 (7)

A. 내담자의 장애의 심각성은 보호의 적절한 정도를 결정하기 위해서 판단되었다.

B. 내담자는 사회적 · 관계적 · 교육적인 노력에서의 손상 정도로 평가되었다.

C. 내담자는 그의 장애가 자신의 기능에 가볍거나 중간 정도의 영향을 끼친다는 것을 알았다.

D. 내담자는 그의 장애가 자신의 기능에 심각하거나 더 심각한 영향을 끼친다는 것을 알았다.

E. 내담자의 치료의 효율성과 적절성, 그리고 장애의 심각성은 꾸준히 평가되었다.

8. 병원의 돌봄 평가 (8)

A. 병원의 돌봄과 관심으로 내담자의 집, 학교, 지역사회가 평가되었다.

B. 내담자의 다양한 환경은 아동의 욕구에 지속적인 무관심, 돌보는 사람의 잦은 변화, 안정적 애착의 제한된 기회, 가혹한 훈육 혹은 다른 심각한 부적절한 돌봄이 있었는지 평가되었다.

C. 병원의 돌봄이 확인되었고 치료계획에 이러한 우려를 관리하고 바로잡는 것과 아동을 보호하는 전략

이 포함되었다.

D. 어떠한 병원의 돌봄도 확인되지 않았고, 이것은 내담자와 돌보는 사람에게 반영되었다.

9. 경찰 및 법원 관계자와 논의하기 (9)

A. 내담자의 불법 행동의 패턴이 평가되었다.

B. 아동 심리치료 과제계획서(Jongsma, Peterson, & McInnis)의 '도둑질에 대한 유년기의 패턴(Childhood Patterns of Stealing)' 활동이 할당되었다.

C. 내담자의 반사회적 행동에 상응하는 사법적인 조치를 취할 필요성을 논의하기 위해 경찰 및 법원 관계자들과의 협의회를 열었다.

D. 반사회적 행동을 한 내담자에게 보호관찰 명령을 내렸고 보호관찰 기간 동안 규정에 따르도록 지시했다.

E. 내담자가 손해배상을 하는 것 그리고/또는 자신의 반사회적 행동에 대한 사회봉사 활동을 하기로 동의한 것에 대해 내담자를 격려했다.

F. 내담자의 반사회적 행동에 상응하는 조치로 내담자를 집중 보호관찰 치료 프로그램에 배치했다.

10. 대안적 배치 검토하기 (10)

A. 부모, 학교 관계자 그리고 경찰 및 법원 관계자들과 내담자의 반사회적 행동으로 인해 내담자를 대안적 환경에 배치하는 것에 대해 협의했다.

B. 내담자의 반사회적 행동의 결과로 내담자를 미성년자 구류시설에 수용하자는 제안이 나왔다.

C. 내담자의 반사회적 행동의 재발을 방지하는 데 도움이 되도록 내담자를 위탁가정에 보내자는 제안이 나왔다.

D. 내담자를 위한 외부 구조와 관리감독을 제공하기 위해 내담자를 재택 프로그램에 배치하자는 제안이 나왔다.

E. 부모, 학교 관계자, 경찰 및 법원 관계자들과 협의를 마친 후 내담자를 대안적 환경에 배치하지 말자는 제안이 나왔다.

11. 법적 책임을 강화하기 (11)

A. 부모에게 내담자가 자신의 행동에 따른 법적 책임을 지는 상황에서 내담자를 보호하지 않도록 격려하고 도전의식을 심어 주었다.

B. 내담자가 미래에 어떤 종류의 반사회적 행동을 할 경우 경찰 또는 적절한 법원 관계자에게 연락하기로 부모가 동의했다.

C. 내담자가 반사회적 행동을 한 이후 부모가 지시에 따라 경찰 또는 보호관찰관에게 연락을 취했다. 부모가 이와 같은 행동을 한 것에 대해 지지해 주었다.

D. 내담자가 몇 가지 반사회적 행동을 한 이후 부모가 경찰 그리고/또는 법원 관계자에게 연락하는 것에 실패했고, 신고하지 못한 이유를 검토했다.

12. 약물치료를 위한 평가에 회부하기 (12)

A. 내담자에게 의사를 찾아가 분노 증상 통제에 도움이 될 만한 향정신성 약물치료를 받을 것을 권유했다.

B. 내담자가 약물치료를 받는 것에 동의했고 검사에 응했다.

C. 내담자가 향정신성 약물치료를 위해 의사와 만나는 것을 거부했다. 치료를 받고 싶은 마음이 생긴다면 약물치료를 받도록 내담자를 격려했다.

D. 부모와 내담자에게 약물 순응 및 효과성 문제를 제기했다.

E. 내담자의 약물 순응도와 효과성에 관련된 정보자료를 내담자의 담당의사에게 전달했다.

F. 내담자가 책임감을 가지고 약물치료에 순응한 것을 언어로 강화했다.

G. 내담자가 향정신성 약물치료가 분노 경험을 감소시키는 데 효과가 있다고 보고했다.

13. 치료적 신뢰 쌓기 (13)

A. 지속적인 눈 맞추기, 적극적 경청, 무조건적인 긍정적 존중, 따뜻한 수용의 방법을 사용해 내담자와 일정 수준의 신뢰 쌓기를 시도했다.

B. 내담자의 관심사에 귀를 기울였고, 내담자의 감정을 도덕적 판단 없이 검토해 주었다.

C. 치료 시간이 내담자의 충동적 또는 반응성 행동을 일으키는 내재된 고통스런 감정을 인식하는 데 도움이 되었다.

D. 내담자에게 내재된 고통스런 감정을 표현하는 적절한 방법을 보여 주기 위해 역할 연기와 모델링 기법을 사용했다.

E. 내담자에게 상황에 즉흥적으로 반응하기보다는 자신의 감정을 표현하고 자신의 욕구를 충족시키는 적절한 방법을 열거하도록 지시했다.

F. 아동 심리치료 과제계획서(Jongsma, Peterson, & McInnis)의 '아동을 문제 행동으로 이끄는 위험요소들(Risk Factors Leading to Child Behavior Problems)'을 읽도록 부모에게 지시했다.

G. 내담자의 불신 때문에 치료 시간 동안 내담자가 자신의 내재된 생각과 감정을 공개하는 것을 꺼렸으나 자신의 생각과 감정을 공개할 준비가 되면 그렇게 하도록 내담자를 일깨웠다.

14. 반사회적 행동을 대면시키기 (14)

A. 내담자의 반사회적 행동이 자신과 타인에게 어떤 부정적인 영향을 끼치는지에 대해 내담자에게 단호하고도 일관성 있게 제시했다.

B. 내담자에게 자신의 반사회적인 행동과 사사건건 반대하는 태도의 부정적 결과를 열거하도록 지시했다.

C. 내담자가 자신의 반사회적인 행동이 타인에게 어떤 식으로 부정적인 영향을 끼치는지를 깨닫는 데 도움을 주기 위해 역할 전환 기법을 치료 시간에 사용했다.

D. 내담자에게 자신의 반사회적인 행동의 피해자(들)에게 사과의 편지를 쓰도록 지시했다.

15. 책임감을 수용하는 동기 신장 (15)

A. 내담자가 자신의 행동에 대해 더 책임감을 가질 수 있도록 동기적 인터뷰 기술이 사용되었다.

B. 내담자는 자신의 잘못된 행동에 대해 타인을 비난하는 것을 멈추고 자신의 행동에 더 큰 책임감을 받아들이는 것에 지속적으로 직면, 도전받았다.

C. 내담자는 자신의 잘못된 결정과 무책임한 행동이 자신과 타인에게 얼마나 부정적인 결과를 가져왔는지에 대해 적도록 요청받았다.

D. 내담자는 갈등을 해결하고/해결하거나 무책임한 태도로 행동하는 것보다 더 효과적인 욕구를 충족하기 위한 방법을 규정한 것에 대해 칭찬받았다.

E. 내담자는 자신의 잘못된 행동을 구두로 인정하고 타인에게 사과하도록 지도되었다.

16. 감정과 행동의 연결 (16)

A. 내담자는 감정과 그에 수반되는 행동 사이의 연결 고리를 만들도록 도움을 받았다.

B. 내담자와 부모는 아동 심리치료 과제계획서(Jongsma, Peterson, & McInnis)의 '아동 행동 문제에 따른 위험 요소' 활동을 할당받았다.

C. 내담자는 감정과 그에 수반되는 행동 사이의 관계를 통찰하도록 강화되었다.

D. 내담자는 감정과 그에 수반되는 행동 사이의 연결 고리를 만들려고 애썼고 그에 대한 몇몇 예시들을 제공받았다.

17. 분노를 재개념화하기 (17)

A. 내담자가 분노를 예상 가능한 단계를 거치는 다른 구성 요소와 관련된 것으로 재개념화하는 데 도움을 주었다.

B. 내담자에게 분노에는 인지적 · 심리적 · 정동적 · 행동적 요소를 포함한 다른 구성 요소가 있음을 가르쳐 주었다.

C. 내담자에게 긴장 이완과 긴장을 더 잘 구분하는 법을 가르쳐 주었다.

D. 내담자에게 분노의 예측 가능한 단계, 즉 요구되는 기대치가 충족되지 않았을 경우 이것이 흥분 및 분노의 증가로 이끌고 행위표출 행동을 유발하는 단계에 대해 가르쳐 주었다.

E. 내담자가 분노를 개념화하는 방법에 대한 명확한 이해를 나타냈고 이에 대해 긍정적 강화를 실시했다.

F. 내담자가 분노를 개념화하는 방법을 이해하는 데 어려움을 겪어 이 분야에 대해 교정적 다시 챙겨주기를 제공했다.

18. 분노의 진정 및 대처 전략 가르치기 (18)

A. 부모에게 책 또는 치료 안내서에 나오는 분노의 진정 및 대처 전략에 대해 읽어 보도록 지시했다.

B. 내담자는 아동 심리치료 과제계획서(Jongsma, Peterson, & McInnis)의 '깊이 심호흡하기 활동(Deep Breathing Exercise)'을 할당받았다.

C. 부모가 특정한 분노의 진정 및 대처 전략을 배우는 데 도움을 주었다.

D. 부모가 분노의 진정 및 대처 전략에 관한 정보자료를 읽었고, 핵심 요점을 검토했다.

E. 부모가 내담자의 분노의 진정 및 대처 전략 적용을 도울 수 있는 구체적인 방법을 개발하는 데 도움을 주었다.

F. 부모가 분노의 진정 및 대처 전략에 관한 정보자료를 읽지 않았으나, 이 자료를 읽도록 다시 지시했다.

19. 자기 대화 알아보기 (19)

A. 내담자의 분노 감정을 매개하는 자기 대화에 대해 알아보았다.

B. 내담자는 아동 심리치료 과제계획서(Jongsma, Peterson, & McInnis)의 '긍정적인 자기 말하기로 부정적인 생각 바꾸기(Replace Negative Thoughts With Positive Self-Talk)' 활동을 할당받았다.

C. 내담자의 자기 대화(예 : 요구하는 식의 기대치)를 평가했고, '해야 한다', '꼭 해야 한다' 식의 당위적 언어가 반영되었다.

D. 내담자가 자신의 편견을 인식하고 이에 의문을 제기하고, 그런 편견들을 교정하는 대안적인 자기 대화

를 발전시키는 데 도움을 주었다.

    E. 내담자에게 좌절에 대해 좀 더 유연성 있고 온건한 반응을 일으키도록 자기 대화 교정법을 가르쳤다.

20. 사고중지 기법을 실시하기 (20)

    A. 내담자에게 치료 시간 사이사이에 매일 사고중지 기법을 실시하도록 지시했다.

    B. 내담자의 사고중지 기법 사용을 검토했다.

    C. 내담자가 성공적으로 사고중지 기법을 사용한 것에 긍정적인 다시 챙겨주기를 주었다.

    D. 내담자의 사고중지 기법 사용 향상을 돕기 위해 교정적 다시 챙겨주기를 제공했다.

21. 자기주장적 의사소통법을 가르치기 (21)

    A. 내담자에게 교수, 모델링, 역할 연기를 통해 자기주장적 의사소통법을 가르쳤다.

    B. 내담자에게 자기주장 훈련 교실에 참여하도록 권유했다.

    C. 내담자의 자기주장 표현이 향상되어 이에 대해 긍정적 다시 챙겨주기를 주었다.

    D. 내담자가 자기주장 수준을 향상시키지 않아 이에 대해 추가로 다시 챙겨주기를 주었다.

22. 갈등 해결 기술을 가르치기 (22)

    A. 내담자에게 모델링, 역할 연기, 예행연습을 통해 갈등 해결을 가르쳤다.

    B. 내담자는 아동 심리치료 과제계획서(Jongsma, Peterson, & McInnis)의 '문제 해결 연습'을 할당받았다.

    C. 내담자와 부모는 냉정하거나 조용하거나 어린이에게 자기주장 능력을 발휘하는 데 유익한 연습장(Scab)을 읽도록 추천받았다.

    D. 내담자에게 공감 및 적극적 경청을 가르쳤다.

    E. 내담자에게 '나 전달법', 공손한 의사소통, 공격성 없이 자기주장하기, 타협을 가르쳤다.

    F. 내담자가 갈등 해결 기술을 명확하게 이해한 것을 강화해 주었다.

    G. 내담자가 갈등 해결 기술 이해에 어려움을 겪었고 이 분야에 대해 치료적 다시 챙겨주기를 제공했다.

23. 분노 조절을 위한 전략을 구성하기 (23)

    A. 내담자의 분노 조절을 위해 내담자 맞춤 전략을 세우는 데 도움을 주었다.

    B. 내담자의 욕구와 관련되는 신체적·인지적·의사소통적 방법, 문제 해결 및 갈등 해결 기술을 결합하도록 내담자를 격려했다.

    C. 내담자가 종합적 분노 조절 전략을 구성한 것에 대해 강화했다.

    D. 내담자에게 더 종합적인 분노 조절 전략을 세우도록 다시 지시했다.

24. 분노 조절을 위한 도전적인 상황을 설정하기 (24)

    A. 내담자가 자신의 새로운 분노 조절 전략을 적용하기에 어려움을 많이 느낄 만한 상황을 내담자에게 제시했다.

    B. 내담자에게 앞으로 발생할 가능성이 있는 분노 조절 상황을 인지하는지 물었다.

    C. 내담자에게 계속적으로 어려워지는 상황에서 자신의 분노 조절 전략을 사용하도록 독려했다.

25. 분노 통제 과제를 내주기 (25)

    A. 내담자가 새로 익힌 진정 기법, 자기주장 기법, 갈등 해결 또는 인지 재구조화 기술을 연습하는 것을

돕기 위한 과제를 내주었다.

B. 내담자가 분노 조절 기술을 연습했고, 그러한 기술의 강화라는 목표 달성적인 측면에서 연습 경험을 검토하고 점검했다.

C. 내담자가 정기적으로 분노 조절 기술을 연습하지 않아서 이를 실천하도록 다시 지시했다.

26. 분노 폭발 모니터링하기/감소시키기 (26)

A. 내담자의 분노 폭발 빈도, 강도와 지속 시간을 감소시키는 것을 목표로 하고 내담자의 분노 폭발 보고를 모니터링했다.

B. 내담자에게 분노 폭발 빈도, 강도, 지속 시간을 줄이기 위해 새로운 분노 조절 기술을 사용하도록 독려했다.

C. 내담자에게 아동 심리치료 과제계획서(Jongsma, Peterson, & McInnis)에 나오는 '분노 조절(Anger Control)' 또는 '분노 점검표(Anger Checklist)' 연습을 하도록 지시했다. 내담자가 분노 폭발 감소에서 진전을 이룬 것을 검토했다.

D. 내담자가 분노 폭발의 빈도, 강도, 지속 시간을 줄이는 데 성공함에 따라 강화를 해 주었다.

E. 내담자가 분노 폭발의 빈도, 강도, 지속 시간을 감소시키지 못해 교정적 다시 챙겨주기를 제공했다.

27. 공개하도록 격려하기 (27)

A. 내담자에게 자신의 변화를 지지해 줄 믿을 만한 사람들과 분노 조절 목표에 대해 의논하도록 격려했다.

B. 내담자가 자신의 변화를 지지해 줄 만한 사람을 파악하는 데 도움을 주었다.

C. 내담자가 자신의 분노 조절 목표를 믿을 만한 사람들과 검토했고, 그들의 반응을 점검했다.

D. 내담자가 자신의 분노 조절 목표를 다른 사람들과 상의하지 않아 믿을 만한 타인들과 상의하도록 지시했다.

28. 부모관리 훈련 사용하기 (28)

A. 자녀와 함께 살기(Patterson)에서 개발된 부모관리 훈련을 사용했다.

B. 부모에게 의지가 강한 아이 양육하기(Forehand & Long)를 읽도록 지시했다.

C. 부모에게 부모와 자녀 간 행동 상호작용이 긍정적 또는 부정적 행동을 촉진 혹은 억제시킬 수 있음을 가르쳤다.

D. 부모에게 긍정적 변화를 조장하기 위해 부모-자녀 상호작용의 핵심 요인들의 변화가 어떻게 활용될 수 있는지 가르쳐 주었다.

E. 부모에게 부모-자녀 상호작용의 구체적 예(예 : 긍정적 행동을 유발하고 강화하는 것이 긍정적 변화를 조장하는 것에 어떤 식으로 활용될 수 있는가)를 제시했다.

F. 부모가 부모관리 훈련 접근법을 사용한 것에 대해 긍정적 다시 챙겨주기를 제공했다.

G. 부모가 부모관리 훈련 접근법을 사용하지 않아 이를 사용하도록 다시 지시했다.

29. 부모 훈련 자료 읽기 (29)

A. 부모는 지장을 주는 행동을 관리하기 위한 부모 훈련 접근법으로 구성된 자료를 읽도록 요청되었다.

B. 부모는 반항하는 아이를 양육하는 Kazdin의 방법(Kazdin)을 할당받았다.

C. 부모는 변화를 통한 양육(*Parenting Through Change*)(Forgatch)을 읽도록 할당받았다.

D. 부모는 자녀와 함께 살기(Patterson)의 일부를 할당받았다.

E. 부모는 할당된 자료를 읽어 왔고 주요 개념들이 처리되었다.

F. 부모는 할당된 자료를 읽지 않아서 그렇게 하도록 재조정받았다.

30. 부모에게 상황적 측면을 정의하는 법 가르치기 (30)

A. 부모에게 문제 행동을 구체적으로 정의하고 인식하는 방법을 가르쳤다.

B. 부모에게 문제 행동에 대한 그들의 반응이 구체적으로 어떤 것인지, 그리고 그 반응이 어떻게 행동을 촉진 또는 억제시키는지에 대해 가르쳤다.

C. 부모에게 문제 행동에 대한 대체 행동을 일으키도록 가르쳤다.

D. 부모가 문제 행동, 반응, 대응과 대체 행동을 구체적으로 정의하고 인식하는 기술을 지닌 것에 긍정적 다시 챙겨주기를 제공했다.

E. 부모가 자녀의 문제 행동과 자신들의 반응, 대응 그리고 대체 행동을 올바르게 인식하는 데 어려움을 겪음에 따라 부모에게 교정적 다시 챙겨주기를 제공했다.

31. 일관성 있는 양육 방식을 가르치기 (31)

A. 부모에게 주요 양육 방식을 일관성 있게 실행에 옮기는 법을 가르쳤다.

B. 부모에게 현실적이고 연령에 적절한 역할을 설정하는 것을 가르쳐 용납 가능한 행동과 그렇지 않은 행동을 구분할 수 있도록 했다.

C. 부모에게 긍정적인 행동을 조장하는 것과 긍정적 강화를 사용하는 것에 대해 가르쳤다.

D. 부모에게 명확하고 직접적인 지시하기, 타임아웃 그리고 자녀의 문제 행동에 대한 특권 빼앗기 기법을 가르쳐 주었다.

E. 부모가 일관성 있는 양육 방식을 개발할 수 있었기 때문에 부모에게 긍정적 다시 챙겨주기를 제공했다.

F. 부모가 일관성 있는 양육 방식을 개발하지 않아 이것을 개발하도록 다시 지시했다.

32. 양육 기법을 실행에 옮기는 가정 내 연습 지시하기 (32)

A. 부모에게 양육 방식을 실행하고 실행 연습 결과를 기록할 가정 내 연습을 지시했다.

B. 부모에게 청소년 심리치료 과제계획서(Jongsma, Peterson, & McInnis)에 나오는 '명확한 규칙, 긍정적 강화, 적절한 결과' 연습을 과제로 내주었다.

C. 부모의 숙제 연습 실행을 치료 시간 동안 검토했다.

D. 향상되고 적절하면서 일관성 있는 기술 사용법 개발을 돕기 위해 교정적 다시 챙겨주기를 사용했다.

E. 부모가 일관성 있는 양육 방식 연습을 개발하지 않았으나 이를 실행하도록 다시 지시했다.

33. 부모-자녀 상호작용 치료 실시하기 (33)

A. 적절한 자녀 행동과 부모 행동 관리 기술을 가르치기 위해 부모-자녀 상호작용 치료(Bell & Eyberg)에 대해 설명했다.

B. 자녀 중심 회기에서는 적절한 아이의 행동을 가르치는 데 초점을 맞췄다.

C. 부모 중심 회기에서는 부모 행동 관리 기술(예 : 명확한 명령, 일관성 있는 결과, 긍정적 강화)을 가르치는 데 초점을 뒀다.

34. 부모 훈련 프로그램의 언급 (34)

A. 부모에게 증거 기반의 부모 훈련 프로그램을 언급했다.

B. 부모에게 믿을 수 없는 해(*The Incredible Years*) 또는 긍정적 훈육 프로그램(*Positive Parenting Program*)과 같은 부모 훈련 프로그램을 언급했다.

C. 부모는 증거 기반의 부모 훈련 프로그램을 활용했고 그 수확으로 강화되었다.

D. 부모는 증거 기반의 부모 훈련 프로그램을 사용하지 않아 그렇게 하도록 환기되었다.

35. 유관/보상체계를 고안하기 (35)

A. 내담자와 보상체계를 고안했다.

B. 내담자와 유관 계약을 개발했다.

C. 내담자가 보이는 긍정적 행동을 강화하도록 돕기 위해 학교 관계자들과 회의를 가졌다.

D. 충동적 혹은 반항적 행동을 제지하기 위해 내담자에게 보상체계/유관 계약에 참여할 것을 권장했다.

E. 집과 학교에서 인지된 긍정적 행동을 강화할 목적으로 보상체계/유관 계약의 미세조정을 실시했다.

36. 가족 학대 내력을 조사하기 (36)

A. 내담자의 가족 배경에 내담자의 분노 조절 문제 발생에 영향을 끼칠 만한 신체적·성적 학대 또는 약물 남용의 내력이 있는지를 조사했다.

B. 치료 시간에 내담자의 가족에게 일어난 일들 중 긍정적인 일이든 부정적인 일이든 자신에게 중요한 사건이 있었는지를 떠올리면서 연대표를 작성하도록 도움을 주었다.

C. 내담자의 부모에게 신체를 학대하거나 지나치게 징벌적인 훈육 방법의 사용을 중단할 것을 제시하고 중단 노력을 시도하도록 했다.

D. 신체를 학대하거나 지나치게 징벌적인 훈육 방법이 아이와 형제자매에게 어떤 식의 부정적인 영향을 끼치는지를 부모가 인지하도록 지시했다.

E. 부모가 내담자에게 학대적 행위 및 지나치게 가혹한 훈육 방법을 사용한 것에 대해 사과를 했고 이것을 지지해 주었다.

F. 부모에게 공격적인 훈육이 내담자의 공격성과 서투른 분노 조절을 악화시킨다는 점을 가르쳐 주었다.

G. 부모에게 부모 교실에 참석하도록 권유했다.

37. 내담자를 학대로부터 보호하기 (37)

A. 학대 사례가 적절한 기관에 보고되었다.

B. 가해자를 집에서 옮겨 치료를 받도록 제안했다.

C. 내담자와 형제자매를 다른 곳으로 옮겨 확실히 보호받을 수 있도록 하자는 제안을 했다.

D. 내담자와 가족 구성원들이 미래에 발생할 학대 위험을 최소화하는 데 필요한 단계를 인식하도록 도움을 주었다.

E. 비학대적 부모가 내담자와 형제자매를 미래의 신체적 학대로부터 보호하겠다는 약속을 언어로 한 것에 대해 강화해 주었다.

38. 공감 가르치기 (38)

A. 반사회적 행동이 타인에게 어떤 영향을 끼치는지에 대한 내담자의 감수성을 높이기 위해 역할 연기와

역할 전환 기법을 사용했다.

 B. **아동 심리치료 과제계획서**(Jongsma, Peterson, & McInnis)에 나오는 '괴롭힌 것에 대한 사과 편지 쓰기(Apology Letter for Bullying)' 연습을 내담자에게 내주었다.

 C. 아동은 **아동 심리치료 과제계획서**(Jongsma, Peterson, & McInnis)의 '공감 쌓기(Building Empathy)' 활동을 할당받았다.

 D. 내담자가 자신의 반사회적 행동이 타인에게 어떻게 영향을 끼쳤는지에 대해 역할 연기와 역할 전환 기법 사용을 통해서 언어로 인식할 수 있게 됐다.

 E. 내담자와 가족 구성원들이 미래에 일어날 학대 위험을 최소화하는 더 뛰어난 이해 방식을 개발하지 못했고, 추가적인 다시 챙겨주기를 제공했다.

39. 자애로운 행동을 격려하기 (39)

 A. 내담자에게 세 가지 이타 행동 또는 배려하는 행동에 참여할 것을 지시했다.

 B. 내담자에게 이타적 또는 배려하는 행동의 예(예 : 발달장애 학생에게 책 읽어 주기, 노인 가정의 잔디 깎아 주기)를 제시했다.

 C. 내담자가 이타 행동 또는 배려하는 행동을 한 경험을 검토했다.

 D. 내담자가 이타 행동 또는 배려하는 행동을 통해 타인의 욕구에 대한 공감과 감수성을 발달시킬 수 있음을 내담자에게 강조했다.

 E. 내담자가 이타 행동 또는 배려하는 행동 연습을 하지 않아 이것을 실시하도록 다시 지시했다.

40. 공감하기 숙제를 내주기 (40)

 A. 타인의 생각, 감정, 욕구에 대한 내담자의 공감과 감수성 향상에 도움을 주기 위해 숙제를 개발했다.

 B. 내담자는 **아동 심리치료 과제계획서**(Jongsma, Peterson, & McInnis)의 '공감 쌓기' 활동을 할당받았다.

 C. 내담자에게 타인에 대한 자신의 공감과 민감성을 높이는 데 도움이 될 구체적인 과제를 수행하도록 지시했다.

 D. 내담자에게 타인의 생각, 감정, 욕구를 인식하는 데 도움이 되는 영상물 감상하기를 과제로 내주었다.

 E. 내담자가 타인에 대한 자신의 공감과 민감성을 향상시키기 위해 고안된 과제를 완수했고, 내담자의 경험을 점검하고 검토했다.

 F. 내담자가 타인에 대한 자신의 공감을 향상시키는 과제를 하지 않아 이를 완수하도록 다시 지시했다.

41. 내담자가 임무를 맡는 것을 허용하도록 격려하기 (41)

 A. 가족에게 내담자가 집에서 임무를 맡는 것을 허락하도록 격려했다.

 B. 내담자가 집에서 임무를 맡을 수 있는 분야의 구체적인 예(예 : 가족 모임에서 특별 요리를 준비하거나 요리하기, 책장 만들기, 오일 교환하기)를 검토했다.

 C. 가족에게 내담자가 책임감 있게 행동할 수 있는 능력에 자신감을 보여 줄 것을 독려했다.

 D. 내담자에게 집에서 임무를 맡긴 가족의 경험을 점검하고 검토했다.

 E. 가족이 내담자가 집에서 의미 있는 임무를 맡는 것을 허락하지 않아 이것을 허락할 것을 다시 지시했다.

42. 특별 가족치료 수행하기 (42)

 A. 가족에게 기능적 가족치료가 시행되었다.

    B. 가족에게 간략한 전략적 가족치료가 시행되었다.

    C. 가족은 내담자의 분노조절장애에 대한 가족의 기여도를 낮추도록 평가하고 개입하도록 도움받았다.

43. 다중 체계 치료의 언급 (43)

    A. 내담자는 몇몇 품행장애를 가진 것으로 보였고, 의식적 · 행동적 및 가족 중재를 동반한 다중 체계 치료 프로그램을 언급했다.

    B. 내담자는 반사회적 행동과/또는 약물 사용과 관련되어 있는 요인에 초점을 맞춘 다중 체계 치료를 받아 왔다.

    C. 다중 체계 치료는 보호자의 양육 행위를 개선하고, 가족의 정서적 관계를 늘리고, 일탈한 친구들과의 청소년 모임을 줄이고, 친사회적 친구들과의 청소년 모임을 늘리는 데에 초점을 두었다.

    D. 다중 체계 치료는 청소년기의 학교와 직업적 수행을 개선하고, 친사회적 취미 활동을 장려하고, 본래의 지지 네트워크 발전에 초점을 두었다.

    E. 내담자는 다중 체계 치료에 완전히 참여해 왔고 그에 대한 장점들이 검토되었다.

    F. 내담자는 다중 체계 치료 프로그램에 잘 참여하지 못했고 이에 따른 문제들이 검토되었다.

44. 재발 방지를 위한 원리 제공 (44)

    A. 재발 방지를 위한 원리가 소개되었다.

    B. 위험한 상황에 대한 토의와 재발 방지 전략이 검토되었다.

45. 실수와 재발 사이의 차이점 (45)

    A. 실수와 재발 사이의 구별에 대하여 내담자와 토론이 이루어졌다.

    B. 실수는 처음이며 되돌릴 수 있는 증상과 관련되어 있다.

    C. 재발은 불복종/비행 행위를 하도록 돌아가기로 결정하는 것과 관련되어 있다.

    D. 내담자가 실수와 재발 사이의 차이점에 대한 이해를 드러냄에 따라 지지와 격려가 제공되었다.

    E. 내담자는 실수와 재발 사이의 차이를 이해하기 위해 노력했고 이 부분에서 추가적인 다시 챙겨주기를 제공받았다.

46. 실수 위험 상황의 관리에 대한 논의 (46)

    A. 내담자는 실수가 일어났을 때의 미래 상황이나 환경을 인식하는 데 도움을 받았다.

    B. 치료는 실수가 일어났을 때의 미래 상황이나 환경에 대한 관리 방법을 연습하는 데에 초점을 두었다.

    C. 내담자는 실수 관리 기술에 대한 적절한 사용을 강화받았다.

    D. 내담자는 잘못된 실수 관리 기술의 사용에 대하여 교정받았다.

47. 전략의 일상적 사용 장려 (47)

    A. 내담자는 치료에서 배운 전략(의식적 재구성, 자기주장)을 일상적으로 사용하도록 지시받았다.

    B. 내담자는 새로운 전략을 그들의 삶에 가능한 많이 적용하는 방법을 찾도록 권고받았다.

    C. 내담자는 그들의 삶과 일상으로 대처 전략을 통합하는 방법에 대해 보고하도록 강화되었다.

    D. 내담자는 새로운 전략을 일상과 삶으로 포함시키는 방법을 재지시받았다.

48. '대처 카드' 개발 (48)

A. 내담자는 특정한 대처 전략이 적혀 있는 대처 카드를 제공받았다.

B. 내담자는 대처 전략에 도움을 주는 항목이 적혀 있는 대처 카드를 개발하도록 도움받았다.

C. 내담자는 불안 유발 상황에 맞설 수 있는 대처 카드를 사용하도록 격려받았다.

49. 유지 치료 계획 (49)

A. 유지 치료는 내담자가 치료 이득을 유지하도록 돕고 분노 폭발 없이 삶에 적응하기 위해 제안되었다.

B. 내담자는 유지 치료의 일정을 소화하는 데에 동의하도록 강화되었다.

C. 내담자가 유지 치료 일정을 거부하여 이를 처리했다.

50. 방임이나 학대에 관한 감정을 알아보기 (50)

A. 내담자에게 과거에 있었던 방임, 학대, 분리 또는 유기에 대한 자신의 경험을 치료 회기에서 표현할 기회를 주었다.

B. 내담자에게 방임, 학대, 분리 또는 유기에 대한 자신의 감정을 보여 주는 그림을 그리도록 지시했다.

C. 내담자에게 과거의 방임, 학대, 분리 또는 유기에 관한 자신의 생각과 감정을 기록할 일기를 쓰도록 지시했다.

D. 과거의 방임이나 학대에 관한 감정 표현 촉진을 위해 빈 의자 기법을 사용했다.

E. 내담자에게 **아동 심리치료 과제계획서**(Jongsma, Peterson, & McInnis)에 나오는 '연어 바위의 교훈… 싸움은 외로움으로 이어진다'를 과제로 하도록 지시했다.

F. 내담자가 방임과 학대에 관한 감정을 탐구하는 것을 꺼렸으나, 할 수 있다는 기분이 들면 이런 감정을 점검해 보도록 독려했다.

51. 결혼한 부부 평가/치료하기 (51)

A. 약물 남용, 갈등 또는 다각화의 가능성 유무를 확인하기 위해 결혼한 부부를 평가했다.

B. 아동의 분노 조절 문제 발생에 영향을 끼치는 역학관계를 살펴보기 위해 가족치료 회기를 실시했다.

C. 가족치료 회기 결과 대상자의 분노 조절 문제에 영향을 끼치는 몇몇 역학관계가 나타났다.

D. 가족치료 시간에 가족 역학관계를 언급했다.

E. 가족에게 추가적인 가족치료를 받을 것을 권유했다.

F. 부모에게 부부치료를 받도록 권유했다.

제11장 우울증[1]

내담자 소개

1. 슬프고 우울한 기분 (1)[2]

A. 부모와 교사는 내담자가 꽤 오랜 기간 슬프고 우울해 보였다고 보고했다.

B. 내담자가 오늘 치료 회기 동안 눈에 띌 정도로 우울해했고 대부분의 시간 동안 우울했다고 보고했다.

C. 내담자의 우울한 기분의 빈도와 정도가 점점 줄어들기 시작했다.

D. 내담자가 최근 있었던 일들에 대한 기쁨과 즐거움을 표현했다.

E. 내담자의 우울증이 완화되었고 기분이 한층 고양되어 있었다.

2. 단조롭고 제한된 감정 (1)

A. 내담자가 학교와 집에서 보이는 감정이 종종 단조롭고 제한적이라고 부모와 교사가 보고했다.

B. 내담자의 감정이 단조롭고 제한적이었으며, 스스로 어떠한 감정도 느끼지 않는다고 말했다.

C. 내담자가 좀 더 활발하게 정서적 표현과 다양한 감정 표현을 했다.

D. 치료 개시 후 내담자가 지속적으로 더 활발한 감정 표현을 했다.

3. 죽음에 대한 반복적 생각 (2)

A. 내담자가 죽음에 대한 생각에서 벗어나지 못하는 모습이 부모와 교사에게 관찰되었다.

B. 내담자가 오늘 치료 회기에서 죽음에 관한 주제에 대해 계속 생각하는 것이 관찰되었으며, 내담자 스스로 종종 죽음에 대해 생각하고 있다고 말했다.

C. 내담자가 죽음에 대해 생각하는 것에서 차츰 벗어나기 시작했다.

D. 내담자가 오늘 치료 회기에서는 죽음에 관한 주제에 대해 언급하지 않았다.

---

1) 우울증 치료와 건강성 회복에 유익한 참고도서를 소개한다. 이미옥 역(2003), 우울의 늪을 건너는 법 : 우울증은 나의 인생을 어떻게 바꾸었나, 서울 : 궁리.

2) 괄호 안의 숫자들은 아동 심리치료 치료계획서(*The Child Psychotherapy Treatment Planner*), 제5판(Jongsma, Peterson, McInnis, Bruce 공저, 2014년, Hoboken, NJ : Wiley)에서 동일한 제목을 지닌 관련 장의 치료 중재의 숫자와 연결된다.

E. 내담자가 죽음에 관한 주제에 관해서 생각하는 것을 멈췄으며 다시 삶에 대한 관심도가 증가했다.

4. 자살에 관한 생각/시도 (3)

A. 내담자가 몇 번이나 자살에 관한 생각을 한 적이 있다고 보고했다.

B. 내담자가 최근에 자살 시도를 했다.[3]

C. 과거에 내담자가 도와 달라는 뜻으로 자살 시도를 한 적이 있다.

D. 내담자가 자살에 관한 생각이나 충동은 더 이상 문제가 되지 않는다고 얘기했다.

5. 자극 과민성 (4)

A. 내담자가 학교와 가정 생활에 영향을 끼칠 정도의 자극 과민성을 보였다.

B. 내담자가 화를 내고 짜증 내는 바람에 그 뒤에 있는 좀 더 깊은 우울한 감정이 드러나지 않는 경우가 종종 있었다.

C. 오늘 치료 회기 동안 내담자가 시무룩하고 짜증 난 것처럼 보였다.

D. 내담자가 짜증스런 기분을 보이는 빈도와 강도가 줄어들고 있다.

E. 내담자의 기분이 안정을 찾았고, 신경질적인 경향을 나타내는 것이 눈에 띄게 줄어들었다.

6. 가족과 동료로부터 멀어짐 (5)

A. 내담자가 우울증 증상을 보이기 시작하면서 가족 구성원과 동료들로부터 더 멀어졌고 이들을 만나는 것을 기피했다.

B. 내담자가 오늘 치료 회기에 수동적으로 임하는 것으로 보였다.

C. 내담자의 대인관계 기피 증상이 줄어들고 있으며 가족 구성원, 동료들과 더 자주 교류하고 있다.

D. 오늘 치료 회기 동안 내담자의 말수가 훨씬 많아졌으며 내담자가 전보다 자발적으로 치료 회기에 참여했다.

E. 내담자의 사교성이 훨씬 좋아졌으며 가족 구성원, 동료들과 정기적으로 일관되게 교류하고 있다.

7. 학업 성취도 저하 (6)

A. 내담자가 우울증에 걸린 이후 학업 성취도가 떨어지는 것을 경험했다.

B. 내담자가 학업성적이 떨어진 것에 대해 얘기할 때 눈에 띄게 우울해했다.

C. 우울증 증세가 완화되면서 내담자의 학업 성취도가 다시 향상되었다.

D. 내담자가 학업 성취도가 향상되어 즐거워하고 기분 좋아했다.

8. 흥미 결핍 (7)

A. 전에는 즐겁고 재미있어했던 활동에서 이제는 흥미나 기쁨을 거의 느낄 수 없다고 내담자가 보고했다.

B. 부모와 교사가 내담자가 가정과 학교에서의 활동에 흥미나 재미를 거의 느끼지 못한다고 보고했다.

C. 내담자의 우울증이 완화되기 시작했고, 전에 즐기던 활동들에서 흥미를 느끼는 조짐이 보였다.

D. 내담자가 최근에는 여러 활동에서 즐거움이나 기쁨을 얻는다고 보고했다.

E. 내담자가 삶에 대한 흥미와 열의를 되찾았다.

---

3) 역자 주 : 우울증이 자살의 원인, 즉 우울증의 결과가 자살로 나타날 수 있다고 대부분의 학자들이 지적하고 있는데 우울증 이외에 절망감도 자살의 유력한 원인일 수가 있다.

9. **고통스런 감정에 대한 의사소통 부족 (8)**

A. 내담자가 종종 타인에게 자신의 고통스런 감정을 표현하는 것을 억제하거나 꺼렸다.

B. 내담자가 오늘 치료 회기 동안 고통스런 감정이나 주제에 관한 언급을 일절 피했다.

C. 내담자가 고통스런 감정이나 경험에 대해 이야기하는 것을 회피하거나 거부하는 것이 우울증을 악화시키는 중요 요소였다.

D. 내담자가 고통스런 감정이나 경험에 관해 털어놓기 시작했다.

E. 내담자가 고통스런 감정이나 경험에 대해 이야기하려는 의지를 보이는 것이 우울증 완화에 도움이 되었다.

10. **무기력, 무관심, 냉담 (9)**

A. 내담자의 우울증 증상이 무기력, 피로 호소, 무관심, 냉담의 형태로 일부 나타났다.

B. 내담자가 오늘 치료 회기 동안 피로해 보였고, 치료 회기 진행에 무관심하고 냉담한 것처럼 보였다.

C. 내담자가 무기력증에서 다소 벗어났다고 말했다.

D. 내담자가 다시 정상 수준으로 삶의 활력을 되찾고 있다고 말했다.

11. **시선을 피하기 (10)**

A. 부모와 교사가 내담자가 타인과 사회적 상호작용을 할 때 거의 눈을 마주치지 않는다고 보고했다.

B. 내담자가 오늘 치료 회기 동안 치료사와 눈을 거의 마주치지 못했고 이렇게 행동하는 것이 일반적인 행동이라고 생각했다.

C. 내담자가 편안하게 생각하는 사람들과는 시선 접촉을 잘했지만, 친숙하지 않은 사람들과는 눈을 거의 맞추지 못했다.

D. 내담자가 오늘 치료 회기 동안에 눈 맞추기를 잘했고 다른 사람들과도 시선 접촉을 더 많이 하고 있다고 말했다.

E. 부모와 교사가 내담자가 시선 접촉을 일관되게 잘하고 있다고 보고했다.

12. **낮은 자존감 (11)**

A. 내담자는 자존감이 낮은 데다 자신을 부적합하고 불안정한 사람으로 생각하는 경향이 커서 힘들어했다.

B. 내담자가 자신을 부정적으로 과소평가하는 발언을 했다.

C. 내담자의 낮은 자존감과 자신감 부족 그리고 불안감은 상당 부분 우울증을 수반하는 요소이다.

D. 내담자는 오늘 치료 회기 동안 자신을 긍정적으로 인식하는 발언을 몇 번 했다.

E. 내담자는 자존감을 향상시키기 위해 적극적인 행동(예 : 타인과의 접촉 시도, 새로운 활동에 도전하기)을 시도했다.

13. **식욕장애 (12)**

A. 내담자는 우울 일화 동안 식욕을 잃었다고 보고했다.

B. 내담자는 우울해진 이후 체중이 많이 빠졌다.

C. 내담자는 우울 일화 동안 기분 전환을 위해 종종 음식을 먹었다고 보고했다.

D. 내담자는 우울증에 걸린 이후 체중이 꽤 많이 늘었다고 보고했다.

E. 내담자의 식욕이 우울한 기분이 줄어들면서 다시 정상 수준으로 돌아왔다.

14. 수면장애 (13)

A. 내담자가 우울 증상이 나타난 이후 쉽게 잠들지 못하고, 아침 일찍 잠이 깬다고 보고했다.

B. 우울증이 나타나면 내담자가 평소보다 잠을 더 많이 잔다고 보고했다.

C. 내담자가 최근에 잠을 잘 잤다고 보고했다.

D. 내담자의 수면이 정상 수준으로 돌아왔다.

15. 집중력 부족 및 우유부단 (14)

A. 내담자가 우울한 기분을 느낀 이후 일에 집중하고 결정을 내리는 것에 어려움을 호소했다.

B. 내담자가 오늘 치료 회기 동안 치료에 몰두하고 집중하는 것을 어려워했다.

C. 내담자의 낮은 자존감, 자신감 부족, 불안한 심리상태가 의사결정을 방해하는 요소이다.

D. 내담자가 보다 긴 시간 동안 활동에 전념하고 집중할 수 있게 되어 이제 우울한 기분이 사라졌다고 보고했다.

E. 내담자가 건설적인 결정을 내릴 수 있는 능력이 우울한 기분을 감소시키는 데 도움이 되었다.

16. 절망감과 무력감 (15)

A. 내담자가 미래에 대해 비관론적 관점을 가지고 있으며 절망감, 무력감으로 힘들어하고 있다.

B. 내담자가 무력감을 표현했으며 자신의 삶이 미래에 더 좋아질 것이란 희망이 거의 없다고 말했다.

C. 내담자가 자신의 문제 혹은 스트레스를 극복하고 더 나은 미래를 구축하는 능력에 자신감을 보였다.

D. 내담자가 희망과 자기 권능감의 회복을 경험하고 있다.

17. 죄책감 (15)

A. 내담자가 자신의 과거 행동에 대해 강한 죄책감을 표현했다.

B. 내담자가 비이성적으로 느끼는 강한 죄책감이 우울증을 악화시키는 큰 요인이자 삶에서 앞으로 나아가는 것을 방해하는 큰 요소로 작용한다.

C. 내담자가 오늘 치료 회기에서 과거의 행동에 대한 죄책감에 대해 다루면서 소기의 성과를 거뒀다.

D. 내담자가 죄책감 때문에 괴롭지 않다고 부인했다.

E. 내담자가 성공적으로 죄책감을 이겨 내고 과거의 행동에 대한 죄책감을 해소했다.

18. 미해결된 슬픔에 관한 문제 (16)

A. 내담자의 미해결된 슬픔이 우울 일화에 꽤 많은 영향을 끼친다.

B. 내담자가 과거에 경험한 상실이나 이별에 관해 강한 슬픔과 비통한 감정을 표현했다.

C. 내담자가 과거에 경험한 상실과 이별에 대해 얘기하는 것을 경계했으며 그것에 대해 얘기하는 것을 꺼렸다.

D. 내담자가 과거의 상실과 이별에 대한 자신의 감정을 대면하면서 우울증이 완화되기 시작했다.

E. 내담자가 슬픔에 관한 문제를 해결하면서 즐거움과 만족감을 느끼는 빈도와 지속성에 큰 개선을 경험하고 있다.

19. 중독성 물질 남용 (17)

A. 내담자의 중독성 물질 남용 때문에 우울증에 관한 더 깊은 감정이 드러나지 않았다.

B. 내담자가 기분 전환 또는 고통스런 감정을 억제하기 위해 종종 마약이나 알코올을 남용했다는 사실을 인정했다.

C. 내담자가 마약 또는 술을 끊은 이후 우울증 증세가 심해지는 경험을 했다고 보고했다.

D. 내담자가 약물과 알코올 사용을 중지한 이후 기분이 안정되었다.

E. 내담자가 약물이나 술을 마시지 않고도 활동을 즐길 수 있게 되었다고 보고했다.

중재 실행

1. 기분 일화를 평가하기 (1)[4]

A. 기분 일화의 특징, 빈도, 강도와 지속 기간 등 내담자의 현재 및 과거의 우울 일화에 대한 평가를 실시했다.

B. 내담자의 현재 및 과거의 우울 일화를 평가하는 데 '우울증의 자가 진단 척도(Inventory to Diagnose Depression)'(Zimmerman et al.)를 사용했다.

C. 기분 일화의 평가 결과 내담자는 심각한 기분 문제를 가진 것으로 드러났고, 이것을 내담자에게 알렸다.

D. 기분 일화의 평가 결과 내담자는 중간 정도의 기분 문제를 가진 것으로 드러났고, 이것을 내담자에게 알렸다.

E. 기분 일화의 평가 결과 내담자는 경미한 기분 문제를 가진 것으로 드러났고, 이것을 내담자에게 알렸다.

2. 우울증의 원인을 확인하기 (2)

A. 내담자에게 언어로 우울한 기분의 원인을 밝히도록 요청했다.

B. 내담자에게 **아동 심리치료 과제계획서**(Jongsam, Peterson, & McInnis)에 나오는 '아동기 우울증 진단 설문지(Childhood Depression Survey)'를 읽도록 지시해 우울증 발생 원인이 된 문제점들이 무엇인지 인식하는 데 도움을 주었다.

C. 내담자가 절망감과 슬픈 감정을 일으키는 원인 몇 가지를 스스로 손꼽을 정도로 내담자가 적극적으로 책을 읽었다.

D. 내담자가 자신의 우울증의 주요 원인을 파악하려고 노력했으며, 우울증의 원인이 된 것으로 알려진 몇 가지 가설을 내담자에게 소개했다.

3. 우울증 진단을 위한 심리검사를 실시하기 (3)

A. 내담자의 우울증과 자살 위험도를 객관적으로 측정하기 위해 심리검사를 실시했다.

B. 내담자의 우울증과 자살 위험도를 측정하기 위해 청소년을 위한 벡의 우울증 증상 목록(Beck Depression Inventory for Youth)[5]을 사용했다.

---

4) 괄호 안의 숫자들은 **아동 심리치료 치료계획서**(*The Child Psychotherapy Treatment Planner*), 제5판(Jongsma, Peterson, McInnis, Bruce 공저, 2014년, Hoboken, NJ : Wiley)에서 동일한 제목을 지닌 관련 장의 치료 중재의 숫자와 연결된다.

5) 역자 주 : 학지사에서 이 척도의 한글판 검사를 시판하고 있다.

C. 아동 우울 검사는 아동의 우울과 자살 위험을 검사하기 위해 사용되었다.

D. 우울증 검사 결과 내담자의 우울증과 자살 위험도의 상관성이 매우 높게 나왔고, 이에 대해 내담자 및 부모와 상의했다.

E. 우울증 검사 결과 내담자의 우울증과 자살 위험도의 상관성이 중간 정도로 나왔고, 이에 대해 내담자 및 부모와 상의했다.

F. 우울증 검사 결과 내담자의 우울증과 자살 위험도의 상관성이 경미하게 나왔고, 이에 대해 내담자 및 부모와 상의했다.

4. 통찰력 수준의 평가 (4)

A. 내담자는 보이는 문제들을 향한 통찰 수준으로 평가되었다.

B. 내담자는 보이는 문제들에 관하여 그의 통찰의 동조적인 본성 대 이질적인 본성에 따라 평가되었다.

C. 내담자는 행동과 증상에서 문제가 되는 본성에 대한 좋은 통찰을 하도록 보여 주었다.

D. 내담자가 다른 사람들의 우려에 동의하는 것이 목격되어 변화에 힘쓰도록 동기유발되었다.

E. 내담자는 묘사된 문제에 대해 양면성이 있음이 드러났고 그 문제들을 우려사항으로 보는 것을 꺼렸다.

F. 내담자는 문제 영역의 인식에 관해 저항적인 것으로 나타났고, 걱정하지 않았으며, 변화에 대한 동기가 없었다.

5. 관련 장애의 평가 (5)

A. 내담자는 연구 기반의 관련 장애들의 증거에 의해 평가되었다.

B. 내담자는 자살에 대한 취약성 수준으로 평가되었다.

C. 내담자는 동반장애를 가진 것으로 확인되었고, 치료는 이를 처리할 수 있도록 조정되었다.

D. 내담자는 또 다른 관련 장애가 있는지 평가되었지만 아무것도 발견되지 않았다.

6. 문화적으로 혼란스러운 문제에 대한 평가 (6)

A. 내담자는 그의 임상 행동을 더 잘 이해하도록 도울 수 있는 나이 관련 쟁점으로 평가되었다.

B. 내담자는 그의 임상 행동을 더 잘 이해하도록 도울 수 있는 성별 관련 쟁점으로 평가되었다.

C. 내담자는 그의 임상 행동을 더 잘 이해하도록 도울 수 있는 문화의 증후군, 고통의 문화적 관용구, 혹은 문화적으로 감지된 사건으로 평가되었다.

D. 다른 요인들이 내담자의 현재 정의된 '문제 행동'에 기여할 것이라고 확인되었고 이 요인들은 그의 치료에 반영되었다.

E. 내담자의 현재 정의된 '문제 행동'을 설명할 수 있는 문화적 기반 요인들은 조사되었지만 중대한 요인은 발견되지 않았다.

7. 장애의 심각성 평가 (7)

A. 내담자의 장애의 심각성은 보호의 적절한 정도를 결정하기 위해서 판단되었다.

B. 내담자는 사회적·관계적·교육적인 노력에서의 손상 정도로 평가되었다.

C. 내담자는 그의 장애가 자신의 기능에 가볍거나 중간 정도의 영향을 끼친다는 것을 알았다.

D. 내담자는 그의 장애가 자신의 기능에 심각하거나 더 심각한 영향을 끼친다는 것을 알았다.

E. 내담자의 치료의 효율성과 적절성, 그리고 장애의 심각성은 꾸준히 평가되었다.

8. 병원의 돌봄 평가 (8)

A. 병원의 돌봄과 관심으로 내담자의 집, 학교, 지역사회가 평가되었다.

B. 내담자의 다양한 환경은 아동의 욕구에 지속적인 무관심, 돌보는 사람의 잦은 변화, 안정적 애착의 제한된 기회, 가혹한 훈육 혹은 다른 심각한 부적절한 돌봄이 있었는지 평가되었다.

C. 병원의 돌봄이 확인되었고 치료계획에 이러한 우려를 관리하고 바로잡는 것과 아동을 보호하는 전략이 포함되었다.

D. 어떠한 병원의 돌봄도 확인되지 않았고, 이것은 내담자와 돌보는 사람에게 반영되었다.

9. 자살 내력을 검토하기 (9)

A. 내담자가 자살 충동을 느꼈던 (과거의) 경우를 검토했다.

B. 내담자의 현재 자살 충동상태를 검토했다.

C. 내담자가 이전에 자살 충동을 많이 느꼈던 것으로 나타났다.

D. 내담자가 심각한 자살 충동을 별로 많이 느끼지 않아 이것을 내담자에게 반영해 주었다.

10. 입원 조치 취하기 (10)

A. 내담자의 심리적 상태가 스스로에게 해를 끼칠 정도로 매우 위험한 것으로 판단되어 정신 병동 입원 조치를 준비했다.

B. 내담자가 자발적으로 정신 병동에 입원하는 것에 협조했다.

C. 내담자가 정신과 시설에 자발적으로 입원하는 것을 거부하여 (강제)구류 조치/입원 조치가 취해졌다.

11. 의사의 소견을 받아 보도록 의뢰하기 (11)

A. 기질적 원인에 의한 우울증 발병 가능성을 제외하기 위해 의사에게 진찰/신체검사를 받아 보도록 내담자에게 권고했다.

B. 의사의 소견을 의뢰한 것은 내담자에게 향정신성 약물을 처방할 필요가 있는지를 점검할 목적에서였다.

C. 내담자가 권고에 따라 의사의 진찰을 받았으며 향정신성 약물 처방이 필요한지 검사를 받았다.

D. 내담자가 항우울제 처방을 받았다.

E. 내담자가 의사의 향정신성 약물 처방을 거부했다.

12. 약물 효과를 모니터링하기 (12)

A. 내담자의 약물 투약 효과에 대해 논의했다.

B. 내담자가 약을 복용한 이후 우울증 증상이 줄어들고 감정상태가 안정됐다고 보고했고, 계속 약물치료를 받을 것을 내담자에게 장려했다.

C. 내담자가 약을 복용한 이후에도 아무런 개선을 못 느끼고 있다고 보고했으며, 이 사실을 약을 처방한 의사에게 전했다.

D. 내담자가 규칙적으로 약을 복용하라는 지시를 따르지 않아 약을 규칙적으로 복용하라는 지시를 다시 내렸다.

E. 내담자가 약을 처방한 의사나 정신과 전문의에게 약물의 부작용을 알려 주도록 장려했다.

F. 처방된 약물이 효과가 없고 처방전에 수정이 필요할 경우 약을 처방한 의사에게 연락하도록 권고했다.

13. 인지 행동 치료 이행 (13)

A. 인지 행동 치료 개념이 활용되었다.

B. 내담자는 인지, 우울감과 행동 사이의 연관성을 배우도록 도움을 받았다.

C. 내담자는 인지 행동 치료에 잘 반응했다.

D. 인지 행동 치료 기술은 내담자에게 도움이 되지 못했다.

14. 가능한 기술과의 만남 안내 (14)

A. 내담자의 부모와 가족 구성원들은 내담자가 배우고 있는 기술을 배우기 위한 지속적인/일시적인 만남을 위한 일정 계획을 받았다.

B. 가족 구성원들은 새롭게 배운 기술들의 지속적 사용을 어떻게 격려하고 가르치는지를 알도록 도움을 받았다.

C. 가족은 긍정적 가족 관계의 빈도를 늘리기 위해 기술을 사용하도록 격려되었다.

15. 치료의 이유를 가르치기 (15)

A. 내담자는 인지 행동 치료와 치료에 대한 이유를 배우는 데 도움이 되는 자료를 할당받았다.

B. 내담자는 치료의 이용과 그 뒤에 숨은 이유에 대한 토론에 참여했다.

C. 내담자는 **아동용 행동 학습장**(*The Children's Workbook for ACTION*)(Stark)의 일부를 할당받았다.

D. 내담자는 **나를 기쁘게 하는 학습장 : 슬퍼하고 우울해하는 어린이 돕기**(*My Feeling Better Workbook : Help for Kids Who Are Sad and Depressed*)(Hamil)의 일부를 할당받았다.

E. 부모는 치료의 이유에 대한 토론에 참여했다.

16. 인지적 재구성에 대한 교육 (16)

A. 내담자와 부모는 인지적 재구성에 대해 교육받았다.

B. 내담자와 부모는 우울함을 만드는 믿음에 관한 자동적인 생각에 대한 자기 관찰을 배웠다.

C. 내담자와 부모는 우울한 생각 패턴에 도전하기 위해 그에 반하는 증거들을 조사하고 그것을 현실에 기반한 대안들로 대체하는 방법을 배웠다.

D. 내담자는 아동 심리치료 과제계획서(Jongsma, Peterson, & McInnis)의 '부정적인 생각을 긍정적인 자기 대화로 대체하기' 활동을 할당받았다.

17. 자동적 사고 일기 쓰기 시키기 (17)

A. 우울한 기분에 관한 자동적 사고 일기를 매일 기록하도록 내담자에게 지시했다.

B. 우울한 기분에 관한 자동적 사고를 인식시키기 위해 **우울증의 인지치료**(*Cognitive Therapy of Depression*)(Beck et al.)[6]에 나오는 '역기능적 사고 기록지(Daily Record of Dysfunctional Thoughts)' 연습을 사용했다.

C. 소크라테스식 대화법을 사용해 내담자의 역기능적 사고에 의문을 제기하고, 긍정적이고 현실에 기반한 사고로 대체했다.

D. 내담자가 부정적인 사고를 보다 현실적이고 긍정적인 사고로 성공적으로 대체하여 이를 강화해 주었다.

---

6) 원호택 외 공역(1999), 우울증의 인지치료, 서울 : 학지사.

18. 행동 실험을 실시하기 (18)

A. 우울한 자동적 사고를 가설/예측으로 설정해 현실에 기반한 대립 가설을 반증하는 행동 실험을 실시해 보도록 내담자에게 권유했다.

B. 내담자의 우울한 자동적 사고를 내담자의 과거, 현재 그리고/또는 미래의 경험에 비추어 반증했다.

C. 내담자가 자신의 행동 실험의 결과를 이해하도록 도움을 주었다.

D. 보다 현실에 기반한 가설/예측을 검증한 이후 내담자가 그 경험에 고무되었다.

E. 내담자가 계속해서 우울한 자동적 사고에 집중하여 현실에 기반한 대안 가설의 행동상의 증거에 주목하도록 다시 지도했다.

19. 귀인 재교육 이행 (19)

A. 귀인 재교육이 진행되었는데, 내담자가 사건에 대한 부정적인 표현을 식별하고 더 긍정적이고 현실적인 대안을 제시하도록 배우는 교육이었다.

B. 내담자는 자신감과 조정된 행동이 증가하는 자신의 긍정적이고 현실 기반의 인지 메시지에 대하여 강화되었다.

C. 내담자는 청소년 심리치료 과제계획서(Jongsma, Peterson, & McInnis)의 '너의 능력, 특징, 성취 깨닫기 (Recognizing Your Abilities, Traits and Accomplishments)' 활동을 할당받았다.

D. 내담자는 아동 심리치료 과제계획서(Jongsma, Peterson, & McInnis)의 '긍정적인 자기 진술(Positive Self-Statements)' 활동을 할당받았다.

20. 진정 기술 교육 (20)

A. 내담자는 인지적·신체적 진정 기술을 배웠다.

B. 내담자는 차분하게 숨 쉬기, 인지적 거리 두기, 반파국화, 머리 식히기에 대해 배웠다.

C. 내담자는 점진적 근육 이완과 유도된 이미지를 학습했다.

D. 내담자는 기술을 어떻게 일상에 적용할 것인가를 예행연습하도록 도움을 받았다.

E. 내담자는 아동 심리치료 과제계획서(Jongsma, Peterson, & McInnis)의 '심호흡하기 연습(Deep Breathing Exercise)'을 할당받았다.

F. 내담자는 성공 사례를 검토하고 강화하도록 도움받았다.

G. 내담자는 인지적·신체적 진정 기술의 반복 성취를 위해 교정적 다시 챙겨주기를 받았다.

21. 점진적 근육 이완에 대한 책 읽기 할당하기 (21)

A. 내담자는 점진적 근육 이완에 대한 정보자료를 읽도록 할당받았다.

B. 내담자의 부모에게 점진적인 긴장이완기법에 관한 정보자료를 읽어 보도록 과제를 주었다.

C. 진정 전략에 대한 정보자료가 할당되었다.

D. 긴장이완과 스트레스 강도 연습장(Relaxation and Stress Reduction Workbook)(Davis, Robbins-Eshelman, & McKay)에 대한 정보자료가 검토되었다.

E. 대처 C. A. T. 시리즈(Coping C. A. T. Series)(WorkbookPublishing.com)에 대한 정보자료가 검토되었다.

F. 내담자와 부모는 할당된 정보자료를 읽었고 주요 개념이 검토되었다.

G. 점진적 근육 이완과 다른 진정 전략에 대한 정보가 내담자와 부모에 의해 검토되지 않아서 그렇게

하도록 다시 지시받았다.

22. 개인적 기술의 개발 (22)

A. 내담자는 일상의 스트레스 요인을 관리하는 가능성과 우울을 완화하는 데 도움을 주는 기술을 발전시키는 데 도움을 받았다.

B. 내담자는 문제 해결 기술을 배웠다.

C. 내담자는 갈등 해결 기술을 배웠다.

D. 내담자는 개인 기술의 향상에서의 성공을 강화받았다.

E. 내담자는 삶에서 더 큰 기능성을 경험했다고 말했고 그것으로 강화되었다.

F. 내담자는 더 큰 기능성을 증가시킬 수 있는 기술을 발전시키지 못했고 그렇게 하도록 재지시받았다.

23. 행동 활성화를 시작하기 (23)

A. 내담자가 즐거움을 느끼면서 숙달할 수 있는 활동 계획을 짜면서 행동 활성화를 하기 시작했다.

B. 내담자의 행동 활성화의 참여 유도를 위해 예행연습, 역할 연기, 역할 전환을 비롯한 여러 기술을 사용했다.

C. 내담자와 부모는 성인 심리치료 과제계획서(Jongsma)의 '기쁨 활동 확인하고 계획 세우기(Identify and Schedule Pleasant Activities)'를 할당받았다.

D. 내담자가 즐거움을 느끼면서 숙달할 수 있는 활동 계획을 짜는 데 성공한 것을 강화해 주었다.

E. 내담자가 즐거움을 느낄 만한 활동을 하지 않아 그런 활동을 하라고 다시 지시했다.

24. 사회적 기술 및 의사소통 기술을 향상하기 (24)

A. 수업, 역할 모델, 역할 연기 기술을 사용해 내담자의 사회적 및 의사소통 기술 향상을 도왔다.

B. 내담자의 사회적 및 의사소통 기술이 아동과 청소년을 위한 사회적 유능성 치료 요법(*Social Effectiveness Therapy for Children and Adolescents*)(Beidel, Turner, & Morris)에 묘사된 대로 향상됐다.

C. 내담자가 자신의 사회적 및 의사소통 기술을 향상시켰고, 이를 긍정적으로 강화해 주었다.

D. 내담자가 사회적 및 의사소통 기술 향상을 보이지 않아 이 분야에 대해 추가적인 다시 챙겨주기를 제공했다.

25. 사교적/레크리에이션 활동에 참여하도록 독려하기 (25)

A. 우울한 기분을 감소시키고 삶의 질을 높이기 위해 내담자에게 사교적 또는 오락 활동에 참여할 것을 강력히 권고했다.

B. 내담자가 삶의 질을 높이고 의미 있는 교우관계를 형성할 기회를 얻을 수 있는 사교적 또는 오락 활동 목록을 작성하는 데 도움을 주었다.

C. 아동 심리치료 과제계획서(Jongsma, Peterson, & McInnis)의 '또래와 인사하기(Greeting Peers)' 연습을 이용해 내담자가 자신의 삶을 풍요롭게 할 사교적 또는 오락 활동을 하는 것을 도왔다.

D. 아동 심리치료 과제계획서(Jongsma, Peterson, & McInnis)에서 제안한 '자신의 강점을 보여 주기' 연습을 이용해서 내담자가 자신의 삶을 풍요롭게 할 사교적 또는 오락 활동에 동참하는 것을 도왔다.

E. 내담자가 우울증을 감소시키는 데 도움이 되는 사교적 또는 오락 활동에 최근에 참여했다고 보고했다.

F. 내담자가 자신의 우울증과 낮은 자기 가치감 때문에 사교적 또는 오락 활동에 일절 참여하지 않았고,

이에 따라 내담자에게 추가적으로 지원해 주었다.

26. 치료감 느끼기 게임을 이용하기 (26)

A. 치료감 느끼기 게임을 이용해 내담자가 언어적 표현을 잘할 수 있도록 도왔다.

B. '말하기, 느끼기, 행동하기' 게임을 사용해서 내담자가 자신의 감정과 생각을 인식하고 표현하는 것을 도왔다.

C. 치료감 느끼기 게임이 내담자가 자신의 감정과 충족되지 못한 욕구를 인식하는 데 도움을 주었다.

D. 치료감 느끼기 게임을 한 후 내담자가 자신의 욕구를 충족시킬 수 있는 건설적인 방안을 인식하도록 도움을 주었다.

E. 치료감 느끼기 게임을 한 후 내담자가 중요한 타인에게 자신의 생각과 감정을 표현하도록 격려했다.

27. 현재의 갈등 명확하게 하고 해결하기 (27)

A. 내담자가 현재의 갈등과 문제를 명확하게 하는 것을 돕기 위해 비지시적, 내담자 중심 접근법이 사용되었다.

B. 내담자는 자신의 현재 갈등과 문제의 해결법을 만들어 내도록 도움받았다.

C. 내담자는 자신의 확인된 갈등과 문제의 해결법을 만들고 활용하는 노력을 지지받았다.

28. 개인적 정신역학 치료 시행 (28)

A. 상호 관계, 삶의 스트레스 요인, 비정상적 애착에 초점을 둔 채 개인적 정신역학 치료가 사용되었다.

B. 단기 역학 치료를 위한 기초 이론과 기술(*Basic Principles and Techniques for Short-Term Dynamic Psychotherapy*)에서 보인 개념에 따라 치료가 행해졌다.

29. 미해결된 슬픔을 조사하기 (29)

A. 내담자에게 슬픈 감정을 유발하는 과거의 상실 경험을 조사했다.

B. 내담자가 아직 해결하지 못한 슬픈 감정을 일으키는 과거의 상실 경험을 인식하도록 도움을 주었다.

C. 내담자의 미해결된 슬픔이 현재의 우울한 기분을 일으키는 것으로 보여 이 점에 각별히 집중했다.

30. 운동을 강화하기 (30)

A. 규칙적인 운동 계획을 내담자와 함께 작성했으며, 운동하기를 내담자의 일상에 포함시키는 근본적 목적을 설명해 주었다.

B. 내담자와 치료사가 우울증 감소 기술로서 매일 운동하기를 실천할 것을 약속했다.

C. 내담자가 규칙적으로 매일 운동을 했으며, 운동이 유익했다고 보고했다. 이러한 이점을 내담자에게 강화해 주었다.

D. 내담자가 규칙적인 운동을 일과에서 실천하지 않았고 이것을 실천하도록 다시 지시했다.

31. 재발 방지 기술을 기르기 (31)

A. 재발 주의 신호 익히기를 통해 내담자가 재발 방지 기술을 기르는 데 도움을 주었다.

B. 내담자에게 치료 시간에 배운 기술들을 일관성 있게 복습하라고 지시했다.

C. 내담자가 일상적으로 발생하는 우울증 조짐 관리를 위한 진행 계획을 세우는 데 도움을 주었다.

32. 자기 패배적 행동에 대한 이해를 평가하기 (32)

A. 내담자의 자기 패배적 행동에 대한 이해 수준을 평가했다.

B. 자기 패배적 행동이 우울증과 어떻게 연관되어 있는지 이해하고 있는 것을 설명해 보라고 내담자에게 요청했다.

C. 내담자에게 자신의 우울증 경험에 비추어 자기 패배적 행동을 적용해 보라고 요청했다.

D. 내담자가 자기 패배적 행동과 우울증에 대해 명확하게 이해하고 있는 점을 강화해 주었다.

E. 내담자가 자기 패배적 행동과 우울증의 관계를 이해하는 데 어려움을 겪었고, 이 영역에 대해서 내담자에게 치료적 다시 챙겨주기를 주었다.

33. 충족되지 않은 정서적인 욕구를 인식하기 (33)

A. 내담자가 자신의 충족되지 않은 정서적인 욕구를 인식하는 데 도움을 주었다.

B. 내담자의 행위표출 행동이 내담자의 충족되지 못한 욕구와 관련된 실제 갈등의 회피로 해석되었다.

C. 우울증 증상이 내담자의 충족되지 못한 욕구와 삶에서의 실제 갈등에 대한 회피의 일반적인 반영인 것으로 보였다.

D. 내담자가 자신의 충족되지 못한 감정적 욕구가 우울증과 행위표출 행동에 어떻게 악영향을 끼치는지 명확하게 이해하고 있어서 이 점에 대해 강화해 주었다.

34. 표면적 행동과 내적 감정 사이의 관계를 가르쳐 주기 (34)

A. 내담자에게 (표면적으로는) 화가 나고 짜증 난 행동과 (내적 감정으로서) 상처 또는 슬픔의 감정 사이의 관계를 가르쳐 줬다.

B. 내담자에게 아동 심리치료 과제계획서(Jongsma, Peterson, & McInnis)에서 제안한 '표면적 행동/내적 감정(Surface Behavior/Inner Feelings)' 연습을 수행시켜 자신의 화가 나고 짜증스런 행동, 행위표출 행동과 상처 또는 슬픔의 감정 사이의 연결 고리를 알아보도록 했다.

C. 내담자가 성공적으로 '표면적 행동/내적 감정' 과제를 완료했고 자신의 화나고 짜증스런 행동들이 상처 또는 슬픔의 감정과 어떻게 연결되는지를 인식하도록 도움을 주었다.

D. 내담자가 성공적으로 과제를 마쳤으며, 다른 신뢰하는 개인들과 자신의 상처받은 감정이나 슬픔을 공유했다고 보고했다.

E. '표면적 행동/내적 감정' 과제를 완수하지 못하면 다시 시도해 볼 것을 요구했다.

35. 상실의 두려움을 알아보기 (35)

A. 오늘 치료 회기에서는 내담자가 중요한 타인들로부터 버림받거나 사랑을 잃어버리는 것에 대한 내담자의 두려움을 알아보았다.

B. 내담자가 자신을 둘러싼 타인으로부터 버림받거나 사랑을 잃을지도 모른다는 두려움이 현실적인지 비현실적인지를 시험해 보도록 도와주었다.

C. 내담자가 중요한 타인들로부터 버림받거나 거절당할지도 모른다는 자신의 비이성적인 두려움에 의문을 제기하고 이를 극복하도록 돕기 위해 내담자에게 인지 재구조화 기법을 가르쳤다.

D. 정신분석적 치료 접근법을 도입해 내담자에게 잠재된 중요한 타인들로부터의 유기 또는 사랑의 상실에 대한 두려움을 진단했다.

E. 내담자가 상실의 공포를 가지고 있음을 인정했고, 이러한 감정을 언어로 표현하도록 지지와 격려를 해 주었다.

F. 내담자가 상실의 공포 존재를 부인했고, 다른 사람들이 이런 종류의 감정을 어떻게 경험하고 있는지에 대한 예를 내담자에게 조심스럽게 제시했다.

36. 자신의 삶에서 없는 면을 인지하기 (36)

A. 내담자의 삶에서 빠져 있어 개인적 불행을 야기하는 요소가 있는지를 내담자에게 물었다.

B. 내담자의 삶에는 없는 불행감과 우울감을 일으키는 요소를 인식하는 데 도움을 주었다.

C. 아동 심리치료 과제계획서(Jongsma, Peterson, & McInnis)의 '세 가지 소원 게임(Three Wishes Game)'을 해 보라고 내담자에게 지시했다.

D. 내담자의 삶에서 부족한 부분을 채울 방법을 찾기 위한 시도를 할 수 있도록 계획을 짰다.

E. 내담자에게 자신의 힘을 발휘하고 자신의 삶에서 부족한 부분을 극복해 나가도록 도와줄 것을 타인들에게 부탁하라고 격려해 주었다.

F. 내담자가 자신의 삶에서 부족한 부분이 있음을 인정하는 것을 거부했고, 이러한 면에 대해 계속 모니터링할 것을 내담자에게 권했다.

37. 과거에 겪었던 정서적 고통을 알아보기 (37)

A. 오늘 치료 회기 동안 내담자의 절망감과 낮은 자존감을 유발하는 과거에 겪었던 정서적 고통에 대해 알아보았다.

B. 내담자가 현재의 절망감과 낮은 자존감을 유발한 과거의 경험에 대한 자신의 고통스런 감정을 표현한 것에 대해 공감해 주고 지지해 주었다.

C. 긍정적인 자기 대화를 자신의 부정적 사고 방식을 상쇄하고 절망감을 극복하는 수단으로 사용할 것을 내담자에게 권했다.

D. 유도된 심상 기법을 가동해 내담자가 보다 밝은 미래를 마음속으로 그리도록 도왔다.

E. 내담자가 과거의 경험에 의한 감정적 고통을 겪고 있지 않다고 일관되게 부인했으며, 내담자가 감정적 고통을 겪을지도 모르는 영역에 대해 대략적인 예를 들어주었다.

38. 충족되지 못한 정서적인 욕구를 인식하고 욕구를 충족시키기 위한 계획 세우기 (38)

A. 내담자가 자신의 충족되지 못한 정서적인 욕구를 인식하도록 도움을 주었다.

B. 내담자가 자신의 충족되지 못한 욕구를 충족시킬 수 있는 구체적인 방법을 인식하도록 도움을 주었다.

C. 청소년 심리치료 과제계획서(Jongsma, Peterson, & McInnis)에 나오는 '충족되지 못한 정서적 욕구—인식과 충족' 연습을 하도록 내담자에게 지시했다.

D. 내담자가 청소년 심리치료 과제계획서, 제2판(Jongsma, Peterson, & McInnis)에 나오는 '충족되지 못한 정서적 욕구—인식과 충족(Unmet Emotional Needs—Identification and Satisfaction)' 연습을 완료했으며, 자신의 충족되지 못한 욕구를 인식하고 이를 충족하기 위한 몇 가지 효과적인 방법을 인지하도록 내담자에게 도움을 주었다.

E. 내담자가 연습 완료에 실패했으며 다시 연습을 수행하라고 지시했다.

39. 미술치료법을 사용하기 (39)

A. 미술치료법을 사용해 내담자가 자신의 우울한 기분을 표현하는 데 도움을 주었다.

B. 내담자의 미술작품이 내담자의 우울증 혹은 다른 아픈 감정의 원인을 밝히는 출발점으로 사용됐다.

C. 미술치료의 사용이 내담자가 자신의 우울한 기분을 표현하고 그 원인을 인식하는 데에 도움을 주었다.

D. 내담자의 미술작품을 검토했으나 해석할 만한 소재가 명확하지 않았다.

40. 동적 가족화 그리기 (40)

A. 내담자에게 동적 가족화(family kinetic drawing)를 그리게 해서 내담자의 우울감과 절망감을 유발하는 가족 내의 역학관계에 관한 통찰을 얻고자 했다.

B. 동적 가족화는 내담자의 우울감을 유발하는 가족 내의 역학관계를 알아내는 데 유용했다.

C. 내담자의 동적 가족화에 내담자가 다른 가족 구성원들로부터 느끼는 고립감과 소외감이 드러났으며, 이 점을 내담자에게 알려 주었다.

D. 내담자의 동적 가족화에 보다 친밀한 가족관계를 맺고 싶어 하는 내담자의 소망이 드러났으며, 이 점을 내담자에게 알려 주었다.

E. 내담자의 동적 가족화는 내담자가 자신의 부모를 지나치게 비판적인 사람이며 정서적 필요를 충족시킬 수 없는 대상으로 인지함을 보여 주었다. 이러한 면에 대해 내담자가 자신의 감정을 발현하도록 도와주었다.

F. 내담자의 우울증의 원인에 대한 통찰을 동적 가족화에서 발견하기가 어려웠다.

41. 갈등 표현을 촉진하기 (41)

A. 가족치료 회기를 실시해 내담자가 자신의 정서적인 욕구와 갈등을 가족 구성원과 중요한 타인들에게 예의 바르게 표현할 기회를 주었다.

B. 내담자가 자신의 욕구와 갈등을 표현한 것에 공감과 지지를 표명하도록 가족 구성원들을 격려했다.

C. 내담자와 가족 구성원들이 내담자의 감정적 욕구를 충족시킬 방법을 찾도록 도움을 주었다.

D. 내담자와 부모가 내담자가 자신의 생각, 감정, 욕구와 갈등을 예의 바르게 또는 무례하게 표현하는 방법을 구분 지을 수 있도록 도움을 주었다.

E. 내담자가 좀 더 적극적이고 덜 우울하기 위해 내담자가 간간히 약간 거친 표현을 쓰거나 반대되는 행동을 하더라도 이를 무시할 것을 부모에게 권장했다.

F. 내담자와 가족 구성원들이 내담자의 정서적인 필요를 충족시킬 방법을 찾는 데 도움을 주었다.

G. 내담자가 생각, 감정, 욕구와 갈등을 예의 바르게 표현하는 것을 부모가 격려해 주거나 돕거나 참지 못해서 이를 하도록 부모에게 다시 지시했다.

42. 학업 성취에 관한 노력을 격려하기 (42)

A. 내담자가 우울증을 완화시키고 자존감을 회복시키는 데 도움이 되는 학업 목표를 설정하도록 도움을 주었다.

B. 내담자가 우울한 기분을 상쇄시키고 자존감을 개선하기 위해 자신이 세운 학업 목표를 달성하도록 자극하고 격려했다.

C. 내담자와 부모가 내담자가 행동으로 옮기고 학업 성취를 달성하는 것을 돕기 위해 규칙적인 공부 시간

계획을 세우는 데 도움을 주었다.

　D. 내담자와 부모는 아동 심리치료 과제계획서(Jongsma, Peterson, & McInnis)의 '숙제 일과 짜기' 활동을 할당받았다.

　E. 내담자가 학업 목표를 달성하는 것을 강화시키기 위해 보상체계를 고안했다.

　F. 내담자가 체계적으로 계획을 수행하고 학업 목표를 달성할 수 있도록 내담자와 부모가 정기적으로 교사와 전화 통화를 하거나 경과 기록을 작성하도록 격려했다.

　G. 내담자와 부모가 내담자의 학업 성취도를 높이기 위해 개인 교사와 공부하는 것을 권장했다.

43. 수면 양태 조사 (43)

　A. 오늘날 수면치료 기간에 밤에 수면을 편안히 잘 수 있도록 하는데 간섭하는 요건들이 무엇인지를 조사한다.

　B. 내담자가 잠을 자려고 시도하기 전에 시끄럽지 않아야 잘 수 있다는 이유로 유도된 심상과 긴장이완기법을 이용해보도록 학습했다.

　C. 내담자와 부모는 내담자의 수면 양태를 추적하기 위해서 의료적 진단 받기를 원했다.

　D. 부모는 아동 심리치료 과제계획(Jongsma, Peterson, & McInnis)에서 설명한 아동기 수면 양태의 연습문제를 해보도록 요청했다.

　E. 부모와 내담자에게 내담자의 수면 양태를 관찰하는 것이 수면을 위해서 약물 치료의 필요성이나 약물 복용법을 바꾸는 데 도움이 될 것이라는 것을 알려 주었다.

　F. 내담자가 성공적 긴장이완 반응을 강화하기 위해서 근전계(筋電計, electromyographic, EMG)를 이용한 것이 밤에 편안하게 잠을 잘 수 있었다.

44. 음식 소비 점검하기 (44)

　A. 내담자와 부모에게 내담자의 음식 소비를 매일 기록하고 보관할 것을 지시했다.

　B. 내담자에게 체중이 감소되는 식사 패턴을 중단하고 영양가 있는 균형식을 하도록 격려했다.

　C. 내담자에게 영양사에게 식사에 대한 상담을 받아 보도록 요청했다.

　D. 오늘 받은 치료에서 내담자가 과식하는 데 영향을 끼치는 요건이 무엇인지 찾아보도록 요청했다.

　E. 충족되지 않은 음식 의존 욕구와 관련된 과식의 양태를 말로 표현해 보도록 격려했다.

45. 놀이 치료를 위해서 배려하기 (45)

　A. 놀이 치료에서 자신과 동료(친구)에 대한 감정을 표현하는 기회를 제공하기 시작했다.

　B. 내담자가 우울증, 불안, 불안정, 감정의 기저에 있는 것들을 표현할 수 있게 되었으며 놀이 치료를 생산적으로 이용하도록 말로 강화했다.

　C. 놀이 치료에서 분노 감정의 기저에 있는 것들을 표현하고 놀이 치료 기간에 생산적으로 이용할 것을 권고했다.

　D. 이 놀이 치료에서 내담자가 정서적으로나 정동적으로 반성함이 없이 놀이에 전념하는 것을 주목했다.

46. 놀이 치료에서 감성을 해석하기 (46)

　A. 내담자의 감정은 현재 생활에 대한 상황을 그가 어떻게 느끼는지와 관련성이 있으며, 오늘의 놀이 치료 회기에 대해서 해석해 보도록 요구했다.

B. 내담자가 놀이에서 이전에 경험했던 이별, 상실과 심리적 외상(外傷, trauma)과 관련된 슬픔에 대한 감정을 표현하도록 내담자를 강화했다.

C. 내담자의 놀이 치료가 문젯거리나 갈등을 극복하지 못하는 학습 무력감과 불안정감의 기저를 반영하는 것으로 해석했다.

D. 내담자의 놀이가 과거에 경험했던 이별, 상실감, 외상적 사건과 관련된 기저 감정(underlying feeling)을 반영하는 것으로 해석했다.

E. 내담자가 놀이에서 감정을 표현한 것으로 해석을 한 후에 무의미한 생활사건에 관한 그의 감정을 공개적으로 표현했다.

47. '세상을 변화시키는 세 가지 방안'에 대한 임무를 부여하기 (47)

A. 내담자가 '세상을 변화시키는 세 가지 방안(Three Way to Change the World)'에 대한 임무를 부여한 것이 아동 심리치료 과제계획서(Jonsma, Paterson, & McInnis)에서 제시한 기쁨, 평화, 자신의 생활에서 안정감을 증진시키는 데 도움이 되었음을 확인했다.

B. 내담자가 '세상을 변화시키는 세 가지 방안'의 연습에서 제안한 스트레스 유발 요인들(stressors)이나 우울증 감정에 영향을 끼치지 않는 불필요한 사건들에 잘 대처할 수 있게 되었음을 확인했다.

C. 내담자가 '세상을 변화시키는 세 가지 방안' 연습에서 치료사와 친밀감(rapport)을 형성하는 데 유익했었다고 말했다.

D. 내담자가 '세상을 변화시키는 세 가지 방안'에서 제안한 스트레스에 효과적으로 대처하거나 자신의 문제 해결을 보다 건전한 절차로 그리고 행동을 단계별로 대처하게 하는 데 큰 도움이 되었음을 확인했다.

E. 내담자가 '세상을 변화시키는 세 가지 방안'에서 소개한 자신의 우울증 발생에 기여하는 핵심 갈등 요인이 무엇인지를 검토하고 대처하는 데 유익했다고 밝혔다.[7]

---

7) 프랑스 정부에서는 2017년 10월 현대인들의 실존적 생활 스트레스 유발 원인인 '고독이라는 마음의 병'에 관한 예방, 치료, 심리상담 및 보살핌 관련 대책을 추진하기 위하여 최초로 선제적 역할을 담당할 '고독부 장관'을 임명했다는 뉴스가 전해졌다. 한국 사회에서도 필요성을 공감하며 용단이 부럽게 느껴지는 것은 사치일까.

공부에 지친 아이들 '소아우울증 주의보'

지난 4월 이 모 씨(37·여)는 초등학교 1학년생인 아들 김 모 군(8)이 다니는 음악학원 원장에게서 전화 한 통을 받았다. 김 군이 아프지도 않으면서 계속 아프다고 거짓말을 하고 친구들이 계속 자신을 따돌린다는데 실제로는 그러지 않았다는 내용이었다. 이 씨는 "원래 그 나이 아이들은 주의가 산만한 게 당연한 것 아니냐"고 따진 뒤 대수롭지 않게 넘겼다. 그런데 얼마 뒤 다른 학원 선생님도 "아이가 헛소리를 하는 것 같다"고 알려 왔다. 그제야 심각성을 깨달은 이 씨는 아이를 병원에 데려갔다. 김 군은 '소아우울증'이라는 진단을 받았다. 김 군은 세 달째 치료 중이다.

성인들에게도 심각한 '우울증'이 아동에게까지 번지고 있다. 21일 건강보험심사평가원과 국민건강보험공단에 따르면 지난해 소아우울증 진단을 받은 5~14세 아동은 5,698명으로 집계됐다. 2014년 6,341명, 2015년 5,402명 등 6,000명 안팎의 환자가 꾸준히 발생하고 있다.

성인우울증이 무기력감·피로감·의욕상실·식욕장애 등 내향성 증상을 동반한다면 소아우울증은 짜증·고통 호소·과격한 반응·환청·망상 등 비교적 외향성 증상으로 나타난다. 이를 아직 어리기 때문에 나타나는 현상으로 치부해 자녀가 우울증에 걸렸다는 사실을 인지하지 못하는 부모가 적지 않다.

이소희 국립중앙의료원 정신건강의학과 교수는 "소아·청소년의 우울감 경험은 성인에 비해 3배가량 높다"면서 "아이가 평소와 달리 웃지 않거나 말이 없고 짜증을 내면 우울증을 의심해 볼 필요가 있다"고 조언했다.

이런 가운데 부모의 '과도한 교육열'이 소아우울증의 원인으로 꼽혀 주목된다. 우울증에 걸린 김 군은 국어·영어·음악·미술·태권도 등 13곳의 학원을 다녔던 것으로 파악됐다. 초등학교 1학년생인데도 오후 9시를 훌쩍 넘겨 귀가했다. 이 씨는 "아이가 바보가 되는 게 싫어서 닥치는 대로 학원에 등록했다"면서 "다닌 지 한 달 만에 이상 증세가 나타났다"고 전했다.

사교육비 지출 규모로 서울에서 상위권에 드는 양천구와 강남·서초·송파구의 소아우울증 진단 환자 수(지난해 기준)는 71~82명으로, 하위권인 성동·금천·서대문구(5~16명)에 비해 6~7배 많다.

안동현 한양대병원 정신건강의학과 교수는 "학업 스트레스는 소아우울증의 주요 유발 요인 중 하나"라면서 "놀지 못하는 아이들이 속병을 앓고 있는 것"이라고 진단했다.

지난 2017년 7월 17일 육아정책연구소가 발표한 5세 아동의 평균 학습시간은 2시간 55분으로 나타났다. 김은영 육아정책연구소 연구위원은 "아이들이 놀 권리를 보장받지 못하고 있다"면서 "사교육에 많이 노출될수록 우울, 불안, 위축 등의 증상을 야기할 수 있다"고 주장했다(서울신문 2017. 7. 22.).

제12장 분열적 행동/관심 끌기 행동

내담자 소개

1. 부정적인 관심 끌기 행동 (1)[1)]

A. 부모와 교사가 내담자가 반복적으로 어리석은 행동, 미성숙 또는 퇴행성 행동, 큰 소리로 말하기, 부적 절한 소리나 몸짓 취하기를 하면서 부정적인 관심을 끌려는 시도를 한다고 보고했다.

B. 내담자가 오늘 치료 회기 동안 어리석고 미성숙한 행동을 하면서 부적절한 소리나 몸짓 취하기를 하며 분열적인 태도를 보였다.

C. 내담자가 최근에 자기통제력을 더 강하게 보이기 시작했고 분열적, 부정적인 관심 끌기 행동을 하지 않았다.

D. 내담자가 오늘 치료 시간에 자기통제를 잘하는 모습을 보였고 분열적, 부정적인 관심 끌기 행동을 많이 하지 않았다.

E. 내담자가 자신의 파괴적 또는 부정적인 관심 끌기 행동의 빈도를 크게 줄이는 모습을 보였다.

2. 충동성 (1)

A. 부모와 교사가 내담자가 자신의 욕구의 즉각적인 충족을 추구하고 행동 결과를 잘 고려하지 못하는 모습을 자주 보이는 매우 충동적인 사람이라고 보고했다.

B. 내담자의 충동성이 분열적 행동, 과도한 수다 그리고 불쑥 말대답하기로 나타났다.

C. 내담자가 자신이 충동을 억제하는 데 어려움을 겪고 있으며, 자신이 즉각적인 환경에서 일어나는 것에 반응하는 경향이 있음을 인정했다.

D. 내담자가 최근 자신의 충동 조절 능력을 향상시키고 즉각적인 욕구 충족을 지연시키기를 시작했다.

E. 내담자가 일관성 있게 충동 조절을 잘 해내는 모습을 보였다. 이것은 자신이 행동하기 전에 행동을 먼저 멈추고 자기 행동으로 인한 여러 가지 결과에 대해 생각하는 능력이 향상된 것이 그 증거이다.

---

1) 괄호 안의 숫자들은 아동 심리치료 치료계획서(*The Child Psychotherapy Treatment Planner*), 제5판(Jongsma, Peterson, McInnis, Bruce 공저, 2014년, Hoboken, NJ : Wiley)에서 동일한 제목을 지닌 관련 장의 치료 중재의 숫자와 연결된다.

3. 산만한 수업 태도 (2)

A. 부모와 교사가 내담자가 어리석고 미성숙하고 부정적인 관심 끌기 행동을 하며 교실 분위기를 자주 혼란시킨 과거 행동에 대해 묘사했다.

B. 내담자가 종종 부적절한 때에 불쑥 말대답을 해서 수업 분위기를 혼란시켰다.

C. 내담자가 최근 자기통제를 좀 더 잘하는 모습을 보였고 교실에서 분열적 행위를 덜 하기 시작했다.

D. 내담자가 자신의 분열적 혹은 부정적인 관심 끌기 행동을 교실에서 나타내는 빈도를 크게 줄였다.

E. 교사가 내담자가 친사회적 및 책임감 있는 행동으로 일관성 있게 긍정적인 관심을 받았다고 보고했다.

4. 과제 외 행동2) (2)

A. 교사가 분열적 행동 때문에 내담자가 수업 시간에 집중한 채로 있는 것을 어려워하고 제시간에 과제를 완수하는 데 어려움을 겪는다고 보고했다.

B. 내담자가 오늘 치료 시간에 집중한 채로 있는 데 어려움을 겪었고 한 주제에서 다른 주제로 자주 주제를 옮겨 갔다.

C. 부모와 교사가 내담자를 집과 학교에서 과제로 다시 집중시켜야 하는 일이 빈발했다고 보고했다.

D. 내담자가 오늘 치료 시간에 주의를 기울이고 주의집중을 잘했다.

E. 내담자가 일관성 있게 좋은 집중력을 보였고 규칙적으로 학교 과제를 완수했다.

5. 성가신/적대적인 행위 (3)

A. 내담자가 타인을 골리고, 조롱하고, 허물을 들추며 성가시거나 적대적인 행동을 반복적으로 했다.

B. 내담자의 동료 및 형제자매와의 관계가 내담자의 성가신 혹은 적대적인 행동 때문에 악화됐다.

C. 부모와 교사는 내담자가 자신의 성가신 혹은 적대적인 행동이 형제자매와 동료 관계에 부정적인 영향을 끼친다는 것을 거의 또는 전혀 알지 못한다고 보고했다.

D. 내담자가 최근 자신의 성가신 또는 적대적인 행동이 타인에게 부정적인 영향을 끼침을 인식하기 시작했다.

E. 내담자가 성가신 혹은 적대적인 행동의 빈도와 강도를 크게 줄였다.

6. 공유, 협력 및 규칙을 따르는 데 실패함 (4)

A. 내담자가 놀이나 게임 활동에서 합의된 규칙을 따르지 못해 형제자매나 동료들과 갈등을 일으키는 반복된 행동을 보였다.

B. 내담자의 동료와 형제자매 관계가 내담자의 미성숙함, 요구성과 부정적 관심 끌기 행동으로 악화되었다.

C. 내담자가 자신의 어리석고, 미성숙하고 또는 분열적 행동이 형제자매/동료 관계를 세우고 유지하는 자신의 능력을 방해한다는 것을 인지하기 시작했다.

D. 내담자가 좀 더 협조적이고, 자신의 것을 기꺼이 나누려고 하며, 놀이나 게임 활동 시간에 규칙을 잘 따르려고 함에 따라 내담자의 형제자매 및 동료 관계가 진전되기 시작했다.

E. 내담자가 긍정적인 형제자매 및 동료 관계를 설정하고 유지했다.

---

2) 역자 주 : 탈과제적 행동이라고도 함.

7. 과도한 불평과 요구 (4)

A. 내담자가 불평을 늘어놓고 자신의 방식대로 다른 사람들이 하기를 요구하는 반복적인 행동 양상을 보였다.

B. 내담자가 오늘 치료 시간에 투덜거렸고, 가족 구성원들과의 상호작용에 요구하는 것이 많았다.

C. 내담자가 자신의 투덜거리는 태도, 불평 및 요구하는 행동이 다른 사람을 성가시게 하거나 짜증 나게 하는지 거의 인지하지 못했다.

D. 내담자가 자신의 과도한 불평과 요구 사항이 다른 사람을 성가시게 하거나 짜증 나게 한다는 것을 인지하기 시작했다.

E. 내담자가 투덜거림, 불평 그리고 요구하는 행동을 보이는 빈도를 크게 줄였다.

8. 반항 행동/불순종 (5)

A. 부모와 교사가 내담자가 종종 집과 학교에서 상식적인 요구 사항을 고집스럽게 거부한다고 보고했다.

B. 내담자가 종종 한계를 시험하고 집과 학교에서 권위자가 세운 규칙을 무시한다.

C. 오늘 치료 시간에 내담자가 고집스럽고, 완고한 모습이었다.

D. 내담자가 규칙에 좀 더 순종하고 학교와 집에서 권위자의 부탁을 따르기 시작했다.

E. 내담자가 일관성 있게 규칙을 따르고 학교와 집에서 권위자의 부탁을 따랐다.

9. 따지기를 좋아함 (6)

A. 부모와 교사가 내담자가 이것저것 까다롭게 따지는 성격이라고 설명했다.

B. 부모는 내담자가 종종 논쟁에서 물러서는 것을 거부하고 마지막 말은 꼭 자신이 해야 하는 성격이라고 보고했다.

C. 내담자가 오늘 치료 시간에 화가 나고 짜증 난 얼굴이었으며, 논쟁을 위한 논쟁을 하고 싶어 하는 것처럼 보였다.

D. 내담자가 고의적으로 논쟁하거나 길게 따지지 않으면서 최근 자신의 분노 조절을 더 잘하기 시작했다.

E. 내담자가 가족 구성원, 동료 또는 어른 권위자들과 벌이는 논쟁의 빈도와 강도가 크게 줄었다.

10. 비난/투사 (6)

A. 부모와 교사가 내담자가 자신의 분열적인 행동에 대한 책임을 받아들이는 데 어려움을 겪으며 종종 자신의 서투른 결정을 다른 사람의 탓이나 외부 요인 탓으로 돌린다고 보고했다.

B. 내담자가 오늘 치료 시간에 방어적으로 보였고 자신의 서투른 결정과 분열적 행동에 대한 핑계를 대거나 다른 사람 탓으로 돌렸다.

C. 내담자가 최근 자신의 행동에 대한 책임감을 더 많이 보이기 시작했으며 자신의 분열적 행동을 다른 사람 탓으로 돌리는 일이 줄었다.

D. 내담자가 자신의 잘못을 오늘 치료 시간에 시인했고 자신의 행동에 대한 책임을 받아들이겠다고 언어로 표현했다.

E. 부모와 교사가 내담자가 일관성 있게 학교와 집에서 자신의 행동에 대한 책임을 수용했다고 보고했다.

11. 민감성의 부족 (7)

A. 부모와 교사가 내담자가 자신의 분열적 혹은 부정적인 관심 끌기 행동이 타인에게 부정적 영향을 끼치

는 것에 대해 거의 또는 전혀 감지 혹은 인지하지 못한다고 보고했다.

B. 내담자가 오늘 치료 시간에 그의 대인관계 문제에 대해 이야기를 나눌 때 타인의 사고, 감정, 느낌에 대해 거의 민감하게 반응하거나 공감하지 못하는 모습을 보였다.

C. 내담자가 주로 자신의 즉각적인 욕구 충족을 추구했고 자신의 행동이 타인에게 영향을 끼칠 수도 있음을 고려하지 못했다.

D. 오늘 치료 시간에 내담자가 자신의 분열적 그리고 충동적 행동이 타인에게 어떤 식으로 부정적인 영향을 끼쳤는지를 이해했다고 언어로 표현했다.

E. 내담자가 최근에 타인의 생각, 감정, 욕구에 대해 공감과 민감성을 표현하기 시작했다.

12. 사회적 신호에 대한 인지 부족 (8)

A. 내담자의 서투른 사회적 기술이 동료 간의 우정을 형성하고 유지하는 능력을 방해했다.

B. 내담자의 서투른 사회적 기술이 중요한 사회적 신호의 인지 부족 그리고/또는 기대되는 사회적 규범을 따르는 데 실패하는 것으로 나타났다.

C. 내담자가 중요한 사회적 신호나 인간관계의 뉘앙스를 파악하지 못해 형제자매 및 동료와 잦은 말다툼이나 언쟁에 휘말렸다.

D. 내담자가 자신의 사회적 기술(예 : 진지하게 경청하기, 다른 사람을 칭찬하기, 다른 사람에게 먼저 양보하기)을 향상시키기 시작했다.

E. 내담자가 바람직한 사회적 기술을 보였고 형제자매, 동료, 어른들과 일관성 있게 잘 지냈다.

13. 부적절한 접촉/참견하는 행동 (9)

A. 부모와 교사가 내담자가 동료 및 형제자매로부터 내담자가 그들을 부적절하게 만지거나 사적인 공간에 침입한다는 무수한 항의를 받았다고 보고했다.

B. 내담자가 오늘 치료 시간 동안 다른 사람들과의 상호작용에 참견했다.

C. 내담자가 최근 타인의 사적인 공간에 대해 더 존중하는 모습을 보이기 시작했고 참견하는 행동을 하지 않았다.

D. 내담자가 자신의 부적절한 접촉 또는 참견하는 행동의 빈도를 크게 줄이는 모습을 보였다.

중재 실행

1. 심리검사 실시/의뢰하기 (1)[3]

A. 정서적인 요소 혹은 ADHD가 내담자의 분열적, 적대적, 성가신 혹은 부정적인 관심 끌기 행동의 원인인지를 판단하기 위해 심리검사를 실시했다.

B. 내담자가 비협조적이었고 검사를 실시하는 동안 저항했다.

C. 내담자가 정직하고 솔직한 태도로 심리검사에 임했고 자신에게 요구된 어떠한 요청에도 협조적이었다.

D. 심리검사의 다시 챙겨주기를 내담자, 부모, 학교 관계자에게 전달했고 적절한 중재에 대해 논의했다.

---

3) 괄호 안의 숫자들은 **아동 심리치료 치료계획서**(*The Child Psychotherapy Treatment Planner*), 제5판(Jongsma, Peterson, McInnis, Bruce 공저, 2014년, Hoboken, NJ : Wiley)에서 동일한 제목을 지닌 관련 장의 치료 중재의 숫자와 연결된다.

E. 검사 결과 내담자에게 ADHD가 있는 것으로 나타났고, 이것이 내담자의 분열적, 적대적, 성가시게 하는 행동 및 부정적 관심 끌기 행동에 영향을 끼친 것으로 나타났다.

F. 검사 과정 중 내담자의 분열적, 부정적 관심 끌기 행동에 영향을 끼치는 정서적 문제 혹은 ADHD가 나타나지 않았다.

2. 적대적 반항장애 또는 품행장애 평가/치료하기 (2)

A. 내담자에게 적대적 반항장애(ODD) 혹은 품행장애(CD) 증상이 있는지 평가를 실시했다.

B. 치료 청구인이 상당한 적대적 반항장애 증상을 경험하고 있는 것으로 나타났고, 이 조건에 치료가 집중되었다.

C. 치료 청구인이 상당한 품행장애 증상을 경험하고 있는 것으로 나타났고, 이 조건에 치료가 집중되었다.

D. 심각한 적대적 반항장애 또는 품행장애 증상이 나타나지 않았다.

3. 심리교육 평가를 실시/의뢰하기 (3)

A. 내담자가 학교에서 분열적이고 부정적인 관심 끌기 행동을 하는 것이 학습장애일 가능성을 배제하기 위해 심리교육 평가를 실시했다.

B. 내담자가 심리교육 평가 동안 비협조적이었고 노력하는 모습을 보이지 않았다.

C. 내담자가 심리교육 평가 동안 협조적이었고 최선을 다하려는 의지를 보였다.

D. 심리교육 평가의 다시 챙겨주기를 내담자, 부모, 학교 관계자에게 전달했고 적절한 중재 실행에 대해 논의했다.

E. 심리교육 평가 결과 학습장애가 있는 것으로 드러났고 특수교육이 필요한 것으로 판명됐다.

F. 평가 결과 내담자의 분열적, 부정적인 관심 끌기 행동에 영향을 끼치는 학습장애의 존재가 나타나지 않았다.

4. 통찰력 수준의 평가 (4)

A. 내담자는 보이는 문제들을 향한 통찰 수준으로 평가되었다.

B. 내담자는 보이는 문제들에 관하여 그의 통찰의 동조적인 본성 대 이질적인 본성에 따라 평가되었다.

C. 내담자는 행동과 증상에서 문제가 되는 본성에 대한 좋은 통찰을 하도록 보여 주었다.

D. 내담자가 다른 사람들의 우려에 동의하는 것이 목격되어 변화에 힘쓰도록 동기유발되었다.

E. 내담자는 묘사된 문제에 대해 양면성이 있음이 드러났고 그 문제들을 우려사항으로 보는 것을 꺼렸다.

F. 내담자는 문제 영역의 인식에 관해 저항적인 것으로 나타났고, 걱정하지 않았으며, 변화에 대한 동기가 없었다.

5. 관련 장애의 평가 (5)

A. 내담자는 연구 기반의 관련 장애들의 증거에 의해 평가되었다.

B. 내담자는 자살에 대한 취약성 수준으로 평가되었다.

C. 내담자는 동반장애를 가진 것으로 확인되었고, 치료는 이를 처리할 수 있도록 조정되었다.

D. 내담자는 또 다른 관련 장애가 있는지 평가되었지만 아무것도 발견되지 않았다.

6. 문화적으로 혼란스러운 문제에 대한 평가 (6)

A. 내담자는 그의 임상 행동을 더 잘 이해하도록 도울 수 있는 나이 관련 쟁점으로 평가되었다.

B. 내담자는 그의 임상 행동을 더 잘 이해하도록 도울 수 있는 성별 관련 쟁점으로 평가되었다.

C. 내담자는 그의 임상 행동을 더 잘 이해하도록 도울 수 있는 문화의 증후군, 고통의 문화적 관용구, 혹은 문화적으로 감지된 사건으로 평가되었다.

D. 다른 요인들이 내담자의 현재 정의된 '문제 행동'에 기여할 것이라고 확인되었고 이 요인들은 그의 치료에 반영되었다.

E. 내담지의 현재 징의된 '문세 행동'을 설명할 수 있는 문화적 기반 요인들은 조사되었지만 중대한 요인은 발견되지 않았다.

7. 장애의 심각성 평가 (7)

A. 내담자의 장애의 심각성은 보호의 적절한 정도를 결정하기 위해서 판단되었다.

B. 내담자는 사회적·관계적·교육적인 노력에서의 손상 정도로 평가되었다.

C. 내담자는 그의 장애가 자신의 기능에 가볍거나 중간 정도의 영향을 끼친다는 것을 알았다.

D. 내담자는 그의 장애가 자신의 기능에 심각하거나 더 심각한 영향을 끼친다는 것을 알았다.

E. 내담자의 치료의 효율성과 적절성, 그리고 장애의 심각성은 꾸준히 평가되었다.

8. 병원의 돌봄 평가 (8)

A. 병원의 돌봄과 관심으로 내담자의 집, 학교, 지역사회가 평가되었다.

B. 내담자의 다양한 환경은 아동의 욕구에 지속적인 무관심, 돌보는 사람의 잦은 변화, 안정적 애착의 제한된 기회, 가혹한 훈육 혹은 다른 심각한 부적절한 돌봄이 있었는지 평가되었다.

C. 병원의 돌봄이 확인되었고 치료계획에 이러한 우려를 관리하고 바로잡는 것과 아동을 보호하는 전략이 포함되었다.

D. 어떠한 병원의 돌봄도 확인되지 않았고, 이것은 내담자와 돌보는 사람에게 반영되었다.

9. 부모의 역할과 범위를 강화하고 명확하게 하기 (9)

A. 오늘 가족치료 시간은 부모가 명확하게 정의된 규칙을 세우고 적절한 부모-자녀의 범위를 설정해 내담자의 분열적, 적대적이고 성가신 행동 및 부정적인 관심 끌기 행동을 다룰 수 있도록 돕는 데 초점을 맞췄다.

B. 부모는 **아동 심리치료 과제계획서**(Jongsma, Peterson, & McInnis)의 '일관된 부모 되기(Being a Consistent Parent)' 활동을 할당받았다.

C. 내담자가 분열적, 적대적이고 성가신 행동 및 부정적인 관심 끌기 행동을 한 것에 대해 내담자가 겪어야 할 마땅한 결과가 무엇인지를 인식하도록 부모에게 도움을 주었다.

D. 부모가 적절하고도 합리적인 규칙과 내담자가 집에서 따라야 할 기대치를 인식하는 데 성공함에 따라 긍정적인 다시 챙겨주기를 제공했다.

E. 부모가 내담자의 분열적, 적대적이고 성가신 행동 및 부정적인 관심 끌기 행동에 따른 마땅한 결과를 인식하는 것에 어려움을 겪었고 이 분야에 대한 예를 부모에게 제시했다.

F. 갈등과 대립을 회피하려는 부모의 욕망 때문에 그들이 내담자의 분열적, 적대적, 성가신 행동 및 부정

적인 관심 끌기 행동에 한계를 설정하는 것에 실패했음을 인정했다. 부모에게 좀 더 규칙적인 한계를 설정하고 실시하도록 지시했다.

10. 명확한 규칙을 설정하기 (10)

A. 집과 학교에서 내담자를 위한 규칙과 기대를 설정하는 것에 대해 가족치료 시간을 실시했다.

B. 내담자의 부모, 교사와 함께 학교 환경에서의 규칙과 기대치를 확인하기 위해 협의회를 열었다.

C. 내담자에게 적용되는 규칙과 기대를 이해한다는 것을 보여 주기 위해 규칙을 반복해서 말할 것을 요구했다.

D. 내담자가 집과 학교에서의 규칙과 기대치를 따르겠다고 언어로 동의를 한 것에 대해 긍정적인 다시 챙겨주기를 제공했다.

E. 내담자가 부모와 교사가 세운 규칙과 기대치에 동의하지 않음을 언어로 표현했지만, 내담자의 의견 불일치에도 불구하고 규칙을 강화했다.

11. 욕구 충족을 지연하도록 가르치기 (11)

A. 가족치료 시간에 부모에게 집안의 기강을 강화시키는 법을 가르쳐서 내담자가 즉각적인 욕구 충족을 지연시키는 것을 도울 수 있도록 했다.

B. 부모가 내담자에게 가사일 또는 숙제를 완수하기 전에는 사회적 활동, 레크리에이션 혹은 여가 활동을 할 수 없다는 규칙을 세운 것을 지지해 주었다.

C. 부모가 내담자의 책무 완수 실패에 따른 대가를 인식한 것을 지지해 주었고, 내담자가 이런 결과를 인식했음을 언어로 표현했다.

D. 내담자가 즐거운 활동에 참여하기 전 가사일과 숙제를 완성할 예상 날짜와 시간을 담은 스케줄을 내담자와 부모가 작성하도록 도움을 주었다.

E. 부모에게 교사와 정기적으로 소통을 하여 내담자에게 주어진 큰 과제나 장기 프로젝트에 대한 정보자료를 얻도록 권유했다.

F. 부모가 내담자의 즉각적 욕구 충족 지연을 돕기 위해 집안의 기강을 강화하지 않아 이를 실시할 것을 다시 지시했다.

12. 부모, 학교 관계자들과 협의하기 (12)

A. 부모, 교사, 학교 관계자들과 함께 내담자의 충동성 억제 및 학업 성취도 향상 그리고 학급에서의 긍정적 행동 증가를 위한 중재를 고안하고 실행하는 것에 대해 협의했다.

B. 내담자를 교실 첫 번째 줄에 앉혀서 주의 분산을 막고 과제 집중 행동을 향상시키자는 제안이 나왔다.

C. 협의 후 교사가 내담자를 자주 불러서 잦은 다시 챙겨주기를 주기로 합의했다.

D. 내담자의 학습 문제해결에 노력하는 교사를 도와주기 위해서 내담자와 자문 협의를 가질 것을 권고했다.

E. 협의 후, 교사들이 내담자의 학업 및 사회적 진전에 대해 알려 주는 주간 보고를 가정으로 가정 통신문을 보내기로 동의했다.

13. 부모에게 독서 지시하기 (13)

A. 부모에게 효과적인 훈육 기법에 대한 지식을 높이기 위해 독서 과제를 내주었다.

   B. 부모에게 1-2-3 마법 : 미취학아동과 사춘기 직전 아이들을 길들이기(*1-2-3 Magic : Training Your Preschoolers and Preteens to Do What You Want*)[4](Phelan), 반항하는 아이를 양육하는 Kazdin의 방법 (Kazdin), 주장적 훈육법(*Assertive Discipline for Parents*)(Canter & Canter) 중에서 부모가 예시한 육아 지침서 한 권 이상을 읽도록 지시했다.

   C. 오늘 치료 시간에 부모와 함께 독서 과제를 점검했다.

   D. 부모가 독서 과제로 나온 책(들)이 바람직한 훈육 기법에 대한 지식을 높이는 데 도움이 되었다고 보고했다.

   E. 부모가 독서 과제로 나온 책(들)이 내담자가 자신에게 기대된 바를 명확하게 이해할 수 있도록 내담자를 위해 명확한 규칙을 설정하는 것의 중요성을 일깨워 주는 데 도움이 되었다고 보고했다.

   F. 부모에게 독서를 통해 배운 훈육 기법을 쓰도록 강하게 권유했다.

14. 부모가 칭찬하도록 독려하기 (14)

   A. 부모에게 내담자가 긍정적인 사회적 행동을 보이고 충동 조절을 잘할 때 자주 칭찬과 긍정적 강화를 실천하도록 독려했다.

   B. 부모는 부모가 교사되기 : 아동 다루기 프로그램(Becker)의 일부분을 읽도록 할당받았다.

   C. 부모에게 내담자의 분열적 혹은 충동적 행동에 주로 초점을 맞추는 대신 내담자를 칭찬할 기회를 찾도록 도전 의식을 심어 주었다.

   D. 오늘 치료 회기에서는 부모가 내담자에게 칭찬과 긍정적 강화를 하기가 왜 어려운지 그 이유를 살펴보았다.

15. 보상체계/유관 계약 고안하기 (15)

   A. 내담자와 부모가 내담자로부터 원하는 긍정적인 행동을 강화하기 위해 줄 수 있는 보상 목록을 열거하는 데 도움을 주었다.

   B. 내담자의 긍정적인 사회적 행동을 강화하고 분열적 혹은 부정적인 관심 끌기 행동을 방지하기 위한 보상체계를 고안했다.

   C. 내담자의 수업 과제 및 숙제 완성 빈도를 높이기 위해 보상체계를 고안했다.

   D. 내담자와 부모가 내담자의 분열적 또는 부정적인 관심 끌기 행동에 따른 대가를 적시한 유관 계약에 서명했다.

   E. 내담자와 부모가 내담자의 학교 과제 및 숙제 미완성의 대가를 적시한 유관 계약에 서명했다.

   F. 내담자와 부모가 내담자의 행동을 조형하기 위한 보상체계/유관 계약을 개발하지 않았고, 이런 실패의 원인을 시정하는 문제를 해결했다.

16. 토큰 경제를 고안하고 실행하기 (16)

   A. 내담자의 긍정적인 사회적 행동을 증가시키고 분열적 또는 부정적인 관심 끌기 행동을 방지하기 위해 집에서 실시할 토큰 경제를 고안했다.

   B. 내담자와 부모가 토큰 경제에서 제시한 조건에 합의했고 집에서 이것을 실시할 것을 따르겠다고 동의

---

4) 역자 주 : 위에 소개된 책의 개정판으로 추정되는 *1-2-3 Magic : Effective Discipline for Children 2-12*의 우리말 번역서는 손혜숙 역(2001), 잔소리 안 하고 아이 길들이는 엄마의 마법 1-2-3, 서울 : 아름드리 미디어.

했다.

  C. 내담자의 긍정적인 사회적 행동을 증가시키고 분열적 또는 부정적인 관심 끌기 행동을 방지하기 위해 교실에서 실시할 토큰 경제를 고안했다.

17. 자기통제 전략을 가르치기 (17)

  A. 내담자에게 행위표출 및 부정적인 관심 끌기 행동을 하고 싶은 충동을 억제하는 데 도움이 되도록 명상 및 자기통제 전략(예 : 이완 기법, '멈추기, 듣기, 생각하기, 행동하기')을 가르쳤다.

  B. 내담자에게 행위표출 행동 및 부정적인 관심 끌기 행동을 하고 싶은 충동을 억제하기 위해 적극적인 경청 기법을 사용하도록 격려했다.

  C. 내담자에게 즉각적으로 반응하려는 충동을 억제하는 것의 장점을 지목해 보도록 지시했다.

  D. 내담자가 자신의 충동성을 조절하기 위해 자기통제 전략을 성공적으로 썼다고 보고함에 따라 긍정적인 다시 챙겨주기를 주었다.

  E. 내담자가 자기통제 전략을 쓰지 않았고, 이런 전략을 사용하는 데 방해가 되는 문제를 해결했다.

18. 자기 점검표를 사용하도록 격려하기 (18)

  A. 내담자에게 자신의 충동 조절 및 사회적 기술을 향상시키기 위해 자기 점검표를 사용하도록 권장했다.

  B. 내담자의 충동 조절 및 사회적 기술 향상을 위해 학급에서 자기 점검표를 사용하는 것에 대해 교사와 협의했다.

  C. 내담자의 충동 조절 및 사회적 기술 향상을 위해 자기 점검표를 사용하는 것과 관련해서 보상체계를 활용하도록 부모와 교사에게 지시했다.

  D. 내담자가 자기 점검표의 사용이 충동 조절 및 사회적 기술 향상에 도움이 되었다고 보고했다.

  E. 내담자가 자기 점검표를 사용하지 않아서 이 방법을 사용하도록 내담자에게 상기시켰다.

19. 내담자에게 독서 과제 내주기 (19)

  A. 내담자와 부모에게 충동 조절 향상에 관한 책을 읽도록 지시했다.

  B. 내담자가 자신의 충동 조절력을 향상시키는 법을 익히도록 돕기 위해 내담자와 부모에게 나는 이렇게 곰곰이 생각하는 법을 배웠어요(*How I Learned to Think Through*)(Shapiro)를 읽도록 지시했다.

  C. 오늘 치료 회기에서 내담자가 충동 조절을 배우고 잠시 멈춰서 부정적, 사회적 행동에 따라 발생할 수 있는 결과에 대해 생각하는 능력을 향상시키는 것을 돕기 위해 이렇게 곰곰이 생각하는 법을 배웠어요를 읽었다.

  D. 책을 읽은 뒤 내담자는 자신의 충동을 억제하는 효과적인 방법을 깨달을 수 있었다.

  E. 내담자는 아동 심리치료 과제계획서(Jongsma, Peterson, & McInnis)의 '부정적 주의 집중 행동의 이유 (Reasons for Negative Attention-Seeking Behaviors)' 행동을 할당받았다.

  F. 내담자에게 독서 과제를 읽으면서 배운 대처 전략을 연습하도록 강하게 권면했다.

  G. 내담자가 독서 과제로 나온 책이 자신의 부정적, 사회적인 행동으로 자신을 비롯한 타인에게 어떤 식으로 부정적인 영향을 끼치는지를 인식하는 데 도움이 되었다고 언어로 표현했다.

20. 성가신 행동 및 분열적 행동에 맞서기 (20)

  A. 내담자의 성가신 행동과 분열적 행동이 자신과 타인에게 어떤 식으로 부정적인 영향을 끼치는지에

대해 단호하고도 일관성 있게 내담자에게 제시했다.

B. 내담자에게 자신의 성가신 혹은 분열적인 행동의 부정적인 결과를 열거하도록 지시했다.

C. 내담자가 자신의 성가신 행동 또는 분열적 행동이 타인에게 얼마나 부정적인 영향을 끼치는지 깨닫도록 도움을 주기 위해 오늘 치료 시간에 역할 전환 기법을 사용했다.

D. 내담자에게 성가신 행동 또는 분열적 행동을 한 것에 대해 타인에게 사과하도록 지시했다.

21. 분열적 행동과 부정적 결과에 대한 인식을 발전시키기 (21)

A. 내담자가 분열적 행동이 자신 및 타인에게 어떤 식으로 부정적 결과를 일으키는지 인식하도록 도움을 주었다.

B. 내담자가 행위표출 충동 및 부정적 관심 끌기 행동을 억제하는 대처 전략을 개발하는 것을 돕기 위해 내담자와 부모에게 아동 심리치료 과제계획서(Jongsma, Peterson, & McInnis)에 나오는 '멈추기, 생각하기, 행동하기' 연습을 하도록 지시했다.

C. 내담자가 자신의 분열적 행동이 자신과 타인에게 얼마나 부정적인 영향을 끼치는지 깨닫도록 도움을 주기 위해 '멈추기, 생각하기, 행동하기' 연습을 지시했다.

D. 내담자가 '멈추기, 생각하기, 행동하기' 연습이 행위표출 행동 및 분열적 행동에 대한 충동을 억제하는 데 도움이 되었다고 보고했으며 이런 진전의 이점을 검토했다.

22. 책임을 수용하도록 가르치기 (22)

A. 내담자에게 자신의 성가신 행동 또는 분열적 행동을 타인의 탓으로 돌리는 것을 멈추도록 일관성 있게 제시하고 도전 의식을 심어 주었다.

B. 내담자에게 자신의 분열적 행동이 자신과 타인에게 어떤 식으로 부정적인 결과를 일으키는지 열거하도록 지시했다.

C. 내담자가 반감을 사거나 분열적 태도로 행위표출 행동을 하는 것과 대비해 타인의 갈등을 해결하고 자신의 욕구를 충족시키는 효과적인 방법을 인식하도록 도움을 주었다.

D. 내담자에게 자신이 가족 구성원, 교사 또는 동료들에게 잘못한 행동을 언어로 시인하도록 지시했다.

23. 감정과 행동을 연결하기 (23)

A. 치료 시간에 내담자가 자신에게 내재된 고통스러운 감정이 자신의 성가신 행동 또는 분열적 행동과 어떤 식으로 연결되어 있는지 인식하도록 도움을 주었다.

B. 내담자는 아동 심리치료 과제계획서(Jongsma, Peterson, & McInnis)의 '표면적 행동/내적 감정' 활동을 할당받았다.

C. 내담자가 자신의 분열적 행동 또는 충동적 행동이 내재된 슬픔, 상처, 실망감과 연결되는지를 알아보는 통찰력을 발달시키는 데 도움을 주었다.

D. 역할 연기와 본뜨기(modeling) 기법을 사용해서 내담자가 자신의 내재된 고통스런 감정을 표현하는 올바른 방법을 보여 주었다.

E. 내담자가 분열적 또는 성가신 행동과 대비해 자신의 감정을 표현하고 욕구를 충족시키는 적절한 방법을 열거하는 데 도움을 주었다.

24. 의사소통 및 자기주장 기술을 가르치기 (24)

A. 내담자가 적절한 언어 표현과 긍정적인 사회적 행동을 통해 주목받고 인정받고 싶은 욕구를 충족시키는 방법을 배우도록 효과적인 의사소통 기술 및 자기주장 기술을 내담자에게 가르쳤다.

B. 역할 연기 기법을 사용해서 주목받고 인정받고 싶은 내담자의 욕구를 충족시킬 효과적인 방법을 설계했다.

C. 내담자는 아동 심리치료 과제계획서(Jongsma, Peterson, & McInnis)의 '사회적 기술(Social Skills)' 활동을 할당받았다.

D. 내담자가 자신의 욕구를 효과적으로 언어로 표현하기 위해 공격적인 언사와 대비해 '나 전달법'과 자기주장법을 활용하도록 격려했다.

E. 내담자가 주목받고 인정받고 싶은 욕구를 충족시킬 적절한 때와 부적절한 때를 구분해서 인식하도록 도움을 주었다.

F. 내담자가 자기주장을 하는 것과 지나치게 요구하는 것을 구분 짓도록 도움을 주었다.

G. 내담자가 자기주장 기술을 사용하는 것에 실패했고 이 분야에 대해 교정적인 정보자료를 제공했다.

25. 긍정적 행동 관찰 및 기록하기 (25)

A. 부모와 교사에게 치료 회기 사이에 내담자의 긍정적 행동을 관찰하고 기록하도록 지시했다.

B. 부모와 교사에게 내담자가 긍정적인 행동을 할 때 강화해 주도록 적극 독려했다.

C. 내담자가 자존감을 높이고 부모와 교사의 인정을 얻으면서 타인으로부터 칭찬을 받기 위해 긍정적인 행동을 계속하도록 내담자를 적극 독려했다.

D. 격려에도 불구하고 부모가 내담자의 긍정적인 행동을 관찰하고 기록하거나 강화하는 일을 거의 하지 않았다.

26. 긍정적인 사회적 행동을 했던 시기를 찾아보기 (26)

A. 내담자와 부모가 과거에 내담자가 긍정적인 사회적 행동을 하고 분열적인 행동을 거의 하지 않았던 시기가 있었음을 인지하는 데 도움을 주었다.

B. 내담자에게 과거에 자신의 충동을 조절하거나 지연시키기 위해 사용해서 효과를 봤던 방법과 유사한 대처 전략을 사용하도록 권장했다.

C. 치료 시간을 통해서 내담자가 과거에 강한 가족 지원을 받고 긍정적인 동료 집단과 어울릴 때 더 강한 자기통제를 보이고 올바른 행동을 했음이 드러났다.

27. 변할 수 있다는 사고를 소개하기 (27)

A. 오늘 치료 시간에 '말썽 피우는 것을 멈춘다면 무엇을 하고 싶은가?'라는 질문을 던지면서 내담자가 변할 수 있다는 의견을 제시했다.

B. 치료 시간에 '말썽 피우는 것을 멈춘다면 무엇을 하고 싶은가?'라는 질문에 대한 내담자의 응답을 다루는 것에 초점을 맞췄다.

C. 내담자는 아동 심리치료 과제계획서(Jongsma, Peterson, & McInnis)의 '긍정적 주의를 얻는 방법 찾기 (Finding Ways to Get Positive Attention)' 활동을 할당받았다.

D. 내담자가 미래의 긍정적 행동 변화 달성 목표를 세우도록 도움을 주었다.

E. 내담자가 자신의 목표 또는 원하는 행동 변화를 달성시키기 위한 행동 계획을 세우는 데 도움을 주었다.

F. 내담자가 가진 몇 가지 강점과 미래에 목적을 달성하고 말썽 피우는 일이 없도록 하기 위해 사용할 수 있는 방법을 인지하도록 내담자에게 도움을 주었다.

28. 앞으로 발생할 수 있는 스트레스 요인을 알아보기 (28)

A. 내담자가 미래에 부정적 행동을 재발시킬 수 있는 스트레스 요인 또는 낙담 요인을 찾아내는 데 도움을 주었다.

B. 내담자와 가족 구성원들이 현재와 유사한 스트레스가 많은 사건이나 낙담하게 하는 상황에 처할 때 성공적으로 사용할 수 있는 대처 전략을 알아보는 동안 적극적 경청 기법을 사용했다.

C. 유도된 심상 기법을 사용해 내담자가 미래에 발생할지도 모르는 잠재적 문제를 해결하고 스트레스 유발 요인에 어떻게 대처할 수 있는지를 머릿속에 그려 내는 데 도움을 주었다.

D. 미래에 문제 또는 스트레스 유발 요인을 만났을 때 가족 구성원들과의 상담 그리고/또는 가족 구성원이나 중요한 타인의 지원을 얻도록 내담자에게 권유했다.

29. 가족 내의 역학관계를 알아보기 (29)

A. 가족체계 안에 내담자의 분열적, 부정적인 관심 끌기 행동을 유발하는 역학관계가 있는지를 알아보기 위해 가족치료 시간을 실시했다.

B. 가족에게 부정적인 영향을 끼쳤던 스트레스 유발 요인들을 열거하도록 가족 구성원들에게 지시했다.

C. 가족 구성원들에게 가족 내에서 바꾸고 싶은 항목들을 말하도록 지시했다.

D. 가족 구성원들이 가족 내의 스트레스 유발 요인에 대해 논의하는 것에 조심스러운 태도를 보였고 이 분야에 대해 다시 챙겨주기를 제공했다.

30. 부모-자녀 놀이치료를 실시하기 (30)

A. 부모-자녀 관계의 질을 평가하기 위해 부모-자녀 놀이치료(예 : 치료 시간에 부모가 참여하기)를 실시했다.

B. 부모-자녀 관계의 질을 향상시키는 것을 돕기 위해 부모-자녀 놀이치료를 실시했다.

C. 부모-자녀 놀이치료가 내담자의 분열적 행동 또는 성가신 행동을 유발하는 요인들에 대한 부모의 인지도를 향상시키는 데 도움이 되었다.

D. 부모-자녀 놀이치료가 내담자의 욕구에 대한 부모의 민감도를 향상시키는 데 도움이 되었다.

E. 부모-자녀 놀이치료가 내담자와 부모 간의 관계를 강화시키는 데 도움이 되었다.

31. 자녀 활동에 관여하지 않는 부모의 참여도 높이기 (31)

A. 자녀 활동에 관여하지 않는 부모가 치료 회기에 참석했고, 내담자와 여가, 학교 또는 집안 활동에 함께 하는 시간을 늘리도록 부모에게 도전 의식을 심어 주었다.

B. 내담자가 자녀 활동에 관여하지 않는 부모와 함께 시간을 더 많이 보냈으면 좋겠다는 자신의 욕구를 직접적으로 언어로 표현한 것에 대해 지지해 주었다.

C. 내담자와 부모 간에 소원한 관계를 만드는 요소가 무엇인지 조사했다.

D. 무심한 부모가 내담자와 보내는 시간을 늘리겠다는 다짐을 언어로 표현한 것에 대해 강화해 주었다.

E. 무심한 부모에게 다음 치료 시간 이전까지 내담자와 함께 여가활동을 하거나 야외활동을 하라는 과제

를 내주었다.

F. 무심한 부모가 내담자와 보내는 시간을 늘리겠다는 약속을 지키지 않았고, 이 중요한 약속을 한 것을 다시 부모에게 상기시켜 주었다.

32. 증상 연기하기를 처방하기 (32)

A. 내담자의 부정적인 관심 끌기 행동의 힘이나 목적을 꺾을 의도로 역설적 개입을 실시했다.

B. 부정적 행동의 고정된 패턴을 흩뜨리는 것에 도움이 되도록 내담자에게 매일 일정 시간 동안 혹은 특정 시간대에 성가신 행동 또는 분열적인 행동을 하도록 지시했다.

C. 내담자의 성가신 행동과 분열적 행동의 빈도를 감소시키는 것에 역설적 개입이 도움이 됐다.

D. 내담자와 부모가 역설적 개입을 실시하는 것에 실패했고, 이를 다시 시도하도록 지시했다.

33. 가족 학대 내력을 조사하기 (33)

A. 신체적 · 성적 학대 또는 물질 남용의 전력이 있는지 내담자의 가족 배경을 살펴보았다.

B. 내담자가 치료 시간에 가족에게 일어난 일들 중 긍정적인 일이든 부정적인 일이든 자신에게 중요한 사건이 있었는지를 떠올리면서 연대표를 작성하는 데 도움을 주었다.

C. 내담자에게 집의 어느 곳에서 학대가 발생했는지 도표를 작성해 보도록 지시했다.

D. 가족 구성원의 약물 · 알코올 사용이 있었는지의 범주를 평가하기 위해 진단 면담을 실시했다.

E. 다른 가족 구성원들 중에도 학대를 당한 사람이 있는지를 알아보기 위해 치료 시간에 가족 가계도를 그렸다.

34. 방임 또는 학대와 관련된 감정을 알아보기 (34)

A. 내담자에게 오늘 치료 시간에 과거의 방임, 학대, 분리 또는 유기에 관한 감정을 표현할 기회를 주었다.

B. 내담자에게 과거의 방임, 학대, 분리 또는 유기에 관한 자신의 감정을 보여 주는 그림을 그리도록 지시했다.

C. 내담자에게 과거의 방임, 학대, 분리 또는 유기에 관한 자신의 생각과 감정을 기록하는 일기를 쓸 것을 지시했다.

D. 내담자가 과거의 학대, 방임, 분리 또는 유기에 관한 감정을 표현한 것에 공감해 주고 지지해 주었다.

E. 내담자가 방임이나 유기에 관한 감정을 표현하는 것에 조심스러운 태도를 보였고, 이것을 정상화했다. 내담자에게 말할 수 있을 것 같은 기분이 들면 감정을 표현하도록 격려했다.

35. 아동중심 놀이치료 접근법을 실천하기 (35)

A. 내담자가 과거의 학대, 방임, 분리 또는 유기와 관련된 감정을 표현하고 이겨 내는 것을 돕기 위해 아동중심 놀이치료 접근법을 실시했다.

B. 내담자가 놀이를 통해 자신의 감정을 표현하는 동안 내담자에게 무조건적 긍정적 배려와 따뜻한 수용을 주었다.

C. 놀이에서 드러난 내담자의 감정을 도덕적 판단 없이 내담자에게 들려주었다.

D. 내담자의 놀이가 과거의 방임과 학대에 대해 강한 분노, 상처, 슬픔을 반영하는 것으로 나타났다.

E. 내담자의 놀이가 과거의 분리나 유기에 대해 강한 분노, 상처, 슬픔을 반영하는 것으로 나타났다.

36. 빈 의자 기법을 사용하기 (36)

A. 내담자가 과거의 방임, 학대, 분리 또는 유기에 대한 분노와 슬픔을 표현하고 이겨 내는 것을 돕기 위해 빈 의자 기법을 사용했다.

B. 빈 의자 기법이 내담자로 하여금 과거의 방임, 학대, 분리 또는 유기에 관한 분노와 슬픔을 인식하고 이겨 내는 데 도움이 되었다.

C. 내담자가 빈 의자 기법 사용을 불편해했고, 과거의 방임, 학대, 분리 또는 유기에 관한 자신의 감정을 털어놓기를 꺼렸다.

D. 빈 의지 기법이 내담자가 분노, 슬픔 그리고 학대 가해자에 대한 상처를 발산하는 데 도움이 되었다.

E. 빈 의자 기법이 내담자가 자신을 방임 혹은 유기한 부모에 대한 감정을 표현하는 데 도움이 되었다.

37. 긍정적인 동료 집단 활동에 참여하도록 독려하기 (37)

A. 내담자에게 방과 후 활동이나 긍정적인 동료 집단 활동에 참여해 건강한 방식으로 분노를 배출하고 사회적 기술을 향상시키고 자존감을 높이도록 강하게 권유했다.

B. 내담자는 **아동 심리치료 과제계획서**(Jongsma, Peterson, & McInnis)의 '긍정적 주의를 얻는 방법 찾기' 활동을 할당받았다.

C. 내담자가 방과 후 활동 또는 자신에게 의미 있는 우정 형성의 기회를 줄 긍정적인 동료 집단 활동의 목록을 작성하는 데 도움을 주었다.

D. 내담자가 자신의 부적절감과 불안감이 방과 후 활동 또는 긍정적인 동료 집단 활동에 참여하는 것을 꺼리게 만든다고 인정한 것에 대해 지지를 해 주었다.

E. 내담자가 방과 후 활동에 참여한 것이 분노를 건강한 방식으로 배출하는 데 도움이 되었다고 보고했고 이런 진전의 이점을 강조했다.

F. 내담자가 긍정적인 동료 집단 활동에 참여하는 것이 의미 있는 우정을 쌓는 데 도움이 되었다고 보고했고 이러한 관계의 이점을 검토했다.

38. 집단치료에 참여하도록 권유하기 (38)

A. 내담자에게 사회적 판단과 대인관계 기술을 향상시키기 위해 집단치료에 참여할 것을 권유했다.

B. 내담자에게 집단치료 시간 동안 적어도 한 번은 자기노출을 하라는 지시를 했다.

C. 내담자에게 집단치료 시간 동안 타인의 생각, 감정, 욕구에 대해 공감과 관심을 표현하도록 격려했다.

D. 내담자가 집단치료에 참석하지 않았으나, 이 중요한 방법의 이점에 대해 내담자에게 상기시켜 주었다.

39. '너와 나 : 사회적 기술 게임' 놀이하기 (39)

A. 내담자가 긍정적인 사회적 기술을 익히도록 도움을 주기 위해 '너와 나 : 사회적 기술 게임(You & Me : A Game of Social Skills)'(Shapiro) 놀이를 했다.

B. '너와 나 : 사회적 기술 게임'을 한 후 내담자가 긍정적인 사회적 기술을 깨닫도록 도움을 주었다.

C. 내담자에게 '너와 나 : 사회적 기술 게임'에서 배운 한 가지 사회적 기술을 다음번 치료 시간 전까지 적어도 세 가지 상황에서 연습하는 숙제를 내주었다.

D. 내담자가 '너와 나 : 사회적 기술 게임'을 긍정적 사회적 기술을 익히는 즐거운 방법으로 여겼다.

E. '너와 나 : 사회적 기술 게임'이 내담자의 사회적 판단을 향상시키는 데 도움이 되었다.

40. 이타적 행동을 하도록 지시하기 (40)

A. 내담자에게 타인의 생각, 감정, 욕구에 대한 공감과 민감성을 높이기 위해 다음번 치료 시간 전까지 이타적 행동 또는 배려하는 행동을 세 가지 시도해 보는 과제를 내주었다.

B. 내담자에게 다음번 치료 시간까지 형제자매에게 상냥한 행동 또는 배려하는 행동을 하는 과제를 내주었다.

C. 내담자에게 학교에서 동료에게 친절 베풀기 과제를 내주었다.

D. 오늘 치료 시간은 내담자가 타인에게 공감 또는 친절함 베풀기 과제를 수행한 것을 강화하는 것에 초점을 맞췄다.

E. 내담자가 이타적 혹은 배려하는 행동 하기 과제를 완수하지 못한 것을 내담자의 타인에 대한 공감 및 타인의 안녕에 대한 관심 부족을 반영한 것으로 해석했다.

41. '돕기, 나누기, 돌보기' 게임 놀이하기 (41)

A. 오늘 치료 시간에는 내담자와의 라포 형성을 돕기 위해 치료의 첫 단계에서 내담자와 함께 '돕기, 나누기, 돌보기(Helping, Sharing, and Caring)' 게임(Gardner)을 했다.

B. 오늘 치료 시간에는 내담자의 공감 및 타인의 안녕에 대한 관심을 증가시키기 위해 '돕기, 나누기, 돌보기' 게임을 내담자와 함께했다.

C. '돕기, 나누기, 돌보기' 게임을 한 후 내담자에게 다음 치료 시간까지 형제자매나 동료들에게 세 가지 친절을 베푸는 과제를 내주었다.

D. '돕기, 나누기, 돌보기' 게임이 내담자로 하여금 타인의 생각, 감정, 필요에 좀 더 공감하고 민감하도록 도움을 주었다.

42. 놀이치료에서 나타난 감정을 해석하기 (42)

A. 내담자의 부정적인 관심 끌기 행동을 야기하는 내재된 감정을 탐구하고 해석하기 위해 개별 놀이치료 시간을 가졌다.

B. 놀이가 내담자의 강한 분노를 반영하는 것으로 나타났다.

C. 놀이가 내담자의 내재된 슬픔, 상처, 실망감을 반영하는 것으로 나타났다.

D. 내담자의 놀이가 자신의 행동이 통제를 벗어날 것에 대한 내재된 불안감을 반영하는 것으로 나타났다.

E. 놀이에서 표현된 내담자의 감정을 해석했고 집과 학교에서의 내담자 행동과 연관 지었다.

43. 정신분석학적 놀이치료를 활용하기 (43)

A. 내담자에게 자신의 분열적 행동에 영향을 끼치는 핵심 갈등이나 불안감을 이겨 내고 해소할 기회를 주기 위해 정신분석학적 놀이치료를 실시했다.

B. 오늘 치료 시간에 놀이치료에서 드러난 전이 문제를 점검하고 다루었다.

C. 내담자의 놀이가 내담자의 분열적이고 부정적인 관심 끌기 행동에 영향을 끼치는 내재된 문제들에 대한 통찰을 보여 주는 것으로 나타났다.

D. 놀이에서 표현된 내담자의 감정을 해석해 내담자의 현 상황과 연관시켰다.

E. 정신분석학적 놀이치료 회기가 내담자가 자신의 분열적 행동을 유발하는 문제들을 이겨 내고 해결하는 데 도움을 주었다.

44. 상호 이야기하기 기법을 활용하기 (44)

A. 내담자가 인정을 받고 동료들로부터 수용되기 위한 바람직한 방법을 설정하기 위해 손인형, 인형 또는 봉제 동물인형을 사용하는 상호 이야기하기 기법을 활용했다.

B. 내담자가 적극적으로 상호 이야기하기 연습에 참여했다.

C. 내담자가 상호 이야기하기 기법을 동료들로부터 인정과 수용을 얻는 재미있고 이로운 방법이라고 인식했다.

D. 상호 이야기하기 기법을 마친 후 내담자가 동료들로부터 인정 및 수용을 얻기 위한 바람직한 방법을 복습했다.

E. 상호 이야기하기 기법을 마친 후 내담자에게 이야기에서 설정된 긍정적인 사회적 기술을 다음 치료 시간 전까지 적어도 세 번 연습하는 과제를 내주었다.

45. '인생 채색 기법'을 활용하기 (45)

A. 행위표출 행동 대신 자신의 감정을 인지하고 언어로 표현하는 내담자의 능력을 향상시키기 위해 '인생 채색(Color Your Life)' 기법(O'Connor)을 사용했다.

B. 내담자가 색채를 사용하여 인생에서의 중요한 사건에 관한 슬픈 감정을 보여 주는 그림을 그렸다.

C. 내담자가 색채를 사용하여 인생에서의 중요한 사건에 관한 강한 분노를 보여 주는 그림을 그렸다. 내담자의 작품을 이용해 내담자의 감정에 대해 이야기했다.

D. 그림 그리기를 마친 후 내담자가 인생에서의 중요한 사건에 대한 감정을 언어로 표현한 것에 지지를 해 주었다.

E. 부모에게 집에서 내담자가 인생에서의 중요한 사건에 관한 감정을 인지하고 언어로 표현하는 것을 돕기 위해 '인생 채색 기법'을 활용하도록 권장했다.

46. 약물치료를 위한 검사에 의뢰하기 (46)

A. 내담자의 충동 조절 향상과 기분 안정을 위해 약물치료를 하도록 내담자에게 권유했다.

B. 내담자와 부모가 약물치료를 받는 것에 동의했다.

C. 내담자와의 논의를 통해 내담자가 자신의 충동 조절 향상 및 기분 안정을 위한 약물치료에 강한 반감을 가지고 있음이 드러났다.

D. 내담자와 부모가 약물이 내담자의 충동 조절 및 기분 안정에 도움이 되었다고 보고했다. 아울러서 약물치료를 계속해 보도록 격려했다.

E. 내담자와 부모가 약물치료가 내담자의 행동에서 원하는 변화를 일으키지 않았다고 보고했으며, 이 점을 약물을 처방한 임상의사에게 전달했다.

제13장　이혼에 대한 반응

내담자 소개

1. 한쪽 부모와의 연락이 감소함 (1)[1]

A. 부모의 별거 또는 이혼 이후 내담자의 한쪽 부모와의 연락이 뜸하거나 끊겼다.

B. 내담자가 한쪽 부모와의 연락이 뜸하거나 끊긴 것에 대해 이야기하는 것을 조심스러워하고 꺼렸다.

C. 내담자가 한쪽 부모와의 연락이 뜸하거나 끊긴 것에 대해 슬픔, 상처, 실망감을 표현했다.

D. 내담자가 한쪽 부모와의 연락이 제한적인 것에 대한 강한 분노를 언어로 표현했다.

E. 내담자가 한쪽 부모와의 연락이 뜸하거나 끊긴 것에 대한 감정의 많은 부분을 이겨 냈다.

2. 이별 이후 정서적 고통 (2)

A. 내담자가 종종 한쪽 부모와의 이별을 걱정할 때마다 정서적 고통에 크게 시달리는 모습을 보였다.

B. 오늘 치료 시간에 내담자에게 부모와의 이별에 대해 물었을 때 눈에 띄게 속상해하고 강하게 항의하기 시작했다.

C. 내담자가 한쪽 부모와의 이별에 관해 종종 성질 폭발을 보였다.

D. 내담자가 이혼으로 인해서 예상되는 부모와의 이별에 대하여 많은 부정적 스트레스(disstress)를 나타내지 않았으며 이별에 효과적으로 대응하고 침착하게 행동했다.

E. 내담자가 큰 고통을 보이지 않고도 오늘 치료 시간에 효과적으로 부모와의 이별을 할 수 있었다.

3. 집을 옮기는 것에 관한 정서적 고통 (2)

A. 내담자가 종종 한 부모의 집에서 다른 부모의 집으로 이사하는 것에 대해 높은 정서적 고통에 시달리는 모습을 보였다.

B. 내담자가 종종 한 부모의 집에서 다른 부모의 집으로 옮기기 전후에 성질 폭발을 보인다고 부모가

---

1) 괄호 안의 숫자들은 아동 심리치료 치료계획서(*The Child Psychotherapy Treatment Planner*), 제5판(Jongsma, Peterson, McInnis, Bruce 공저, 2014년, Hoboken, NJ : Wiley)에서 동일한 제목을 지닌 관련 장의 치료 중재의 숫자와 연결된다.

보고했다.

   C. 내담자가 종종 다른 부모의 집으로 옮기기 전에 한 부모와 지내면 안 되느냐고 간청하거나 항변했다.

   D. 내담자가 서서히 부모의 집으로 왔다 갔다 하는 것에 더 효과적으로 대처하기 시작했다.

   E. 내담자가 일관성 있게 한 부모의 집에서 다른 부모의 집으로 옮겨 갈 때 높은 정서적 고통을 보이지 않고도 옮길 수 있게 되었다.

4. 방문 일정 잡기 (2)

   A. 내담자가 가족체계 안에서 아동 방문 일정 조정에 관해 갈등이나 불화가 많이 일어난다고 보고했다.

   B. 내담자가 자신에 대한 양육권이 없는 부모와의 방문 일정에 불만을 표현했다.

   C. 내담자가 양육권이 없는 부모와 더 많은 시간을 보내고 싶어 하는 소망을 표현했다.

   D. 내담자가 양육권이 없는 부모를 방문하는 대신 동료들과 어울리는 것을 선호한다고 언어로 표현했다.

   E. 부모가 내담자의 사회적·감정적 욕구를 충족시키는, 일관성 있지만 유연한 방문 일정을 세우고 유지했다.

5. 유기/이별에 대한 두려움 (3)

   A. 내담자가 부모로부터 버림받거나 이별하게 될 것에 대해 끊임없이 불안해한다.

   B. 내담자가 오늘 치료 시간에 유기에 대한 두려움을 표현했다.

   C. 내담자가 부모로부터 떨어지게 될 것에 대한 걱정을 표현했다.

   D. 내담자가 양육권을 가진 부모와 이별하게 될까 봐 계속 불안해하는데, 이것은 부분적으로 양육권을 갖지 않은 부모와의 접촉이 한정되어 있기 때문이다.

   E. 내담자가 부모로부터 버림받거나 이별하게 될 것에 대한 두려움과 걱정을 성공적으로 이겨 내고 해결했다.

6. 비탄과 슬픔 (4)

   A. 내담자가 부모와의 별거 또는 이혼 이후 비탄과 슬픔의 감정을 크게 경험하고 있다.

   B. 내담자가 부모와 별거나 이혼에 대해 이야기할 때 눈에 띄게 슬퍼 보였다.

   C. 내담자가 별거나 이혼에 관한 비탄과 슬픈 감정을 이겨 내기 시작했다.

   D. 내담자가 오늘 치료 시간에는 좀 더 기뻐하고 만족해하는 정서를 보였다.

   E. 내담자가 느끼는 우울한 감정의 빈도와 정도가 최근 들어 크게 줄었다고 보고했다.

7. 낮은 자존감 (4)

   A. 내담자의 자존감이 부모의 별거 또는 이혼 이후 크게 낮아졌다.

   B. 내담자가 낮은 자존감, 부적절감, 불안감을 느낀다고 언어로 호소했다.

   C. 내담자가 자신의 자존감을 높이고 긍정적인 자아상을 설정하기 위한 조치를 실시하기 시작했다.

   D. 내담자가 오늘 치료 시간 동안 긍정적인 자기 기술적 문구를 말했다.

   E. 내담자가 부모의 별거 또는 이혼에 관한 자신의 감정의 많은 부분을 이겨 낸 후 긍정적인 자아상을 설정했다.

8. 사회적 위축 (4)

A. 내담자가 부모의 별거 또는 이혼 이후 상당히 많이 위축되고 고립되었다.

B. 내담자가 오늘 치료 시간 동안 매우 조용하고 위축되어 보였으며 대화를 먼저 시작한 경우가 거의 없었다.

C. 내담자가 점점 동료들과 더 자주 어울리기 시작했다.

D. 내담자가 오늘 치료 시간에 이야기를 많이 했고 외향적으로 행동했다.

9. 죄의식/자기비난 (5)

A. 내담자가 자신의 행동이 부모의 이혼에 부분적으로 영향을 끼쳤다는 죄의식을 표출했다.

B. 내담자가 계속해서 자신이 부모의 이혼의 원인이 되는 행동을 했다거나 부모의 이혼을 막는 것에 실패했다는 비합리적인 관념에 사로잡혀 있다.

C. 내담자가 부모의 별거나 이혼에 관한 자신의 죄의식을 이겨 내기 시작했다.

D. 부모가 그들의 별거나 이혼이 내담자의 탓이 아니라고 언어로 표현했다.

E. 내담자가 성공적으로 자신의 죄의식을 이겨 내고 더 이상 부모의 별거나 이혼을 자기 탓으로 돌리지 않았다.

10. 반항, 행위표출, 공격 행동 (6)

A. 부모의 별거 또는 이혼 이후 내담자의 반항 행동, 행위표출 행동 및 공격 행동의 빈도와 강도에 심각한 증가를 보였다.

B. 내담자가 별거 또는 이혼에 대해 이야기할 때 화가 났으며 짜증스러운 반응을 보였다.

C. 내담자의 반항, 행위표출 및 공격 행동의 빈도가 서서히 감소하기 시작했다.

D. 내담자가 최근에 자기통제를 잘하는 모습을 보였고, 반항, 행위표출 또는 공격 행동에 연루되는 정도가 크게 줄었다.

11. 부모가 서로에 대해 비판적임 (6)

A. 내담자가 자신의 부모가 자기 앞에서 서로에 대해 거칠거나 비판적인 발언을 자주 한다고 보고했다.

B. 내담자 앞에서 부모가 서로 불필요하고 거친 혹은 지나치게 비판적인 발언을 하는 것에 대해 내담자가 분노, 슬픔, 좌절을 느낀다고 표현했다.

C. 내담자가 부모에게 불필요하고 거친 혹은 지나치게 비판적인 발언을 서로에게 하는 것을 멈추라고 언어로 요청했다.

D. 부모가 서로에게 하는 거칠거나 비판적인 발언들이 내담자와 형제자매를 속상하게 함을 인정했다.

E. 내담자가 자신 앞에서 부모가 서로 거칠거나 지나치게 비판적인 발언을 하는 것을 멈췄다고 보고했다.

F. 내담자가 부모의 별거와 이혼에 관한 자신의 많은 감정을 성공적으로 이겨 냈으며, 반항, 행위표출 그리고 공격적인 행동의 빈도와 강도를 크게 줄이는 모습을 보였다.

12. 부모에게 일관성이 없음 (6)

A. 부모가 별거 또는 이혼 이후 내담자의 무책임한 혹은 행위표출 행동에 대해 단호하고도 일관성 있는 한계를 설정하지 않았다.

B. 부모가 자신들의 일관성 부족이 내담자의 행위표출 및 무책임한 행동의 증가에 영향을 끼쳤음을 인정

했다.

C. 부모가 자신들의 별거나 이혼이 일관성 부족에 영향을 끼쳤을 것이라는 죄의식을 인정했다.

D. 부모가 집에서의 위계를 강화하고 내담자의 무책임한 행동 또는 행위표출 행동에 더 일관성 있는 한계를 설정하기 시작했다.

E. 부모가 일관성 및 구조의 향상이 내담자의 무책임한 행동 및 행위표출 행동의 빈도를 감소시켰다고 보고했다.

13. 부모가 지나치게 응석을 받아 줌 (6)

A. 부모가 별거 또는 이혼 이후 내담자의 욕구를 충족시켜 주기 위해 응석을 받아 주는 행태를 보였다.

B. 부모가 별거 또는 이혼에 대한 죄책감 때문에 응석을 받아 주는 행동 패턴을 보였음을 인정했다.

C. 양육권 없는 부모가 가능한 한 갈등이나 스트레스를 피하기 위해 내담자를 방문할 때마다 응석을 받아 줬음을 인정했다.

D. 부모가 내담자의 소망을 충족시켜 주는 것에 있어서 합리적인 선을 긋기 시작했다.

14. 학교 성적이 하락 (7)

A. 부모의 별거 또는 이혼 이후 내담자의 학교 성적이 눈에 띄게 하락했다.

B. 내담자가 별거 또는 이혼 이후 학업적 성공을 달성하겠다는 관심이나 동기가 사라지는 것을 경험했다고 언어로 표현했다.

C. 내담자가 학교 공부에 다시 흥미를 갖게 되었고 학업 성취도를 향상시키기 위한 조치를 취하기 시작했다.

D. 내담자가 수업 과제 또는 숙제를 정기적으로 완수했다고 보고했다.

15. 퇴행성 행동 (8)

A. 내담자가 부모의 별거 이후 퇴행성 행동(regressive behavior)을 보이는 경향이 증가했다.

B. 내담자가 오늘 치료 시간에 퇴행성 행동을 보였다.

C. 내담자가 부모의 별거 또는 이혼에 대해 이야기할 때 매우 미성숙하거나 어린아이와 같은 태도(예 : 아기 말투)로 이야기했다.

D. 내담자가 오늘 치료 시간에 아무런 퇴행성 행동을 하지 않았다.

E. 내담자가 퇴행성 행동을 보이는 빈도가 크게 줄었다고 부모가 보고했다.

16. 야뇨증 (8)

A. 부모의 별거 또는 이혼 이후 내담자가 퇴행성 행동을 했고 야뇨증을 겪었다.

B. 내담자가 야뇨증 문제에 대해 수치(shame)와 부끄러움을 언어로 표현했다.

C. 내담자가 밤에 효과적인 방광 조절 능력을 다시 회복했다.

D. 내담자가 야뇨증 문제를 극복한 것에 대해 기쁨을 표현했다.

17. 가상적 성숙 (9)

A. 내담자가 부모의 분리 또는 이혼에 대해 가상적 성숙함(pseudomaturity)을 보이는 방식으로 반응했다.

B. 내담자가 겉으로는 가상적 성숙함의 모습을 보여 주고 부모의 별거나 이혼으로 인한 고통스러운 감정

때문에 힘들지 않다고 아무렇지 않은 것처럼 말했다.

    C. 내담자가 부모의 별거나 이혼으로 자신이 부모의 역할이나 책임을 감당해야 할 것으로 종종 반응했다.

    D. 내담자가 부모 역할을 대신하려는 자신의 의지 때문에 자신의 정서적 또는 사회적 욕구 충족이 저지된 것을 인지했음을 언어로 표현했다.

    E. 내담자가 자신의 학교 또는 집안일에서의 의무 수행과 자신의 사회적 · 정서적인 필요 충족 사이에서 건강한 균형점을 달성했다.

18. 심신증 (10)

    A. 내담자가 부모의 별거 또는 이혼 이후 심신증(psychosomatic ailment) 증상을 호소하는 경우가 증가했다.

    B. 내담자가 부모의 별거 또는 이혼에 대해 이야기할 때 몸이 별로 좋지 않다고 토로했다.

    C. 내담자가 자신의 심신증 증상이 부모의 별거 또는 이혼에 대한 고통스런 감정이 잠재된 것과 관련되어 있다는 해석을 거부했다.

    D. 내담자가 자신의 심신증 증상과 부모의 예상되는 별거, 스트레스 또는 부모의 부부 갈등과 관련된 좌절감 사이의 연관성을 이해했다고 언어로 표현했다.

    E. 내담자가 심신증 증상을 호소하는 빈도가 크게 줄어들었다.

19. 불안감 (10)

    A. 내담자가 부모의 별거 또는 이혼 이후 느끼는 불안감이 크게 증가했다고 보고했다.

    B. 내담자가 오늘 치료 시간에 안절부절못하고, 불안해하며, 긴장되어 보였다.

    C. 내담자가 별거 또는 이혼에 관한 감정을 이겨 내면서 내담자의 불안감이 서서히 감소하기 시작했다.

    D. 내담자가 오늘 치료 시간에 좀 더 느긋하고 편안해 보였다.

    E. 내담자가 불안감이 나타나는 빈도가 크게 줄었다고 보고했다.

20. 지리적 이동에 의한 지지의 감소 (11)

    A. 내담자는 지리적인 이동 때문에 부모 중 한 명과 덜 자주 접촉해 왔다.

    B. 내담자는 부모와의 거리 때문에 지지의 부족함을 경험했다.

    C. 내담자는 부모와의 지리적 거리에 대한 슬픔, 아픔, 실망과 그리움의 감정을 표현했다.

    D. 내담자는 부모의 지지의 부재에 둘러쌓인 다양한 감정을 경험해 왔다.

중재 실행

1. 치료적 신뢰감 쌓기 (1)[2]

    A. 오늘 치료 시간의 목적은 내담자와 신뢰를 형성해 부모의 별거나 이혼에 관련된 자신의 감정을 표현하고 이겨 내기 시작하도록 하는 것이었다.

---

[2] 괄호 안의 숫자들은 **아동 심리치료 치료계획서**(*The Child Psychotherapy Treatment Planner*), 제5판(Jongsma, Peterson, McInnis, Bruce 공저, 2014년, Hoboken, NJ : Wiley)에서 동일한 제목을 지닌 관련 장의 치료 중재의 숫자와 연결된다.

B. 지속적인 눈 맞추기, 적극적 경청, 무조건적인 긍정적 존중, 따뜻한 수용의 방법을 사용해서 내담자와 신뢰 쌓기를 시도했다.

C. 치료 시간은 내담자와 일정 수준의 신뢰를 쌓는 데 도움이 되었다.

D. 치료 시간에 내담자가 별거나 이혼에 관한 감정을 털어놓는 것에 소극적인 태도로 일관했기 때문에 내담자와 신뢰 쌓기에 실패했다.

2. 감정 알아보기 및 감정 표현을 격려하기 (2)

A. 오늘 치료 시간에 부모의 별거나 이혼에 관련된 내담자의 감정을 알아보았다.

B. 내담자가 부모의 별거 또는 이혼과 관련된 자신의 감정을 표현하고 확실하게 하는 것에 격려와 지지를 해 주었다.

C. 부모의 별거 또는 이혼과 관련된 내담자의 감정을 표현하는 것을 돕기 위해 내담자 중심 치료 원칙을 활용했다.

D. 내담자는 아동 심리치료 과제계획서(Jongsma, Peterson, & McInnis)의 '부모의 이혼에 대한 나의 생각과 감정(My Thoughts and Feelings About My Parents' Divorce)' 활동을 할당받았다.

E. 내담자는 아동 심리치료 과제계획서(Jongsma, Peterson, & McInnis)의 '슬픔에서 벗어나기 위한 페티의 여행(Petey's Journey Through Sadness)' 활동을 할당받았다.

F. 내담자가 오늘 치료 시간을 생산적으로 활용했고 부모의 별거나 이혼과 관련된 다양한 감정을 표현하는 데 도움을 주었다.

G. 내담자에게 격려와 지지를 해 주었음에도 내담자가 별거 또는 이혼과 관련된 자신의 감정을 털어놓는 것을 조심스러워했다.

3. 이혼을 다룬 아동 도서 읽기 (3)

A. 오늘 치료 시간에 이혼에 관한 아동 도서들을 읽었다.

B. 오늘의 치료에서 내담자는 내가 무엇을 할 수 있을까? : 분리 아동에 대한 책(*What Can I Do? : A Book for Children of Divorce*)(Lowry)을 읽었다.

C. 오늘의 치료에서 내담자가 부모의 이혼과 가족 시스템의 변화에 대한 감정을 표현하는 것을 돕기 위해 아이들을 위한 분리 워크북(*The Divorce Workbook for Children*)(Schab)을 읽었다.

D. 오늘의 치료에서 그거 초콜릿 푸딩이야? : 이혼에 대한 어린 아이들의 이야기(*Was It the Chocolate Pudding? : A Story for Little Kids About Divorce*)(Levins)를 읽고 토론했다.

E. 내담자가 오늘 치료 시간에 읽었던 책 내용을 살펴보는 데 도움을 주었다.

F. 이혼에 관한 서적을 읽은 것이 내담자가 부모의 이혼에 관한 감정을 표현하고 이겨 내는 데 도움이 되는 것으로 나타났다.

G. 이혼에 관한 책을 읽은 후 내담자가 가족체계 안에서 발생한 변화에 관한 자신의 생각과 느낌을 표현할 수 있게 됐다.

4. 사진 앨범을 만들기 (4)

A. 내담자의 삶의 많은 면을 보여 주는 다양한 사진을 모아서 다음 치료 시간에 사진 앨범을 만드는 데에 쓸 수 있게 가져오도록 지시했다.

    B. 내담자는 **아동 심리치료 과제계획서**(Jongsma, Peterson, & McInnis)의 '추억 앨범 만들기' 활동을 할당받았다.

    C. 오늘 치료 시간에 내담자가 앨범에 사진을 배치하는 데 도움을 주었다.

    D. 사진 앨범 만드는 작업이 내담자가 가족체계에 생긴 변화에 대한 자신의 감정을 인식하고 표현하는 데 도움이 된 것으로 나타났다.

    E. 가족 사진 앨범을 만드는 동안 내담자에게 가족체계 내의 변화에 대한 슬픈 감정을 표현하도록 격려했다.

    F. 사진 앨범을 만드는 동안 내담자가 가족체계 내의 변화에 대해 분노를 표현했고, 이렇게 감정을 건강하게 표현한 것에 대해 지지해 주었다.

    G. 내담자의 삶의 다양한 면을 보여 주는 사진 앨범을 만들었음에도 내담자가 이 분야에 대한 자신의 감정 표현에 여전히 조심스러운 모습이었다. 표현을 해도 괜찮을 것 같다는 느낌이 들면 이런 감정들을 표현하도록 내담자를 격려했다.

5. '인생 채색' 기법 사용하기 (5)

    A. 내담자가 부모의 별거나 이혼에 대한 감정을 표현하도록 돕기 위해 '인생 채색' 기법(O'Connor)을 사용했다.

    B. 내담자가 부모의 별거나 이혼으로 부모에게 갖는 양면적인 감정을 인지하고 표현하기 위해 '인생 채색' 기법을 사용했다.

    C. '인생 채색' 기법이 내담자가 부모의 별거나 이혼에 따른 자신의 슬픔을 인지하고 표현하는 데 도움이 되었다.

    D. '인생 채색' 기법이 내담자가 부모의 별거나 이혼에 따른 자신의 분노를 인지하고 표현하는 데 도움이 되었다.

6. 감정 연습 시키기 (6)

    A. 내담자에게 자신의 감정을 그림으로 그리고, 부모의 별거나 이혼과 관련해 사연 많은 감정들을 언제 경험했는지 털어놓도록 지시했다.

    B. **아동 심리치료 과제계획서**(Jongsma, Peterson, & McInnis)에 나오는 '감정과 표정(Feelings and Faces)' 연습을 활용해 내담자가 부모의 별거나 이혼에 대해 갖고 있는 양면적 감정을 표현하고 이겨 내는 것을 도왔다.

    C. 내담자가 부모의 별거나 이혼에 대한 비탄을 이겨 내도록 돕기 위해 '감정과 표정' 연습을 사용했다.

    D. 부모의 별거나 이혼에 관해 내담자가 자신의 생각과 감정을 인지하고 표현하는 것을 부모가 지지해 주고 돕기 위해 '감정과 표정' 연습을 활용했다.

    E. 내담자가 부모와의 이혼과 별거와 관련된 느낌을 표현하는 데 효과적인 '감정과 표정'과 동일시하게 하고 느낌을 건강하게 표현하도록 강화했다.

    F. 내담자가 '감정과 표정' 연습을 시도하지만 실패하기 때문에 부모의 이혼이나 별거와 관련된 자신의 감정 표현을 도와줄 것을 요청했다.

7. 빈 의자 기법을 사용하기 (7)

A. 내담자가 부모의 별거나 이혼 그리고 가족 내의 변화 때문에 이들을 향해 느끼는 복잡한 감정을 표현하도록 돕기 위해 빈 의자 기법을 사용했다.

B. 빈 의자 기법이 내담자가 부모의 별거 또는 이혼으로 인해 이들에게 느끼는 감정을 인지하고 표현할 수 있게 하는 데에 도움이 되었다.

C. 빈 의자 기법이 내담자가 양육권을 가진 부모와 그렇지 않은 부모에 관해 느끼는 자신의 생각과 느낌을 표현하는 데에 유용했다.

D. 내담자가 빈 의자 기법의 사용을 불편해했고 부모의 별거 또는 이혼으로 인해 부모에게 느끼는 자신의 감정을 털어놓는 것을 꺼렸다.

8. 통찰력 수준의 평가 (8)

A. 내담자는 보이는 문제들을 향한 통찰 수준으로 평가되었다.

B. 내담자는 보이는 문제들에 관하여 그의 통찰의 동조적인 본성 대 이질적인 본성에 따라 평가되었다.

C. 내담자는 행동과 증상에서 문제가 되는 본성에 대한 좋은 통찰을 하도록 보여 주었다.

D. 내담자가 다른 사람들의 우려에 동의하는 것이 목격되어 변화에 힘쓰도록 동기유발되었다.

E. 내담자는 묘사된 문제에 대해 양면성이 있음이 드러났고 그 문제들을 우려사항으로 보는 것을 꺼렸다.

F. 내담자는 문제 영역의 인식에 관해 저항적인 것으로 나타났고, 걱정하지 않았으며, 변화에 대한 동기가 없었다.

9. 관련 장애의 평가 (9)

A. 내담자는 연구 기반의 관련 장애들의 증거에 의해 평가되었다.

B. 내담자는 자살에 대한 취약성 수준으로 평가되었다.

C. 내담자는 동반장애를 가진 것으로 확인되었고, 치료는 이를 처리할 수 있도록 조정되었다.

D. 내담자는 또 다른 관련 장애가 있는지 평가되었지만 아무것도 발견되지 않았다.

10. 문화적으로 혼란스러운 문제에 대한 평가 (10)

A. 내담자는 그의 임상 행동을 더 잘 이해하도록 도울 수 있는 나이 관련 쟁점으로 평가되었다.

B. 내담자는 그의 임상 행동을 더 잘 이해하도록 도울 수 있는 성별 관련 쟁점으로 평가되었다.

C. 내담자는 그의 임상 행동을 더 잘 이해하도록 도울 수 있는 문화의 증후군, 고통의 문화적 관용구, 혹은 문화적으로 감지된 사건으로 평가되었다.

D. 다른 요인들이 내담자의 현재 정의된 '문제 행동'에 기여할 것이라고 확인되었고 이 요인들은 그의 치료에 반영되었다.

E. 내담자의 현재 정의된 '문제 행동'을 설명할 수 있는 문화적 기반 요인들은 조사되었지만 중대한 요인은 발견되지 않았다.

11. 장애의 심각성 평가 (11)

A. 내담자의 장애의 심각성은 보호의 적절한 정도를 결정하기 위해서 판단되었다.

B. 내담자는 사회적·관계적·교육적인 노력에서의 손상 정도로 평가되었다.

C. 내담자는 그의 장애가 자신의 기능에 가볍거나 중간 정도의 영향을 끼친다는 것을 알았다.

D. 내담자는 그의 장애가 자신의 기능에 심각하거나 더 심각한 영향을 끼친다는 것을 알았다.

E. 내담자의 치료의 효율성과 적절성, 그리고 장애의 심각성은 꾸준히 평가되었다.

12. 병원의 돌봄 평가 (12)

A. 병원의 돌봄과 관심으로 내담자의 집, 학교, 지역사회가 평가되었다.

B. 내담자의 다양한 환경은 아동의 욕구에 지속적인 무관심, 돌보는 사람의 잦은 변화, 안정적 애착의 제한된 기회, 가혹한 훈육 혹은 다른 심각한 부적절한 돌봄이 있었는지 평가되었다.

C. 병원의 돌봄이 확인되었고 치료계획에 이러한 우려를 관리하고 바로잡는 것과 아동을 보호하는 전략이 포함되었다.

D. 어떠한 병원의 돌봄도 확인되지 않았고, 이것은 내담자와 돌보는 사람에게 반영되었다.

13. 감정 표현 촉진을 위해 가족치료 활용하기 (13)

A. 내담자와 형제자매가 부모 앞에서 별거 또는 이혼에 관한 감정을 표현하고 질문할 기회를 주기 위해 가족치료 시간을 진행했다.

B. 양육권을 가진 부모가 내담자 및 형제자매에게 별거 또는 이혼에 대한 그들의 감정을 표현하고 질문을 할 수 있도록 허락한 것에 대해 지지를 해 주었다.

C. 양육권 없는 부모가 내담자 및 형제자매에게 별거 또는 이혼에 대한 그들의 감정을 표현하고 질문을 할 수 있도록 허락한 것에 대해 지지를 해 주었다.

D. 내담자와 형제자매가 별거 또는 이혼에 관한 감정을 표현하고 질문을 하기 시작하자 양육권을 가진 부모가 방어적이 되었고, 부모의 중심을 다시 잡아 주었다.

E. 내담자와 형제자매가 별거 또는 이혼에 관한 감정을 표현하고 질문을 하기 시작하자 양육권을 갖지 않은 부모가 방어적이 되었고, 부모의 중심을 다시 잡아 주었다.

14. 집에서 감정 표현할 기회를 주기 (14)

A. (양쪽) 부모에게 집에서 내담자와 형제자매가 별거 또는 이혼 그리고 그에 따른 가족체계의 변화에 관해 감정을 표현하고 질문할 수 있는 기회를 주도록 권장했다.

B. (양쪽) 부모에게 집에서 가족 모임을 갖고 내담자와 형제자매가 별거 또는 이혼 그리고 그에 따른 가족체계의 변화에 관해 감정을 표현하고 질문할 수 있는 기회를 주도록 권장했다.

C. 가족 구성원들이 별거 또는 이혼 그리고 그에 따른 가족체계의 변화에 관해 감정을 표현하는 건전한 방법과 그렇지 못한 방법을 인식하는 데 도움을 주었다.

D. (양쪽) 부모에게 내담자가 더 의기소침해지거나 감정적 폭발 횟수가 증가할 경우 별거 또는 이혼 그리고 그에 따른 가족체계의 변화에 관해 내담자가 느끼는 감정을 살펴보도록 권장했다.

E. 내담자와 형제자매에게 가족 안에서 있었으면 하는 구체적·긍정적 변화를 말해 보도록 했다.

F. 내담자의 부모는 내담자가 규칙적으로 (정중한 태도로) 감정을 표현하는 것을 용납하지 않았으나, 이것을 허락하도록 부모에게 다시 지시했다.

15. 죄의식 유발 요소를 평가하기 (15)

A. 오늘 치료 시간에 내담자의 죄의식과 부모의 별거 또는 이혼에 대한 자기비난을 유발하는 요소들을

살펴보고 조사했다.

B. 내담자가 자신의 행위표출 또는 반항 행동이 부모의 별거나 이혼에 영향을 끼쳤다는 죄의식을 표현한 것에 지지를 해 주었다.

C. 가족은 그것은 당신의 잘못이 아니에요 : 이혼 기간 동안 부모와 어린 자녀가 함께 읽는 책(Lansky)을 읽도록 지시받았다.

D. 오늘 치료 시간에 부모의 별거 또는 이혼에 관한 내담자의 죄의식이나 자기비난을 일으킨 특별한 사건을 발견하지 못했다.

E. 내담자가 부모의 별거 또는 이혼에 따른 강한 죄의식으로 괴롭지 않다며 힘든 것을 부인했다. 내담자에게 이러한 감정들을 깨닫게 되면 이를 인정하도록 역설했다.

F. 내담자가 자신의 부정적 행동이 부모의 이혼을 부추긴 것이 아님을 이해하도록 도움을 주었다.

G. 부모의 이혼이 내담자의 탓이 아니라고 이야기를 해 주려는 노력에도 불구하고 내담자가 계속해서 자신의 부정적 행동이 부모의 이혼을 부추겼다는 죄의식을 가지고 있었다.

16. 부모의 재결합에 대한 믿음에 맞서기 (16)

A. 내담자에게 부모의 재결합을 이끌어 낼 힘이나 조정 능력이 없다는 사실을 조심스럽게 제시했다.

B. 내담자가 자신의 부정적인 행동이 부모의 재결합을 이끌어 내지 않음을 깨닫도록 도움을 주었다.

C. 내담자가 부모의 재결합을 이끌어 낼 힘이 자신에게 없음을 인정함에 따라 긍정적인 강화를 해 주었다.

D. 내담자가 계속해서 자신이 부모의 재결합을 가져올 수 있으리라는 믿음을 반영하는 발언을 했고, 내담자에게는 이런 일을 일으킬 수 있는 힘이 없음을 상기시켰다.

17. 내담자에게 부모의 별거/이혼에 대한 책임이 없음을 확인시키기 (17)

A. 양육권이 있는 부모가 내담자와 형제자매에게 부모의 별거나 이혼이 그들 탓이 아니라고 강하게 확언했고, 치료사가 이 발언을 강조했다.

B. 양육권이 없는 부모가 내담자와 형제자매에게 부모의 별거나 이혼이 그들 탓이 아니라고 강하게 확언했고, 치료사가 이 발언을 강조했다.

C. 별거 또는 이혼의 책임을 언어로 표현할 수 있도록 부모를 분리했다.

D. 내담자와 형제자매가 그들에게 부모의 별거나 이혼의 책임이 없다는 부모의 확인 발언에 긍정적으로 반응했고, 이 발언의 의미를 자세히 설명해 주었다.

E. 부모의 이혼이 내담자의 탓이 아니라는 부모의 말에도 내담자가 계속해서 부모의 이혼에 대한 죄의식으로 힘들어했고, 이런 반응을 정상화했다.

18. 부모의 비난과 맞서기 (18)

A. 양육권이 있는 부모에게 별거 또는 이혼의 책임을 내담자나 형제자매에게 떠넘기는 발언을 한 것이 올바른지 의문을 던지고 그런 발언을 한 사실을 부모에게 대면시켰다.

B. 양육권이 없는 부모에게 별거 또는 이혼의 책임을 내담자나 형제자매에게 떠넘기는 발언을 한 것이 올바른지 의문을 던지고 그런 발언을 한 사실을 부모에게 대면시켰다.

C. 양육권이 있는 부모가 별거 또는 이혼의 책임을 내담자나 형제자매에게 떠넘기거나 이들을 원망하는 발언을 그만하겠다는 다짐을 언어로 함에 따라 이를 강화해 주었다.

D. 양육권이 없는 부모가 별거 또는 이혼의 책임을 내담자나 형제자매에게 떠넘기거나 이들을 원망하는 발언을 그만하겠다는 다짐을 언어로 함에 따라 이를 강화해 주었다.

E. 부모에게 내담자와 또는 형제자매에게 별거 또는 이혼에 대해 이들을 원망하거나 이들에게 책임이 있다는 발언을 하지 말도록 요구했음에도 계속해서 내담자와 형제자매에게 그런 종류의 발언을 했다.

19. 이혼의 긍정적 · 부정적 측면을 열거하기 (19)

A. 내담자에게 부모의 이혼에 관한 긍정적 · 부정적 측면 모두를 열거하는 과제를 내주었다.

B. 내담자에게 부모의 이혼에 관한 긍정적 · 부정적 측면을 다 검토하는 동안 다양한 감정을 경험하는 것이 정상적임을 거듭 안심시켜 주었다.

C. 내담자가 부모의 이혼에 대한 부정적인 측면에 대해서 감정을 표현하는 것을 지지해 주었으나 내담자가 긍정적 측면에 대해서는 말하지 못했다.

D. 내담자가 부모의 이혼에 관한 긍정적 · 부정적 측면 모두를 열거하는 과제를 완수하지 못한 것이 고통스러운 감정을 피하려는 자신의 욕망 때문인 것으로 나타났고, 이 점을 내담자에게 알려 주었다.

20. 부모에게 내담자와 함께 더 많은 시간을 보내도록 권장하기 (20)

A. 내담자의 욕구를 파악하기 위해 부모에게 내담자 그리고 형제자매와 매일 또는 정기적으로 10~15분 정도 일대일로 시간을 보내도록 지침을 내렸다.

B. 부모와 일대일로 시간을 보낸 것이 내담자의 우울증을 감소시키는 데 도움이 된 것으로 나타났다.

C. 내담자와 부모가 함께 일대일 시간을 보낸 것이 내담자의 분노 조절에 도움이 되었다고 보고했고, 일대일로 시간 보내기를 계속하도록 권장했다.

D. 내담자와 부모가 바쁜 일정 때문에 함께 시간을 거의 보내지 못했다고 말했고, 함께 시간을 보낼 수 있는 시기를 구체적으로 찾았다.

E. 내담자가 부모의 이혼에 적응하는 것을 돕기 위해 내담자와 부모가 함께 시간을 보내도록 강하게 촉구했다.

21. 한 부모의 집에서 다른 부모의 집으로 옮기는 것을 돕기 (21)

A. 별거 기간 또는 한 부모에서 다른 부모의 집으로 이전하는 기간 동안 내담자가 겪는 정서적 고통을 줄이는 데 도움이 되도록 일과 또는 의식을 설정하는 것에 관해 내담자, 부모와 협의했다.

B. 내담자가 긴장감을 누그러뜨려 주는 혹은 즐거운 활동에 참여하는 것을 통해 한 부모의 집에서 다른 부모의 집으로 좀 더 편안하게 옮길 수 있었다고 내담자와 부모가 보고했다. 이런 관행을 지속해 나가도록 격려했다.

C. 내담자가 한 부모를 방문하고 다시 원래 집으로 돌아가는 것에 계속 어려움을 겪었지만, 긴장감을 풀어 주거나 즐거운 활동에 참여해 보라는 권유를 따르는 것에 실패했다.

D. 내담자가 부모와의 이별에 대처하도록 도와주는 활동의 예를 열거할 수 있도록 도움을 주었다.

E. 부모와의 이별에 대처하는 데 도움이 되도록 내담자에게 형제자매 또는 동료들과 놀거나 상호작용하도록 권유했다.

22. 이혼에 건전하게 대처하는 것을 강화하기 (22)

A. 치료 시간에 내담자가 부모의 이혼에 대처할 수 있도록 능력을 강화하는 데 초점을 두었다.

B. 내담자에게 자신이 부모의 이혼에 건강한 자세로 적응했음을 보여 주는 행동이나 신호를 나열하도록 지시했다.

C. 내담자가 부모의 이혼에 적응하려는 긍정적 노력을 취한 것에 대해 강화해 주었다.

D. 내담자가 부모의 이혼에 건전한 방식으로 적응할 수 있다는 생각에 여전히 회의적이고 저항적인 태도를 보였지만, 그 가능성을 열어 두도록 격려해 주었다.

23. 고통스러운 감정을 분노 폭발과 연관 짓기 (23)

A. 치료 시간이 내담자에게 내재된 부모의 이혼에 대한 고통스러운 감정이 어떻게 분노 폭발 또는 공격 행동의 빈도 증가로 연결되는지를 인식하는 데 유용했다.

B. 내담자가 자신의 공격 행동이 자신에게 내재된 슬픔, 상처 또는 부모의 이혼에 대한 실망감과 어떤 식으로 연결되는지 이해했음을 언어로 표현하는 데 도움을 주었다.

C. 내담자는 아동 심리치료 과제계획서(Jongsma, Peterson, & McInnis)의 '표면적 행동/내적 감정'을 할당받았다.

D. 역할 연기와 모델링 기법을 사용해 내담자에게 내재된 고통스러운 감정을 표현하는 적절한 방법을 예시했다.

E. 내담자에게 충동적으로 분노 또는 공격 행동을 표현하는 대신 자신의 고통스러운 감정을 좀 더 적절하게 표현할 수 있는 방법을 열거하도록 지시했다.

F. 내담자가 고통스러운 감정과 분노 폭발 사이의 연관성을 일절 부정했고 이런 관계에 대해 다시 고려해 보도록 권유했다.

24. 적절한 분노 표현 대(對) 부적절한 분노 표현 가르치기 (24)

A. 내담자가 부모의 별거, 이혼 또는 가족 내의 변화에 대한 자신의 분노를 적절하게 그리고 부적절하게 표현하는 방법을 깨닫는 데 도움을 주었다.

B. 적절한 언어 표현과 건강한 신체적 표출을 돕기 위해 내담자에게 명상 및 자기통제 전략(예 : 이완, '멈추기, 듣기, 생각하기, 행동하기')을 가르쳤다.

C. 내담자에게 부모의 별거, 이혼 또는 가족 내의 변화에 대해 속상한 마음이 들 때 분노 또는 신체적 공격으로 반응하려는 충동 또는 압박을 지연시키기 위해 적극적인 경청 기술을 활용할 것을 권장했다.

D. 내담자가 강한 분노 또는 공격적 충동을 건강한 방식으로 신체적 배출을 할 수 있는 방법을 깨달았고, 긍정적인 다시 챙겨주기를 주었다.

E. 적절한 분노 표현을 배웠음에도 내담자가 가족 구조와 역학관계의 변화와 관련된 분노를 부적절한 방법으로 표현했다.

25. '분노의 탑' 기법을 사용하기 (25)

A. 내담자가 부모의 이혼에 대해 느끼는 분노를 인지하고 표현하는 것을 돕기 위해 오늘 치료 시간에 '분노의 탑(Angry Tower)' 기법(Saxe)을 사용했다.

B. '분노의 탑' 기법이 내담자로 하여금 부모의 이혼에 대한 분노를 직접적으로 언어로 표현하는 데 도움

을 주었다.

　C. 내담자가 '분노의 탑' 기법이 자신의 분노를 배출하는 효과적인 방법임을 깨달았다.

　D. '분노의 탑' 게임을 한 후 내담자가 부모에게 자신의 분노를 표현할 의향이 있는지를 점검하는 데 도움을 주었다.

　E. 내담자가 직접적이고 절제된 태도로 부모 또는 중요한 타인에게 자신의 분노를 표현하도록 격려했다.

26. 부모의 일관성 있는 한계 설정을 강화하기 (26)

　A. 부모에게 내담자의 행위표출, 반항 행동 또는 공격 행동에 대해 단호하고도 일관성 있는 한계를 설정하고 그러한 행동에 합당한 결과를 설정할 필요성에 관해서 이혼에 대한 죄의식이 개입되지 않도록 강하게 권고했다.

　B. 부모가 이혼에 대한 죄책감 때문에 내담자의 행위표출, 반항 또는 공격 행동에 대해 단호하고도 일관성 있는 한계를 설정하는 것에 실패했다고 인정했다. 일관성 있는 한계를 설정하는 것에 브레인스토밍 기법을 사용했다.

　C. 부모가 단호하고도 일관성 있는 한계를 설정하기 시작했다고 보고했고, 부적절한 행동에 대한 결과를 설정할 필요성에 자신들의 죄책감이 개입할 여지를 주지 않도록 부모를 격려했다.

　D. 부모가 내담자의 행위표출, 반항 또는 공격 행동에 대해 단호하고도 일관성 있는 한계를 설정하자 내담자의 행동에 개선이 나타났다고 보고했고, 이런 한계 설정의 이점을 검토했다.

27. 부모에게 명확한 규칙을 설정하도록 격려하기 (27)

　A. 부모가 내담자를 위한 명확한 규칙과 한계를 설정하는 것에 도움을 주었다.

　B. 부모는 아동 심리치료 과제계획서(Jongsma, Peterson, & McInnis)의 '일관된 부모 되기'를 할당받았다.

　C. 내담자와 부모가 내담자의 행위표출, 반항 또는 공격 행동에 대한 자연스럽고 합리적인 대가를 인지하는 데 도움을 주었다.

　D. 내담자에게 설정된 기대 행동을 이해했음을 보여 주기 위해 규칙을 언어로 반복할 것을 요구했다.

　E. 내담자는 부모가 자신에게 설정한 규칙과 기대에 동의하지 않음을 언어로 표현했지만, 부모에게는 이런 규칙을 설정하는 권리가 있음을 긍정해 주었다.

28. '표면적 행동/내적 감정' 연습을 사용하기 (28)

　A. 행위표출 행동이 어떤 식으로 부모의 이혼과 관련된 감정적인 고통과 관련되어 있는지 내담자가 인지하는 것을 돕기 위해 아동 심리치료 과제계획서(Jongsma, Peterson, & McInnis)에 나오는 '표면적 행동/내적 감정' 연습을 실천하도록 지시했다.

　B. 내담자가 '표면적 행동/내적 감정' 연습이 자신의 행위표출 행동과 부모의 이혼에 따른 감정적 고통 간의 연관성을 인지하는 데 도움이 되었다고 보고했다.

　C. 내담자가 '표면적 행동/내적 감정' 연습을 완수하는 데 실패했으나, 이를 다시 실시하도록 지시했다.

29. 훈육 기법에 관한 책 읽기 지시하기 (29)

　A. 내담자의 행위표출 행동, 반항 행동 및 공격 행동을 다루는 데 효과적인 훈육 기법 지식을 높이기 위해 부모에게 미취학 아동과 사춘기 직전 아이들을 길들이는 마법 1-2-3(Phelan)을 읽도록 지도했다.

　B. 부모는 내담자의 행동적 · 저항적 · 공격적 행동을 관리하기 위한 효율적인 징계 기술에 대한 그들의

지식을 늘리기 위해 반항하는 아이를 양육하는 Kazdin의 방법(Kazdin)의 일부를 할당받았다.

C. 효과적인 훈육 기법에 관한 독서 과제를 오늘 치료 시간에 점검했다.

D. 독서 과제가 효과적인 훈육 기법을 익히는 데 유용했다고 부모가 보고했다.

E. 부모가 독서 과제를 통해 배운 훈육 기법을 실시하기 시작한 이후 내담자의 행동이 개선되었다고 보고했고 이 기법의 이점들을 검토했다.

30. 분노 조절을 위한 보상체계 고안하기 (30)

A. 내담자와 부모가 내담자의 원활한 분노 조절을 강화하기 위해서 줄 수 있는 보상을 목록으로 작성했다.

B. 내담자의 원활한 분노 조절을 강화하기 위한 보상체계를 고안했다.

C. 내담자, 부모, 치료사가 내담자의 행위표출, 반항 또는 공격 행동에 따른 결과를 적시한 유관 계약에 서명했다.

D. 내담자, 부모, 치료사가 유관 계약의 내용에 대해 언어로 동의했다.

31. 부모가 내담자의 숙제 완성을 도와주는 데 필요한 일정 계획하는 것을 돕기 (31)

A. 부모가 내담자의 수업 과제 또는 숙제 완수를 돕기 위한 새로운 일정을 짜도록 도움을 주었다.

B. 내담자와 부모가 숙제 완성 빈도를 증가시키기 위한 일과표를 짜는 데 도움을 주었다.

C. 부모에게 교사 또는 학교 관계자들과 전화 통화 또는 간단한 편지를 통해 내담자의 성적 향상에 관해 정기적으로 소통할 것을 강하게 권장했다.

D. 부모에게 내담자의 수업 과제 및 숙제 완성 정도를 알려 주는 일일 혹은 주간 경과기록서를 집으로 보내는 것에 대해 교사들과 협의했다.

E. 부모가 내담자의 과제 완수를 위한 일과를 세우지 않아 이를 실시하도록 다시 지시했다.

32. 학업 성취도 향상을 위한 보상체계 개발하기 (32)

A. 내담자와 부모가 내담자의 학교 과제 또는 숙제의 정기적인 완료를 강화하기 위해 줄 수 있는 보상 목록을 열거하는 데 도움을 주었다.

B. 내담자의 학교 과제 또는 숙제 완수를 강화하기 위한 보상체계를 고안했다.

C. 내담자와 부모에게 내담자의 학교 과제 또는 숙제 완료 실패 시의 대가를 적시한 유관 계약에 서명하도록 지시했다.

D. 내담자와 부모가 학업 성취도 향상을 위해 고안된 보상체계 그리고/또는 유관 계약의 조건에 언어로 동의했다.

E. 내담자와 부모가 학업 성취도 향상을 위한 보상체계를 사용하지 않아 이를 사용하도록 다시 지시했다.

33. 정서적 갈등과 심신증 증상 사이의 관계 탐구하기 (33)

A. 오늘 치료 시간에 내담자의 심신증 증상과 부모의 이혼과 관련해 내재된 감정적 갈등 사이의 관계에 초점을 맞췄다.

B. 오늘 치료 시간에 논의의 초점을 내담자의 심신증 증상에서 내담자의 내재된 정서적 갈등과 부모의 이혼과 관련된 감정의 표현으로 재조정하는 시도를 했다.

C. 오늘 치료 시간에 내담자의 심신증 증상으로 발생하는 이차적 이득을 살펴보았다.

D. 내담자가 자신의 심신증 증상이 부모의 이혼과 관련된 스트레스, 갈등과 연관되어 있음을 언어로 인정

함에 따라 긍정적 다시 챙겨주기를 제공했다.

  E. 내담자가 자신의 심신증 증상이 충족되지 못한 의존욕구와 어떤 식으로 연결되는지를 이해했음을 언어로 표현했고 이런 개념들을 형성하는 데 도움을 주었다.

34. 양육권이 없는 부모에게 한계 설정을 격려하기 (34)

  A. 양육권이 없는 부모에게 내담자의 그릇된 행동에 대해 단호하고도 일관성 있는 한계를 설정하고 내담자의 방문 때마다 내담자의 요구를 지나칠 정도로 다 들어주는 것을 멈추도록 강하게 권유했다.

  B. 양육권이 없는 부모가 내담자의 그릇된 행동에 대한 합리적이고 자연스러운 대가를 인지하도록 도움을 주었다.

  C. 양육권이 없는 부모가 내담자의 응석을 받아 주는 행동을 한 결과 내담자의 미성숙함과 자신의 행동에 대한 책임을 지지 않으려는 저항감을 키워 준 것을 깨달았다고 언어로 인정했고, 양육권이 없는 부모에게 대체 행동을 개발하도록 촉구했다.

  D. 양육권이 없는 부모가 자신의 죄책감 때문에 내담자의 그릇된 행동에 한계를 설정하는 것을 꺼리고 내담자의 방문 기간 동안 갈등을 피하려는 욕구가 있었음을 인정하고, 대체 행동을 개발하는 데 도움을 주었다.

  E. 양육권이 없는 부모가 내담자의 행위표출 행동에 대해 단호하고도 일관성 있는 제한을 설명함에 따라 내담자의 그릇된 행동의 빈도가 크게 줄었다고 보고했다. 이런 종류의 상호작용 패턴이 지니는 장점을 강조해 주었다.

35. 양육권이 없는 부모의 책임에 따른 임무를 강조하기 (35)

  A. 양육권이 없는 부모에게 내담자의 방문 기간 동안 내담자에게 가사일을 시키라는 지침을 주었다.

  B. 양육권이 없는 부모에게 내담자 및 형제자매가 과제를 마칠 시간을 설정하도록 격려했다.

  C. 양육권이 없는 부모가 내담자 또는 형제자매를 언짢게 하는 것을 피하거나 잠재적인 갈등을 회피하려는 욕구 때문에 아이들에게 가사일을 시키거나 숙제를 다 하도록 시키는 것을 꺼려 왔음을 인정했고, 이런 행동의 장기적인 부정적 영향에 대하여 되짚어 주기를 강조했다.

  D. 양육권이 없는 부모가 방문 기간 동안 내담자와 형제자매의 가사일 및 과제 완수 강화를 위한 보상체계를 개발하는 데 도움을 주었다.

  E. 양육권이 없는 부모가 아이들이 가사일 또는 숙제 완수에 실패했을 때의 결과를 인지하도록 도움을 주었다.

36. 밀착된 부모에게 한계 설정하는 법을 가르치기 (36)

  A. 밀착된 부모 또는 과잉보호하는 부모에게 한계를 설정하지 않을 경우 내담자의 미성숙하고 무책임한 행동이 어떤 식으로 강화되는지를 관찰하도록 도움을 주었다.

  B. 밀착된 부모 또는 과잉보호하는 부모에게 내담자의 미성숙하거나 무책임한 행동에 대한 자연스럽고도 논리적인 대가가 무엇인지를 인지하도록 도움을 주었다.

  C. 부모에게 내담자의 책임감 있는 행동에 대해서는 칭찬과 긍정적 강화를 자주 실시하도록 격려했다.

  D. 내담자가 책임감 있는 태도로 행동하도록 강화하는 보상체계를 고안했다.

37. 연령대에 맞는 방법으로 욕구 충족하는 방법을 알기 (37)

A. 내담자가 자신의 친애 욕구, 수용 욕구, 인정 욕구를 연령대에 맞는 방법으로 충족시키는 법을 내담자와 부모가 인지하도록 도움을 주었다.

B. 내담자에게 다음 치료 시간까지 3~5회 정도 나이에 맞는 특정 행동을 하도록 과제를 내주었다.

C. 타인으로부터 친애 욕구, 수용 욕구, 인정 욕구를 연령대에 맞는 방법으로 얻는 법을 보여 주기 위해 역할 연기와 모델링 기법을 활용했다.

D. 내담자에게 자신의 친애 욕구, 수용 욕구, 인정 욕구를 충족시키는 데 도움이 되는 효과적인 의사소통 기법을 가르쳤다.

E. 내담자가 나이에 맞게 자신의 욕구를 충족시키는 법을 배웠음에도, 이런 기법을 활용하는 데 종종 실패했다. 내담자에게 이러한 건전하고 유용한 기법 사용 횟수를 늘리도록 다시 지시했다.

38. 부모에게 전(前) 배우자 비판을 멈추도록 촉구하기 (38)

A. 오늘 치료 시간에 한쪽 부모에게 내담자와 형제자매 앞에서 다른 부모에 대해 적대적이거나 지나치게 비판적인 발언을 하는 것에 이의를 제기하고 그 문제점을 지적했다.

B. 내담자의 부모가 다른 부모(배우자)에 대해 늘어놓는 적대적이거나 비판적인 발언이 내담자와 형제들을 걱정하게 한다는 것을 깨달았다고 언어로 표현했으며, 긍정적인 다시 챙겨주기를 제공하도록 촉구했다. 대체 역할을 개발하는 데 도움을 주었다.

39. 부모에게 내담자를 중간에 놓는 것을 피하도록 가르치기 (39)

A. 한 부모가 내담자를 중간 역할로 설정해 다른 부모에 대한 정보자료를 얻어 오라거나 어른들 문제를 내담자를 통해 다른 부모에게 전달하는 식의 행동을 멈추도록 부모에게 촉구했다.

B. 부모가 내담자를 중간에 놓는 것이 내담자를 힘들게 한다는 점을 깨달았다고 언어로 표현했고, 대체 역할을 개발하는 데 도움을 주었다.

40. 두 부모 사이에 경쟁을 붙이는 것을 지적하기 (40)

A. 내담자가 한 부모와 다른 부모 사이에 경쟁을 붙여 자신의 욕구를 충족하고 원하는 물건을 얻거나 책임을 회피하는 것에 이의를 제기하고 지적했다.

B. 내담자가 오늘 가족치료 시간에 양육권이 없는 부모가 정기적으로 자신을 방문하고 내담자의 삶의 일부가 되었으면 좋겠다는 소망을 피력했다.

C. 오늘 치료 시간에는 양육권이 없는 부모가 내담자를 정기적으로 방문하지 못하고 내담자의 삶의 일부가 되지 못하게 하는 요소들이 무엇인지를 살펴보았다.

D. 양육권이 없는 부모가 자신이 내담자를 정기적으로 방문하지 않는 것이 내담자의 이혼에 따른 부적응 문제를 악화시킨다는 점을 인정했고 이를 언어로 지지해 주었다.

E. 가족치료 시간에 양육권이 없는 부모와 내담자 사이의 정기적인 만남 일정을 설정하는 것에 초점을 맞췄다.

41. 양육권이 없는 부모에게 방문하도록 권유하기 (41)

A. 양육권이 없는 부모에게 내담자와의 정기적 만남을 유지하고 내담자의 삶에 참여하도록 도전 의식을 심어 주고 격려했다.

B. 내담자가 오늘 가족치료 시간에 양육권이 없는 부모와 정기적인 만남을 가지고 그 부모가 자기 삶의 일부가 되었으면 좋겠다는 소망을 피력했다.

C. 오늘 치료 시간에는 양육권이 없는 부모가 내담자를 정기적으로 방문하지 못하고 내담자의 삶에 참여하지 못하게 하는 요소들이 무엇인지 살펴보았다.

D. 양육권이 없는 부모가 자신의 내담자 방문 부족이 내담자의 이혼 적응 문제를 악화시킨다는 점을 인정함에 따라 이를 언어로 지지해 주었다.

E. 가족치료 시간에 양육권이 없는 부모와 내담자 사이에 정기적인 만남 일정을 세우는 데 초점을 맞추었다.

42. 무심한 부모의 내담자와 보내는 시간을 증가시키기 (42)

A. 무심한 부모에게 내담자와 형제자매와 함께 좀 더 의미 있는 시간을 많이 보내도록 지침을 내렸다.

B. 무심한 부모에게 내담자와 특정한 임무를 수행하는 과제를 내주었다.

C. 내담자와 무심한 부모가 함께하고 싶은 과업이나 활동을 목록으로 작성하는 데 도움을 주었다.

D. 내담자가 이전에는 무심했던 부모와 시간을 더 많이 보낸 것이 부모와 좀 더 가까운 관계를 형성하는 것에 도움이 되었다고 보고했고, 이런 식의 관계가 갖는 이점을 검토했다.

E. 내담자와 무심한 부모가 서로 함께 시간을 보낸 적이 별로 없는 까닭에 내담자가 무심한 부모와의 관계가 여전히 소원하다고 보고함에 따라 내담자를 지지해 주었다.

43. 가족 치료 놀이 회기 실시하기 (43)

A. 부모-자녀의 결속력을 강화하기 위해 가족 치료 놀이(Theraplay) 회기(예 : 부모의 참여)를 실시했다.

B. 부모에게 내담자가 오늘 치료 놀이 회기에서 자신의 감정을 표현하는 데 주도권을 갖는 것을 허용하도록 지시했다.

C. 부모에게 내담자의 감정과 욕구에 공감하는 반응을 하도록 격려했다.

D. 가족 치료 놀이 시간이 부모-자녀 관계의 결속력을 높이는 데 기여했다.

44. 상호 이야기하기 기법을 사용하기 (44)

A. 손인형, 인형, 봉제 동물인형을 사용하는 상호 이야기하기 기법을 활용해 별거 또는 이혼과 관련된 감정들을 살펴봤다.

B. 내담자가 손인형, 인형, 봉제인형을 사용해 부모의 별거 또는 이혼과 관련된 감정을 효과적으로 표현하는 방법을 보여 주는 이야기를 구성했다.

C. 상호 이야기 기법을 사용한 후 내담자가 부모의 별거 또는 이혼과 관련된 자신의 감정을 효과적으로 표현하는 방법을 깨닫는 데 성공했다.

D. 내담자가 상호 이야기 기법이 부모의 별거 또는 이혼과 관련된 자신의 감정을 표현하는 효과적인 방법을 배우는 유용한 방법으로 인식했다.

45. 미술치료 기법 (45)

A. 내담자에게 부모의 이혼에 관한 자신의 감정 또는 이혼이 자신의 삶에 어떤 영향을 끼쳤는지를 보여 주는 그림을 그리도록 지시했다.

B. 내담자의 그림이 부모의 이혼에 대한 강한 분노를 반영하는 것으로 나타났다.

C. 내담자의 그림이 부모의 이혼에 대해 슬픔, 상처, 실망감을 반영하는 것으로 나타났다.

D. 내담자의 그림이 가족의 이동 그리고/또는 전학에 대해 분노, 슬픔, 외로움을 반영하는 것으로 나타났다.

E. 그림 그리는 것을 마친 이후 내담자가 부모의 이혼에 관한 자신의 감정과 이혼이 자신의 삶에 끼치는 영향에 대해 언어로 표현할 수 있게 되었고, 내담자의 감정을 검토했다.

46. 엄마, 아빠의 집에 대한 그림 그리기 (46)

A. 내담자에게 엄마, 아빠의 집을 각각 그리고 그 집에 사는 것 또는 그 집을 방문하는 것이 어떤 것인지를 이야기하도록 지시했다.

B. 내담자의 그림 내용을 내담자와 각 부모와의 관계의 질적 측면에서 평가했다.

C. 내담자의 그림과 진술 내용의 해석 결과 내담자가 양육권을 갖지 못한 부모보다는 양육권을 가진 부모와 더 밀접한 관계를 형성한 것으로 파악됐다.

D. 내담자의 그림에서 볼 때 내담자가 양육권을 갖지 못한 부모와는 경직되고 소원한 관계를 맺고 있는 것으로 나타났다.

E. 내담자의 그림에서 볼 때 내담자가 양육권을 가진 부모와 경직된 관계를 맺고 있는 것으로 나타났다.

47. 긍정적인 동료 집단 활동에 참여하는 것을 권장하기 (47)

A. 내담자에게 학교 활동, 방과 후 활동 또는 긍정적인 동료 집단 활동에 참여해 부모와 보내는 시간이 줄어든 것을 상쇄시키도록 강하게 독려했다.

B. 내담자가 부모의 이혼에 대처하고 우울한 기분과 외로움을 덜 느끼는 것에 도움이 되는 학교 활동, 방과 후 활동 또는 긍정적인 동료 집단의 활동의 종류를 생각해 냈고, 이를 검토했다.

C. 내담자가 학교 활동, 방과 후 활동, 또는 긍정적인 동료 집단에 참여한 것이 부모의 이혼에 대처하고 우울한 기분 또는 외로움을 덜 느끼는 데 도움이 되었다고 보고했으며, 내담자에게 이것을 계속해 나가도록 격려했다.

D. 내담자가 부모의 이혼에 대처하는 데 계속 어려움을 겪었지만 아직 학교 활동, 방과 후 활동 또는 긍정적인 동료 집단에 참여하려는 조치를 별로 취하지 않았다. 내담자에게 사회적 활동을 좀 더 증가시킬 것을 다시 지시했다.

48. 이혼 아동 집단과의 만남 (48)

A. 내담자에게 이혼 아동 집단에 참여해 자신의 감정을 표현하는 데 도움을 얻고 이혼 과정을 겪는 사람이 자기 혼자가 아님을 이해하도록 권유했다.

B. 내담자에게 각 집단치료 시간 동안 적어도 한 번은 부모의 이혼에 관해 솔직하게 이야기하라는 지침을 주었다.

C. 내담자가 이혼 아동 집단에 참여한 것이 자신만이 이혼 과정을 겪는 것이 아니라는 것을 깨닫는 데 도움이 되었다. 내담자에게 이 방법을 계속 활용하도록 격려했다.

D. 내담자가 이혼 아동 집단 모임에 적극적으로 참여한 것이 부모의 이혼에 관한 자신의 많은 감정을 털어놓고 이겨 내는 데 도움이 되었다고 말했다. 내담자에게 이 방법을 계속해 나가도록 설득했다.

E. 내담자가 집단치료 시간을 효과적으로 이용하지 않았고 이혼에 관한 자신의 감정을 솔직하게 이야기

하는 것을 꺼렸으나 내담자에게 이 방법을 더 많이 활용하도록 독려했다.

49. 도움을 주는 어른들을 찾아보기 (49)

A. 내담자가 이혼에 대처하는 것에 지지와 생활 지도를 요청할 수 있는 가족 외 어른들의 이름을 떠올리는 데 도움을 주었다.

B. 내담자에게 다음 치료 시간 전까지 가족 외의 어른들 중 적어도 1명에게 지도와 지지를 얻는 과제를 내주었다.

C. 내담자가 자신에게 지지와 생활 지도를 하면서 도움을 준 가족 외의 중요한 어른들과 이야기를 나누었다고 보고했고, 내담자의 이런 경험을 점검했다.

D. 내담자가 필요할 경우 지지와 지원을 요청할 수 있는 가족체계 외의 중요한 어른들의 네트워크를 짜는데 적극적인 조치를 취했다. 내담자에게 이것이 필요한 경우 적극 활용하도록 격려했다.

E. 내담자가 자신의 불신과 더 많은 실망감을 얻을지도 모른다는 생각 때문에 가족 외의 중요한 어른들과 접촉해 보라는 제안을 따르지 못했으나, 내담자에게 한정적인 범위에서 이런 지지를 얻도록 해 보라고 독려했다.

제14장

야뇨증/유분증

내담자 소개

1. 야뇨증/이불에 오줌 싸기 (1)[1]

A. 부모는 내담자가 계속 침대에 오줌을 싸고 밤에 소변 조절을 한 적이 없었다고 보고했다.

B. 내담자가 이전에는 밤에 소변 조절을 잘했는데 최근에는 정기적으로 침대에다 오줌을 싼다고 부모가 보고했다.

C. 내담자가 밤에 계속해서 주기적으로 침대에 오줌을 쌌다고 내담자와 부모가 보고했다.

D. 내담자가 침대에다 오줌을 싸는 빈도가 약간 줄어들었다고 내담자와 부모가 보고했다.

E. 내담자가 밤에 소변 조절을 하고 이제 더 이상 침대에 오줌을 싸지 않는다.

2. 주간 유뇨증/낮에 오줌 싸기 증상 (1)

A. 부모는 내담자가 주간에도 종종 옷에 오줌을 잘 싸며 소변 조절을 한 번도 한 적이 없다고 보고했다.

B. 부모는 내담자가 최근 퇴행적 행동을 보였고 낮에도 옷에 오줌을 싸기 시작했다고 보고했다.

C. 내담자가 낮에도 계속 옷에 오줌을 쌌다.

D. 내담자가 최근에는 낮 동안 옷에 오줌을 싸지 않았다.

E. 내담자에게서 낮에 오줌 싸기 증상이 사라졌다.

3. 생리학적인 원인에 의한 유뇨증 (1)

A. 내담자의 유뇨증 문제가 잘 알려진 건강 문제와 연관이 있다.

B. 내담자의 유뇨증 문제가 잘 알려진 신체적 또는 기관상(organic)의 원인과 관련이 없다.

4. 유분증 (2)

A. 부모는 내담자가 일관성 있는 대변 조절을 한 적이 없다고 말했다.

---

1) 괄호 안의 숫자들은 아동 심리치료 치료계획서(*The Child Psychotherapy Treatment Planner*), 제5판(Jongsma, Peterson, McInnis, Bruce 공저, 2014년, Hoboken, NJ : Wiley)에서 동일한 제목을 지닌 관련 장의 치료 중재의 숫자와 연결된다.

B. 부모는 내담자가 최근에 퇴행적인 행동을 보였고 이전에는 대변 조절에 성공했는데도 유분증 증세를 보이기 시작했다고 보고했다.

C. 내담자가 최근에 계속해서 유분증으로 문제를 겪었다.

D. 내담자가 최근에 유분증을 겪은 적이 없다고 부인했다.

E. 내담자의 유분증이 성공적으로 없어졌다.

5. 생리학적인 원인에 의한 유분증 (2)

A. 내담자의 유분증 문제가 잘 알려진 건강 문제와 관련이 있다.

B. 내담자의 유분증 문제가 잘 알려진 신체적 또는 기관상의 원인과 관련이 없다.

6. 수치심/당혹감 (3)

A. 내담자가 자신의 유뇨증 그리고/또는 유분증으로 인한 수치심과 당혹감을 표현했다.

B. 내담자의 수치심과 당혹감 때문에 더 큰 당혹감을 유발할 수 있는 특정 상황(예 : 친구 집 또는 자신의 집에서 친구들과 하룻밤 자기)을 피하는 경향이 생겼다.

C. 내담자가 자신만이 유뇨증 그리고/또는 유분증으로 고생하는 것이 아님을 깨달은 것이 수치심과 당혹감을 줄이는 데 도움을 주었다.

D. 오늘 치료 시간에 내담자가 수치심이나 당혹감 없이 자신의 유뇨증 그리고/또는 유분증에 대해 이야기할 수 있었다.

E. 내담자가 더 이상 자신의 유뇨증 그리고/또는 유분증으로 인한 수치심과 당혹감으로 괴롭지 않다고 보고했다.

7. 사회적 조롱, 고립 또는 배척 (4)

A. 내담자가 학교 또는 이웃에서 자신의 유뇨증 때문에 동료들로부터 놀림을 당하거나 조롱거리가 되었다고 보고했다.

B. 내담자가 학교와 이웃에서 자신의 유분증 때문에 놀림을 당하거나 조롱거리가 되었다고 보고했다.

C. 내담자가 동료들의 놀림 또는 조롱에 위축되거나 스스로를 고립시키는 식으로 대응했다고 보고했다.

D. 부모와 교사가 내담자의 유뇨증 그리고/또는 유분증 때문에 내담자가 배척당하게 된 원인이라고 보고했다.

E. 내담자가 자신의 사회적 접촉을 늘렸고 유뇨증 그리고/또는 유분증 문제를 극복한 이후 좀 더 외향적으로 변했다.

8. 대변/더러워진 옷을 숨기려는 시도 (5)

A. 내담자가 끊임없이 자신의 더러워진 옷 그리고/또는 대변을 숨기려는 경향을 보인다고 부모가 보고했다.

B. 내담자가 종종 수치심과 더 심한 놀림 또는 조롱의 대상이 될 것에 대한 두려움 때문에 자신의 더러워진 옷을 숨기려고 시도했음을 인정했다.

C. 내담자가 부모로부터 심하게 혼날지도 모른다는 두려움에 자신의 더러워진 옷을 숨기려는 시도를 종종 했다고 보고했다.

D. 내담자가 대변 그리고/또는 더러워진 옷을 숨기려는 경향이 오히려 부모와 더 마찰을 빚게 만들기 때

문에 자신에게 득이 되지 않는 행동임을 인정했다.

E. 내담자가 대변 그리고/또는 더러워진 옷을 숨기는 행동을 멈췄다고 보고했다.

9. 부모의 과도한 또는 가혹한 비난 (6)

A. 내담자가 자신의 부모가 자신의 유뇨증 그리고/또는 유분증 문제를 다루는 방식이 매우 비판적이고 가혹하다고 묘사했다.

B. 오늘 치료 시간에 부모가 내담자의 유뇨증 그리고/또는 유분증 문제에 강한 분노를 표출했다.

C. 부모가 내담자의 유뇨증 그리고/또는 유분증 문제 때문에 계속해서 내담자에게 비판적이었다.

D. 부모가 내담자의 소변/대변 조절 문제에 대해 비판적이거나 가혹한 표현을 하는 것을 멈출 필요가 있다는 것을 인정했다.

E. 부모가 내담자의 소변/대변 조절 문제에 대해 가혹하고 비판적인 발언을 하는 것을 멈췄다.

10. 엄격한 배변 훈련 연습하기 (6)

A. 오늘 치료 시간에 부모가 엄격한 배변 훈련 연습을 시켰던 것이 드러났다.

B. 내담자가 부모의 엄격한 배변 훈련 연습에 대해 분노와 좌절감을 표현했다.

C. 부모의 엄격한 배변 훈련 연습이 소변/대변 조절을 하지 못한 것에 대한 내담자의 불안감과 두려움을 가중시켰다.

D. 부모가 배변 훈련 연습에 좀 더 관대해지고 융통성 있게 되어 내담자가 덜 불안감을 느낀다고 보고했다.

E. 내담자가 배변 훈련 연습에 책임감을 느꼈고, 부모가 엄격한 배변 훈련 연습을 강요하는 것을 멈췄다.

11. 적대적이고 의존적인 악순환 (6)

A. 내담자가 부모와 다음과 같은 적대적이고 의존적인 악순환 관계를 형성했다. 내담자가 오줌을 싸거나 대변을 묻히는 행동이 부모를 화나게 하고, 부모는 비판적이거나 가혹한 태도로 이에 대응하며, 내담자는 또한 부모의 강한 분노 표현을 응징하려고 하면서 악순환이 반복된다.

B. 내담자와 부모가 적대적이고 의존적인 악순환이 존재함을 인정했고, 서로에 대한 분노를 줄이는 단계를 취할 것에 동의했다.

C. 내담자와 부모가 계속해서 적대적이고 의존적인 악순환에 고착되어 있다.

D. 내담자와 부모의 적대적이고 의존적인 악순환이 종료되었고, 내담자가 배변 훈련 연습에 책임을 지기 시작했다.

12. 낮은 자존감 (6)

A. 오늘 치료 시간에 내담자가 자신의 유뇨증 문제 때문에 낮은 자존감과 부적절감을 표시했다.

B. 오늘 치료 시간에 내담자가 자신의 유분증 문제 때문에 낮은 자존감과 부적절감을 표시했다.

C. 내담자의 소변/대변 조절 문제에 대한 부모의 가혹한 혹은 지나치게 비판적인 발언이 내담자의 낮은 자존감을 초래했다.

D. 내담자의 유뇨증 그리고/또는 유분증에 대한 부모의 지나치게 징벌적인 훈육방법이 내담자의 낮은 자존감, 부적절감, 열등감을 유발했다.

E. 내담자가 대소변 조절 문제로 유의미하게 자존심의 손상이 증가한다고 말했다.

13. 두려움 (7)

A. 배변 훈련에 대한 내담자의 불안감과 두려움이 유뇨증을 악화시켰다.

B. 배변 훈련에 대한 내담자의 불안감과 두려움이 유분증을 악화시켰다.

C. 내담자가 배변 훈련에 대해 가진 두려움이 비이성적이거나 비현실적임을 깨달았다.

D. 배변 훈련에 대한 내담자의 불안감과 두려움이 줄어들기 시작했다.

E. 내담자가 성공적으로 자신의 불안감과 두려움을 일으키는 핵심 갈등을 이겨 냈고, 최근에 소변/배변 조절을 잘하는 모습을 보였다.

14. 분노/적개심 (7)

A. 내담자의 강한 분노가 유뇨증으로 나타났다.

B. 내담자의 강한 분노가 유분증으로 나타났다.

C. 내담자가 자신의 분노를 다른 사람들에게 직접 표현하는 데 많은 어려움을 겪었다.

D. 내담자가 자신의 분노를 더 공개적이고 직접적으로 표현하기 시작했고, 동시에 배변 훈련 연습에 더 큰 책임을 갖기 시작했다.

E. 내담자가 강한 분노와 적개심을 일으키는 핵심 갈등을 해결한 이후 소변/배변 훈련을 잘했다.

15. 거부 경험/외상화 (7)

A. 내담자가 상당한 거부 경험을 한 이후 소변 또는 대변 조절에 퇴행을 보였다.

B. 내담자가 정신적으로 충격적인 사건을 겪은 이후 소변 또는 대변 조절 문제를 겪었다.

C. 내담자가 과거의 거부 경험이나 정신적으로 충격적인 사건에 대한 자신의 감정을 이겨 내기 시작하면서 효과적인 소변/대변 조절을 하기 시작했다.

D. 내담자가 정신적으로 충격적인 사건 또는 거부 경험에 대한 자신의 감정을 이겨 냈고 이제는 완벽하게 소변/대변 조절을 한다.

16. 분리/상실 (7)

A. 내담자가 주요한 분리 또는 상실 경험 이후 유뇨증을 보이기 시작했다.

B. 내담자가 주요한 분리 또는 상실 경험 이후 유분증을 보이기 시작했다.

C. 내담자가 과거의 분리 또는 상실과 관련된 감정을 이겨 내기 시작하면서 배변 훈련에 대한 책임을 갖기 시작했다.

D. 내담자가 과거의 분리 또는 상실과 관련된 감정을 성공적으로 극복한 이후 소변/대변 조절을 양호하게 한다.

17. 서투른 충동 조절/책임감 부족 (8)

A. 내담자의 배변 훈련에 대한 충동성과 무책임성이 내담자가 낮에 오줌을 싸는 증상(유뇨증)에 상당한 영향을 끼치는 요인이다.

B. 내담자의 배변 훈련에 대한 충동성과 무책임성이 내담자의 유분증에 상당한 영향을 끼치는 요인이다.

C. 내담자가 배변 훈련 연습에 더 큰 책임감을 갖기 시작했다.

D. 내담자의 충동 조절 향상 및 책임감 증대 이후 내담자가 양호한 소변/대변 조절 모습을 보였다.

18. 대변을 칠함 (9)[2]

A. 내담자가 화가 나거나 속상할 때 대변을 칠하는 병력이 있다고 부모가 보고했다.

B. 내담자가 대변을 칠하는 경향은 심각한 정신상의 장애가 있음을 보여 준다.

C. 내담자가 정신병이 발병 중일 때 벽이나 주변에 대변을 칠하는 행동을 보였다.

D. 내담자가 최근에 대변을 칠하는 행동을 하지 않았다.

E. 내담자가 대변을 칠하는 행동을 완전히 멈췄다.

중재 실행

1. 신뢰 쌓기 (1)[3]

A. 일관된 눈 맞춤, 적극적 듣기, 무조건적인 긍정적 반응, 따뜻한 수용이 내담자의 신뢰를 쌓는 데 도움을 주기 위해 사용되었다.

B. 내담자는 라포와 신뢰 수준이 증가됨에 따라 감정을 더 자유롭게 표현하기 시작했다.

C. 내담자는 고통스러운 감정의 표현을 보여 주는 데에 지속적인 어려움을 경험했고, 이러한 어려운 주제를 표현하기 위해 치료의 안전한 안식처를 사용하도록 격려받았다.

2. 평가 시행 (2)

A. 철저한 평가로 그 성질, 빈도수, 환경 자극, 응답 및 관리 노력을 포함한 문제 제거가 시행되었다.

B. 다른 심리적 또는 정신과 조건이 평가되었는데, 문제를 설명하거나 추가 치료 주의를 요할 수 있다.

C. 평가의 결과는 내담자와 부모와 공유했다.

3. 의학적 검사를 받도록 권유하기 (3)

A. 내담자에게 유뇨증을 유발할지도 모르는 기관적 또는 신체적 원인을 제거하기 위해 의학적 검사를 받도록 권유했다.

B. 내담자에게 유분증을 유발할지도 모르는 기관적 또는 신체적 원인을 제거하기 위해 의학적 검사를 받도록 권유했다.

C. 의학적 검사 결과 내담자의 유뇨증 또는 유분증을 일으키는 어떠한 기관적 또는 신체적 원인의 존재가 나타나지 않았고, 이 점을 내담자와 부모에게 전달했다.

D. 의학적 검사 결과 내담자의 유뇨증 그리고/또는 유분증 문제가 기관적 또는 신체적 원인에 따른 것으로 나타났고, 이 점을 내담자와 부모에게 전달했다.

E. 내담자에게 의학적 개입과 관련된 모든 제안에 순응할 것을 권장했다.

F. 내담자가 의학적 검사를 받지 않아서 내담자에게 의학적 검사를 받을 것을 부모에게 다시 지시했다.

4. 의학적 평가를 받도록 권유하기 (4)

A. 내담자에게 야간 소변 조절 능력을 향상시키기 위해 의학적 평가를 받아 보도록 권유했다.

---

2) 역자 주 : 치매 노인의 경우 유분증, 유뇨증, 대변을 벽이나 옷가지, 주변 물건에 칠하는 증상이 나타난다.

3) 괄호 안의 숫자들은 **아동 심리치료 치료계획서**(*The Child Psychotherapy Treatment Planner*), 제5판(Jongsma, Peterson, McInnis, Bruce 공저, 2014년, Hoboken, NJ : Wiley)에서 동일한 제목을 지닌 관련 장의 치료 중재의 숫자와 연결된다.

B. 내담자와 부모가 의학적 평가를 받는 데 동의했다.

C. 부모가 야간 소변 조절 능력 향상을 돕기 위해 자녀에게 약물치료를 실시하는 데 반대했고, 그들의 고민에 대해 의사와 상의하도록 권유했다.

D. 내담자가 밤에 소변 조절을 잘하도록 돕기 위해 약물치료를 실시했다.

5. 심리검사 권장/실시하기 (5)

A. 내담자가 ADHD인지 또는 소변/배변 조절 문제를 일으킬지도 모르는 충동조절장애를 지니고 있는지 결정하는 데 도움이 되도록 내담자에게 심리검사를 실시했다.

B. 내담자가 소변/대변 조절 문제를 일으킬지도 모르는 내재된 심각한 감정 문제가 있는지 결정하는 데 도움이 되도록 내담자에게 심리검사를 실시했다.

C. 내담자와 부모에게 심리검사의 다시 챙겨주기를 제공했고, 심리검사 결과 심각한 정서장애가 있다는 것이 드러났다.

D. 심리검사 결과 ADHD 그리고/또는 내담자의 소변/대변 조절 문제를 일으키는 충동조절장애가 있다는 것이 드러났다.

E. 심리검사 결과 내담자의 유뇨증 그리고/또는 유분증 문제 발현에 원인이 되는 내재된 심각한 감정적 문제가 있음이 드러났다.

6. 통찰력 수준의 평가 (6)

A. 내담자는 보이는 문제들을 향한 통찰 수준으로 평가되었다.

B. 내담자는 보이는 문제들에 관하여 그의 통찰의 동조적인 본성 대 이질적인 본성에 따라 평가되었다.

C. 내담자는 행동과 증상에서 문제가 되는 본성에 대한 좋은 통찰을 하도록 보여 주었다.

D. 내담자가 다른 사람들의 우려에 동의하는 것이 목격되어 변화에 힘쓰도록 동기유발되었다.

E. 내담자는 묘사된 문제에 대해 양면성이 있음이 드러났고 그 문제들을 우려사항으로 보는 것을 꺼렸다.

F. 내담자는 문제 영역의 인식에 관해 저항적인 것으로 나타났고, 걱정하지 않았으며, 변화에 대한 동기가 없었다.

7. 관련 장애의 평가 (7)

A. 내담자는 연구 기반의 관련 장애들의 증거에 의해 평가되었다.

B. 내담자는 자살에 대한 취약성 수준으로 평가되었다.

C. 내담자는 동반장애를 가진 것으로 확인되었고, 치료는 이를 처리할 수 있도록 조정되었다.

D. 내담자는 또 다른 관련 장애가 있는지 평가되었지만 아무것도 발견되지 않았다.

8. 문화적으로 혼란스러운 문제에 대한 평가 (8)

A. 내담자는 그의 임상 행동을 더 잘 이해하도록 도울 수 있는 나이 관련 쟁점으로 평가되었다.

B. 내담자는 그의 임상 행동을 더 잘 이해하도록 도울 수 있는 성별 관련 쟁점으로 평가되었다.

C. 내담자는 그의 임상 행동을 더 잘 이해하도록 도울 수 있는 문화의 증후군, 고통의 문화적 관용구, 혹은 문화적으로 감지된 사건으로 평가되었다.

D. 다른 요인들이 내담자의 현재 정의된 '문제 행동'에 기여할 것이라고 확인되었고 이 요인들은 그의 치료에 반영되었다.

E. 내담자의 현재 정의된 '문제 행동'을 설명할 수 있는 문화적 기반 요인들은 조사되었지만 중대한 요인은 발견되지 않았다.

9. 장애의 심각성 평가 (9)

A. 내담자의 장애의 심각성은 보호의 적절한 정도를 결정하기 위해서 판단되었다.

B. 내담자는 사회적 · 관계적 · 교육적인 노력에서의 손상 정도로 평가되었다.

C. 내담자는 그의 장애가 자신의 기능에 가볍거나 중간 정도의 영향을 끼친다는 것을 알았다.

D. 내담자는 그의 장애가 자신의 기능에 심각하거나 더 심각한 영향을 끼친다는 것을 알았다.

E. 내담자의 치료의 효율성과 적절성, 그리고 장애의 심각성은 꾸준히 평가되었다.

10. 병원의 돌봄 평가 (10)

A. 병원의 돌봄과 관심으로 내담자의 집, 학교, 지역사회가 평가되었다.

B. 내담자의 다양한 환경은 아동의 욕구에 지속적인 무관심, 돌보는 사람의 잦은 변화, 안정적 애착의 제한된 기회, 가혹한 훈육 혹은 다른 심각한 부적절한 돌봄이 있었는지 평가되었다.

C. 병원의 돌봄이 확인되었고 치료계획에 이러한 우려를 관리하고 바로잡는 것과 아동을 보호하는 전략이 포함되었다.

D. 어떠한 병원의 돌봄도 확인되지 않았고, 이것은 내담자와 돌보는 사람에게 반영되었다.

11. 약물 순응도/효과성 모니터링하기 (11)

A. 내담자와 부모가 약물 복용이 내담자가 밤에 효과적인 소변/대변 조절을 하는 데 도움이 된다고 보고했고, 처방된 대로 약물을 계속 복용할 것을 권장했다.

B. 내담자와 부모가 약물 복용에도 별 진전이 없다고 보고했고, 이를 의사에게 보고하도록 종용했다.

C. 내담자가 처방된 약물 복용에 순응한 것에 대해 긍정적 다시 챙겨주기를 제공했다.

D. 내담자가 정기적으로 약물을 복용하는 것을 따르지 않아서 이를 실시하도록 다시 지시했다.

E. 내담자와 부모에게 약물에 부작용이 있을 경우 약을 처방한 의사에게 보고하도록 권유했다.

12. 부모-자녀 간의 상호작용 상태를 살펴보기 (12)

A. 오늘 치료 시간에 부모의 배변 훈련 연습이 과도하게 엄격한지를 평가하기 위해 부모-자녀 간의 상호작용 상태를 살펴보았다.

B. 오늘 치료 시간에 부모가 내담자의 소변/대변 조절에 대해 가혹하고 비판적인 발언을 하는지를 평가하기 위해 부모-자녀 간의 상호작용 상태를 살펴보았다.

13. 효과적이고 비학대적인 배변 훈련 연습하기를 가르치기 (13)

A. 부모에게 효과적이고도 비학대적인 배변 훈련 연습을 가르쳤다.

B. 부모가 비학대적인 배변 훈련 연습을 사용하겠다는 다짐을 언어로 표현한 것을 지지해 주었다.

C. 부모가 효과적이고 비학대적인 배변 훈련 연습을 사용한 것에 대해 긍정적 다시 챙겨주기를 제공했다.

14. 가족 내의 역학관계를 평가하기 (14)

A. 오늘 가족치료 시간에 내담자의 유뇨증, 유분증 또는 대변 칠하기의 발현 또는 강화에 기여하는 역학관계에 대해 살펴보았다.

B. 치료 시간에 배변 훈련 연습에 대한 부모의 일관성 결핍이 어떤 식으로 내담자의 유뇨증 또는 유분증 문제에 기여했는지가 드러났다.

C. 배변 훈련 연습에 대한 부모의 일관성이 부족한 이유를 살펴보았다.

D. 가족 구성원들에게 가족에게 부정적인 영향을 끼치는 스트레스 요인이 무엇인지를 물었다.

E. 가족 구성원들에게 가족 내에서 있었으면 하는 긍정적인 변화가 무엇인지를 물었다.

15. 알람 기반 치료 (15)

A. 부모와 자식의 기능과 근거에 대한 논의와 함께 알람 기반 신체행동(biobehavioral) 치료의 시험 사용에 대해 교육했다.

B. 부모는 알람 기반 신체행동 치료를 이용하도록 요청했다.

C. 계약은 부모가 자식 알람 기반 신체행동 치료를 사용하여 확보했다.

16. 야뇨 경보기4) 조건화 과정 가르치기 (16)

A. 내담자와 부모에게 내담자의 야뇨증을 치료하기 위해 야뇨 경보기(bell-and-pad) 조건형성 과정을 어떻게 사용하는지 훈련시켰다.

B. 부모는 아동 심리치료 과제계획서(Jongsma, Peterson, & McInnis)의 '드라이 베드 교육 프로그램(Dry Bed Training Program)'을 할당받았다.

C. 부모는 아이를 온전히 각성시키고, 화장실에 가도록 지시하고, 침구와 잠옷을 변경하여 책임을 보이도록 하는 절차에 따라 경고를 따르도록 배웠다.

D. 부모에게 알람이 자녀와 부모 모두에게 들릴 수 있게 확실하게 하도록 상기시켰다.

E. 야뇨 경보기 조건형성 절차 사용이 검토되었다.

17. 측정 시스템 사용하기 (17)

A. 부모는 젖음의 빈도수와 소변 얼룩의 크기를 측정하는 측정 시스템을 사용하도록 배웠다.

B. 부모는 야뇨증의 빈도와 심각도를 측정하기 위한 이론적 근거에 대해 배웠다.

---

4) 역자 주 : 속옷이 젖거나 몸에 따뜻한 액체가 닿으면 알람이 울리는 장치. 앞모습은 습기 탐색 시에 소리가 울리도록 장치되어 있으며, 뒷모습의 철사는 신호상자에서 소리가 나도록 장치한 것이다. 철사의 끝에서 소리가 나도록 되어 있으며 옷을 입은 상태에서 신호를 손으로 조절할 수 있다. 소리는 방광에 오줌이 차 있어서 습기가 감촉될 때 신호상자에 감지되어 소리를 내도록 장치되어 있다.

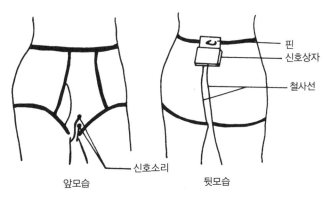

〈그림〉 사전 야뇨 경보신호 팬티(야뇨증 치료용)

C. 일관된 측정 결과는 부모와 함께 조사했다.

18. 알람 기반 치료 지속하기 (18)

A. 개선의 기준이 식별되었다(예 : 14회 연속 '마른 날').

B. 개선의 기준이 충족될 때까지 알람 기반 치료는 계속되었다.

19. 과잉 학습법 가르치기 (19)

A. 야뇨증 재발을 방지하기 위해 치료과정 후반기 동안 부모에게 과잉 학습법(예 : 내담자에게 잠자기 직전 일정량의 수분을 섭취하도록 시키기)을 사용하도록 권장했다.

B. 내담자와 부모에게 야뇨 경보기 조건형성 과정과 더불어 과잉 학습법을 사용하도록 격려했다.

C. 부모가 야뇨 경보기 조건형성 과정 및 과잉 학습법의 결합이 내담자의 야뇨증을 제거하는 데 성공적인 방법이었다고 보고했다.

D. 과잉 학습법이 내담자의 야뇨증 재발을 막지 못했다.

E. 부모가 과잉 학습법을 사용하지 않았으나 이를 사용하도록 다시 지시했다.

20. 긍정적 강화 과정 활용하기 (20)

A. 부모에게 내담자의 소변 또는 대변 조절을 향상시키기 위해 긍정적 강화 절차를 사용하는 것에 대해 교육시켰다.

B. 낮 동안 내담자의 효과적인 소변 조절을 강화하기 위한 보상체계를 고안했다.

C. 내담자의 야뇨증을 해결하기 위한 보상체계를 고안했다.

D. 내담자가 대변 조절을 잘한 것에 대한 보상을 주기 위한 보상체계를 고안했다.

E. 보상체계가 내담자의 원활한 소변/대변 조절에 도움을 주었다.

F. 부모가 긍정적 강화 과정을 구성하지 않았으나 이를 실시하도록 다시 지시했다.

21. 소변 참기 기법 가르치기 (21)

A. 이번 치료 시간은 내담자가 소변 마려운 기분 또는 소변을 봐야 할 때를 인지하는 정도를 높이기 위해 내담자와 부모에게 효과적인 소변 참기 훈련을 가르치는 데에 할애했다.

B. 아동 심리치료 과제계획서(Jongsma, Peterson, & McInnis)에 나오는 '방광 충만 훈련 프로그램(Bladder Retention Training Program)'을 내담자와 부모에게 과제로 내주었다.

C. 내담자가 방광 충만 훈련 연습이 소변 마려운 기분 또는 소변을 봐야 할 때를 깨닫는 데 유용했다고 보고했다.

D. 방광 충만 훈련이 내담자가 낮 동안 효과적인 소변 조절을 하는 데 도움이 되었다.

E. 방광 충만 훈련이 내담자가 밤에 소변을 봐야 할 때를 자각하는 능력 향상에 도움을 주었고, 그에 따라 밤에 이불을 적시는 일이 결과적으로 줄어들었다.

F. 내담자와 부모가 소변 참기 기법을 사용했음에도 거의 또는 아무런 진전이 없었다고 보고했다.

G. 내담자와 부모가 소변 참기 훈련 기법을 사용하지 않아 이를 실시하도록 다시 지시했다.

22. 각성 절차에서 부모 훈련 (22)

A. 부모는 야뇨증을 제어하기 위해 부모의 정상적인 취침 시간에 아이를 깨우도록 지시받았다.

B. 부모의 정상적인 취침 시간에 각성 절차의 사용을 검토했다.

23. 케겔 운동 교육 (23)

A. 내담자는 의도적으로 야뇨증에 도움이 되는 근육을 수축하는 운동을 배웠다.

B. 내담자는 최소 하루에 한 번 소변의 흐름을 종결하는 것을 연습하는 '스트림 중단' 운동을 처방받았다.

C. 소변의 흐름을 종료하는 내담자의 운동 사용이 검토되었다.

24. 유분증에 대한 생물행동주의적 접근 시행하기 (24)

A. 생물행동주의적 접근법은 내담자의 유분증에 대하여 사용되었다.

B. 내담자와 부모는 제거 과정과 발생할 수 있는 어려움에 대해 교육받았다.

C. 구성 요소 및 치료에 대한 근거는 부모에게 설명되었다.

D. 어린이와 청소년의 유분증 치료에 관한 원칙에 관한 정보자료(*Elimination Disorders in Children and Adolescents*)(Christopherson & Friman)가 부모에게 제공되었다.

25. 성격의 미신에 대한 폭로 (25)

A. 고집, 미성숙 또는 게으름 같은 성격 특성이 유분증의 원인이라는 미신이 밝혀졌다.

B. 부모는 유분증의 아이를 부끄럽게 하거나 비난하지 못하도록 지시되었다.

C. 유분증의 전형적인 이유에 대한 토론이 개최되었다.

26. 읽기 자료 추천하기 (26)

A. 치료 접근 방식과 일치하는 읽기 자료가 추천되었다.

B. 내담자와 부모는 그것은 사고가 아니다(*It's No Accident*)(Hodges & Schlosberg)의 일부분을 읽도록 배정되었다.

C. 내담자와 부모는 마른 채 일어나기(*Waking Up Dry*)(Bennett)의 일부를 읽도록 배정되었다.

D. 내담자와 부모는 하루 미만의 화장실 훈련(*Toilet Training in Less Than a Day*)(Azrin)의 일부를 읽어 배정되었다.

E. 인터넷 기반 자원은 내담자와 가족에게 추천되었다.

F. 추천 자료에서 주요 개념은 내담자와 가족과 함께 검토되었다.

27. 대장 청소 촉진하기 (27)

A. 규칙적인 배변 과정이 처음 배설물로 완전히 창자를 정화하는 것에 의해 촉진되었다.

B. 내담자와 부모는 감독하에 관장을 사용할 것을 권장받았다.

C. 내담자와 부모는 감독하에 완하제 사용을 사용할 것을 권장받았다.

D. 부모는 내담자가 완전히 장을 정화하는 것을 돕도록 지원받았다.

28. 높은 식이 섬유 함량 (28)

A. 의사의 도움으로 내담자는 식이 섬유가 높은 수준의 식이요법을 구현하는 데 도움을 받았다.

B. 내담자의 식이요법은 보다 쉽고 일정한 배변을 촉진하여 대장 운동과 수분을 증가 및 조절했다.

C. 식이 섬유 변화의 부모 실행이 검토되었다.

29. 정기적 대장 운동 시간 형성 (29)

A. 부모는 배변을 시도하는 아이를 위해 한두 개의 정규 시간 선택을 개발하는 데 도움을 받았다.

B. 아이의 의도된 배변 타이밍은 아이가 학교에서 떨어진 시간과 아동과 부모 시간 제약에 기초하여 조정되었다.

C. 부모는 아이가 배변 경험을 점점 혐오하는 속성을 피하기 위해 아이가 10분 이상 앉아 있지 않도록 지도하기를 지시받았다.

D. 의도된 배변에 대한 정기적인 시간의 사용이 검토 및 처리되었다.

30. 배변을 긍정적 경험으로 바꾸기 (30)

A. 부모는 아이가 즐거운 활동을 할 수 있도록 하여 배변이 편안하고 즐거운 경험이 되도록 만드는 데 도움을 받았다.

B. 부모는 아이가 용변을 보는 동안 음악 듣기, 읽기, 부모와 함께 이야기하기 등의 옵션을 시도하도록 권장되었다.

C. 내담자와 부모는 화장실 사용을 편안하고 즐거운 경험으로 만들기 위해 문제 해결 방법을 지원받았다.

31. 칭찬과 보상을 활용하기 (31)

A. 성공적인 배변의 경우 부모는 아이를 칭찬하거나 다른 보상 시스템을 사용하는 것을 격려받았다.

B. 배변 활동을 할 수 없는 아이의 경우 그 노력은 칭찬받아야 하고 같은 날의 이후에 다른 치료 회기가 재계획되어야 한다.

C. 아이의 배변에 대한 칭찬과 보상의 사용이 검토 및 시행되었다.

32. 사고에 대한 반응 검토하기 (32)

A. 부모는 사고에 대한 자신의 일반적인 반응을 검토하는 데 도움을 받았다.

B. 부모는 처벌이나 비판 없이 사고에 대응하는 것이 아니라 연령에 적합한 청소에 아이를 참여시키도록 권장받았다.

C. 아이가 나이가 많아서 혼란을 정리할 것으로 예상되었다.

D. 아이가 어려서 세탁물을 세탁소에 가져감으로써 도움을 주도록 지시받았다.

33. 부모에게 모니터링 기법을 가르치기 (33)

A. 부모가 바지 검사 기술을 사용하여 진행 상황을 모니터링하도록 권장되었다.

B. 부모는 무재해 검사에 대한 칭찬을 제공하도록 권장받았다.

C. 부모는 배변의 성공, 사고, 크기 모두의 일관성에 대해 지속적인 기록을 유지하도록 권장받았다.

D. 내담자의 배변에 대해 기록된 정보자료는 정기적으로 장애에 대한 성공과 문제 해결에 대한 보강으로 검토되었다.

34. 내담자에게 책임감 북돋우기 (34)

A. 내담자에게 소변 조절 달성에 적극적인 책임 의식을 갖도록 격려하고 의욕을 북돋아 주었다.

B. 내담자에게 대변 조절 달성에 적극적인 책임 의식을 갖도록 격려하고 의욕을 북돋아 주었다.

C. 내담자는 아동 심리치료 과제계획서(Jongsma, Peterson, & McInnis)의 '대장 관리 교육 프로그램(Bowel

Control Training Program)'을 할당받았다.

    D. 내담자에게 자신이 더럽힌 속옷이나 이불보를 세탁하는 책임을 맡겼다.

    E. 내담자에게 옷 또는 이불에 배변을 한 날과 그렇지 않은 날을 기록하도록 지시했다.

    F. 내담자에게 밤에 배변 시간을 알리는 알람을 설정하도록 임무를 맡겼다.

35. 소변/대변 조절을 양호하게 했던 시기 알아보기 (35)

    A. 내담자가 과거에 소변 조절을 잘하고 소변 저림 사건을 경험하지 않았던 시기가 언제인지 기억해 내는 데 도움을 주었다.

    B. 내담자가 과거에 대변 조절을 잘하고 소변 저림 사건을 경험하지 않았던 시기가 언제인지 기억해 내는 데 도움을 주었다.

    C. 내담자가 과거에 소변 조절을 하기 위해 했던 동일한 긍정적 단계들을 실천하도록 격려했다.

    D. 내담자가 과거에 대변 조절을 하기 위해 했던 동일한 긍정적 단계들을 실천하도록 격려했다.

    E. 오늘 치료 시간에 과거에 내담자가 강한 가족적 지지를 받고 자신에 대해 더 자신감을 가졌던 시기에 소변/대변 조절을 잘한 것으로 드러났다.

36. 비이성적인 인지 메시지를 알아보기 (36)

    A. 오늘 치료 시간에 배변 훈련과 관련된 두려움이나 불안감을 일으키는 내담자의 비이성적인 인지 메시지에 대해 살펴보았다.

    B. 오늘 치료 시간이 배변 훈련과 관련된 두려움이나 불안감을 일으키는 내담자의 비이성적인 인지 메시지를 밝히는 데 도움이 되었다.

    C. 내담자가 자신의 비현실적이거나 비이성적인 사고를 긍정적이고 현실적인 자기 대화로 대체하는 데 도움을 주었다.

    D. 내담자가 비이성적인 인지 메시지를 삭제하고 좀 더 긍정적이고 현실에 기반한 자기 대화를 개발함에 따라 긍정적인 다시 챙겨주기를 주었다.

37. 내담자가 비이성적인 두려움을 깨닫도록 돕기 (37)

    A. 내담자가 배변 훈련을 둘러싼 불안감 또는 두려움이 얼마나 비이성적이고 비현실적인지 깨닫도록 도움을 주었다.

    B. 내담자에게 비이성적이거나 비현실적인 사고를 긍정적이고 현실적인 자기 대화로 대체하도록 격려했다.

    C. 내담자가 불안감을 줄이고 배변 훈련에 대한 두려움을 제거함에 따라 긍정적 다시 챙겨주기를 제공했다.

38. 이차적 이득을 살펴보기 (38)

    A. 내담자가 유뇨증 또는 유분증 문제로 혹시 이차적 이득을 얻는 것이 있는지를 살펴보기 위해 가족치료 시간을 실시했다.

    B. 내담자와 부모가 내담자의 유뇨증 또는 유분증으로 얻는 이차적 이득이 있는지를 살피는 데 도움을 받았다.

    C. 치료 시간을 통해 내담자가 어떤 식으로 유뇨증 또는 유분증 문제로 더 많은 부모의 관심을 받는지를

보여 주었다.

D. 내담자와 부모가 내담자의 유뇨증 또는 유분증이 어떤 식으로 부모에 대한 내담자의 의존성을 유지 또는 강화하는지를 깨닫도록 도움을 주었다.

E. 가족치료 시간을 통해 내담자의 유뇨증 또는 유분증을 통해 어떤 이차적 이득을 얻는지를 밝혀내는 것에 실패했다.

39. 전략적 가족치료 개입을 활용하기 (39)

A. 치료사가 유뇨증 또는 유분증에 대한 언급 없이 문제가 해결됐을 경우 나타날 일들에 대해 논의하는 전략적 가족치료 개입을 개시했다.

B. 전략적 가족치료 개입이 내담자의 소변 또는 대변 조절 문제에 영향을 끼치는 내재된 문제를 끄집어내는 데 도움을 주었다.

C. 내담자와 가족 구성원들이 내담자의 유뇨증 또는 유분증 문제에 기여하는 핵심 갈등 또는 문제를 해결하는 좀 더 효과적인 방법을 생각해 내도록 도움을 주었다.

40. 역설적 개입을 실시하기 (40)

A. 내담자가 주중에 특정한 날 밤에 고의로 소변을 싸도록 지시하는 역설적 개입을 실시했다.

B. 역설적 개입을 통해 내담자가 무의식적인 행동을 의식적인 조작으로 탈바꿈시키면서 유뇨증을 조절하도록 함에 따라 역설적 개입 방법이 성공을 거뒀다.

C. 내담자와 부모가 역설적 개입을 실행하는 데 실패했으나 이것을 다음 치료 시간 전까지 실시하도록 지시했다.

41. 분리, 상실, 정신적 외상 또는 거부 이력을 살펴보기 (41)

A. 오늘 치료 시간에 내담자의 유뇨증이 과거의 분리, 상실, 정신적 외상화 또는 거부 경험과 관련되어 있는지를 살폈다.

B. 오늘 치료 시간에 내담자의 유분증 또는 대변 칠하기가 과거의 분리, 상실, 정신적 외상화 또는 거부 경험과 관련되어 있는지를 살폈다.

C. 내담자가 분리, 상실 또는 거부를 크게 경험한 뒤에 소변 또는 대변 조절에 퇴행을 겪었음이 드러났다.

D. 내담자가 정신적으로 충격적인 사건을 경험한 뒤에 소변 또는 대변 조절에 퇴행을 겪었음이 드러났다.

E. 내담자가 정신적으로 충격적인 사건을 경험한 뒤에 내담자의 대변 칠하기 문제가 나타났음이 드러났다.

42. 고통스러운 사건과 관련된 감정 표현을 격려하기 (42)

A. 내담자가 과거의 분리, 상실, 정신적 외상 또는 거부 경험과 관계된 자신의 감정을 표현하도록 격려와 지지를 해 주었다.

B. 내담자에게 과거의 분리, 상실, 정신적 외상 또는 거부 경험과 관계된 감정을 반영하는 그림을 그리도록 지시했다.

C. 과거의 분리, 상실, 정신적 외상 또는 거부 경험에 대한 내담자의 감정 표현을 촉진하기 위해 빈 의자 기법을 활용했다.

D. 내담자에게 과거의 분리, 상실, 정신적 외상 또는 거부 경험과 관계된 자신의 생각과 감정을 기록하는

일기를 쓰도록 지시했다.

    E. 내담자가 과거의 분리, 상실, 정신적 외상 또는 거부 경험과 관계된 자신의 감정을 가족들 앞에서 표현할 기회를 주기 위해 가족치료 시간을 실시했다.

43. 정신분석학적 놀이치료를 실천하기 (43)

    A. 정신분석학적 놀이치료 접근법을 사용하여 내담자가 자신의 소변 또는 대변 조절 문제를 일으키는 문제를 검토하는 데 주도권을 갖도록 허용했다.

    B. 오늘 치료 시간에는 놀이에서 드러난 내담자의 감정을 해석하고 그것을 소변 또는 대변 조절 문제와 관계된 내담자의 감정과 연관 짓는 데 초점을 맞췄다.

    C. 이번 치료 시간에는 오늘의 정신분석학적 놀이치료 시간에 드러난 전이 문제들을 점검하고 극복하는 데 초점을 맞췄다.

    D. 정신분석학적 놀이치료 시간이 내담자의 소변 또는 대변 조절 문제에 영향을 끼치는 핵심 문제 또는 불안감을 밝히는 데 도움을 주었다.

    E. 정신분석학적 놀이치료 시간이 내담자의 소변 또는 대변 조절 문제를 일으키는 문제를 내담자가 극복하고 해결하는 데 도움을 주었다.

44. 자존감을 반영하는 그림 그리기를 지시하기 (44)

    A. 내담자에게 소변 또는 대변 저림 사건들이 자신의 자존감에 어떻게 영향을 끼치는지를 보여 주는 그림을 그리도록 지시했다.

    B. 내담자의 그림이 낮은 자존감, 부적절성 그리고 수치심을 반영하는 것으로 드러났다.

    C. 내담자의 그림이 자신의 소변 또는 대변 조절 문제 때문에 동료들로부터 배척당하는 기분이 어떤 것인지를 반영하는 것으로 해석됐다.

    D. 오늘 치료 시간에는 내담자의 그림 내용을 점검하고 이것을 내담자의 일상생활 감정과 연결시켰다.

    E. 그림 그리기를 마친 후 내담자가 자신의 자존감을 쌓는 건설적인 방법을 깨닫는 데 도움을 주었다.

    F. 내담자가 자존감에 관한 그림을 완성하지 않아서 이 숙제를 하도록 내담자에게 상기시켰다.

45. 긍정적인 특징을 알아보기 (45)

    A. 내담자의 수치심 또는 당혹감을 줄이는 데 도움이 되도록 내담자에게 자신의 긍정적 특징에 대해 이야기하고 열거해 보도록 지시했다.

    B. 부모에게 내담자의 수치심과 당혹감을 줄이도록 돕기 위해 자주 칭찬하기와 긍정적 강화를 제공하도록 강하게 권유했다.

    C. 내담자에게 수치심과 당혹감을 상쇄시킬 긍정적인 자기 선언을 언어로 하도록 격려했다.

    D. 내담자의 자존감 향상 및 수치심 감소를 돕기 위해 내담자에게 매일 밤 부모와 함께 세 가지 긍정적인 자기 선언을 언어로 하는 숙제를 내주었다.

46. 긍정적인 자기 선언 기록 과제 실시하기 (46)

    A. 내담자에게 일기에 매일 긍정적인 자기 선언 문구를 하나씩 기록하도록 지시했다.

    B. 내담자에게 동료들 주위에서 긍정적인 자기 선언을 적어도 하나씩 언어로 표현하도록 지시했다.

    C. 내담자는 긍정적인 자기 선언 기록 과제가 자신의 자존감 향상 및 수치심 감소에 도움이 되었다고

보고했다.

D. 내담자가 긍정적인 자기 선언 기록 과제를 따르는 데 실패했고 이를 시작하도록 내담자에게 지시했다.

47. 의사소통/자기주장 기술을 가르치기 (47)

A. 내담자가 자신의 감정을 좀 더 적절한 언어로 표현하는 것을 익히도록 효과적인 의사소통 및 자기주장 기술을 내담자에게 가르쳤다.

B. 내담자의 감정을 표현하고 자신의 욕구를 충족시킬 효과적인 방법을 설정하기 위해 역할 연기 기법을 사용했다.

C. 내담자와 부모가 새로 배운 자기주장 및 의사소통 기술이 내담자로 하여금 좀 더 직접적으로 감정을 표현하고 배변 훈련 연습에 더 큰 책임감을 갖도록 하는 데에 도움을 주었다고 보고했다.

D. 내담자에게 새로 배운 의사소통 또는 자기주장 기술을 집 또는 가정에서 연습하는 숙제를 내주었다.

E. 내담자가 의사소통 및 자기주장 기술을 사용하지 않았으나 이를 실천하도록 다시 지시했다.

48. 분노를 신체적으로 배출하도록 가르치기 (48)

A. 내담자에게 부적절한 소변 또는 대변 저림 대신 적절한 신체적 배출을 통해 분노를 처리하도록 격려했다.

B. 내담자가 자신의 분노를 신체적으로 적절하게 배출하는 방법을 생각해 내는 데 도움을 주었다.

C. 내담자와 부모는 내담자가 자신의 분노를 적절한 신체적 배출을 통해 처리했다고 보고했고, 이에 대해 긍정적인 다시 챙겨주기를 제공했다.

D. 내담자가 자신의 분노를 소변 또는 대변 저림 등의 부적절한 방법으로 해소했음을 깨닫고 이런 행동을 멈추겠다는 다짐을 언어로 했다.

E. 내담자가 적절한 수단을 통해 자신의 분노를 해소하지 않았으나 이를 실천하도록 다시 지시했다.

제15장 방화하기

내담자 소개

1. 6개월 이내에 한 차례 이상 방화함 (1)[1]

A. 내담자가 지난 몇 개월 동안 여러 차례 방화를 했다는 다른 사람들의 보고가 있었다.[2]

B. 내담자가 지난 6개월 동안 한 차례 이상 불을 지른 기억이 난다고 스스로 보고했다.

C. 부모는 내담자가 지역사회에서 일어난 몇 차례 방화 사건의 용의자일 것으로 자신들을 비롯한 다른 관계자들이 의심하고 있다고 지적했다.

D. 내담자가 치료를 시작한 이후 최근 내담자가 방화를 했다는 보고가 없었다.

2. 불장난하는 것이 목격됨 (2)

A. 내담자가 불, 불꽃놀이 또는 기타 인화성 있는 물질로 장난치는 것이 계속 목격되었다.

B. 부모가 불꽃놀이를 사 달라는 내담자의 끊임없고 계속적인 요구에 지치고 짜증 난다고 말했다.

C. 몇몇 이웃들이 부모와 관계 당국에 내담자가 불장난 및 가연성 물질로 장난치는 것을 목격했다고 보고했다.

D. 내담자가 불 또는 기타 가연성 물질로 장난치지 않겠다고 서명한 계약을 존중했다.

3. 불 옆에 있는 것을 즐김 (3)

A. 내담자가 불 옆에 있는 것을 좋아한다고 말했다.

B. 내담자가 불과 관련된 상황을 쫓아다닌다고 부모가 보고했다.

C. 내담자가 최근에 본 몇몇 화재 광경에 대해 들떠서 얘기했다.

D. 부모가 최근 내담자가 불이 난 곳에 대한 관심이 눈에 띌 만큼 줄었음을 목격했다.

---

1) 괄호 안의 숫자들은 아동 심리치료 치료계획서(*The Child Psychotherapy Treatment Planner*), 제5판(Jongsma, Peterson, McInnis, Bruce 공저, 2014년, Hoboken, NJ : Wiley)에서 동일한 제목을 지닌 관련 장의 치료 중재의 숫자와 연결된다.

2) 역자 주 : 애연가인 산모가 낳은 남아는 후일 방화범이 될 수 있다는 이론이 있다.

4. 발화 물질을 계속 소지함 (4)

A. 내담자가 라이터, 성냥, 양초를 소지하고 있는 것이 계속 발견됐다.

B. 부모가 성냥, 라이터 등을 내담자의 호주머니나 방에 숨겨 놓은 것을 계속 발견했다고 보고했다.

C. 내담자가 가게에서 라이터를 훔치다가 걸렸다.

D. 내담자가 성냥, 라이터 또는 양초를 소지하지 않겠다는 약속을 지켰다.

5. 불에 대한 매료/집착 (5)

A. 내담자가 불과 관련된 것은 무엇이든지 집착하는 것으로 보였다.

B. 내담자가 불과 불이 할 수 있는 일에 매료되었다고 말했다.

C. 부모는 내담자가 오랫동안 불에 관련된 것이라면 무엇이든지 매료되고 집착했다고 지적했다.

D. 내담자의 이야기에서 불과 관련된 일부 측면이 자주 등장했다.

E. 내담자의 불에 대한 매료와 집착이 내담자가 거의 불에 대해 언급을 하지 않을 정도로 줄어든 것이 부모와 다른 사람들로부터 목격됐다.

F. 내담자가 불과 관련된 것에 대해 이야기하는 데 흥미를 현저히 잃었음을 보여 주었다.

6. 불 경험이 각성 또는 희열을 주지 않음 (6)

A. 내담자의 불에 대한 경험담에서 각성 또는 희열의 체험이 나타나지 않았다.

B. 내담자가 화재에 연루되었을 때 각성 또는 희열을 느끼지 않았다고 강하게 부인했다.

C. 내담자가 불장난을 할 때 각성 또는 희열을 느끼는 것으로[3] 보이지 않았다고 부모가 보고했다.

D. 내담자가 불에 대한 경험을 이야기할 때 각성 또는 희열을 보인다는 눈에 띌 만한 증거가 없었다.

중재 실행

1. 방화 매혹에 대해 문의하기 (1)[4]

A. 내담자는 자신의 방화에 대한 매력의 역사를 설명하는 질문을 받았다.

B. 내담자는 방화가 어떻게 화재에 대한 매력의 일부가 되었는지에 대해 질문을 받았다.

C. 내담자는 화재에 대한 매력의 역사를 처리하도록 반사 및 지원을 제공받았다.

2. 화재에 대한 생각과 감정을 탐사하기 (2)

A. 내담자의 화재 이전, 화재 중, 화재 이후 발생한 생각과 감정이 탐사되었다.

B. 내담자는 방화와 관련하여 발생하는 자신의 생각과 감정을 확인하는 질문을 받았다.

C. 내담자의 방화 행동에 대한 분노의 역할이 평가되었다.

3. 화재 매혹과 행동에 대한 부모의 이해에 접근하기 (3)

A. 부모는 아이의 방화 행동의 역사에 대한 지식과 이해에 관한 인터뷰를 했다.

---

3) 영화 〈쿼바디스〉에서 기독교(인)를 탄압하는 로마의 폭군 네로 황제가 로마의 화재 모습을 보고 희열을 느끼는 장면이 나온다.

4) 괄호 안의 숫자들은 아동 심리치료 치료계획서(*The Child Psychotherapy Treatment Planner*), 제5판(Jongsma, Peterson, McInnis, Bruce 공저, 2014년, Hoboken, NJ : Wiley)에서 동일한 제목을 지닌 관련 장의 치료 중재의 숫자와 연결된다.

B. 부모가 화재의 매혹에 대한 아이의 역사에 대한 이해와 관련하여 평가되었다.

C. 아이의 역사에 대한 부모의 지식과 이해가 요약 및 반영되었다.

4. 통찰력 수준의 평가 (4)

A. 내담자는 보이는 문제들을 향한 통찰 수준으로 평가되었다.

B. 내담자는 보이는 문제들에 관하여 그의 통찰의 동조적인 본성 대 이질적인 본성에 따라 평가되었다.

C. 내담자는 행동과 증상에서 문제가 되는 본성에 대한 좋은 통찰을 하도록 보여 주었다.

D. 내담자가 다른 사람들의 우려에 동의하는 것이 목격되어 변화에 힘쓰도록 동기유발되었다.

E. 내담자는 묘사된 문제에 대해 양면성이 있음이 드러났고 그 문제들을 우려사항으로 보는 것을 꺼렸다.

F. 내담자는 문제 영역의 인식에 관해 저항적인 것으로 나타났고, 걱정하지 않았으며, 변화에 대한 동기가 없었다.

5. 관련 장애의 평가 (5)

A. 내담자는 연구 기반의 관련 장애들의 증거에 의해 평가되었다.

B. 내담자는 자살에 대한 취약성 수준으로 평가되었다.

C. 내담자는 동반장애를 가진 것으로 확인되었고, 치료는 이를 처리할 수 있도록 조정되었다.

D. 내담자는 또 다른 관련 장애가 있는지 평가되었지만 아무것도 발견되지 않았다.

6. 문화적으로 혼란스러운 문제에 대한 평가 (6)

A. 내담자는 그의 임상 행동을 더 잘 이해하도록 도울 수 있는 나이 관련 쟁점으로 평가되었다.

B. 내담자는 그의 임상 행동을 더 잘 이해하도록 도울 수 있는 성별 관련 쟁점으로 평가되었다.

C. 내담자는 그의 임상 행동을 더 잘 이해하도록 도울 수 있는 문화의 증후군, 고통의 문화적 관용구, 혹은 문화적으로 감지된 사건으로 평가되었다.

D. 다른 요인들이 내담자의 현재 정의된 '문제 행동'에 기여할 것이라고 확인되었고 이 요인들은 그의 치료에 반영되었다.

E. 내담자의 현재 정의된 '문제 행동'을 설명할 수 있는 문화적 기반 요인들은 조사되었지만 중대한 요인은 발견되지 않았다.

7. 장애의 심각성 평가 (7)

A. 내담자의 장애의 심각성은 보호의 적절한 정도를 결정하기 위해서 판단되었다.

B. 내담자는 사회적·관계적·교육적인 노력에서의 손상 정도로 평가되었다.

C. 내담자는 그의 장애가 자신의 기능에 가볍거나 중간 정도의 영향을 끼친다는 것을 알았다.

D. 내담자는 그의 장애가 자신의 기능에 심각하거나 더 심각한 영향을 끼친다는 것을 알았다.

E. 내담자의 치료의 효율성과 적절성, 그리고 장애의 심각성은 꾸준히 평가되었다.

8. 병원의 돌봄 평가 (8)

A. 병원의 돌봄과 관심으로 내담자의 집, 학교, 지역사회가 평가되었다.

B. 내담자의 다양한 환경은 아동의 욕구에 지속적인 무관심, 돌보는 사람의 잦은 변화, 안정적 애착의 제한된 기회, 가혹한 훈육 혹은 다른 심각한 부적절한 돌봄이 있었는지 평가되었다.

C. 병원의 돌봄이 확인되었고 치료계획에 이러한 우려를 관리하고 바로잡는 것과 아동을 보호하는 전략이 포함되었다.

D. 어떠한 병원의 돌봄도 확인되지 않았고, 이것은 내담자와 돌보는 사람에게 반영되었다.

9. 내담자에 대한 구조와 감독 역설하기 (9)

A. 내담자에 대한 구조와 감독이 부족한 분야를 부모와 함께 살펴보고 확인했다.

B. 부모가 내담자의 행동에 대한 감독과 구조가 부적절하다고 판명된 분야를 해결하기 위한 구체적인 방법을 개발하는 데 도움을 주었다.

C. 부모가 자신들과 내담자에게 보다 효과적인 구조와 감독의 장점을 배웠다.

D. 부모가 내담자의 행동을 감독하고 구성하는 보다 효과적인 방법을 개발하기 위해 노력했고 이것을 실행하겠다고 언어로 다짐했다. 부모의 이러한 진전에 대해 강화해 주었다.

E. 부모가 감독 관련 중요 문제들에 핵심 변화를 주는 것에 저항감을 보인 점을 부모에게 지적했다.

10. 부모의 노력을 모니터링하기 (10)

A. 좀 더 효과적으로 내담자의 행동을 구성하고, 한계를 설정하고 내담자를 감독하려는 부모의 노력을 효과성, 일관성, 완수성의 측면에서 모니터링했다.

B. 부모는 아동 심리치료 과제계획서(Jongsma, Peterson, & McInnis)의 '일관성 있는 부모 되기(Being a Consistent Parent)' 활동을 할당받았다.

C. 내담자의 행동을 감독하고 새로운 방법으로 구성하려는 부모의 노력에 대해 언어적 격려와 지지를 해 주었다.

D. 부모가 감독, 한계 설정 및 구조의 새로운 방법을 실행하고 강화하는 데 안일하거나 일관성이 없는 모습을 보이면 수정해 주었다.

E. 부모가 그들에게 제공된 격려, 지지, 수정에 매우 즉각적인 반응을 보였으며 구조, 한계 설정 그리고 내담자의 행동에 대한 감독을 효과적으로 펼칠 수 있게 되었다.

11. 향상된 충동 조절 능력을 개발하기 (11)

A. 부모에게 내담자의 충동 조절을 향상시키기 위한 행동 수정 기법을 사용할 수 있는 방법을 찾는 데 도움을 주는 긍정적 강화 관련 서적, 테이프 및 기타 자료를 제공하여 이것을 읽고 보도록 했다.

B. 내담자의 충동 조절을 향상시키기 위한 긍정적 강화 개념을 부모에게 소개하고 그 사용법을 가르쳐 주었다.

C. 내담자가 겉보기에도 분명하게 충동 조절을 할 경우 긍정적 강화를 사용하도록 부모를 훈련시켰다.

D. 부모가 자신들이 개발한 긍정적 강화를 사용하겠다고 언어로 다짐을 했고, 이들에게 긍정적 다시 챙겨 주기를 제공했다.

E. 부모가 내담자에게 긍정적 강화 기법을 실행했고 내담자의 충동 조절에 약간의 향상이 보이기 시작한다고 보고했다. 강화를 계속하도록 부모를 격려했다.

12. 불에 관한 콜라주를 만드는 것에 대비하도록 지시하기 (12)

A. 부모와 내담자에게 불의 긍정적인 측면을 강조한 콜라주와 불의 파괴적 측면을 강조한 콜라주를 만드는 과제를 내주고 여기에 필요한 재료를 제공했다.

B. 가족이 콜라주를 만드는 과정을 관찰했고 가족 내의 핵심적인 역학관계와 강점에 대한 통찰력을 얻기 위해 그 과정을 평가했다.

C. 완성된 콜라주를 제시하고 내담자, 가족과 함께 콜라주에 대해 이야기를 나눴다. 불의 핵심인 파괴적 속성을 밝히고 강화했다.

D. 불에 관한 콜라주에 대해 논의했다. 이번 논의를 통해 내담자가 불의 파괴적인 측면에 대해 더 많이 알게 된 것으로 보였다.

13. 간호사/소방관과 면담 지시하기 (13)

A. 부모와 내담자에게 화상센터에서 근무하는 간호사 또는 소방관에게 그들이 활동하면서 겪은 화재의 영향에 관해 물어볼 질문을 목록으로 작성하도록 지시했다.

B. 부모가 면담 일정을 잡는 데 도움을 주었고, 내담자가 소방관/간호사와 면담 일정을 잡는 데 도움을 주었다.

C. 부모와 내담자가 면담 경험에 대해 보고했고, 화재의 영향에 대해 그들이 수집한 정보자료를 점검했다.

D. 내담자가 전문직 종사자와 면담을 하면서 불이 사람들에게 끼치는 영향에 대해 얻은 정보자료에 영향을 받은 것으로 보였고, 이 정보자료를 검토하는 데 도움을 주었다.

E. 부모와 내담자가 불이 사람들에게 끼치는 영향에 대해 전문직 종사자와 면담하기를 실천하지 않았으나 이것을 실천하도록 다시 지시했다.

14. 조작 기반 개입을 지시하기 (14)

A. 조작 기반 개입 뒤에 있는 개념을 부모에게 설명했다.

B. 방화에 대한 조작 기반 개입을 부모에게 제시했고 부모로부터 이것을 실천하겠다는 약속을 받았다.

C. 내담자와 부모는 **아동 심리치료 과제계획서**(Jongsma, Peterson, & McInnis)의 '당신의 가정 및 가족을 내화성화하기(Fireproofing Your Home and Family)' 활동을 할당받았다.

D. 부모의 조작 기반 개입 실행을 격려해 주면서 이것을 모니터링했고, 필요한 경우 방향을 재설정해 주었다.

E. 부모가 몇 주 동안 조작 기반 개입을 일관성 있게 실행했고 내담자의 불장난에 대한 관심이 줄어드는 것에 놀랐다고 말했다. 이런 진전의 이점을 검토했다.

F. 부모가 몇 주 동안 조작 기반 개입을 일관성 있게 실행했지만 내담자의 불장난에 대한 관심을 줄이는 것에는 별 도움이 되지 않았다고 말했다. 부모가 이 개입을 미세조정하는 데 도움을 주었다.

G. 부모가 조작 기반 개입을 사용하지 않아서 이것을 실시하도록 다시 지시했다.

15. 불타는 자료에서 불을 끄면 보상을 주기 (15)

A. 자녀들이 화재 발생 가능 자료(예 : 라이터, 성냥 등)에서 불이 났을 경우에 불을 끄면 금전적 보상을 자녀에게 주도록 어머니에게 권고했다.

B. 내담자에게 방에서나 옷 또는 가구에 불장난을 하지 않으면 보상을 주었다.

C. 내담자에게 **아동 심리치료 과제계획서**(Jongsma, Peterson, & McInnis)의 '당신의 가정 및 가족을 내화성화하기'를 연습해 보도록 과제를 내주었다.

D. 어머니는 자녀가 얼마나 많이 벌든지에 상관없이 떠나려고 한다.

16. 아버지에게 안전하게 불 피우는 방법을 가르치는 것 지시하기 (16)

A. 내담자의 아버지에게 안전하게 불을 피우는 법을 내담자에게 가르치면서 불에 대한 엄격한 통제의 필요성과 불의 위력에 대한 주의를 강조하도록 지시했다.

B. 아버지의 불 피우기 지도를 모니터링했고 후에 내담자, 아버지와 함께 이것을 검토했다.

C. 아버지에게 집에서 내담자와 불 피우기 지도 과제를 다시 하도록 지시했다.

D. 아버지는 내담자가 이제 불 주변에 있거나 불을 다룰 때 꽤 책임감 있는 모습을 보이는 것 같다고 보고했고, 이런 진전이 지닌 이점을 검토했다.

E. 내담자의 아버지가 불을 안전하게 피우는 법을 가르치면서 불에 대한 엄격한 통제 필요성과 그 위력에 대한 주의를 강조하라는 과제를 반복 수행하지 않아 이것을 다시 실시하도록 지시했다.

17. 가족체계 접근법을 활용하기 (17)

A. 가족에게 모든 가족 구성원이 참여하는 몇 번의 치료 시간을 갖는 데 동의하도록 요청했고, 동의한 것을 잘 따르겠다는 다짐을 언어로 하도록 요청했다.

B. 가족의 역할, 의사소통 방법, 해결되지 않은 갈등을 알아보고 가족과 함께 이것을 조사했다.

C. 발견된 미해결 갈등을 극복하고 해결했다.

D. 가족 내에서 비효과적이고 파괴적인 역할 및 의사소통 경향을 지적하고 이것을 가족의 강점을 강화할 새로운 역할과 의사소통 패턴으로 재구조화했다.

E. 가족 구성원들이 파괴적인 역할과 가족 내의 의사소통 패턴을 바꾸겠다는 다짐을 지킨 것에 대해 강화해 주었다.

18. 가족의 부정적 · 긍정적 측면을 열거하도록 지시하기 (18)

A. 각 가족 구성원에게 가족의 긍정적 또는 지지적 측면과 부정적 · 갈등적 측면을 목록으로 작성하도록 지시했다.

B. 가족에게 아동 심리치료 과제계획서(Jongsma, Peterson, & McInnis)에 나오는 '불에 탈 연료가 없을 때 (When a Fire Has No Fuel)' 연습을 완료하고 점검하도록 요청했다.

C. 가족에게 연료 없음 연습을 점검하고 자신의 가족과 원가족 내에 있는 핵심 미해결 문제를 진단했다.

D. 가족이 가족 내에서 밝혀진 문제를 해결하고 새롭고 건전한 행동 방식을 시작하려고 노력함에 따라 긍정적인 다시 챙겨주기를 제공했다.

E. 가족이 연습에서 드러난 미해결된 갈등 해결에 도달하기 위해 노력했고 이런 문제를 해결하도록 종용했다.

19. 가족의 감정을 인식하도록 돕기 (19)

A. 가족 구성원들에게 자신의 감정을 인지 · 표현 · 인내하는 것에 대해 교육을 실시했다.

B. 가족 구성원들이 가족치료 시간에 감정 연습에 참여하면서 자신의 감정을 인지 · 표현하는 기술을 확장하도록 도움을 주었다.

C. 가족 구성원들이 자신의 감정을 인지하고 표현했을 때 이를 긍정해 주고 긍정적인 언어 강화를 했다.

D. 가족 구성원들이 자신 및 타인의 감정을 건강하고 건설적인 방법으로 인지 · 표현 · 인내하는 기술을 향상시켰음을 가족 구성원들에게 알려 주었다.

20. 내담자의 기분을 살펴보기 (20)

A. 내담자가 자신의 감정을 더 잘 인식하고 표현할 수 있도록 돕기 위해 내담자의 감정을 조심스럽게 탐구했다.

B. 내담자가 자신의 감정을 인지하고 명확하게 표현할 때마다 언어적 긍정과 격려를 해 주었다.

C. 내담자가 자신의 감정을 인지 또는 표현하는 것을 피할 경우를 부드럽게 내담자에게 지적했다.

D. 내담자가 자신의 감정을 인지하고 표현하는 능력 모두를 발휘하는 모습을 보였고 이를 내담자에게 알려 주었다.

21. 충족되지 못한 욕구를 평가하기 (21)

A. 내담자의 미충족된 관심, 양육, 인정 욕구를 평가했다.

B. 가족은 아동 심리치료 과제계획서(Jongsma, Peterson, & McInnis)의 '부정적인 주의 추구 행동에 대한 이유(Reasons for Negative Attention-Seeking Behaviors)'를 할당받았다.

C. 치료사가 내담자의 보호 제공자들과 만나 이들에게 내담자의 감정적 욕구 충족을 돕기 위해 사용할 수 있는 조치를 발견하고 실행하도록 도움을 주었다.

D. 보호 제공자들이 내담자의 미충족된 감정적 욕구를 조금이라도 채우려는 노력을 보이는 것에 지지, 격려 그리고 방향 재설정을 해 주었다.

E. 보호 제공자들의 양육 행동에 내담자가 긍정적으로 반응함에 따라 내담자의 행위표출 행동(예 : 큰 소리로 말하기, 과시하기)이 줄어들었다고 보고됐다.

22. 감정적 욕구 충족에 대한 브레인스토밍 (22)

A. 부모, 자녀, 기타 보호자는 자녀의 충족되지 않은 정서적 요구를 충족할 수 있는 방법을 브레인스토밍하는 데에 지원받았다.

B. 강조는 아이의 부적응 방식 행동을 방지하기 위해 아이의 충족되지 않은 정서적 요구를 충족하도록 배치되었다.

C. 가족은 청소년 심리치료 과제계획서(Jongsma, Peterson, & McInnis)의 '충족되지 않은 정서적 요구－식별 및 만족' 활동을 할당받았다.

23. 가정 폭력/불안정성을 평가하기 (23)

A. 가족 내에 일정 정도의 폭력 및 혼돈이 있는지, 그리고 이들이 내담자의 권력욕 및 통제욕과 관련해 어떤 연관성이 있는지를 평가했다.

B. 가족 구성원들이 가족 내에서 구조, 예측 가능성, 존중하는 분위기를 높일 수 있는 구체적인 방법을 생각해 내는 데 도움을 주었다.

C. 가족 단위 안에 구조, 예측 가능성, 존중을 높이려는 가족 구성원의 노력에 언어적 지지, 격려, 지도를 해 주었다.

D. 가족 내에 구조, 예측 가능성, 존중이 증가하면서 내담자의 행동을 안정시키고 전반적인 일상활동을 향상시키는 데 도움을 준 것으로 나타났다.

24. 내담자와 아버지 관계를 발전시키기 (24)

A. 아버지가 내담자와 좀 더 친밀한 관계를 갖는 것의 긍정적 가치와 그 영향에 대해 더 알도록 지도했다.

B. 아버지에게 내담자와 더 친해지기 위해 할 수 있는 세 가지 일을 생각해 내도록 했고, 그중에서 실행에 옮기고 싶은 두 가지를 고르도록 했다.

C. 아버지가 내담자와의 관계를 확장시키기 위해 떠올린 새로운 아이디어를 실행하는 데 도움을 주었다.

D. 아버지가 내담자와 시간을 보내는 것을 격려해 주면서 모니터링했고, 필요할 경우 방향 재설정을 해 주었다.

E. 내담자와 좀 더 일관성 있게 친밀한 관계를 유지하려는 아버지의 노력이 증가함에 따라 내담자의 문제 행동이 눈에 띌 정도로 줄어드는 결과를 낳았다. 이런 변화의 이점을 강화했다.

F. 내담자의 아버지가 내담사와 보내는 시간을 늘리지 않아서 내담자와의 관계 형성을 위해 더 많은 시간을 함께 보내도록 권유했다.

25. 빅브라더/빅시스터[5) 프로그램 활용하기 (25)

A. 빅브라더/빅시스터(Big Brothers/Big Sisters) 프로그램과 그 이점을 내담자와 어머니에게 제시했다.

B. 내담자의 어머니에게 빅브라더/빅시스터 프로그램에 청탁하는 것과 관련해 지침과 격려를 제공했다.

C. 어머니가 빅브라더/빅시스터 프로그램에 내담자를 위해 신청하는 것을 지원해 주었다.

D. 어머니와 내담자가 빅브라더/빅시스터 프로그램에 참여한 것이 내담자에게 긍정적인 경험이었다고 말했고, 이 프로그램의 이점들을 검토했다.

E. 내담자의 어머니가 빅브라더/빅시스터 프로그램에 신청을 하지 않아서 이를 하도록 다시 지시했다.

26. 거부의 감정을 조사하기 (26)

A. 동료와 가족들로부터 거부당한 것에 대한 내담자의 상처와 분노를 조사하고 점검했다.

B. 내담자는 **아동 심리치료 과제계획서**(Jongsma, Peterson, & McInnis)의 '아동 분노 점검표'를 할당받았다.

C. 내담자와 가족은 **당신의 화난 아이 돕기 : 당신과 당신의 가족을 위한 워크북**(*Helping Your Angry Child : A Workbook for You and Your Family*)(Nemeth, Ray, & Schexnayder)의 일부를 할당받았다.

D. 내담자가 상처와 분노의 감정을 동료들과 가족과의 관계에서 거부당한 경험과 연관 짓는 데 도움을 주었다.

E. 내담자의 방화가 동료와 가족으로부터의 거부에 대한 분노의 표현임을 내담자에게 해석해 주었다.

F. 내담자가 진전을 보이고 자신이 경험한 거부에 대한 분노를 해소한 이후 방화 사건이 없었고 불에 대한 관심도 줄어들었다. 이 어려운 일의 이점을 강조해 주었다.

27. 신체적/성적 학대를 평가하기 (27)

A. 내담자가 신체적 그리고/또는 성적 학대의 희생자인지 평가했다.

B. 내담자가 신체적 그리고/또는 성적 학대의 희생자가 될 가능성이 있는지에 관해 부모와 면담을 실시했다.

C. 평가를 통해 내담자가 성적 학대를 받은 것이 입증되었다.

D. 평가를 통해 내담자가 신체적 학대의 희생자임이 입증되었다.

E. 평가를 통해 내담자가 신체적 또는 성적 학대의 희생자였을 가능성이 배제됐다.

F. 내담자가 학대받은 사항을 적절한 관계 당국에 보고했다.

---

5) 역자 주 : 미국판 휴먼 네트워크의 일종인 멘토/멘티 프로그램.

28. 심각한 정신병인가를 평가하기 (28)

A. 내담자에게 정신병 진행 또는 주요 정서장애의 존재를 확증 또는 배제하기 위한 목적으로 내담자에게 평가를 실시했다.

B. 내담자가 심리평가의 모든 면에 걸쳐 전적으로 협조했다.

C. 평가 결과 정신병 진행 또는 주요 정서장애의 존재를 배제시켰다.

D. 평가 결과 약물치료가 필요한 정신병이 진행되고 있음이 확증됐다.

E. 평가 결과 향정신성 약물치료가 필요한 주요 정서장애가 있음이 확증됐다.

F. 내담자에게 정신과 검사를 받아 보도록 권유했다.

29. ADHD 유무를 평가하기 (29)

A. 내담자에게 ADHD 검사를 실시했다.

B. 내담자에게 완전한 ADHD 검사를 받아 보도록 권유했다.

C. 심리검사 결과 ADHD 존재 가능성이 배제됐다.

D. 심리검사 결과 내담자가 ADHD로 판명돼 좀 더 완전한 ADHD 정밀검사와 치료를 받아야 한다고 결론을 내렸다.

E. 의사를 찾아가 ADHD 치료를 위한 약물치료를 받으라는 제안을 했다.

30. ADHD 검사상의 제안 수행을 촉진하기 (30)

A. ADHD 검사 제안을 가족에게 제시하고 이를 함께 검토했으며, 그들이 한 질문에 모두 답변해 주고 설명해 주었다.

B. 가족이 모든 ADHD 검사 제안을 수행하는 데 도움을 주었다.

C. 가족이 일관성 있게 제안을 실행에 옮기는 데 실패했을 때 이를 가족에게 지적하고 방향을 수정해 주었다.

D. 가족이 일관성 있게 검사 제안을 실행하고 잘 따른 것을 지지해 주었다.

E. 가족이 제안을 수행하는 것에 어려움을 겪은 것을 점검하고 해결했다.

31. 재택 치료 방안을 마련하기 (31)

A. 내담자의 심각한 정신병 치료를 위해 내담자를 재택 수용 시설에 배치할 필요성을 가족에게 설명했고 이 점을 가족과 함께 검토했다.

B. 내담자를 재택 치료 프로그램에 배치하는 것에 대한 가족의 저항이 있었고 이를 해결했다.

C. 재택 치료 프로그램 간의 다양한 선택사항에 대해 가족과 함께 토론했다.

D. 가족에게 여러 프로그램을 둘러보고 내담자에게 가장 좋을 것으로 보이는 프로그램을 결정하도록 격려했다.

E. 가족이 내담자를 배치할 재택 치료 프로그램을 선택하는 데 도움을 주었다.

F. 내담자가 배치될 곳에 물품 발송을 용이하게 하기 위해 부모가 적절한 발송 계약에 서명했다.

G. 가족이 내담자가 재택 치료 프로그램 입학 허가를 받고 재택 치료 프로그램에 배치될 입소일을 통보받았다고 보고함에 따라 가족을 강화해 주었다.

보충자료

"알바해라" 모친이 꾸짖자 집에 불질러 부친 사망
경찰, 대학 휴학생 영장 신청

휴학 중인 대학생 아들이 아르바이트 문제를 놓고 부모와 다투다가 집에 불을 질러 아버지가 숨졌다.

2018년 1월 8일 경기 일산서부경찰서에 따르면 7일 오후 8시 50분경 고양시 일산서구 한 아파트 1층에서 A 씨(19)가 안방에 불을 질러 아버지(54)가 숨졌다. 현행범으로 체포된 A 씨는 경찰에서 "저녁을 먹는데 엄마가 '휴학하고 아르바이트도 하지 않은 채 매일 놀고 있느냐'며 꾸짖어 다퉜다. 내가 종이에 그린 그림을 찢기에 화가 나서 라이터로 불을 붙였다"고 진술했다.

A 씨가 불붙은 종이를 안방 침대에 던지자 전기장판에 불이 옮겨 붙었다. A 씨 아버지가 물을 가져와 뿌렸지만 삽시간에 거실로 번졌다. 결국 A 씨 아버지는 대피하지 못해 연기와 불길에 숨진 것으로 경찰은 추정했다. 집에 있던 A 씨 동생(중학생)은 밖으로 탈출했고 어머니는 119대원에게 구조됐다. 아파트 2층 주민 5명은 베란다로 뛰어내려 대피했다. 주민 B 씨(51·여)가 대피 과정에서 경상을 입었고 16명이 연기를 마신 뒤 병원에서 치료를 받았다.

A 씨 어머니는 경찰에서 자신이 불을 냈다고 주장했다. 하지만 경찰은 A 씨 어머니가 불을 지르려는 아들을 말리지 못했을 뿐 실제로 A 씨가 불을 낸 것으로 보고 있다. 경찰은 정확한 사인을 규명하기 위해 국립과학수사연구원에 의뢰해 아버지 시신을 부검하는 한편 현주건조물방화치사 혐의로 A 씨의 구속영장을 신청하기로 했다(동아닷컴 2018. 1. 9.).

제16장 성 정체감 장애

제16장

내담자 소개

1. 반대 성이 되기를 소망함 (1)[1]

A. 내담자가 자주 반대 성(opposite sex)이 되고 싶어 하는 소망을 표현한다는 부모의 보고가 있었다.

B. 내담자가 오늘 치료 시간에 반대 성이 되고 싶은 소망을 표현했다.

C. 내담자가 오늘 치료 시간에 자신의 성(gender)에 대해 긍정적인 발언을 언어로 표현했다.

D. 내담자가 오늘 치료 시간에 더 이상 반대 성이 되고 싶은 욕망을 느끼지 않는다고 보고했다.

2. 성 정체감에 대해 혼란스러움 (1)

A. 내담자가 자신의 성 정체감에 혼란을 느낀다고 보고했다.

B. 내담자가 계속해서 자신의 성 정체감에 대한 혼란스러운 생각과 감정에 힘들어했다.

C. 내담자가 자신의 성 정체감에 대해 좀 더 편안하게 느끼기 시작했다.

D. 내담자가 오늘 치료 시간에 자신의 성 정체감에 대한 긍정적 발언을 언어로 표현했다.

E. 내담자가 이제 더 이상 자신의 성 정체감에 대해 혼란스럽지 않다고 보고했다.

3. 반대 성의 옷차림하기 (2)

A. 부모는 내담자가 종종 반대 성이 전형적으로 입는 옷을 입는다고 보고했다.

B. 내담자가 반대 성의 전형적인 의상을 입는 것을 선호한다고 표현했다.

C. 내담자가 계속해서 반대 성의 전형적인 의상을 입는다.

D. 내담자가 더 이상 반대 성의 전형적인 의상을 입고 싶은 욕망을 느끼지 않는다고 보고했다.

E. 내담자가 일관성 있게 동성의 동료들이 전형적으로 입는 옷차림을 유지했다.

---

[1] 괄호 안의 숫자들은 아동 심리치료 치료계획서(*The Child Psychotherapy Treatment Planner*), 제5판(Jongsma, Peterson, McInnis, Bruce 공저, 2014년, Hoboken, NJ : Wiley)에서 동일한 제목을 지닌 관련 장의 치료 중재의 숫자와 연결된다.

4. 놀이에서 반대 성의 역할 맡기 (3)

A. 내담자가 종종 가장놀이에서 반대 성의 역할을 맡는다고 부모가 보고했다.

B. 오늘 놀이치료 시간에 내담자의 놀이에서 반대 성에 대한 강한 동일시가 나타났다.

C. 내담자가 점진적으로 자신의 동성 동료들에게 더 걸맞은 놀이활동에 참여하기 시작했다.

D. 내담자가 일관성 있게 자신의 동성 동료들에게 걸맞은 놀이활동에 참여했다.

5. 반대 성의 전형적인 소일거리에 참여함 (4)

A. 내담자가 종종 반대 성이 전형적으로 하는 게임이나 소일거리를 하겠다고 고집을 부린다고 부모가 보고했다.

B. 내담자가 반대 성이 전형적으로 하는 게임이나 활동에 참여하는 것에 관심을 표현했다.

C. 내담자가 동성 동료들이 전형적으로 하는 게임이나 소일거리에 참여하기 시작했다.

D. 오늘 치료 시간에 내담자가 동성 동료들이 전형적으로 하는 게임이나 소일거리에 참여하는 것에 관심을 보였다.

E. 내담자가 일관성 있게 자신의 성에 맞는 게임이나 소일거리에 참여했다.

6. 반대 성의 놀이친구를 선호함 (5)

A. 내담자가 종종 반대 성 동료들과 노는 것을 선호한다고 부모가 보고했다.

B. 내담자가 반대 성 동료들과 노는 것에 더 큰 흥미와 즐거움을 표현했다.

C. 내담자가 동성 동료들과 더 자주 어울리기 시작했다.

D. 내담자가 동성 동료들과 노는 것에 더 많은 시간을 할애하고 싶다는 소망을 언어로 표현했다.

E. 내담자가 일관성 있게 동성 동료들과 같이 놀았다.

F. 내담자가 지속적인 동성 동료와 우정을 형성하고 유지했다.

7. 동성 부모와의 관계가 소원함 (5)

A. 내담자가 동성 부모와 소원한 관계이다.

B. 내담자가 동성 부모와의 관계에서 분노와 상처받은 감정을 표현했다.

C. 내담자가 동성 부모에 대한 불신을 언어로 표현했다.

D. 내담자가 동성 부모와 좀 더 밀접하고 신뢰하는 관계를 형성하기 시작했다.

E. 내담자가 동성 부모와 친밀한 관계를 형성했다.

8. 반대 성 부모와의 관계가 밀착됨 (5)

A. 내담자가 반대 성 부모와 지나치게 밀착된 관계를 형성했다.

B. 내담자가 종종 반대 성 부모에게 양육, 지지, 격려를 얻으려고 한다고 보고했다.

C. 내담자와 반대 성 부모 간의 지나치게 밀착된 관계가 내담자의 동성 부모와의 소원한 관계와 맞물려 내담자의 성 정체감 혼란 초래에 기여했다.

D. 내담자가 반대 성 부모와 매우 밀착된 관계를 유지했다.

E. 내담자가 반대 성 부모와 시간을 보내는 것과 동성 부모와 활동에 참여하는 것 사이에 건강한 균형을 달성했다.

9. 빈번하게 반대 성으로 취급받음 (6)

A. 내담자가 사람들이 자신을 반대 성으로 보는 일이 잦다고 보고했다.

B. 내담자가 사람들이 자신을 종종 반대 성으로 보는 것에 수치심과 당혹감을 표현했다.

C. 내담자가 타인들이 자신을 반대 성으로 보는 것에 분노를 표현했다.

D. 내담자가 최근에 타인들이 자신을 반대 성으로 여기는 말이나 언급을 하는 것을 듣지 못했다고 보고했다.

E. 사람들이 내담자를 반대 성으로 본 것은 내담자가 반대 성의 옷차림을 하고, 반대 성 친구들과 어울리는 것을 선호하고, 반대 성의 전형적인 게임과 활동에 많이 참여했기 때문이다.

10. 성을 잘못 타고 태어났다는 주장 (7)

A. 내담자가 종종 자신이 잘못된 성을 지니고 태어났다는 주장을 한다고 부모가 보고했다.

B. 오늘 치료 시간에 내담자가 잘못된 성으로 태어난 기분이라고 털어놨다.

C. 내담자가 잘못된 성으로 태어났다는 말을 하는 것을 멈췄다.

11. 성기에 대한 혐오 또는 거부 (8)

A. 오늘 치료 시간에 내담자가 자신의 성기에 대한 혐오 또는 거부감을 언어로 표현했다.

B. 내담자가 자신의 성기를 바꾸고 싶다는 욕망을 언어로 나타냈다.

C. 내담자가 자신의 성기에 대한 비판적이고 불쾌한 발언을 하는 빈도를 줄였다.

D. 내담자가 자신의 성기에 대한 비판적 또는 경멸적인 언급을 하는 것을 멈췄다.

E. 내담자가 자신의 성기를 수용한다고 언어로 표현했다.

중재 실행

1. 치료적 신뢰 쌓기 (1)[2]

A. 오늘 치료 시간에 지속적인 눈 맞추기, 적극적 경청, 무조건적인 긍정적 존중, 따뜻한 수용의 방법을 사용해 내담자와 일정 수준의 신뢰 쌓기를 시도했다.

B. 내담자의 관심사에 주의 깊게 귀를 기울였고 내담자의 기분을 내담자 자신에게 들려주었다.

C. 치료 시간이 내담자와의 일정 수준의 신뢰를 쌓는 데 유용했다.

D. 내담자가 타인들의 비판과 놀림을 받을 것이라고 종종 예상하기 때문에 다른 사람들과 신뢰를 쌓는 데 어려움을 겪는다고 언어로 인정했고, 이런 통찰을 보인 것에 지지를 해 주었다.

E. 내담자가 자신의 성 정체감에 대해 이야기하는 것에 방어적이고 저항적인 태도를 유지함에 따라 치료 시간이 내담자와 일정 수준의 신뢰를 쌓는 데 도움이 되지 않은 것으로 판명됐다.

2. 반대 성에 관한 정체감을 갖는 이유를 알아보기 (2)

A. 오늘 치료 시간에 내담자가 반대 성 정체감에 끌리는 이유에 대해 알아보았다.

---

2) 괄호 안의 숫자들은 아동 심리치료 치료계획서(*The Child Psychotherapy Treatment Planner*), 제5판(Jongsma, Peterson, McInnis, Bruce 공저, 2014년, Hoboken, NJ : Wiley)에서 동일한 제목을 지닌 관련 장의 치료 중재의 숫자와 연결된다.

B. 치료 시간이 내담자가 반대 성 정체감에 끌리는 이유나 요소를 밝혀내는 데 도움이 되었다.

C. 치료 시간에 내담자의 반대 성 정체감에 대한 매혹을 유발하는 요소에 대한 통찰을 얻지 못했다.

D. 내담자의 성 정체감 혼란을 일으키는 가족체계 내의 역학관계를 평가하기 위해 가족치료 시간을 실시했다.

3. 놀이치료 기법을 사용하기 (3)

A. 내담자의 자기 성 정체감 거부에 기여하는 무의식적 갈등 또는 핵심 불안감을 알아보기 위해 정신분석학적 놀이치료 회기를 실시했다.

B. 정신분석학적 놀이치료 접근법을 사용하여 내담자의 성 정체감에 관한 핵심 갈등과 불안감을 밝혀내고 점검했다.

C. 내담자의 성에 대한 태도와 자신의 성 정체감 부인의 이유를 알아보기 위해 아동중심 놀이치료 회기를 실시했다.

D. 내담자가 자신의 성 정체감에 관한 생각과 감정을 표현할 때 무조건적 긍정적 배려와 따뜻한 수용을 해 주었다.

E. 개별 놀이치료 시간이 내담자가 자신의 성 정체감을 둘러싼 혼란을 이겨 내는 데 도움을 주었다.

F. 내담자에게 놀이치료 회기가 실시되었으나 내담자가 자신의 성 정체감 혼란을 이겨 내는 데 유용하지 않았다.

4. 통찰력 수준의 평가 (4)

A. 내담자는 보이는 문제들을 향한 통찰 수준으로 평가되었다.

B. 내담자는 보이는 문제들에 관하여 그의 통찰의 동조적인 본성 대 이질적인 본성에 따라 평가되었다.

C. 내담자는 행동과 증상에서 문제가 되는 본성에 대한 좋은 통찰을 하도록 보여 주었다.

D. 내담자가 다른 사람들의 우려에 동의하는 것이 목격되어 변화에 힘쓰도록 동기유발되었다.

E. 내담자는 묘사된 문제에 대해 양면성이 있음이 드러났고 그 문제들을 우려사항으로 보는 것을 꺼렸다.

F. 내담자는 문제 영역의 인식에 관해 저항적인 것으로 나타났고, 걱정하지 않았으며, 변화에 대한 동기가 없었다.

5. 관련 장애의 평가 (5)

A. 내담자는 연구 기반의 관련 장애들의 증거에 의해 평가되었다.

B. 내담자는 자살에 대한 취약성 수준으로 평가되었다.

C. 내담자는 동반장애를 가진 것으로 확인되었고, 치료는 이를 처리할 수 있도록 조정되었다.

D. 내담자는 또 다른 관련 장애가 있는지 평가되었지만 아무것도 발견되지 않았다.

6. 문화적으로 혼란스러운 문제에 대한 평가 (6)

A. 내담자는 그의 임상 행동을 더 잘 이해하도록 도울 수 있는 나이 관련 쟁점으로 평가되었다.

B. 내담자는 그의 임상 행동을 더 잘 이해하도록 도울 수 있는 성별 관련 쟁점으로 평가되었다.

C. 내담자는 그의 임상 행동을 더 잘 이해하도록 도울 수 있는 문화의 증후군, 고통의 문화적 관용구, 혹은 문화적으로 감지된 사건으로 평가되었다.

D. 다른 요인들이 내담자의 현재 정의된 '문제 행동'에 기여할 것이라고 확인되었고 이 요인들은 그의

치료에 반영되었다.

E. 내담자의 현재 정의된 '문제 행동'을 설명할 수 있는 문화적 기반 요인들은 조사되었지만 중대한 요인은 발견되지 않았다.

7. 장애의 심각성 평가 (7)

A. 내담자의 장애의 심각성은 보호의 적절한 정도를 결정하기 위해서 판단되었다.

B. 내담자는 사회적 · 관계적 · 교육적인 노력에서의 손상 정도로 평가되었다.

C. 내담자는 그의 장애가 자신의 기능에 가볍거나 중간 정도의 영향을 끼친다는 것을 알았다.

D. 내담자는 그의 장애가 자신의 기능에 심각하거나 더 심각한 영향을 끼친다는 것을 알았다.

E. 내담자의 치료의 효율성과 적절성, 그리고 장애의 심각성은 꾸준히 평가되었다.

8. 병원의 돌봄 평가 (8)

A. 병원의 돌봄과 관심으로 내담자의 집, 학교, 지역사회가 평가되었다.

B. 내담자의 다양한 환경은 아동의 욕구에 지속적인 무관심, 돌보는 사람의 잦은 변화, 안정적 애착의 제한된 기회, 가혹한 훈육 혹은 다른 심각한 부적절한 돌봄이 있었는지 평가되었다.

C. 병원의 돌봄이 확인되었고 치료계획에 이러한 우려를 관리하고 바로잡는 것과 아동을 보호하는 전략이 포함되었다.

D. 어떠한 병원의 돌봄도 확인되지 않았고, 이것은 내담자와 돌보는 사람에게 반영되었다.

9. 인지치료 기법을 사용하기 (9)

A. 내담자가 자신의 성 정체감에 대해 스스로 부여하는 부정적인 메시지를 밝히는 데 도움을 주기 위해 인지치료 기법을 활용했다.

B. 오늘 치료 시간이 내담자가 성 정체감에 관해 자신에게 보내는 왜곡된 인지 메시지를 파악하는 데 유용했다.

C. 내담자에게 자신이 정립한 성 정체감에 대한 왜곡되거나 비이성적인 생각에 의구심을 품도록 강하게 격려했다.

D. 내담자가 자신의 성 정체감에 대해 자신에게 보내는 왜곡된 인지 메시지를 파악하는 데 어려움을 겪었고 이런 면에 대한 대략적인 예를 내담자에게 제공했다.

10. 부정적 인지를 긍정적인 자기 대화로 대체하기 (10)

A. 내담자에게 자신의 성 정체감과 관련된 부정적인 인지 메시지를 긍정적이고 현실적인 자기 대화로 대체하도록 격려했다.

B. 내담자에게 성 정체감에 대한 불안감을 감소시키는 수단으로서 긍정적 자기 대화를 활용하고 자기 수용의 기분을 증가시키도록 권장했다.

C. 인지치료 기법이 내담자의 성 정체감에 대한 부정적 태도를 교정하는 데 도움이 되었다.

D. 내담자가 부정적 인지를 긍정적 자기 대화로 대체하지 않았고 이 분야에 대한 대략적인 예를 내담자에게 제공했다.

11. 자기 비하적 발언에 맞서기 (11)

A. 내담자의 자기 성 정체성 및 성기에 대한 자기 비하적 발언을 오늘 치료 시간에 지적하고 재구성했다.

B. 내담자가 성 정체감과 성 해부와 관련된 비하적 비판이 어떻게 본인의 자존심 저하를 강화시키는 지에 대한 느낌을 인식하도록 조언했다.

C. 내담자의 성 정체성과 다른 사람들의 성기에 대한 비하적 발언이 자신을 더 배척시키고 소외감을 유발할 뿐이므로 이러한 발언을 하는 것을 멈추도록 내담자의 의욕을 북돋아 주었다.

D. 내담자가 자신을 좀 더 긍정적으로 인지하는 데 도움을 주려는 시도 차원에서 내담자의 자기 성 정체성에 관한 비하적 발언을 재구성했다.

12. 성 정체감의 긍정적 측면 알아보기 (12)

A. 내담자가 자신의 성 정체감의 긍정적 측면을 파악하는 데 도움을 주었다.

B. 내담자가 동료들이 주변에 있을 때 자신의 성 정체감에 대한 긍정적 측면을 보이도록 권유했다.

C. 내담자가 동료들 앞에서 자신의 성 정체감에 대한 긍정적 측면을 이야기하면서 동료들로부터 수용의 기분을 얻었다고 보고했다. 이런 수용의 이점을 검토했다.

D. 내담자에게 자신의 성 정체감에 대한 긍정적 · 부정적 측면을 파악 · 비교해 보는 숙제를 내주었다.

E. 숙제를 마친 후 학교와 이웃의 동료들과 자신의 성 정체감에 대한 긍정적 측면을 이야기하도록 내담자를 격려했다.

F. 내담자가 자신의 성 정체감에 관한 긍정적 · 부정적 측면을 파악하는 숙제를 마치지 않아서 이것을 실시하도록 다시 지시했다.

13. 거울 운동을 활용하기 (13)

A. 내담자에게 집에서 성 정체감과 관련된 긍정적 자기 대화를 할 때 거울 운동을 하도록 지시했다.

B. 내담자가 거울 운동을 실시했고, 이것이 자신의 자존감과 자기 가치감을 증가시키는 데 도움이 되었다고 보고했다. 이를 계속하도록 내담자를 격려했다.

C. 내담자가 거울 운동을 계속했지만 여전히 자신의 성 정체감과 관련해 낮은 자존감을 느낀다고 보고했다. 그래도 내담자에게 이 연습을 계속하도록 지시했다.

D. 오늘 치료 시간에 내담자가 거울 운동 실시에 실패하는 이유를 살폈다.

14. 긍정적인 자기기술적 문구를 강화하기 (14)

A. 오늘 치료 시간에 내담자의 긍정적인 자기기술적 문구를 강화했다.

B. 부모에게 내담자의 긍정적인 자기기술적 문구를 집에서 강화하도록 강하게 독려했다.

C. 내담자가 학교에서 다른 사람들이 있을 때 긍정적인 자기기술적 문구를 적어도 하나씩 언어로 표현하도록 내담자에게 지시했다.

D. 내담자의 학교 상황에서의 동료관계를 향상시키는 데 도움을 주고자 내담자에게 학교에서 자기 자신과 다른 사람들에 대한 긍정적인 문구를 언어로 표현하도록 격려했다.

E. 내담자에게 긍정적인 자기기술적 문구를 적어도 하나씩 매일 일기에 기록하는 과제를 내주었다.

15. 가족 내의 역학관계를 평가하기 (15)

A. 내담자의 성 정체감 혼란을 강화하거나 그것에 영향을 끼치는 가족체계 내의 역학관계를 파악하기

위해 가족치료 회기를 실시했다.

   B. 가족에게 부정적 영향을 끼친 스트레스 유발 요인을 열거하도록 가족 구성원들에게 지시했다.

   C. 가족치료 회기를 통해 내담자가 반대 성 부모와 지나치게 밀착된 관계인 것이 드러났다.

   D. 가족치료 회기를 통해 내담자가 동성 부모와 소원하고 경직된 관계인 것이 드러났다.

   E. 가족 구성원들에게 가족체계 내에서 바꾸고 싶은 점을 알아보도록 지시했다.

16. 부모의 태도와 행동을 살펴보기 (16)

   A. 내담자의 성 정체감 혼란에 영향을 줄지도 모르는 부모의 태도와 행동을 살펴보기 위해 부모 치료 회기를 실시했다.

   B. 오늘 치료 시간을 통해 내담자의 비판적이고 비하적 발언들이 내담자의 성 정체감 혼란에 어떤 식으로 기여하는지가 밝혀졌다.

   C. 부모가 내담자의 성 정체감에 관한 비판적이고 비하적인 발언을 하는 것에 이의를 제기하고 이것을 멈춰야 함을 지적했다.

   D. 부모에게 내담자의 성 정체감에 대한 긍정적 측면을 강화하도록 권유했다.

   E. 부모가 내담자의 성 정체감의 긍정적 측면을 칭찬하고 강화해야 할 필요를 언어로 인정했고, 그렇게 하겠다는 다짐을 지켜 나가도록 격려했다.

17. 긍정적 특성과 재능을 파악하기 (17)

   A. 내담자가 자신의 긍정적 특성, 재능 그리고 신체적 특징을 목록으로 작성하는 데 도움을 주었다.

   B. 내담자의 긍정적 특성, 재능, 신체적 특징을 오늘 치료 시간에 강화했다.

   C. 부모에게 내담자의 긍정적 특성, 재능, 신체적 특징을 칭찬하고 강화해 주도록 강하게 권유했다.

   D. 내담자의 자존감과 동료와의 소속감을 향상시키기 위해 내담자에게 자신의 긍정적 특성, 재능, 신체적 특징을 다른 사람들에게 이야기하도록 강하게 권유했다.

   E. 내담자가 자신의 긍정적 특성과 재능을 깨닫지 못했고 이 분야에 대한 대략적인 예를 제공했다.

18. 동성 부모에 대한 상처, 분노 또는 불신을 허용하기 (18)

   A. 오늘 치료 시간에 내담자가 동성 부모(또는 부모의 대체 대상)에 대한 상처, 분노 또는 불신이 있는지를 살폈다.

   B. 오늘 치료 시간에 내담자와 동성 부모(또는 부모의 대체 대상) 사이의 부정적인 감정에 기여한 요소들이 있는지를 살폈다.

   C. 오늘 치료 시간은 내담자가 동성 부모에 대해 가지는 상처, 분노, 불신의 근본적인 원인을 파악하는 데 유용했다.

   D. 동성 부모가 내담자에게 보이는 관심 부족에 관한 분노와 상처를 언어로 표현할 때 적극적 경청 기술을 사용했다.

   E. 내담자가 동성 부모가 자신의 성 정체감에 관한 경멸적 또는 비판적인 발언을 한 것에 대해 분노와 상처받은 감정을 표현할 때 이를 지지해 주었다.

19. 동성 부모와 보내는 시간을 늘리기 (19)

   A. 동성 부모에게 내담자의 놀이 및 학습 활동에 함께하는 시간을 늘리라는 지침을 내렸다.

B. 동성 부모에게 내담자와 특정 과업을 하는 숙제를 내주었다.

C. 내담자와 동성 부모가 그들이 함께하고 싶은 과업이나 활동을 목록으로 열거하는 데 도움을 주었다.

D. 반대 성 부모에게 내담자의 동성 부모와의 적절한 동일시 발달을 지지하고 강화해 주도록 강하게 권면 했다.

E. 반대 성 부모에게 내담자와 동성 부모와의 관계의 긍정적 측면을 강화해 줄 기회를 찾도록 강하게 권면했다.

F. 내담자와 동성 부모가 함께 보내는 시간을 늘리지 않아서 이 기법을 활용하도록 다시 지시했다.

20. 동성 부모와 구조화된 시간을 개발하기 (20)

A. 내담자와 동성 부모에게 그들이 함께 보낸 시간을 구조화하는 과제를 내주었다.

B. 내담자와 동성 부모 간에 보내는 재미있고 가치 있는 시간을 증가시키기 위해 아동 심리치료 과제계획 서(Jongsma, Peterson, & McInnis)에 나오는 '일대일(One-on-One)' 과제를 내주었다.

C. 내담자와 동성 부모가 구조화된 시간 연습이 그들 간에 친밀한 관계를 촉진시키는 데 도움되었다고 말했다.

D. 구조화된 시간 연습이 내담자가 자신의 성 정체감에 좀 더 편안한 마음을 갖도록 하는 데 도움이 되 었다.

E. 오늘 치료 시간에 내담자와 동성 부모가 왜 재미있고 가치 있게 함께 보내는 시간이 적은지 그 이유를 검토했다.

21. 빅브라더/빅시스터 프로그램에 참여하도록 권유하기 (21)

A. 내담자에게 동성 어른과 친밀한 관계를 맺을 기회를 주기 위해 빅브라더/빅시스터 프로그램에 대해 알려 주었다.

B. 적극적 경청 기법을 사용하여 내담자가 자신의 빅브라더/빅시스터와 즐거운 시간을 보낸 것에 기쁨을 표하는 것을 들어 주었다.

C. 내담자가 빅브라더/빅시스터 프로그램에 참여한 것이 내담자의 자아상을 개선하는 데에 도움이 된 것 으로 나타났다.

D. 내담자의 빅브라더/빅시스터가 긍정적인 역할 모델인 것으로 나타났다.

E. 내담자의 부모가 내담자에게 빅브라더/빅시스터 프로그램에 대해 알려 주지 않아서 이를 알려 주도록 다시 지시했다.

22. 가족치료를 실시하기 (22)

A. 내담자의 동성 부모와의 관계의 질을 알아보기 위해 가족치료를 실시했다.

B. 가족치료 시간을 통해 내담자가 동성 부모와 갈등적이고 경직된 관계를 형성한 것이 드러났다.

C. 내담자에게 동성 부모와 갈등적 관계인 것에 대해 분노, 상처, 슬픔을 표현할 기회를 주었다.

D. 오늘 가족치료 시간에 내담자와 동성 부모 사이의 부정적인 감정을 다루었다.

E. 오늘 가족치료 시간이 내담자와 동성 부모 간의 부정적 감정을 해소하는 데 도움을 주었다.

23. 동성 부모와 시간 보내기를 권유하기 (23)

A. 내담자에게 동성 부모(또는 부모 대체 대상)와 보내는 시간을 늘리도록 권유했다.

B. 내담자가 동성 부모(또는 부모 대체 대상)와 정기적으로 시간을 보내는 것에 강화를 실시했다.

C. 내담자가 동성 부모(또는 부모 대체 대상)와 시간을 보내지 않아서 이를 실시하도록 다시 지시했다.

24. 부모가 내담자를 긍정적으로 강화하고 격려하기 (24)

A. 부모에게 내담자의 긍정적인 사회적 행동에 잦은 칭찬과 긍정적 강화를 해 주도록 강하게 권유했다.

B. 부모에게 내담자의 적절한 옷차림을 칭찬하고 강화하도록 강하게 권유했다.

C. 부모에게 내담자의 긍정적인 성 정체감을 형성하는 데 도움이 될 만한 행동을 칭찬하고 강화해 주도록 격려했다.

D. 부모에게 치료 시간 사이사이에 내담자의 긍정적인 행동을 관찰·기록하도록 지시했다.

E. 긍정적인 성 정체감을 형성하고 자신감을 향상시키면서 부모의 지지와 수용을 이끌어 내는 데 도움이 되는 긍정적인 사회적 행동에 참여하도록 내담자에게 강하게 권면했다.

25. 사회적 활동 또는 놀이활동을 개시하기 (25)

A. 내담자에게 동성 동료와 매일 사회적 활동 또는 놀이활동을 하나씩 하도록 지침을 내렸다.

B. 내담자가 동성 동료들과 어울려 할 수 있는 긍정적인 사회적 활동 또는 놀이활동을 목록으로 작성하는 데 도움을 주었다.

C. 내담자가 사회적 접촉을 시도하는 것에 효과적인 방법을 가르쳐 주기 위해 역할 연기와 모델링 기법을 활용했다.

D. 내담자가 동성 동료와 매일 사회적 활동 또는 놀이활동을 적어도 하나씩 하라는 지침을 성공적으로 잘 따른 것을 강화해 주었다.

E. 내담자가 동성 동료와 매일 사회적 활동 또는 놀이활동을 적어도 하나씩 하라는 지침을 따르는 것에 실패했는데, 이런 실패의 이유가 무엇인지 검토하고 문제를 해결했다.

26. 긍정적 다시 챙겨주기를 제공하기 (26)

A. 내담자의 연령에 맞는 태도로 내담자를 칭찬하고 강화했다.

B. 오늘 치료 시간에 내담자의 긍정적인 사회적 행동을 칭찬해 주고 강화해 주었다.

C. 내담자가 동성 동료와 우정을 형성하려는 시도를 한 것을 칭찬해 주고 강화해 주었다.

D. 다음 치료 시간 전까지 내담자가 동성 동료들과 어울려 한 다섯 가지 긍정적인 사회적 행동을 관찰하고 기록하라는 지침을 부모에게 제안했다.

E. 내담자가 자신의 성에 맞는 옷차림을 하고 동성 동료들과 긍정적인 사회적 행동에 참여한 것에 대해 강화해 주도록 부모에게 강하게 권면했다.

27. 이성의 옷을 입으려는 욕구에 대한 이유를 평가하기 (27)

A. 오늘 치료 시간에 이성의 옷을 입으려는 내담자의 욕구가 왜 가족체계 내의 스트레스가 높을 때와 관련이 있는지를 검토했다.

B. 오늘 치료 시간에 이성의 옷을 입으려는 내담자의 욕구가 중요한 타인들로부터 무시당한 기분이 들 때와 관련이 있는지를 살폈다.

C. 오늘 치료 시간에 내담자가 이성의 옷을 입으려는 빈도가 가족체계 내의 스트레스가 높은 기간 동안 그리고 내담자가 거부 또는 무시당했다는 기분이 들 때 증가한다는 점이 드러났다.

D. 내담자가 동성 부모로부터 더 많은 인정을 받고 싶어 하는 욕구를 표현함에 따라 이를 지지해 주었다.

E. 이성의 옷차림을 하면서 욕구를 충족하는 대신 부모와 더 많은 시간을 보내고 싶다는 욕구를 언어로 직접적으로 표현하도록 내담자를 격려했다.

F. 내담자가 자신이 이성의 옷차림을 하는 것이 스트레스를 많이 받는 시기와 관련이 있다는 것을 거의 통찰하지 못했고 이 점에 대해 임시 다시 챙겨주기를 제공했다.

28. 긍정적인 동성 역할 모델을 열거하기 (28)

A. 내담자에게 자신의 긍정적, 동성 역할 모델 찾기에 관한 과제를 내주었다.

B. 오늘 치료 시간에 내담자가 동성 역할 모델을 높이 평가하고 왜 긍정적으로 칭찬하고 존경하는지 그 이유를 검토했다.

C. 내담자에게 자신의 긍정적, 동성 역할 모델과 비슷한 행동 또는 활동에 참여하도록 격려했다.

D. 내담자의 동성 역할 모델과의 동일시를 강화했다.

29. 역할 모델 동일시 연습시키기 (29)

A. 내담자에게 역할 모델 동일시를 구조화하도록 고안된 과제를 내주었다.

B. 긍정적인 역할 모델 동일시를 구조화하기 위해 내담자에게 **아동 심리치료 과제계획서**(Jongsma, Peterson, & McInnis)에 나오는 '…처럼 되고 싶어요(I Want to Be Like…)'에서 소개한 연습 과제를 내주었다.

C. 내담자가 숙제를 마쳤고 몇몇 긍정적인 동성 역할 모델을 생각해 내는 데 도움을 주었다.

D. 내담자들에게 동성의 역할 모델을 따르기를 칭찬하며 존중하는 이유를 확인하게 하고 격려했다.

E. 숙제가 내담자의 자기 성 정체감을 수용하고 활성화하는 데 도움이 되었다.

F. 숙제를 마친 후 내담자에게 동성 동료들과 긍정적 행동을 하도록 격려했다.

G. 내담자가 역할 모델 동일시에 관한 숙제를 마치지 않았으며 이를 하도록 다시 지시했다.

30. 신체적 또는 성적 학대 유무를 살펴보기 (30)

A. 내담자의 성 정체감 혼돈에 영향을 끼쳤을지도 모르는 신체적 또는 성적 학대의 내력이 있는지 내담자의 배경을 조사했다.

B. 오늘 치료 시간을 통해 내담자의 성 정체감 혼돈에 커다란 영향을 끼친 요소가 되는 신체적 학대의 내력이 있다는 것이 드러났다.

C. 오늘 치료 시간을 통해 내담자의 성 정체감 혼돈에 커다란 영향을 준 요소가 되는 성적 학대의 내력이 있다는 것이 드러났다.

D. 내담자가 신체적 또는 성적 학대를 받은 적이 단 한 번도 없다고 강하게 언어로 부인했고, 이것을 수용했다.

E. 내담자가 과거에 있었던 학대에 대한 자신의 감정을 표현함에 따라 무조건적 긍정적 배려와 따뜻한 수용을 해 주었다.

31. 게이, 레즈비언, 또는 트랜스젠더 정체성 탐구하기 (31)

A. 내담자는 자신의 성정체성에 걸친 혼란이 게이, 레즈비언, 또는 트랜스젠더 정체성의 시작이 될 수 있는지 여부를 탐험하도록 지원받았다.

B. 내담자는 자신의 성 정체성을 처리하는 데 지원받았다.

C. 내담자는 자신의 성 정체성에 대한 지식을 처리하는 데 지원받았다.

D. 내담자는 게이로서 자기 가치에 관해서 안심되었다.

E. 내담자는 내가 되고 싶은 것은 나(*All I Want to Be Is Me*)(Rothblatt)를 할당받았다.

32. 부모와 함께 성적 기원 처리하기 (32)

A. 부모는 아이가 게이 또는 레즈비언으로서 자기 자신을 인지할 수 있는 가능성을 처리하는 데 지원되었다.

B. 부모는 자녀의 성적 취향을 받아들이도록 도움을 받았다.

C. 부모는 자녀의 성적 취향에 대한 자신의 감정을 탐구하는 데 도움을 받았다.

D. 부모는 자녀에 대한 사랑과 수용에 대한 메시지를 제공하도록 격려받았다.

E. 부모는 태어난 성, 만들어진 성 : 건강한 성-부적합 어린이(*Gender Born, Gender Made : Raising Healthy Gender-Nonconforming Children*)(Ehrensaft)를 읽을 것을 권장받았다.

제17장 해결되지 않은 비탄/상실감

내담자 소개

1. 부모의 죽음에 대한 반응 (1)[1]

A. 내담자가 최근에 있었던 부모의 죽음에 눈에 보이게 속상해하고 괴로워하는 것으로 나타났다.

B. 교사, 친구 그리고 다른 사람들이 내담자가 최근 있었던 부모의 죽음에 대해 다양한 비탄 반응, 예를 들면 분노, 우울증, 정서 불안정 등을 보인다고 보고했다.

C. 내담자가 부모의 죽음 외에는 다른 것을 생각할 수 없다고 말했다.

D. 내담자가 아직까지도 부모의 죽음이 실제로 일어난 일이라는 사실을 받아들일 수 없다고 종종 이야기했다.

E. 내담자가 세상에 홀로 있다는 느낌과 무력감이 부모의 죽음 이후 계속 자신을 압도해 왔다고 밝혔다.

F. 내담자가 부모의 죽음에 대해 이야기하기 시작했고 타인의 위로, 지지, 격려를 받아들이기 시작했다.

2. 친권의 종료 (2)

A. 내담자가 자기 부모의 친권(Parent's rights)이 종료되었다는 말을 최근에 들은 이후 슬프고 위축된 모습이었다.

B. 내담자가 다시는 부모를 보지 못한다는 것을 믿을 수 없다고 이야기했다.

C. 내담자가 자기 부모의 친권이 종료됐다는 소식을 접한 이후 계속해서 화가 나고 속상해한다고 양부모가 보고했다.

D. 내담자가 자기 부모의 친권 상실 문제를 대하는 태도에 진전을 이뤘고 새로운 집과 가족을 만나는 것을 고대하기 시작했다.

---

[1] 괄호 안의 숫자들은 아동 심리치료 치료계획서(*The Child Psychotherapy Treatment Planner*), 제5판(Jongsma, Peterson, McInnis, Bruce 공저, 2014년, Hoboken, NJ : Wiley)에서 동일한 제목을 지닌 관련 장의 치료 중재의 숫자와 연결된다.

3. 부모의 투옥에 대한 비탄 (3)

A. 부모가 감옥에 갇힌 이후 자신의 삶에 큰 구멍이 생긴 것 같다고 내담자가 표현했다.

B. 내담자가 자신의 부모가 투옥된 이후 대부분의 시간에 화가 난 상태라고 보고했다.

C. 내담자가 부모의 투옥으로 슬프고 부끄러웠으며 마음이 더 불편해지는 것을 피하기 위해 각종 사회적 활동에서 물러났다고 말했다.

D. 내담자가 부모의 투옥을 받아들이고 적응하기 시작했으며 자신의 일상적인 생활로 돌아왔다.

4. 이사로 인한 비탄 (4)

A. 내담자가 이사로 인해 예전에 살던 곳의 집과 친구들을 잃은 것에 우울해하고 그것에 집중하는 모습을 보였다.

B. 내담자가 부모의 이사 결정으로 이웃, 친구들과 이별하게 됐기 때문에 지금 부모에게 항상 화가 나고 심란하다고 보고했다.

C. 내담자가 항상 슬퍼하고 학교에 가는 것을 제외하고는 외출하는 것을 거부한다고 부모가 말했다.

D. 내담자가 가족이 새로 정착한 곳을 받아들이기 시작했고 새로운 친구들을 사귀고 다른 활동에 참여하기 시작했다.

5. 부모의 정서적 유기 (5)

A. 내담자가 부모와의 연락을 거의 다 상실한 이후 정서적으로 버림받은 느낌이라고 언어로 표현했다.

B. 내담자가 자신의 다른 부모로부터 거의 모든 연락을 두절당했다고 보고했다.

C. 내담자가 자신의 부모로부터 거의 모든 의미 있는 연락이 사라진 것에 망연자실했다고 말했다.

D. 내담자가 자신의 부모로부터 경험한 정서적 유기를 공개적으로 슬퍼하기 시작했다.

6. 정서적으로 심란함 (6)

A. 내담자가 속상해했고, 울 것 같은 모습에 혼란스러워하는 태도를 보였다.

B. 내담자가 자신이 최근에 경험한 상실에 익숙해지는 것에 어려움을 겪고 있다고 말했다.

C. 내담자가 비탄 과정에 갇혀 속상함과 혼란스러움을 넘어서는 데 어려움을 겪는 것으로 보인다.

D. 내담자가 덜 울고 전만큼 속상해하지 않는다고 보고함에 따라 내담자가 점진적으로 자신의 상실에 익숙해지고 받아들이는 데 진전을 보이고 있다.

7. 사회적 위축 상태 (7)

A. 내담자가 과거의 상실에 관해 매우 위축되어 있고 누구와도 말을 하지 않았다.

B. "나는 그것에 대해 이야기할 수 없다."는 말이 내담자가 과거의 상실에 관해 말하는 몇 안 되는 언어적 표현 중의 하나이다.

C. 내담자가 격려와 지지를 받고서 천천히 자신의 위축된 상태를 벗어나 상실에 관해 이야기하기 시작했다.

8. 분노/긴장 상태 (8)

A. 분노와 긴장이 내담자의 정서, 기분, 태도를 지배한다.

B. 내담자가 자주 타인에게 언어로 분노를 나타내 보이고 상실을 경험하면 물건을 깬다고 보고했다.

C. 내담자가 신, 의사 그리고 그 상실에 '관여한' 다른 사람들에게 자유롭게 자신의 분노를 배출했다.

D. 내담자가 부모와 이별할 때 분노 폭발을 보이는 경향 때문에 학교 환경에서 내담자의 기능 수행이 감소했다.

E. 내담자가 이제 상실에 대해 더 큰 상처와 슬픔을 느낀다는 것을 인정하고 설명함에 따라 내담자의 분노가 줄어들었다.

9. 죄책감/책임감을 느낌 (9)

A. 내담자의 전반적인 기분과 태도에서 최근의 상실에 대한 깊은 죄책감과 책임감이 나타난다.

B. 내담자가 자신에게 죄책감을 느끼게 만들고 상실에 대한 책임을 묻는 것들에 대해 보고했다.

C. 통제력을 유지하기 위해 내담자가 죄책감에 빠져 있는 것으로 보이고, 비탄 과정 속에서 이 지점을 벗어날 의향이 없거나 그럴 능력이 없다.

D. 내담자가 자신의 죄책감을 떨쳐 버리려 하며 상실이 자신의 탓이 아니라는 점을 받아들이기 시작했다.

10. 상실의 회피 (10)

A. 내담자가 자신의 상실을 인정하고 받아들이는 것을 강하게 부인하고 거절하는 모습이었다.

B. 내담자의 가족체계에는 상실의 부인과 불인정이라는 명확한 양상이 존재한다.

C. 내담자가 "이 일이 실제 일어난 일이라고 나는 믿지 않는다. 그래서 나는 이를 받아들이지 않을 것이다."라고 이야기했으며, 장례식 절차에 전혀 참석하지 않았다.

D. 내담자가 이제 상실이 실제 일어난 일임을 믿게 됨에 따라 내담자의 현실 부인에 틈이 보이기 시작했다.

E. 내담자의 현실 부인이 무너졌고, 내담자는 이제 분노, 상처, 슬픔에 압도된 상태이다.

중재 실행

1. 신뢰감을 형성하기 (1)[2]

A. 무조건적인 긍정적 배려의 사용으로 내담자와의 첫 신뢰 수준이 결정되었다.

B. 내담자와 보살피는 관계의 근간을 형성하기 위해 따뜻한 수용과 적극적 경청 기법을 활용했다.

C. 내담자가 치료사와 신뢰감에 기반한 관계를 형성했고 최근에 있었던 상실에 대한 자신의 감정을 표현하기 시작했다.

D. 적극적 경청, 따뜻한 수용, 무조건적인 긍정적 배려를 사용했음에도 내담자가 신뢰하는 것에 여전히 주저하는 상태이며 최근의 상실과 관련된 자신의 감정을 털어놓기 시작했다.

2. 비탄과 상실에 관한 책 읽기 (2)[3]

A. 비탄과 상실에 관한 책을 내담자에게 읽어 주었다.

B. 아빠가 어디 갔지?(*Where is Daddy?*)(Goff)라는 책을 내담자와 함께 읽었다.

---

[2] 괄호 안의 숫자들은 아동 심리치료 치료계획서(*The Child Psychotherapy Treatment Planner*), 제5판(Jongsma, Peterson, McInnis, Bruce 공저, 2014, Hoboken, NJ : Wiley)에서 동일한 제목을 지닌 관련 장의 치료 중재의 숫자와 연결된다.

[3] 역자 주 : 국내에서도 관련된 책이 출판된 바 있다. 강현주 역(2006), 마음의 치유, 서울 : 북 폴리오, 노은정 역(2003), 슬플 때도 있는 거야, 서울 : 비룡소.

C. 엠마가 안녕이라고 말해요(*Emma Says Goodbye*)(Nystrom)라는 책을 내담자와 함께 읽었다.

D. 상실에 관한 책에 대해 내담자와 함께 논의하고 이를 다루었다.

E. 책을 읽는 동안 내담자가 표현한 감정과 책에 관한 논의를 반복하고, 이것을 인정하고 정당화했다.

F. 독서를 통해 내담자가 상실의 경험이 무엇인지 이해하게 되었고 자신이 이것을 이겨 낼 수 있다는 희망을 갖게 됐다.

3. 통찰력 수준의 평가 (3)

A. 내담자는 보이는 문제들을 향한 통찰 수준으로 평가되었다.

B. 내담자는 보이는 문제들에 관하여 그의 통찰의 동조적인 본성 대 이질적인 본성에 따라 평가되었다.

C. 내담자는 행동과 증상에서 문제가 되는 본성에 대한 좋은 통찰을 하도록 보여 주었다.

D. 내담자가 다른 사람들의 우려에 동의하는 것이 목격되어 변화에 힘쓰도록 동기유발되었다.

E. 내담자는 묘사된 문제에 대해 양면성이 있음이 드러났고 그 문제들을 우려사항으로 보는 것을 꺼렸다.

F. 내담자는 문제 영역의 인식에 관해 저항적인 것으로 나타났고, 걱정하지 않았으며, 변화에 대한 동기가 없었다.

4. 관련 장애의 평가 (4)

A. 내담자는 연구 기반의 관련 장애들의 증거에 의해 평가되었다.

B. 내담자는 자살에 대한 취약성 수준으로 평가되었다.

C. 내담자는 동반장애를 가진 것으로 확인되었고, 치료는 이를 처리할 수 있도록 조정되었다.

D. 내담자는 또 다른 관련 장애가 있는지 평가되었지만 아무것도 발견되지 않았다.

5. 문화적으로 혼란스러운 문제에 대한 평가 (5)

A. 내담자는 그의 임상 행동을 더 잘 이해하도록 도울 수 있는 나이 관련 쟁점으로 평가되었다.

B. 내담자는 그의 임상 행동을 더 잘 이해하도록 도울 수 있는 성별 관련 쟁점으로 평가되었다.

C. 내담자는 그의 임상 행동을 더 잘 이해하도록 도울 수 있는 문화의 증후군, 고통의 문화적 관용구, 혹은 문화적으로 감지된 사건으로 평가되었다.

D. 다른 요인들이 내담자의 현재 정의된 '문제 행동'에 기여할 것이라고 확인되었고 이 요인들은 그의 치료에 반영되었다.

E. 내담자의 현재 정의된 '문제 행동'을 설명할 수 있는 문화적 기반 요인들은 조사되었지만 중대한 요인은 발견되지 않았다.

6. 장애의 심각성 평가 (6)

A. 내담자의 장애의 심각성은 보호의 적절한 정도를 결정하기 위해서 판단되었다.

B. 내담자는 사회적 · 관계적 · 교육적인 노력에서의 손상 정도로 평가되었다.

C. 내담자는 그의 장애가 자신의 기능에 가볍거나 중간 정도의 영향을 끼친다는 것을 알았다.

D. 내담자는 그의 장애가 자신의 기능에 심각하거나 더 심각한 영향을 끼친다는 것을 알았다.

E. 내담자의 치료의 효율성과 적절성, 그리고 장애의 심각성은 꾸준히 평가되었다.

7. 병원의 돌봄 평가 (7)

A. 병원의 돌봄과 관심으로 내담자의 집, 학교, 지역사회가 평가되었다.

B. 내담자의 다양한 환경은 아동의 욕구에 지속적인 무관심, 돌보는 사람의 잦은 변화, 안정적 애착의 제한된 기회, 가혹한 훈육 혹은 다른 심각한 부적절한 돌봄이 있었는지 평가되었다.

C. 병원의 돌봄이 확인되었고 치료계획에 이러한 우려를 관리하고 바로잡는 것과 아동을 보호하는 전략이 포함되었다.

D. 어떠한 병원의 돌봄도 확인되지 않았고, 이것은 내담자와 돌보는 사람에게 반영되었다.

8. 아동중심 놀이치료를 활용하기 (8)

A. 내담자가 상실을 이겨 내도록 돕기 위해 아동중심 놀이치료를 실시했다.

B. 내담자가 아동중심 놀이치료 시간에 감정을 표현했을 때 이것을 내담자에게 반복해 주고, 되짚어 주고, 정당화해 주었다.

C. 내담자의 비탄 과정 통과를 활성화하기 위해 우호적이면서 도덕적으로 판단하지 않는 태도로 내담자의 감정을 되짚어 주었다.

D. 아동중심 놀이치료 접근법이 내담자가 상실을 극복하도록 지지·격려해 주는 데 도움이 됐다.

9. 개별 놀이치료를 사용하기 (9)

A. 내담자가 상실에 관한 감정을 표현하고 이겨 내는 것을 돕기 위해 개별 놀이치료 회기를 실시했다.

B. 내담자가 적극적으로 놀이치료 시간에 참여했다.

C. 내담자의 놀이를 통해 표현된 감정을 긍정하고 정당화해 주었다.

D. 놀이치료의 지지적 환경이 내담자가 상실을 둘러싼 감정의 많은 부분을 표현하고 이겨 내는 데 도움을 주었다.

E. 내담자는 놀이치료에 조심스럽게 참여했고 감정을 많이 공개하지 않았다.

10. 미술치료 기법을 사용하기 (10)

A. 내담자에게 상실에 관련된 감정을 창의적으로 표현할 기회를 주기 위해 여러 가지 미술치료 기법을 사용했다.

B. 내담자가 미술치료에 적극적으로 참여했다.

C. 내담자가 요청대로 자세하게 자신의 미술작품을 설명했다.

D. 내담자의 적극적인 미술치료 참여가 상실과 관련된 감정을 공개적으로 표현하기 시작하도록 도움을 주었다.

E. 내담자의 미술치료 참여가 방어적인 양상을 띠었다.

11. 상호 이야기하기 기법을 사용하기 (11)

A. 내담자가 상호 이야기하기 연습에 참여했고 자신의 상실에 대해 이야기하도록 내담자를 격려했다.

B. 내담자가 흔쾌히 이야기를 나눴고, 이야기 속에 내재된 의미를 해석했다.

C. 내담자가 말한 이야기 속의 동일 인물과 환경을 활용한 또 다른 이야기를 내담자에게 들려줬지만, 이 이야기는 건강한 방식으로 상실에 적응하고 이를 해결하는 것으로 구성되었다.

D. 내담자가 상호 이야기하기 기법이 상실에 대처하고 이를 해결하는 방법을 얻는 데 도움이 되었다고

언어로 말했다.

12. '전후 그림 그리기 기법'을 활용하기 (12)

A. '전후 그림 그리기 기법(Before and After Drawing Technique)'(Cangelosi)을 사용하여 내담자에게 상실 이전의 자신과 상실 이후의 자신에 대한 그림을 그린 후 그림을 통해 자신의 상실에 대한 이야기를 들려주도록 요청했다.

B. 내담자가 자신이 그린 슬픈 그림에 담긴 이야기를 설명했고, 기꺼이 보충 설명을 해 주었으며, 자신에게 물은 모든 질문에 대답했다.

C. 상실 사건과 관련된 감정을 밝혀내고, 점검하고, 정당화했다.

D. 그림 그리기를 통해 내담자가 상실의 이야기와 그것이 자신의 삶에 끼친 영향에 관해 이야기할 수 있도록 계기를 제공했다.

13. 손인형 또는 펠트 모형을 사용하기 (13)

A. 내담자에게 자신이 경험한 상실을 연기로 표현하거나 손인형 또는 펠트보드를 이용해 이야기를 들려 주도록 권유했다.

B. 내담자가 손인형을 이용해 자신의 상실에 대한 이야기를 연기했고, 내담자의 감정이 이야기 속에서 나타났다.

C. 내담자가 펠트보드와 모형[4]을 사용해 상실에 관한 이야기를 들려주었고, 이것을 내담자에게 다시 들려주었다.

D. 내담자가 상실에 관한 자신의 이야기를 공개한 것에 대해 긍정적으로 칭찬을 해 주었다.

14. '다섯 가지 얼굴' 기법을 사용하기 (14)

A. 내담자가 자신의 감정적 응어리를 넘어서서 자신의 감정을 깨닫고 표현할 수 있도록 돕기 위해 '다섯 가지 얼굴(Five Faces)' 기법(Jewett)을 사용했다.

B. 감정을 인식하고 표현하는 내담자의 능력이 향상됐고 이것을 비탄 과정과 관련된 많은 상충하는 감정을 명확화하는 데 유용했다.

C. 내담자가 계속해서 비탄과 관련된 감정을 인지하고 표현하는 자신의 능력을 발휘하지 못하고 있고, 이런 면에 대해 구체적인 다시 챙겨주기를 제공했다.

15. 게임을 통해 비탄 과정을 알아보기 (15)

A. '안녕 게임(Goodbye Game)'과 '좋은 아침 게임(Good Morning Game)'은 내담자가 자신의 슬픔의 과정을 탐구하는 것을 돕기 위해 플레이되었다.

B. 내담자가 자신의 상실과 관련된 생각과 감정을 공개한 것을 언어로 긍정적인 강화를 해 주었다.

C. 내담자가 비탄 과정과 관련된 자신의 생각과 감정을 표현하기 위한 발판으로 치료 게임을 사용하는 것에 저항적이었고, 치료 게임을 이용한 생각 및 감정 표현이 가능해질 때 이 방법의 사용을 허용하도록 권유했다.

---

4) 역자 주 : 속칭 '찍찍이'

16. 상실을 둘러싼 감정을 깨닫기 (16)

A. 내담자에게 잃어버린 사랑하던 사람에게 자신의 감정, 욕망 그리고 그 사람과 관련된 소망을 표현한 편지를 쓰도록 지시했다.

B. 내담자가 잃어버린 사랑하던 사람에게 쓴 편지를 내용에 알맞은 정서와 감정 표현을 하면서 낭독했고, 이것을 점검했다.

C. 내담자가 잃어버린 사랑하던 사람에게 쓴 편지를 단조로운 정서로 목소리 또는 얼굴에 아무런 감정을 드러내지 않은 채 낭독했고, 이 점을 내담자에게 말해 주었다.

D. 내담자가 잃어버린 사랑하던 사람에게 편지를 쓰지 않았으나, 편지를 쓰도록 내담자에게 다시 지시했다.

17. 놀이치료에서 미술 또는 언어적 은유를 사용하기 (17)

A. 내담자에게 이야기 또는 그림을 통해 상실 이전과 이후의 자신의 삶에 대해 이야기하도록 요청했다.

B. 내담자가 격려 속에서 상실 이전과 이후의 자신의 삶에 대해 이야기할 수 있었다.

C. 내담자가 상실 이후 자신의 삶에 나타난 특정 변화를 인식하는 데 도움을 주었다.

D. 내담자가 그림 또는 이야기를 통해 표현한 감정을 반복해서 말했고, 이것을 인정하고 정당화해 주었다.

E. 내담자가 상실로 인해 자신의 삶이 어떻게 변했는지에 대해 방어적인 태도를 보였고 이런 면에 대해서 좀 더 마음을 열도록 내담자를 격려했다.

18. 상실과 관련된 감정을 인식하고 명확화하기 (18)

A. 감정의 역할과 작용 방식을 내담자에게 설명했다.

B. 내담자가 상실과 관련된 자신의 감정을 인식, 분류, 표현하는 데 도움을 주었다.

C. 아동 심리치료 과제계획서(Jongsma, Peterson, & McInnis)에서 소개한 '슬픔에서 벗어나기 위한 페티의 여행' 편을 읽어 보도록 권고했다.

D. 내담자가 상실과 관련된 감정을 표현함에 따라 언어적 긍정과 정당화를 통해 내담자를 지지해 주었다.

E. 내담자를 지지해 주자 내담자가 상실과 관련된 자신의 감정을 인식하고 표현하면서 이겨 낼 수 있었다.

F. 내담자가 상실과 관련된 감정을 인식 또는 명확화하는 데 저항적이었고, 내담자가 경험하고 있을지도 모르는 감정의 구체적인 예를 제공했다.

19. 비탄 일지 쓰기를 지시하기 (19)

A. 내담자에게 상실과 관련된 생각과 감정을 기록하는 비탄 일지를 매일 쓰도록 지시했다.

B. 내담자의 비탄 일지를 검토했고, 생각과 감정을 상당히 공개한 것에 대해 지지하고 강화해 주었다.

C. 내담자의 비탄 일지를 검토했고, 내담자가 계속해서 비탄의 고통에 몸부림치는 자신을 멀리하는 것으로 드러났다.

D. 내담자가 비탄과 관련된 자신의 생각과 감정을 일지에 기록하는 것을 따르지 않아서 이 과제를 수행하도록 내담자를 상기시켰다.

20. 지원 단체에 문의하기 (20)

A. 내담자에게 아동을 위한 슬픔 극복 지원 단체가 있음을 알려 주고 이 모임에 참석하도록 권유했다.

B. 내담자가 슬픔 극복 지원 단체 모임에 참석한 경험을 검토했고 모임에 계속 참석한 것을 지지, 격려해

주었다.

C. 내담자가 지원 단체에 문의하는 것에 저항적인 태도를 보였고 그런 단체 모임에 참석하는 것을 계속 거부했다. 하지만 슬픔 극복 지원 단체 모임에 참석하도록 다시 한 번 내담자를 격려했다.

21. 죽음과 죽어 감에 대한 독서 할당하기 (21)

A. 내담자는 죽음과 죽어 감에 대한 독서 자료를 할당받았다.

B. 내담자는 낙엽의 계절에 프레디(*The Fall of Freddy the Leaf*)(Buscaglia)를 읽도록 할당받았다.

C. 내담자는 다음 장소(*The Next Place*)(Hansen)를 읽도록 할당받았다.

D. 내담자는 나는 당신이 그리워요 : 죽음의 첫 직면(*I Miss You : A First Look at Death*)(Thomas)을 읽도록 할당받았다.

E. 죽음과 죽어 감에 대한 자료를 읽고 발생한 내담자의 질문에 대답하고 지원했다.

F. 내담자가 질문할 내용이 없는 것은 비탄하기를 회피하는 것임을 부드럽지만 단호하게 내담자에게 지적했다.

22. 비탄 관련 질문에 대한 답변을 준비하기 (22)

A. 내담자가 비탄 과정을 성공적으로 통과해 그 경험을 자신에게 기꺼이 얘기해 줄 수 있을 동료나 어른을 몇 명 생각해 내는 데 도움을 주었다.

B. 내담자가 경험 있는 사람으로부터 답변을 듣고 싶은 질문 목록을 작성하도록 지도해 주었다.

C. 내담자에게 자신의 비탄과 관련된 질문에 답을 찾는 데 도움이 되는 특정 자료(예 : 서적)를 알려 주었다.

D. 내담자에게 치료 시간 이외 혹은 합동 치료 시간에 비탄 경험자와 이야기를 나눌 날짜를 정하도록 권유했다.

E. 내담자가 비탄 경험자와 이야기 나누기를 실천했고, 치료사와 내담자가 오늘 치료 시간에 이 긍정적인 경험을 점검했다.

F. 내담자가 비탄 경험자와 접촉하는 것을 따르지 않았고, 이를 실천하도록 다시 지시했다.

23. *빈 자리 : 슬픔을 이겨 내기 위한 아동 지침서*를 읽기 (23)

A. 내담자가 비탄 과정을 통과하도록 돕는 지침서로 빈 자리 : 슬픔을 이겨 내기 위한 아동 지침서(*The Empty Place : A Child's Guide Through Grief*)(Temes)를 활용했다.

B. 내담자가 비탄의 단계를 거치는 동안 내담자를 지지 및 지도하고 다시 안심시켜 주었다.

C. 내담자에게 빈 자리 : 슬픔을 이겨 내기 위한 아동 지침서를 부모에게도 알려 주어 부모가 내담자를 이해하고 내담자의 비탄 과정을 지지하는 데 도움을 주도록 했다.

24. *목요일에는 슬퍼하지 마세요*를 읽기 (24)

A. 목요일에는 슬퍼하지 마세요(*Don't Despair on Thursdays*)(Moser)를 내담자와 함께 읽었다.

B. 내담자와 함께 목요일에는 슬퍼하지 마세요에 나오는 제안들을 파악하고 검토했다.

C. 내담자가 비탄감을 제어할 두 가지 방법을 목요일에는 슬퍼하지 마세요에서 고르는 데 도움을 주었고 일상생활에서 이것을 실천시킬 방안을 개발했다.

D. 내담자가 목요일에는 슬퍼하지 마세요의 제안들을 활용하여 자신의 비탄감에 대처하는 것에 긍정적인 결과를 얻었다고 보고했고, 이 기법을 계속 사용하도록 내담자를 독려했다.

E. 내담자가 목요일에는 슬퍼하지 마세요에 나오는 비탄 기법을 사용하지 않았고 이런 유용한 기법을 사용할 것을 권유했다.

25. 죄책감과 원망에 대한 생각을 알아보기 (25)

A. 내담자의 상실에 대한 죄책감 및 원망에 관한 생각과 감정을 살펴보았다.

B. 내담자의 비이성적인 사고와 감정을 파악했고 이것을 좀 더 현실적인 것으로 대체했다.

C. 내담자에게 죄책감과 자책감에 관련된 비이성적인 사고와 감정이 더 이상 남아 있지 않은 것으로 나타났다.

D. 당신은 왜 죽었습니까? : 아이들이 슬픔과 손실에 대한 대처를 돕는 활동(*Why Did You Die? : Activities to Help Children Cope With Grief and Loss*)(Leeuwenburgh & Goldring)의 연습들.

26. 내담자가 상실에 대한 자책감을 전달하도록 돕기 (26)

A. 내담자가 상실에 대한 자책을 표현할 수 있도록 돕기 위해 디스파트 우화(Despart Fable)를 사용했다.

B. 내담자가 디스파트 우화에 적극적으로 참여한 것이 상실에 대해 느끼는 자책감을 전달하는 데 도움이 되었다.

C. 내담자가 공개적으로 상실에 대한 자책감을 표현하고 전달하기 시작했다.

D. 내담자가 무슨 말을 해야 할지 모르는 등 디스파트 우화 연습 참여에 저항하는 모습을 보였다.

27. 스스로 부과한 저주를 벗어 버리도록 돕기 (27)

A. 치료사와 내담자가 내담자의 믿음, 즉 중요한 타인의 죽음이 자신의 탓이라고 여기게 만드는 스스로 부과한 저주에 대해 살펴보았다.

B. 중요한 타인의 죽음이 내담자 탓이라고 지적한 사람에게 그것에 대한 취소 발언을 얻어 내기 위해 질문을 하도록 내담자에게 권유했다.

C. 내담자와 고인 간에 역할 연기 전화 통화를 실시하여 죽음을 초래한 자신의 행동에 대해 사과할 기회를 내담자에게 주었다.

D. 중요한 타인의 죽음을 일으킨 저주에 관한 내담자의 비현실적인 믿음이 지적되었다.

E. 내담자가 몇몇 저주 현상으로 인한 중요한 타인의 죽음이 자신의 탓이라고 더 이상 믿지 않음을 내담자에게 보여 주었다.

28. 고인에 대한 긍정적인 점을 열거하기 (28)

A. 내담자에게 고인에 대한 모든 긍정적인 점들을 목록으로 작성하고 각각을 어떤 식으로 기억할 것인지 적도록 지시했다.

B. 내담자와 함께 목록을 검토했고 각각의 긍정적인 점/기억을 확인해 주고 각각을 기억하는 것의 중요성을 강조했다.

C. 내담자가 고인이 된 중요한 타인에 대한 긍정적인 기억을 목록으로 작성하는 경험을 즐기는 것으로 나타났다.

D. 내담자가 고인이 된 중요한 타인에게 얽힌 긍정적인 기억에 대해 이야기할 때 감정에 압도되었고 이를 지지해 주었다.

E. 내담자가 이제 고인이 된 중요한 타인에 대한 긍정적인 점을 슬픔에 압도되지 않고서도 회상할 수

있음을 내담자에게 보여 주었다.

29. 사진 및 다른 유품에 대해 이야기하기 (29)

A. 내담자에게 고인이 된 중요한 타인의 사진과 유품을 치료 시간에 가져오도록 지시했다.

B. 내담자는 아동 심리치료 과제계획서(Jongsma, Peterson, & McInnis)의 '추억 앨범 만들기' 활동을 할당받았다.

C. 내담자가 고인의 사진과 유품을 들고 오라는 말을 따랐고, 내담자에게 각각에 얽힌 기억들을 별도의 조사 없이 열린 마음으로 자유롭게 이야기하도록 격려했다.

D. 내담자가 요청받은 대로 가져온 사진과 유품에 대해 이야기하도록 하기 위해 내담자를 격려하고 부추겨야만 했다.

E. 고인이 된 중요한 타인과 관련된 긍정적인 기억에 대해 이야기하면서 내담자의 비탄이 다소 사라지는 것으로 보인다고 내담자에게 알려 주었다.

F. 내담자가 고인이 된 중요한 타인의 사진과 유품을 자신의 감정과 연결시키지 않았고, 이 분야에 대한 대략적인 개념을 내담자에게 제공했다.

30. 적절한 분노를 나타내도록 격려 · 지지하기 (30)

A. 내담자에게 치료 시간에 화가 나면 화난 모습을 보이고, 화가 난 행동을 한 다음 분노를 언어로 옮기도록 격려하고 일러 주었다.

B. 화난 모습을 보이고 분노를 표현하는 것에 대한 내담자의 두려움을 내담자와 함께 살펴보았다.

C. 내담자가 화가 난 행동을 하고 이를 표현했을 때 내담자를 지지해 주고 긍정적인 언어 다시 챙겨주기를 제공했다.

D. 내담자가 화가 났음에도 다른 모습으로 행동하는 때를 내담자에게 지적했다.

E. 신, 자신 그리고 타인에 대한 내담자의 분노를 자유롭게 표현할 수 있게 되면서 이러한 감정들이 줄어든 것으로 나타났다.

31. 신체적 기법을 이용해 분노를 배출하기 (31)

A. 내담자가 억압된 분노의 감정들을 배출하도록 돕기 위해 다양한 용납 가능한 신체적 기법(예 : 찰흙 반죽하기 또는 종이 가방을 발로 차기)을 사용했다.

B. 연습을 점검했고 분노의 대상과 원인을 내담자와 함께 살폈다.

C. 내담자에게 신체적 기법에 참여하라고 격려 및 지지를 해 주었음에도 내담자가 신체적 기법에 최소한의 수준으로만 참여했다.

D. 행동 기법을 사용한 것이 내담자가 자신의 억압된 분노의 감정들을 표현하고 외현화하는 데 도움이 되었다.

32. 작별 편지를 작성하기 (32)

A. 내담자에게 고인을 향한 작별 편지나 작별 그림을 그리도록 지시했다.

B. 내담자는 아동 심리치료 과제계획서(Jongsma, Peterson, & McInnis)의 '슬픔 편지(Grief Letter)' 활동을 할당받았다.

C. 내담자의 완성된 편지 또는 그림을 검토했고, 내담자가 표현하거나 발견한 각각의 감정을 확인했다.

D. 내담자의 편지 또는 그림 완성을 막는 장애물을 파악하고 점검했으며 이를 해결했다.

E. 내담자의 완성된 편지 또는 그림이 내담자의 비판 과정에서의 진전을 보여 주는 것으로 해석되었다.

F. 내담자가 작별 편지 쓰기를 끝내지 않아서 편지쓰기를 끝내도록 다시 지시했다.

33. 사랑하던 사람의 무덤 방문을 시도해 보기 (33)

A. 내담자에게 자신이 사랑하던 고인의 무덤을 처음으로 방문할 채비를 시켰고 내담자가 동행해 주었으면 하는 어른 한 사람을 선택했다.

B. 선택된 어른은 내담자의 무덤 방문에 지지하는 태도를 보이고 내담자에게 행동 지침을 제공해 주도록 준비시켰다.

C. 내담자가 사랑하던 고인의 무덤 방문을 수행했고 작별 인사를 했으며, 무덤가에 자신의 편지 또는 그림을 남겼다. 내담자의 경험을 점검했다.

D. 내담자가 자신이 사랑하던 고인의 무덤을 방문하자는 요청을 거절했으나, 할 수 있다는 기분이 들 때 이 비탄 기법을 활용하도록 독려했다.

34. 슬픔 처리 단계 교수 (34)

A. 부모는 슬픔의 단계와 과정에 대해 교육받았고, 이 과정을 더 잘 이해할 수 있도록 질문에 대한 대답을 들었다.

B. 부모는 수생곤충과 잠자리 : 어린아이에게 죽음 설명하기(*Waterbugs and Dragonflies : Explaining Death to Young Children*)(Stickney)를 읽도록 추천받았다.

C. 부모는 당신의 슬퍼하는 아이 돌보기 : 부모 안내서(*Caring for Your Grieving Child : A Parent's Guide*)(Wakenshaw)를 읽도록 추천받았다.

D. 부모는 굿바이 슬픔(*Good Grief*)(Westberg)[5]을 읽을 것을 권장받았다.

E. 가족들에게 슬픔은 일회성 이벤트("그냥 그것을 극복해")가 아니라 진행 과정이라는 것이 강조되었다.

F. 가족 구성원 모두가 슬픔의 과정에 대한 더 나은 이해를 가지는 데 대해 인지했고, 그 결과로 서로를 향해 공감과 지원을 더욱 보여 줄 수 있게 되었다.

G. 일부 가족 구성원들은 슬픔에 대한 새로운 정보자료에 저항하고 사람들의 삶에 미치는 영향을 거부했다.

35. 부모에게 지지적인 방법을 가르치기 (35)

A. 부모에게 내담자의 성공적인 비판 과정 통과를 지지하고 격려해 줄 수 있는 다양하고 구체적인 방법을 가르쳤다.

B. 사랑, 위로를 보이고 평안을 제공하려는 부모의 노력을 긍정하고 강화했다.

C. 부모가 내담자의 비탄에 대한 위로, 위안 및 지지를 보여 주는 행동을 늘리는 것에 저항적이었고, 이런 지지를 제공하도록 부모에게 다시 지시했다.

D. 부모가 내담자의 비탄에 대해 더 많은 지지와 공감을 보이는 것에 내담자가 호의적으로 반응했음을 부모에게 알려 주었다.

---

5) 고도원, 키와 블란츠 공역(2008), 두리미디어.

36. 비탄 표현을 위하여 가족치료 시간을 따로 갖기를 실천하기 (36)

A. 가족치료 회기를 실천해 상실과 관련된 자신의 경험을 이야기하도록 각 가족 구성원을 격려했다.

B. 자신들의 비탄감을 이야기하지 못하는 가족 구성원들에게 상실을 이겨 내기 위해서는 비탄감을 표현하는 것이 중요함을 상기시켰다.

C. 치료 시간 외의 적절한 시간에 상실에 대해 더 많이 이야기하도록 가족 구성원들을 격려했다.

D. 다른 가족 구성원들이 상실과 관련된 비탄감을 나누자 내담자가 안도감을 느꼈고 가족들이 자신을 이해해 준다는 느낌을 얻었다. 이 경험을 검토했다.

37. 부모에게 비탄 지원 단체에 대해 알려 주기 (37)

A. 내담자의 부모에게 비탄/상실 지원 단체가 있음을 알려 주고 그 모임에 참석하도록 권유했다.

B. 내담자의 부모가 지원 단체 모임에 참석하라는 권유에 열린 자세를 가지고 있었고 다음번 모임에 참석하겠다고 약속했다. 이에 대해 긍정적인 되짚어 주기를 제공했다.

C. 내담자의 부모가 비탄/상실 지원 단체 모임 참석에 저항적이었고 이런 제안을 따르는 것을 거부했으나, 제안을 다시 고려해 보도록 부모를 설득했다.

38. 애도 의식에 참석하는 것을 격려하기 (38)

A. 내담자가 참석을 요구한 모든 애도 의식에 내담자가 참석하는 것을 허락하도록 부모에게 권유했다.

B. 내담자가 참석한 애도 의식이 진행되는 동안 내담자에 대해 민감하게 반응하고 내담자를 지지해 주고 위로해 주도록 부모에게 지시했다.

C. 내담자에게 다양한 애도 의식에 대해 설명해 주었고, 자신이 참석하고 싶은 의식을 선택할 권한을 주었다.

D. 내담자가 장례식 및 다른 애도 의식에 참석한 것이 타인과 비탄감을 나누고 고인에게 작별 인사를 하는 것에 유익했던 것으로 나타났다.

39. 부모에게 작별 인사를 하도록 준비시키기 (39)

A. 양육권을 잃게 될 아이들에게 작별 인사를 하도록 친부모를 준비시켰다.

B. 부모가 아이들에 대한 영구적인 양육권을 상실하는 것에 대해 느끼는 자신들의 감정을 인지하고 표현하도록 도움을 주었다.

C. 부모가 양육권을 상실하는 아이들에게 건강하고도 긍정적인 방식으로 작별하는 법을 개발하도록 도움을 주었다.

D. 부모가 아이들에게 작별을 고하는 건강하고 긍정적인 방법을 선택했고, 이를 실행하는 계획을 짜는 데 도움을 주었다.

E. 부모가 아이들에게 건강하고 긍정적인 방식으로 작별을 고하는 상황에 노출될 기회를 주기 위해 역할 연기를 사용했다.

F. 작별을 고하는 것에 대한 미해결된 문제들이 발견되었고, 이를 점검하고 해결했다.

G. 부모가 아이들에게 건강하고 긍정적인 방식으로 작별을 고할 준비가 된 시점에 다다른 것으로 평가됐다.

40. 작별 시간을 마련하기 (40)

A. 아이들에 대한 양육권을 잃게 될 부모들과 작별의 시간을 마련해 부모가 각 아이에게 계속 앞으로

나아가라는 적절한 허락의 메시지를 전달할 수 있도록 했다.

B. 부모가 아이들에게 긍정적이고 건강한 방식으로 작별 인사를 완수한 것에 대해 부모를 인정해 주고 긍정적인 언어적 다시 챙겨주기를 제공했다.

C. 부모가 아이에게 여전히 부모의 비판과 슬픔에 죄책감을 느끼도록 남겨 놓았다는 점에서 작별 시간에 갈등의 소지가 있는 것으로 드러났다.

D. 부모가 자신들이 양육권을 상실한 아이들에게 작별 및 응원의 내용을 담은 편지를 쓴 것에 대해 강화해 주었다.

41. 삶의 기록을 만들기(41)

A. 내담자에게 치료 시간에 비탄 사건 이전 및 이후의 자신의 삶과 관련 있는 사진들과 다른 기념물을 가져오도록 지시했다.

B. 내담자가 자신의 삶을 담은 책이나 앨범을 만드는 것을 도와주었다.

C. 상실과 관련된 내담자의 감정이 앨범을 만드는 연습에서 드러남에 따라 그 감정들을 점검했다.

D. 내담자가 앨범에 담을 자신의 미래 소망과 계획을 뜻하는 잡지 사진을 고를 수 있었고, 이것은 비탄의 해소가 시작됨을 의미한다.

42. 긍정적인 추억 표현 격려하기

A. 내담자는 사랑하는 사람을 잃은 것에 대한 긍정적인 기억을 표현하도록 격려받았다.

B. 오늘 치료 시간에 **아동 심리치료 과제계획서**(Jongsma, Peterson, & McInnis)에 나오는 '슬픔에서 벗어나기 위한 페티의 여행' 이야기를 내담자에게 읽어 주었다.

C. 내담자와 이야기 내용을 점검했고, 내담자가 고인이 된 사랑하는 사람에 대한 긍정적인 추억을 함께 나누도록 내담자를 격려했다.

D. 고인이 된 사랑하는 사람에 대해 추억하는 것을 둘러싼 내담자의 두려움을 살펴보고, 이것을 다루었으며 그 이야기를 하나의 예로 활용해서 갈등을 해소했다.

E. 내담자가 '슬픔에서 벗어나기 위한 페티의 여행' 이야기에 대해 자유롭게 이야기했지만, 고인이 된 사랑하던 사람에 대한 긍정적인 기억을 이야기하는 것을 꺼렸고 이런 면에 대해 시험적인 해석을 내담자에게 제공했다.

제18장 지력발달장애

내담자 소개

1. 평균 이하의 지적 기능의 진단 (1)[1]

A. 내담자가 상당한 지적 또는 인지적 결함(cognitive deficit)을 보인다.

B. 과거에 측정한 지능검사 결과 내담자의 전반적인 지적 기능 수준이 경도 지력발달장애 범위에 있다.

C. 과거에 측정한 지능검사 결과 내담자의 전반적인 지적 기능 수준이 중등도 지력발달장애 범위에 있다.

D. 과거에 측정한 지능검사 결과 내담자의 전반적인 지적 기능 수준이 중증 지력발달장애 범위에 있다.

E. 과거에 측정한 지능검사 결과 내담자의 전반적인 지적 기능 수준이 경계선 지적 기능 범위에 있는 것으로 드러났다.

2. 손상된 학습 기능의 진단 (2)

A. 내담자가 모든 학습 영역에서 예상 학년 및 연령 수준보다 현저히 낮은 성과를 보였다.

B. 내담자의 학업 성취도가 내담자의 전반적인 지능 수준과 대체로 일치했다.

C. 내담자가 과거에 측정한 지능검사 결과를 고려했음에도 자신의 예상 학년 및 연령 수준보다 낮은 학습 성과를 보였다.

D. 과거에 측정한 지능검사 결과에 기초하여 관찰했을 때, 내담자가 학습 면에서 자신의 예상 수준 이상의 성과를 보였다.

3. 말하기/언어 지연의 진단 (2)

A. 과거의 말하기/언어 평가 결과 내담자가 상당한 말하기/언어 결함을 보였음이 나타났다.

B. 내담자의 어휘 및 표현 언어 능력이 꽤 제한적이다.

C. 내담자가 낮은 수용 언어 기량 때문에 사람들이 자신에게 말한 내용을 이해하는 데 종종 어려움을

1) 괄호 안의 숫자들은 아동 심리치료 치료계획서(*The Child Psychotherapy Treatment Planner*), 제5판(Jongsma, Peterson, McInnis, Bruce 공저, 2014년, Hoboken, NJ : Wiley)에서 동일한 제목을 지닌 관련 장의 치료 중재의 숫자와 연결된다.

겪는다.

D. 내담자가 오늘 치료 시간 동안 눈에 띄는 언어 조음 문제를 보였다.

E. 내담자의 언어 조음 문제가 치료를 통해 개선되었다.

4. 서투른 의사소통 기술의 진단 (2)

A. 내담자가 말하기/언어 지연 때문에 효과적인 방법으로 자신의 생각과 감정을 전달하는 데 많은 어려움을 겪는다.

B. 내담자가 오늘 치료 시간에 자신의 생각과 감정을 표현하는 데 많은 어려움을 겪었다.

C. 내담자의 낮은 수용 언어 기술 때문에 내담자가 오늘 치료 시간에 논의된 내용을 이해하는 데 어려움을 겪었다.

D. 내담자가 오늘 치료 시간에 매우 단순하지만 직설적이고 효과적인 방식으로 자신의 생각과 감정을 전달할 수 있었다.

E. 내담자가 자신의 기본적인 생각과 감정을 인식하고 표현하는 능력의 향상을 보였다.

5. 부적절한 자기 보호[2] (2)

A. 부모 또는 보호 제공자들이 내담자의 자기 보호 기술이 매우 부족하다고 보고했다.

B. 내담자가 가사일 또는 학교의 과업을 수행할 때 많은 지도 감독이 필요하다.

C. 내담자가 최근 집에서 간단한 가사일을 수행하기 시작했다.

D. 내담자가 최근 보호 제공자의 격려를 받으며 제법 일관성 있게 가사일 또는 학교 책무를 수행했다.

6. 불량한 개인위생 상태 (2)

A. 부모 또는 보호 제공자들이 내담자의 개인위생 상태가 종종 불량하다고 보고했다.

B. 내담자가 오늘 치료 시간 동안 매우 흐트러진 머리 및 용모 상태였다.

C. 내담자에게 옷을 미리 골라 주어도 혼자서 옷을 입는 데 굉장히 큰 어려움을 겪는다.

D. 내담자가 오늘 치료 시간 동안에 머리를 단정하게 빗어 넘겼고 깔끔한 옷차림이었다.

E. 내담자가 최근 혼자서 옷을 입기 시작했다.

7. 지시 사항을 따르는 데 어려움을 겪음 (3)

A. 내담자가 이전부터 집과 학교에서 지시 사항을 이해하고 따르는 데 많은 어려움을 겪었다.

B. 부모와 교사가 내담자가 간단한 지시사항을 이해하고 수행할 수는 있지만 곱하기 또는 복잡한 지시사항을 따르는 데 어려움을 겪는다고 보고했다.

C. 교사가 내담자가 간단한 용어로 그리고 한 번에 한 가지씩 지시사항을 전달했을 때 이것을 제일 잘 수행할 수 있다고 보고했다.

D. 부모와 교사가 내담자가 간단한 지시사항을 일관성 있게 따르는 데 향상을 보였다고 보고했다.

8. 짧은 주의집중 시간 (3)

A. 내담자의 주의집중 시간이 짧고, 내담자가 긴 시간 동안 주의집중하는 것을 힘들어한다.

B. 내담자가 외부 자극과 자신의 내적 생각에 쉽게 산만해진다.

---

2) 역자 주 : '자기 관리'라고도 많이 사용함.

C. 내담자가 집중하는 데 어려움을 겪었고, 한 주제에서 다른 주제로 자주 옮겨 갔다.

D. 내담자가 집중한 채로 있었고 중요한 주제에 대해 만족할 정도의 시간 동안 논의할 수 있었다.

E. 내담자가 주의를 흩뜨리는 요소가 적고 구조화된 환경의 지도 감독하에서 더 많은 개별적인 관심을 받을 때 내담자의 주의집중 시간이 증가했다.

9. 기억 손상 (4)

A. 과거에 지능 및 인지 평가 결과를 보면 내담자가 상당한 단기 및 장기 기억 손상을 겪었음이 나타난다.

B. 내담자가 단기 기억 결함 때문에 사람들이 자신에게 말한 내용을 기억하거나 생각해(회상) 내는 데 종종 어려움을 겪는다.

C. 내담자가 장기 기억 결함 때문에 많은 과거의 사건들을 기억해 내는 데 어려움을 겪었다.

D. 내담자가 구조화된 일과를 따르는 것을 통해 매일매일의 기능 수행에 향상을 보였다.

10. 구체적인 사고 (5)

A. 내담자가 지적 한계와 서투른 추상적 추론 능력 때문에 심리학적 개념을 이해하는 데에 많은 어려움을 겪는다.

B. 내담자가 오늘 치료 시간 동안 매우 구체적인 사고를 하는 모습을 보였다.

C. 내담자의 구체적 사고와 서투른 추상적 추론 능력이 내담자의 문제 해결 능력을 방해해 왔다.

D. 내담자가 오늘 치료 시간 동안 기본적인 심리학 용어나 개념을 이해하는 모습을 보였다.

E. 내담자가 자신을 위해 약술한 명확하고 구체적인 조치 단계를 따르는 것을 통해 매일 일상 문제를 해결 또는 관리하는 자신의 능력을 향상시켰다는 부모의 보고가 있었다.

11. 서투른 사회적 기술 (6)

A. 내담자가 서투른 사회적 기술을 보였고, 미성숙하거나 사회적으로 부적절한 행동을 빈번하게 했다.

B. 내담자가 종종 중요한 사회적 신호 또는 의미 있는 관계를 형성하고 유지하는 데 필요한 대인 간의 뉘앙스를 파악하는 데 실패했다.

C. 내담자가 적절한 사회적 행동과 부적절한 사회적 행동을 구분 짓는 능력을 발달시키기 시작했다.

D. 내담자가 오늘 치료 시간에 좋은 사회적 기술을 선보였다.

12. 통찰력 부족 (7)

A. 내담자가 자신의 감정, 행동 또는 대인관계 문제의 원인이 되는 요소들에 대해 이전부터 매우 서투른 통찰을 보여 왔다.

B. 내담자가 자신의 적응 문제를 일으키는 요소들에 대해 통찰을 보이지 못했다.

C. 내담자가 자신의 적응 문제를 일으키는 기본 요소들에 대해 인식했음을 언어로 표현했지만 더 복잡한 요소들을 이해하는 데에는 어려움을 겪었다.

13. 경험으로부터 배우는 것에 실패함 (7)

A. 내담자가 자신의 지적 한계 때문에 이전의 경험이나 과거의 실수로부터 배우는 것에 현저한 장애를 보였다.

B. 부모 또는 보호 제공자들이 내담자가 동일한 실수를 많이 반복하며, 자신의 경험으로부터 배우는 것으

로 보이지 않는다고 말했다.

C. 부모 또는 보호 제공자들이 내담자가 과거의 경험 또는 실수로부터 배우는 능력에 약간의 향상을 보이기 시작했다고 보고했다.

D. 내담자가 확립된 일과가 있는 고도로 구조화된 환경에 배치되었을 때 전처럼 동일한 실수를 많이 하지 않는다.

14. 낮은 자존감 (8)

A. 내담자의 지적 한계와 학습 문제가 내담자의 낮은 자존감, 부적합성, 불안감을 유발하는 상당한 요소였다.

B. 내담자의 낮은 자존감이 새로운 과업을 시도하거나 학교에서 자신에게 적용하는 것을 망설이게 하는 한 원인이 되었다.

C. 내담자가 자신의 지적 한계 또는 학습 문제에 대해 이야기할 때 자기 경멸적인 발언을 언어로 나타냈다.

D. 내담자가 오늘 치료 시간에 긍정적인 자기기술 문구를 언어로 표현했다.

E. 내담자가 자신의 지적 및 인지 능력의 한계를 건강하게 수용하는 법을 발달시켰다. 이것은 내담자가 자기 가치감을 일관성 있게 언어로 표현하는 능력을 보인 것을 증거로 들 수 있다.

15. 우울증 진단(8)

A. 내담자의 지적 결함과 학습 곤란이 내담자의 우울감에 상당한 영향을 끼쳤다.

B. 내담자가 자신의 학습 문제에 대해 논의할 때 눈에 띄게 슬픈 모습이었다.

C. 내담자가 자신의 지적 한계에 대한 수용을 높이기 위해 노력함에 따라 내담자의 우울감이 감소하기 시작했다.

D. 내담자가 집과 학교에서 자신이 최근에 성취한 것에 기쁨을 표현했다.

E. 내담자의 우울감이 크게 감소했다.

16. 행위표출 행동 (9)

A. 내담자가 자신의 지적 한계 또는 학습 문제로 좌절하거나 속상할 때 계속 행위표출 행동을 하는 습성을 보였다.

B. 내담자가 오늘 치료 시간에 자신의 지적 한계 또는 학습 문제에 대해 이야기를 나눌 때 어리석고 미성숙한 태도로 행동하기 시작했다.

C. 내담자가 과제를 수행하지 못하는 것에 대해 좌절하거나 속상할 때 얼마나 자주 행위표출 행동 또는 파괴적 행동을 하기 시작하는지를 깨닫도록 도움을 주었다.

D. 내담자가 과제를 수행하지 못해 좌절감이 나타날 때 행위표출 행동 또는 파괴적 행동을 하는 대신 도움을 구하기 시작했다.

E. 내담자가 행위표출 또는 파괴적 행동의 빈도가 크게 줄어들었다.

중재 실행

1. **지적 및 인지적 평가를 실시하기 (1)³⁾**

   A. 지력발달장애의 존재를 판단하고 내담자의 학습 강점과 약점에 더 많은 통찰을 얻는 데 도움이 되도록 종합적인 지적 및 인지적 평가를 실시했다.

   B. 현재의 지적 및 인지적 평가 결과 경도 지력발달장애의 존재가 드러났다.

   C. 현재의 지적 및 인지적 평가 결과 중등도 지력발달장애의 존재가 드러났다.

   D. 현재의 지적 및 인지적 평가 결과 중증 지력발달장애의 존재가 드러났다.

   E. 현재의 지적 및 인지적 평가 결과 내담자가 현재 경계선 지적 기능 범위에서 기능하고 있는 것으로 드러났다.

   F. 종합적 지력과 인지 능력 평가 결과를 내담자와 부모에게 알려 주었다.

2. **정서적/ADHD 요소 유무 파악을 위해서 심리검사를 실시하기 (2)**

   A. 내담자는 감정적 요인이나 주의력결핍/과잉행동장애(ADHD)가 자신의 지적 기능을 방해하는지 여부를 평가하기 위해 심리평가를 받았다.

   B. 심리검사 결과에서 내담자의 지적·학습 기능을 방해하는 ADHD의 존재가 입증됐다.

   C. 심리검사 결과에서 내담자의 지적·학습 기능을 방해하는 심각한 정서적 문제의 존재가 드러났다.

   D. 심리검사 결과에서 내담자의 지적·학습 기능을 방해할 수 있는 ADHD의 존재가 입증되지 않았다.

   E. 심리검사 결과에서 내담자의 지적·학습 기능을 방해할 수 있는 어떠한 정서적 문제도 드러나지 않았다.

   F. 심리검사 결과를 내담자와 부모에게 제공했다.

3. **신경학적 평가/신경심리학적 검사 의뢰하기 (3)**

   A. 내담자의 지적 또는 인지적 결함에 영향을 끼칠지도 모르는 존재 가능한 기질적 요소들을 배제하기 위해 내담자에게 신경학적 평가와 신경심리학적 검사를 받아 보도록 했다.

   B. 신경심리학적 검사 결과에서 내담자의 지적 혹은 인지적 결함을 초래할지도 모르는 기질적 요소가 드러났다.

   C. 신경심리학적 검사 결과에서 내담자의 인지적 결함을 초래할지도 모르는 어떠한 기질적 요소도 드러나지 않았다.

   D. 신경학적 평가와 신경심리학적 검사 결과를 내담자와 부모에게 해석해 주었다.

4. **물리/작업 치료 의뢰하기 (4)**

   A. 내담자에게 지각 결핍 또는 감각 운동 결함이 존재하는지 평가하고 물리치료 그리고/또는 작업치료를 진행할 필요성을 판단하기 위해 물리치료사와 작업치료사를 찾아가도록 했다.

   B. 평가 결과 내담자에게서 상당한 지각 결핍 또는 감각 운동 결함이 나타났고, 물리치료 그리고/또는 작업치료 진행의 필요성이 제기됐다.

---

3) 괄호 안의 숫자들은 **아동 심리치료 치료계획서**(*The Child Psychotherapy Treatment Planner*), 제5판(Jongsma, Peterson, McInnis, Bruce 공저, 2014년, Hoboken, NJ : Wiley)에서 동일한 제목을 지닌 관련 장의 치료 중재의 숫자와 연결된다.

C. 평가 결과 상당한 지각 결핍 또는 감각 운동 결함 또는 물리치료 그리고/또는 작업치료 진행의 필요성이 조금도 나타나지 않았다.

D. 물리/작업 치료 평가를 내담자, 부모와 검토했다.

5. 말하기/언어 평가를 의뢰하기 (5)

A. 말하기 및 언어 분야에서 존재할 수 있는 결함들을 평가하고 말하기/언어치료 필요 여부를 판단하기 위해 내담자에게 종합적인 말하기/언어 평가⁴⁾를 받도록 지시했다.

B. 종합적인 말하기/언어 평가에서 의사소통장애가 드러났고 말하기/언어 치료의 필요성이 입증되었다.

C. 종합적인 말하기/언어 평가에서 의사소통장애 또는 말하기/언어 치료 진행의 필요성이 드러나지 않았다.

D. 말하기/언어 평가의 결과를 내담자와 부모에게 해석해 주었다.

6. 통찰력 수준의 평가 (6)

A. 내담자는 보이는 문제들을 향한 통찰 수준으로 평가되었다.

B. 내담자는 보이는 문제들에 관하여 그의 통찰의 동조적인 본성 대 이질적인 본성에 따라 평가되었다.

C. 내담자는 행동과 증상에서 문제가 되는 본성에 대한 좋은 통찰을 하도록 보여 주었다.

D. 내담자가 다른 사람들의 우려에 동의하는 것이 목격되어 변화에 힘쓰도록 동기유발되었다.

E. 내담자는 묘사된 문제에 대해 양면성이 있음이 드러났고 그 문제들을 우려사항으로 보는 것을 꺼렸다.

F. 내담자는 문제 영역의 인식에 관해 저항적인 것으로 나타났고, 걱정하지 않았으며, 변화에 대한 동기가 없었다.

7. 관련 장애의 평가 (7)

A. 내담자는 연구 기반의 관련 장애들의 증거에 의해 평가되었다.

B. 내담자는 자살에 대한 취약성 수준으로 평가되었다.

C. 내담자는 동반장애를 가진 것으로 확인되었고, 치료는 이를 처리할 수 있도록 조정되었다.

D. 내담자는 또 다른 관련 장애가 있는지 평가되었지만 아무것도 발견되지 않았다.

8. 문화적으로 혼란스러운 문제에 대한 평가 (8)

A. 내담자는 그의 임상 행동을 더 잘 이해하도록 도울 수 있는 나이 관련 쟁점으로 평가되었다.

B. 내담자는 그의 임상 행동을 더 잘 이해하도록 도울 수 있는 성별 관련 쟁점으로 평가되었다.

C. 내담자는 그의 임상 행동을 더 잘 이해하도록 도울 수 있는 문화의 증후군, 고통의 문화적 관용구, 혹은 문화적으로 감지된 사건으로 평가되었다.

D. 다른 요인들이 내담자의 현재 정의된 '문제 행동'에 기여할 것이라고 확인되었고 이 요인들은 그의 치료에 반영되었다.

E. 내담자의 현재 정의된 '문제 행동'을 설명할 수 있는 문화적 기반 요인들은 조사되었지만 중대한 요인은 발견되지 않았다.

---

4) 역자 주 : 말하는 평가(speech evaluation)는 '구어(口語) 평가'라고도 함.

9. 장애의 심각성 평가 (9)

A. 내담자의 장애의 심각성은 보호의 적절한 정도를 결정하기 위해서 판단되었다.

B. 내담자는 사회적·관계적·교육적인 노력에서의 손상 정도로 평가되었다.

C. 내담자는 그의 장애가 자신의 기능에 가볍거나 중간 정도의 영향을 끼친다는 것을 알았다.

D. 내담자는 그의 장애가 자신의 기능에 심각하거나 더 심각한 영향을 끼친다는 것을 알았다.

E. 내담자의 치료의 효율성과 적절성, 그리고 장애의 심각성은 꾸준히 평가되었다.

10. 병원의 돌봄 평가 (10)

A. 병원의 돌봄과 관심으로 내담자의 집, 학교, 지역사회가 평가되었다.

B. 내담자의 다양한 환경은 아동의 욕구에 지속적인 무관심, 돌보는 사람의 잦은 변화, 안정적 애착의 제한된 기회, 가혹한 훈육 혹은 다른 심각한 부적절한 돌봄이 있었는지 평가되었다.

C. 병원의 돌봄이 확인되었고 치료계획에 이러한 우려를 관리하고 바로잡는 것과 아동을 보호하는 전략이 포함되었다.

D. 어떠한 병원의 돌봄도 확인되지 않았고, 이것은 내담자와 돌보는 사람에게 반영되었다.

11. 개별화된 교육계획위원회(IEPC) 회의 참석하기 (11)

A. 내담자가 특수교육을 받을 자격이 있는지를 결정하고, 내담자에 대한 교육 중재를 고안하고, 또한 목표를 설정하기 위해 개별화된 교육계획위원회의 회의를 개최했다.

B. IEPC 회의에서 내담자의 지적장애 혹은 학습 결함으로 내담자가 특수교육을 받을 자격이 있다는 결정을 내렸다.

C. IEPC 회의에서 내담자가 특수교육을 받을 자격을 갖추지 않았다고 결정을 내렸다.

D. 내담자의 학습 약점을 보완할 방법을 찾기 위해 내담자의 부모, 교사 그리고 다른 적절한 학교 관계자들과 협의회를 개최했다.

E. IEPC 회의에서 내담자의 학습 목표를 설정했다.

12. 효과적인 교수 프로그램을 고안하기 (12)

A. 내담자의 강점에 기반하면서 약점을 보완해 줄 효과적인 교수 프로그램 또는 중재를 고안하는 것에 대한 협의회를 내담자, 부모 그리고 다른 적절한 학교 관계자들과 개최했다

B. 협의회 모임에서 내담자, 부모, 교사 그리고 다른 적합한 학교 관계자들과 내담자의 학습 강점과 약점을 파악했다.

C. 내담자, 부모, 교사 그리고 다른 적합한 학교 관계자들과 내담자의 학습 강점을 최대화할 방법을 강구하는 것에 대한 협의회를 개최했다.

D. 내담자, 부모, 교사 그리고 다른 적합한 학교 관계자들과 내담자의 학습 약점을 보완할 방법을 강구하는 것에 대한 협의회를 개최했다.

13. 집 이외의 환경에의 배치를 진행하기 (13)

A. 내담자의 부모, 학교 관계자들 또는 정신건강 전문가들과 내담자를 위탁가정, 그룹 홈 또는 수용시설 프로그램에 배치할 필요성에 대한 협의회를 가졌다.

B. 내담자의 부모, 학교 관계자 또는 정신건강 전문가들과 협의한 후 내담자를 위탁가정에 배치하자는

제안이 나왔다.

    C. 내담자의 지적 · 학업적 · 정서적인 욕구 충족을 위해 내담자를 그룹 홈이나 수용시설 프로그램에 배치하자는 제안이 나왔다.

    D. 내담자의 부모, 학교 관계자 또는 정신건강 전문가들과의 협의에서 내담자를 위탁가정, 그룹 홈, 또는 수용시설 프로그램에 배치하자는 제안이 나오지 않았다.

14. 집과 학교 사이의 의사소통을 격려하기 (14)

    A. 부모, 교사 그리고 학교 관계자들에게 전화 통화 또는 짧은 편지를 통해 내담자의 학업적 · 행동적 · 정서적 · 사회적 진전에 관해 정기적인 연락을 유지하도록 격려했다.

    B. 교사와 학교 관계자들과의 협의회에서 부모에게 내담자의 학업적 · 행동적 · 정서적 · 사회적 진전에 대해 알려 주는 일일 혹은 주간 경과기록서를 가정에 보내는 것을 강조했다.

    C. 부모와 교사 간에 정기적인 연락을 취할 수 있도록 내담자에게 일일 또는 주간 경과기록서를 학교에서 집으로 가져오는 책무를 맡았음을 알려 주었다.

    D. 내담자가 일일 또는 주간 경과기록서를 집에 가져오는 것에 실패할 경우의 결과를 부모가 인지하도록 도움을 주었다.

15. 토큰 경제 고안하기 (15)

    A. 내담자의 과제집중 행동, 학업 성취도, 충동 조절 및 사회적 기술 향상을 위해 교실에서 사용할 토큰 경제를 고안했다.

    B. 내담자의 과제집중 행동, 학업 성취도, 충동 조절 및 사회적 기술 향상을 위해 수용시설 프로그램에서 사용할 토큰 경제를 고안했다.

    C. 내담자, 부모, 교사가 토큰 경제에서 제시한 조건에 합의했고 이 프로그램의 실행에 따르겠다고 서약했다.

    D. 토큰 경제의 조건을 이해할 수 있는 용어로 내담자에게 설명해 주었다.

16. 부모-자녀 간에 놀이 치료를 실천하기 (16)

    A. 내담자의 생각과 감정에 대한 부모의 인식을 높이기 위해 부모-자녀 놀이 치료(즉 부모가 치료에 참여함) 시간을 실천했다.

    B. 부모-자녀의 결속력을 강화하기 위한 노력으로 부모-자녀 놀이 치료를 실천했다.

    C. 부모-자녀 놀이 치료 시간이 내담자의 생각, 감정, 욕구에 대한 부모의 인식을 높이는 데 도움을 주었다.

    D. 부모에게 오늘 부모-자녀 놀이치료 시간 동안 내담자와 좀 더 상호작용하도록 격려했다.

    E. 부모-자녀 놀이 치료가 보다 강화된 부모-자녀 결속력을 유지하는 데 도움을 주었다.

17. 긍정적 행동을 칭찬하기 (17)

    A. 부모에게 내담자의 긍정적인 사회적 행동과 학업 성공에 잦은 칭찬과 긍정적 강화를 제공하도록 격려했다.

    B. 부모가 오늘 치료 시간 동안 내담자의 긍정적인 사회적 행동과 학업 성공을 칭찬한 것에 대해 긍정적 되짚어 주기를 제공했다.

C. 부모가 내담자의 긍정적인 사회적 행동과 학업 성공을 칭찬할 기회를 포착하는 데 도움을 주었다.

D. 내담자에게 긍정적인 사회적 행동을 하고 학업 목표를 달성하기 위해 열심히 노력해서 부모의 인정과 칭찬을 받도록 강하게 권면했다.

E. 부모가 내담자의 긍정적인 사회적 행동과 학업 성공에 대해 격려와 칭찬을 사용하지 않아 이것을 실천 하도록 다시 지시했다.

18. 보상체계/유관 계약을 고안하기 (18)

A. 내담자와 부모가 내담자의 적응적 행동 또는 긍정적인 사회적 행동을 강화할 보상을 열거하는 데 도움 을 주었다.

B. 내담자와 부모는 아동 심리치료 과제계획서(Jongsma, Peterson, & McInnis)의 '일상생활 프로그램의 활 동(Activities of Daily Living Program)'을 이용하도록 권장받았다.

C. 내담자의 적응적 행동 또는 긍정적인 사회적 행동을 강화할 보상체계를 고안했다.

D. 내담자의 부적응 행동 또는 부적절한 사회적 행동에 대한 부정적인 결과와 규정된 긍정적 행동에 대한 보상을 적시하기 위해 유관 계약을 고안했다.

E. 유관 계약의 조건을 내담자가 이해할 수 있는 용어로 내담자에게 설명했다.

F. 내담자와 부모가 보상체계 그리고/또는 유관 계약에 제시된 조건에 언어로 동의를 표했다.

G. 내담자의 부모가 보상체계와 유관 계약을 사용하지 않아서 이것을 사용하도록 다시 지시했다.

19. 부모에게 지력발달장애에 관한 교육을 시키기 (19)

A. 내담자의 부모에게 지력발달장애의 증상에 대한 교육을 실시했다.

B. 치료 시간이 내담자의 부모가 지력발달장애의 증상과 특성에 대한 이해를 높이는 데 도움이 되었다.

C. 부모에게 지력발달장애 자녀를 키우는 것에 대한 자신들의 생각과 감정을 표현할 기회를 주었다.

D. 부모가 지력발달장애 자녀를 둔 것에 대한 슬픔, 상처, 분노 또는 실망감을 언어로 표현하는 것에 지지 를 했다.[5]

20. 내담자의 지적 결함에 대한 부모의 부인 심리를 평가하기 (20)

A. 내담자에게 지적 결함이 있다는 사실을 부모가 부인하는 심리를 평가하기 위해 가족치료 시간을 실시 했다.

B. 부모가 배치 및 교육 중재에 관한 제안에 협조하는 것을 시작할 수 있도록 내담자의 지적 결함에 대한 부모의 부인을 지적하고 이에 대한 의문을 제기했다.

C. 치료 시간이 내담자의 지적 결함에 대한 부모의 부인을 이겨 내는 데 유용했고, 부모가 배치 및 교육 중재와 관련된 제안을 따르기로 동의했다.

D. 부모가 내담자의 지적 결함을 부인하는 상태가 달라지지 않았고 배치 및 교육 중재에 관한 제안을 따르는 데 반대한다.

21. 부모의 과도한 압박 평가하기 (21)

A. 내담자가 성취할 수 없는 수준으로 기능하도록 부모가 내담자에게 과도한 압박을 주고 있는지를 평가

---

5) 역자 주 : 지적장애 자녀를 키우는 부모의 안타까운 심리를 진솔하고 감동적으로 묘사한 자료가 있다. 김정휘 역(2005), 자라지 않는 아이, 서울 : 샘터사. 원저자는 대지의 작가인 펄벅 여사이다.

하기 위해 가족치료 시간을 실시했다.

B. 부모에게 내담자의 능력에 대한 자신들의 기대치를 언어로 표현하도록 요청했다.

22. 부모의 과도한 압박과 맞서기 (22)

A. 부모에게 내담자가 성취할 수 없는 수준으로 기능하라는 과도한 압박을 내담자에게 부과하는 것을 지적하고 이에 대한 이의를 제기했다.

B. 부모가 비현실적인 기대 그리고/또는 내담자가 성취할 수 없는 수준으로 기능하라는 과도한 압박을 내담자에게 부과했음을 인정했고 이런 통찰을 강화해 주었다.

C. 부모가 내담자에게 비현실적인 수준으로 수행하도록 과도한 압박을 부과하는 것을 멈추겠다고 동의함에 따라 부모를 강화해 주었다.

D. 부모가 자신들이 내담자에게 비현실적인 수준으로 수행하도록 과도한 압박을 행사한다는 의견에 저항감을 표시해서 이런 압박에 대한 구체적인 예를 제공했다.

23. 부모의 과잉보호 심리 평가하기 (23)

A. 부모의 과잉보호 경향이나 내담자의 유아화(infantilization)가 내담자의 지적 · 정서적 · 사회적 발달을 방해하는지를 평가하기 위해 부모-자녀 상호작용을 오늘 치료 시간에 관찰했다.

B. 부모가 내담자를 과잉보호하는지를 평가하기 위해 오늘 치료 시간에 내담자와 부모에게 수행할 과업을 제시했다.

C. 부모가 자신들의 과잉보호가 내담자의 지적 · 정서적 · 사회적 발달을 방해했음을 인정할 때 적극적으로 경청 기법을 사용했다.

D. 치료 시간이 부모가 내담자를 과잉보호하거나 내담자의 지적 · 정서적 · 사회적 발달을 방해하는 여러 가지 방식을 파악하는 데 도움이 되었다.

E. 부모는 특수 아동을 위한 생활 기술 활동(*Life Skills Activities for Special Children*)(Mannix)의 일부를 추천받았다.

F. 부모가 오늘 치료 시간에 자신들의 과잉보호 경향에 대해 논의할 때 방어적이 되었다.

24. 부모가 현실적인 기대를 발달시키도록 돕기 (24)

A. 오늘 치료 시간에 부모 또는 보호 제공자들이 내담자의 지적 능력과 적응 기능 수준에 대한 현실적인 기대를 설정하도록 도움을 주는 데 초점을 맞췄다.

B. 부모와 보호자는 독립을 위한 단계 : 특별한 요구에 대한 매일의 기술을 가르치기(*Steps to Independence : Teaching & Everyday Skills to Children With Special Needs*)(Baker & Brightman)를 읽을 것을 권장받았다.

C. 부모 또는 보호 제공자들이 내담자가 할 수 있는 몇 개의 과업을 인지하는 데 도움을 주었다.

D. 치료 시간을 통해서 부모 또는 보호 제공자들이 내담자의 지적 결함과 적응 기능 수준 때문에 내담자가 할 수 없는 몇 가지 과업들을 파악하는 데 도움을 주었다.

E. 부모 또는 보호 제공자들에게 초기에는 내담자가 할 수 있는지 불확실한 과업에 대해 지도 감독을 실시하도록 지시했다.

F. 부모 또는 보호 제공자들이 내담자의 지적 능력과 적응 기능 수준에 대한 바람직한 이해를 보인 것으

로 알려졌다.

    G. 부모와 보호 제공자들이 계속해서 내담자에 대한 비현실적인 기대를 가지고 있었으며 이런 면에 대해 방향을 수정해 주었다.

25. 내담자를 가족 외출에 포함시키기 (25)

    A. 부모와 가족 구성원들에게 정기적으로 내담자를 가족 외출이나 활동에 포함시킬 것을 강력히 권고했다.

    B. 내담자를 몇몇 가족 외출 또는 활동에 포함시키는 것에 대한 가족 구성원의 저항 또는 반대가 있는지 살펴보기 위해 가족치료 시간을 실시했다.

    C. 부모와 가족 구성원들이 내담자를 정기적인 가족 외출 또는 활동에 포함시키겠다고 서약함에 따라 긍정적인 되짚어 주기를 제공했다.

    D. 내담자와 가족 구성원들이 함께하면서 즐길 수 있는 외출 또는 활동의 목록을 작성하는 데 도움을 주었다.

    E. 부모와 가족 구성원들이 내담자를 많은 가족 외출 혹은 활동에 포함시키는 데 실패하는 상황과 맞닥뜨렸다.

26. 긍정적인 행동을 하는 것을 관찰하도록 지시하기 (26)

    A. 부모와 가족 구성원들에게 치료 시간 사이에 내담자가 행하는 긍정적인 행동을 관찰하고 기록하도록 지시했다.

    B. 부모에게 내담자가 긍정적인 행동을 한 것을 칭찬해 주고 강화해 주도록 격려했다.

    C. 오늘 치료 시간에 내담자가 긍정적인 행동을 한 것에 대해 칭찬해 주었다.

    D. 내담자의 자존감을 향상시키고 부모에게서 인정을 받고 타인들로부터의 동의를 받는 것을 돕기 위해 계속해서 긍정적인 행동을 하도록 내담자를 강하게 격려했다.

27. 일상적 과업을 행하도록 지시하기 (27)

    A. 가족 내에서 내담자의 자기 가치감을 높이기 위해 내담자에게 집에서 일상적 또는 기본적인 과업을 담당하도록 맡겼다.

    B. 부모는 아동 심리치료 과제계획서(Jongsma, Peterson, & McInnis)의 '소속감(A Sense of Belonging)' 활동을 할당받았다.

    C. 내담자가 집에서 자신의 일상적 혹은 기본적인 과업을 끝까지 마치고 완료하는 것을 강화하기 위한 보상체계를 고안했다.

    D. 내담자가 먼저 주어진 과제 수행에 책임감 있는 모습을 보여 준 이후 다른 일상적 과업 또는 (내담자의 적응적 기능 수준에 맞는) 기본적인 과업을 내담자에게 맡겼다.

    E. 오늘 치료 시간에 내담자가 왜 자신에게 주어진 일상적 혹은 기본적인 과업을 끝까지 마치지 않고 완료하지 않았는지 그 이유를 살펴보았다.

28. 동적 가족화를 그리기 (28)

    A. 내담자가 가족 내에서 자신의 역할을 어떻게 인지하는지를 평가하기 위해 내담자에게 동적 가족화를 그리도록 지시했다.

    B. 내담자의 동적 가족화를 해석했고, 그림이 내담자가 가족 내에서 자신의 역할을 어떻게 인지하는지에

대한 통찰을 얻는 데 도움이 되었다.

    C. 내담자의 동적 가족화를 해석했지만, 내담자가 가족 내에서 자신의 역할을 어떻게 인지하는지에 대한 통찰을 조금도 얻지 못했다.

    D. 동적 가족화에서 내담자가 가족 안에서 자신이 배척당하고 고립당하는 것으로 인지하고 있음을 알려 주는 증거가 나타났다.

    E. 동적 가족화에서 내담자가 가족 안에서 소속감과 수용감을 경험한 것을 보여 주는 증거가 나타났다.

29. 학교/수용시설에서 임무를 부여하는 것을 장려하기 (29)

    A. 내담자의 자존감을 형성하고 책임감을 길러 주는 것을 돕기 위해 학교 관계자들과 협의회를 열어 내담자에게 임무를 부여하는 것에 대해 논의했다.

    B. 내담자의 자존감을 형성하고 책임감을 길러 주는 것을 돕기 위해 수용 시설 프로그램의 직원들과 협의회를 열어 내담자에게 임무를 부여하는 것에 대해 논의했다.

    C. 내담자가 학교에서 책임감 있게 임무를 수행한 것에 대해 오늘 치료 시간에 많은 칭찬을 해 주었다.

    D. 내담자가 수용시설 프로그램에서 책임감 있게 임무를 수행한 것에 대해 오늘 치료 시간에 많은 칭찬을 해 주었다.

    E. 오늘 치료 시간에 내담자가 학교 또는 수용시설 프로그램에서 임무 수행에 응하는 데 실패한 이유를 살펴보았다.

30. 용돈/돈 관리 능력을 개발하기 (30)

    A. 집에서 내담자의 책임감을 높이고 내담자가 간단한 돈 관리 기술을 습득하도록 돕기 위해 부모가 용돈 관리 계획을 세우는 데 도움을 주었다.

    B. 내담자와 부모에게 내담자의 용돈 중에서 일정 비율의 금액을 저축과 소비 두 항목에 다 사용하는 예산안을 짜도록 지시했다.

    C. 내담자에게 기본적인 돈 관리 기술을 가르치는 것에 대해 학교 교사들과 협의하도록 부모를 격려했다.

    D. 용돈 계획이 성공적으로 집에서 내담자의 책임감을 향상시키고 간단한 돈 관리 기술을 내담자에게 가르치는 데 성공을 거뒀다고 부모가 보고했다.

    E. 유감스럽게도 용돈 계획이 내담자가 가사일을 수행하거나 일관성 있게 책임감 있는 행동을 하도록 동기를 부여하지 못했다고 부모가 보고했다.

31. 개인 위생 향상을 위한 보상 체계 가동하기 (31)

    A. 내담자와 부모가 내담자의 개인 위생과 자조(self help) 기술을 향상시키기 위해 사용될 보상(reward)을 생각해 내도록 도움을 주었다.

    B. 내담자의 개인 위생과 자조 기술 향상을 돕기 위한 보상 체계를 설계했다.

    C. 부모가 보상 체계가 내담자의 개인 위생과 자조 기술 향상이란 원하는 결과를 이끌어 냈다고 보고했고, 보상체계를 계속 사용하도록 부모를 격려했다.

    D. 내담자의 개인위생 및 자조 기술 향상을 위해 부모에게 **아동 심리치료 과제계획서**(Jongsma, Peterson, & McInnis)의 '일상생활 활동(Activities of Daily Living)' 프로그램에서 나오는 보상체계를 사용하도록 지시했다.

E. 내담자가 개인위생 및 자조 기술 향상을 보인 것에 대해 칭찬과 강화를 실시하도록 부모를 격려했다.

F. 부모가 '일상생활 활동' 프로그램이 내담자의 개인위생과 자조 기술 향상에 도움을 주었다고 보고했다.

G. 부모가 '일상생활 활동' 프로그램을 시작한 이후에도 내담자의 개인위생 및 자조 기술에 향상이 거의 보이지 않았다고 보고했다.

32. 부모에게 행동 관리 기법을 가르치기 (32)

A. 내담자의 성질 폭발, 행위표출 행동 및 공격 행동의 빈도와 강도를 감소시키는 것을 돕기 위해 부모에게 효과적인 행동 관리 기법을 가르쳐 주었다.

B. 부모가 내담자의 성질 폭발과 공격 행동을 다루기 위해 격리(time out) 사용을 훈련받았다.

C. 내담자가 구체적인 행위표출 행동 또는 공격 행동을 하면 특권을 제거해 버리도록 교육을 받았다.

D. 부모에게 내담자가 성질 폭발, 공격성 또는 행위표출 행동을 보일 경우 한계를 일관성 있게 유지하도록 의욕을 북돋아 주었다.

E. 부모가 내담자의 성질 폭발, 행위표출 및 공격 행동을 다루기 위해 일관성 있게 격리와 특권 제거를 사용한 이후 내담자의 행동에 개선이 나타났다고 보고했다. 이런 행동 유형을 계속 유지해 나가도록 부모를 격려했다.

F. 부모가 내담자의 성질 폭발, 행위표출 및 공격 행동의 빈도와 강도를 줄이는 데 도움을 주기 위해 행동 관리 기법을 사용하지 않았고, 이 기법을 사용하도록 다시 지시했다.

33. 자연적 결과를 활용하기 (33)

A. 내담자의 부적절한 사회적 행동 또는 부적응 행동에 대해 자연스럽고도 논리적인 귀결을 통용시키도록 부모를 지도했다.

B. 부모가 여러 종류의 사회적으로 부적절한 행동 또는 부적응 행동에 대한 자연스럽고도 논리적인 귀결이 무엇인지를 인지하는 데 도움을 주었다.

C. 부모가 자연스럽고도 논리적인 귀결을 사용한 이후 내담자의 행동에 개선이 있었다고 보고했고, 이를 계속해 나가도록 부모를 격려했다.

D. 부모가 내담자의 사회적으로 부적절한 행동 또는 부적응 행동을 다루기 위한 자연적이고도 논리적인 귀결을 따르거나 사용하는 데 일관성이 없었음이 치료 시간에 밝혀졌다.

34. 중재/자기통제 전략을 가르치기 (34)

A. 내담자의 즉각적인 충족 욕구 지연을 돕고 충동을 제어할 수 있도록 기초적인 중재 전략 및 자기통제 전략을 내담자에게 가르쳐 주었다.

B. 내담자가 레크리에이션 또는 여가활동을 과제 또는 자신이 맡은 가사 일을 완료한 이후로 미루는 일과표를 세우도록 부모에게 권유했다.

C. 내담자에게 중요한 문제에 대해서 성급하고 경솔하게 결정을 내리거나 자기 행동에 대한 결과를 고려하지 않은 채 행위표출 행동을 하기 전에 적극적 경청 기술을 활용하고 중요한 타인과 이야기를 나누도록 권유했다.

D. 내담자가 자신이 알고 있는 장기 목표를 달성하기 위한 명확하고 구체적인 단계를 적은 행동 계획을 개발하는 데 도움을 주었다.

E. 내담자가 장기 목표를 달성하기 위해 자신의 즉각적인 욕구 충족을 지연시키는 것의 이점을 파악하도록 도움을 주었다.

F. 내담자가 자신의 즉각적인 욕구 충족을 지연시키기 위해 중재/자기통제 전략을 사용하지 않아서 이것을 사용하도록 다시 지시했다.

35. 심상 유도/긴장 이완 가르치기 (35)

A. 내담자가 스스로를 진정시키고 분노 조절을 향상시키도록 돕기 위해 내담자에게 심상유도 혹은 심부근육 이완 기법을 사용하는 법을 훈련시켰다.

B. 내담자와 부모는 아이를 위한 이완과 수축 감소 워크북(*Relaxation and Stress Reduction Workbook for Kids*)(Shapiro & Sprague)에서 기술을 배웠다.

C. 내담자와 부모가 유도된 심상 기법 및 심부근육 이완 기법의 사용이 내담자가 스스로를 진정시키고 분노를 더 효과적으로 조절하는 데 도움이 되었다고 보고했다.

D. 내담자와 부모가 유도된 심상 기법 및 심부근육 이완 기법을 사용했음에도 내담자가 스스로를 진정시키고 분노를 조절하는 데 거의 또는 전혀 개선이 나타나지 않았다고 보고했다.

E. 내담자가 자신의 분노 조절을 돕기 위한 유도된 심상 기법 및 심부근육 이완 기법을 활용하는 데 실패했고, 이를 시도하도록 다시 지시했다.

36. 긍정적인 사회적 기술을 가르치기/강화하기 (36)

A. 내담자에게 긍정적인 사회적인 행동을 가르쳐 주기 위해 역할 연기와 모델링 기법을 사용했다.

B. 내담자는 아동 심리치료 과제계획서(Jongsma, Peterson, & McInnis)의 '사회적 기술 연습'을 할당받았다.

C. 구체적이고 긍정적인 사회적 행동을 강화하기 위해 보상체계를 개발했다.

D. 내담자에게 최근에 나타나는 긍정적인 사회적 행동을 칭찬해 주고 강화시켜 줄 기회를 찾도록 부모를 강하게 권면했다.

E. 내담자가 역할 연기 또는 모델링 연습에 참여한 이후 몇 가지 긍정적인 사회적 행동을 정확하게 인지하는 능력을 보여 준 것에 대해 칭찬해 주었다.

F. 역할 연기, 모델링, 상호 이야기를 통해 새롭게 배운 사회적 기술을 연습하도록 내담자에게 지시했다.

37. 내담자에게 정서에 대한 교육을 시키기 (37)

A. 오늘 치료 시간에 내담자가 다른 (여러) 정서들을 인식하고 분류하도록 도움을 주었다.

B. 내담자가 자신의 정서를 인식하고 표현하는 것을 돕기 위해 내담자 중심 심리치료 원칙을 사용했다.

C. 부모에게 집에서 내담자가 자신의 정서를 더 효과적으로 표현하도록 돕기 위해 내담자의 감정을 반사하도록 격려했다.

D. 내담자가 치료 시작 이후 자신의 기본 정서를 인지하고 표현하는 능력에 향상을 보였다.

E. 내담자가 계속해서 자신의 기본 정서를 인지하고 분류하는 데 어려움을 겪었고 이 면에 대해 추가적인 도움을 제공했다.

38. 미술을 통한 정서를 표현하기 (38)

A. 오늘 치료 시간에 내담자에게 먼저 기본 정서의 표정을 그림으로 그리라고 지시했고, 그다음 그림으로 그린 다른 감정을 경험했던 여러 경우를 이야기하도록 지시했다.

B. 미술 치료 기법이 내담자가 다른 감정을 인식하고 표현하는 데 도움을 주었다.

C. 미술 치료 기법을 사용했으나 내담자가 과거에 다른 감정을 경험했던 경우를 털어놓는 데 어려움을 겪었다.

39. 의사소통 기술을 가르치기 (39)

A. 생각, 감정, 욕구를 보다 명확하게 표현하는 내담자의 능력을 향상시키기 위해 내담자에게 기초적인 의사소통 기술을 가르쳐 주었다.

B. 내담자에게 자신의 생각, 감정, 욕구를 효과적으로 표현하는 것을 가르치기 위해서 역할 연기, 모델링, 행동 연습 기법을 사용했다.

C. 내담자에게 올바르게 귀담아듣고 자신의 생각, 감정, 욕구를 전달할 때 눈을 잘 맞추는 모습을 보여 주는 것의 중요성을 가르쳐 주었다.

D. 내담자에게 자신의 생각, 감정, 욕구를 좀 더 명확하게 전달하는 법을 가르치기 위해 '나 전달법'을 활용했다.

40. 적절한 감정 표현 모델을 따라 하기 (40)

A. 오늘 개별 놀이치료 시간에 내담자에게 자신의 감정을 사회적으로 적절한 방법으로 표현하는 법을 가르쳐 주기 위해 손인형, 인형, 봉제 동물인형을 사용했다.

B. 오늘 개별 놀이치료 시간에 내담자에게 대화를 시작 그리고/또는 타인과 대화를 유지해 나가는 사회적으로 적절한 방식을 따라 할 수 있도록 손인형, 인형, 봉제 동물인형을 사용했다.

41. 감정 포스터를 사용하기 (41)

A. 내담자가 자신의 감정을 인식하고 표현하는 것을 돕기 위해 감정 포스터(Childswork/Childsplay, LLC)를 활용했다.

B. 감정 포스터를 사용한 것이 내담자에게 다른 감정에 대한 교육을 시키는 데 사용되었다.

C. 감정 포스터를 사용해 과거의 분리 또는 상실에 대한 자신의 감정을 표현하는 데 도움을 주었다.

D. 내담자가 과거에 큰 충격을 받은 일화에 대한 자신의 감정을 인정하고 표현하도록 돕기 위해 감정 포스터를 사용했다.

42. 지적 한계의 수용을 장려하기 (42)

A. 내담자가 자신의 지적 결함 및 적응 기능에 따른 한계를 더 잘 이해하고 수용할 수 있도록 도움을 주었다.

B. 내담자의 감정을 반응해 주고 내담자 자신의 지적 결함 및 적응 기능에 따른 한계 수용도를 높이기 위해 내담자 중심 치료 접근법을 사용했다.

C. 내담자가 자신만의 독특한 강점이나 관심사와 더불어 자신의 개인적 약점을 파악하도록 도움을 주었다.

D. 내담자가 자신의 지적 결함과 적응 기능을 둘러싼 한계를 더 많이 수용하도록 돕기 위해 내담자의 자기 가치를 긍정해 주었다.

43. 우울증과 불안정감을 살펴보기 (43)

A. 오늘 치료 시간에 내담자의 지적 한계와 관련해 내담자에게 내재된 우울증(depression), 불안감

(anxiety), 불안정감(insecurity)을 살펴보았다.

    B. 내담자가 자신의 인지 한계 또는 지적 한계와 관련된 우울감, 불안감, 불안정감을 이겨 낸 것에 지지와 무조건적 긍정적 배려(unconditional positive regard)를 제공했다.

    C. 내담자에게 자신의 독특한 강점을 활용하고 자신의 인지 한계 또는 지적 한계와 관련된 우울감, 불안감, 불안정감에 대처하거나 이를 상쇄하는 데 도움이 되도록 관심 분야의 활동에 참여하도록 강하게 권유했다.

    D. 긍정적 되짚어 주기를 통해 내담자의 자존감을 지지하고 부모가 옹호해 주었다.

44. 스페셜 올림픽 참여 권유하기 (44)

    A. 내담자에게 자신의 자존감을 쌓는 데 도움이 되도록 스페셜 올림픽(Special Olympics)[6]에 출전하도록 권유했다.

    B. 내담자와 부모가 내담자를 스페셜 올림픽 출전에 등록시키라는 제안에 따랐다.

    C. 내담자가 스페셜 올림픽에 참여하고 대회를 경험한 것에 기쁨을 표시했고, 내담자의 경험을 검토했다.

    D. 내담자와 부모가 내담자를 스페셜 올림픽에 출전시켜 보라는 제안을 따르지 않았으나 이를 시도하도록 다시 지시했다.

45. 목표 달성의 구성 요소 알아보기 (45)

    A. 오늘 치료 시간에 내담자가 성공을 거뒀거나 목적을 달성한 과거의 시기들을 살펴보았다.

    B. 오늘 치료 시간이 내담자가 과거에 성공적으로 목적을 달성하기 위해 취했던 방법을 인지하는 데 도움이 되었다.

    C. 내담자에게 현재의 목표를 달성하기 위해 예전에 성공적으로 목적 달성을 했을 때 취했던 방법과 비슷한 방법을 사용하도록 적극 권장했다.

    D. 치료 시간을 통해 과거에 내담자가 강한 가족 지원을 받았던 시기에 성공을 거뒀음이 밝혀졌다.

46. 미술을 통한 상실 공포 표현하기 (46)

    A. 내담자가 상실, 분리 또는 부모 같은 존재 또는 수용시설 프로그램의 주요 관계자들에 의한 유기와 관련된 자신의 두려움을 인지하고 언어로 표현하는 것을 돕기 위해 미술치료 기법을 활용했다.

    B. 내담자에게 과거의 상실, 분리 또는 유기에 관한 자신의 느낌을 보여 주는 그림을 그리도록 지시했다.

    C. 내담자의 미술작품이 과거의 상실 또는 분리에 대한 슬픔을 반영하는 것으로 해석됐다.

    D. 내담자의 미술작품을 해석했지만, 과거의 상실, 분리 또는 유기에 대한 어떠한 통찰도 제공하지 않았다.

---

6) 역자 주 : 지력발달장애를 겪는 사람들을 위한 올림픽. 신체적 장애를 가진 사람들의 올림픽(패럴림픽)과는 다름.

제19장 낮은 자존감

내담자 소개

1. 자기 비하적 발언 (1)[1]

A. 내담자의 뿌리 깊은 열등감이 자신의 외모, 가치 그리고 능력에 대한 내담자의 빈번한 자기 비하적 발언에 반영됐다.

B. 내담자가 눈을 맞추는 일이 전혀 없고 자신에 대한 부정적인 발언을 하는 것은 내담자가 자신을 얼마나 보잘것없는 것으로 여기는지를 보여 주는 증거이다.

C. 내담자가 자신을 다른 사람들에 비해 열등하다고 느낀다고 말했고, 전반적으로 자신이 패배자라고 믿는다.

D. 내담자가 자기 비판적인 발언을 중지했고 심지어 자신에 대한 몇 가지 긍정적인 특성과 자신이 이룩한 성공을 인정하기 시작했다.

2. 쉽게 자신의 탓이라고 생각함 (2)

A. 내담자가 종종 자신의 문제가 자신의 부정적인 행동 때문이라고 설명한다.

B. 내담자가 종종 타인의 문제에 대한 책임을 진다.

C. 내담자가 자신의 낮은 자존감과 쉽게 일에 대한 책임을 지려는 경향 사이의 연관성을 찾기 시작했다.

D. 내담자가 적절한 수준의 개인적 책임을 발달시킬 수 있었다.

3. 칭찬 수용 문제 (3)

A. 내담자가 타인으로부터 좋은 말을 들었을 때 이를 믿지 못하는 문제가 자신에게 있음을 인정했다.

B. 내담자가 타인 또는 다른 사람들로부터 칭찬을 받은 것을 비하했다고 부모가 보고했다.

C. 내담자가 부모로부터 칭찬을 들은 적이 없기 때문에 타인으로부터 칭찬을 받으면 어떻게 반응해야

---

1) 괄호 안의 숫자들은 **아동 심리치료 치료계획서**(*The Child Psychotherapy Treatment Planner*), 제5판(Jongsma, Peterson, McInnis, Bruce 공저, 2014년, Hoboken, NJ : Wiley)에서 동일한 제목을 지닌 관련 장의 치료 중재의 숫자와 연결된다.

할지 잘 모르는 상태이다.

D. 내담자가 이제 표면상으로는 칭찬을 수용하기 시작했고, 칭찬을 받으면 익숙하지는 않지만 기분이 좋다고 느낀다.

4. **새로운 경험의 시도를 거부함 (4)**

A. 내담자의 전반적인 실패 경험이 새로운 경험을 시도하는 것에 대한 거부로 반영되었다.

B. 내담자가 새로운 경험을 전혀 시도하지 않으려는 자신의 행동 양태 때문에 짜증이 난다고 보고했다.

C. 내담자가 자신이 실패한 많은 경험을 열거했지만 내담자의 지각이 종종 편향되었거나 왜곡된 상태였다.

D. 내담자가 실패야말로 자신의 최대 두려움이라고 표현했다.

E. 내담자가 일부 위험을 감수하고 격려와 지지 속에서 새로운 경험을 시도하기 시작했다.

5. **회피/말이 없음 (5)**

A. 내담자가 조용하고(quiet) 회피적(avoidant)인 태도를 보였다.

B. 내담자가 타인과의 간단한 접촉조차도 피하고 동료들과 어울릴 때도 할 말이 거의 없다고 보고했다.

C. 내담자가 어른들과 동료들에게 늘 부끄러움을 탄다고 부모가 말했다.

D. 내담자가 점진적으로 덜 위축되기 시작했고 사람들 주변에서도 긴장감을 덜 느낀다.

6. **조심스러움(cautious)/두려움이 많음(fearful) (5)**

A. 내담자가 겁에 질린 정서(frightened affect)와 매우 조심스러운 태도를 보였다.

B. 내담자가 기억할 수 있는 가장 먼 과거로 거슬러 올라갔을 때부터 다른 사람들이 늘 내담자에게 겁을 주었고, 내담자는 다른 사람을 화나게 하지 않으려고 늘 조심해 왔다.

C. 내담자가 자신이 조심성 있게 행동하고 사회적 상황에서 무엇인가 잘못할까 봐 두렵다고 말했다.

D. 내담자가 덜 조심성 있게 행동하기 시작했고 이제 사회적 모험도 조심스럽게 선택해 감행한다.

7. **사람들의 기분을 맞춤/친절함 (6)**

A. 내담자가 친절하고 외향적인 태도를 가졌고 다른 사람들의 기분을 맞추는 것을 간절히 원하는 것으로 보인다.

B. 내담자가 자신이 하고 있는 일 또는 말이 맞거나 타인에게 수용 가능한지 확실히 하기 위해 모든 것을 조심스럽게 점검했다.

C. 다른 사람의 기분을 맞추기 위해 한 과거의 행동들로 내담자가 어려움에 빠졌거나 이용당한 기분이 들었다.

D. 내담자가 자신의 생각과 주장을 더 강하게 표현하기 시작하면서 타인의 기분을 맞추기 위한 내담자의 행동이 크게 줄어든 것이 목격되었다.

8. **긍정적 특성을 수용 · 인지하는 능력이 없음 (7)**

A. 내담자가 다른 사람들이 부러워할 재능이나 긍정적 속성이 자신에게는 없다고 부인했다.

B. 내담자가 자신에 관한 긍정적 특성이나 재능을 찾는 데 어려움을 겪었다.

C. 내담자가 자신이 지적받은 모든 긍정적인 특성을 거부했다.

D. 내담자가 자신에 대한 긍정적인 점을 인식하고 받아들일 수 있었다.

9. **불안/초조 (8)**

  A. 내담자의 정서와 태도에 불안, 초조감이 눈에 띄게 드러났다.

  B. 내담자가 동료들의 조롱과 거부에 대한 두려움 때문에 동료들 앞에서 아무 말도 못하거나 아무것도 하지 못하는 몇몇 상황을 설명했다.

  C. 내담자가 집과 모든 사회적 상황 및 동료들과 어울리는 상황에서 초조함과 불안을 느끼며 다른 사람들이 자신을 좋아하지 않을 것이라고 자주 생각한다고 보고했다.

  D. 치료가 진행됨에 따라 내담자가 덜 초조해했고 치료사에게 더 자유롭게 이야기할 수 있게 되었다.

  E. 내담자가 동료들 앞에서 더 자신감이 생겼다고 보고했다.

10. **자기 파괴적인 행동 (9)**

  A. 내담자가 동료들로부터 수용받기 위해 종종 자기 파괴적인 행동(예 : 음주, 성관계)을 했다.

  B. 내담자가 약물 사용을 했을 때 동료들로부터 수용받는 기분을 더 쉽게 느꼈다고 생각했다.

  C. 내담자가 동료들의 관심 및 수용을 얻기 위해 여러 '나쁜 행동'을 했다고 말했다.

  D. 내담자가 대부분의 자기 파괴적 행동을 그만두고 자신을 받아들이기 위한 노력을 시작했다.

11. **"아니요"라고 말하기 어려움 (10)**

  A. 내담자가 다른 사람들이 자신을 좋아하지 않을지도 모른다는 두려움에 타인에게 "아니요"라고 거의 말하지 않는다고 말했다.

  B. 내담자가 "예"라고 대답하지 않는 이상 사람들이 자신을 좋아하지 않을 것으로 생각한다고 보고했다.

  C. 내담자가 다른 사람들에게 "아니요"라고 대답할 때 자신이 경험하는 온몸을 얼어붙게 만드는 공포를 느낀다고 말했다.

  D. 내담자가 자신의 참신념, 가치관, 감정 또는 생각에 더 충실하기 위해 다른 사람들에게 "아니요"라고 말하기 시작한 것을 계속했다.

중재 실행

1. **자기 비난 댓글 평가 (1)[2)]**

  A. 내담자와 부모는 자기 비난의 음성화 및 기타 행동에 대한 내담자의 패턴을 평가하기 위해 인터뷰를 했다.

  B. 내담자의 의견과 행동에서 자신감이 부족하다는 것을 표현한 것이 발견됐다.

  C. 정보자료는 내담자가 자기 비하하고 자신감의 부족을 표시하는 언급과 행동 유형을 수집했다.

2. **정신분석학적 놀이치료 실시하기 (2)**

  A. 정신분석학적 놀이치료 접근법을 사용해 내담자에게 자신의 무의식적인 갈등과 고착을 주도적으로 탐구하도록 허용했다.

---

2) 괄호 안의 숫자들은 아동 심리치료 치료계획서(*The Child Psychotherapy Treatment Planner*), 제5판(Jongsma, Peterson, McInnis, Bruce 공저, 2014년, Hoboken, NJ : Wiley)에서 동일한 제목을 지닌 관련 장의 치료 중재의 숫자와 연결된다.

B. 내담자와 신뢰를 형성하고 내담자가 부정적 사고, 신념, 두려움을 떨쳐 버리도록 도움을 주기 위해 정신분석학적 놀이치료 접근법을 활용했다.

C. 내담자가 협조적이었지만 치료사와 신뢰를 형성하거나 자신의 무의식적 갈등 또는 고착 탐구를 주도적으로 하는 데는 망설이는 모습을 보였다. 내담자에게 좀 더 마음을 열도록 격려했다.

D. 정신분석학적 놀이치료 접근법이 내담자가 치료사와 일정 수준의 신뢰를 쌓고 자신의 부정적 사고, 신념, 두려움을 떨쳐 버릴 수 있게 도움을 주었다.

E. 정신분석학적 놀이치료 기법을 사용했음에도 내담사가 치료사와 일정 수준의 신뢰를 형성하지 못했다.

3. 손인형을 이용해 자존감을 쌓기 (3)

A. 내담자가 대화를 시작하고 친구를 사귀도록 도움을 주어 자존감을 형성할 수 있도록 손인형을 활용했다.

B. 손인형을 활용해 내담자가 필요로 하는 물건을 요구하는 연습을 하도록 했다.

C. 손인형을 활용해 간접적인 방법으로 더 긍정적인 자존감을 형성하는 자신만의 상황을 만들 수 있는 여지를 제공했다.

D. 손인형을 활용한 것이 내담자가 자신의 자존감과 자신감을 높이는 기술을 익히는 데 도움이 되었다.

E. 자존감 형성을 돕기 위해 손인형을 활용했음에도 불구하고 내담자가 이 분야에 관련된 자신의 기술을 향상시키지 않았다.

4. 표현적 찰흙 놀이 기법을 사용하기 (4)

A. 내담자가 문제를 표현·전달하는 것을 돕고 자존감 향상을 촉진하기 위해 표현적 찰흙 놀이 기법을 사용했다.

B. 내담자가 자신의 문제를 표현하고 전달하는 능력을 향상시키기 위해 적극적으로 찰흙 놀이를 한 것을 지지해 주었다.

C. 내담자가 찰흙 놀이를 한 것이 문제를 표현·전달하는 능력을 촉진했을 뿐만 아니라 자존감 향상을 용이하게 했다.

D. 내담자가 찰흙 놀이를 하는 데 어려움을 겪었고, 도움을 받았음에도 자신의 문제를 표현하거나 전달하지 못했다.

5. 통찰력 수준의 평가 (5)

A. 내담자는 보이는 문제들을 향한 통찰 수준으로 평가되었다.

B. 내담자는 보이는 문제들에 관하여 그의 통찰의 동조적인 본성 대 이질적인 본성에 따라 평가되었다.

C. 내담자는 행동과 증상에서 문제가 되는 본성에 대한 좋은 통찰을 하도록 보여 주었다.

D. 내담자가 다른 사람들의 우려에 동의하는 것이 목격되어 변화에 힘쓰도록 동기유발되었다.

E. 내담자는 묘사된 문제에 대해 양면성이 있음이 드러났고 그 문제들을 우려사항으로 보는 것을 꺼렸다.

F. 내담자는 문제 영역의 인식에 관해 저항적인 것으로 나타났고, 걱정하지 않았으며, 변화에 대한 동기가 없었다.

6. 관련 장애의 평가 (6)

A. 내담자는 연구 기반의 관련 장애들의 증거에 의해 평가되었다.

B. 내담자는 자살에 대한 취약성 수준으로 평가되었다.

C. 내담자는 동반장애를 가진 것으로 확인되었고, 치료는 이를 처리할 수 있도록 조정되었다.

D. 내담자는 또 다른 관련 장애가 있는지 평가되었지만 아무것도 발견되지 않았다.

7. 문화적으로 혼란스러운 문제에 대한 평가 (7)

A. 내담자는 그의 임상 행동을 더 잘 이해하도록 도울 수 있는 나이 관련 쟁점으로 평가되었다.

B. 내담자는 그의 임상 행동을 더 잘 이해하도록 도울 수 있는 성별 관련 쟁점으로 평가되었다.

C. 내담자는 그의 임상 행동을 더 잘 이해하도록 도울 수 있는 문화의 증후군, 고통의 문화적 관용구, 혹은 문화적으로 감지된 사건으로 평가되었다.

D. 다른 요인들이 내담자의 현재 정의된 '문제 행동'에 기여할 것이라고 확인되었고 이 요인들은 그의 치료에 반영되었다.

E. 내담자의 현재 정의된 '문제 행동'을 설명할 수 있는 문화적 기반 요인들은 조사되었지만 중대한 요인은 발견되지 않았다.

8. 장애의 심각성 평가 (8)

A. 내담자의 장애의 심각성은 보호의 적절한 정도를 결정하기 위해서 판단되었다.

B. 내담자는 사회적 · 관계적 · 교육적인 노력에서의 손상 정도로 평가되었다.

C. 내담자는 그의 장애가 자신의 기능에 가볍거나 중간 정도의 영향을 끼친다는 것을 알았다.

D. 내담자는 그의 장애가 자신의 기능에 심각하거나 더 심각한 영향을 끼친다는 것을 알았다.

E. 내담자의 치료의 효율성과 적절성, 그리고 장애의 심각성은 꾸준히 평가되었다.

9. 병원의 돌봄 평가 (9)

A. 병원의 돌봄과 관심으로 내담자의 집, 학교, 지역사회가 평가되었다.

B. 내담자의 다양한 환경은 아동의 욕구에 지속적인 무관심, 돌보는 사람의 잦은 변화, 안정적 애착의 제한된 기회, 가혹한 훈육 혹은 다른 심각한 부적절한 돌봄이 있었는지 평가되었다.

C. 병원의 돌봄이 확인되었고 치료계획에 이러한 우려를 관리하고 바로잡는 것과 아동을 보호하는 전략이 포함되었다.

D. 어떠한 병원의 돌봄도 확인되지 않았고, 이것은 내담자와 돌보는 사람에게 반영되었다.

10. 자기 비하적인 발언에 맞서기/재구성하기 (10)

A. 내담자의 자기 비하적 발언을 지적하고 이러한 발언은 현실을 정확하게 반영하지 않는다고 강하게 메시지를 주입했다.

B. 내담자의 자기 비하적 발언을 현실적으로 재구성했고 이것을 부정적인 발언과 대체하도록 내담자에게 제시했다.

C. 내담자가 자신에게 자기 비하적 발언을 하는 경향이 있음을 잘 알게 되었고 이런 행동의 빈도를 줄이는 데 더욱 성공했다고 보고했다. 이런 진전을 계속 이뤄 나가도록 내담자를 격려했다.

11. 부정적인 감정이 어떻게 발현되는지를 살피기 (11)

A. 내담자가 생각하기에 자신이 스스로에 대한 부정적 감정을 표현 또는 행위표출하는 방식을 목록으로 작성하도록 지시했다.

B. 내담자가 스스로에 대한 부정적인 감정을 어떤 식으로 표현 또는 행위표출을 하는지 그리고 이런 버릇을 어떻게 멈출 수 있는지를 살펴보는 것을 통해 스스로에 대한 자기인식이 증가했다.

C. 내담자가 부정적인 자아상을 보일 때마다 따뜻하고 정중한 태도로 지적해 주었다.

12. 집단치료를 제안하기 (12)

A. 내담자에게 자존감 쌓기에 초점을 맞춘 집단치료가 있음을 언급했다.

B. 내담자가 집단치료에 적극적으로 참여하고 있으며 천천히 약간의 자신감을 쌓고 있다는 것이 경과기록서에 나타났다.

C. 내담자의 사회적 상호작용에 대한 두려움이 집단치료 모임 참석 거부 이유였고, 내담자에게 집단치료 모임을 참석하도록 다시 지시했다.

13. 부모의 비판적 상호작용을 알아보기 (13)

A. 가족치료 시간에 가족 내에 비판적인 상호작용 경향이 있는 것이 발견되었고, 이를 지지적이고 긍정적인 상호작용 방식으로 바꾸도록 수정했다.

B. 가족치료 시간을 녹화한 영상물을 사용해 비판적인 가족 상호작용 경향을 보여 주었다.

C. 부모와 함께 부정적인 양육 방법에 대해 논의했고 새로운 긍정적인 방법을 제안했다.

D. 부모가 자신들이 내담자를 얕보는 양육 방법을 가졌음을 잘 알게 된 것에 대해 지지해 주었고 좀 더 긍정적인 아동 지도 기법을 실천하겠다고 말했다.

14. 자신에 대한 긍정적 측면을 기록하기 (14)

A. 내담자에게 자신에 대한 한 가지 긍정적인 점을 파악하고 이것을 일기에 기록하도록 지시했다.

B. 내담자는 아동 심리치료 과제계획서(Jongsma, Peterson, & McInnis)의 '긍정적인 자기 말하기(Positive Self-Statements)' 활동을 할당받았다.

C. 내담자의 일기를 검토했고 긍정적 특성 또는 성취물을 파악하고, 이를 긍정해 주고 지지했다.

D. 내담자가 자신에 대해 더 긍정적인 기분을 느끼며 자신의 긍정적인 특성에 대해 더 인식하고 있다고 보고했다.

E. 내담자가 자신에 대한 긍정적 측면을 기록하지 않았고, 긍정적인 측면을 인식하고 과제 수행의 장애물을 제거하도록 도움을 주었다.

15. 긍정적인 자기 대화를 개발하기 (15)

A. 내담자의 자신감과 자아상을 향상시키는 것을 돕기 위해 긍정적인 자기 대화 기법을 내담자에게 가르쳤다.

B. 긍정적인 자기 대화 기법을 연습하기 위해 역할 연기를 사용했다.

C. 매일 긍정적인 자기 대화를 하겠다는 약속을 내담자로부터 받아 냈다.

D. 긍정적인 자기 대화 기법이 내담자의 자존감 향상에 효과가 있는 것으로 나타났다.

16. 긍정적 자기 선언 목록을 작성하기 (16)

A. 내담자가 자신에 대한 긍정적 선언 목록을 작성하는 데 도움을 주었다.

B. 내담자가 자기 선언 목록을 세 번씩 읽겠다는 약속을 했다.

C. 내담자가 정기적으로 자기 선언 목록을 낭독한 것이 자존감 쌓기에 유용했다고 보고했다.

D. 내담자가 정기적으로 긍정적 자기 선언문을 사용하지 않아서 이를 사용하도록 다시 지시했다.

17. 긍정적 태도 형성을 위한 공놀이3)에 참여하기 (17)

A. 내담자가 자신에 대한 긍정적인 점들을 깨닫고 확인하도록 긍정적 태도 형성을 위한 공놀이(Positive Attitude Ball)(Childswork/Childsplay)에 참여했다.

B. 긍정적 태도 형성을 위한 공놀이의 참여를 통해 파악된 내담자에 관한 긍정적인 점을 언어로 강화했다.

C. 긍정적 특성을 폄하하는 내담자의 발언을 지적하고 긍정적 특성을 내담자에게 언어로 다시 재확인해 주었다.

D. 긍정적 태도 형성을 위한 공놀이의 참여를 통해 내담자가 자신의 긍정적 측면을 인지한 것이 내담자의 자존감을 향상시켰다.

18. 긍정적 문구 강화하기 (18)

A. 내담자가 자신감 및 자신에게서 발견한 긍정적 측면에 대한 발언을 언어로 확인해 주고 지지해 주었다.

B. 내담자가 긍정적인 자기기술적 발언을 하는 빈도가 증가하는 것으로 나타났다.

19. 치료 게임 놀이하기 (19)

A. 내담자에게 자기노출할 기회를 주기 위해 내담자와 '언게임(The Ungame Company)'과 '생각하기, 느끼기, 행동하기' 게임(Gardner) 놀이를 했다.

B. 내담자의 자기노출을 확인하기 위해 게임 도중에 기분을 파악하는 기회를 포착했다.

C. 내담자가 자신의 감정을 파악하고 표현하는 데 점점 숙달되어 가는 것을 내담자에게 알려 주었다.

20. 감정 인지 능력을 향상하기 (20)

A. 내담자에게 특정 감정을 어떻게 파악하는지 가르쳐 주기 위해 감정 도표와 카드를 사용했다.

B. 내담자는 아동 심리치료 과제계획서(Jongsma, Peterson, & McInnis)의 '감정과 표정 게임' 활동을 할당받았다.

C. 내담자가 치료 시간 동안 특정 감정을 파악한 것에 칭찬과 강화를 해 주었다.

D. 내담자가 자신의 감정을 파악하는 데 저항하는 것이 나타났고, 이 점을 다루어 해결했다.

E. 감정 도표와 카드의 사용을 통해 내담자가 특정 감정을 인지하는 능력을 발달시켰다.

21. 감정 확인에 대해 교육하기 (21)

A. 내담자에게 감정을 파악 · 분류 · 표현하는 것을 가르쳤다.

B. 내담자에게 일련의 감정 목록을 준 다음 여러 가지 상황을 제시해 각각의 상황에서 사람이 느낄 감정을 파악하도록 지시했다.

C. 내담자에게 감정 일기를 계속해서 기록하도록 지시했다.

D. 내담자가 자신의 감정을 깨닫고 표현하는 것에 어떤 식으로 점점 숙달되고 있는지를 보여 준 것을 격려해 주었다.

---

3) 역자 주 : 공을 주고받으며 공 표면에 쓰인 긍정적 지시문을 실행하는 놀이로 추정됨.

22. 서로 눈 맞추기를 격려하기 (22)

A. 내담자가 사람들과 눈을 맞추지 않는 점에 주목하고 이를 내담자와 논의했다.

B. 치료 시간 동안 치료사와 정기적으로 눈을 맞추겠다는 동의를 내담자로부터 이끌어 냈다.

C. 내담자가 시선을 피하거나 눈 맞추기를 하지 못할 때 치료사가 이를 지적해 주었다.

D. 내담자가 치료 시간 외에 다른 사람들과 눈을 맞추는 빈도가 늘었다고 보고했고, 이러한 진전을 계속해 나가도록 격려해 주었다.

E. 지지와 격려를 해 주었음에도 내담자가 매우 제한적인 시선 접촉을 보였고, 시선 접촉의 정도를 높이도록 내담자를 다시 격려했다.

23. 눈 맞추기 경험을 확대하기 (23)

A. 내담자에게 부모, 교사 그리고 타인과의 시선 접촉을 늘리겠다는 약속을 하도록 요구했다.

B. 내담자가 모든 성인과 시선 접촉을 한 경험을 검토했고, 이런 경험에 따른 구체적인 느낌을 점검했다.

C. 내담자가 치료 시간 외에 타인과의 시선 접촉 빈도가 증가했다고 보고했고, 이런 증가를 이룬 것에 대해 칭찬해 주었다.

24. 자기 비판적인 메시지를 부정하기 (24)

A. 내담자와 화요일에는 자부심을 잃지 마세요(*Don't Feed the Monster on Tuesday*)(Moser)를 읽고 자기 비판적 메시지를 다루는 방식들을 연구했다.

B. 내담자가 일상 속 자기 비판적 메시지를 다루기 위한 전략을 파악하고 실행에 옮기는 데 도움을 주었다.

C. 내담자가 자존감 형성의 경과를 기록하는 도표를 만드는 데 도움을 주었다.

D. 내담자의 자존감 쌓기 경과를 모니터링했고, 이를 격려 및 긍정해 주었다.

25. 자신에 대한 좋은 점을 파악하기 (25)

A. 내담자에게 나의 가장 좋은 친구는 바로 나(*My Best Friend Is Me*)(Childswork/Childsplay)를 읽고 치료사와 검토할 자신의 좋은 점을 목록으로 작성하도록 지시했다.

B. 내담자가 작성한 좋은 점 목록을 검토했고, 각각의 장점을 언어로 긍정해 주고 강화했다.

C. 내담자에게 매일 아침 그리고 취침 전에 이 목록을 읽도록 지시했다.

D. 내담자의 장점 목록 읽기 수행을 모니터링했고, 필요한 경우 방향을 재설정해 주었다.

E. 내담자의 긍정적 특성 목록 읽기가 더 안정적인 자존감을 형성하는 데 도움을 준 것으로 나타났다.

26. 새로운 경험을 연습하도록 지시하기 (26)

A. 내담자에게 새로운 경험을 시도하고 실패를 학습 경험으로 보도록 격려했다.

B. 내담자와 부모에게 아동 심리치료 과제계획서(Jongsma, Peterson, & McInnis)에 나오는 '딕시가 두려움을 이겨 내다' 연습을 완료하도록 지시했다.

C. 새로운 경험 연습을 완수한 것을 내담자, 부모와 검토했고 내담자가 시도할 수 있는 새로운 경험을 파악하는 것을 강조했다.

D. 내담자가 시도해 볼 몇몇 새로운 경험을 고르고 이를 실행하겠다는 약속을 언어로 하도록 도움을 주었다.

E. 내담자가 새로운 경험을 하는 것을 모니터링하고, 지지해 주고, 격려했다.

F. '실패도 인생을 배우는 경험의 일부'라는 메시지를 내담자에게 정기적으로 강화했다.

G. 내담자가 기꺼이 새로운 경험을 시도하려는 수준까지 발전을 했고 실패를 두려워하지 않는 것으로 나타났다.

27. 정서적인 욕구를 파악하기 (27)

A. 내담자에게 자신의 정서적인 욕구를 파악하고 언어로 표현하는 방법의 기본 개념을 가르쳤다.

B. 내담자의 정서적인 욕구 충족을 증가시키는 방법을 연구했다.

C. 내담자가 자신의 정서적인 욕구를 충족시키는 방법을 명확하게 파악하고 그 욕구를 언어로 표현하는 데 실패했으나 이 분야에 대한 시범적인 예를 제시해 주었다.

28. 정서적인 욕구를 나누기 (28)

A. 가족치료 시간을 진행해 부모와 내담자가 서로의 정서적인 욕구를 교환하고 파악하는 시간을 가졌다.

B. 내담자와 가족이 서로의 욕구에 민감하게 반응하는 방법 그리고 자신의 욕구 충족을 요청하는 법을 배웠다.

C. 내담자와 가족이 자신들의 정서적인 욕구를 서로에게 털어놓는 것을 지지해 주었다.

D. 내담자와 가족이 자신들의 정서적인 욕구를 서로에게 털어놓지 않았으나, 서로에게 털어놓도록 다시 지시했다.

29. 치료 동화를 활용하기 (29)

A. 가드너 박사가 오늘의 아이들에게 들려주는 동화(*Dr. Gardner's Fairy Tales for Today's Children*)(Gardner) 를 읽었고, 내담자가 자신의 감정과 욕구를 파악하도록 도움을 주었다.

B. 각 동화를 내담자와 살펴보았고, 내담자가 이야기 속 인물들의 감정과 욕구를 파악하는 데에 도움을 주었다.

C. 내담자가 자신의 감정과 욕구를 언어로 표현하는 것을 돕고 이를 격려·지지했다.

D. 내담자가 언어로 자신의 감정 또는 욕구를 파악했을 때 이것을 긍정적으로 확언해 주고 강화해 주었다.

E. 가드너 박사가 오늘의 아이들에게 들려주는 동화와 언어적 긍정·강화를 통해 내담자가 자신의 욕구와 감정을 파악하는 능력을 향상시켰다.

30. 자기주장 및 사회적 기술 가르치기 (30)

A. 내담자에게 자신이 사회적 어려움을 겪었거나 자기주장을 펼치기 어려운 상황을 목록으로 작성하도록 요청했다.

B. 내담자는 아동 심리치료 과제계획서(Jongsma, Peterson, & McInnis)의 '사회적 기술 연습'을 할당받았다.

C. 자기주장을 가르쳐 주기 위해 내담자가 어렵다고 느끼는 사회적 상황을 내담자와 역할 연기했다.

D. 내담자가 어렵다고 지목한 사회적 상황에 대처할 수 있도록 준비시키기 위해 내담자와 행동 연습을 활용했다.

31. 도전적인 상황에 대처하기 (31)

A. 내담자에게 새롭고 익숙하지 않은 상황을 대처하는 데 활용할 수 있도록 '방법을 알고 있는 것으로 가정하기(Pretending to Know How)'(Theiss)와 '내면의 치료자(The Therapist Inside)'(Grigoryev)[4] 기법

을 가르쳤다.

B. 내담자가 처할지도 모르는 두 가지 다른 상황을 사용해 기법을 예행연습했고, 내담자에게 이런 기법을 사용하겠다는 약속을 하도록 요구했다.

C. '방법을 알고 있는 것으로 가정하기'와 '내면의 치료자'를 사용한 경험을 검토했고, 내담자에게 이런 기법을 두 가지 추가적 상황/문제에서 사용하도록 지시했다.

D. 내담자가 새로운 대처 기술을 사용해 성공적으로 도전적인 상황에 잘 대처했고, 자신감이 자라고 있다고 보고했다.

32. *우리 아이에게 좋은 친구를 찾아 주는 27가지 방법* 읽기 (32)

A. 부모에게 우리 아이에게 좋은 친구를 찾아 주는 27가지 방법(*Good Friends Are Hard to Find*)(Frankel)[5]을 내담자와 같이 읽도록 지시했다.

B. 부모에게 이 책에 나온 개념을 사용해서 내담자가 사회적 기술을 형성하고 발달시키는 것을 돕는 방법을 가르쳐 주었다.

C. 내담자와 부모가 이 책에서 내담자의 사회적 기술을 향상시키는 데 유용한 제안/아이디어를 파악하도록 도움을 주었다.

D. 내담자가 책에 나온 제안과 아이디어를 실천에 옮기고 이것을 수행해 나가는 것이 내담자의 사회적 기술과 자신감 향상을 시작하는 데 도움이 된 것으로 나타났다.

E. 부모가 우리 아이에게 좋은 친구를 찾아 주는 27가지 방법을 읽지 않아서 이것을 읽도록 다시 지시했다.

33. 학대 사건 조사하기 (33)

A. 신체적·성적·정서적인 학대가 있었는지를 내담자와 살펴보았다.

B. 신체적·성적·정서적인 학대와 관련된 보고에 따른 적절한 보고 조치가 실시되었다.

C. 내담자가 학대 피해자가 되면 자신에 대한 감정에 어떤 영향을 받는지를 살펴보는 데 도움을 주었다.

D. 내담자의 부인 및 저항감을 살펴보았고 이것을 해결해 내담자가 자신의 과거 학대 사건을 자신에 대한 현재의 부정적 감정과 연결시킬 수 있도록 했다.

34. 왜곡된 가치관을 알아보기 (34)

A. 내담자에게 자신과 세상에 대한 가치관을 열거하도록 지시했다.

B. 자신과 세상에 대한 내담자의 왜곡되고 부정적인 관점들을 재구성했다.

C. 내담자가 자신과 세상에 대한 긍정적인 관점을 찾는 데 어려움을 겪었고, 다른 사람들이 자신과 세상을 어떻게 바라보는지에 대한 대략적인 예를 들려주었다.

35. 긍정적 생각을 발달시키기 (35)

A. 내담자가 자신과 세상에 대한 보다 긍정적이고 현실적인 생각을 갖고 발달시키도록 도움을 주었다.

B. 내담자는 아동 심리치료 과제계획서(Jongsma, Peterson, & McInnis)의 '긍정적인 자기 말하기로 부정적인 생각 바꾸기' 활동을 할당받았다.

---

4) 역자 주 : Deidi G. Kaduson, Charles E. Schaefer 공저, 김광웅, 유미숙 공역(2006), **101가지 놀이치료 기법**, 서울 : 중앙적성출판사 참조.

5) 역자 주 : 윤규상 역(2002), 미래 M&B.

C. 삶에 대한 새로운 긍정적, 현실적인 생각을 내담자에게 주입시키고 매일 이것을 사용했다.

D. 내담자가 자신 또는 일상의 사건들에 대한 긍정적, 현실적인 발언을 하지 못하는 상황에 직면했다.

E. 내담자가 자신과 세상에 대한 좀 더 긍정적인 관점을 발전시켰다고 말했고, 이런 긍정적인 관점이 갖는 이점을 검토했다.

36. '긍정적 사고' 게임을 사용하기 (36)

A. 내담자의 건강한 자기 대화와 사고 방식을 증진시키기 위해 '긍정적 사고' 게임(Childswork/Childsplay)을 내담자와 함께했다.

B. 오늘 치료 시간에 내담자와 '긍정적 사고' 게임 연습을 점검했고, 건강한 자기 대화와 사고 방식을 증진시킬 구체적인 방법을 살펴보았다.

C. 내담자가 '긍정적 사고' 게임에서 자신의 일상에 적용할 몇 가지 제안을 고르고 실천하도록 도움을 주었다.

D. 내담자가 새로운 건강한 자기 대화 및 사고 방식을 일상생활에서 사용하는 것을 모니터링하고, 지도하고 격려했다.

E. 부모에게 일주일에 여러 차례 집에서 내담자와 '긍정적 사고' 게임을 하도록 권유했다.

37. 자존감 조성을 위한 책임감을 활용하기 (37)

A. 내담자에게 자신의 책임감과 존중감을 높여 줄 일상 과업을 인식하도록 도움을 주었다.

B. 내담자가 일상 과업을 일관성 있게 수행하는지를 모니터링했다.

C. 내담자가 자기 보호 책임을 수행한 것에 대해 긍정적인 언어 다시 챙겨주기를 주었다.

D. 내담자가 일상 책임을 더 적극적으로 수행하면서 자기 자신을 더 좋게 여기게 되었다고 보고함에 따라 긍정적인 다시 챙겨주기를 제공했다.

38. 전화로 성과 보고하기 (38)

A. 치료사에게 전화를 걸어 최근에 있었던 자신의 성과를 전하는 과제를 내담자에게 내주었다.

B. 내담자는 아동 심리치료 과제계획서(Jongsma, Peterson, & McInnis)의 '자신을 변화시키는 세 가지 방법(Three Ways to Change Yourself)' 활동을 할당받았다.

C. 내담자에게 자신의 최근 성과를 전하는 전화 통화를 하도록 요청했다.

D. 내담자가 자신의 성과에 대해 언어적 칭찬, 긍정적 다시 챙겨주기, 찬사를 받았다.

E. 내담자에게 칭찬, 긍정적 다시 챙겨주기, 찬사를 받아들이고 인정하는 방법을 가르쳐 주었다.

F. 자신의 최근 업적을 전하는 경험을 둘러싼 기분을 내담자와 검토했다.

G. 내담자가 자신의 성과를 논의하기 위한 전화 통화를 하지 않았으나, 이 유용한 방법을 활용하도록 상기시켜 주었다.

39. '실 그림 게임' 놀이하기 (39)

A. 내담자가 권능감을 얻는 데 도움을 주기 위해 '실 그림 게임(The Yarn Drawing Game)'(Leben)[6] 놀이를 하도록 내담자에게 요청했다.

---

6) 역자 주 : Deidi G. Kaduson, Charles E. Schaefer 공저, 김광웅, 유미숙 공역(2006), 101가지 놀이치료 기법, 서울 : 중앙적성출판사 참조.

B. 내담자가 적극적으로 '실 그림 게임'에 참여했고, 모든 지시사항을 따랐으며 결과에 만족을 표현했다.

C. '실 그리기 게임' 경험을 검토했고, 내담자가 획득한 권능감을 살펴보고 강화했다.

D. '실 그리기 게임' 경험이 내담자가 더 기꺼이 새로운 경험을 하는 모험을 감행하도록 도움을 준 것으로 나타났다.

E. '실 그리기 게임'을 사용했음에도 내담자가 기꺼이 새로운 경험을 하는 모험을 감행하려 하지 않았으나 이런 면에 대해 추가적인 격려를 해 주었다.

40. 미술 투사기법 연습을 활용하기 (40)

A. 미술 투사기법 연습인 '매직 아트(Magic Art)'(Walker)를 내담자와 오늘 치료 시간에 활용했다.

B. 내담자가 미술 투사기법 연습에 적극적으로 참여했다.

C. 미술 투사기법 연습에서의 핵심인 신뢰와 위험을 내담자와 검토했다.

D. 내담자가 기꺼이 '매직 아트' 연습에 참여하기 전에 새로운 경험을 시도하는 것에 대한 내담자의 저항감을 살펴보았다.

41. 칭찬의 수용을 가르치기 (41)

A. 내담자로 하여금 칭찬을 받아들이고 수용할 수 있도록 내담자의 자기 메시지를 변화시키기 위해 신경 언어학적 기법과 관점전환 기법을 사용했다.

B. 내담자가 칭찬을 수용 연습을 할 기회를 주기 위해 역할 연기 기법을 활용했다.

C. 내담자가 최근 타인들로부터의 칭찬을 받아들이는 긍정적인 경험을 했다고 보고했다.

D. 내담자가 타인들로부터 칭찬을 받아들이는 것을 거부하는 행동 방식을 버리지 않았고 이 분야에 대해 교정적 조력을 제공했다.

42. 긍정적 양육 교실을 추천하기 (42)

A. 부모에게 긍정적 양육 문제에 초점을 맞춘 양육 교실에 참석하도록 지시했다.

B. 긍정적 양육 교실 참석 및 모임 참석에서 얻은 핵심 사항을 검토했다.

C. 부모가 긍정적 양육에 초점을 맞추기 위한 양육 교실에 불참했고 모임에 참석할 것을 다시 지시했다.

43. 부모의 기대를 살펴보기 (43)

A. 부모가 내담자에 대해 갖고 있는 기대를 살펴본 후 현실적인 기대일 경우 긍정을, 비현실적인 기대일 경우 교정을 실시했다.

B. 부모에게 내담자에 대한 연령대에 맞고 현실적인 발달 기대가 무엇인지, 그리고 내담자의 능력을 감안할 때 어떤 것이 부모의 현실적인 기대인지에 대한 교육을 실시했다.

C. 부모의 내담자에 대한 기대치가 비현실적으로 높거나 연령대에 맞지 않은 경우 공손한 방식으로 부모에게 이의를 제기했다.

D. 부모가 자신들의 기대치를 내담자의 발달 단계를 고려해 좀 더 현실적인 수준으로 조정했음을 부모에게 알려 주었다.

44. 부모에게 3R 훈육 기법 가르치기 (44)

A. 부모에게 3R 훈육 기법을 가르쳐 주었고 독립심이 강한 아이로 키우는 부모의 지혜(*Raising Self-Reliant*

Children in a Self-Indulgent World)[7](Glenn & Nelson)를 읽도록 권유했다.

   B. 부모가 공손하고, 합리적이면서 바람직하지 못한 행동과 관련된 훈육법을 실행하는 데 도움을 주었고, 훈육법을 실행하는 동안 지지 · 지도 · 격려해 주겠다고 지도해 주었다.

   C. 부모가 성공적으로 공손하고, 합리적이면서 내담자의 행동과 관련된 훈육법을 실시했다.

45. 동료 집단 활동 늘리기 (45)

   A. 부모에게 내담자의 자존감 증진에 도움이 되는 다양한 선택활동(예 : 스카우트, 스포츠, 음악)을 제시했고, 이 중 적어도 한 가지에 내담자를 참여시키도록 격려했다.

   B. 내담자의 자존감 형성에 있어서의 방과 후 활동의 역할을 점검했고 긍정적인 측면을 파악했다.

   C. 부모가 내담자를 동료 집단 활동에 더 많이 참여시키는 것을 따랐다.

   D. 내담자의 부모가 내담자를 동료 집단 활동에 더 많이 참여시키라는 지시를 따르지 않았고 이 지시를 따르도록 다시 지도했다.

---

7) 역자 주 : 이미숙 역(2003), 아침나라.

제20장 거짓말 일삼기/속이기

내담자 소개

1. 개인적 욕구 충족/물질적 재화 획득을 위한 거짓말 (1)[1]

A. 내담자가 자신의 개인적 욕구 충족을 위해 거짓말을 하는 반복적 패턴을 보였다.

B. 내담자가 종종 물질적 재화 또는 원하는 물건 획득을 위해 거짓말을 한다.

C. 내담자가 자신의 개인적 욕구 충족 또는 물질적 재화 획득을 위해 거짓말을 하는 일이 자주 끈질기게 일어난다고 부모가 보고했다.

D. 내담자가 자신의 개인적 욕구 또는 물질적 재화 혹은 상품 획득에 대해 더 솔직해졌다.

E. 내담자가 더 솔직해졌으며 자신의 개인적 욕구가 충족되지 않았거나 원하는 물건 또는 상품을 얻지 못해도 수용할 수 있게 되었다고 부모가 보고했다.

2. 결과/처벌 회피를 위한 거짓말 (2)

A. 내담자가 자신의 그릇된 행동에 대한 결과 또는 처벌을 피하기 위해 자주 거짓말을 한다.

B. 내담자가 자신에 대한 비난을 줄이는 이야기를 하면서 결과 또는 처벌의 방향을 돌리려고 자주 시도한다.

C. 부모가 곤란한 상황에서 벗어나기 위한 내담자의 만성적인 거짓말에 좌절감을 느낀다고 묘사했다.

D. 내담자가 좀 더 솔직해지고 자신의 그릇된 행동에 대한 결과 그리고/또는 처벌을 기꺼이 수용하려는 자세로 변했다.

E. 내담자가 자신의 그릇된 행동에 대한 처벌을 피하기 위해서 거짓말을 하는 것을 중지했다.

3. 책임/일 회피를 위한 거짓말 (3)

A. 내담자가 책임지는 것 또는 일/가사일 수행을 피하기 위해 자주 거짓말을 한다.

---

[1] 괄호 안의 숫자들은 아동 심리치료 치료계획서(*The Child Psychotherapy Treatment Planner*), 제5판(Jongsma, Peterson, McInnis, Bruce 공저, 2014년, Hoboken, NJ : Wiley)에서 동일한 제목을 지닌 관련 장의 치료 중재의 숫자와 연결된다.

B. 내담자가 자신의 일을 완전히 완수하지 않았음에도 일을 다 했다고 자주 말한다.

C. 내담자가 종종 자신에게 주어진 일을 최근에 다 했다고 주장하면서 자신이 이러한 일을 할 차례가 아니라고 말한다.

D. 부모가 일 또는 다른 임무를 다 마쳤다는 내담자의 주장을 확인해 보면 그렇지 않을 때가 많았다고 보고한다.

E. 내담자가 자신의 일을 마치는 것에 대해 더 책임감 있게 행동했고, 그 덕분에 거짓말을 할 필요가 줄었다.

F. 내담자가 책임지는 것 또는 일을 맡는 것을 피하기 위해 거짓말을 하는 것을 멈췄다.

4. 자존감을 지키기 위한 거짓말 (4)

A. 내담자가 자신의 자존감에 대한 위협 또는 상실을 경험한 이후 거짓말을 하는 경향이 증가했다.

B. 내담자는 동료들 사이에서 자신의 명망을 높이기 위해 자주 거짓말을 한다.

C. 내담자가 가족 구성원들에게 더 잘 보이기 위해 자주 거짓말을 한다.

D. 내담자가 자신의 자존감을 지킬 대체 방안을 개발함에 따라 거짓말을 하는 경향이 감소했다.

E. 내담자가 자존감에 대한 위협 또는 상실을 피하기 위해 거짓말을 하는 것을 멈췄다.

5. 동료 사이에서 지위를 높이기 위한 거짓말 (5)

A. 내담자가 자존감을 높이거나 동료들 앞에서 자신의 지위를 높이기 위해 자신의 행동이나 수행을 종종 과장한다.

B. 내담자가 동료들 앞에서 자신의 지위를 높이기 위한 목적으로 이야기를 만들어 내거나 자신의 행동 또는 수행에 대해 눈에 빤히 보이는 거짓말을 자주 한다.

C. 내담자가 동료들에게 거짓말 또는 과장한 사실이 탄로났을 때 종종 자신의 이야기를 고수한다.

D. 내담자가 보다 나은 동료관계 기술을 발전시킴에 따라 거짓말 또는 과장하는 행동 습성이 줄었다.

E. 내담자가 동료들 앞에서 자신의 지위를 높이기 위한 목적으로 자신의 행동 또는 수행에 대해 거짓말 또는 과장하는 것을 멈췄다.

6. 욕구 충족을 위한 속이기/이용하기 (6)

A. 내담자가 자신의 욕구를 충족시키기 위해 혹은 자신의 잘못에 대한 결과 회피를 위해 다른 사람들을 교묘하게 속인다.

B. 내담자가 다른 사람들이 경험할지도 모르는 부정적인 결과는 고려하지 않은 채 종종 다른 사람들을 이용한다.

C. 내담자가 자신의 개인적 욕구를 충족시킬 보다 건강한 방법을 발전시킴에 따라 타인을 속이고 이용하는 행동 습성이 줄었다.

D. 내담자가 자신의 행동과 결과에 대한 책임을 더 많이 지면서 타인을 속이거나 이용하려는 욕구가 줄어들었다.

7. 다른 사람들끼리 대립시킴 (7)

A. 내담자가 자신의 개인적 욕구를 충족시키거나 처벌을 피하기 위해 종종 부모 그리고/또는 동료들끼리 대립하게 만들려고 시도한다.

B. 내담자가 자신의 부적절한 행동에 대한 논의를 부모 간의 싸움으로 교묘하게 돌릴 수 있다.

C. 내담자가 동료들끼리 서로 등을 돌리게 만들어 결국 자신의 개인적인 욕구를 충족시키거나 처벌을 회피하기 위해 종종 동료들을 부추기거나 속인다.

D. 부모, 가족 구성원 그리고/또는 동료들이 내담자의 대립구도 만들기 행동 패턴에 대해 더 잘 알게 됨에 따라 내담자가 이런 행동을 하는 것을 줄였다.

E. 내담자가 부모 그리고/또는 동료들을 속이거나 서로 대립하게 만들려는 시도를 더 이상 하지 않는다.

8. 스릴감을 추구함 (8)

A. 내담자가 속이기 또는 기만을 통해 자기 욕구의 즉각적 충족을 추구하고 종종 자신의 행동의 결과를 고려하는 데에는 실패하는 매우 충동적인 사람으로 나타났다.

B. 내담자가 즐거움과 재미를 얻기 위해 타인을 속이거나 기만하는 것과 관련된 충동적인/스릴감 있는 행동을 했다.

C. 내담자가 자신의 충동 조절을 향상시키고 즉각적인 욕구 충족의 필요성을 지연시키는 조치를 취하기 시작했다.

D. 내담자가 최근에 좋은 충동 조절을 보였고 자신을 즐겁게 하기 위한 방법으로 타인을 심각하게 속이거나 기만하는 행동에 일체 참여하지 않았다.

E. 내담자가 자신의 행동에 따라 발생할 수 있는 결과들에 대해 잠시 멈춰 생각하는 능력을 향상시킨 덕분에 행위표출 행동 또는 스릴감 추구 행동을 하는 것을 멈췄다.

9. 책임 떠맡기를 거부함 (9)

A. 내담자가 자신의 기만적 행동 또는 속이는 행동에 대한 책임을 받아들이는 것을 끈질기게 거부한다.

B. 내담자가 종종 자신의 결정과 행동의 원인을 타인의 탓으로 돌리려고 시도한다.

C. 내담자가 자신의 행동 문제에 영향을 끼치는 요소들에 대해 통찰을 거의 보이지 않았다.

D. 내담자가 좀 더 솔직해졌고 자신의 행동에 따른 책임을 수용하게 되었다고 부모가 보고했다.

E. 부모는 내담자가 자신의 행동에 대한 책임을 지거나 정직하게 행동하는 사람으로 변했다고 보고했다.

10. 낮은 자존감 (10)

A. 내담자가 불안감 또는 낮은 자존감을 내재하고 있는 것으로 나타나 이러한 점들이 거짓말을 하게 만들고 정보자료를 왜곡하거나 타인을 속이는 행동을 일으키는 원인이 된다.

B. 내담자의 뿌리 깊은 열등감이 자신의 외모, 가치, 능력에 대한 잦은 자기 비하적 발언에 반영되었다.

C. 내담자가 타인과의 시선 접촉을 하지 않는 점, 그리고 자신에 대한 부정적 발언을 하는 점이 내담자가 낮은 자존감을 가졌다는 증거이다.

D. 내담자가 자신의 불안감 혹은 낮은 자존감을, 거짓말을 하고 정보자료를 왜곡하거나 타인을 속여야 하는 필요성과 연관시켰다.

E. 내담자의 자존감이 높아짐에 따라 거짓말, 정보자료 왜곡, 타인 속이기의 필요성이 줄어들었다.

F. 내담자가 자신의 자존감을 높이기 위해 거짓말을 하고, 정보자료를 왜곡하거나 타인을 속이는 경향을 더 이상 보이지 않는다고 내담자의 부모가 보고했다.

11. 환상과 현실 사이의 모호한 구분 (11)

A. 내담자의 끊임없는 거짓말과 과장 때문에 내담자가 환상과 현실 사이의 모호한 구분을 경험하는 일이 생겼다.

B. 내담자가 종종 자신이 한 거짓말 또는 과장이 사실이 아님을 깨닫는 데 실패한다.

C. 내담자가 자신의 거짓말과 과장의 진실성에 확신을 갖는 것처럼 보인다.

D. 내담자가 좀 더 현실지향적이 되었고 현실과 자신의 거짓말, 과장 사이의 차이점을 볼 수 있다.

중재 실행

1. 동기부여의 평가 (1)[2]

A. 내담자의 역사는 거짓말에 대한 가능한 동기를 파악하기 위해 검토되었다.

B. 동기 부여는 처벌로부터 탈출, 욕망 충족, 자존감 향상, 책임 회피, 또는 환상을 촉진하는 기능을 포함하여 분석되었다.

C. 내담자의 감정은 거짓말 행동에 대해 탐색되었다.

D. 아이의 거짓말에 대한 부모의 전형적인 반응이 조사되었다.

2. 통찰력 수준의 평가 (2)

A. 내담자는 보이는 문제들을 향한 통찰 수준으로 평가되었다.

B. 내담자는 보이는 문제들에 관하여 그의 통찰의 동조적인 본성 대 이질적인 본성에 따라 평가되었다.

C. 내담자는 행동과 증상에서 문제가 되는 본성에 대한 좋은 통찰을 하도록 보여 주었다.

D. 내담자가 다른 사람들의 우려에 동의하는 것이 목격되어 변화에 힘쓰도록 동기유발되었다.

E. 내담자는 묘사된 문제에 대해 양면성이 있음이 드러났고 그 문제들을 우려사항으로 보는 것을 꺼렸다.

F. 내담자는 문제 영역의 인식에 관해 저항적인 것으로 나타났고, 걱정하지 않았으며, 변화에 대한 동기가 없었다.

3. 관련 장애의 평가 (3)

A. 내담자는 연구 기반의 관련 장애들의 증거에 의해 평가되었다.

B. 내담자는 자살에 대한 취약성 수준으로 평가되었다.

C. 내담자는 동반장애를 가진 것으로 확인되었고, 치료는 이를 처리할 수 있도록 조정되었다.

D. 내담자는 또 다른 관련 장애가 있는지 평가되었지만 아무것도 발견되지 않았다.

4. 문화적으로 혼란스러운 문제에 대한 평가 (4)

A. 내담자는 그의 임상 행동을 더 잘 이해하도록 도울 수 있는 나이 관련 쟁점으로 평가되었다.

B. 내담자는 그의 임상 행동을 더 잘 이해하도록 도울 수 있는 성별 관련 쟁점으로 평가되었다.

C. 내담자는 그의 임상 행동을 더 잘 이해하도록 도울 수 있는 문화의 증후군, 고통의 문화적 관용구,

---

2) 괄호 안의 숫자들은 **아동 심리치료 치료계획서**(*The Child Psychotherapy Treatment Planner*), 제5판(Jongsma, Peterson, McInnis, Bruce 공저, 2014년, Hoboken, NJ : Wiley)에서 동일한 제목을 지닌 관련 장의 치료 중재의 숫자와 연결된다.

혹은 문화적으로 감지된 사건으로 평가되었다.

 D. 다른 요인들이 내담자의 현재 정의된 '문제 행동'에 기여할 것이라고 확인되었고 이 요인들은 그의 치료에 반영되었다.

 E. 내담자의 현재 정의된 '문제 행동'을 설명할 수 있는 문화적 기반 요인들은 조사되었지만 중대한 요인은 발견되지 않았다.

5. 장애의 심각성 평가 (5)

 A. 내담자의 장애의 심각성은 보호의 적절한 정도를 결정하기 위해서 판단되었다.

 B. 내담자는 사회적 · 관계적 · 교육적인 노력에서의 손상 정도로 평가되었다.

 C. 내담자는 그의 장애가 자신의 기능에 가볍거나 중간 정도의 영향을 끼친다는 것을 알았다.

 D. 내담자는 그의 장애가 자신의 기능에 심각하거나 더 심각한 영향을 끼친다는 것을 알았다.

 E. 내담자의 치료의 효율성과 적절성, 그리고 장애의 심각성은 꾸준히 평가되었다.

6. 병원의 돌봄 평가 (6)

 A. 병원의 돌봄과 관심으로 내담자의 집, 학교, 지역사회가 평가되었다.

 B. 내담자의 다양한 환경은 아동의 욕구에 지속적인 무관심, 돌보는 사람의 잦은 변화, 안정적 애착의 제한된 기회, 가혹한 훈육 혹은 다른 심각한 부적절한 돌봄이 있었는지 평가되었다.

 C. 병원의 돌봄이 확인되었고 치료계획에 이러한 우려를 관리하고 바로잡는 것과 아동을 보호하는 전략이 포함되었다.

 D. 어떠한 병원의 돌봄도 확인되지 않았고, 이것은 내담자와 돌보는 사람에게 반영되었다.

7. 과거의 발달력을 수집하기 (7)

 A. 내담자의 거짓말과 속이는 행동의 발생에 영향을 끼치는 요소 파악을 돕기 위해 내담자의 자세한 발달력을 확보했다.

 B. 내담자의 거짓말과 속이는 행동의 발생에 영향을 끼치는 가족 내 역학관계나 환경적 스트레스 요인에 대한 통찰을 얻기 위해 자세한 가족력을 밝혔다.

 C. 내담자의 거짓말과 속이는 행동의 발생에 영향을 끼치는 정서적 요소, 가족 내 역학관계나 환경적 스트레스 요인에 대한 통찰을 얻었다.

 D. 역사 수집 과정에서 내담자가 자신의 감정을 발달력 및 가족력 요소와 관련짓도록 도움을 주었다.

 E. 가족이 내담자의 거짓말과 속이는 행동의 발생에 영향을 끼치는 요소들에 대해 모호하고 대략적인 과거사만 제공했으나 이 분야에 대한 더 구체적인 세부 설명을 하도록 강요했다.

8. 이전의 강화물에 대해 인지시키기 (8)

 A. 내담자가 거짓말 또는 속이는 행동을 조장하거나 강화시킨 이전의 생활 속 사건 또는 중요 관계에 대한 자각을 발달시키는 데 도움을 주었다.

 B. 내담자가 정기적으로 거짓말을 하는 부모 또는 가족 구성원들을 인지한 것에 지지를 해 주었다.

 C. 내담자가 지나치게 엄격하거나 처벌적인 양육법을 경험한 것에 대해 설명할 때 적극적인 경청 기법을 사용하여 이를 들어 주었다.

 D. 내담자가 가진 동료들과의 친애 욕구가 거짓말하는 행동을 종종 강화했음을 내담자에게 알려 주었다.

E. 내담자가 자신의 거짓말과 속이는 행동을 촉발한 이전의 삶의 경험 또는 중요한 관계에 대해 인식하는 것이 높아졌음을 보였고 이런 통찰과 관련해 긍정적 다시 챙겨주기를 제공해 주었다.

F. 내담자가 거짓말을 하거나 속인 행동을 시험 삼아 해 본 사례가 있었는데 이전에 저지른 생활사건이나 유의미한 인간관계에서 써먹었던 그 수법이 또다시 거짓말을 하거나 능숙하게 속임수를 시도하는 행동을 강화시켰다.

9. 거짓말/속이기가 증가한 시기를 살펴보기 (9)

A. 내담자가 자신의 거짓말 또는 속이는 행동이 증가했던 시기를 파악하는 데 도움을 주었다.

B. 내담자의 거짓말 및 속이는 행동의 등장에 기여한 요소를 찾기 위해 내담자의 거짓말 및 속이기가 증가했던 시기를 조사했다.

C. 내담자가 자신의 거짓말 및 속이기 행동의 출현에 영향을 끼친 요소들을 파악한 것에 대해 지지와 격려를 제공했다.

D. 내담자가 자신의 거짓말 및 속이기 행동의 등장에 기여한 특정 요소들을 밝히는 데 실패했으나, 이 분야에 대한 대략적인 예를 제공했다.

10. 현재의 거짓말과 속이는 행동의 유발 인자 살펴보기 (10)

A. 내담자가 거짓말과 속이는 행동을 유발하는 현재의 생활 상황 또는 사람들을 인지하도록 도움을 주었다.

B. 부모가 내담자의 거짓말과 속이는 행동을 유발하는 현재의 생활 상황 또는 사람들을 인지하도록 도움을 주었다.

C. 처벌에 대한 위협, 실패 경험, 비판을 받는 상황 등을 포함해 내담자와 부모가 현재의 유발 인자들에 대해 묘사한 것을 요약했다.

11. 행동의 자기노출 돕기 (11)

A. 내담자가 자신의 기만적 행동에 대한 예를 드는 것에 도움을 주었다.

B. 내담자는 아동 심리치료 과제계획서(Jongsma, Peterson, & McInnis)의 '진실/거짓말 사건 보고서(Truthful/ Lying Incident Reports)' 활동을 할당받았다.

C. 내담자가 자신의 속이는 행동에 대한 예를 드는 데 도움을 주었다.

D. 내담자가 자신의 기만적이고 속이는 행동에 대해 공개 논의를 하는 것에 긍정적 되짚어 주기와 격려를 제공했다.

E. 내담자가 자신의 기만적 행동 및 속이는 행동에 대해 조심스럽고 방어적이었으며, 이런 점에 대해 이야기할 수 있을 만큼 강해진 기분이 들면 앞에서 열거한 종류의 행동에 대해 좀 더 공개적으로 논의하도록 독려했다.

F. 내담자가 속이거나 기만적인 행동들을 시험 삼아 보여 주었다.

12. 기만적/속이는 상호작용 일지 쓰기를 지시하기 (12)

A. 내담자에게 자신이 기만 또는 속이려고 시도했던 사람들과의 상호작용을 일지로 기록하도록 지시했다.

B. 내담자가 기만적 혹은 속이는 상호작용에 대한 일지를 완료한 것에 대해 강화를 실시했다.

C. 내담자가 일지에 기록한 기만적 혹은 속이는 행동에 대한 이해도를 높이도록 도움을 주었다.

D. 내담자가 속이는 혹은 기만적 행동에 대한 일지를 작성하지 않았고 이를 실시하도록 다시 지시했다.

E. 내담자가 기만적 또는 속이는 행동에 대한 일지에 최소한의 정보자료만 담았고 이 점을 내담자에게 지적했다.

13. 부모/보호 제공자에게 일지를 작성하도록 지시하기 (13)

A. 부모/보호 제공자들에게 내담자가 거짓말 또는 속이는 행동을 하다가 걸렸을 때 이것을 일지로 기록할 것을 지시했다.

B. 내담자가 거짓말 또는 속이는 행동을 기꺼이 하려는 경향에 영향을 끼치는 요소를 살펴보기 위해 의지하고 있는 부모/보호 제공자가 작성한 거짓말 또는 속이는 행동에 대한 일지를 검토했다.

C. 부모/보호 제공자들이 내담자의 거짓말 또는 속이는 행동에 대한 일지를 작성하지 않아서 이것을 작성하도록 다시 지시했다.

14. 거짓말/속이기와 관련된 생각을 검토하기 (14)

A. 거짓말 또는 속이는 행동에 선행하는 내담자의 생각을 살펴보고 점검했다.

B. 거짓말 또는 속이는 행동 이후에 나타나는 내담자의 생각을 살펴보고 점검했다.

C. 내담자가 공개적으로 거짓말 또는 속이는 행동에 선행 혹은 이후에 나타나는 생각들을 밝힌 것에 긍정적 다시 챙겨주기를 제공했다.

D. 내담자의 잘못된 생각 또는 비이상적인 사고를 교정하는 데 도움을 주었다.

E. 내담자가 거짓말 또는 속이는 행동에 선행혹은 이후에 나타나는 생각에 대해 이야기하는 것을 조심스러워했고 이에 방어적이었으며, 잘못된 생각과 비이성적 사고를 교정하는 데도 같은 태도를 보였다. 이런 점에 대해 좀 더 열린 자세로 접근할 것을 격려했다.

15. 비이성적 사고의 양태를 살펴보기 (15)

A. 내담자가 거짓말 또는 속이는 행동의 발생에 기여하는 불합리한 사고를 파악하도록 도움을 주었다.

B. 내담자가 거짓말 또는 속이는 행동의 발생에 기여하는 불합리한 혹은 왜곡된 사고를 파악했고, 이런 사고를 점검했다.

C. 내담자가 거짓말 또는 속이는 행동의 발생에 기여하는 불합리한 혹은 왜곡된 사고를 파악하지 못했고 이에 대한 대략적인 사례(예 : '나는 이 장난감을 가질 자격이 있으니 다른 사람을 이용해도 상관없어', '내가 거짓말하는 것을 아무도 눈치채지 못할 거야', '이 사람은 나약하니까 이용해도 상관없어')들을 제공했다.

16. 비이성적인 사고에 대체하기 (16)

A. 내담자의 비이성적 또는 왜곡된 사고를 현실에 기반한 혹은 현실 적응적 사고 방식으로 대체하도록 지도했다.

B. 내담자에게 비이성적 또는 왜곡된 사고를 현실에 기반한 사고 방식으로 대체한 예(예 : '거짓말하다가 걸릴 수도 있고, 거짓말하는 것은 나에게 더 문제만 가져다줄 거야', '정직한 것이 최선이야', '내 친구들은 내가 그들에게 거짓말을 하거나 그들을 이용하면 나랑 놀려고 하지 않을 거야')들을 제시했다.

C. 내담자가 비이성적인 또는 왜곡된 사고를 현실에 기반한 또는 보다 현실 적응적인 사고 방식으로 대체한 것에 대해 칭찬해 주었다.

D. 내담자가 비이성적인 또는 왜곡된 사고를 현실에 기반한 또는 보다 현실 적응적인 사고 방식으로 바꾸

는 방법을 파악하지 못했고, 이런 면에 대한 대략적 사례들을 제공했다.

17. 거짓말/속이기의 영향을 직시하기 (17)

A. 내담자의 거짓말 또는 속이는 행동의 영향에 대해 내담자에게 단호하게 지적했다.

B. 내담자는 **아동 심리치료 과제계획서**(Jongsma, Peterson, & McInnis)의 '진실/거짓말 사건 보고서' 활동을 할당받았다.

C. 내담자의 거짓말과 속이는 행동으로 인한 자신과 타인에 대한 많은 결과를 내담자에게 지적했다.

18. 부정적인 영향을 알아보기 (18)

A. 내담자에게 거짓말과 속이는 행동이 자신에게 끼치는 부정적인 영향을 열거하도록 지시했다.

B. 내담자는 **아동 심리치료 과제계획서**(Jongsma, Peterson, & McInnis)의 '진실/거짓말 사건 보고서' 활동을 할당받았다.

C. 내담자에게 거짓말과 속이는 행동이 타인에게 끼치는 부정적인 영향을 열거하도록 지시했다.

D. 내담자가 거짓말과 속이는 행동이 자신은 물론 타인에게 끼치는 부정적 영향을 많이 깨달은 것에 대해 긍정적 강화를 제공했다.

E. 내담자가 거짓말과 속이는 행동이 자신은 물론 타인에게 끼치는 부정적 영향을 깨닫는 것에 어려움을 겪었고 이것에 대한 대략적 예(예 : 불신 조장, 타인을 화나게 하거나 상처를 줌, 사회적 고립으로 이어짐)를 제공했다.

19. 거짓말/속이기의 장기적 영향에 대한 직접적인 시각화 (19)

A. 내담자가 심상 기법을 사용해 계속된 거짓말과 속이기 행동이 자신의 대인관계에 끼쳤을 장기적 영향을 시각화하도록 내담자를 지도했다.

B. 심상기법의 사용을 통해 내담자가 거짓말과 속이기의 장기적 영향(예 : 우정의 종료, 존중 상실, 부모와 권위적 존재와의 잦은 논쟁)을 파악할 수 있었다.

C. 내담자의 거짓말, 속이기에 대한 장기적 영향의 시각화를 점검했다.

D. 내담자가 심상 기법을 통한 많은 장기적 영향을 파악하는 데 실패했고, 이 분야에 대한 좀 더 구체적인 심상을 제공해 주었다.

20. 정직성의 가치를 가르치기 (20)

A. 내담자에게 신뢰 형성 및 모든 관계에서의 상호 존중의 기초가 되는 정직성의 가치에 대해 지도했다.

B. 내담자는 **아동 심리치료 과제계획서**(Jongsma, Peterson, & McInnis)의 '정직의 가치(The Value of Honesty)' 활동을 할당받았다.

C. 내담자에게 정직성의 이점을 언어로 말하도록 지시했다.

D. 내담자가 정직성이 신뢰 형성 및 모든 관계에서의 상호 존중의 기반이 되는 여러 방법을 인지함에 따라 긍정적 다시 챙겨주기를 제공했다.

E. 내담자가 관계의 근간이 되는 정직성의 가치를 어느 하나라도 인정하려 들지 않았고 이 분야에 대해 구체적인 다시 챙겨주기를 제공했다.

21. 공감 쌓기 (21)

A. 내담자에게 만약 타인이 자신을 기만했거나 속였다면 어떤 기분이 들 것인지 표현하도록 요청했다.

B. 내담자는 금요일에는 거짓말하지 마세요(*Don't Tell a Whopper on Fridays! : The Children's Truth-control Book*)(Moser)를 읽도록 추천받았다.

C. 내담자가 자신이 속았거나 기만당했을 때의 감정적 반응을 파악하도록 도움을 주었다.

D. 내담자가 속임 또는 기만을 당했을 경우의 기분을 점검했고, 내담자가 과거에 속였던 사람들에 대한 공감을 강조했다.

E. 내담자가 자신이 속았거나 기만당했을 때 느낄 감정에 대해 방어적이었고, 이 분야에 대한 대략적인 예를 제공했다.

22. 기만/속이기의 영향을 역할 연기하기 (22)

A. 내담자가 기만적 혹은 속이는 행동이 타인에게 어떤 부정적인 영향을 끼치는지를 깨닫도록 도움을 주기 위해 역할 전환 기법을 사용했다.

B. 다른 사람들이 기만당하거나 속는 상황들을 역할 연기했다.

C. 역할 전환과 역할 연기 기법 사용 결과 내담자가 기만적 또는 속이는 행동이 타인에게 얼마나 부정적인 영향을 끼치는지에 대해 더 알게 되었다.

D. 역할 연기 기법을 사용했음에도 불구하고 내담자가 기만 및 속이기의 부정적 영향에 대한 공감을 발달시키지 않았고, 이 분야에 대한 교정적인 다시 챙겨주기를 제공했다.

23. 기만/속이기 관찰 과제를 내주기 (23)

A. 내담자에게 타인들 사이에 기만/속이기가 발생하는 상황을 관찰하는 과제를 내주었다.

B. 부모와 내담자는 아동 심리치료 과제계획서(Jongsma, Peterson, & McInnis)의 '나쁜 선택-거짓말을 숨기기 위한 또 다른 거짓말(Bad Choice-Lying to Cover Up Another Lie)' 활동을 할당받았다.

C. 타인에게 이용당하거나 속은 개인들의 감정을 알아차리도록 내담자에게 지시했다.

D. 내담자가 타인들이 기만당하거나 속은 상황을 파악했지만, 이들이 느꼈을 법한 감정을 파악하는 데는 도움이 필요했다.

E. 내담자가 타인들이 속은 상황을 파악하고 그들이 경험했을 법한 감정을 인지한 것에 대해 긍정적인 다시 챙겨주기를 제공해 주었다.

F. 내담자가 타인들이 기만당했거나 속은 상황을 눈치채지 못했고 치료 시간 사이사이에 이런 상황들을 계속 복습하도록 내담자를 독려했다.

24. 명상 및 자기통제 전략을 가르치기 (24)

A. 자신의 욕구 충족 또는 행동의 결과 회피를 위해 거짓말 또는 남을 속이려는 의지를 이겨 내는 것에 도움이 되는 명상 및 자기통제 전략을 내담자에게 가르쳤다.

B. 내담자에게 '멈추기, 듣기, 생각하기, 행동하기' 기법을 가르쳤다.

C. 내담자에게 사고중지 기법을 가르쳤다.

D. 내담자에게 자기주장 의사소통 기법을 가르쳤다.

E. 내담자가 정기적으로 명상 및 자기통제 전략을 사용했고 이런 기법들의 이점을 검토했다.

F. 내담자가 명상 및 자기통제 전략을 사용하지 않았고, 이러한 기법을 사용하도록 내담자를 상기시켰다.

25. 부모의 칭찬과 강화 활용을 격려하기 (25)

A. 부모에게 내담자가 "아니요" 혹은 자신의 부탁에 대한 비우호적인 답변을 수용할 때마다 칭찬과 강화를 사용하도록 독려했다.

B. 부모에게 내담자가 보통의 경우 거짓말 또는 속이기를 시도할 상황에서 거짓말 혹은 속이기를 하지 않을 때 내담자를 강화해 주도록 독려했다.

C. 관찰 결과 내담자가 속이거나 기만하지 않는 상황일 때 부모를 강화해 주었다.

D. 부모가 내담자의 정직함에 대해 강화를 해 주지 않았고 강화라는 이 양육 기법이 반드시 필요함을 부모에게 상기시켰다.

26. 명확한 규칙을 세우기 (26)

A. 부모가 거짓말과 속이는 행동에 대한 명확하게 규정된 규칙과 결과를 설정하도록 도움을 주었다.

B. 부모가 내담자의 거짓말과 속이는 행동에 대해 모호한 규칙과 결과를 세웠고 이런 규칙과 결과를 좀 더 명확하고 구체적으로 만드는 데 도움을 주었다.

C. 내담자에게 거짓말과 속이는 행동에 대한 규칙과 결과를 알려 주었다.

D. 내담자가 이러한 지침을 이해했음을 보이기 위해 내담자에게 규칙과 결과를 반복해서 말하도록 지시했다.

27. 유관 계약을 개발하기 (27)

A. 내담자와 부모가 내담자가 거짓말과 타인을 속이는 행동을 하다가 걸렸을 경우 맡게 될 결과를 명확하게 규정한 유관 계약을 설정하는 데 도움을 주었다.

B. 유관 계약을 종이에 적었고, 치료사, 내담자, 부모가 계약에 서명했다.

C. 부모에게 그 계약을 집 안의 보이는 곳에 붙이도록 지시했다.

D. 내담자가 자신의 거짓말/속이는 행동에 따른 결과를 적시한 유관 계약에 서명하는 것을 거부했으나, 부모에게 내담자의 거부에 상관없이 계약에 서명하고 그것을 잘 보이는 곳에 붙이도록 지시했다.

28. 부모에게 단호하도록 용기를 북돋아 주기 (28)

A. 부모에게 단호한 태도를 유지하고 내담자의 거짓말이나 속이려는 시도에 굴복하지 말라고 독려했다.

B. 내담자가 다른 잘못된 행동에 따른 어려움에서 빠져나가기 위해 거짓말 또는 남을 속이려다가 적발되었을 경우 추가적인 결과들(예 : 격리, 특권 또는 원하는 물건 제거하기)을 지정하도록 부모에게 지시했다.

C. 부모가 내담자의 거짓말 및 속이기 시도에 단호한 태도를 유지했다고 말함에 따라 부모를 지지해 주고 격려했다.

D. 내담자가 거짓말 혹은 속이려는 시도를 했을 때 내담자에 대해 단호한 태도를 유지하지 못했다고 부모가 보고했고, 부모에게 단호한 태도 유지의 중요성을 상기시켰다.

29. 비일관성의 본질 강화에 대해 부모에게 조언하기 (29)

A. 한계 또는 결과를 일관성 있게 지키는 것에 대한 실패가 내담자의 기만적 행동과 속이는 행동을 강화

함을 부모에게 조언했다.

B. 부모는 **아동 심리치료 과제계획서**(Jongsma, Peterson, & McInnis)의 '일관성 있는 부모 되기' 활동을 할 당받았다.

C. 한계 또는 결과를 일관성 있게 지키는 것에 대한 실패가 내담자에게 그 상황을 조절 또는 그릇된 행동을 하고도 상황을 빠져나갈 수 있다는 메시지를 던질 수 있음에 대한 통찰을 발달시키도록 부모가 도움을 주었다.

D. 부모가 내담자에게 합당한 메시지를 전달하기 위해 일관성 유지의 필요성을 납득했음을 보여 준 것에 대해 부모에게 긍정적 다시 챙겨주기를 제공했다.

E. 부모가 내담자에 대한 한계 및 결과 설정을 지키는 것에 계속 비일관적인 태도를 보였고 이런 행동이 내담자에게 불건전한 메시지를 보낸다는 점을 부모에게 상기시켰다.

30. 부모에게 거짓말 또는 속이기를 하지 않도록 가르치기 (30)

A. 내담자가 거짓말을 했거나 속였다는 개인들에게 내담자의 잘못을 공개적으로 인정하는 것을 통해 내담자가 거짓말 또는 속이기를 한 것을 원상태로 복구하도록 하는 것이 필요하다고 부모에게 가르쳐 주었다.

B. 부모가 내담자에게 자신의 거짓말과 속이기를 밝히도록 요구하는 것에 동의했고 이러한 기대를 실행한 것을 지지해 주었다.

C. 부모가 내담자에게 자신의 거짓말과 속이기를 밝히도록 요구하는 것에 일관성을 유지하지 못했으므로 이 분야에 대해 일관성을 유지하도록 다시 지시했다.

31. 사과하도록 지시하기 (31)

A. 내담자에게 자신이 거짓말하거나 속인 사람들에게 언어로 사과하도록 지시했다.

B. 내담자에게 자신이 거짓말하거나 속인 사람들에게 사과 편지를 쓰도록 지시했다.

C. 내담자가 사과한 것에 대해 긍정적 다시 챙겨주기를 제공했다.

D. 내담자가 자신이 거짓말하거나 속인 사람들에게 사과를 하지 않았고 이러한 예상 행동을 하도록 다시 지시했다.

32. 관심 철회에 대해 조언하기 (32)

A. 부모와 가족 구성원들에게 내담자가 집에서 상황을 조작하려는 시도를 할 때 내담자에 대한 관심을 기울이지 않는 것에 조언을 해 주었다.

B. 부모가 집에서 상황을 조작하려는 내담자의 시도에 관심을 보이지 않을 수 있는 시기에 대한 매개 변수를 설정하는 데 도움을 주었다.

C. 부모에게 내담자의 거짓말과 속이는 행동에 대한 관심(부정적 관심조차도)이 강화적 속성을 지님을 알려 주었다.

D. 부모가 규칙적으로 내담자의 거짓말과 속이는 행동에 대한 관심을 기울이지 않는 것에 긍정적인 다시 챙겨주기를 제공했다.

E. 부모가 계속해서 내담자가 집 안에서 상황을 조작하려는 시도를 할 때 이것을 강화하는 행동을 했고 이런 행동에서 벗어나도록 다시 지시했다.

33. 연합 전선을 구축하도록 독려하기 (33)

A. 부모에게 내담자의 기만 혹은 속이려는 시도(예 : 자기 연민, 신체증적 증상 호소, 부적절한 농담, 거짓말)에 대해 서로 알리는 것을 통해 연합 전선을 구축하고 서로 의견 분열이 일어나지 않는 모습을 보이도록 독려했다.

B. 부모가 내담자의 기만 혹은 속이는 행동에 대한 결과를 상호 합의하도록 독려했다.

C. 부모에게 그들의 개별적 기대나 선호에 상관없이 동일한 수준의 관용과 결과를 사용하도록 독려했다.

D. 부모는 아이들이 거짓말하는 이유 : 부모가 진실함을 장려할 수 있는 방법(*Why Kids Lie : How Parents Can Encourage Truthfulness*)(Ekman)의 일부를 읽을 것을 권장받았다.

E. 부모가 연합 전선을 구축한 것에 긍정적 다시 챙겨주기를 제공했다.

F. 부모가 내담자에 대한 연합 전선을 구축하지 않아 이후 방향을 재설정해 주었다.

34. 가족 내의 역학관계 파악을 위한 가족치료 실시하기 (34)

A. 내담자의 기만적 혹은 속이는 행동을 조장 또는 강화하는 가족 내의 역학관계와 스트레스 요인을 파악하기 위해 가족치료 회기를 실시했다.

B. 내담자의 기만적 혹은 속이는 행동을 지지하는 역학관계와 스트레스 요인을 가족들이 파악한 것에 지지를 해 주었다.

C. 가족이 내담자의 기만적 혹은 속이는 행동을 지지하는 역학관계와 스트레스 요인을 파악하지 못했고 이 분야에 대한 대략적인 예(예 : 기만 따라 하기, 극심한 비판, 가혹한 처벌, 내담자에 대한 거부, 부모에 의한 약물 남용)를 제공했다.

35. 부모에게 거짓말/속이기의 모델링을 멈추도록 의욕을 북돋우기 (35)

A. 부모가 내담자에게 부적절한 행동의 모델이 된 그들의 기만 또는 속이는 행동 방식을 지적했다.

B. 내담자에게 부적절한 행동의 모델이 되는 것을 멈추도록 부모에게 도전 의식을 심어 주었다.

C. 부모가 자신들이 내담자에게 어떤 식으로 부적절한 행동의 모델이 되었는지를 인지한 것에 대해 지지해 주었다.

D. 부모가 부적절한 행동(예 : 기만 혹은 속이기)의 모델이 된 적이 없다고 부인해서 이러한 일이 어떻게 일어났을지를 보여 주는 대략적인 예들을 제공했다.

36. 미충족된 욕구를 거짓말/속이기와 연관시키기 (36)

A. 오늘 치료 시간에 과거의 거부 경험과 관련된 내담자의 미충족된 욕구와 내담자의 거짓말, 속이기 전략과의 연관성을 살펴보았다.

B. 내담자는 아동 심리치료 과제계획서(Jongsma, Peterson, & McInnis)의 '진실/거짓말 사고 보고서' 활동을 할당받았다.

C. 내담자가 자신의 미충족된 욕구와 과거의 거부 경험이 어떤 식으로 자신의 거짓말, 속이기 전략에 영향을 끼쳤는지를 깨달았고, 이에 대해 지지해 주었다.

D. 내담자에게 자신의 미충족된 욕구가 어떤 식으로 거짓말과 속이는 행동을 유발했는지를 보여 주는 구체적인 예를 들었다.

E. 내담자가 사랑, 애정, 친밀함에 대한 자신의 욕구를 거짓말 또는 타인을 속이는 것을 통해서가 아닌

보다 적응성 있는 방식으로 충족시킬 수 있는 방법을 깨닫도록 도움을 주었다.

F. 내담자가 자신의 사랑, 애정, 친밀함에 대한 욕구를 채우기 위해 거짓말 또는 남을 속이기를 통해서가 아닌 보다 적용 가능한 있는 방식을 더 많이 사용했다.

37. 감정적 표현을 격려하기 (37)

A. 내담자에게 자신의 거절 혹은 박탈에 대한 감정을 표현하도록 격려했다.

B. 내담자가 자신의 거절 혹은 박탈감을 표현한 것을 지지해 주었다.

C. 내담자가 부모 또는 중요한 타인으로부터의 사랑, 애정 욕구를 언어로 표현한 것을 지지해 주었다.

D. 내담자가 자신의 감정을 깨닫고 자신의 욕구를 표현하는 능력을 보인 것에 대해 긍정적인 다시 챙겨주기를 제공했다.

E. 내담자가 자신의 감정과 욕구를 명확하게 파악하는 것에 조심스러운 태도를 보이거나 이것을 할 수 없는 모습을 보였고, 이 점에 대해 일시적으로 다시 챙겨주기를 제공했다.

38. 조력자를 찾기 (38)

A. 내담자가 지지를 요청하고 미충족된 욕구를 충족시키는 것을 도와줄 수 있는 조력자의 목록을 작성하도록 도움을 주었다.

B. 내담자가 여러 명의 조력자를 목록에 적었고 자신의 욕구를 충족시키기 위해 기만 혹은 속이기를 사용하기보다는 이 사람들과 접촉해 지지나 도움을 요청하도록 내담자를 격려했다.

C. 내담자가 자신의 조력자들을 만나 자신의 미충족된 욕구 충족에 도움을 얻었고 이런 지지를 받도록 내담자를 격려했다.

D. 내담자가 조력자들에게 지지 또는 도움을 요청하지 않은 한편 계속해서 기만과 속이기를 사용해 자신의 욕구를 충족시키려고 했다. 내담자에게 자신의 조력자들을 사용할 것을 다시 지시했다.

39. 고통스러운 감정을 거짓말 및 속이기와 연결시키기 (39)

A. 내담자가 자신의 내재된 고통스러운 감정(예 : 우울증, 불안감, 불안정성, 분노)과 거짓말 또는 속이는 행동과 연결 짓는 것에 도움을 주었다.

B. 내담자가 자신의 내재된 고통스러운 감정과 거짓말 또는 속이는 행동 간의 연관성을 시인했고, 이런 통찰을 얻는 것을 지지해 주었다.

C. 내담자가 자신의 내재된 고통스러운 감정과 거짓말 또는 속이는 행동 간의 연관성을 부인했고, 이것이 어떻게 발생할 수 있는지를 보여 주는 예를 내담자의 과거사에서 찾아 제시했다.

40. 효과적인 의사소통 및 자기주장 기술을 가르치기 (40)

A. 내담자에게 자신의 고통스러운 감정을 타인에게 좀 더 직접적이고 건설적인 방식으로 표현하도록 효과적인 의사소통 기술을 가르쳐 주었다.

B. 내담자에게 자신의 감정과 욕구를 타인에게 좀 더 직접적이고 건설적인 방식으로 표현하도록 자기주장 기술을 가르쳐 주었다.

C. 내담자가 좀 더 효과적인 의사소통자가 되고 더 자기주장을 잘하게 된 것에 긍정적인 다시 챙겨주기를 제공했다.

D. 내담자가 의사소통 및 자기주장 기술을 사용하지 않아서 이것을 사용하도록 다시 지시했다.

41. 신뢰를 형성하는 사회적 행동을 알아보기 (41)

A. 내담자에게 자신에 대한 신뢰를 다시 형성하는 것에 도움이 되는 긍정적인 사회적 행동 5~10개를 찾는 과제를 내주었다.

B. 내담자가 작성한 5~10개의 긍정적 사회적 행동을 검토했다.

C. 내담자가 찾아낸 긍정적 사회적 행동에 참여하도록 내담자를 격려했다.

D. 내담자가 긍정적인 사회적 행동 찾기 과제를 완수하지 않았고 이를 완료하도록 다시 지시했다.

42. 부모에게 내담자를 관찰한 후 친사회적 행동을 강화하도록 지시하기 (42)

A. 부모에게 내담자의 행동을 관찰하고 그중 내담자가 자신의 신뢰를 다시 회복하는 데 도움이 될 3~5개의 친사회적 혹은 책임감 있는 행동을 기록하도록 지시했다.

B. 부모에게 내담자가 친사회적 혹은 책임감 있는 행동을 할 때 이것을 격려 · 칭찬 · 강화해 주도록 지시했다.

C. 내담자의 신뢰를 회복할 친사회적 혹은 책임감 있는 행동을 내담자가 하고, 이것을 관찰 · 강화해 준 부모와 내담자에게 긍정적 다시 챙겨주기를 제공했다.

D. 부모가 내담자의 친사회적 혹은 책임감 있는 행동을 관찰하려고 시도했으나 내담자가 이런 종류의 행동을 하지 않았다고 보고했다. 그럼에도 계속해서 이런 종류의 행동이 있는지를 관찰하도록 부모를 격려했다.

E. 부모가 부지런히 내담자의 친사회적 행동을 관찰 · 기록하지 않았다고 보고했으나 이를 실천하도록 다시 지시했다.

43. 보조 동화(assisted stories)를 통한 정직성과 신뢰 가르치기 (43)

A. 손인형, 인형, 봉제 동물인형을 사용해 정직성의 가치를 가르치는 이야기를 내담자에게 들려주었다.

B. 손인형, 인형, 봉제 동물인형을 사용해 신뢰를 회복하는 적절한 방법을 가르치는 이야기를 만들었다.

C. 내담자가 정직성의 가치를 익히고 신뢰 회복을 위한 적절한 방법들을 따르는 것을 돕기 위해 내담자에게 유사한 주제를 가진 이야기를 구성하도록 지시했다.

D. 내담자가 재구성한 이야기가 정직성의 가치 및 신뢰 회복을 위한 올바른 방법에 대한 명확한 이해를 보임에 따라 긍정적인 다시 챙겨주기를 제공했다. 내담자가 재구성한 이야기가 긍정적인 가치 및 신뢰 회복을 위한 올바른 방법에 대한 주제를 잘 담고 있는 것을 내담자가 이해하고 있다는 증거이다.

44. 사회적으로 용납되는 속이기/꾀부리기 브레인스토밍하기 (44)

A. 사람이 꾀를 부리거나 속이는 행동이 사회적으로 용납되는 경우의 개념을 내담자에게 소개했다.

B. 사회적으로 용납되는 범위 내에서 내담자가 꾀를 부리거나 남을 속이고 싶은 방식을 내담자가 생각해 내도록 도움을 주었다.

C. 내담자가 사회적으로 용납 가능한 꾀부리기 또는 속이는 행동이 무엇인지 알았고, 이런 기술을 다음번 치료 시간 전까지 적어도 한 번 연습하는 과제를 내담자에게 내주었다.

D. 내담자가 사회적으로 용납 가능한 꾀부리기 또는 속이는 행동이 무엇인지를 깨닫는 것에 실패했고 구체적인 예(마술 속임수 배우기, 동료들에게 수수께끼 내기, 농구팀 경기를 위한 속임수 짜기)를 제공했다.

E. 내담자가 사회적으로 속이거나 꾀부리는 행동을 재검토하는 데 이용했다.

45. 낮은 자존감과 과장 사이의 관계에 초점을 맞추기 (45)

A. 내담자가 내재된 낮은 자존감과 자신의 성과와 행동에 대해 거짓말 또는 과장하고 싶은 욕구 사이의 관계를 깨닫는 데 도움을 주었다.

B. 내담자가 자신의 낮은 자존감이 자신에 대해 거짓말 또는 과장을 하고 싶은 욕구를 어떠한 방식으로 일으킨다는 점을 시인한 것에 대해 지지를 해 주었다.

C. 내담자가 내제된 낮은 자존감과 자신의 성과 혹은 행동에 대해 거짓말 혹은 과장하고 싶은 자신의 욕구 사이의 관계를 일절 부인했고 이러한 일이 어떻게 발생하는지를 보여 주는 구체적인 예를 제공했다.

D. 내담자가 자존감을 향상시킬 좀 더 효과적인 방법을 파악하는 데 도움을 주었다.

46. 과장의 자기 패배적 속성에 주목하기 (46)

A. 거짓말 혹은 과장된 주장이 친밀하고 신뢰하는 관계를 형성하고 유지하는 내담자의 능력을 어떤 식으로 방해하는지를 내담자에게 지적했다.

B. 내담자가 자신의 과장된 주장과 거짓말들이 자기 패배적이며, 타인과의 친밀하고 신뢰하는 관계를 가로막는다는 것을 이해함에 따라 지지와 격려를 제공했다.

C. 내담자가 자신의 거짓말, 과장된 주장과 친밀하고 신뢰하는 관계를 형성하고 유지하는 데 어려움을 겪는 문제들 사이의 연관성을 일절 부인했고, 이런 역동성에 관한 구체적인 예를 내담자에게 제공했다.

47. 강점을 상징화하기 (47)

A. 내담자에게 자신의 흥미 또는 강점을 반영하는 상징 또는 물건을 그림으로 그리도록 지시했다.

B. 내담자는 아동 심리치료 과제계획서(Jongsma, Peterson, & McInnis)의 '자기 가치의 상징' 활동을 할당받았다.

C. 내담자에게 자신의 재능과 강점을 활용하여 자존감을 높이고 친근감과 친밀감에 대한 자신의 욕구를 충족시키도록 격려했다.

D. 내담자가 친밀감을 개발하고 답답함에서 벗어나기 위해서 그리고 자존감을 개선하기 위하여 자신의 재능과 강점을 이용했으며 진전이 이루어진 것을 격려했다.

E. 내담자가 자신의 재능과 강점을 사용하여 자존감을 높이고 친근감과 친밀감을 발달시켰다. 이런 진전을 이룬 것을 격려해 주었다.

48. 지적 능력의 친사회적 사용을 촉구하기 (48)

A. 내담자에게 지적 능력을 기만과 속이기라는 자기 패배적 행동을 하는 곳에 사용하는 것을 멈추도록 촉구했다.

B. 내담자에게 자신의 지능을 사회적으로 적절한 방법으로 사용하도록 격려했다.

C. 내담자가 사회적으로 적절한 방법으로 자신의 지능을 사용할 수 있도록 브레인스토밍하는 것을 도왔다.

D. 내담자에게 자신의 지적 능력을 활용할 수 있는 사회적으로 적절한 방법에 대한 구체적인 예(바둑이나 장기 배우기, 학교 연극에서 악당 역할 맡기, 문학 수업에 이야기 꾸미기)를 알려 주었다.

| 제21장 | 의학적 상태[1) |

내담자 소개

1. 생명을 위협하지 않는 만성 질병의 진단 (1)[2)

A. 내담자가 최근에 생명을 위협하지 않지만 내담자의 삶에 큰 영향을 끼치는 만성 질병을 진단받았다.

B. 내담자가 생명을 위협하지 않는 지병을 지닌 것을 확인받고 난 후 속상하고 걱정된 모습이었다.

C. 내담자가 만성 질병을 진단받고 난 뒤 질병과 그에 따라 요구되는 삶의 변화에 압도되었다.

D. 내담자가 자신의 의학적 상태를 받아들이기 시작했고 그에 따라 요구되는 변화를 적용하기 시작했다.

2. 생활양식의 변화 (1)

A. 내담자가 자신의 의학적 상태(medical condition)를 안정화시키기 위해 실시해야 할 수많은 생활양식의 변화에 대해 이야기했다.

B. 내담자가 자신의 의학적 상태를 치료하는 데 방해가 되는 몇 가지 행동이나 일을 자신의 생활양식에서 포기해야 하는 데 어려움을 겪었다.

C. 내담자가 자신의 치료과정의 일부로 제안된 몇몇 생활양식의 변화에 대한 고려를 거부했다.

D. 가족에게서 오는 외부 압력을 제거한 것이 내담자로 하여금 자신의 장기적인 신체 건강 개선을 위해 제안된 생활양식 변화에 따르도록 했다.

3. 생명을 위협하는 급성 질병 진단 (2)

A. 내담자가 생명을 위협하는 급성 질병을 진단받은 후 매우 속상해했다.

B. 내담자가 생명을 위협하는 급성 질병을 진단받은 것에 대해 느끼는 슬픔이 매우 크다고 말했다.

---

1) 이 주제는 아동과 청소년 심리치료, 아동과 청소년 발달정신병리학, 아동이상심리학, 상담 및 심리치료의 이론과 실제, Child and Adolescent Therapy, Child Behavior : Comprehensive Sympathetic and Accessible, This is the only Guide to Child Behaviour You Will Ever Need에서 다루고 있지 않은 참신하고 중요한 주제이다.

2) 괄호 안의 숫자들은 아동 심리치료 치료계획서(*The Child Psychotherapy Treatment Planner*), 제5판(Jongsma, Peterson, McInnis, Bruce 공저, 2014년, Hoboken, NJ : Wiley)에서 동일한 제목을 지닌 관련 장의 치료 중재의 숫자와 연결된다.

C. 내담자가 질병 진단을 받은 것과 그 심각성을 아무 친구에게도 이야기하지 않았다고 말했다.

D. 내담자가 자신의 질병과 그 의미를 자신과 가까운 사람들에게 알리기 시작했다.

4. 불치병 진단 (3)

A. 내담자가 불치병을 진단받은 것에 대해 망설이는 태도로 어렵게 이야기를 꺼냈다.

B. 내담자가 불치병을 진단받은 것을 타인으로부터 질문을 받기 전까지 스스로 공개하는 것에 실패했다.

C. 내담자가 불치병을 진단받은 것을 도저히 이야기할 수 없다고 말했다.

D. 내담자가 불치병을 진단받은 것과 병을 고치기 위해 손을 쓸 수 없음을 공개적으로 인정하기 시작했다.

5. 불안함/예민함 (4)

A. 내담자가 자신의 의학적 상태가 심각한 데 따른 불안감을 보였다.

B. 내담자가 자신의 의학적 상태와 관련된 어떠한 논의라도 자신을 불안하게 만든다고 보고했다.

C. 내담자가 자신의 심각한 의학적 상태에 대해 마음의 평화를 조금 찾았다.

6. 슬픔/말이 없음 (4)

A. 내담자가 슬퍼 보였고, 말이 별로 없었다.

B. 내담자가 자신의 의학적 상태에 대해 이야기하는 것을 매우 어려워했다.

C. 내담자가 병원에서 진단을 받았을 때 건강을 잃은 것에 따른 슬픔에 압도되었다고 보고했다.

D. 내담자가 자신의 의학적 진단과 예후에 대해 더 공개적으로 기꺼이 이야기하려고 함에 따라 내담자의 슬픔이 줄어들었다.

7. 사회적 위축 (4)

A. 최근에 내담자가 대부분의 친구들과 어울리는 것을 중단했다.

B. 내담자가 모든 시간을 혼자 보낸다고 보고했다.

C. 내담자가 자신의 의학적 상태에 대해 알고 난 이후 가족과 친구들을 피하는 것으로 보였다.

D. 내담자는 자신의 의학적 상태 때문에 타인과 상호작용을 하거나 관계를 맺을 이유가 없다고 보았다.

E. 내담자가 자신의 의학적 상태를 받아들임에 따라 타인과 다시 관계를 맺고 그들의 지원을 받기 시작했다.

8. 우울증 진단 (4)

A. 의학적 상태가 확인된 이후 내담자의 기분이 계속 우울했다.

B. 내담자가 힘이 없고 일상활동에 흥미를 거의 보이지 않는 우울한 태도를 보였다.

C. 우울증이 완화되자 내담자가 더 힘을 내기 시작했고 내담자가 의학적 상태로 사는 것에도 희망을 갖기 시작했다.

9. 자살 생각 진단 (5)

A. 내담자가 부정적이고 의기소침한 모습을 보였다.

B. 내담자가 매우 절망감을 느끼며 자신의 의학적 상태 때문에 미래에 희망이 없다고 말했다.

C. 자살 생각과 충동이 현재 내담자를 지배하고 있는 것으로 보였다.

D. 내담자가 자신의 삶을 마감할 주 계획과 예비 계획을 공개했다.

E. 내담자가 서서히 삶에 더 희망을 갖기 시작했고 자신의 의학적 상태에 대해 덜 의기소침해졌다.

10. 부정 (6)

A. 내담자가 반증이 있는데도 불구하고 자신에게 아무런 문제가 없는 것처럼 행동했다.

B. 내담자가 의사들이 병세가 심각하다고 진단 내린 것에 동의하지 않는다고 말했다.

C. 내담자가 진단된 의학적 상태를 수용할지, 부정할지 그 사이에서 오락가락하는 것으로 나타났다.

D. 내담자가 병세를 지닌 것을 공개하거나 인정하는 것을 거부했다.

E. 내담자의 거부가 줄어들기 시작했으며 자신의 병세에 대해 현실적인 태도로 말하기 시작했다.

11. 치료에 저항적임 (7)

A. 내담자가 저항적인 태도를 보였다.

B. 내담자가 자신의 병세를 다룰 어떤 종류의 치료도 받지 않겠다고 보고했다.

C. 내담자가 자신의 병세에 따른 치료를 받는 것에 저항적인 태도를 보이는 것이 내담자의 전반적인 건강에 유해한 영향을 끼쳤다.

D. 내담자가 제안된 의학적 치료에 완전히 협력하는 것을 거부했다.

E. 내담자가 점점 의학적 치료과정에 협조적으로 변했다.

중재 실행

1. 신뢰 형성하기 (1)[3]

A. 일관된 눈 맞춤, 적극적인 청취, 무조건적인 긍정적 존중, 따뜻한 수용이 내담자와의 신뢰를 구축하는 것을 돕기 위해 사용되었다.

B. 내담자는 라포와 신뢰 수준이 증가함에 따라 보다 자유롭게 감정을 표현하기 시작했다.

C. 내담자는 고통스러운 감정에 대한 표현이 개방적이고 직접적인 데 어려움을 겪는 경험이 계속되었다. 이러한 어려운 문제를 표현하기 위해 치료의 안전한 피난처를 사용하도록 격려받았다.

2. 의학적 상태에 관한 병력 수집하기 (2)

A. 증상, 치료, 예후를 포함해 내담자의 의학적 상태에 관한 병력을 수집했다.

B. 병력을 수집하는 동안 내담자가 자신의 의학적 상태의 양상, 진행 단계와 자신의 감정을 연결시키도록 도움을 주었다.

C. 내담자가 구체적인 정보자료를 제공하는 것을 꺼리는 바람에 내담자의 의학적 상태에 대한 대략적이고 모호한 병력만을 얻었다.

3. 추가적인 병력 자료를 수집하기 (3)

A. 내담자의 병력에 대한 추가 정보자료를 얻기 위해 내담자의 가족과 의사와 접촉할 수 있도록 내담자로

---

[3] 괄호 안의 숫자들은 아동 심리치료 치료계획서(*The Child Psychotherapy Treatment Planner*), 제5판(Jongsma, Peterson, McInnis, Bruce 공저, 2014년, Hoboken, NJ : Wiley)에서 동일한 제목을 지닌 관련 장의 치료 중재의 숫자와 연결된다.

부터 고지에 입각한 허락을 얻었다.

B. 내담자에게 내린 진단, 치료 그리고 내담자의 예후에 관한 추가 정보자료를 내담자의 의사로부터 수집했다.

C. 다양한 가족 구성원들이 내담자의 의학적 상태와 경과에 관해 연락을 취했을 때 추가 정보자료를 제공했고, 이렇게 획득한 정보자료를 요약했다.

D. 내담자가 자신의 의학적 상태에 관한 정보자료 수집을 위해 자신의 의사나 가족 구성원들에게 연락을 취하는 것에 대해 동의하는 것을 거부했고, 내담자의 요청을 받아들였다.

4. 건강을 잃는 것에 대한 두려움 살펴보기 (4)

A. 내담자에게 건강을 잃는 것, 죽음 그리고 죽어 감에 대한 두려움을 표현하도록 지시했다.

B. 내담자가 표현한 죽음과 죽어 감에 대한 두려움을 살펴보고 점검했다.

C. 자신의 두려움과 대면하기의 개념을 내담자에게 제시하고 이를 함께 검토했다.

D. 내담자가 죽음과 죽어 감과 관련된 자신의 두려움을 표현하는 것에 개방적이었다. 이런 열린 자세가 내담자가 가진 두려움에 대한 해답이 된다고 내담자에게 말해 주었으며, 이것이 마음의 평화를 낳았다.

5. 불안감을 정상화하기 (5)

A. 내담자가 자신의 의학적 상태와 관련된 불안감을 인식하고 표현하는 것을 돕고 지지해 주었다.

B. 내담자가 자신의 상태와 관련된 불안감과 슬픈 감정을 지닌 것을 긍정해 주고 정상화해 주었다.

C. 내담자에게 감정 인식 및 표현의 가치와 이것이 자신의 건강 및 회복에 끼치는 이점을 상기시켰다.

6. 우울감과 불안감 평가/치료하기 (6)

A. 내담자의 우울감과 불안감의 수준이 어떤지 내담자에 대한 평가를 실시했고, 적절한 치료를 제안했다.

B. 내담자의 우울증 정도가 집중된 치료를 요할 정도로 상당히 큰 것으로 판단되었다.

C. 내담자의 불안감을 조사했고, 내담자가 이러한 감정에 대처하는 것을 돕기 위해 적절한 개입을 실시했다.

D. 내담자가 자신의 우울증을 인식하고 그와 관련된 감정을 표현하기 시작하는 데 도움을 주었다.

7. 통찰력 수준의 평가 (7)

A. 내담자는 보이는 문제들을 향한 통찰 수준으로 평가되었다.

B. 내담자는 보이는 문제들에 관하여 그의 통찰의 동조적인 본성 대 이질적인 본성에 따라 평가되었다.

C. 내담자는 행동과 증상에서 문제가 되는 본성에 대한 좋은 통찰을 하도록 보여 주었다.

D. 내담자가 다른 사람들의 우려에 동의하는 것이 목격되어 변화에 힘쓰도록 동기유발되었다.

E. 내담자는 묘사된 문제에 대해 양면성이 있음이 드러났고 그 문제들을 우려사항으로 보는 것을 꺼렸다.

F. 내담자는 문제 영역의 인식에 관해 저항적인 것으로 나타났고, 걱정하지 않았으며, 변화에 대한 동기가 없었다.

8. 관련 장애의 평가 (8)

A. 내담자는 연구 기반의 관련 장애들의 증거에 의해 평가되었다.

B. 내담자는 자살에 대한 취약성 수준으로 평가되었다.

C. 내담자는 동반장애를 가진 것으로 확인되었고, 치료는 이를 처리할 수 있도록 조정되었다.

D. 내담자는 또 다른 관련 장애가 있는지 평가되었지만 아무것도 발견되지 않았다.

9. 문화적으로 혼란스러운 문제에 대한 평가 (9)

A. 내담자는 그의 임상 행동을 더 잘 이해하도록 도울 수 있는 나이 관련 쟁점으로 평가되었다.

B. 내담자는 그의 임상 행동을 더 잘 이해하도록 도울 수 있는 성별 관련 쟁점으로 평가되었다.

C. 내담자는 그의 임상 행동을 더 잘 이해하도록 도울 수 있는 문화의 증후군, 고통의 문화적 관용구, 혹은 문화적으로 감지된 사건으로 평가되었다.

D. 다른 요인들이 내담자의 현재 정의된 '문제 행동'에 기여할 것이라고 확인되었고 이 요인들은 그의 치료에 반영되었다.

E. 내담자의 현재 정의된 '문제 행동'을 설명할 수 있는 문화적 기반 요인들은 조사되었지만 중대한 요인은 발견되지 않았다.

10. 장애의 심각성 평가 (10)

A. 내담자의 장애의 심각성은 보호의 적절한 정도를 결정하기 위해서 판단되었다.

B. 내담자는 사회적·관계적·교육적인 노력에서의 손상 정도로 평가되었다.

C. 내담자는 그의 장애가 자신의 기능에 가볍거나 중간 정도의 영향을 끼친다는 것을 알았다.

D. 내담자는 그의 장애가 자신의 기능에 심각하거나 더 심각한 영향을 끼친다는 것을 알았다.

E. 내담자의 치료의 효율성과 적절성, 그리고 장애의 심각성은 꾸준히 평가되었다.

11. 병원의 돌봄 평가 (11)

A. 병원의 돌봄과 관심으로 내담자의 집, 학교, 지역사회가 평가되었다.

B. 내담자의 다양한 환경은 아동의 욕구에 지속적인 무관심, 돌보는 사람의 잦은 변화, 안정적 애착의 제한된 기회, 가혹한 훈육 혹은 다른 심각한 부적절한 돌봄이 있었는지 평가되었다.

C. 병원의 돌봄이 확인되었고 치료계획에 이러한 우려를 관리하고 바로잡는 것과 아동을 보호하는 전략이 포함되었다.

D. 어떠한 병원의 돌봄도 확인되지 않았고, 이것은 내담자와 돌보는 사람에게 반영되었다.

12. 의학적 상태에 대해 배우도록 권유하기 (12)

A. 내담자에게 자신의 의학적 상태에 대해 배우도록 권유했다.

B. 내담자에게 자신의 질병의 진행과정에 대한 현실적 정보자료를 익히도록 요청했다.

C. 내담자가 통증 관리와 의학적 상태로부터의 회복 가능성에 대해 배우도록 권유했다.

D. 내담자는 자신의 의료 문제에 대한 정보자료를 강화받았다.

E. 내담자가 자신의 의학적 정보자료에 대한 지식을 얻으려고 하지 않아서 이를 실천하도록 다시 지시했다.

13. 치료 순응도 모니터링/강화하기 (13)

A. 제안된 의학적 치료 처방에 대한 내담자의 순응도를 모니터링했다.

B. 내담자가 의학적 치료 제안에 순응하지 않는 문제가 제기되었고 이를 다루었다.

C. 내담자가 일관성 있게 의학적 치료 처방의 측면을 잘 따랐기 때문에 내담자에게 긍정적 지지와 격려를 해 주었다.

D. 내담자에게 온건한 방식으로 상황을 대면시키고 격려를 해 주었음에도 내담자가 여전히 자신의 의학적 상태에 따른 의료 치료 제안에 순응하는 데 실패하고 있다.

14. 치료 순응을 방해하는 요소 살펴보기 (14)

A. 의학적 치료 순응을 방해할 가능성이 있는 오인, 두려움, 상황적 요소를 내담자와 함께 살펴보았다.

B. 내담자가 제안된 의학적 치료를 더 잘 따라오도록 하기 위해 내담자의 오인, 두려움 및 기타 상황적 요소를 해결했다.

C. 내담자의 두려움, 오인과 의학적 치료 회피 사이의 연관성을 파악하도록 도움을 준 후 내담자가 의학적 치료에 완전하게 그리고 책임감 있게 협조하기 시작했다.

D. 내담자의 의학적 치료 처방에 대한 순응 거부가 계속 문제 되고 있다. 치료 순응도를 높일 방안을 찾기 위해 브레인스토밍 기법을 사용했다.

15. 의학적 순응을 가로막는 방어기제에 맞서기 (15)

A. 의학적 처방 순응을 가로막는 내담자의 모든 방어기제를 내담자에게 지적했다.

B. 속이기와 부인의 방어기제를 지적함에 따라 내담자의 의학적 처방 순응도가 향상되었다.

C. 내담자의 방어기제가 계속해서 일관성 있는 의학적 치료 처방을 가로막는다.

16. 수면 패턴 모니터링하기 (16)

A. 오늘의 치료 회기는 밤새 평안하게 잠을 잘 수 있는 기능을 방해하는 요인을 탐구했다.

B. 내담자는 아동 심리치료 과제계획서(Jongsma, Peterson, & McInnis)의 '아동 수면 문제(Childhood Sleep Problems)' 활동을 할당받았다.

C. 내담자는 잠을 자기 전에 차분함을 유도할 수 있도록 유도된 심상과 이완 기술의 사용을 훈련받았다.

D. 내담자는 자신이 약물 평가를 위해 참조되어야 하는지 여부를 결정하기 위해 수면 패턴을 추적하기 위한 질문을 받았다.

E. 내담자는 약물을 느슨하게 할지 또는 정량을 적용해야 하는지 여부를 결정하는 데 도움을 주기 위해 수면 패턴을 모니터링하도록 지시받았다.

F. 내담자는 평안한 수면을 돕기 위한 성공적인 이완 반응을 강화하기 위해 근전도(EMG) 바이오 다시 챙겨주기를 받았다.

17. 식사 패턴 모니터링하기 (17)

A. 오늘의 치료 세션은 영양가 있는 식단을 유지하기 위해 내담자의 기능을 방해하는 요인을 탐구하였다.

B. 내담자는 건강한 다이어트 계획의 사용을 훈련받았다.

C. 내담자는 그/그녀가 약물 평가를 위해 참조되어야하는지 여부를 결정하기 위한 식사 패턴을 추적하기 위해 질문을 받았다.

18. 의학적 상태와 관련된 내담자의 감정을 알아보기 (18)

A. 내담자가 자신의 의학적 상태와 연결된 감정을 인식하고 언어로 표현하는 데 도움을 주었다.

B. 내담자가 매일 주기로 자신의 의학적 상태와 관련된 감정을 파악하고 표현하도록 내담자를 격려했다.

C. 내담자가 자신의 의학적 상태에서 야기되는 감정을 이겨 내도록 돕기 위해 **아동 심리치료 과제계획서**(Jongsma, Peterson, & McInnis)에 나오는 '신체적 장애 또는 질병에 대한 인정 얻기(Gaining Acceptance of Physical Handicap or Illness)' 연습을 지시했다.

D. **아동 심리치료 과제계획서**(Jongsma, Peterson, & McInnis)에 나오는 '소아천식 다루기(Dealing With Childhood Asthma)' 연습을 지시했다.

E. 내담자가 자신의 감정을 파악, 규명, 표현한 경우를 긍정해 주고 언어로 강화해 주었다.

F. 내담자가 현재 의학적 상태와 관련된 자신의 감정을 공개하지 않았으나, 이것을 공개할 준비가 되었다고 느낄 때 더 마음을 열도록 내담자를 독려했다.

19. 필요한 의학적 치료를 거부하는 태도에 맞서기 (19)

A. 내담자가 자신의 병세의 심각성을 부인하고 제안된 치료에 순응할 필요성을 거부하는 것과 관련해 이를 정중하게 지적했다.

B. 부인을 적응 과정의 일부로 정상화했고, 내담자 쪽에서 치료의 필요성을 수용하는 데 방해가 되는 장애물들을 살펴보고 이를 다루었다.

C. 정중한 지적에도 불구하고 내담자가 계속해서 자신의 병세의 심각성을 부인하고 제안된 치료에 따르는 것을 부정했다.

D. 내담자가 의학적 상태의 현실을 부인하고 치료 필요성을 거부하는 것이 사라짐에 따라 내담자를 강화해 주었고, 이것은 내담자가 의학적 제안을 일관성 있게 따르는 결과를 낳았다.

20. 의학적 상태의 수용을 강화하기 (20)

A. 의학적 상태의 부인보다 이를 받아들이는 것이 지닌 긍정적 측면을 내담자와 강화했다.

B. 내담자의 의학적 상태의 수용을 보여 주는 진술을 긍정해 주고 강화했다.

C. 내담자가 자신의 의학적 상태와 치료에 대해 말한 양면적인 진술을 좀 더 긍정적인 진술로 재구성하고 강화했다.

D. 내담자가 자신의 의학적 상태의 현실 및 치료 필요성을 거부하는 것이 사라졌고, 이것은 내담자가 의학적 제안을 일관성 있게 따르는 결과가 되었다. 이렇게 현실에 초점을 맞추는 것의 이점을 강조했다.

21. 의학적 상태와 관련된 가족의 감정을 살펴보기 (21)

A. 한 가족 구성원의 의학적 상태와 관련된 감정을 살펴보았고 그 감정을 가족에게 정상화해 주었다.

B. 가족 구성원들이 내담자의 의학적 상태에 대해 겪으면서 느끼는 감정을 명확하게 하고 이것을 공유하도록 돕기 위해 가족치료 시간을 실시했다.

C. 내담자의 상태에 관한 감정을 표현할 안전한 곳을 갖는 것이 관련자 모두에게 유용하고 건전함을 가족 구성원들에게 상기시켰다.

D. **청소년 심리치료 과제계획서**(Jongsma, Peterson, & McInnis)에 나오는 '형제자매의 건강 문제에 대처하기(Coping With a Sibling's Health Problems)'를 하는 과제를 가족 구성원들에게 내주었다.

E. 가족 구성원들이 내담자의 의학적 상태가 미래에 악화될 것에 대한 강한 무력감과 두려움을 표현했다.

F. 내담자의 형제자매가 내담자의 의학적 상태에 관심이 집중된 것에 대한 분노와 질투심의 감정을 표현

했다.

22. 부부 갈등 상태를 살펴보기 (22)

A. 부모가 내담자의 질병에 따른 스트레스를 어떻게 다루고 있는지를 각 부모와 함께 개별적으로 살펴보았다.

B. 내담자의 의학적 상태에 따른 부부간의 갈등 증가 문제가 드러났다.

C. 각 부모가 상대를 잘 도와주고 수용해 줄 수 있는 구체적인 방법을 알아보았다.

23. 가족 갈등을 평가하고 해결하기 (23)

A. 가족 갈등을 평가했다.

B. 가족 갈등을 다루는 것을 돕기 위해 갈등 해소 기법을 사용했다.

C. 가족이 기꺼이 가족 갈등 문제를 다루고 해결하려는 의지를 보인 것에 대해 강화해 주었다.

D. 가족 구성원들이 갈등을 해소하기 위해 노력하지 않았으나, 이를 위해 노력하도록 다시 지시했다.

24. 가족 구성원들의 관용을 증가시키기 (24)

A. 가족치료 시간에 각 사람별로 스트레스에 대해 다른 반응을 보이는 것에 대한 관용 정신을 갖도록 촉진하고 이를 가족 구성원들 사이에 권유했다.

B. 가족 구성원들에게 각 사람이 지닌 내적 자원과 위협 앞에서의 반응 양식에서 나타나는 개인별 차이점을 상기시켜 주었다.

C. 적극적 경청과 가족 구성원들의 감정 및 생각에 대한 따뜻한 수용을 통해 치료 시간에 가족 구성원들에게 관용의 모습을 보여 주었다.

25. 가족 관여의 영향력을 가르치기 (25)

A. 내담자 간호 및 회복의 모든 면에서 가족 구성원들의 참여가 갖는 잠재적인 치유의 힘에 대해 가족을 교육시켰다.

B. 가족이 가능한 한 내담자에게 따뜻하고, 긍정적이며, 친절하고 힘이 되는 간호와 가정환경을 제공하도록 돕기 위해 조력을 제공했다.

C. 가족이 내담자에게 따뜻하고 긍정적이면서 힘이 되는 간호를 내담자에게 제공한 것에 대해 가족에게 계속적인 격려와 강화를 제공했다.

26. 의학적 상태에 따른 제한을 열거하기 (26)

A. 내담자에게 자신의 의학적 상태로부터 기인한 모든 변화, 상실, 제한 등을 열거하도록 지시했다.

B. 내담자가 자신의 의학적 상태로부터 기인한 모든 변화, 상실, 제한 등을 서로 연관 짓는 데 어려움을 겪음에 따라 내담자의 의학적 상태로부터 기인한 모든 변화, 상실, 제한 등을 목록으로 작성하는 것을 도와주었다.

C. 내담자의 의학적 상태 때문에 생긴 삶의 변화들이 우울증, 좌절감, 절망감을 일으켰다.

D. 내담자가 자신의 의학적 상태에 기인한 제한점을 과소평가하는 경향이 있었으나, 이 분야에 대한 더 정확한 다시 챙겨주기를 내담자에게 제공했다.

27. 비탄의 단계 가르치기 (27)

A. 내담자에게 비탄의 단계와 과정에 대한 교육을 실시했다.

B. 내담자에게 자신이 경험한 비탄 과정의 단계를 파악하도록 지시했다.

C. 비탄과 상실에 관한 몇 가지 책을 내담자 스스로 읽거나 부모와 함께 읽도록 제안했다.

D. 오늘 치료 시간에 내담자가 비탄 및 상실감을 다루는 방법을 생각해 내도록 도움을 주기 위해 **목요일에는 슬퍼하지 마세요**(*Don't Despair on Thursdays*)(Moser)를 내담자와 함께 읽었다.

E. 치료 시간에 내담자와 함께 비탄 관련 서적으로부터 비탄 및 상실에 관한 핵심 아이디어를 논의하고 다루는 것에 초점을 맞췄다.

F. 내담자가 비탄 관련 서적을 읽으면서 배운 몇 가지 아이디어들을 파악하고 이것을 자신의 비탄 및 상실감 대처에 어떻게 활용할 것인가를 생각하는 데 도움을 주었다.

G. 내담자가 비탄과 상실에 관한 책에 나온 주제에 대해 논의하는 것을 거부했으나 좀 더 열린 마음을 갖도록 내담자를 격려했다.

28. 비탄과 상실 관련 서적을 부모에게 권유하기 (28)

A. 비탄과 상실의 단계에 관한 책을 부모에게 권했다.

B. 굿바이 슬픔(Westberg)을 부모에게 추천했다.

C. 부모에게 삶의 모든 잘못된 순간에도 어떻게 행복할 수 있을까?(*How Can It Be All Right When Everything Is All Wrong?*)(Smedes)[4]를 읽도록 격려했다.

D. 부모에게 왜 착한 사람에게 나쁜 일이 일어날까?(*When Bad Things Happen to Good People*)(Kushner)[5]를 읽도록 격려했다.

E. 부모에게 당신의 슬퍼하는 아이 돌보기 : 부모 안내서(Wakenshaw)를 읽도록 격려했다.

F. 부모가 비탄과 상실에 관한 독서 과제를 읽었고 이 정보자료를 비탄 과정에 있는 자녀를 이해하고 지지하는 데에 사용하도록 권유했다.

G. 부모가 비탄과 상실에 관한 독서 과제를 읽지 않았고 이를 읽도록 다시 지시했다.

29. 비탄 일지 기록 지시하기 (29)

A. 비탄 일지를 기록하는 것의 이점을 내담자에게 설명하고, 이를 인지 · 강화시켰다.

B. 내담자에게 치료 시간에 들려줄 비탄 일지를 매일 기록할 것을 약속하도록 지시했다.

C. 내담자가 기록한 일일 비탄 일지 소재를 치료 시간에 공유했고, 일지에 기록한 항목들을 검토했다.

D. 내담자가 매일 자신의 감정을 기록하지 않았으나, 비탄 일지를 쓰겠다고 약속한 것을 내담자에게 상기시켰다.

30. 육아 사례 평가 (30)

A. 부모는 자녀 양육 관행에서 긍정적인 강화 원칙의 사용에 대한 이해와 관련하여 평가되었다.

B. 부모는 조작 기반 자식 관리 기법에 대해 배웠다.

---

4) 조윤진 역(2009), 사랑플러스.
5) 김하범 역(2005), 창.

31. 왜곡되고 부정적인 생각을 알아보기 (31)

A. 내담자가 자신의 의학적 상태와 관련해 부정적 자세와 절망감을 갖게 만드는 인지적 왜곡을 깨닫도록 도움을 주었다.

B. 내담자에게 **청소년 심리치료 과제계획서**(Jongsma, Peterson, & McInnis)에 나오는 '나쁜 생각이 나쁜 감정을 만든다(Bad Thoughts Lead to Bad Feelings)' 과제를 내주었다.

C. 내담자의 인지적 왜곡과 절망감, 자신의 의학적 상태에 대한 부정성 사이에 연결 고리를 설정해 이를 내담자에게 설명했다.

D. 내담자가 인지적 왜곡을 인식하는 것에 저항하고, 이 왜곡을 하고 있음을 부정했다. 이에 따라 대략적인 예를 찾아 내담자에게 제시했다.

32. 긍정적, 현실적 자기 대화를 하도록 가르치기 (32)

A. 내담자가 자신의 의학적 상태에 수반되는 인지적 왜곡과 파국화를 대체할 긍정적, 현실적 자기 대화 목록을 작성하는 것을 도와주었다.

B. 내담자는 **아동 심리치료 과제계획서**(Jongsma, Peterson, & McInnis)의 '긍정적인 자기 말하기로 부정적인 생각 바꾸기'를 할당받았다.

C. 긍정적 자기 대화 기법을 내담자에게 가르쳐 주었다.

D. 내담자가 긍정적 자기 대화를 연습하도록 내담자의 의학적 상태에 관한 역할 연기 상황을 가동했다.

E. 내담자가 보고한 긍정적 자기 대화 사용의 이점을 강화해 주었다.

F. 내담자가 인지적 왜곡과 파국화를 대체할 긍정적, 현실적 자기 대화를 사용하지 않아서 이런 기법을 사용할 수 있는 상황을 파악하도록 도움을 주었다.

33. 일일 애도 시간 할당하기 (33)

A. 내담자에게 상실에 대한 애도의 가치를 교육시켰다.

B. 매일 상실에 대한 애도를 할 방법들을 살폈고, 몇 가지 방법을 선택해 실천을 위해 개발했다.

C. 내담자에게 매일 일정 시간의 애도 의식을 실시하고 그 이후 다른 일상활동을 하겠다는 약속을 하도록 요청했다.

D. 내담자가 일일 애도 의식을 지켰고 이것이 (특정 시간에는) 비탄감에 집중하고, 하루의 나머지 시간의 활동성을 높이는 데 효과가 있었다.

E. 내담자가 매일 애도 의식을 실시하는 데 실패했고 비탄 과정을 회피했다. 내담자에게 애도 의식을 사용하도록 촉구했다.

F. 내담자가 특정 시간대에만 집중해서 강한 애도감을 표출하는 대신 하루 종일 비탄감에 계속 사로잡혀 있었고 애도 의식을 사용하도록 다시 지시했다.

34. 긍정적인 삶의 측면에 초점을 맞추기 (34)

A. 내담자가 자신의 삶에 여전히 존재하는 모든 긍정적인 측면을 열거하도록 도움을 주었다.

B. 내담자에게 자신의 의학적 상태에 따른 상실에 집중하기보다는 자신이 발견한 삶의 긍정적인 측면에 집중할 것을 촉구했다.

C. 치료 시간 동안 내담자가 긍정적인 삶의 측면에 초점을 맞춘 것을 강화해 주었다.

D. 내담자가 긍정적인 삶의 측면보다는 자신의 상실에 다시 초점을 맞출 때 정중하게 이를 지적했다.

35. 진정 기법 교수 (35)

A. 내담자에게 심부근육 이완, 심호흡, 긍정적인 이미지 기술을 휴식을 취할 수 있는 능력을 향상시키기 위해 가르쳤다.

B. 내담자는 거리두기나 비재앙화 같은 인지 능력을 배웠다.

C. 내담자는 **아동 심리치료 과제계획서**(Jongsma, Peterson, & McInnis)의 '깊은 호흡 연습(Deep Breathing Exercise)'을 할당받았다.

D. 행동 연습은 각 이완 기술을 연습할 수 있는 내담자의 기회를 제공하기 위해 사용되었다.

E. 내담자는 심부근육 이완, 심호흡과 긍정적인 이미지의 장점을 상기했고 정기적으로 각각을 사용하도록 격려되었다.

F. 내담자는 이완 기술을 구현하고 스트레스와 불안의 감소를 보고했다.

G. 내담자는 이완 기술 구현을 통해 수행하는 데 실패했다.

36. 긴장 이완 기법을 가르치기 (36)

A. 내담자의 긴장을 푸는 능력을 향상시키기 위해 내담자에게 심부근육 이완, 심호흡, 긍정적 심상 기법을 가르쳐 주었다.

B. 내담자에게 각 이완 기술을 연습할 기회를 주기 위해 행동 연습을 활용했다.

C. 내담자에게 심부근육 이완, 심호흡, 긍정적 심상 기법의 이점을 알려 주었고, 각각의 기법을 정기적으로 사용하도록 내담자를 격려했다.

D. 내담자가 이완 기법을 실행했고 스트레스와 불안감이 크게 줄어들었다고 보고했다.

E. 내담자가 이완 기법의 실행을 따르는 데 실패했다.

37. 이완과 진정 전략에 대한 읽기 할당 (37)

A. 내담자는 점진적 근육 이완 및 진정 전략 관련 도서 및 치료 매뉴얼에 대해 읽도록 할당받았다.

B. 내담자는 **아동을 위한 이완과 스트레스 감소 워크북**(Shapiro & Sprague)의 근육 이완과 다른 진정 전략에 대해 읽도록 지시받았다.

C. 내담자는 **불안 청소년의 인지 행동 치료를 위한 CAT 프로젝트 워크북**(*The C. A. T. Project Workbook for the Cognitive Behavioral Treatment of Anxious Adolescents*)(Kendall et al.)의 진정 전략에 대해 읽도록 지시받았다

D. 내담자는 점진적 근육 이완에 대한 할당된 정보자료를 읽었고, 요점이 검토되었다.

E. 내담자는 점진적 근육 이완에 대한 할당된 정보자료를 읽지 않았고, 그렇게 하도록 재지시받았다.

38. 개인 및 대인 관계 기술 교수 (38)

A. 내담자와 부모는 맞춤형으로 나이에 맞는 개인 및 대인 관계 기술을 배웠다.

B. 내담자와 부모는 문제 해결 능력에 대해 배웠다.

C. 내담자와 부모는 갈등 해결 기술에 대해 배웠다.

D. 모델링, 역할 연기와 행동 연습은 기술을 개발하고 여러 가지 현재의 갈등을 통해 작업하는 데 사용되었다.

39. 즐거운 활동을 열거하기 (39)

A. 내담자에게 자신이 즐겨 왔던 모든 활동을 열거하도록 지시했다.

B. 내담자의 활동 목록에서 내담자가 여전히 혼자 또는 다른 사람들과 즐길 수 있는 것들이 있는지를 살폈다.

C. 내담자에게 이러한 즐거운 활동에 정기적으로 참여하는 것을 시작하라고 격려했다.

D. 격려에도 불구하고 내담자가 계속해서 자신이 할 수 있는 즐거운 활동에 참여하는 것을 거부한다.

40. 사회적 관계망⁶⁾의 영향을 평가하기 (40)

A. 내담자의 의학적 상태가 사회적 관계망에 끼치는 영향에 대한 평가를 실시했다.

B. 내담자에게 **청소년 심리치료 과제계획서**(Jongsma, Peterson, & McInnis)에 나오는 '신체적 장애 또는 질병이 자존감과 동료관계에 끼치는 영향(Effects of Physical Hanicap or Illness on Self-Esteem and Peer Relations)'을 실시하도록 지시했다.

C. 내담자가 자신의 의학적 상태가 사회적 관계망에 끼치는 영향을 긍정적·부정적 영향을 포함해 현실적으로 검토하도록 도움을 주었다.

D. 내담자의 가족과 친구를 통해서 내담자를 위한 사회적 지지를 촉진했다.

41. 즐거운 활동에 참여하는 것을 약속하도록 권유하기 (41)

A. 내담자에게 즐거운 사회적·신체적 활동 수준을 높이겠다는 약속을 언어로 하도록 요청했다.

B. 내담자의 즐거운 활동 참여 활용 강화를 돕기 위해 **아동 심리치료 과제계획서**(Jongsma, Peterson, & McInnis)에 나오는 '자신의 강점 보여 주기'를 하도록 지시했다.

C. 내담자의 활동 참여를 긍정해 주고 강화했다.

D. 내담자가 활동 수준을 높이겠다는 약속을 지키지 못한 것에 대해 공손하게 지적했다.

E. 내담자가 시도는 한번 해 보겠지만 그것이 자신이 할 수 있는 최대의 노력이라고 말하면서 요청받은 약속 이행을 회피했다.

F. 격려에도 불구하고 내담자가 자신이 할 수 있는 즐거운 활동에 참여하는 것을 계속 거부한다.

42. 행동 활성화 참여하기 (42)

A. 내담자는 즐거움과 숙달에 대한 높은 가능성이 있는 스케줄링 활동으로 '행동 활성화'에 관여되었다.

B. 내담자는 **성인 심리치료 과제계획서**(Jongsma, Peterson, & Bruce)의 '즐거운 활동의 확인 및 일정 계획(Identify and Schedule Pleasant Activities)' 과제 작업을 완료하도록 지시되었다.

C. 연습, 역할 연기, 역할 전환, 그리고 다른 기술은 행동 활성화에 내담자의 참여를 유도하기 위해 사용되었다.

D. 내담자는 즐거움과 숙달에 대한 높은 가능성이 있는 스케줄링 활동에 성공을 위해 강화되었다.

E. 내담자는 즐거운 활동을 하지 않았으며 그것을 하도록 재지시받았다.

43. 운동 일정 세우기 (43)

A. 내담자가 자신의 의학적 상태의 한계 내에서 매일의 운동 일과 계획을 세우는 데 도움을 주었다.

---

6) 역자 주 : 사회 구조망, 사회 조직망으로도 많이 사용됨.

B. 매일 운동을 하는 것의 이점을 인식하고 강화했다.

C. 내담자가 운동 계획을 매일 따르겠다는 약속을 함과 동시에 계획을 실행에 옮긴 것에 대해 긍정적 다시 챙겨주기를 제공했다.

D. 내담자가 매일 운동을 하고 약속을 따르는 것을 모니터링하고 강화했다.

E. 내담자가 어떤 종류의 운동 일과를 실행하는 것에 따르지 않아서 이 부분에 대해 다시 시도했다.

44. 재발 방지 기술 구축하기 (44)

A. 내담자는 부정적인 생각, 감정, 행동에 대한 재발의 조기 경고 신호를 식별하여 재발 방지 기술을 구축하는 데에 도움을 받았다.

B. 내담자는 치료 방법 중에 배운 기술과 이러한 기술을 사용하여 문제를 관리하기 위해 계획하는 방법을 검토하도록 도움을 받았다.

45. 지원 단체에 문의하기 (45)

A. 내담자에게 지역사회에 있는 지원 단체의 다양한 종류에 대해 교육을 실시했다.

B. 내담자에게 동일한 의학적 상태로 살아가고 있는 타인들의 지원 단체가 있음을 알려 주었다.

C. 지원 단체 경험의 이점을 내담자에게 인식시키고 강화시켰다.

D. 내담자의 지원 단체 모임 참석 경험을 점검했고, 계속 모임에 참석할 것을 격려했다.

E. 내담자가 지원 단체 모임에 참석하라는 제안을 따르는 것에 실패했으며, 모임에 참석하도록 다시 지시했다.

46. 가족 지원 단체에 문의하기 (46)

A. 지원 단체 참석의 목적과 이점을 가족과 함께 인식하고 강화했다.

B. 지원 단체 선택 범위를 가족에게 제공했다.

C. 가족에게 내담자의 의학적 상태와 관련된 지역사회 지원 단체를 알려 주었다.

D. 지원 단체의 첫 경험을 가족과 함께 검토했고, 계속해서 모임에 참석할 것을 격려하고 강화했다.

E. 가족이 제안된 지원 단체 모임에 참석하는 것을 따르지 않았으며 이를 참석할 것을 다시 지시했다.

47. 지원을 위한 자원을 파악하기 (47)

A. 부모가 정서적 지원을 받을 수 있는 공급원을 조사하고 평가했다.

B. 부모에게 자신들의 정서적 지원의 공급원을 파악하도록 요구했다.

C. 형제자매의 지원 자원을 검토했다.

D. 내담자의 정서적 지원의 공급원을 파악했다.

48. 부모 및 형제자매의 지원 요청을 격려하기 (48)

A. 부모와 형제자매가 지원을 얻을 수 있는 지역사회 내 자원을 파악하는 데 도움을 주었다.

B. 지원 용납의 장애물을 부모, 형제자매와 살펴보고 이를 다루었다.

C. 가족이 지원을 받아야 할 필요성을 인식시키고 강화했다.

D. 가족이 지원을 받아야 할 필요성을 받아들이고 지원을 제공할 잠재적 자원과의 접촉을 한 것에 대해 가족을 칭찬해 주었다.

49. 부모의 두려움을 밖으로 드러내기 (49)

A. 부모에게 내담자가 죽을지도 모른다는 것에 대한 내재된 두려움을 표현하도록 격려했다.

B. 공감, 긍정, 정상화를 사용해 부모가 언어로 표현한 두려움에 관한 감정들에 대응했다.

C. 생명을 주고 유지시켜 주는 존재인 신이 있다고 부모를 안심시켰다.

D. 내담자가 죽을지도 모른다는 것에 대한 내재된 두려움을 표현하는 것에 부모가 저항했고 추가적인 지원과 공감을 부모에게 제공했다.

50. 정신적 지원 요소를 알아보기 (50)

A. 내담자가 정신적 지원 요소 그리고 이것이 내담자에게 현재 어떤 도움을 줄 수 있을지를 파악하도록 도움을 주었다.

B. 내담자에게 자신의 정신적 도움과 지원을 매일 적극적으로 활용하도록 격려했다.

C. 내담자가 정신적 도움에 관심이 전혀 없다고 부인했지만, 이러한 요소의 사용 가능성을 열어 놓도록 독려했다.

D. 내담자가 신앙심이 깊은 것으로 나타났고, 이것이 요즘 고통과 스트레스를 겪는 내담자에게 중요한 힘과 평화의 원천이다.

제22장 강박장애(OCD[1])

내담자 소개

1. 반복적/지속적인 생각 (1)[2]

A. 내담자가 무의미하고, 불쑥 머릿속에 들어와서 시간을 소모하게 만들고 하루 일과를 방해하는 반복적이고 지속적인 생각 또는 충동이 나타난다고 묘사했다.

B. 반복적이고 지속적인 생각과 충동의 정도가 매우 극심해 내담자가 일상의 임무를 효율적으로 수행하거나 사회적 관계에서 상호작용할 수 없을 정도이다.

C. 내담자의 강박적 사고의 강도가 줄어들었고 내담자가 좀 더 효율적으로 일과를 수행하게 되었다.

D. 내담자가 강박적 사고를 상당한 정도로 통제할 수 있다고 보고했고, 주의를 집중하고 현재 하고 있는 과업에 노력을 집중할 수 있다.

2. 강박적인 사고나 충동을 통제하려는 시도에 실패 (2)

A. 내담자가 자신의 강박적 사고나 충동을 통제하거나 무시하려는 시도가 실패로 돌아갔다고 보고했다.

B. 내담자가 자신의 강박관념을 통제 또는 무시하는 법을 배우려다 실패한 많은 다른 방법들을 설명했다.

C. 내담자가 자신의 강박적 사고와 충동을 통제하고 무시하는 것으로 약간의 성공을 경험하기 시작했다.

3. 강박관념의 내재적 요인 파악 (3)

A. 내담자가 강박적 사고는 자기 마음의 산물임을 제대로 이해하지 못했다.

B. 내담자가 강박적 사고는 자기 마음의 산물이며 외부의 요인이나 세력에서 비롯된 것이 아님을 인식했다고 보고했다.

C. 내담자가 강박적 사고는 불안감과 관련된 것이며 정신병이 진행되고 있음을 보여 주는 신호가 아님을

---

1) 역자 주 : obsessive compulsive disorder의 약자.

2) 괄호 안의 숫자들은 **아동 심리치료 치료계획서**(*The Child Psychotherapy Treatment Planner*), 제5판(Jongsma, Peterson, McInnis, Bruce 공저, 2014년, Hoboken, NJ : Wiley)에서 동일한 제목을 지닌 관련 장의 치료 중재의 숫자와 연결된다.

인정했다.

4. 더러움과 질환에 대한 과도한 걱정 (4)

A. 내담자가 더러워지는 것에 대한 과도한 걱정을 하고 있다.

B. 내담자가 끔찍한 질환이나 질병에 걸릴지도 모른다는 근거 없는 두려움을 많이 갖고 있다.

C. 내담자가 세균과 질병에 대한 걱정과 두려움 때문에 행동을 자꾸 바꾼다.

D. 더러움, 세균, 질병에 대한 내담자의 두려움의 강도가 줄어들었고, 내담자가 자신의 활동에 좀 더 안정적으로 임하게 되었다.

E. 내담자가 이제 더러움과 질환에 대한 과도한 걱정을 상당 수준으로 통제할 수 있으며 자신의 일상활동에 집중하고 노력을 기울일 수 있다고 보고했다.

5. 공격적 · 성적 강박관념 (5)

A. 내담자가 공격적인 행동을 저지르는 지속적인 강박적 사고에 대해 설명했다.

B. 내담자를 걱정스럽게 만드는 성적 생각과 충동이 자꾸 떠오른다.

C. 내담자가 종종 걱정스러운 공격적 혹은 성적 행동에 대해 상상한다고 말했다.

D. 내담자가 자신의 공격적 · 성적 생각이 자신의 가치와 도덕과 양립하지 않는다고 묘사했다.

E. 치료가 진행됨에 따라 내담자가 공격적 또는 성적 행동과 관련된 강박관념의 유형이 줄어들었다고 보고한다.

F. 내담자가 자신의 공격적 · 성적 생각과 충동 또는 이미지가 더 이상 떠오르지 않는다고 보고한다.

6. 종교적인 강박관념 (6)

A. 내담자가 종교적인 문제에 관해 지속적이고 걱정스러운 생각이 든다고 말했다.

B. 내담자가 자신의 행동이 도덕적인지, 옳거나 그른지에 대해 과도한 고민을 한다고 말했다.

C. 스트레스를 받으면 내담자가 스트레스 유발 요인에서 종교적 · 윤리적인 문제로 초점을 돌린다.

D. 내담자가 종교적인 문제에 대한 지속적이고 걱정스러운 생각이 줄었다고 말했다.

7. 강박적인 보상행동 (7)

A. 내담자가 의식적인 태도로 행하는 반복적이고 의도적인 행동에 대해 설명했다.

B. 내담자가 자신의 강박적 행동이 강박적 사고 그리고 불안감과 두려움의 증가에 따른 반응이라고 파악했다.

C. 내담자의 강박적 행동 유형이 엄격한 규칙을 따르고 행동 유형에 반복이 많이 나타난다.

D. 내담자가 자신의 강박적 행동의 빈도와 강도가 크게 줄었다고 보고했다.

E. 내담자가 자신의 보상적인 강박적 행동 의식에 따른 자기 일과의 방해가 거의 없다고 보고한다.

8. 상황과 무관한 강박적인 행동 (8)

A. 내담자가 불편감이나 두려운 상황을 상쇄하거나 방지하기 위해 반복적이고 정도가 지나친 행동을 한다고 말한다.

B. 내담자가 자신의 행동이 상쇄 혹은 방지하려는 것과 어떠한 식으로든 현실적으로 아무런 관련이 없다는 점을 인지했다.

C. 내담자가 자신의 의식적 행동이 자신의 실제 두려움과 관련이 없다는 것을 인지했다.

D. 치료가 진행될수록 내담자의 반복적이고 과도한 행동이 줄었다.

9. 비이성적으로 보이는 강박행동 (9)

A. 내담자가 자신의 반복적·강박적 행동이 도가 지나치고 비이성적임을 인정했다.

B. 내담자가 자신의 강박적 행동을 과도하고 비이성적인 것으로 인지한 것이 치료 협조 및 변화 시도 순응을 위한 좋은 동기부여를 제공했다.

10. 청소와 씻기에 관한 강박행동 (10)

A. 내담자가 많은 가계 물품들을 청소하고 재청소하는 것을 포함해 많은 청소 강박행동을 갖고 있다.

B. 내담자가 과도한 손 씻기, 목욕, 샤워를 포함해 씻기 강박행동을 한다.

C. 내담자가 심각한 손 씻기 강박증을 가진 나머지 피부 손상이 발생한다.

D. 내담자가 치료에 참여함에 따라 청소 및 씻기의 빈도가 감소했다.

11. 물건 축적[3]/수집 (11)

A. 내담자가 정기적으로 불필요한 물건들을 축적한다.

B. 내담자가 무해한 물건들을 쓸데없이 수집하는 것에 대해 설명했다.

C. 다른 사람들이 실수로 혹은 고의로 자신의 축적물 또는 수집물을 건드리거나 치웠을 때 내담자가 꽤 격앙되었다.

D. 내담자의 강박장애 기능이 개선됨에 따라 물건을 축적 또는 저장하려는 욕구가 감소했다.

E. 내담자가 축적 또는 저장한 물건을 사용하는 버릇이 제거됐다.

12. 확인 강박행동 (12)

A. 내담자가 기본적인 과업을 빈번하게 점검·재점검해야 한다고 말했다.

B. 내담자가 문이나 창문이 잠겼는지 빈번하게 확인·재확인한다.

C. 내담자가 자신이 한 숙제가 제대로 됐는지 확인하기 위해 빈번하게 확인·재확인한다.

D. 내담자가 다른 사람들이 다쳤을지도 모른다는 심각한 두려움을 가지고 있어 직접적인 이유 없이 빈번하게 그들의 안위를 확인·재확인한다.

E. 내담자가 자신의 확인 행동 경향이 크게 줄었다고 보고했다.

13. 배열 강박행동 (13)

A. 내담자가 분명한 이유 없이 물건들이 '순서대로' 정리되어 있도록 하기 위해 물건들을 자주 배열한다 (예 : 동전을 일정한 순서대로 쌓기)고 묘사했다.

B. 내담자가 필요한 물건들을 배열하는 것(즉 매일 저녁 같은 시간에 옷을 가지런히 펼쳐 놓기 또는 특정한 날에는 특정 옷만 입기)에 과도하게 집중한다고 묘사했다.

C. 치료가 진행됨에 따라 내담자가 물건을 순서대로 정돈하거나 배열하려는 강박행동이 줄었다고 보고했다.

---

3) 역자 주 : 또는 저장이나 감춰 두는 것.

중재 실행

1. 신뢰 형성하기 (1)[4]

A. 일관성 있는 눈 맞춤, 적극적인 청취, 무조건적인 긍정적 존중, 그리고 따뜻한 수용을 내담자와의 신뢰를 구축하는 것을 돕기 위해 사용되었다.

B. 내담자는 라포와 신뢰 수준이 증가함에 따라 보다 자유롭게 감정을 표현하기 시작했다.

C. 내담자는 고통스러운 감정에 대한 자신의 표현을 개방적이고 직접적인 것에 어려움을 겪는 경험이 계속되었다. 이러한 어려운 문제를 표현하기 위해 치료의 안전한 피난처를 사용도록 격려받았다.

2. 내담자의 OCD 병력 평가하기 (2)

A. 내담자가 자신의 강박적 사고와 강박적 행동의 성격(nature), 병력, 심각한 정도를 설명할 때 적극적으로 경청하고 들어 줬다.

B. 임상 면담에서 내담자가 강박적 사고와 강박적 행동에 따른 문제가 커서 자신의 일과와 과업 수행 능력에 심각한 방해를 받는다고 묘사했다.

C. 아동 심리치료 과제계획서(Jongsma, Peterson, & McInnis)에 나오는 'OCD에 관한 걱정, 느낌 그리고 희망(Concerns, Feelings, and Hopes about OCD)' 연습을 내담자에게 내주었다.

D. 내담자가 강박적 행동과 강박적 사고를 무시하거나 통제하려고 많은 시도를 한 것으로 알려졌지만, 일관성 있는 성공을 거두지 못했다.

E. 면담 시간 동안 내담자가 강박적 행동의 증거를 보이는 것으로 나타났다.

3. 심리검사를 실시하기 (3)

A. 내담자의 강박장애 문제의 성격과 심각성을 평가하기 위해 심리검사를 실시했다.

B. 아동용 예일 브라운 강박장애 척도(The Children's Yale-Brown Obsessive-Compulsive Scale)(Scahill et al.)를 사용해 내담자의 강박관념과 강박행동의 빈도, 정도, 지속 시간과 내력을 평가했다.

C. 심리검사 결과가 내담자가 강박적 의식 때문에 일상생활에 상당한 방해를 경험하고 있음을 보여 준다.

D. 심리검사 결과 내담자에게 다소 경미한 정도의 강박장애(OCD)가 있는 것으로 나타났다.

E. 심리검사의 결과를 내담자에게 해석해 주었다.

4. 통찰력 수준의 평가 (4)

A. 내담자는 보이는 문제들을 향한 통찰 수준으로 평가되었다.

B. 내담자는 보이는 문제들에 관하여 그의 통찰의 동조적인 본성 대 이질적인 본성에 따라 평가되었다.

C. 내담자는 행동과 증상에서 문제가 되는 본성에 대한 좋은 통찰을 하도록 보여 주었다.

D. 내담자가 다른 사람들의 우려에 동의하는 것이 목격되어 변화에 힘쓰도록 동기유발되었다.

E. 내담자는 묘사된 문제에 대해 양면성이 있음이 드러났고 그 문제들을 우려사항으로 보는 것을 꺼렸다.

F. 내담자는 문제 영역의 인식에 관해 저항적인 것으로 나타났고, 걱정하지 않았으며, 변화에 대한 동기가 없었다.

---

4) 괄호 안의 숫자들은 아동 심리치료 치료계획서(*The Child Psychotherapy Treatment Planner*), 제5판(Jongsma, Peterson, McInnis, Bruce 공저, 2014년, Hoboken, NJ : Wiley)에서 동일한 제목을 지닌 관련 장의 치료 중재의 숫자와 연결된다.

5. 관련 장애의 평가 (5)

A. 내담자는 연구 기반의 관련 장애들의 증거에 의해 평가되었다.

B. 내담자는 자살에 대한 취약성 수준으로 평가되었다.

C. 내담자는 동반장애를 가진 것으로 확인되었고, 치료는 이를 처리할 수 있도록 조정되었다.

D. 내담자는 또 다른 관련 장애가 있는지 평가되었지만 아무것도 발견되지 않았다.

6. 문화적으로 혼란스러운 문제에 대한 평가 (6)

A. 내담자는 그의 임상 행동을 더 잘 이해하도록 도울 수 있는 나이 관련 쟁점으로 평가되었다.

B. 내담자는 그의 임상 행동을 더 잘 이해하도록 도울 수 있는 성별 관련 쟁점으로 평가되었다.

C. 내담자는 그의 임상 행동을 더 잘 이해하도록 도울 수 있는 문화의 증후군, 고통의 문화적 관용구, 혹은 문화적으로 감지된 사건으로 평가되었다.

D. 다른 요인들이 내담자의 현재 정의된 '문제 행동'에 기여할 것이라고 확인되었고 이 요인들은 그의 치료에 반영되었다.

E. 내담자의 현재 정의된 '문제 행동'을 설명할 수 있는 문화적 기반 요인들은 조사되었지만 중대한 요인은 발견되지 않았다.

7. 장애의 심각성 평가 (7)

A. 내담자의 장애의 심각성은 보호의 적절한 정도를 결정하기 위해서 판단되었다.

B. 내담자는 사회적·관계적·교육적인 노력에서의 손상 정도로 평가되었다.

C. 내담자는 그의 장애가 자신의 기능에 가볍거나 중간 정도의 영향을 끼친다는 것을 알았다.

D. 내담자는 그의 장애가 자신의 기능에 심각하거나 더 심각한 영향을 끼친다는 것을 알았다.

E. 내담자의 치료의 효율성과 적절성, 그리고 장애의 심각성은 꾸준히 평가되었다.

8. 병원의 돌봄 평가 (8)

A. 병원의 돌봄과 관심으로 내담자의 집, 학교, 지역사회가 평가되었다.

B. 내담자의 다양한 환경은 아동의 욕구에 지속적인 무관심, 돌보는 사람의 잦은 변화, 안정적 애착의 제한된 기회, 가혹한 훈육 혹은 다른 심각한 부적절한 돌봄이 있었는지 평가되었다.

C. 병원의 돌봄이 확인되었고 치료계획에 이러한 우려를 관리하고 바로잡는 것과 아동을 보호하는 전략이 포함되었다.

D. 어떠한 병원의 돌봄도 확인되지 않았고, 이것은 내담자와 돌보는 사람에게 반영되었다.

9. 의학적 평가를 받아 보도록 권유하기 (9)

A. 내담자에게 의사를 찾아가 OCD 통제를 보조해 줄 약물 처방 시도 여부를 평가받도록 권유했다.

B. 내담자가 의학적 평가를 받으라는 권유를 따랐고 OCD 통제를 보조할 향정신성 약물을 처방받았다.

C. 내담자가 의사를 찾아가 약물치료를 위한 검사를 받아 보라는 권유를 따르지 않았으나, 검사를 받을 것을 내담자에게 다시 권유했다.

10. 약물 순응도 모니터링하기 (10)

A. 내담자가 처방받은 대로 향정신성 약물을 복용하고 있다고 보고했고, OCD 통제에 끼치는 긍정적 영향

을 강조해 주었다.

B. 내담자가 향정신성 약물 처방을 따르고 있다고 보고했지만 약물의 효과성이 매우 제한적이거나 존재하지 않았다. 이 정보자료를 약을 처방한 임상의사에게 전달했다.

C. 내담자가 향정신성 약물을 처방받은 대로 일관성 있게 복용하지 않았으나, 처방대로 잘 복용하도록 내담자를 격려했다.

11. 강박장애에 대한 심리교육 소개하기 (11)

A. 내담자와 부모는 강박장애에 대한 초기 심리교육을 제공받았다.

B. 내담자와 부모는 강박장애에 대한 지속적인 심리교육을 제공받았다.

C. 내담자와 부모가 강박장애의 인지 행동 개념화와 함께 제공받았다.

D. 내담자와 부모는 강박장애의 발전에 영향을 주는 생물심리사회적 요인과 어떻게 두려움과 회피가 장애를 유지하는 역할의 발전에 영향을 미치는지에 대한 정보자료를 제공받았다.

12. 치료의 유용성에 대해 논의하기 (12)

A. 치료가 어떤 식으로 학습된 공포, 현실 검증 강박 공포와 내재된 신념에 대한 민감도를 줄이고 강박행동 없이 공포를 조절할 수 있다는 자신감을 심어 주는 장(場)으로 작용하는지에 대해 논의했다.

B. 내담자에게 걱정 언덕을 오르락내리락(*Up and Down the Worry Hill*)(Wagner)에 묘사된 치료에 대한 이론적 근거를 제공했다.

C. 내담자가 치료의 유용성에 대한 명확한 이해를 보임에 따라 내담자에게 긍정적 다시 챙겨주기를 제공했다.

D. 내담자가 치료의 유용성에 대해 명확한 이해를 보이지 않았으나, 이 분야에 대해 추가적인 다시 챙겨주기를 제공했다.

13. 치료를 위한 동기부여 확인 (13)

A. 치료에 참여하는 내담자의 동기가 검토되었고, 이것은 중요한 것으로 밝혀졌다.

B. 치료에 참여하는 내담자의 동기 수준이 매우 낮아서 동기부여 인터뷰 기술은 내담자의 동기를 풀어내는 데 사용되었다.

C. 장단점 분석은 내담자의 동기를 높이는 것을 돕기 위해 실시되었다.

D. 내담자는 현상 유지에 대한 만족 수준, 변화를 만들어 내는 것의 장점에 대한 이해, 변화를 만들어 낼 수 있는 데 대한 긍정적 수준을 식별하도록 도움을 받았다.

14. 노출 및 반응 방지 치료과정에 등록하기 (14)

A. 내담자가 OCD 치료를 위한 노출 및 반응 방지 치료 집중 과정(예 : 매일 과정)에 등록했다.

B. 내담자가 OCD 치료를 위한 노출 및 반응 방지 치료 비집중 과정(예 : 주 1회 과정)에 등록했다.

C. 내담자가 노출 및 반응 방지 개인 치료과정에 등록했다.

D. 내담자가 노출 및 반응 방지 집단 또는 가족치료 과정에 등록했다.

E. 내담자에게 소아 · 청소년의 OCD 치료(*Treatment of OCD in Children and Adolescents*)(Wagner) 또는 소아 · 청소년기 강박장애(*OCD in Children and Adolescents*)(March & Mulle)[5]에 묘사된 반응방지 치료법을 제공했다.

15. 집착과 강박 모니터링 및 기록하기 (15)

A. 내담자는 집착과 강박에 대한 자기 모니터링과 기록을 지시받았다.

B. 내담자는 트리거, 특정 공포, 정신적 또는 행동적 충동 식별에 도움을 받았다.

C. 부모는 집착과 강박의 모니터링과 녹화에 내담자를 돕도록 지시되었다.

D. 치료가 진행됨에 따라 치료에 대한 내담자의 반응은 집착과 강박에 대한 자신의 기록을 통해 확인되었다.

E. 내담자는 집착과 강박에 대한 자신의 기록을 검토하는 데 도움을 받았다.

F. 내담자는 집착과 강박의 정기적인 기록을 완료하지 않았으며 그렇게 하도록 요청되었다.

16. 도식과 자기 대화를 살펴보기 (16)

A. 내담자가 자신의 도식과 자기 대화가 어떤 식으로 강박적 공포와 강박적 행동을 중재하는지 살펴보도록 도움을 주었다.

B. 내담자의 도식과 자기 대화를 소아·청소년의 OCD 치료(Wagner)에 설명된 대로 검토했다.

C. 내담자의 도식과 자기 대화를 소아·청소년기 강박장애(March & Mulle)에 설명된 대로 검토했다.

D. 내담자가 자신의 강박적 공포와 강박적 행동을 지속시키는 자기 대화와 도식에 통찰을 얻은 것에 대해 강화해 주었다.

E. 내담자가 자신의 강박적 공포와 강박적 행동을 지속시키는 자기 대화와 도식에 통찰을 얻은 데 어려움을 겪었고 이런 개념들에 대해 대략적인 예를 제공했다.

17. 인지 능력 가르치기 (17)

A. 내담자는 건설적인 자기 말하기, 강박 되돌리기, 거리두기, 비애착과 같은 인지 능력을 배웠다.

B. 내담자는 강박 관념에 사로잡힌 생각, 이미지 및/또는 충동의 오고감에 대해 배웠다.

C. 내담자는 건설적인 자기 말하기와 같은 인지 능력의 사용이 강화되었다.

D. 내담자는 인지 능력을 아주 잘 사용하지 않았으며 그렇게 하도록 재지시되었다.

18. 강박장애에 대한 미디어 할당하기 (18)

A. 내담자의 부모에게 노출 및 반응 방지 치료법의 이론적 원리에 관한 심리교육적 서적, 비디오 또는 치료 매뉴얼 부분을 읽어 보도록 지시했다.

B. 내담자는 강박장애의 인지 재구조화에 대한 근거와 관련된 심리교육적 미디어를 검토하도록 할당받았다.

C. 내담자는 그것은 단지 잘못된 정보자료이다 : 인지-행동 치료 프로그램 : 내담자 워크북(*It's Only a False Alarm : A Cognitive-Bahavioral Treatment Program : Client Workbook*)(Piacentini, Langley, & Roblek)의 정보자료를 검토하도록 할당받았다.

D. 내담자는 뇌 속의 잠금장치 : 강박장애 행동에서 벗어나기(Brain Lock : Free Yourself from Obsessive Compulsive Behavior)(Schwartz)의 부분을 검토하도록 할당받았다.

E. 내담자는 강박적·충동적 장애 : 아동과 청소년 양육 돕기(*Obsessive-Compulsive Disorder : Help for Children and Adolescents*)(Waltz) 발췌문을 읽어 보도록 할당받았다.

---

5) 연규월 역(2001), 서울 : 하나의학사.

F. 내담자는 강박장애 치료의 근거에 대한 할당된 자료를 읽었고 핵심 사항을 검토했다.

G. 내담자는 강박장애 치료의 근거에 대한 할당된 자료를 읽지 않아서 이를 읽도록 다시 지시받았다.

19. 단서를 평가하기 (19)

A. 내담자의 강박관념과 강박행동을 촉진시키는 외부적 단서(예 : 인물, 사물, 상황 등)의 성질에 대해 내담자를 평가했다.

B. 내담자의 강박관념과 강박행동을 촉진시키는 내재적 단서(예 : 생각, 이미지, 충동 등)의 성질에 대해 내담자를 평가했다.

C. 내담자에게 이런 신호들의 인지에 대한 다시 챙겨주기를 제공했다.

20. 공포 단서의 위계를 구성하기 (20)

A. 내담자가 두려워하는 내재적 · 외부적 단서의 위계를 구성하도록 지시했다.

B. 내담자가 내재적 · 외부적 공포 단서의 위계를 구성하는 데 도움을 주었다.

C. 내담자가 두려워하는 내재적 · 외부적 단서의 위계를 유용하게 구성했고, 이에 대해 긍정적 다시 챙겨주기를 제공했다.

D. 내담자가 자신이 두려워하는 내재적 · 외부적 단서의 위계를 명확하게 구성하는 데 어려움을 겪었고 이 점에 대해 추가적인 조력을 제공했다.

21. 성공할 가능성이 높은 상상 노출을 선택하기 (21)

A. 내담자가 자신에게 성공 경험을 줄 수 있는 가능성이 높을 것이란 편견을 지닌 상황들로 초기 상상 노출을 파악하는 데에 도움을 주었다.

B. OCD 단서의 상상 노출을 실시하는 동안과 그 이후에 인지 재구조화 기법을 사용했다.

C. 소아 · 청소년의 OCD 치료(Wagner)에 설명된 대로 상상 노출과 인지 재구조화 기법을 사용했다.

D. 소아 · 청소년기 강박장애(March & Mulle)에 설명된 대로 상상 노출과 인지 재구조화 기법을 사용했다.

E. 내담자에게 상상 노출을 사용한 것에 대한 다시 챙겨주기를 제공했다.

22. 대처 전략 가르치기 (22)

A. 내담자는 건설적인 자기 말하기, 주의 산만, 거리두기 등의 대처 전략을 사용하는 방법을 배웠다.

B. 내담자는 대처 전략을 사용하여 강박행동 관여에 저항하도록 지시되었다.

C. 내담자는 충동에 저항하는 시도를 기록하도록 지시했다.

D. 내담자는 Treating Your OCD With Exposure and Response (Ritual) Prevention : Workbook (Yadin, Foa, & Lichner)의 과제를 완수하도록 지시되었다.

E. 내담자는 **청소년 심리치료 과제계획서**(Jongsma, Peterson, & McInnis)의 '집착과 강박으로부터 주의를 멀리 재조정하기(Refocus Attention Away from Obsessions and Complusions)' 활동을 할당받았다.

F. 내담자는 개선을 향한 성공과 교정 다시 챙겨주기를 강화하여 강박 관념과 충동에 저항하는 대처 전략을 사용하는 자신의 시도를 검토하는 데 도움을 받았다.

23. 보상체계 설계하기 (23)

A. 내담자가 성공적으로 강박적 행동을 하고 싶은 충동을 이겨 낸 것에 대한 보상체계를 설계했다.

B. 내담자가 공개적으로 타인과 강박적 사고에 대해 이야기한 것을 보상해 주었다.

24. 단서 노출을 연습하도록 지시하기 (24)

A. 내담자에게 내재적 그리고/또는 외부적 OCD 단서의 노출을 반복하는 연습 숙제를 내주었다.

B. 내담자에게 치료 시간과 치료 시간 사이의 기간에 재구조화한 인지를 사용하고 자신의 반응을 기록하도록 지시했다.

C. 내담자와 부모에게 아동 심리치료 과제계획서(Jongsma, Peterson, & McInnis)의 '의식 노출 및 반응 방지(Ritual Exposure and Response Prevention)'를 실시하도록 지시했다.

D. 내담자가 단서 노출 숙제를 사용한 것을 검토했고, 성공을 거둔 것을 강화했다.

E. 내담자가 OCD 단서 노출 동안 재구조화한 인지를 사용하는 데 어려움을 겪었고 이에 따라 내담자에게 교정적 다시 챙겨주기를 제공했다.

F. 내담자가 걱정 언덕을 오르락내리락(Wagner)에 묘사된 재구조화한 인지를 사용하도록 도움을 주었다.

25. 실수와 재발을 구별하기 (25)

A. 실수와 재발을 구분하는 것에 대해 내담자와 논의했다.

B. 실수는 증상, 공포 또는 회피하고 싶은 충동이 처음으로 한 번 되돌아오는 것과 관련이 있다.

C. 재발은 두렵고 피하고 싶은 행동 패턴으로 돌아가겠다는 결정을 수반한다.

D. 내담자가 실수와 재발 사이의 차이점을 이해했음을 보임에 따라 내담자에게 지지와 격려를 제공했다.

26. 실수 위기 상황을 관리하고 논의하기 (26)

A. 내담자가 실수가 발생할 수 있는 미래의 상황이나 환경을 인식하는 데 도움을 주었다.

B. 치료 회기 동안 실수가 발생할 수 있는 미래 상황이나 환경을 관리하는 행동 연습에 집중했다.

C. 내담자가 실수 관리 기술을 적절히 사용한 것을 강화해 주었다.

D. 내담자가 실수 관리 기술을 잘 사용하지 못함에 따라 다시 지도해 주었다.

27. 규칙적인 전략을 사용하도록 격려하기 (27)

A. 내담자에게 규칙적으로 치료 시간에 배운 전략(예 : 인지 재구조화, 노출)을 사용하도록 지시했다.

B. 내담자에게 생활 속에서 자신의 새로운 전략을 될 수 있는 한 많이 형성할 방법을 찾도록 독려했다.

C. 내담자가 자신의 삶과 일과에 대처 전략을 도입한 방법을 보고함에 따라 내담자를 강화해 주었다.

D. 내담자가 새로운 전략을 자신의 일과와 생활에 도입할 방법을 내담자에게 다시 지도해 주었다.

28. 유지 치료 시간을 계획하기 (28)

A. 치료 이득 유지를 돕기 위한 유지 치료 시간을 제안했다.

B. 내담자가 유지 치료 일정 삽입에 동의한 것에 대해 강화를 해 주었다.

C. 내담자가 유지 치료 일정을 삽입하는 것을 거부하여 이 점을 처리했다.

29. 부모의 중재를 개발하기 (29)

A. 부모가 내담자의 강박관념 혹은 강박행동 통제를 도울 수 있는 구체적이고 긍정적인 방법을 찾기 위해 가족치료 회기를 실시했다.

B. 부모가 내담자의 강박관념 또는 강박행동의 통제를 도울 수 있는 구체적인 기법을 인지한 것을 강화해

주었다.

C. 부모에게 내담자의 강박관념 또는 강박행동 통제를 도울 수 있는 대략적인 방법(예 : 부모가 내담자를 레크리에이션 활동에 참여시키거나 내담자에게 다른 주제에 대해 이야기를 해 주면서 주의를 다른 곳으로 돌리기, 부모가 내담자에게 두려워하는 활동에 참여하도록 격려하기)을 제공했다.

D. 가족이 내담자의 강박관념 또는 강박행동 통제를 돕는 기법을 사용한 것에 대해 강화해 주었다.

E. 가족이 내담자에게 강박관념 또는 강박행동을 통제하는 관리 기법을 사용하도록 정기적으로 유도하지 않았으므로 이것을 실시하도록 다시 지시했다.

30. 침착함과 지지를 보여 주도록 격려하기 (30)

A. 부모에게 내담자의 강박관념이나 강박행동을 대면했을 때 냉정을 유지하고 인내심을 가지고 내담자에게 지지적인 자세를 유지하도록 격려했다.

B. 부모에게 내담자의 강박관념이나 강박행동을 대면했을 때 침착함, 인내심, 지지를 보여 줄 수 있는 구체적인 방법을 가르쳐 줬다.

C. 부모에게 내담자의 강박관념이나 강박행동에 분노 또는 좌절감으로 강하게 반응하지 않도록 권유했다.

D. 부모가 내담자에게 침착하게 인내심을 가지고 지지를 보여 준 것에 대해 강화해 주었다.

E. 부모가 침착하게 인내심을 가지고 내담자에게 지지를 일관성 있게 보여 주지 않았으므로 그렇게 하도록 다시 지시했다.

31. 가족 구성원의 역할 가르치기 (31)

A. 가족 구성원들은 내담자가 치료에 가담하는 데 도움을 주는 자신의 적절한 역할에 대해 배웠다.

B. 가족 구성원은 내담자의 강박장애를 강화하는 변화하는 경향을 식별하도록 지원받았다.

C. 가족 구성원은 아동 심리치료 과제계획서(Jongsma, Peterson, & McInnis)의 '재조명(Refocusing)' 활동을 할당받았다.

D. 가족 구성원은 내담자가 치료에 가담하는 데에 도움을 주는 적절한 역할에 대해 강화되었다.

E. 가족 구성원이 내담자의 강박장애 증상을 강화하는 경향이 있을 때 그들은 재지시받았다.

32. 가족에게 스트레스 관리 가르치기 (32)

A. 가족 구성원은 스트레스 관리 기법에 대해 배웠다.

B. 가족 구성원은 진정, 문제 해결 및 의사소통 기술을 배웠다.

C. 가족 구성원은 가족에 의해 발생하는 문제를 해결하기 위해 기술을 사용할 것을 요구받았다.

33. 코치 사용을 격려하기 (33)

A. 내담자에게 지원자 또는 코치를 두어 강박적 행동을 하려고 하거나 강박적 사고에 마음을 빼앗기려는 충동을 물리칠 수 있도록 그리고 필요한 도움을 받을 수 있도록 격려했다.

B. 내담자가 코치의 도움을 받은 것에 대해 강화해 주었다.

C. 내담자에게 정기적으로 코치를 활용하도록 독려했다.

34. 지원 단체에 문의하기 (34)

A. 내담자에게 치료 시간에 얻은 이득을 유지하고 지지하는 데 도움을 줄 지원 단체를 알려 주었다.

B. 부모에게 치료 시간에 얻은 이득을 유지하고 지지하는 데 도움을 줄 지원 단체를 알려 주었다.

C. 내담자가 지원 단체 모임에 참석했고, 그 경험을 검토했다.

D. 부모가 지원 단체 모임에 참석했고, 그 경험을 검토했다.

E. 지원 단체 모임에 불참해서 이러한 지원 단체의 활용에 대해 강화해 주었다.

35. ACT 접근법 사용하기 (35)

A. 수용과 헌신 요법(ACT) 절차가 적용되었다.

B. 내담자는 지나치게 그들에 의해 영향을 받지 않고, 불안 또는 강박적인 생각과 감정을 받아들이고 열린 마음으로 경험하는 것을 지원받았다.

C. 내담자는 개인적으로 의미 있게 식별된 가치와 일치하는 활동에 시간과 노력을 투입하도록 격려받았다.

D. 내담자는 ACT 접근법에 잘 참여했고 자신의 증상과 생활 방식에 이러한 개념을 적용하도록 강화되었다.

E. 내담자는 ACT 접근법에 잘 참여하지 않았고 참여를 위한 개선책이 적용되었다.

36. 에릭슨 과업 지시하기 (36)

A. 내담자에게 강박관념 또는 강박행동을 피하려고 하는 대신 이런 증상을 중심으로 행동을 수행하는 에릭슨 과업(Ericksonian task)을 지시했다.

B. 내담자가 문제를 직접적으로 대면하고 과업을 수행하여 감정을 밖으로 드러냈고, 과업 결과를 검토했다.

C. 내담자가 불안감을 유발하는 문제와 관련된 자신의 감정을 검토하면서 감정의 강도가 감소하는 것으로 나타났다.

D. 내담자가 에릭슨 과업을 사용하지 않아 이를 실시하도록 다시 지시했다.

37. 전략적 시련을 조성하기 (37)

A. 강박관념 또는 강박행동의 치료를 보장하는 전략적 시련(Haley)을 내담자와 함께 만들었다.

B. 내담자가 OCD 충동을 극복하는 데 도움을 얻기 위해 자신에게 주어진 전략적 시련에 참여했다.

C. 전략적인 시련이 내담자가 자신의 OCD 증상과 불안감을 감소시키는 데 꽤 성공적으로 도움을 준 것으로 나타났다.

D. 내담자가 전략적인 시련을 일관성 있게 실행하는 데 성공을 거두지 못했고, 이것을 실행하도록 다시 지시했다.

38. 자세한 가족력을 입수하기 (38)

A. 다른 가족 구성원들이 OCD 증상을 경험한 적이 있는지를 알아보기 위해 자세한 가족력을 입수했다.

B. 다양한 가족 구성원들이 일정 수준의 OCD 증상을 경험한 것으로 나타났다.

C. 내담자의 가계도에 OCD 증상을 가진 친척이 별로 없음을 내담자에게 알려 주었다.

39. OCD 증상과 관련된 기여 요인을 다루기 (39)

A. 내담자의 OCD 증상을 출현·유지·악화시키는 기여 요인을 다루는 것을 돕기 위해 가족치료 회기를 실시했다.

B. 내담자의 OCD 증상을 출현·유지·악화시키는 기여 요인을 직접적으로 치료했다.

C. 가족에게 내담자의 OCD 증상과 관련된 요인들을 줄이도록 말해 주었다.

D. 가족이 OCD 증상과 관련된 요인들을 줄이지 않아서 이 부분에 대해 교정적 치료를 제공했다.

40. 정신역동적 놀이치료 시행하기 (40)

A. 정신역동 중심 놀이치료는 저항, 수줍음, 부정적인 자기 개념 등과 같은 문제를 해결하기 위해 실시되었다

B. 정신역동 중심 놀이치료는 사회 적응을 촉진하기 위해 사용되었다.

제23장　적대적 반항성장애(ODD)[1]

내담자 소개

1. 사사건건 반대함/적대적임 (1)[2]

A. 내담자가 부정적이고 적대적인 태도를 보였다.

B. 내담자가 크고 작은 모든 문제에 부정적이었고 치료사에 대한 모든 반응이 적대적이었다.

C. 내담자가 부모에게도 적대적 반항감을 표현했다.

D. 대부분의 어른들에 대한 내담자의 적대감과 반항감의 정도가 눈에 띌 정도로 줄었다.

2. 어른이 마치 적인 것처럼 행동함 (2)

A. 내담자가 부모와 권위를 가진 다른 어른들을 적으로 본다고 말했다.

B. 내담자가 대부분의 어른, 특히 권위를 가진 어른들과의 상호작용에 대해 이야기할 때 '나와 그들 간의 대결'이라는 구도를 언어로 표현했다.

C. 내담자가 자신의 적대적 태도를 줄임에 따라 몇몇 어른, 교사 그리고 심지어 부모까지 자기 편이 될 수 있는 사람들로 보기 시작했다.

3. 비이성적임/반항적임 (3)

A. 내담자가 규칙이나 요청에 대해 강한 반항감을 표시했다.

B. 내담자가 자신에 대한 모든 기대가 비이성적이라고 보았고 이들을 무시했다.

C. 내담자가 점점 더 이성적인 모습을 보였으며 작은 문제에 덜 반항적인 태도를 보였다.

---

1) 역자 주 : 아동과 청소년 정신건강의학이나 아동과 청소년 이상심리 또는 아동과 청소년 정신발달병리학이나 DSM-IV에서는 적대적 반항적 장애(Oppositional Defiant Disorder, ODD)로 분류함.

2) 괄호 안의 숫자들은 아동 심리치료 치료계획서(*The Child Psychotherapy Treatment Planner*), 제5판(Jongsma, Peterson, McInnis, Bruce 공저, 2014년, Hoboken, NJ : Wiley)에서 동일한 제목을 지닌 관련 장의 치료 중재의 숫자와 연결된다.

4. 따지기를 좋아함 (4)

A. 내담자의 전체적 기분은 매우 사소한 것에도 따지고 드는 상태였다.

B. 내담자에게서 까다롭고 논쟁적인 태도가 보였다.

C. 내담자가 대부분의 논점을 문제 삼거나 그에 대해 논쟁하는 모습이 눈에 띄게 줄었다.

D. 내담자가 따지지 않고도 지시를 따를 수 있는 수준에 다다랐다.

5. 합리적인 요구 이행을 거부 (5)

A. 내담자가 종종 일반 규칙을 무시한다.

B. 내담자가 합리적인 요구에 따르는 데 실패한다.

C. 내담자가 사회적으로 일정한 행동이 요구되는 상황에 따르는 것에 실패해 타인들이 실망감을 느꼈다.

D. 치료가 진행됨에 따라 내담자가 점점 일반적인 기대에 순응해 가고 있다.

6. 짜증스러움/신경질적임 (6)

A. 내담자가 마치 누군가가 자신에게 거슬리게 굴어 화가 난 사람 같은 기분이었다.

B. 내담자의 주된 기분 상태는 모든 사람에게 짜증이 난 상태였으며 이와 더불어 자신과 접촉하는 모든 사람에게 신경질적이었다.

C. 전반적으로 내담자가 타인에 대해 덜 짜증 난 모습이었고 그들에 대해 다소 관대한 태도를 보였다.

D. 내담자가 천천히 다른 사람들을 짜증 나게 하지 않으려고 노력하는 단계에 이르고 있다.

7. 비난하기 (7)

A. 내담자가 자신의 문제를 다른 사람 탓으로 돌리는 태도를 보였다.

B. 내담자가 최근의 결정과 그릇된 행동에 대해 책임지는 것을 거부했고, 오히려 그것을 부모와 다른 권위자들에게 투사했다.

C. 내담자가 '나에겐 어떠한 책임도 없고 비난받을 일이 없어. 모두 저 사람들 때문이야' 식의 태도를 나타냈다.

D. 내담자가 서서히 자신의 결정과 행동에 대해 약간의 책임을 지기 시작했다.

E. 내담자의 전반적 기분과 태도가 자신에게 일어난 일들에 대해 타인을 비난하는 것이 눈에 띄게 줄어든 것을 반영한다.

8. 화가 남/적개심이 가득함 (8)

A. 내담자가 화가 나고 적개심이 가득한 모습이었고 전반적으로 비협조적인 태도를 보였다.

B. 분노가 내담자의 기분에서 특히 두드러졌고, 내담자는 '그 사람은 당해도 싸다'는 이유로 자유롭게 분노를 표출했다.

C. 내담자는 전반적으로 부루퉁하고 조용한 태도를 보였는데, 이것은 내재해 있는 강한 분노와 적개심을 겉으로 숨기고 있는 것이다.

D. 내담자의 일반적인 기분과 태도에서 분노 및 적개심이 크게 줄어든 것으로 드러났다.

9. 악의적임/앙심을 품음 (9)

A. 내담자가 '자신에게 적대적'이라고 인지한 모든 사람을 향해 악의와 앙심을 품은 기분이었다.

B. 내담자가 매일의 삶에서 모든 중요 인물들을 대하는 태도에 악의와 독기가 있다.

C. 내담자가 타인에게 하고 싶은 앙갚음과 심술을 열거하고 표출했다.

D. 내담자가 타인을 향한 악의와 앙심의 수준을 줄였고 한 번씩 말 속에서 약간의 친절함을 보였다.

10. 생활의 핵심 분야에서 현저한 장애를 보임 (10)

A. 내담자가 자신의 사회적·학습적·직업적 기능 수행에 장애가 있다고 보고했다.

B. 내담자가 대부분의 사람들의 말에 따르면 자신이 사회적으로나 학습에서 성공을 못 거두고 있지만 자신은 별로 신경 쓰지 않는다고 말했다.

C. 내담자가 자신의 행동에 책임을 지고 덜 반항적인 면모를 보이면서 내담자의 사회적·학습적 기능이 향상되었다.

중재 실행

1. 분노의 역학 평가하기 (1)[3]

A. 내담자의 분노를 촉발하는 다양한 자극을 평가했다.

B. 내담자가 자신의 분노를 촉발하는 상황, 사람, 생각을 인식하는 데 도움을 주었다.

C. 내담자가 자신의 분노 반응을 특징짓는 사고, 감정, 행동을 인지하는 데 도움을 주었다.

D. 아동 행동 체크리스트(Achenbach)는 분노 역학을 평가하기 위해 사용되었다.

E. Eyberg 아이 행동 재고는 분노 역학을 평가하기 위해 사용되었다.

2. 심리검사 의뢰/실시하기 (2)

A. 정서적 요소 또는 ADHD가 내담자의 행동 조절 문제를 일으키는지를 판단하기 위해 심리검사를 실시했다.

B. 부모-자식 관계 재고(PCRI)는 부모-자식 간 관계 갈등을 객관적으로 평가하는 데 사용되었다.

C. 내담자가 정직하고 솔직한 태도로 심리검사에 임했으며 어떠한 요구에도 협조적이었기 때문에 내담자를 강화해 주었다.

D. 내담자가 비협조적이었고 검사과정에 참여하는 데 저항했으나, 검사에 순응하도록 권유했다.

E. 내담자가 심리검사를 실시하는 동안 저항적이었으며 자신이 ADHD 또는 심각한 정서적 문제를 지니고 있을지도 모른다는 가능성을 고려하는 것을 거부했다. 이에 대한 지원과 방향 재설정을 실시했다.

F. 내담자와 부모에게 심리검사 결과에 관해 되짚어 주기를 제공했다.

3. 통찰력 수준의 평가 (3)

A. 내담자는 보이는 문제들을 향한 통찰 수준으로 평가되었다.

B. 내담자는 보이는 문제들에 관하여 그의 통찰의 동조적인 본성 대 이질적인 본성에 따라 평가되었다.

C. 내담자는 행동과 증상에서 문제가 되는 본성에 대한 좋은 통찰을 하도록 보여 주었다.

---

3) 괄호 안의 숫자들은 아동 심리치료 치료계획서(*The Child Psychotherapy Treatment Planner*), 제5판(Jongsma, Peterson, McInnis, Bruce 공저, 2014년, Hoboken, NJ : Wiley)에서 동일한 제목을 지닌 관련 장의 치료 중재의 숫자와 연결된다.

D. 내담자가 다른 사람들의 우려에 동의하는 것이 목격되어 변화에 힘쓰도록 동기유발되었다.

E. 내담자는 묘사된 문제에 대해 양면성이 있음이 드러났고 그 문제들을 우려사항으로 보는 것을 꺼렸다.

F. 내담자는 문제 영역의 인식에 관해 저항적인 것으로 나타났고, 걱정하지 않았으며, 변화에 대한 동기가 없었다.

4. 관련 장애의 평가 (4)

A. 내담자는 연구 기반의 관련 장애들의 증거에 의해 평가되었다.

B. 내담자는 자살에 대한 취약성 수준으로 평가되었다.

C. 내담자는 동반장애를 가진 것으로 확인되었고, 치료는 이를 처리할 수 있도록 조정되었다.

D. 내담자는 또 다른 관련 장애가 있는지 평가되었지만 아무것도 발견되지 않았다.

5. 문화적으로 혼란스러운 문제에 대한 평가 (5)

A. 내담자는 그의 임상 행동을 더 잘 이해하도록 도울 수 있는 나이 관련 쟁점으로 평가되었다.

B. 내담자는 그의 임상 행동을 더 잘 이해하도록 도울 수 있는 성별 관련 쟁점으로 평가되었다.

C. 내담자는 그의 임상 행동을 더 잘 이해하도록 도울 수 있는 문화의 증후군, 고통의 문화적 관용구, 혹은 문화적으로 감지된 사건으로 평가되었다.

D. 다른 요인들이 내담자의 현재 정의된 '문제 행동'에 기여할 것이라고 확인되었고 이 요인들은 그의 치료에 반영되었다.

E. 내담자의 현재 정의된 '문제 행동'을 설명할 수 있는 문화적 기반 요인들은 조사되었지만 중대한 요인은 발견되지 않았다.

6. 장애의 심각성 평가 (6)

A. 내담자의 장애의 심각성은 보호의 적절한 정도를 결정하기 위해서 판단되었다.

B. 내담자는 사회적·관계적·교육적인 노력에서의 손상 정도로 평가되었다.

C. 내담자는 그의 장애가 자신의 기능에 가볍거나 중간 정도의 영향을 끼친다는 것을 알았다.

D. 내담자는 그의 장애가 자신의 기능에 심각하거나 더 심각한 영향을 끼친다는 것을 알았다.

E. 내담자의 치료의 효율성과 적절성, 그리고 장애의 심각성은 꾸준히 평가되었다.

7. 병원의 돌봄 평가 (7)

A. 병원의 돌봄과 관심으로 내담자의 집, 학교, 지역사회가 평가되었다.

B. 내담자의 다양한 환경은 아동의 욕구에 지속적인 무관심, 돌보는 사람의 잦은 변화, 안정적 애착의 제한된 기회, 가혹한 훈육 혹은 다른 심각한 부적절한 돌봄이 있었는지 평가되었다.

C. 병원의 돌봄이 확인되었고 치료계획에 이러한 우려를 관리하고 바로잡는 것과 아동을 보호하는 전략이 포함되었다.

D. 어떠한 병원의 돌봄도 확인되지 않았고, 이것은 내담자와 돌보는 사람에게 반영되었다.

8. 약물치료를 받아 볼 것을 권유하기 (8)

A. 내담자에게 의사를 찾아가 분노 증상 통제에 도움이 될 만한 향정신성 약물치료를 받을 것을 권유했다.

B. 내담자가 약물치료를 받는 데 동의했고 검사에 응했다.

C. 내담자가 향정신성 약물 검사를 위해 의사와 만나는 것을 거부했다. 검사를 받고 싶은 마음이 생긴다면 검사를 받아 보도록 내담자를 격려했다.

9. 약물 순응도/효과성 모니터링하기 (9)

A. 부모와 내담자에게 약물 순응 및 효과성 문제를 제기했다.

B. 내담자가 약물 복용에 저항하는 것을 점검하고 다루었다.

C. 내담자의 약물 순응도와 효과성에 관련된 정보자료를 내담자의 의사에게 전달했다.

D. 내담자가 책임감을 가지고 약물 복용에 순응한 것을 언어로 강화했다.

E. 내담자가 향정신성 약물 사용이 분노 경험을 감소시키는 데 효과가 있다고 말했다.

10. 신뢰 쌓기 (10)

A. 무조건적 긍정적 존중 사용을 통해 내담자와 초기 수준의 신뢰를 형성했다.

B. 신뢰하는 관계의 근간을 형성하기 위해 따뜻한 수용과 적극적 경청 기법을 활용했다.

C. 내담자가 자신의 감정과 반응적 행동 간의 연관성을 형성하는 데 도움을 주었다.

D. 내담자가 신뢰에 기반한 관계를 형성한 것으로 보이며 갈등적 관계에 대한 자신의 감정을 털어놓기 시작했다.

E. 내담자가 초기 신뢰 관계를 형성한 것으로 보이며 자신의 생각과 감정을 공개하기 시작했다.

F. 내담자가 자신의 감정과 반응적 행동 사이에 연관성을 형성하는 것을 돕기 위해 **아동 심리치료 과제계획서**(Jongsma, Peterson, & McInnis)에 나오는 '아동의 행동 문제로 이끄는 위험요인(Risk Factors Leading to Child Behavior Problems)' 연습 과제를 사용했다.

11. 책임 수용하기를 가르치기 (11)

A. 내담자에게 자신의 분노 조절 문제를 타인의 탓으로 돌리는 것을 멈추고 자신의 행동에 더 큰 책임을 지도록 일관성 있게 지적하고 그렇게 해 보도록 도전 의식을 심어 주었다.

B. 내담자는 **아동 심리치료 과제계획서**(Jongsma, Peterson, & McInnis)의 '공감 형성하기(Building Empathy)'를 할당받았다.

C. 내담자는 **아동 심리치료 과제계획서**(Jongsma, Peterson, & McInnis)의 '연어 바위의 교훈… 싸움은 외로움으로 이어진다'를 할당받았다.

D. 내담자가 자신의 분노 조절 문제를 다른 사람 탓으로 과도하게 돌리는 경향이 대인관계에 부담으로 작용한다는 점을 직시하도록 했다.

E. 내담자가 갈등을 해결하면서 혹은 자신의 화를 공격적 또는 파괴적 행동으로 표현하는 대신 자신의 욕구를 충족시키는 좀 더 효과적인 방법을 깨닫도록 도움을 주었다.

F. 내담자에게 자신의 공격적 혹은 파괴적 행동에 대해 타인들에게 사과할 것을 강하게 권유했다.

12. 책임감의 수용을 위한 동기부여 인터뷰 사용하기 (12)

A. 동기부여 인터뷰에서 파생된 기술은 내담자를 외부화와 비난으로부터 떨어뜨리고 책임감을 수용하는 쪽으로 이동하도록 사용되었다.

B. 내담자는 현재의 비난과 책임 수용의 부족에 대한 만족 수준을 확인하는 질문을 받았다.

C. 내담자는 자신의 행동과 변화의 동기부여에 대해 더 큰 책임을 짐으로써 변화를 만드는 것의 장점을

확인하도록 격려되었다.

D. 내담자는 더 책임감 있게 변할 수 있고 자신의 행동을 수용하는 데에 대한 낙관 수준을 식별하는 데 도움을 받았다.

13. 분노 조절의 긍정적 결과를 알아보기 (13)

A. 내담자에게 분노를 조절하면서 경험한 긍정적 결과를 알아보도록 지시했다.

B. 내담자가 분노 조절의 긍정적 결과(예 : 타인과 자신으로부터의 존중, 타인과의 협력, 신체적 건강의 개선)를 인지하도록 도움을 주었다.

C. 내담자에게 분노를 개념화하고 조절하는 새로운 방법을 배우도록 격려했다.

14. 분노를 재개념화하기 (14)

A. 내담자가 분노를 예측 가능한 단계를 거치는 여러 다른 요소들과 관련된 것으로 재개념화하도록 도움을 주었다.

B. 내담자에게 인지적·생리적·정서적·행동적 요소 등을 포함해 분노의 다른 구성요소를 가르쳐 주었다.

C. 내담자에게 긴장 이완과 긴장을 더 잘 구별하는 법을 가르쳐 주었다.

D. 내담자에게 충족되지 못한 지나친 기대감과 이에 따른 흥분과 분노의 증가, 이로 인한 행위표출 과정 등을 포함해 분노의 예측 가능한 단계를 가르쳐 주었다.

E. 내담자가 분노를 개념화하는 방법에 대해 명확한 이해를 보였고, 내담자에게 긍정적 강화를 해 주었다.

F. 내담자가 분노를 개념화하는 방법을 이해하는 데 어려움을 겪었고, 이런 면에 대해 교정적 다시 챙겨 주기를 제공했다.

15. 치료에 대한 이론적 근거 논의 (15)

A. 내담자는 치료의 사용과 그 뒤의 이론적 근거에 관한 토론에 참여했다.

B. 내담자는 대립적 행동에 영향을 미치는 요인의 변화가 어떻게 부정적인 결과를 최소화하고 긍정적인 결과를 높일 수 있는지에 대해 학습하도록 지원받았다.

16. 진정 기법을 가르치기 (16)

A. 내담자가 근육 이완, 흉식호흡, 마음이 차분해지는 심상 떠올리기를 사용하는 법을 훈련받았다.

B. 내담자는 아동 심리치료 과제계획서(Jongsma, Peterson, & McInnis)의 '심호흡 연습'을 할당받았다.

C. 내담자가 분노 조절을 돕기 위해 지도한 진정 기법의 사용에 긍정적인 반응을 보였다.

D. 내담자가 진정 기법 사용에 관한 지도를 받을 때 불편해 보였고 긴장을 풀지 못했다.

17. 자기 대화 살펴보기 (17)

A. 내담자의 분노 감정을 매개하는 자기 대화에 대해 알아보았다.

B. 내담자의 자기 대화(예 : 지나친 기대)를 평가한 결과 '해야 한다', '꼭 해야 한다' 식의 당위적 언어가 반영되었다.

C. 내담자가 자신의 편견을 인식하고 이에 대한 의문을 제기하고, 그런 편견을 교정하는 대안적인 자기 대화를 생성하는 데 도움을 주었다.

D. 내담자에게 아동 심리치료 과제계획서(Jongsma, Peterson, & McInnis)에서 다룬 '부정적인 생각을 긍정

적인 자기와의 대화'로 바꾸도록 연습해 보라고 권고했다.

E. 내담자에게 좌절에 대해 좀 더 유연하고 온건한 반응을 하도록 자기 대화를 교정하는 법을 가르쳤다.

18. 사고중지 기법을 지시하기 (18)

A. 내담자에게 치료 시간 사이사이에 사고중지 기법을 매일 실시하도록 지시했다.

B. 내담자가 사고중지 기법을 사용한 것을 검토했다.

C. 내담자가 사고중지 기법을 유용하게 사용한 것에 대해 긍정적 다시 챙겨주기를 제공했다.

D. 내담자의 사고중지 기법 사용 향상을 돕기 위해 교정적 다시 챙겨주기를 제공했다.

19. 자기주장적 의사소통법을 가르치기 (19)

A. 내담자에게 교수, 모델링, 역할 연기를 통해 자기주장적 의사소통법을 가르쳤다.

B. 내담자에게 자기주장 훈련 교실에 참여하도록 권유했다.

C. 내담자의 자기주장 표현이 향상됐고, 이에 대해 긍정적 다시 챙겨주기를 제공했다.

D. 내담자가 자기주장 수준을 향상시키지 않았고, 이에 대해 추가로 다시 챙겨주기를 제공했다.

20. 갈등 해결 기술을 가르치기 (20)

A. 내담자에게 모델링, 역할 연기, 행동 시연을 통해 갈등 해결 기술을 가르쳤다.

B. 내담자에게 공감 및 적극적 경청을 가르쳤다.

C. 내담자에게 '나 전달법', 공손한 의사소통, 공격성 없이 자기주장하기, 타협 등을 가르쳤다.

D. 내담자와 부모가 아동이 냉정하거나 조용하거나 어린이에게 자기주장 능력을 발휘하는 데 유익한 연습장 (Schab)을 읽어 보도록 제시했다.

E. 아동 심리치료 과제계획서(Jongsma, Peterson, & McInnis)에서 제시한 '문제 해결 연습장'에 제시된 의사 소통과 갈등해결 기량 증진에 도움이 되므로 해결해 보라고 권고했다.

F. 내담자가 갈등 해결 기술을 명확하게 이해한 것을 강화해 주었다.

G. 내담자가 갈등 해결 기술을 이해하는 데에 어려움을 겪었고 이 분야에 대해 치료적 다시 챙겨주기를 제공했다.

21. 분노 조절을 위한 전략을 구성하기 (21)

A. 내담자의 분노 조절을 위해 내담자 맞춤 전략을 세우는 데 도움을 주었다.

B. 내담자의 욕구와 관련되는 신체적·인지적 기술 및 의사소통·문제 해결·갈등 해결 기술을 결합하도 록 내담자를 격려했다.

C. 내담자가 종합적인 분노 조절 전략을 구성한 것에 대해 강화했다.

D. 내담자에게 더 종합적인 분노 조절 전략을 세우도록 다시 지시했다.

22. 분노 조절을 위한 도전적인 상황을 선택하기 (22)

A. 내담자가 자신의 새로운 분노 조절 전략을 적용하고자 하는 도전 의식을 느낄 만한 상황을 내담자에게 제시했다.

B. 내담자에게 앞으로 발생할 가능성이 있는 분노 조절 상황을 파악하도록 지시했다.

C. 내담자에게 계속적으로 어려워지는 상황에서 자신의 분노 조절 전략을 사용하도록 독려했다.

23. 분노 폭발 모니터링/감소시키기 (23)

A. 내담자의 분노 폭발 빈도, 강도와 지속 시간을 감소시키는 것을 목표로 내담자의 분노 폭발 보고를 모니터링했다.

B. 내담자에게 분노 폭발 빈도, 강도, 지속 시간을 줄이기 위해 새로운 분노 조절 기술을 사용하도록 독려했다.

C. 내담자에게 **아동 심리치료 과제계획서**(Jongsma, Peterson, & McInnis)에 나오는 '분노 조절(Anger Control)' 연습을 하도록 지시했다.

D. 내담자에게 **아동 심리치료 과제계획서**(Jongsma, Peterson, & McInnis)에 나오는 '아동 분노 점검표' 연습을 하도록 지시했다.

E. 내담자가 분노 폭발 감소라는 진전을 이룬 것을 검토했다.

F. 내담자가 분노 폭발의 빈도, 강도, 지속 시간을 줄이는 데 성공함에 따라 강화를 해 주었다.

G. 내담자가 분노 폭발의 빈도, 강도 또는 지속 시간을 감소시키지 못했고 교정적 다시 챙겨주기를 제공했다.

24. 공개하도록 격려하기 (24)

A. 내담자에게 자신의 변화를 지지해 줄 믿을 만한 사람들과 분노 조절 목표에 대해 상의하도록 격려했다.

B. 내담자가 자신의 변화를 지지해 줄 만한 사람을 파악하는 데 도움을 주었다.

C. 내담자가 자신의 분노 조절 목표를 믿을 만한 사람들과 검토했고, 그들의 반응을 점검했다.

D. 내담자가 자신의 분노 조절 목표를 다른 사람들과 상의하지 않았고 믿을 만한 타인들과 상의하도록 지시했다.

25. 부모관리 훈련 방법을 사용하기 (25)

A. **자녀와 함께 살기**(Patterson)에서 개발된 부모관리 훈련을 사용했다.

B. 부모에게 부모와 자녀의 행동상의 상호작용이 어떤 식으로 긍정적 또는 부정적 행동을 촉진 혹은 지양시킬 수 있는지를 가르쳤다.

C. 부모에게 부모와 자녀의 행동상의 상호작용의 핵심 요소를 바꾸는 것만으로도 긍정적 변화를 조장할 수 있다는 점을 가르쳤다.

D. 부모에게 **의지가 강한 아이 양육하기**(Forehand & Long) 또는 **자녀와 함께 살기**(Patterson), **부모 역할 훈련**(*Parent Management Training*)(Forgatch & Patterson)에서 묘사한 기법들을 가르쳤다.

E. 부모에게 긍정적 행동의 유발, 강화가 긍정적인 변화 촉진에 어떤 식으로 활용될 수 있는지를 보여 주는 구체적인 예를 제시했다.

F. 부모가 부모관리 훈련 접근법을 사용한 것에 대해 긍정적인 다시 챙겨주기를 제공했다.

G. 부모가 부모관리 교육 접근법을 사용하지 않았고 이것을 사용하도록 다시 지시했다.

26. 부모교육 설명서 읽기를 지시하기 (26)

A. 부모에게 부모훈련 설명서를 읽도록 지시했다.

B. 부모에게 **자녀와 함께 살기**(Patterson)를 읽어 보도록 권고했다.

C. 부모에게 **반항하는 아이를 양육하는** Kazdin의 방법 책을 읽어 보도록 권고했다.

D. 부모에게 **변화를 통한 양육**(Forgatch)을 읽어 보도록 권고했다.

E. 부모가 양육 관련 매체를 공부한 것을 검토하고 점검했다.

F. 부모가 양육 관련 매체물을 살펴보지 않았으나, 이를 살펴보도록 다시 지시했다.

27. 부모에게 상황적 측면을 정의하는 법을 가르치기 (27)

A. 부모에게 자녀의 문제 행동을 구체적으로 정의하고 인식하는 방법을 가르쳤다.

B. 부모에게 자녀의 행동에 대한 자신들의 반응을 구별하는 방법과 이런 반응이 그 행동을 조장 또는 지양시키는지를 파악하는 법을 가르쳤다.

C. 부모에게 자녀의 문제 행동에 대한 대안 행동을 하도록 가르쳤다.

D. 부모가 문제 행동, 반응, 결과와 대안을 구체적으로 정의하고 인지한 것에 대해 긍정적 다시 챙겨주기를 제공했다.

E. 부모가 자녀의 문제 행동과 자신들의 반응, 대응 그리고 대안을 정확하게 파악하는 데 어려움을 겪었고, 이에 따라 부모에게 교정적 다시 챙겨주기를 제공했다.

28. 일관성 있는 양육법을 가르치기 (28)

A. 자녀의 용납 가능한 행동과 그렇지 못한 행동에 대해 현실적이면서도 연령대에 맞는 역할을 설정하는 것을 포함하여 주요 양육법을 일관성 있게 실행에 옮기는 법을 부모에게 가르쳤다.

B. 부모에게 긍정적 행동 유발 및 긍정적 강화 사용법에 대해 가르쳐 주었다.

C. 부모에게 명확하고 직접적인 지시 내리기, 격리 그리고 자녀의 문제 행동에 대한 특권 **빼앗기** 기법을 가르쳐 주었다.

D. 부모에게 아이들과 협상·재협상하는 것에 대해 가르쳐 주었다.

E. 부모가 일관성 있는 양육법을 개발할 수 있었던 것에 대해 부모에게 긍정적 다시 챙겨주기를 제공했다.

F. 부모가 일관성 있는 양육법을 개발하지 않았으나 이를 개발하도록 다시 지시했다.

29. 양육법 실천을 위한 가정 내에서 연습하도록 지시하기 (29)

A. 부모에게 양육법을 실행하고 실행 연습 결과를 기록할 가정 내 연습을 지시했다.

B. 부모에게 **청소년 심리치료 과제계획서**(Jongsma, Peterson, & McInnis)에 나오는 '명확한 규칙, 긍정적 강화, 적절한 결과' 연습을 과제로 내주었다.

C. 부모가 숙제를 연습하고 완성했는지를 치료 시간에 검토했다.

D. 양육 기술을 개선해 적절하고 일관성 있게 사용할 수 있도록 교정적 다시 챙겨주기를 제공했다.

E. 부모가 할당된 숙제를 완수하지 않아서 이를 하도록 다시 지시했다.

30. 부모-자녀 상호작용 치료를 실시하기 (30)

A. 적절한 자녀 행동과 부모 행동 관리 기술을 가르치기 위해 부모-자녀 상호작용 치료(Bell & Eyberg)에 대해 설명했다.

B. 자녀 중심 회기에서는 아이에게 적절한 아이의 행동을 가르치는 데 초점을 맞췄다.

C. 부모 중심 회기에서는 부모 행동 관리 기술(예 : 명확한 명령, 일관성 있는 결과, 긍정적 강화)을 가르치는 데 초점을 뒀다.

31. 부모 교육 프로그램에 참여하기 (31)

A. 부모가 근거 기반 부모 교육 프로그램에 참여했다.

B. 부모가 의심스러운 해(incredible years)에 조심했다.

C. 부모가 긍정 부모 교육에 참여했다.

D. 부모가 근거 기반 부모 교육 프로그램과 관련 중요 개념을 활용하고 고찰했다.

E. 부모에게 부모 교육 프로그램을 추천하거나 기억하도록 권고하지 않았다.

32. 유관/보상체계를 고안하기 (32)

A. 내담자와 보상체계를 개발했다.

B. 내담자와 유관 계약을 개발했다.

C. 내담자가 보이는 긍정적 행동을 강화하는 것을 돕기 위해 학교 관계자들과 회의를 개최했다.

D. 청소년 심리치료 과제계획서(Jongsma, Peterson, & McInnis)에서 소개한 '분명한 규칙, 긍정적인 강화, 적절한 결과'를 풀어 보라고 권고했다.

E. 충동적 혹은 반항적 행동을 제지하기 위해 내담자에게 보상체계/유관 계약에 참여할 것을 권장했다.

F. 집과 학교에서 인지된 긍정적 행동을 강화할 목적으로 보상체계/유관 계약의 미세조정을 실시했다.

33. 가족 학대 내력을 조사하기 (33)

A. 내담자의 가족 배경에서 내담자의 분노 조절 문제 발생에 영향을 끼칠 만한 신체적·성적 학대 또는 약물 남용의 내력이 있는지를 조사했다.

B. 치료 시간에 내담자의 가족에게 일어난 일들 중 긍정적인 일이든 부정적인 일이든 자신에게 중요한 사건들이 있었는지를 떠올리면서 연대표를 작성하는 데 도움을 주었다.

C. 내담자의 부모에게 신체를 학대하거나 지나치게 징벌적인 훈육 방법을 사용한 것을 지적하고 이런 방법의 사용을 중지하기 위한 노력을 하라고 지시했다.

D. 부모에게 신체를 학대하거나 지나치게 징벌적인 훈육 방법이 아이와 형제자매에게 어떤 방식으로 부정적인 영향을 끼치는지를 인지하도록 지시했다.

E. 부모가 내담자에게 학대적인 행위 및 지나치게 가혹한 훈육 방법을 사용한 것에 대해 사과를 했고 이를 지지해 주었다.

F. 부모에게 공격적인 훈육이 어떤 식으로 내담자의 공격성과 서투른 분노 조절을 악화시키는지 가르쳐 주었다.

G. 부모에게 부모 교실에 참석하도록 권유했다.

34. 내담자를 학대로부터 보호하기 (34)

A. 관련 기관에 학대 사례를 보고했다.

B. 가해자를 집에서 보호시설이나 병원으로 옮겨 치료를 받도록 제안했다.

C. 내담자와 형제자매를 집에서 다른 곳으로 옮겨 보호를 보장받을 수 있도록 하자는 제안을 했다.

D. 내담자와 가족 구성원들이 미래에 발생할 학대의 위험을 최소화하기 위해 필요한 단계를 인식하도록 도움을 주었다.

E. 학대를 하지 않는 부모가 내담자와 형제자매를 미래의 신체적 학대로부터 보호하겠다는 약속을 언어

로 한 것에 대해 강화해 주었다.

35. 다시 나쁜 길로 빠지는 것을 예방하기 위한 합리적 근거를 제공하기 (35)

A. 합리적 근거란 내담자가 나쁜 길로 빠지는 것을 예방하기 위해 방안을 검토해 보는 것이다.

B. 내담자가 나쁜 길로 빠지는 것을 예방하는 데 필요한 방안과 요건을 확인하는 개념을 이해하는 데 도움이 되었다.

36. 일시적으로 잘못하거나 또다시 나쁜 길로 빠지는 것을 구별하기 (36)

A. 내담자가 일시적으로 잘못하거나 또다시 나쁜 길로 빠지는 것의 차이가 무엇인지를 검토하는 논의를 시도했다.

B. 일시적으로 잘못된 행동이 최초로 그리고 분노 폭발 사례로 되돌아가는 것과 관련이 있다.

C. 또다시 나쁜 길로 빠지는 것이 과거에 그랬던 분노 표출 행동을 반복하는 결정과 관련이 있다.

D. 내담자가 일시적으로 잘못하거나 또다시 나쁜 길로 빠지는 행동 사이에 차별화를 이해하는 데 용기를 발휘한 것을 격려했다.

E. 내담자가 일시적으로 잘못하거나 또다시 나쁜 길로 빠지는 행동 사이의 차이를 이해하려고 노력하는 동안 이 영역에서 치료적으로 되짚어 주기를 제공했다.

37. 일시적으로 잘못을 저지르는 위험 상황을 관리하는 문제를 논의하기 (37)

A. 내담자가 향후에 일시적으로 잘못을 저지르게 되는 상황이나 환경 조건을 알아차리도록 조력했다.

B. 내담자가 향후에 일시적으로 잘못을 저지르게 되는 상황이나 환경 조건을 제어(관리)하기와 관련된 예행연습을 시도했다.

C. 내담자가 향후에 일시적으로 잘못을 저지르게 되는 상황이나 환경 조건을 제어(관리)하기와 관련된 기법을 이용하도록 강화했다.

D. 내담자가 향후에 일시적으로 잘못을 저지르게 되는 상황이나 환경 조건을 제어(관리)하기와 관련된 기법을 이용하도록 다시 지시했다.

38. 잘못을 저지르지 않게 대처 전략을 습관화하도록 격려하기 (38)

A. 부모와 내담자에게 잘못된 행동을 반복하지 않기 위해서 치료에 필요한 방법을 정기적으로 활용해 보도록 격려했다.

B. 부모 훈련 기법, 문제 해결, 분노 다스리기를 부모-자녀 관계에서 정기적으로 역할을 시도해 보도록 격려했다.

C. 내담자와 부모가 가능한 한 많이 가정생활에서 제시한 방안들을 활용해 볼 것을 격려했다.

39. 대처 카드 활용하기 (39)

A. 내담자에게 잘못된 행동을 반복하지 않기 위해서 구체적으로 대처 방안을 제시한 카드를 이용할 것을 지시했다.

B. 내담자에게 잘못된 행동을 반복하지 않기 위한 대처 방안을 실천하는 데 도움이 되는 대처 카드를 개발하여 이용해 보도록 조력했다.

C. 내담자가 분노 발생 상황에서 벗어나려고 고전(苦戰)할 때 대처 카드를 이용해 보도록 격려했다.

40. 일정표 지키기 기간 (40)

A. 일정표 지키기 기간은 내담자가 분노를 폭발하지 않고도 생활에서 잘 적응하고 치료 관계를 잘 유지해 낼 수 있도록 대처하는 데 도움이 되었다고 제안했다.

B. 내담자가 치료 관계 유지 기간에 잘 순응하는 것을 강화했다.

C. 내담자가 치료 일정 지키기 기간을 지키지 않았으며, 결국 치료가 종료되었다.

41. 존중하기를 강조하기 (41)

A. 내담자에게 다른 사람들을 존중하는 자세로 대하는 예절의 기본 원리를 가르쳤다.

B. 치료 청구인에게 자신이 대접받고 싶은 대로 다른 사람을 대하는 것에 초점을 맞춰 호혜성 원리를 가르쳐 주었다.

C. 내담자에게 일주일 동안 존중하는 태도로 모든 사람을 대우하는 실험을 실시해 다른 사람들도 자신에게 더 많은 존중을 갖고 대우해 주는지를 관찰해 보도록 지시했다.

D. 타인을 존중하는 자세로 대하는 내담자의 실험 결과를 검토했다.

42. 체커 두기 (42)

A. 내담자와 치료사 사이에 체커의 규칙을 세운 후, 내담자와 체커 게임을 했다. 내담자가 합의한 규칙을 어기거나 변경 시도를 할 때마다 내담자를 제지했다.

B. 치료사가 규칙 없이는 놀이에 혼란이 나타날 것이란 점, 그리고 사람들이 규칙을 어기거나 변경시킬 때 느끼는 부정적인 감정을 지적하면서 내담자에게 규칙의 중요성을 강화했다.

43. 배려하는 행동을 격려하기 (43)

A. 내담자에게 세 가지 이타 행동 또는 배려하는 행동에 참여할 것을 지시했다.

B. 내담자에게 이타적 또는 배려하는 행동의 예(예 : 발달장애 학생에게 책 읽어 주기, 노인 가정의 잔디 깎아 주기)들을 제시했다.

C. 내담자가 이타 행동 또는 배려하는 행동을 한 경험을 검토했다.

D. 내담자가 이타 행동 또는 배려하는 행동을 통해 타인의 욕구에 대한 공감과 민감성을 발달시킬 수 있음을 내담자에게 강조했다.

E. 내담자가 이타 행동 또는 배려하는 행동 연습을 하지 않았으나, 이를 실시하도록 다시 지시했다.

44. 내담자가 임무를 맡는 것을 허용하도록 격려하기 (44)

A. 가족에게 내담자가 집에서 임무를 맡는 것을 허락하도록 격려했다.

B. 내담자가 집에서 임무를 맡을 수 있는 분야의 구체적인 예(예 : 가족 모임에서 특별 요리를 준비하거나 요리하기, 책장 만들기, 오일 교환하기)를 검토했다.

C. 내담자가 집에서 임무를 맡는 것을 돕기 위해 **아동 심리치료 과제계획서**(Jongsma, Peterson, & McInnis)의 '가족과 식사하기(Share a Family Meal)' 기법을 사용했다.

D. 가족에게 내담자가 책임감 있게 행동할 수 있는 능력을 확신함을 보여 주도록 독려했다.

E. 내담자에게 집에서 임무를 맡긴 가족의 경험을 점검하고 검토했다.

F. 가족이 내담자가 집에서 의미 있는 임무를 맡는 것을 허락하지 않았으나, 이것을 허락할 것을 다시 지시했다.

45. 방임이나 학대에 관한 감정을 알아보기 (45)

A. 내담자에게 과거의 방임, 학대, 분리 또는 유기에 대한 자신의 경험을 치료 회기에서 표현할 기회를 주었다.

B. 내담자에게 방임, 학대, 분리 또는 유기에 대한 자신의 감정을 보여 주는 그림을 그리도록 지시했다.

C. 내담자에게 과거의 방임, 학대, 분리 또는 유기에 관한 자신의 생각과 감정을 기록할 일기를 쓰도록 지시했다.

D. 과거의 방임이나 학대에 관한 감정 표현의 촉진을 위해 빈 의자 기법을 사용했다.

E. 내담자에게 **아동 심리치료 과제계획서**(Jongsma, Peterson, & McInnis)에 나오는 '연어 바위의 교훈⋯ 싸움은 외로움으로 이어진다'를 실천하도록 지시했다.

F. 내담자가 방임과 학대에 관한 감정을 탐구하는 것을 꺼렸고, 할 수 있다는 기분이 들면 이런 감정을 점검해 보도록 독려했다.

46. 불만을 다시 조율하기 (46)

A. 치료에 동참한 가족이 자녀가 긍정적으로 변화되어야 한다는 것을 요구하면서 불만스러운 일이 무엇 때문인지를 행동으로 표현해 보라고 요구했다.

B. 내담자가 **아동 심리치료 과제계획서**(Jongsma, Pertson & McInnis)에서 제안한 '불만 사항을 해결하기' 시연을 통해서 요청에 의한 것이긴 하지만 불만을 다시 조율했다.

C. 내담자가 **아동 심리치료 과제계획서**(Jongsma, Pertson & McInnis)에서 제안한 '나의 가족이 달리기를 한다면⋯'을 풀어 보도록 제안했다.

D. 가족이 내담자에게 불만과 당부를 해결하는 데 합리적인 시사점에 대한 찬반론을 알아차리고 수용했다.

E. 내담자가 주위의 여러 사람들의 부탁으로 인한 불만으로 인해서 발생되는 생각을 바꾼 여러 가지 사례를 발표했으며, 이와 같은 변화가 심리치료 회기에서 화제가 된 중요한 사례로 알려졌다.

47. 결혼한 부부 평가/치료하기 (47)

A. 약물 남용, 갈등 또는 다각화의 가능성 유무를 확인하기 위해 결혼한 부부를 평가했다.

B. 아동의 분노 조절 문제 발생에 영향을 끼치는 역학관계를 살펴보기 위해 가족치료 회기를 실시했다.

C. 가족치료 회기 결과 대상자의 분노 조절 문제에 영향을 끼치는 몇 가지 역학관계가 나타났다.

D. 가족치료 회기에 가족 역학관계를 거론했다.

E. 가족에게 추가적인 가족치료를 받을 것을 권유했다.

F. 부모에게 부부치료를 받도록 권유했다.

제24장 | 비만과 과체중

내담자 소개

1. 높은 체질량지수 (1)[1]

A. 내담자는 비정상적으로 높은 비율의 체지방 때문에 키에 비해 과도한 몸무게를 보였다.

B. 내담자는 체질량지수가 30 또는 그 이상을 보였다.

C. 치료가 진행됨에 따라 내담자는 체질량지수를 30 이하로 낮추었다.

2. 폭식 (2)

A. 내담자는 스트레스를 받거나 감정적으로 격양되는 순간에 반복적으로 폭식하는 양상을 보였다.

B. 내담자는 최근 폭식을 한 경험을 보고했다.

C. 내담자는 최근 폭식을 경험하지 않았다.

D. 내담자는 폭식하는 양상을 근절해 냈다.

3. 문제 감정을 다스리기 위한 먹기 (3)

A. 내담자는 자신의 문제 감정을 다스리기 위해 먹는 패턴을 보였다.

B. 내담자는 기분이 안 좋을 때 먹음으로써 편안함을 느끼는 자신의 인지를 보고했다.

C. 내담자가 문제 감정을 다스리기 위한 먹기의 반복적 패턴에 대한 통찰을 얻음에 따라 더 건강한 방법으로 감정을 다스리게 되었다.

4. 빠른 먹기 (4)

A. 내담자는 정상속도보다 훨씬 더 빠르게 먹는 역사를 보고했다.

B. 내담자는 왜 자신이 예상보다 더 빠른 방법으로 먹는지에 대해 불확실해했다.

C. 치료가 진행됨에 따라 내담자의 음식 섭취는 더 침착한 속도가 되었다.

---

1) 괄호 안의 숫자들은 아동 심리치료 치료계획서(*The Child Psychotherapy Treatment Planner*), 제5판(Jongsma, Peterson, McInnis, Bruce 공저, 2014년, Hoboken, NJ : Wiley)에서 동일한 제목을 지닌 관련 장의 치료 중재의 숫자와 연결된다..

5. **불편한 포만감 (5)**

A. 내담자는 불편하게 포만감을 느낄 때까지 먹는다고 보고했다.

B. 내담자는 편안한 포만감의 수준에 대한 신호를 식별할 수 있게 되었다.

C. 내담자는 더 이상 불편한 포만감의 감정을 경험하지 않고, 더 적당하게 먹게 되었다.

6. **신체적으로 배고프지 않을 때의 과식 (6)**

A. 내담자는 신체적으로 배고픔을 느끼지 않을 때에도 많은 양의 음식을 먹는다고 보고했다.

B. 내담자는 배고프지 않을 때 보상 행동으로 음식을 사용한다는 것을 식별했다.

C. 내담자는 배고픔의 신호가 식별될 때 먹는 것을 배웠다.

D. 내담자는 신체적으로 배고픔을 느끼지 않을 때 더 이상 많은 양의 음식을 먹지 않았다.

7. **부끄러움 때문에 혼자 먹기 (7)**

A. 내담자는 자신이 얼마나 먹는가에 대한 부끄러움 때문에 혼자서 먹는다고 보고했다.

B. 내담자는 자신이 식사 중에 다른 사람을 소외시켜 왔다고 느꼈다.

C. 내담자는 사회적 관점에서의 식사에 대해 더 편안해졌다.

D. 치료가 진행됨에 따라 내담자는 정상적인 음식 섭취를 보였고, 다른 사람들과 식사하는 사회적 측면에서도 더욱 편안해졌다고 보고했다.

8. **과식에 의한 낮은 자기 개념 (8)**

A. 내담자는 과식 이후에 구역질 나거나, 우울하거나, 죄책감을 느낀다고 보고했다.

B. 내담자는 자신의 폭식에 대한 감정적 반응을 탐험했다.

C. 내담자는 과식의 양상이 감소함에 따라 자신의 건강한 감정이 증가되었다고 보고했다.

중재 실행

1. **신뢰 기반의 관계 형성 (1)[2)**

A. 무조건적인 긍정적 존중의 사용을 통해 내담자와의 초기 신뢰 수준이 형성되었다.

B. 내담자와의 신뢰할 수 있는 관계의 기초를 위해 따뜻한 수용과 적극적인 경청 기법이 사용되었다.

C. 내담자는 신뢰 기반의 관계를 형성하였고 자신의 수용에 따라 생각과 감정을 표현하기 시작했고, 긍정적 피드백이 제공되었다.

D. 적극적 경청, 따뜻한 수용, 무조건적인 긍정적 존중의 사용에도 불구하고 내담자는 신뢰에 대해 저항하도록 유지되었고 자신의 생각과 감정을 공유하지 않았다.

2. **문제 기록 수집 (2)**

A. 오늘의 치료 회기는 내담자의 비만에 기여하는 요인들을 탐험했다.

B. 개인적 그리고 가족의 식습관, 생각, 태도, 그리고 음식과 감정 상태에 대한 믿음이 평가되었다.

---

2) 괄호 안의 숫자들은 **아동 심리치료 치료계획서**(*The Child Psychotherapy Treatment Planner*), 제5판(Jongsma, Peterson, McInnis, Bruce 공저, 2014년, Hoboken, NJ : Wiley)에서 동일한 제목을 지닌 관련 장의 치료 중재의 숫자와 연결된다.

C. 내담자의 식사 행동에 대한 완전한 기록이 오늘의 치료 회기에서 이루어졌다.

D. 오늘의 치료 회기는 치료의 목표에 초점을 두었다.

3. 정신병리학적 평가 (3)

A. 아동은 우울, 불안 또는 다른 심리적 조건을 포함해 과식에 영향을 주는 정신병리학을 평가받았다.

B. 부모는 우울, 불안 또는 다른 심리적 조건을 포함해 과식에 영향을 주는 정신병리학을 평가받았다.

C. 가족 안에서 밝혀지지 않은 정신병리학을 위해 적절한 치료가 고안되었다.

4. 심리검사 제공 (4)

A. 내담자는 정신병리학을 확증 또는 배제하는 것을 포함해, 전반적 평가 형성을 돕기 위한 심리검사를 할당받았다.

B. 심리평가는 내담자의 전체적인 병리학 수준의 명확한 그림을 제공하는 것을 돕기 위해 시행되었다.

C. 내담자는 평가 결과에 의한 다시 챙겨주기를 제공받았다.

D. 심리평가 도구는 치료 결과를 평가하기 위해 재관리되었다.

5. 통찰력 수준의 평가 (5)

A. 내담자는 보이는 문제들을 향한 통찰 수준으로 평가되었다.

B. 내담자는 보이는 문제들에 관하여 그의 통찰의 동조적인 본성 대 이질적인 본성에 따라 평가되었다.

C. 내담자는 행동과 증상에서 문제가 되는 본성에 대한 좋은 통찰을 하도록 보여 주었다.

D. 내담자가 다른 사람들의 우려에 동의하는 것이 목격되어 변화에 힘쓰도록 동기유발되었다.

E. 내담자는 묘사된 문제에 대해 양면성이 있음이 드러났고 그 문제들을 우려사항으로 보는 것을 꺼렸다.

F. 내담자는 문제 영역의 인식에 관해 저항적인 것으로 나타났고, 걱정하지 않았으며, 변화에 대한 동기가 없었다.

6. 관련 장애의 평가 (6)

A. 내담자는 연구 기반의 관련 장애들의 증거에 의해 평가되었다.

B. 내담자는 자살에 대한 취약성 수준으로 평가되었다.

C. 내담자는 동반장애를 가진 것으로 확인되었고, 치료는 이를 처리할 수 있도록 조정되었다.

D. 내담자는 또 다른 관련 장애가 있는지 평가되었지만 아무것도 발견되지 않았다.

7. 문화적으로 혼란스러운 문제에 대한 평가 (7)

A. 내담자는 그의 임상 행동을 더 잘 이해하도록 도울 수 있는 나이 관련 쟁점으로 평가되었다.

B. 내담자는 그의 임상 행동을 더 잘 이해하도록 도울 수 있는 성별 관련 쟁점으로 평가되었다.

C. 내담자는 그의 임상 행동을 더 잘 이해하도록 도울 수 있는 문화의 증후군, 고통의 문화적 관용구, 혹은 문화적으로 감지된 사건으로 평가되었다.

D. 다른 요인들이 내담자의 현재 정의된 '문제 행동'에 기여할 것이라고 확인되었고 이 요인들은 그의 치료에 반영되었다.

E. 내담자의 현재 정의된 '문제 행동'을 설명할 수 있는 문화적 기반 요인들은 조사되었지만 중대한 요인은 발견되지 않았다.

8. 장애의 심각성 평가 (8)

A. 내담자의 장애의 심각성은 보호의 적절한 정도를 결정하기 위해서 판단되었다.

B. 내담자는 사회적 · 관계적 · 교육적인 노력에서의 손상 정도로 평가되었다.

C. 내담자는 그의 장애가 자신의 기능에 가볍거나 중간 정도의 영향을 끼친다는 것을 알았다.

D. 내담자는 그의 장애가 자신의 기능에 심각하거나 더 심각한 영향을 끼친다는 것을 알았다.

E. 내담자의 치료의 효율성과 적절성, 그리고 장애의 심각성은 꾸준히 평가되었다.

9. 병원의 돌봄 평가 (9)

A. 병원의 돌봄과 관심으로 내담자의 집, 학교, 지역사회가 평가되었다.

B. 내담자의 다양한 환경은 아동의 욕구에 지속적인 무관심, 돌보는 사람의 잦은 변화, 안정적 애착의 제한된 기회, 가혹한 훈육 혹은 다른 심각한 부적절한 돌봄이 있었는지 평가되었다.

C. 병원의 돌봄이 확인되었고 치료계획에 이러한 우려를 관리하고 바로잡는 것과 아동을 보호하는 전략이 포함되었다.

D. 어떠한 병원의 돌봄도 확인되지 않았고, 이것은 내담자와 돌보는 사람에게 반영되었다.

10. 신체 검사를 위한 참조 (10)

A. 내담자는 비만이 건강에 미치는 효과를 평가하기 위한 철저한 신체 검사를 받았다.

B. 내담자는 철저한 신체 검사를 받음으로써 완수했다.

C. 내담자는 자신의 비만의 영향을 평가하기 위한 철저한 신체 검사 받기를 거부했다.

D. 신체 검사에서 내담자의 비만이 건강에 해로운 영향을 준다는 것이 밝혀졌다.

E. 신체 검사에서 어떠한 심각한 건강 문제도 밝혀내지 못했다.

F. 내담자는 신체 검사를 완수하지 못했고 그렇게 하도록 재지시되었다.

11. 향정신 약물 평가/참조 (11)

A. 향정신 약물에 대한 내담자의 요구가 평가되었다.

B. 내담자가 향정신 약물로부터 이익을 얻는다는 것이 밝혀졌고, 의뢰서가 만들어졌다.

C. 향정신 약물에 대한 요구가 발견되지 않았기 때문에 의뢰서가 만들어지지 않았다.

D. 내담자는 의사 의뢰서에 협조했고, 향정신 약물이 처방되었다.

E. 내담자는 의사 의뢰서를 완수하지 못했고 그렇게 하도록 격려되었다.

12. 치료 관찰 (12)

A. 향정신 약물의 효과와 부작용이 관찰되었다.

B. 내담자는 치료가 자신의 기분을 안정되게 하는 데에 효과가 있었다고 보고했고, 이러한 정보는 임상 처방에 의한 것이다.

C. 내담자는 향정신 약물이 효과가 있거나 도움이 되지 않는다고 보고했고, 이러한 정보는 임상 처방에 의한 것이다.

D. 내담자는 일관된 근거에 의해 치료받지 않았고 그렇게 하도록 격려되었다.

13. 위험 토론 (13)

A. 내담자와 부모는 과식의 단기적 보상이 더 많은 심각한 의학적 결과의 위험을 증가시키는지에 대해 토론했다.

B. 하이퍼텐션과 심장질환과 같은 의학적 결과가 내담자와 부모와 함께 토론되었다.

C. 좋은 체중 관리 연습의 긍정적인 신체 이익이 검토되었다.

14. 동기부여 평가 (14)

A. 내담자와 부모의 동기와 변화에 대한 준비 상태가 평가되었다.

B. 내담자는 치료에 동기부여가 되지 않는 것처럼 보였기 때문에 내담자의 숨겨진 동기부여 수준을 명확히 하고 밝혀내는 것을 돕기 위한 동기부여적 중재가 활용되었다.

C. 내담자가 동기부여되지 않아서 이러한 염려에 대한 치료는 지연되었다.

D. 내담자가 치료에 참가하는 것에 대한 동기부여를 나타냄에 따라 치료 지속에 동의를 얻었다.

15. 음식 섭취와 운동 모니터링 할당 (15)

A. 내담자는 음식 섭취와 운동에 대한 자기 관찰과 기록을 할당받았다.

B. 부모는 내담자의 음식 섭취와 운동에 대한 관찰과 기록을 돕도록 지시받았다.

C. 내담자의 음식 섭취와 운동은 부적응 패턴에 도전하는 것에 집중하여 시행되었다.

D. 내담자는 부적응 패턴을 순응하는 대안으로 교체하도록 도움받았다.

E. 내담자는 음식 섭취와 운동에 대한 기록을 지속하지 않았고 그렇게 하도록 재지시되었다.

16. 행동적 체중 관리 시행 (16)

A. 행동적 체중 관리 접근법을 통해 치료가 시행되었다.

B. 비만과 비만에 관련된 생활양식, 운동, 태도, 인식/믿음, 관계, 영양을 포함한 요소들에 대한 토론이 이루어졌다.

C. 내담자는 자신의 비만에 영향을 주는 요소들에 대한 토론에 정기적으로 참여하도록 강화되었다.

D. 내담자는 비만과 관련된 요소에 대한 토론에 참석하기 위해 투쟁하는 것처럼 보였고 교정적 다시 챙겨 주기와 지지가 제공되었다.

17. 비만에 대한 읽기자료 할당 (17)

A. 내담자와 부모는 비만, 비만에 영향을 주는 요소, 치료의 이유, 치료의 강조에 대한 심리교육적 정보를 읽도록 할당받았다.

B. 내담자와 부모는 체중 관리를 위한 학습 프로그램(*The LEARN Program for Weight Management*)(Brownell)의 일부분을 읽도록 할당받았다.

C. 내담자와 부모는 할당된 자료를 읽었고 주요 개념이 처리되었다.

D. 내담자와 부모는 할당된 자료를 읽지 않았고 그렇게 하도록 재지시되었다.

18. 프로그램의 주안점 검토 (18)

A. 치료 프로그램의 주안점이 검토되었다.

B. 내담자가 치료의 이유와 접근에 대해 이해하고 동의하였는지에 강조점이 주어졌다.

19. 치료의 어려움과 이익 토론 (19)

A. 내담자와 부모는 치료가 어려움과 이익을 포함해 어떤 결과를 초래할 것인가에 대한 현실적 기대에 관하여 토론하였다.

B. 치료 프로그램의 고수에 대한 강조가 유지되었다.

C. 토론은 어려움에 대한 현실적 기대뿐만 아니라 성공에 대한 긍정적 희망에도 초점을 두었다.

20. 목표 설정 (20)

A. 내담자는 주 단위로 성취하기 위한 단기적 목표를 세우도록 도움받았다.

B. 내담자는 중기(월별) 목표를 세우도록 도움받았다.

C. 내담자는 6개월에서 1년 단위로 성취하기 위해 장기적 목표를 세우도록 도움받았다.

D. 내담자는 치료를 위한 자신의 목표를 개발하고 갱신하도록 도움받았다.

21. 유동적 목표 설정 토론 (21)

A. 행동의 변화에 따라 일어날 수 있는 경과에 대한 인식이 주어졌고, 유연한 목표의 요구가 강조되었다.

B. 실수가 발생할 경우 취해야 할 문제 해결 접근 방법에 주안점을 두었다.

C. 스스로를 용서하기, 계기를 확인하기, 위험을 해결하기 위한 옵션의 개발과 평가하기, 제자리로 돌아가기 등의 실수 상황에서의 전략이 강조되었다.

22. 몸무게 관찰 (22)

A. 내담자는 주기적으로 몸무게를 측정하도록 도움받았다.

B. 내담자의 몸무게는 치료 기간 동안의 변화를 나타내기 위해 차트와 그래프로 기록되었다.

23. 건강한 영양 습관 교수 (23)

A. 내담자는 균형과 다양성의 개념과 관련된 건강한 영양 습관을 배웠다.

B. 내담자는 몬스터 헬스 북 : 건강하게 먹기, 활동적으로 되기, 괴물과 아이들의 위대함 느끼기(*The Monster Health Book : A Guide to Eating Healthy, Being Active and Feeling Great for monsters & kids*)(Miller)의 일부분을 읽도록 추천받았다.

C. 내담자는 먹기 충분히 좋은 것 : 음식과 영양에 대한 아동 안내서(*Good Enough to Eat : A Kid's Guide to Food and Nutrition*)(Rockwell)의 일부분을 읽도록 추천받았다.

D. 내담자는 좋은 영양 습관과 내담자의 체중 목표 도달을 포함하는 건강한 음식 다이어트를 계획하는 데 도움받았다.

24. 영양사에게 문의하기 (24)

A. 내담자는 영양 재활치료의 과제에 대한 식사 장애에 대한 경험을 영양사로부터 문의받았다.

B. 추천이 영양사에 의해 만들어졌고 이것은 치료계획에 조직되었다.

C. 내담자는 영양사의 추천을 따르지 못했고 그렇게 하도록 상기시켰다.

25. 개인적 식이요법 개발 (25)

A. 내담자와 부모는 다양성을 격려하고 선택을 허락하면서, 음식 선택 선호를 포함한 개인적 식이요법을 개발하는 데에 도움을 받았다.

B. 내담자와 부모는 전체 칼로리 섭취 관리를 위한 부분 통제의 원리를 배웠다.

C. 건강한 식사에 대한 가족 접근이 강조되었다.

D. 특정한 음식을 금지하는 것이 아니라 적당한 섭취가 건강한 몸무게를 유지하는 핵심이라는 것이 강조되었다.

E. 내담자는 **청소년 심리치료 과제계획서**(Jongsma, Peterson, & McInnis)의 '더 건강한 식이요법의 발전과 중재(Developing and Implementing a Healthier Diet)' 활동을 할당받았다.

26. 자극-통제 기술 사용 (26)

A. 자극-통제 기술은 즉각적인 음식 구매, 선택, 또는 섭취 장치의 노출을 줄이는 데에 사용되었다.

B. 내담자는 방과 후 고열량 과자를 사고 먹는 것을 피하도록 배웠다.

C. 내담자는 음식 쇼핑 이전에 또는 건강한 음식이 준비되어 있지 않은 곳에 가기 전에 먹도록 배웠다.

D. 내담자는 리스트에 있는 음식만 쇼핑하도록 배웠다.

E. 가족은 비영양 음식을 집에서 개방하도록 약속하는 것을 요청받았다.

F. 가족은 사전에 계획된 메뉴의 음식을 준비하도록 격려되었다.

27. 식사시간 자극-통제 기술 사용 (27)

A. 내담자는 식사시간 자극-통제 기술을 배웠다.

B. 내담자는 작은 그릇에 음식을 받아 천천히 먹도록 격려되었다.

C. 가족은 즐겁고 일반적으로 먹는 식사 루틴을 만드는 즐거운 식사 환경을 만들도록 격려되었다.

28. 작은 운동 목표 만들기 (28)

A. 부모와 내담자는 치료 운동 목표를 포함한, 작고 활동에서 할 수 있는 변화를 식별하도록 격려되었다.

B. 걷기를 위해 멀리 주차하기, 계단 이용하기, 걸어서 등교하기 그리고 다른 활동들과 같은 라이프스타일 건강 기술들이 격려되었다.

C. 내담자는 증가된 활동에 강화되었다.

29. 신체 활동 게임 격려 (29)

A. 부모와 아이는 신체적 움직임이 요구되는 게임을 하도록 격려되었다.

B. 부모와 아이는 어떠한 컴퓨터 게임이라도 상호작용이 있고, 신체적으로 관련된 게임이어야 한다고 격려되었다.

C. 아이는 신체 움직임 게임의 규칙적인 사용을 강화받았다.

30. 조직화된 신체 활동 격려 (30)

A. 내담자는 체육, 수영, 어린이 클럽 스포츠와 같은 조직화된 신체 활동에 참여하도록 격려되었다.

B. 내담자는 조직화된 신체 활동의 규칙적인 참여를 강화받았다.

31. 자기 말하기 탐험 (31)

A. 내담자의 자기 말하기와 비치료적 식사 습관을 중재하는 믿음이 검토되었다.

B. 내담자는 비치료적 식사 습관을 증진시키는 성향에 도전하도록 배웠다.

C. 내담자는 편향된 메시지를 현실 기반의 긍정적 대안으로 대체하도록 도움받았다.

D. 내담자는 과식, 감정조절을 위한 식사 그리고 나쁜 자기 개념에서 건강을 위해 먹기와 자신을 정의하기 위해 특징/가치 사용하기로 변화되었다.

32. 자기 말하기 숙제 할당 (32)

A. 내담자는 자기 말하기를 식별하고 현실 기반의 대안을 만들도록 하는 숙제 활동을 할당받았다.

B. 내담자는 **아동 심리치료 과제계획서**(Jongsma, Peterson, & McInnis)의 '긍정적인 자기 말하기로 부정적인 생각 바꾸기' 활동을 할당받았다.

C. 내담자는 실패에 대한 교정적 다시 챙겨주기와 성공에 대한 강화와 함께 자기 말하기 대체 활동을 검토하도록 도움받았다.

33. 긍정적 자기 말하기 강화 (33)

A. 모델링, 교정적 다시 챙겨주기, 이미지 리허설 그리고 사회적 강화와 같은 행동 기술이 내담자에게 긍정적 자기 말하기를 가르치기 위해 사용되었다.

B. 내담자는 새로운 행동 변화 결과를 촉진하기 위해 자신에게 보상을 주도록 배웠다.

C. 내담자는 **아동 심리치료 과제계획서**(Jongsma, Peterson, & McInnis)의 '긍정적인 자기 진술' 활동을 할당받았다.

34. 고위험 상황에서의 차분함 기술 교수 (34)

A. 내담자는 고위험 상황을 관리하기 위해 재단된 차분함 기술을 배웠다.

B. 내담자는 인지적 · 신체적 차분함 기술을 모두 배웠다.

C. 모델링, 역할 놀이, 행동 시연이 특정 상황에서 어떻게 차분함 기술을 사용할 수 있는지를 확인하기 위해 사용되었다.

D. 내담자는 **아동 심리치료 과제계획서**(Jongsma, Peterson, & McInnis)의 '심호흡하기' 활동을 할당받았다.

E. 내담자는 **아동을 위한 긴장 이완과 스트레스 감소 워크북**(Shapiro & Sprague)의 부분을 할당받았다.

F. 내담자는 문제 있는 상황을 관리하기 위한 차분함 기술에 대한 완벽한 이해를 보였고 그것에 긍정적으로 강화되었다.

G. 내담자는 고위험 상황을 관리하기 위해 어떻게 차분함 기술을 사용하는지를 이해하는 데에 어려움을 보였고 이 영역에서 보충적 다시 챙겨주기를 제공받았다.

35. 고위험 상황에서의 문제 해결 기술 교수 (35)

A. 내담자는 고위험 상황을 관리하기 위해 재단된 문제 해결 기술을 배웠다.

B. 내담자는 상황의 핵심 요약, 대안 만들기, 각 대안에 대한 장단점 나열하기, 대안 선택하기, 대안 시행하기, 정제하기에 대해 배웠다.

C. 모델링, 역할 놀이, 행동 시연이 특정 상황에서 어떻게 문제 해결 기술을 사용할 수 있는지를 확인하기 위해 사용되었다.

D. 내담자는 **아동 심리치료 과제계획서**(Jongsma, Peterson, & McInnis)의 '문제 해결 활동'을 할당받았다.

E. 내담자는 문제 있는 상황을 관리하기 위한 문제 해결 기술에 대한 완벽한 이해를 보였고 그것에 긍정적으로 강화되었다.

F. 내담자는 고위험 상황을 관리하기 위해 어떻게 문제 해결 기술을 사용하는지를 이해하는 데에 어려움

을 보였고 이 영역에서 보충적 다시 챙겨주기를 제공받았다.

36. 고위험 상황에서의 갈등 해결 기술 교수 (36)

A. 내담자는 고위험 상황을 관리하기 위해 재단된 갈등 해결 기술을 배웠다.

B. 내담자는 연민, 능동적 듣기, 그리고 '나 메시지'를 배웠다.

C. 모델링, 역할 놀이, 행동 시연이 특정 상황에서 어떻게 갈등 해결 기술을 사용할 수 있는지를 확인하기 위해 사용되었다.

D. 내담자는 아동 심리치료 과제계획서(Jongsma, Peterson, & McInnis)의 '평화 협정 협상하기' 활동을 할당받았다.

E. 내담자는 문제 있는 상황을 관리하기 위한 갈등 해결 기술에 대한 완벽한 이해를 보였고 그것에 긍정적으로 강화되었다.

F. 내담자는 고위험 상황을 관리하기 위해 어떻게 갈등 해결 기술을 사용하는지를 이해하는 데에 어려움을 보였고 이 영역에서 보충적 다시 챙겨주기를 제공받았다.

37. 고위험 상황에서의 자기주장 기술 교수 (37)

A. 내담자는 고위험 상황을 관리하기 위해 재단된 자기주장 기술을 배웠다.

B. 내담자는 존중하는 말하기, 공격성 없이 자기주장하기, 그리고 타협에 대해 배웠다.

C. 모델링, 역할 놀이, 행동 시연이 특정 상황에서 어떻게 자기주장 기술을 사용할 수 있는지를 확인하기 위해 사용되었다.

D. 내담자는 냉정하거나 조용하거나 어린이에게 : 자기주장 능력을 발휘하는 데 유익한 연습장(Schab)의 부분을 읽도록 추천받았다.

E. 내담자는 문제 있는 상황을 관리하기 위한 자기주장 기술에 대한 완벽한 이해를 보였고 그것에 긍정적으로 강화되었다.

F. 내담자는 고위험 상황을 관리하기 위해 어떻게 자기주장 기술을 사용하는지를 이해하는 데에 어려움을 보였고 이 영역에서 보충적 다시 챙겨주기를 제공받았다.

38. 가족 스트레스 관리 기술 교수 (38)

A. 모든 가족 구성원은 스트레스 관리 기술을 배웠다.

B. 가족 구성원은 침착함, 문제 해결, 의사소통, 그리고 갈등 해결 기술을 배웠다.

C. 가족 구성원은 스트레스를 관리하고 치료에서 내담자의 발전을 가능하게 하기 위해 스트레스 관리 기술을 사용하도록 격려되었다.

39. 부모에게 설득과 보상 교수 (39)

A. 부모는 어떻게 치료와 일치하는 행동을 하도록 하고 보상하는지에 대해 배웠다.

B. 부모는 과도한 불만을 감정적으로 무시하고 내담자에게 처방될 수 있는 행동을 모델링하도록 배웠다.

C. 부모는 치료와 일치하는 행동을 설득하고 보상하는 것의 성공에 대해 강화받았다.

D. 부모는 치료와 일치하는 행동에 보상하는 것을 실패했기 때문에 상황에 대해 그들 스스로 재지시하도록 도움받았다.

40. 권능 줄이기 (40)

A. 가족은 내담자의 나쁜 식습관과 잘못된 동기를 강화하는 경향을 식별하고 극복하는 데 도움받았다.

B. 가족 구성원은 내담자의 발전을 보상하는 건설적인 방법을 배웠다.

41. 계속되는 지지 격려 (41)

A. 부모는 내담자의 체중 관리 노력에 대한 계속적인 지지를 발전하고 조정하도록 격려되었다.

B. 부모는 내담자의 변화를 지지하기 위해 이메일, 전화, 문자, 그리고 편지를 활용하도록 격려되었다.

C. 부모는 내담자에게 지지를 제공하기 위해 다른 사람들과 연합하도록 격려받았다.

42. 일탈과 재발 사이의 차이점 (42)

A. 일탈과 재발 사이의 구별에 대하여 내담자와 토론이 이루어졌다.

B. 일탈은 처음이며 되돌릴 수 있는 증상과 관련되어 있다.

C. 재발은 불복종/비행 행위를 하도록 돌아가기로 결정하는 것과 관련되어 있다.

D. 내담자는 실수와 재발 사이의 차이점에 대한 이해를 드러냄에 따라 지지와 격려가 제공되었다.

E. 내담자는 실수와 재발 사이의 차이를 이해하기 위해 노력했고 이 부분에서 추가적인 다시 챙겨주기를 제공받았다.

43. 일탈 위험 상황의 관리에 대한 논의 (43)

A. 내담자는 일탈이 일어났을 때의 미래 상황이나 환경을 인식하는 것을 도움받았다.

B. 치료는 일탈이 일어났을 때의 미래 상황이나 환경에 대한 관리 방법을 연습하는 데에 초점을 두었다.

C. 내담자는 일탈 관리 기술에 대한 적절한 사용을 강화받았다.

D. 내담자는 잘못된 일탈 관리 기술의 사용에 대하여 교정받았다.

44. 전략의 일상적 사용 장려 (44)

A. 내담자는 치료에서 배운 전략(의식적 재구성, 자기주장)을 일상적으로 사용하도록 지시받았다.

B. 내담자는 새로운 전략을 그들의 삶에 가능한 많이 적용하는 방법을 찾도록 권고받았다.

C. 내담자는 그들의 삶과 일상으로 대처 전략을 통합하는 방법에 대해 보고하도록 강화되었다.

D. 내담자는 새로운 전략을 자신의 일상과 삶으로 포함시키는 방법을 재지시받았다.

45. '대처 카드' 개발 (45)

A. 내담자는 특정한 대처 전략이 적혀 있는 대처 카드를 제공받았다.

B. 내담자는 대처 전략에 도움을 주는 항목이 적혀 있는 대처 카드를 개발하도록 도움받았다.

C. 내담자는 불안 유발 상황에 맞설 수 있는 대처 카드를 사용하도록 격려받았다.

46. 그룹 체중 감량 프로그램 적용 (46)

A. 내담자와 부모는 그룹 행동적 체중 감량 프로그램을 적용받았다.

B. 체중 감량 프로그램의 사용은 라이프스타일, 운동, 태도, 관계, 그리고 영양의 변화에 대한 강조와 함께 강조되었다.

C. 내담자는 규칙적으로 그룹 행동적 체중 감량 프로그램에 참여해 왔고 경험과 결과가 검토되었다.

D. 내담자는 그룹 행동적 체중 감량 프로그램에 참여하지 않았고 그렇게 하도록 재지시되었다.

47. 감정적 요구 조사 (47)

A. 세심한 질문하기, 능동적 듣기, 그리고 무조건적 관심이 식사를 통해 충족되는 긍정적 감정의 요구에 대해 탐사하고, 토론하고 설명하기 위해 사용되었다.

B. 내담자는 가능한 감정적 방치 또는 남용에 대해 관찰되었다.

48. 통찰의 강화 (48)

A. 내담자는 과거의 감정적 고통과 현재의 과식과의 연결에 대한 통찰을 강화받았다.

B. 내담자는 어떻게 과거의 감정적 고통이 현재의 과식과 연결되는지에 대한 더 깊은 통찰을 발전시키도록 도움받았다.

보 충 자 료

비만은 '유전병'입니다

최근 발표된 한 보고서에서 비만이 유전병이라는 사실이 명확히 규명되었다.

2018년 1월 15일 국민건강보험공단이 발표한 〈2017 비만백서〉에 따르면 부모가 모두 비만일 때 영·유아 자녀가 비만인 비율은 14.4%였다. 부모 중 1명만 비만이면 자녀 비만율은 6.6~8.3%로 낮아졌다. 부모 모두 비만이 아닐 때 자녀 비만율은 3.2%에 불과했다. 부모가 비만인 자녀와 그렇지 않은 자녀의 비만율 격차가 무려 4.5배이다. 여기서 비만은 체질량지수(BMI)가 25 이상일 때를 의미한다. BMI는 몸무게(kg)를 키의 제곱(m²)으로 나눈 값이다.

BMI가 30 이상인 고도비만은 문제가 더 심각했다. 고도비만 부모의 영·유아 자녀는 비만일 확률이 26.3%나 됐다. 반면 부모 모두 고도비만이 아닐 때 자녀의 비만율은 5.3%에 그쳤다. 비만율 격차는 5배로 더 벌어졌다.

전문가들은 비만이 유전의 영향을 받는다며 비만인 소아, 청소년은 가족도 비만인 경우가 많다고 설명한다. 그러나 유전만 영향을 끼치는 것은 아니다. 부모의 생활 방식도 함께 영향을 준다. 특히 비만 아동은 부모의 식사 속도와 TV 시청 습관을 그대로 따랐다. 생활습관도 유전이 되는 것이다.

자녀의 식사 속도가 빠른 비율은 부모 모두 비만일 때 6.0%로 가장 높았다. TV를 2시간 이상 보는 비율은 엄마가 비만일 때(35.2%), 부모 모두 비만일 때(34.8%) 높은 편이다. 자녀의 식사 속도가 빠르면서 부모 모두 비만일 때 자녀 비만 확률은 43.6%로 높아졌다. TV를 2시간 이상 보는 자녀가 비만인 부모를 두면 비만율이 16.8%에 이르렀다. 어려서부터 같이 생활하면서 영향을 주는 가족의 식사 습관, 생활 방식이 복합적으로 작용하는 것으로 설명할 수가 있다.

결국 부모가 자녀에게 비만을 대물림하지 않으려면 가족 모두의 노력이 필요하다는 결론이다. 유전적 영향을 감안하면 비만에 대한 대응은 빠를수록 좋다. 울고 보챌 때마다 우유를 주지 말고 정해진 간격으로 수유하고 상을 줄 때는 음식 대신 다른 것을 주는 것이 좋다. 이유식을 먹이는 시기에 달콤하거나 짠 음식을 피하고 온 가족이 식사하도록 노력하는 것도 좋은 방법이다.

다만 어린이는 성장이 중요하기 때문에 과도한 식사 제한은 오히려 독이 될 수 있어 주의해야 한다. 한 교수는 "경도 비만 소아는 현재 체중만 유지해도 키가 자라면서 비만 지수가 정상이 되기 때문에 너무 엄격하게 식사를 제한할 필요는 없다"며 "중등도와 고도비만은 1개월에 1~2kg씩 서서히 체중을 줄여 경도 비만으로 만드는 것이 목표"라고 조언했다.

자녀에게 비만을 물려주기 싫다면 부모도 노력해야 한다. 이것은 자신의 건강도 함께 챙기는 일석이조 효과를 준다. 박혜순 서울아산병원 가정의학과 교수는 "대사증후군 모체가 되는 '복부비만'은 건강에서 조직폭력단과 같다"며 "난치병인 뇌졸중이나 심근경색증, 치매를 일으키는 복부비만의 위험 요인은 운동부족, 과식, 과음, 흡연"이라고 지적했다.

비만을 예방하기 위해서는 하루 40분 이상 걸어 몸속의 에너지를 배출하는 것이 필요하며, 엘리베이터 대신 계단, 승용차 대신 지하철을 이용하는 것이 도움이 되고 과식은 뱃살로 연결되므로 식사량을 조절할 필요가 있으므로 지방이 축적되지 않게 하려면 현재 식사량의 80%만 먹어야 한다. 또 빨리 먹을수록 자기도 모르는 사이에 음식량을 넘어서고 뇌에서 배부른 신호를 보내도 그것을 뒤늦게 감지하기 때문에 천천히 먹는 것이 필요하다. 부자 병인 비만과 과식으로 발생된 질병으로 건강이 나빠진 환자를 면담하거나 전문의사로부터 비만과 과체중 관련 발생 가능한 질병의 유형과 치료가 쉽지 않으므로 예방과 건강 관리 요령에 관한 설명을 듣고서 실천하는 것도 유익한 처방이다.

흡연도 비만에 영향을 준다. 특히 복부비만을 유도한다. 니코틴에 식욕억제 기능이 있어 금연하면 살이 찔 것이라고 걱정하지만 실상은 그렇지 않다는 것이다. 지방의 축적 상태와 흡연의 관련성을 살펴보면 흡연이 복부비만과 관련성이 높다는 것을 알게 되며 특히 대사증후군 원인이 되는 '인슐린 저항성'을 유발하고 동맥경화 주범이기 때문에 반드시 금연해야 한다. 비만과 관련된 BMI가 높으면 지력이 퇴화되는 치매, 당뇨병, 고혈압, 심장병 발생 위험이 높다(서울신문 2018. 1. 15.).

제25장　자녀 양육하기

내담자 소개

1. 한계 설정에 부적합하다는 느낌 (1)[1]

A. 부모가 자녀에게 한계를 설정하는 것에 (자신들이) 부적합하다는 느낌을 표현했다.

B. 부모가 자녀의 행동에 압도되는 기분이 들어 아이에게 효과적인 한계 설정을 할 수 없다고 묘사했다.

C. 치료가 진행됨에 따라 부모가 자녀에게 더 효과적으로 한계 설정을 하는 기법을 배웠다.

D. 부모가 자녀에게 더 효과적으로 한계를 설정하고 있다는 기분이 든다고 보고했다.

2. 육아 지식과 기술 부족 (2)

A. 부모는 양육 지식과 기술의 부족을 보여 주었다.

B. 부모는 보상, 결과 및 시간 제한과 같은 기본 기술 사용에 대한 이해가 부족하다.

C. 치료가 진행되면서 부모는 자녀 양육에 상당한 지식과 기술을 얻고 있다.

3. 잘못된 행동에 대한 정서적인 반응 (3)

A. 부모가 종종 자녀의 잘못된 행동에 대한 자신들의 정서적인 반응을 조절하는 데 어려움을 겪는다.

B. 부모가 자녀의 잘못된 행동에 극심한 정서적인 반응을 경험하는 경향이 있다.

C. 자녀의 잘못된 행동에 대한 부모의 극심한 정서적인 반응이 자녀의 잘못된 행동을 더 촉발하는 경향이 있다.

D. 부모가 자녀의 잘못된 행동에 대한 정서적인 반응을 통제할 수 있게 되면서 부모의 양육 전략이 더 효과적으로 변했다.

E. 부모가 정기적으로 자녀의 잘못된 행동에 대한 정서적인 반응을 조절한다.

---

[1] 괄호 안의 숫자들은 아동 심리치료 치료계획서(*The Child Psychotherapy Treatment Planner*), 제5판(Jongsma, Peterson, McInnis, Bruce 공저, 2014년, Hoboken, NJ : Wiley)에서 동일한 제목을 지닌 관련 장의 치료 중재의 숫자와 연결된다.

4. 양육 전략에 관련된 갈등 (4)

A. 부모가 자녀의 다양한 부정적인 행동을 다루는 전략에 대한 합의가 부족하다고 묘사했다.

B. 한 부모는 더 엄격한 통제를 주장하는 반면, 다른 부모는 좀 더 관대한 접근법을 선호한다.

C. 자녀의 행동이 부모의 훈육 반응의 변덕스런 양태에 영향을 받지 않는 것으로 보인다.

D. 한계 설정에 관한 부모의 합의 부재로 인해 자녀의 행동이 더 통제를 벗어난다.

E. 부부간의 소통이 증가함에 따라 부모가 자녀의 다양한 부정적인 행동 유형에 대한 대처 전략에 합의를 이뤄 냈다.

5. 느슨한 감독 (5)

A. 부모가 자녀에 대해 느슨한 감독 경향을 보인다고 묘사했다.

B. 부모가 자녀의 행동과 특권에 부적절한 한계를 설정하는 경향이 있다고 설명했다.

C. 부모가 느슨한 감독과 부적절한 한계 설정 경향으로 자녀가 다른 영역에서 행동 문제가 있다고 보고했다.

D. 부모가 좀 더 단호한 감독과 한계 설정 경향을 개발함에 따라 부모와 자녀 간의 관계가 개선됐고 이에 걸맞는 자녀의 행동 개선도 나타났다.

6. 지나친 방임 (6)

A. 부모가 자녀의 소원과 요구 사항을 지나치게 다 받아 주는 경향이 있다고 보고했다.

B. 부모가 종종 분노 폭발을 피하기 위해 자녀의 소원과 요구 사항을 지나치게 다 받아 준다.

C. 부모가 자녀의 소원과 요구 사항을 들어주는 것과 관련해 좀 더 현실적인 태도를 갖겠다고 약속했다.

D. 자녀의 소원과 요구 사항을 다 들어주는 부모의 경향이 줄어들었고, 전반적인 관계가 개선되었다.

7. 가혹하고 엄격하면서 품위 없는 행동 (7)

A. 부모가 종종 자녀를 다소 가혹한 태도로 다룬다.

B. 부모가 자녀의 행동에 대한 규칙과 기대에 제법 엄격하다.

C. 부모가 자녀에게 품위 없이 행동한다.

D. 치료가 진행됨에 따라 부모가 자녀를 좀 더 지지해 주고 격려해 주게 되었다.

8. 신체적 · 정서적 학대 (8)

A. 부모가 자신을 신체적 혹은 정서적으로 학대했다고 아이가 보고했다.

B. 신체적/정서적 학대를 받았다는 아이의 보고가 독립적인 출처로부터 확인되었다.

C. 부모가 자녀에게 행한 신체적 · 정서적 학대에 대해 자세히 설명했다.

D. 신체적 학대 보고가 강제 보고 법령에 따라 아동 보호 서비스(Children's Protective Services)에 전달되었다.

E. 부모가 모든 신체적 · 정서적 학대를 중단했다.

9. 지나친 방임 대 가혹함 (9)

A. 한쪽 부모는 좀 더 관대한 훈육 방식을 주장하는 반면 다른 부모는 좀 더 엄격한 통제를 주장한다.

B. 아이가 한쪽 부모는 지나치게 방임적이고 다른 부모는 지나치게 엄격하다고 말했다.

C. 각 부모의 좀 더 극단적인 양육 방식이 다른 부모로부터 정반대의 극단적인 양육 방식을 이끌어 내는

것으로 보인다(예 : 다른 부모가 지나치게 가혹한 방식을 사용하는 것을 본 관대한 부모가 더 극단적으로 관대해짐, 혹은 그 반대의 경우).

D. 부모가 자신들의 서로 다른 양육 방식의 영향에 대한 통찰을 얻음에 따라 좀 더 균형 잡힌 접근법을 갖게 됐다.

10. 양육 책임의 수준에 대한 분노 (10)

A. 한쪽 부모가 자신이 자녀의 감독, 양육, 훈육을 전적으로 떠맡는 듯한 기분이 들어 화가 난다고 말했다.

B. 양측 부모가 자녀의 감독, 양육, 훈육에 대한 상대방의 책임 수준에 의견 불일치를 보여 자주 갈등이 발생한다고 보고한다.

C. 부모가 자녀의 감독, 양육, 훈육에 관한 자신들의 역할과 책임 수준을 재조정했다.

D. 자녀의 감독, 양육, 훈육에 좀 더 큰 책임을 맡은 부모가 이런 역할에 대해 더 수용하게 되었다.

11. 발달 기대에 관한 지식 부족 (11)

A. 내담자가 주어진 발달 수준에서의 자녀의 행동에 대해 어느 정도가 합리적인 기대인지에 대한 지식이 부족하다고 보고했다.

B. 내담자가 주어진 발달 수준에서의 자녀의 행동에 대해 비이성적인 기대를 가지고 있음을 반영하는 발언을 자주 한다.

C. 치료가 진행됨에 따라 내담자가 주어진 발달 수준에서의 자녀의 행동에 대한 보다 현실적인 기대를 발달시켰다.

12. 외부에서 요청하는 행동 치료 요구 (12)

A. 학교 관계자, 법원 관계자 그리고/또는 친구들이 부모에게 자녀의 행동을 치료해야 한다고 말해 주었다.

B. 부모가 자녀의 행동 치료 필요성을 지적하는 외부의 요청을 무시하는 것으로 보인다.

C. 부모가 자녀의 행동 치료를 지시하는 외부의 요청에 동기부여되었다.

D. 외부 소식통들이 자녀의 행동이 개선됐다고 확인했다.

13. 부모가 활용할 수 있는 방안을 다 소진함 (13)

A. 부모가 내담자의 문제 행동을 해결하기 위해 다양한 기법을 시도했다고 보고했다.

B. 부모가 내담자의 문제 행동을 해결하기 위해 시도한 양육 기법 레퍼토리를 다 소진했다.

C. 부모가 많은 다양한 기법을 사용했음에도 내담자가 계속해서 다양한 문제 행동을 보인다.

중재 실행

1. 부모를 참여시키기 (1)[2]

A. 부모와 신뢰하는 관계의 근간을 형성하기 위해 적극적 경청 기법을 사용했다.

B. 부모가 양육으로 고생하는 것을 정상화했다.

---

2) 괄호 안의 숫자들은 **아동 심리치료 치료계획서**(*The Child Psychotherapy Treatment Planner*), 제5판(Jongsma, Peterson, McInnis, Bruce 공저, 2014년, Hoboken, NJ : Wiley)에서 동일한 제목을 지닌 관련 장의 치료 중재의 숫자와 연결된다.

C. 부모의 부부관계, 자녀에 대한 행동 기대, 양육 방식에 대한 정보자료를 수집했다.

D. 부모가 치료적 관계에 대해 신뢰하는 것으로 보였고 완전한 정보자료를 제공하도록 이들을 격려했다.

2. 부부 갈등을 평가하기 (2)

A. 부모로부터 부부간 관계와 양육 방식에 대해 받은 정보자료를 분석해 부부 갈등이 존재하는지 평가했다.

B. 부모에게 그들이 상당한 부부 갈등을 겪고 있다고 알려 주었고 자녀의 양육 문제를 다루기 위해서는 부부 갈등을 해결해야 함을 알려 주었다.

C. 부모에게 그들의 부부관계가 견고하며, 좀 더 효과적인 부모가 되기 위해 필요한 변화에 잘 대처할 수 있을 것으로 보인다고 알려 주었다.

3. 부부치료 실시/제안하기 (3)

A. 효과적인 부모가 되는 것을 막는 갈등을 해결하기 위해 부모에게 부부/관계 치료를 권유했다.

B. 치료의 초점을 부모의 부부/관계 문제로 옮겼고, 그들이 더 효과적인 부모가 되는 것을 막는 갈등을 해소할 필요성을 제기했다.

C. 부부치료의 사용으로 부모가 더 효과적인 부모가 되는 것을 막는 갈등을 해소할 수 있었다.

D. 부부치료의 사용에도 불구하고 부모는 계속 부부 갈등을 겪었고 더 효과적인 부모가 되기 위해서는 이를 해결해야 함을 부모에게 강하게 권유했다.

4. 심리측정 검사를 실시하기 (4)

A. 부모에게 자신들의 양육 상태에 대한 객관적 평가를 마치도록 지시했다.

B. 부모에게 부모 양육 스트레스 검사(PSI)를 실시했다.

C. 부모에게 부모-자녀 관계 검사(Parent Child Relationship Inventory, PCRI)를 실시했다.

D. 부모가 객관적인 검사 도구를 완료하지 않았으나 이를 완료하도록 다시 지시했다.

5. 평가 결과를 공유하기 (5)

A. 객관적 양육 평가 도구의 결과를 부모와 함께 공유했다.

B. 부모가 평가 도구의 결과에 근거해 문제를 인식하고 양육팀 강화를 위한 노력을 시작하도록 도움을 주었다.

C. 부모가 자신들이 노력해야 할 필요가 있는 문제들을 인식한 것에 대해 긍정적 강화를 해 주었다.

D. 부모가 평가 도구의 결과를 봤음에도 양육팀 강화를 위해 문제 해결에 노력을 기울일 필요가 없다고 부인했고, 이 점을 다시 고려하도록 강하게 권했다.

6. 부모의 강점을 파악하기 (6)

A. 부모의 강점을 파악하기 위해 양육상태 검사 결과를 사용했다.

B. 부모가 자신감과 효과성을 쌓도록 도움을 주기 위해 그들의 강점을 강조해 주었다.

C. 평가에서 나온 정보자료를 들은 결과 부모가 자신들의 자신감을 향상시켰고 더 효과적인 양육팀이 되었다.

7. 통찰력 수준의 평가 (7)

A. 내담자는 보이는 문제들을 향한 통찰 수준으로 평가되었다.

B. 내담자는 보이는 문제들에 관하여 그의 통찰의 동조적인 본성 대 이질적인 본성에 따라 평가되었다.

C. 내담자는 행동과 증상에서 문제가 되는 본성에 대한 좋은 통찰을 하도록 보여 주었다.

D. 내담자가 다른 사람들의 우려에 동의하는 것이 목격되어 변화에 힘쓰도록 동기유발되었다.

E. 내담자는 묘사된 문제에 대해 양면성이 있음이 드러났고 그 문제들을 우려사항으로 보는 것을 꺼렸다.

F. 내담자는 문제 영역의 인식에 관해 저항적인 것으로 나타났고, 걱정하지 않있으며, 변화에 대한 동기가 없었다.

8. 관련 장애의 평가 (8)

A. 내담자는 연구 기반의 관련 장애들의 증거에 의해 평가되었다.

B. 내담자는 자살에 대한 취약성 수준으로 평가되었다.

C. 내담자는 동반장애를 가진 것으로 확인되었고, 치료는 이를 처리할 수 있도록 조정되었다.

D. 내담자는 또 다른 관련 장애가 있는지 평가되었지만 아무것도 발견되지 않았다.

9. 문화적으로 혼란스러운 문제에 대한 평가 (9)

A. 내담자는 그의 임상 행동을 더 잘 이해하도록 도울 수 있는 나이 관련 쟁점으로 평가되었다.

B. 내담자는 그의 임상 행동을 더 잘 이해하도록 도울 수 있는 성별 관련 쟁점으로 평가되었다.

C. 내담자는 그의 임상 행동을 더 잘 이해하도록 도울 수 있는 문화의 증후군, 고통의 문화적 관용구, 혹은 문화적으로 감지된 사건으로 평가되었다.

D. 다른 요인들이 내담자의 현재 정의된 '문제 행동'에 기여할 것이라고 확인되었고 이 요인들은 그의 치료에 반영되었다.

E. 내담자의 현재 정의된 '문제 행동'을 설명할 수 있는 문화적 기반 요인들은 조사되었지만 중대한 요인은 발견되지 않았다.

10. 장애의 심각성 평가 (10)

A. 내담자의 장애의 심각성은 보호의 적절한 정도를 결정하기 위해서 판단되었다.

B. 내담자는 사회적 · 관계적 · 교육적인 노력에서의 손상 정도로 평가되었다.

C. 내담자는 그의 장애가 자신의 기능에 가볍거나 중간 정도의 영향을 끼친다는 것을 알았다.

D. 내담자는 그의 장애가 자신의 기능에 심각하거나 더 심각한 영향을 끼친다는 것을 알았다.

E. 내담자의 치료의 효율성과 적절성, 그리고 장애의 심각성은 꾸준히 평가되었다.

11. 병원의 돌봄 평가 (11)

A. 병원의 돌봄과 관심으로 내담자의 집, 학교, 지역사회가 평가되었다.

B. 내담자의 다양한 환경은 아동의 욕구에 지속적인 무관심, 돌보는 사람의 잦은 변화, 안정적 애착의 제한된 기회, 가혹한 훈육 혹은 다른 심각한 부적절한 돌봄이 있었는지 평가되었다.

C. 병원의 돌봄이 확인되었고 치료계획에 이러한 우려를 관리하고 바로잡는 것과 아동을 보호하는 전략이 포함되었다.

D. 어떠한 병원의 돌봄도 확인되지 않았고, 이것은 내담자와 돌보는 사람에게 반영되었다.

12. 온정적인 환경을 조성하기 (12)

A. 부모가 좀 더 치료 환경을 편안하게 느끼도록 돕기 위해 공감하며 듣기, 연민, 지지를 제공했다.

B. 부모가 양육에서 느끼는 좌절감을 표현하도록 강력하게 권했다.

C. 부모가 경계를 풀고 양육에서 느끼는 좌절감을 표현함에 따라 부모에게 지지와 격려를 해 주었다.

D. 온정적이고 공감하는 환경을 조성했음에도 부모가 양육에서 느끼는 좌절감을 기꺼이 표현하려 들지 않았으며, 이 점에 대해 다시 지도해 주었다.

13. 유머와 정상화 활용하기 (13)

A. 부모에게 양육의 전체적인 면을 수월하게 교육하고 균형과 관점을 제공하기 위해 치료 시간에 적절하다고 판단할 경우 유머를 활용했다.

B. 부모에게 유머를 사용해 좌절감, 무력감, 부적합감을 상대방에게 표현하는 데 도움을 얻도록 격려했다.

C. 부모의 경험을 정상화했다.

D. 부모가 적절한 유머를 사용하고 자신들의 경험을 정상화함에 따라 부모에게 긍정적인 다시 챙겨주기를 주었다.

E. 긴장도가 높을 때 부모가 상대방을 재미있게 하는 것을 극도로 어려워했고, 부모에게 이런 유머를 사용해 감정을 표현하는 것을 서로 돕도록 격려했다.

14. 비현실적인 기대를 줄이기 (14)

A. 부모가 자신들과 자녀에 대해 갖고 있는 비현실적인 기대를 줄이도록 도움을 주었다.

B. 부모가 자신들과 자녀 모두에게 갖고 있는 일부 비현실적인 기대를 인지함에 따라 부모를 강화해 주었다.

C. 부모가 계속해서 자신들과 자녀에 대해 비현실적인 기대를 갖고 있을 경우 이를 지적해 주었다.

D. 부모가 자신들과 자녀에 대해 갖고 있는 비현실적인 기대를 파악하지 못했고 이런 점에 대해 대략적인 예를 제공했다.

15. 부모의 미해결된 문제를 살펴보기 (15)

A. 양 부모 모두에게 어린 시절에 대해 이야기하도록 지시했다.

B. 각 부모의 아동 및 청소년기 이야기 속에서 아직까지 남아 있을 수도 있는 미해결된 문제가 있는지 살펴보았다.

C. 부모가 어린 시절의 미해결된 문제를 인식하도록 도움을 주었다.

D. 부모가 겪고 있을지도 모르는 미해결된 문제의 대략적인 예를 부모에게 제시해 주었다.

E. 부모가 자신들의 과거 속 어린 시절의 미해결된 문제가 현재 효과적인 양육을 추구하는 자신들의 능력에 어떤 식으로 영향을 끼치는지를 파악하도록 도움을 주었다.

F. 부모가 자신들의 어린 시절의 문제가 자신들의 현재 효과적 양육 능력에 어떤 식으로 영향을 끼치는지 구체적인 방법을 들어 묘사할 때 적극적 경청 기법을 사용했다.

G. 부모가 어린 시절의 미해결된 문제와 자신들의 효과적인 양육 실시 능력과의 관련성을 일절 부인했고, 이에 대해 두 영역이 어떤 식으로 상호작용하는지 구체적인 예를 들어 주었다.

16. 부모의 문제를 다루기 (16)

A. 부모가 자신들의 미해결된 어린 시절의 문제를 해결하려고 노력하는 데 도움을 주었다.

B. 부모들이 자신들의 어린 시절 문제를 해결하려고 노력하는 것에 대해 부모를 지지해 주었고, 부모가 더 건전하게 기능하는 것의 이점을 강조해 주었다.

C. 부모가 어린 시절의 문제를 다루는 것을 거부했고, 이를 시도할 수 있게 되면 문제를 해결하도록 부모를 권고했다.

17. 도전적인 자녀를 양육하는 데 필요한 독서 과제 내주기 (17)

A. 부모에게 도전적인 자녀에 대한 양육법에 관한 읽기 자료를 내주었다.

B. 부모에게 조금 다른 내 아이 특별하게 키우기(*The Challenging Child*)(Greenspan)[3]를 읽도록 지시했다.

C. 부모에게 자녀가 나타내는 까다로운 행동 패턴의 종류를 파악하도록 지시했다.

D. 부모가 자녀에게서 보이는 까다로운 행동 패턴의 종류를 인지함에 따라 그런 유형의 아이를 다루는 몇 가지 양육법을 실행하도록 부모를 격려했다.

E. 부모가 자녀에게서 보이는 까다로운 행동 패턴의 종류를 부정확하게 인지했고, 이에 대해 교정적 지시를 하였다.

18. 활용 가능한 중재방안의 폭 넓히기 (18)

A. 부모에게 까다로운 아이를 양육하는 법에 관한 자료를 읽게 해서 부모의 활용 가능한 중재방안의 범위를 확대했다.

B. 부모에게 까다로운 아이(*The Difficult Child*)(Turecki)를 읽도록 지시했다.

C. 부모에게 고집센 아이 마음을 열어주는 법(*The Explosive Child*)(Greene)[4]을 읽도록 지시했다.

D. 부모에게 말 안 듣는 우리 아이를 사랑받는 아이로 키우는 비결(*How to Handle a Hard to Handle Kid*)(Edwards)[5]을 읽도록 지시했다.

E. 부모는 반항하는 아이를 양육하는 Kazdin의 방법(Kazdin)의 일부를 읽도록 지시되었다.

F. 부모가 자신들이 활용 가능한 중재방안의 범위 확대를 도와줄 독서 자료를 읽는 데 실패했고, 이 독서 목록을 다 읽도록 부모에게 다시 지시했다.

19. 새로운 전략 실행을 돕기 (19)

A. 부모가 자녀를 위한 새로운 양육 전략을 실행하도록 부모에게 지지, 권한 부여, 격려를 해 주었다.

B. 부모가 자녀에게 어떤 식으로 새로운 양육 전략을 실행하는지를 모니터링했다.

C. 부모가 자녀에게 새로운 양육 전략을 적용한 것에 대해 다시 챙겨주기와 방향 재설정을 해 주었다.

D. 부모가 자녀에게 새로운 양육 전략을 활용하지 않았고, 이것을 실행하도록 다시 지시했다.

20. 반응성을 평가하기 (20)

A. 내담자의 행동에 대한 부모의 반응성 수준을 평가했다.

B. 부모가 자녀의 잘못된 행동에 반응을 보인 상황을 파악하도록 도움을 주었다.

---

3) 역자 주 : 서수균, 송호정, 정지현, 김성준 공역(1995), 서울 : 학지사.
4) 역자 주 : 황애경 역(2004), 서울 : 학원사.
5) 역자 주 : 김정혜 역(2006), 서울 : 원앤원북스.

C. 부모가 좀 더 조정되고 숙고되고 계획된 태도로 반응하는 방법을 배우도록 돕기 위해 **아동 심리치료 과제계획서**(Jongsma, Peterson, & McInnis)의 '유리한 전투 고르기(Picking Your Battles)'를 실시하도록 지시했다.

D. 부모가 좀 더 조정, 숙고, 계획된 태도로 반응하는 법을 익히도록 도움을 주었다.

E. 치료가 진행될수록 부모가 자녀의 행동에 덜 반응하는 모습을 보였고, 좀 더 조정, 숙고, 계획된 태도로 반응했다. 이런 상호작용의 이점을 파악했다.

F. 부모가 계속해서 자녀의 행동에 반응성 있는 태도로 대응했고, 이런 면에 대해 교정적 다시 챙겨주기를 제공했다.

21. '아킬레스건(hot button)[6)]'을 찾기 (21)

A. 자녀가 부모로부터 재빠른 부정적 반응을 이끌어 내도록 압박할 수 있는 '아킬레스건'이 혹시나 있는지 부모가 자신들을 살피도록 도움을 주었다.

B. 부모가 자신들의 아킬레스건에 대한 과잉 반응이 어떤 식으로 부모로서 자신들의 효과성을 떨어뜨리는지 파악하는 데 도움을 주었다.

C. 부모가 몇 가지 아킬레스건을 발견했고, 이것을 다루었다.

D. 치료가 진행될수록 부모가 아킬레스건에 대해 과잉 반응을 보이는 습성이 줄었고, 이러한 변화를 점검했다.

E. 부모가 자신들이 어떠한 종류의 아킬레스건을 가지고 있지 않다고 부인했고, 이러한 면에 대해 대략적인 예를 제시했다.

22. 숙고된 반응을 역할 연기하기 (22)

A. 부모가 과민 반응성을 보일 수 있는 상황에서 사려 깊은 태도로 대응하는 것을 연습하기 위해 역할 연기 기법을 사용했다.

B. 부모에게 자녀의 요구나 부정적 행동에 대한 자동적 반응을 사려 깊은 대응으로 대체하는 법에 대해 지도해 주었다.

C. 부모가 자녀의 요구나 부정적 행동에 대해 사려 깊게 대응하는 능력을 선보임에 따라 긍정적 다시 챙겨주기를 제공했다.

23. 부모교육 훈련 사용하기 (23)

A. **자녀와 함께 살기**(Patterson)에서 개발한 부모교육 훈련을 사용했다.

B. **의지가 강한 아이 양육하기**(Forehand & Long)에 나오는 기법들을 사용하도록 부모에게 지시했다.

C. 부모에게 부모와 자녀의 행동 상호작용이 어떤 식으로 긍정적 또는 부정적인 행동을 촉진 혹은 지양시킬 수 있는지를 가르쳤다.

D. 부모에게 부모와 자녀의 행동 상호작용의 핵심 요소를 바꾸는 것만으로도 긍정적인 변화를 조장할 수 있다는 점을 가르쳤다.

E. 부모에게 긍정적인 행동의 유발, 강화가 긍정적인 변화 촉진에 어떤 식으로 활용될 수 있는지를 보여

---

6) 역자 주 : 단어의 원래 뜻은 '결정적 요인'이나 아이가 부모를 좌지우지할 수 있는 결정적 빌미, 또는 부모의 치명적 약점이란 의미로 여기서는 아킬레스건이란 용어를 사용함.

주는 구체적인 예를 제시했다.

F. 부모가 부모관리 훈련 접근법을 사용한 것에 대해 긍정적인 다시 챙겨주기를 제공했다.

G. 부모가 부모관리 훈련 접근법을 사용하지 않았으나 이것을 사용하도록 다시 지시했다.

24. 부모훈련 설명서 읽기를 지시하기 (24)

A. 부모에게 부모훈련 설명서를 읽도록 지시했다.

B. 부모는 변화를 통한 양육(Forgatch)을 읽도록 지시되었다.

C. 부모는 반항하는 아이를 양육하는 Kazdin의 방법(Kazdin)을 읽도록 지시되었다.

D. 부모는 자녀와 함께 살기(Patterson)의 일부를 읽도록 지시되었다.

E. 부모에게 부모훈련 시간에 사용된 기법의 시범을 보여 주는 영상물을 보도록 지시했다.

F. 부모가 양육 관련 매체를 공부한 것을 검토하고 점검했다.

G. 부모가 양육 관련 매체를 살펴보지 않았으나, 이를 살펴보도록 다시 지시했다.

25. 부모에게 상황적 측면을 정의하는 법 가르치기 (25)

A. 부모에게 자녀의 문제 행동을 구체적으로 정의하고 인식하는 방법을 가르쳤다.

B. 부모에게 자녀의 행동에 대한 자신들의 반응을 구별하는 방법과 이런 반응이 그 행동을 조장 또는 지양시키는지 파악하는 법을 가르쳤다.

C. 부모에게 자녀의 문제 행동에 대한 대안 행동을 일으키도록 지도했다.

D. 부모가 자녀의 문제 행동, 자신들의 반응과 그 결과, 대안 행동을 구체적으로 정의하고 인지한 것에 대해 긍정적 되짚어 주기를 제공했다.

E. 부모가 자녀의 문제 행동과 자신들의 반응, 대응 그리고 대안 행동을 정확하게 파악하는 데 어려움을 겪었고, 이에 따라 부모에게 교정적 다시 챙겨주기를 제공했다.

26. 일관성 있는 양육법을 가르치기 (26)

A. 부모에게 핵심 양육법을 일관성 있게 실행에 옮기는 법을 가르쳤다.

B. 부모에게 용납 가능한 행동과 그렇지 못한 행동에 대해 현실적이면서도 연령대에 맞는 역할을 설정하는 것을 가르쳐 주었다.

C. 자녀에게 긍정적 행동을 유발하고 긍정적 강화를 사용하는 법을 부모에게 지도했다.

D. 부모에게 명확하고 직접적인 지시 내리기, 격려 그리고 자녀의 문제 행동에 대한 특권 빼앗기 기법을 가르쳐 주었다.

E. 부모에게 아이들과 협상, 재협상하는 것에 대해 가르쳐 주었다.

F. 부모가 일관성 있는 양육법을 개발한 것에 대해 부모에게 긍정적 다시 챙겨주기를 제공했다.

G. 부모가 일관성 있는 양육법을 개발하지 않았으나, 이를 개발하도록 다시 지시했다.

27. 양육법 실천을 위해 가정 내에서 연습하도록 지시하기 (27)

A. 부모에게 양육법을 실천하고 실천 연습 결과를 기록할 가정 내 연습을 해 보라고 지시했다.

B. 부모에게 청소년 심리치료 과제계획서(Jongsma, Peterson, & McInnis)에 나오는 '명확한 규칙, 긍정적 강화, 적절한 결과'를 연습 숙제로 내주었다.

C. 부모의 연습 숙제 실시를 치료 시간에 검토했다.

D. 양육 기술을 개선해 적절하고 일관성 있게 사용할 수 있도록 교정적인 다시 챙겨주기를 제공했다.

E. 부모가 연습 숙제를 완수하지 않았고, 이를 완수하도록 다시 지시했다.

28. 격리 기법을 가르치기 (28)

A. 부모에게 부적절한 행동의 결과로서 격리 기법을 사용하도록 가르쳤다.

B. 부모에게 지정 자리를 마련하고 시간이 다 되면 아이가 그 자리를 벗어나도 된다는 것을 알려 주는 신호 타이머를 두도록 권유했다.

C. 부모가 격리 기법을 정기적으로 사용한 것에 대해 강화했다.

D. 부모에게 격리 기법을 사용한 것에 대한 다시 챙겨주기를 주었다. 문제가 있는 중재법은 다시 지도했다.

E. 부모가 격리 기법을 사용하지 않았고, 이를 사용하도록 다시 지시했다.

29. 부모-자녀 상호작용 치료 실시하기 (29)

A. 적절한 자녀 행동과 부모 행동 관리 기술을 가르치기 위해 부모-자녀 상호작용 치료(Bell & Eyberg)에 대해 설명했다.

B. 자녀 중심 회기에서는 아이에게 적절한 아이의 행동을 가르치는 데 초점을 맞췄다.

C. 부모 중심 회기에서는 부모 행동 관리 기술(예 : 명확한 명령, 일관성 있는 결과, 긍정적 강화)을 가르치는 데 초점을 뒀다.

30. 부모교육 프로그램 문의하기 (30)

A. 부모에게 부모교육 프로그램을 알려 주었다.

B. 내담자에게 믿을 수 없는 해 프로그램을 알려 주었다.

C. 부모에게 긍정적인 아동 관리 방법 및 스트레스 관리 기술을 가르치는 집단 부모교육 프로그램을 알려 주었다.

D. 내담자는 집단 부모교육 프로그램을 활용했고 이점과 어려움이 조사되었다.

E. 부모는 집단 부모교육 프로그램을 활용하지 않았고 그렇게 하도록 재지시되었다.

31. 경청·공유 기술을 가르치기 (31)

A. 부모가 자녀에게 말을 하기보다는 자녀의 말을 듣는 것을 가르쳐 주기 위해 모델링과 역할 연기 기법을 사용했다.

B. 서로 솔직하게 화제를 공유하면서 대화를 계속 이끌어 나갈 수 있는 개방형 의문문을 사용하는 법을 부모에게 가르쳤다.

C. 자녀의 말을 충분히 귀담아듣고 자녀가 이야기를 더 털어놓을 수 있도록 돕는 방식의 이점을 검토했다.

32. 부모와 자녀 간 의사소통 도구 사용하기 (32)

A. 부모에게 부모-자녀 간의 의사소통에 관한 자료를 읽도록 지시했다.

B. 부모에게 어떤 아이라도 부모의 말 한마디로 훌륭하게 키울 수 있다(*How to Talk So Kids Will Listen So Kid Will Talk*)(Faber & Mazlish)[7] 또는 **부모역할 훈련**(*Parent Effectiveness Training*)(Gordon)[8]을 읽도

---

7) 역자 주 : 김희진 역(2001), 서울 : 명진출판사.
8) 역자 주 : 이훈구 역(2002), 서울 : 양철북.

록 지시했다.

   C. 부모가 부모-자녀 간 의사소통에 관한 자료를 읽었고, 새로운 의사소통 방식을 자녀와의 일상 대화에 적용하도록 도움을 주었다.

   D. 자녀가 새로운 의사소통 방식에서 나타낸 긍정적인 반응을 부모가 인지하도록 도움을 주었다.

   E. 부모가 부모-자녀 간 의사소통에 관한 자료를 읽지 않았으나, 이 자료를 읽어 보도록 다시 지시했다.

33. 유관/보상체계 고안하기 (33)

   A. 내담자와 보상체계를 개발했다.

   B. 내담자와 유관 계약을 개발했다.

   C. 내담자가 보이는 긍정적 행동을 강화하는 것을 돕기 위해 학교 관계자들과 회의를 개최했다.

   D. 충동적 혹은 반항적 행동을 제지하기 위해 내담자에게 보상체계/유관 계약에 참여할 것을 권장했다.

   E. 집과 학교에서 인지된 긍정적 행동을 강화할 목적으로 보상체계/유관 계약의 미세조정을 실시했다.

34. 성별 차이점에 대해 교육하기 (34)

   A. 남자아이와 여자아이 사이의 수많은 핵심적 차이점(예 : 발달 속도, 관점, 충동 조절, 분노의 측면에서의 차이)에 대해 부모를 교육시켰다.

   B. 양육 과정에서 성 역할의 차이점을 어떻게 다루어야 할지에 대한 교육을 부모에게 실시했다.

   C. 부모가 자녀의 성 역할과 관련된 양육 문제에 대해 이해가 증가했다고 보고했고, 이에 대해 긍정적 다시 챙겨주기를 제공했다.

35. '부모 성적표' 완성하기 (35)

   A. 아이들에게 '부모 성적표(Parent Report Card)'(Berg-Gross)를 작성하도록 요청했다.

   B. '부모 성적표'에 기초하여 부모에게 다시 챙겨주기를 제공했다.

   C. 부모가 강점을 지닌 영역을 지지해 주었다.

   D. 부모가 보강해야 할 약점을 파악하도록 도움을 주었다.

36. 약점 파악하기/기술을 사용하도록 격려하기 (36)

   A. 부모가 자신들의 양육 영역에서 취약한 점을 인지하도록 도움을 주었다.

   B. 부모의 양육 기술 향상, 자신감 및 극복 의지 고취를 돕기 위해 **아동 심리치료 과제계획서**(Jongsma, Peterson, & McInnis)에 나오는 '일관성 있는 부모 되기' 연습을 지시했다.

   C. 부모가 자신들의 양육 기술을 향상시키고 자신감 및 극복 의지를 고양하도록 도움을 주었다.

   D. 부모의 양육 기술 향상으로 부모가 약점을 보이던 영역들이 교정됐음을 부모에게 알려 주었다.

   E. 부모가 자신들의 취약 영역에서의 양육 기술 향상을 시도하지 않았고 이 점에 대해 다시 지도를 실시했다.

37. 가족 학대 내력을 조사하기 (37)

   A. 내담자의 가족 배경에서 내담자의 분노 조절 문제 발생에 영향을 끼칠 만한 신체적·성적 학대 또는 약물 남용의 내력이 있는지 조사했다.

   B. 치료 시간에 내담자의 가족에게 일어난 일들 중 긍정적인 일이든 부정적인 일이든 자신에게 중요한

사건이 있었는지를 떠올리면서 연대표를 작성하는 데 도움을 주었다.

    C. 내담자의 부모에게 신체를 학대하거나 지나치게 징벌적인 훈육 방법을 사용한 것을 지적하고 이런 방법의 사용을 중지하기 위한 노력을 하라고 지시했다.

    D. 부모에게 신체를 학대하거나 지나치게 징벌적인 훈육 방법이 아이와 형제자매에게 어떤 방식으로 부정적 영향을 끼치는지를 인지하도록 지시했다.

    E. 부모가 내담자에게 학대적 행위 및 지나치게 가혹한 훈육 방법을 사용한 것에 대해 사과를 했고 이를 지지해 주었다.

    F. 부모에게 공격적인 훈육이 어떤 식으로 내담자의 공격성과 서투른 분노 조절을 악화시키는지 가르쳐 주었다.

    G. 부모에게 부모 교실에 참석하도록 권유했다.

38. 내담자를 학대로부터 보호하기 (38)

    A. 관련 기관에 학대 사례를 보고했다.

    B. 가해자를 집에서 보호시설이나 병원으로 옮겨 치료를 받도록 제안했다.

    C. 내담자와 형제자매를 집에서 다른 곳으로 옮겨 보호를 보장받을 수 있도록 하자는 제안을 했다.

    D. 내담자와 가족 구성원들이 미래에 발생할 학대의 위험을 최소화하기 위해 필요한 단계를 인식하도록 도움을 주었다.

    E. 비학대적 부모가 내담자와 형제자매를 미래의 신체적 학대로부터 보호하겠다는 약속을 언어로 한 것에 대해 강화해 주었다.

39. 부부간의 지지를 가로막는 장애물과 지지 기회를 알아보기 (39)

    A. 부모가 부모로서 상대방을 지지해 줄 수 있는 구체적인 방법을 파악하고 실행에 옮기도록 도움을 주었다.

    B. 자녀들이 자신들 마음대로 하기 위해 부모의 협력을 막는 방식을 부모가 깨닫도록 도움을 주었다.

    C. 부모가 자녀들이 부모의 협력을 막기 위한 수를 쓸 때 부모끼리 서로 지지해 줄 수 있는 방법을 떠올리는 데 도움을 주었다.

    D. 부모가 자신들을 서로 지지해 줄 수 있는 구체적인 방법을 떠올리는 데 실패했고, 이런 면에 대해 교정적 다시 챙겨주기를 제공해 주었다.

40. 스트레스 감소의 만족에 대해 격려하기 (40)

    A. 부모는 스트레스를 줄이고 양육으로부터 분리되어 만족의 삶의 감정을 증가시키기 위한 운동, 취미, 사회 활동, 오락, 휴식의 기술을 사용하도록 격려되었다.

    B. 부모는 성인 심리치료 과제계획서(Jongsma)의 '즐거운 활동 식별 및 계획' 연습을 할당받았다.

    C. 부모는 일하는 부모, 번성하는 가족(*Working Parents, Thriving Families*)(Palmiter)을 읽을 것을 권장받았다.

    D. 만족도를 높이기 위해 보조 활동의 부모 사용이 검토 및 처리되었다.

41. 활동을 줄일 수 있도록 허락하기 (41)

    A. 자녀와 부모가 활동, 단체활동 또는 스포츠 참여 등 지나치게 많은 활동을 줄이는 것을 통해 부모가

외부로부터 받는 압력을 줄이도록 권유했다.

B. 가족 활동, 단체 활동, 스포츠 활동 참여가 가족의 에너지와 시간을 어떤 식으로 빼앗는지 가족에게 다시 챙겨주기를 제공했다.

C. 부모가 외부의 압력, 요구와 주의 분산 요소(예 : 활동, 단체 활동, 스포츠 활동 등)를 줄일 필요가 있음을 지적함에 따라 부모에게 긍정적 다시 챙겨주기를 제공했다.

D. 부모가 가장 중요한 활동과 생활에서 제외해도 되는 활동 간의 구분을 짓고 파악하는 데 어려움을 겪었고, 이런 문제에 대해 대략적인 예를 부모에게 제시했다.

42. 가족의 활동 수준을 평가하기 (42)

A. 부모에게 온 가족의 주간 활동 일정을 알려 달라고 요청했다.

B. 부모가 가족의 일정을 평가해 가치 있는 활동 그리고 부모에게 좀 더 집중하고 편안한 관계를 만드는 시간을 주기 위해 생활에서 제외해도 되는 활동을 찾는 데 도움을 주었다.

C. 부모가 자신들에게 좀 더 집중하고 부모-자녀 간의 편안한 관계를 조성하기 위해 생활에서 배제해도 되는 활동을 찾아낸 것에 대해 부모를 격려해 주었다.

D. 부모가 가장 가치 있는 시간과 생활에서 제외해도 되는 활동을 구분 짓는 데 어려움을 겪었고, 이런 사항에 대한 대략적인 예를 부모에게 제공했다.

43. 비이성적인 기대를 알아보기 (43)

A. 부모가 자녀의 행동에 대해 지닌 비이성적이고 완벽주의적인 기대가 있는지 살펴보는 데 도움을 주었다.

B. 부모가 자녀의 행동에 대한 자신들의 비이성적이고 완벽주의적인 기대를 적절하고 이성적인 것으로 수정하도록 도움을 주었다.

C. 부모가 자신들이 비이성적이고 완벽주의적인 기대를 갖고 있음을 인지했고 이러한 기대를 좀 더 적절한 수준으로 수정했다. 이런 변화의 이점을 찾아보았다.

D. 부모가 자신들이 비이성적이고 완벽주의적인 기대 경향을 전혀 갖고 있지 않다고 부인했고, 이 문제에 대해 계속 생각해 보도록 부모에게 강하게 권유했다.

44. 완벽주의에서 기인하는 부정적 결과를 파악하기 (44)

A. 부모가 자녀에 대한 완벽주의적인 기대가 가져오는 부정적인 영향과 결과를 깨닫도록 도움을 주었다.

B. 부모가 완벽주의적인 기대가 부모와 자녀 간의 관계에 어떻게 영향을 끼치는지 깨닫도록 도움을 주었다.

C. 부모가 자신의 자녀에 대한 완벽주의적인 기대가 가져오는 부정적 영향과 결과를 언어로 표현했고 이런 행동을 더 이상 하지 않겠다고 말했다. 이 점에 대해 지지와 격려를 해 주었다.

D. 부모가 자녀에 대해 조금이라도 완벽주의적인 기대를 했다는 점을 인정하지 않으려고 했고 이 점에 대해 구체적인 예를 부모에게 제시했다.

45. 연계성 활동을 알아보기 (45)

A. 부모가 자녀와의 연계성을 증진시킬 수 있는 활동을 알아보는 데 도움을 주었다.

B. 부모에게 가족의 일상 속에 즐거움을 일관성 있게 도입하도록 격려했다.

C. 가족 내의 연계성을 증진시키는 데 도움을 주기 위해 **아동 심리치료 과제계획서**(Jongsma, Peterson, & McInnis)의 '가족과 식사하기'를 가족에게 지시했다.

D. 부모가 자녀와의 관계성을 증진시키는 데 활용할 수 있는 활동을 생각해 낸 것에 대해 부모를 지지해 주었다.

E. 부모가 연계성 활동을 사용하는 것을 점검했고, 이 기법을 어떻게 사용하는지에 관한 다시 챙겨주기를 부모에게 제공했다.

F. 부모가 연계성을 증진할 수 있는 활동을 파악하는 데 어려움을 겪었고, 이런 영역에 대한 시험 삼아 해 보기의 예(아이와 뒹굴며 놀아 주기, 일대일로 특정 활동하기)를 부모에게 제공했다.

천륜을 저버린 '부모 범죄'… 해법은 양육교육

최근 학대와 살인 등 부모가 자녀를 해(害)하는 '부모 범죄'가 잇따르고 있다. '천륜(天倫)'이라고 일컫는 부모와 자녀 사이에 벌어지는 존속 범죄라는 점에서 그 심각성이 작지 않다. 부모가 부모로서 정상적인 역할을 할 수 있도록 부모에 대한 양육교육이 의무화돼야 한다는 제언도 나온다.

2017년 12월에 아버지가 친딸을 무참히 폭행해 숨지게 한 뒤 시신을 유기한 '고준희 양(5) 시신 유기 사건'은 온 국민을 충격에 빠뜨렸다. 2018년 1월 5일 전북 전주 덕진경찰서는 2017년 4월 고 양을 폭행해 숨지게 하고 시신을 야산에 유기한 뒤 거짓 실종 신고를 냈던 친부 고 모 씨(37)와 내연녀 이 모 씨(36)를 아동학대 범죄의 처벌 등에 관한 특례법 위반 혐의 등으로 검찰에 송치하면서 28일간의 수사를 마무리했다. 2017년 12월 30일 부산에서는 30대 엄마가 두 살, 네 살짜리 자녀를 살해한 뒤 목숨을 끊는 사건이 발생했다. 같은 달 31일 광주에서 발생한 3남매 화재 사망 사건도 엄마 정 모 씨(23)의 방화 살인일 수 있다는 의심을 사고 있다.

보건복지부 산하 중앙아동보호전문기관에 따르면 2016년 아동학대 신고 접수 건수는 2만 9,671건에 달한다. 2010년 9,199건에서 6년 만에 3배 이상 늘었다. 또 신고 10건 중 1건은 '재신고' 사례인 것으로 집계됐다.

아동학대 사례 1만 8,700여 건을 분석한 결과 학대 행위자는 부모가 80.5%(1만 5,048건)에 달했다. 아동학대가 대부분 부모의 손에 이뤄지며 지속적으로 되풀이되고 있다는 의미다.

이런 '부모범죄'를 근절하려면 부모에 대한 양육교육이 필요하다는 주장이 제기된다. 김은영 육아정책연구소 연구위원의 '우리나라 영유아 학대 현황 및 예방 방안' 연구 보고서에 따르면 부모범죄 근절 방안을 묻는 질문에 교사의 48%가 '부모교육 의무화'라고 답했다. 부모는 '양육 스트레스 경감을 위한 정책지원'(41.5%)을 가장 많이 꼽았다. 부모의 자녀 학대 원인으로는 '양육 스트레스'(42.6%), '부부 및 가족 갈등'(15.4%), '우울증 등 정신적 문제'(8.8%) 등이 꼽혔다.

여성가족부는 전국 151곳의 '건강가정지원센터'를 통해 심리, 교육, 문화체험 등을 주제로 한 부모교육을 시행하고 있다. 교육부도 전국 93곳의 '전국학부모지원센터'에서 학부모를 대상으로 자녀교육법 등을 가르치고 있다.

복지부는 2017년에 양육수당을 온라인으로 신청할 때 부모교육 관련 영상을 시청해야만 수당을 지급받을 수 있는 시스템을 도입했다. 올해부터는 아동수당을 신청할 때에도 교육 영상을 시청하도록 할 방침이다. 그러나 실제로 학대가 일어났거나 일어날 확률이 높은 가정의 부모를 교육의 장으로 나오도록 강제할 수 없다는 점은 한계로 지적된다. 또 부모교육의 중요성을 인식하지 못하는 부모가 많다는 점도 장애물로 여겨진다.

박정식 여가부 가족정책과 사무관은 "부모교육 의무화 단계로 나아가기 전에 아동학대 가능성이 높은 취약계층에 대한 부모교육부터 먼저 지원할 계획"이라고 밝혔다. 교육부 관계자는 "아직 부모가 될 준비가 되지 않은 성인들이 부모 역할에 적응할 수 있도록 부모교육을 필수로 이수하도록 하는 장치가 필요하다"고 강조했다(서울신문 2018. 1. 5.).

제26장

동료/형제자매 간의 갈등[1]

내담자 소개

1. 화가 남/긴장감 (1)[2]

 A. 내담자가 동료 및 형제자매와 빈번하고 심한 갈등 양상을 보인다고 설명했다.

 B. 내담자가 모든 것과 모든 사람에게 화가 난 것으로 보였으며 상담 과정에 매우 협조적인 자세를 보이려고 하지 않았다.

 C. 내담자가 동료 및 형제자매 모두와 빈번하고 공공연한 언어적·물리적 싸움의 발생에 대한 책임을 부인했다.

 D. 내담자와 형제자매가 적극적으로 치료 시간에 치료사와 함께 치료에 임하면서 서로 간의 분노 및 다툼의 수위가 줄어들었다.

2. 경쟁심이 높음/활기가 넘침 (1)

 A. 내담자에게 활기가 넘치고 경쟁심이 높은 면모가 있다.

 B. 내담자가 자기 자신을 도전과 모든 종류의 경쟁을 즐기는 사람으로 묘사했다.

 C. 동료와 형제자매와의 관계를 설명할 때 내담자와의 대화에서 '제1인자', '승자/패자', '강자/약자' 같은 표현이 자주 언급되었다.

 D. 내담자가 자신이 항상 경쟁했고 모든 경쟁에 열심히 참여했다고 말한다.

 E. 형제자매와의 경쟁의 횟수가 줄어들기 시작했고, 이들이 서로 더 협조적으로 잘 어울린다.

3. 투사/비난하기 (2)

 A. 내담자가 자신의 문제를 타인 탓으로 돌리는 경향을 보였다.

---

[1] 형제자매 간의 갈등과 다툼 문제는 부모가 자녀 양육하기에서 많은, 심각한 스트레스 유발 조건이다. 효과적인 처방 제안도 쉽지 않다.

[2] 괄호 안의 숫자들은 **아동 심리치료 치료계획서**(*The Child Psychotherapy Treatment Planner*), 제5판(Jongsma, Peterson, McInnis, Bruce 공저, 2014년, Hoboken, NJ : Wiley)에서 동일한 제목을 지닌 관련 장의 치료 중재의 숫자와 연결된다.

B. 내담자가 동료들, 형제자매와 계속 겪는 언어적·물리적 갈등에 대한 책임을 지는 것을 거부했다.

C. 내담자가 모든 문제나 갈등이 타인의 탓이지 자신의 탓이 아니라고 보았다.[3]

D. 내담자가 자신이 개입된 몇몇 갈등에 대해 책임을 지기 시작했다.

4. 부모의 불공평함/편애 (3)

A. 내담자가 부모가 항상 자신보다 형제자매를 더 예뻐한다고 보고했다.

B. 내담자가 부모로부터 불공평한 대우를 받았다고 느꼈던 경우를 열거했다.

C. 부모가 내담지보다 다른 형제자매들을 대하기가 더 쉬웠다고 인정했다.

D. 불공평함과 편애에 대한 내담자의 불평이 줄어들기 시작했고, 내담자가 자신의 부모를 이제 좀 더 호의적으로 보기 시작했다.

5. 반항적임/복수심에 불탐 (4)

A. 내담자가 매우 복수심에 불타고 반항적인 태도를 나타냈다.

B. 내담자가 자신에게 잘못했거나 자신을 얕본 사람들을 죽 열거하고 어떻게 그들에게 복수했는지 보고했다.

C. 내담자가 다른 사람을 괴롭히는 정도가 지나쳐 동료와 형제자매와 끊임없이 사이가 좋지 않았다.

D. 내담자가 점진적으로 협박·복수하는 습관을 조금씩 버렸고 동료, 형제자매와 갈등을 덜 겪기 시작했다.

6. 고립감/격앙됨 (5)

A. 내담자가 외롭고 고립된 사람으로 보였다.

B. 내담자가 동료들과 공격적인 관계를 형성해서 결국 혼자서 지내는 것으로 결심했던 과거의 이야기를 보고했다.

C. 내담자가 동료들 또는 형제자매와 늘 말썽을 일으키기 때문에 혼자서 지낸다고 말했다.

D. 상담 과정에 참여한 이후 내담자가 서서히 적어도 표면상 타인들과 사이좋게 지내기 시작했다.

7. 충동적임/으름장을 잘 놓음 (6)

A. 내담자가 치료 시간에 자신의 행동에 대한 결과를 고려하지 않은 채 치료사에게 도전하며 충동적으로 행동하고 위협하는 행동 경향을 보였다.

B. 내담자가 동료, 형제자매에게 충동적이고 위협적인 태도로 대하는 경향이 있다고 설명했다.

C. 내담자가 충동적·위협적인 행동을 동료들에게 해서 반복적으로 사회적 문제를 일으킨 전력이 있다고 보고했다.

D. 내담자가 자신이 동료들에게 위협적인 행동을 하며, 이것이 동료들 및 형제자매와의 갈등의 원인임을 서서히 받아들였다.

8. 공격적임/비열함 (7)

A. 내담자가 공격적이고 비열한 태도로 다른 사람들을 대하는 것으로 보인다.

B. 내담자가 싸움에 몇 번 휘말려 결국 다른 사람에게 신체적 부상을 입힌 일이 있다고 말했다.

---

3) 역자 주 : 통제의 소재 또는 귀인 성향을 외부적으로 돌리는 경우이다.

C. 내담자가 타인을 가슴 아프게 대하는 것에 대해 아무런 양심의 가책을 느끼지 않는 것으로 보인다.[4]

D. 내담자가 자신의 공격적이고 비열한 모든 행동의 책임을 다른 사람에게 떠넘기거나 그것을 매우 정당화했다.

E. 치료가 진행됨에 따라 내담자가 덜 공격적이고 비열한 행동을 보였다.

9. 둔감함 (7)

A. 내담자가 동료와 형제자매와 현재 겪고 있는 갈등으로 괴로워하는 것 같지 않았다.

B. 내담자의 거칠고 공격적인 언사가 타인에게 상처를 주지만 내담자는 아무런 영향을 받지 않는 것으로 보인다.

C. 내담자가 자신의 갈등적 행동이 타인에게 끼치는 영향을 이해하기 시작했고 그들에게 좀 더 세심해야 할 필요성을 이해하기 시작했다.

10. 부모의 적대적 태도 (8)

A. 내담자가 어린 시절에 반항적인 행동으로 혼날 때마다 엄하고 학대적인 벌을 받았던 경험을 이야기했다.

B. 내담자는 부모가 자신을 항상 비호의적으로 형제자매와 비교해서 화가 났고, 자신도 문제가 많다고 느꼈으며 적개심이 들었다고 묘사했다.

C. 부모가 내담자를 대하는 태도가 무례하고 적대적이다.

D. 내담자의 집에서는 한 형제가 특정 영역에서 다른 형제를 능가해 결국에는 부모의 칭찬을 얻기 위해 경쟁하는 등 가정의 분위기가 매우 경쟁적인 것으로 나타났다.

E. 내담자가 타인을 향한 자신의 태도와 행동이 어린 시절에 부모가 자신을 다룬 방식과 어떤 식으로 관련이 있는지를 이해하기 시작했다.

F. 부모가 내담자를 좀 더 존중하고 덜 적대적인 태도로 대하기 시작했다.

중재 실행

1. 신뢰 형성 및 감정 표현하기 (1)[5]

A. 무조건적 긍정적 존중의 사용으로 내담자와 초기 신뢰 수준을 형성했다.

B. 내담자와 신뢰하는 관계의 근간을 형성하기 위해 따뜻한 수용과 적극적 경청 기법을 활용했다.

C. 내담자가 치료사와 신뢰에 기반한 관계를 형성한 것으로 보이며 갈등적인 관계에 대한 자신의 감정을 털어놓기 시작했다.

D. 적극적 경청, 따뜻한 수용, 무조건적인 긍정적 존중을 사용했음에도 내담자가 신뢰하고 자신의 감정과 갈등에 대해 털어놓는 것을 주저하는 것으로 보인다.

---

4) 역자 주 : 적대적·반항적 장애(ODD), 품행장애(CD), 반사회적 성격장애의 전형적인 특징임.

5) 괄호 안의 숫자들은 **아동 심리치료 치료계획서**(*The Child Psychotherapy Treatment Planner*), 제5판(Jongsma, Peterson, McInnis, Bruce 공저, 2014년, Hoboken, NJ : Wiley)에서 동일한 제목을 지닌 관련 장의 치료 중재의 숫자와 연결된다.

2. 관계 점검 및 부인을 평가하기 (2)

A. 내담자가 형제자매 및 동료들과의 관계를 어떤 식으로 인지하는지를 살펴보았다.

B. 내담자가 갈등 및 그에 대한 일말의 책임 수용을 부인하는 정도가 매우 높은 것으로 나타났다.

C. 내담자가 형제자매 간의 갈등 수준이 높다는 것을 인정하는 데 열린 자세를 가지고 있었고, 갈등에서 자신이 책임져야 할 부분을 수용함에 따라 이를 지지해 주었다.

3. 통찰력 수준의 평가 (3)

A. 내담자는 보이는 문제들을 향한 통찰 수준으로 평가되었다.

B. 내담자는 보이는 문제들에 관하여 그의 통찰의 동조적인 본성 대 이질적인 본성에 따라 평가되었다.

C. 내담자는 행동과 증상에서 문제가 되는 본성에 대한 좋은 통찰을 하도록 보여 주었다.

D. 내담자가 다른 사람들의 우려에 동의하는 것이 목격되어 변화에 힘쓰도록 동기유발되었다.

E. 내담자는 묘사된 문제에 대해 양면성이 있음이 드러났고 그 문제들을 우려사항으로 보는 것을 꺼렸다.

F. 내담자는 문제 영역의 인식에 관해 저항적인 것으로 나타났고, 걱정하지 않았으며, 변화에 대한 동기가 없었다.

4. 관련 장애의 평가 (4)

A. 내담자는 연구 기반의 관련 장애들의 증거에 의해 평가되었다.

B. 내담자는 자살에 대한 취약성 수준으로 평가되었다.

C. 내담자는 동반장애를 가진 것으로 확인되었고, 치료는 이를 처리할 수 있도록 조정되었다.

D. 내담자는 또 다른 관련 장애가 있는지 평가되었지만 아무것도 발견되지 않았다.

5. 문화적으로 혼란스러운 문제에 대한 평가 (5)

A. 내담자는 그의 임상 행동을 더 잘 이해하도록 도울 수 있는 나이 관련 쟁점으로 평가되었다.

B. 내담자는 그의 임상 행동을 더 잘 이해하도록 도울 수 있는 성별 관련 쟁점으로 평가되었다.

C. 내담자는 그의 임상 행동을 더 잘 이해하도록 도울 수 있는 문화의 증후군, 고통의 문화적 관용구, 혹은 문화적으로 감지된 사건으로 평가되었다.

D. 다른 요인들이 내담자의 현재 정의된 '문제 행동'에 기여할 것이라고 확인되었고 이 요인들은 그의 치료에 반영되었다.

E. 내담자의 현재 정의된 '문제 행동'을 설명할 수 있는 문화적 기반 요인들은 조사되었지만 중대한 요인은 발견되지 않았다.

6. 장애의 심각성 평가 (6)

A. 내담자의 장애의 심각성은 보호의 적절한 정도를 결정하기 위해서 판단되었다.

B. 내담자는 사회적·관계적·교육적인 노력에서의 손상 정도로 평가되었다.

C. 내담자는 그의 장애가 자신의 기능에 가볍거나 중간 정도의 영향을 끼친다는 것을 알았다.

D. 내담자는 그의 장애가 자신의 기능에 심각하거나 더 심각한 영향을 끼친다는 것을 알았다.

E. 내담자의 치료의 효율성과 적절성, 그리고 장애의 심각성은 꾸준히 평가되었다.

7. 병원의 돌봄 평가 (7)

A. 병원의 돌봄과 관심으로 내담자의 집, 학교, 지역사회가 평가되었다.

B. 내담자의 다양한 환경은 아동의 욕구에 지속적인 무관심, 돌보는 사람의 잦은 변화, 안정적 애착의 제한된 기회, 가혹한 훈육 혹은 다른 심각한 부적절한 돌봄이 있었는지 평가되었다.

C. 병원의 돌봄이 확인되었고 치료계획에 이러한 우려를 관리하고 바로잡는 것과 아동을 보호하는 전략이 포함되었다.

D. 어떠한 병원의 돌봄도 확인되지 않았고, 이것은 내담자와 돌보는 사람에게 반영되었다.

8. 정신분석학적 놀이치료를 활용하기 (8)

A. 내담자가 동료 그리고/또는 형제자매와 겪는 심각한 갈등의 원인을 알아보고 이해하기 위해 정신분석학적 놀이치료 회기를 실시했다.

B. 내담자가 적극적이고 자유롭게 정신분석학적 놀이치료 회기에 참여했다.

C. 치료 시간에 나타난 전이 문제를 다루고 해결했다.

D. 내담자가 정신분석학적 놀이치료 회기에 표현한 감정을 해석했고 이를 동료 그리고/또는 형제자매와의 갈등과 연관 지었다.

E. 내담자의 정신분석학적 놀이 참여가 동료 그리고/또는 형제자매 갈등의 빈도와 강도를 줄인 것으로 나타났다.

F. 내담자가 정신분석학적 놀이치료 회기에 참여했으나 이것이 동료 그리고/또는 형제자매 갈등의 빈도와 강도를 줄이는 데에는 도움이 되지 않았다.

9. 놀이치료의 ACT 모델 도입하기 (9)

A. 내담자의 감정을 인정하고, 한계를 전달하고 갈등과 공격적인 행동에 대한 적절한 대체 행동을 찾기 위해 놀이치료의 ACT 모델을 실시했다.

B. 내담자가 갈등 및 타인에 대한 공격 행동 대신 적절한 대체 행동 및 발언을 할 경우 내담자에게 칭찬을 해 주었다.

C. 내담자가 ACT 놀이치료에 기꺼이 적극적으로 참여했다.

D. 내담자가 ACT 놀이치료에 참여한 것이 내담자가 동료 그리고/또는 형제자매와 갈등 및 공격성을 낮춘 상태에서 상호작용하는 데 도움을 주었다.

E. 내담자가 ACT 놀이치료 회기에 참여했지만 동료 그리고/또는 형제자매와의 상호작용이 향상되지 않았다.

10. 감정을 해석하기 (10)

A. 내담자가 놀이치료 회기에 느낀 감정을 내담자에게 해석해 주었고 이를 동료 그리고/또는 형제자매와의 갈등과 연관시켰다.

B. 내담자가 자신의 감정과 동료 그리고/또는 형제자매와의 갈등 간의 연관성에 대한 이해도를 높이는 데 도움을 주었다.

C. 놀이치료에서 내담자가 표현한 감정을 부모에게 알려 주었고 그 감정이 내담자가 동료 그리고/또는 형제자매와 매일 겪는 갈등과 어떤 식으로 연결되어 있는지를 전달했다.

D. 내담자의 감정과 동료/형제자매 갈등 간의 연관성 파악에 내담자가 진전을 보인 것이 매일 겪는 동료 그리고/또는 형제자매와의 갈등 빈도를 줄이는 데 도움이 된 것으로 나타났다.

11. 갈등을 처리하는 건설적인 방법을 제안하기 (11)

A. 내담자에게 동료 그리고/또는 형제자매와의 갈등을 다루는 건설적인 방법을 보여 주고 제안하기 위해 작은 인형을 사용해 여러 가지 상황을 꾸며 보았다.

B. 각각의 작은 인형극 후에 내담자에게 각 상황에서 갈등이 건설적으로 처리되거나 해결되었는지 물어 보았다.

C. 내담자가 봉제 동물인형을 이용해 자신의 삶 속에서 몇 가지 갈등 상황을 만들었고, 치료사는 각각의 상황 속에서 건설적인 갈등 처리 방법을 제안하고 이를 모형으로 설정해 주었다.

D. 내담자의 일상에서 갈등을 줄이는 모형화된 방법을 사용하도록 내담자를 격려했다.

E. 내담자가 갈등을 건설적으로 처리하는 방법 제안과 모형을 사용해 일상 속에서 겪는 갈등의 양을 줄 였다.

F. 내담자가 갈등을 건설적으로 처리하는 방법 제안과 모형을 사용하지 않았으나 이런 유용한 기법이 있음을 내담자에게 상기시켰다.

12. '아기 놀이' 게임을 활용하기 (12)

A. 101가지 놀이치료 기법(*101 Favorite Play Therapy Techniques*)(Kaduson & Schaefer 편저)[6]을 부모에게 설명했고, 이것을 내담자에게 실시할 계획을 세웠다.

B. 부모가 일관성 있고 효과적으로 '아기 놀이(Playing Baby)' 게임을 내담자와 실시했고, 이 기법의 결과 를 점검했다.

C. 부모가 '아기 놀이' 게임 활용을 잘 따른 것이 내담자와 형제자매 간의 갈등 수준을 줄인 것으로 나타 났다.

D. 부모가 '아기 놀이' 게임을 일관성 있게 사용하는 데 실패한 것을 다루고, 처리했으며 이를 해결했다.

13. '종이 찢기' 연습을 활용하기 (13)

A. 101가지 놀이치료 기법(Kaduson & Schaefer 편저)에 나오는 '종이 찢기(Tearing Paper)' 연습(Daves)을 시키고 가족에게 연습 지침을 설명했다.

B. 가족이 적극적으로 '종이 찢기' 연습에 참여했고 연습 지침을 잘 따랐다.

C. 가족이 '종이 찢기' 연습에 참여하는 것을 관찰하고 모니터링했다.

D. 가족 구성원들이 찢은 종이를 치우며 '종이 찢기' 연습을 가족끼리 검토했다. 에너지를 방출하면서 갈 등 없이 가족 활동을 할 수 있다는 긍정적인 느낌을 얻은 것을 확인하고 이를 강화했다.

14. '발 구르기' 방법을 활용하기 (14)

A. 내담자가 분노감과 좌절감을 표출하는 것에 도움을 주기 위해 101가지 놀이치료 기법(Kaduson & Schaefer 편저)에 나오는 '발 구르기(Stamping Feet)'와 '방울 터뜨리기(Bubble Popping)' 방법(Wunderlich) 을 사용했다.

---

6) 역자 주 : 김광웅 역(2003), 중앙적성출판사.

B. 분노감과 좌절감을 적절히 방출한 것을 내담자에게 강조해 주었다.

C. 내담자가 적극적으로 '발 구르기'와 '방울 터뜨리기' 방법에 참여했고, 이를 후에 점검했다.

D. 내담자가 분노감을 적절히 방출할 수 있는 방법이 있는지를 살펴보고 찾아냈다.

15. 사회학습 기법을 가르치기 (15)

A. 부모와 교사에게 내담자의 모든 비공격적, 협조적이고 온화한 행동을 파악해 이에 대해 칭찬해 주고 긍정적으로 강화시켜 줄 수 있도록 하라고 지시했다.

B. 역할 연기와 모델링 기법을 사용해 부모와 교사에게 내담자의 무해하지만 공격적인 행동을 무시하는 법과 친사회적 행동을 칭찬해 주는 법을 보여 줬다.

16. 감정 이해하기를 가르치기 (16)

A. 내담자에게 감정 도표(feelings chart)를 사용해 기본 감정을 인지하도록 가르쳤다.

B. 내담자는 아동 심리치료 과제계획서(Jongsma, Peterson, & McInnis)의 '공감 구축' 활동을 할당받았다.

C. 내담자는 아동 심리치료 과제계획서(Jongsma, Peterson, & McInnis)의 '연어 바위의 교훈… 싸움은 외로 움으로 이어진다' 활동을 할당받았다.

D. 내담자와 공격 행동에 초점을 두어 만약 타인들이 그러한 행동의 대상이 된다면 그들의 기분이 어떨지 내담자가 인식하는 데 도움을 주었다.

E. 내담자가 다른 사람들로부터 어떤 대우를 받고 싶은지를 살펴보았다. 이와 더불어 내담자가 이런 대우 를 받기 위해서는 어떻게 해야 할지도 살펴보았다.

17. 협상에 대해 소개하기 (17)

A. 내담자에게 형제자매 사이에 존재하는 문제점을 지적하고 구체적인 해결책을 제시해 보도록 요구했다.

B. 협상의 개념을 소개하기 위해 내담자와 부모에게 아동 심리치료 과제계획서(Jongsma, Peterson, & McInnis)에서 제안한 '평화 협정 협상하기(Negotiating a Peace Treaty)' 연습을 마치도록 지시했다.

C. 부모에게 내담자와의 핵심 갈등 영역을 놓고 협상을 시작하도록 지시했다.

D. 협상 기술을 쌓기 위해 협상에 관한 역할 연기 시간을 내담자, 부모와 실시했다.

E. 승자와 패자를 결정하는 것과 비교했을 때 협상이 가진 긍정적 측면을 파악하고 강화했다.

18. '돕기, 나누기, 보살피기' 게임하기 (18)

A. 내담자가 자신을 비롯한 타인에 대한 존중감을 접하도록 하기 위해 '돕기, 나누기, 보살피기' 게임 (Gardner)을 내담자와 함께했다.

B. 내담자가 타인들이 존중을 표현하고 존중을 받을 때 어떤 기분을 느끼는지를 알아보도록 도움을 주었다.

C. 다른 사람들에게서 버릇없고 무례한 대우를 받았을 때 어떤 기분이 드는지를 내담자에게 상기시켜 주었다.

D. 내담자가 좀 더 일관성 있게 타인의 감정에 대한 존중을 표현하는 데 성공을 거두고 있다고 보고했다. 이런 행동 경향을 지속해 나가도록 격려했다.

19. 가드너의 치료 동화를 읽기 (19)

A. 치료 동화는 감정과 협력의 인식을 설명하기 위해 사용되었다.

B. 내담자가 감정에 대한 인식을 높이고 다른 사람들과 협동하는 법을 익히는 데 도움을 주기 위해 가드너 박사가 오늘의 아이들에게 들려주는 동화(Gardner)에 나오는 치료 동화를 내담자와 함께 읽었다.

C. 내담자가 치료 동화 속 인물들이 느낄 법한 감정을 인지했을 경우 언어로 내담자를 긍정, 강화해 주었다.

D. 내담자가 타인과의 협동을 증가시킬 수 있는 방법을 파악하도록 도움을 주었고, 이 방법들 중에서 하나를 자신의 실생활에 적용해 보도록 지시했다.

E. 내담자가 새로운 협동 행동을 실행한 것에 대해 방향을 수정해 주고 언어로 강화해 주었다.

F. 치료 동화의 사용은 내담자가 자신의 감정과 다른 사람과의 협력을 식별하는 능력을 증가하도록 도왔다.

20. 집단치료를 권유하기 (20)

A. 내담자에게 동료 치료 집단에 참여해 사회적 민감성과 행동의 융통성을 넓히도록 지시했다.

B. 내담자가 집단치료 요청을 받아들였고 정기적으로 치료 모임에 참석했다.

C. 내담자가 집단치료 경험을 통해서 타인의 감정에 대해 더 민감해지는 것을 배웠다고 말했다.

D. 내담자가 집단치료에 저항적인 태도를 보였고 정기적으로 치료 모임에 참석하지 않았으나, 내담자에게 집단치료 모임에 참석하도록 권유했다.

21. '말하기, 느끼기, 행동하기' 게임 놀이하기 (21)

A. 내담자가 자신 및 타인에 대한 인식을 형성하고 강화하도록 하기 위해 내담자와 '말하기, 느끼기, 행동하기' 게임(Gardner)을 했다.

B. '말하기, 느끼기, 행동하기' 게임을 한 후 내담자가 자신에 대해 더 많은 것을 털어놓기 시작했고 타인에 대해서도 약간의 민감성을 보이기 시작했다.

22. '분노 조절' 게임 놀이하기 (22)

A. 내담자가 공격적인 감정을 다루는 새로운 방식을 접하도록 '분노 조절' 게임(Berg)을 내담자와 같이 했다.

B. 내담자에게 '분노 조절' 게임을 하며 익힌 새로운 공격적인 감정을 다루기 방법 중 하나를 시도해 보겠다는 약속을 하도록 지시했다.

C. 내담자가 성공적으로 새로운 분노 조절 기법을 실행했다고 보고했고 이런 경험의 이점을 검토했다.

D. 내담자가 계속해서 분노 조절에 어려움을 겪고 있다고 보고했지만, 새로 배운 기법을 계속 사용하도록 격려했다.

23. '사회적 갈등' 게임 놀이하기 (23)

A. 내담자에게 친사회적 행동 기술을 소개하기 위해 내담자와 함께 '사회적 갈등' 게임(Berg)을 했다.

B. 내담자에게 자신의 반사회적 행동을 통해 발생한 모든 부정적 결과를 열거하도록 지시했다.

C. 내담자에게 자신의 행동이 타인에게 초래한 정서적·신체적 고통을 상기시켰다.

D. 내담자가 타인에게 존중 및 관심 표명이 갖는 두 가지 긍정적인 결과를 말해 보도록 지시했다.

E. 내담자가 '사회적 갈등' 게임을 하면서 배운 기술을 사용했고, 이런 성공을 거둔 것에 대해 강화해 주었다.

F. 내담자가 '사회적 갈등' 게임을 하면서 배운 기술을 사용하지 않았고, 이런 기술을 사용하도록 다시 지시했다.

24. 행동 그룹 수행/참조하기 (24)

A. 내담자에게 긍정적인 동료 상호작용을 개발해 주는 행동 계약 집단 모임에 참석하도록 지시했다.

B. 긍정적 동료 상호작용을 위한 내담자의 집단 목표를 설정했고 매주 이것을 검토했다.

C. 내담자가 집단 내의 상호작용 목표 수행에 대해 동료들로부터 언어로 긍정적인 다시 챙겨주기를 받았다고 보고했다.

D. 내담자가 동료와의 상호작용에서 얻은 긍정적 이득을 언어로 강화하고 보상해 주었다.

E. 내담자가 일관성 있게 행동 계약 집단 모임에 참석하지 않았으나, 이 모임에 참석하도록 다시 지시했다.

25. 협동 활동에 참여하도록 촉진하기 (25)

A. 내담자가 협동 활동에 참여하는 것의 이점을 부모와 의논했다.

B. 부모에게 여러 협동 활동을 제시했고 부모에게 내담자를 활동에 참여시키겠다는 다짐을 요청했다.

C. 내담자가 협동 활동(예: 스포츠, 음악, 스카우트 활동)의 참여를 통해 얻을 수 있는 긍정적 이득을 인지하는 데 도움을 주었다.

D. 부모가 협동 활동 참여를 격려한 이후 내담자의 동료들과의 협동 활동 참여가 크게 증가한 것으로 나타났다.

26. 캠프에 참여하기 (26)

A. 내담자에게 자존감 형성 및 긍정적인 동료관계에 초점을 맞춘 여름 캠프에 참여해 보는 것이 어떻겠냐고 권유했다.

B. 내담자가 자신의 자존감을 높이기 위해 캠프에서 할 수 있는 일을 구체적으로 생각해 내도록 도움을 주었다.

C. 내담자가 캠프 경험을 통해 얻은 자존감과 동료관계에서의 이득을 긍정해 주고 강화해 주었다.

D. 내담자와 부모가 자존감 형성 및 동료 간의 협동에 초점을 맞춘 여름 캠프에 내담자를 등록시키라는 권고를 따르지 않았으나 이런 방법을 활용하도록 이들을 격려했다.

27. *그들은 왜 나를 좋아하지 않지? 당신의 자녀가 친구를 사귀고 유지하는 것 돕기 읽기 (27)*

A. 부모는 내담자가 동료들과 관계를 구축하는 것을 돕는 아이디어를 얻기 위해 그들이 왜 나를 좋아하지 않지? 당신의 자녀가 친구를 사귀고 유지하는 것 돕기(*Why Don't They Like Me? Helping Your Child Make and Keep Friends*)(Sheridan)를 읽도록 요청받았다.

B. 부모가 이 책에 나온 몇 가지 제안을 파악하고 자신들이 선택한 방법을 실행할 계획을 짜는 데 도움을 주었다.

C. 내담자가 사회적 기술을 형성하도록 도우려는 부모의 노력을 인정·격려·강화해 주었다.

D. 내담자가 사회적 기술을 형성하도록 부모가 노력을 기울인 것이 내담자가 새로운 우정관계를 형성하는 데 도움이 된 것으로 나타났다.

28. 편애에 대한 인식을 다루기 (28)

A. 내담자가 자신의 부모가 특별히 예뻐하는 자녀가 있다는 인식을 가진 것을 이겨 내도록 도움을 주었다.

B. 내담자에게 아동 심리치료 과제계획서(Jongsma, Peterson, & McInnis)의 '요셉, 그의 멋진 색동저고리 그리고 그가 가진 많은 것들(Joseph, His Amazing Technicolor Coat and More)' 연습을 완료하도록 지시했다.

C. 편애 관련 숙제를 다루는 과정에서 내담자가 부모의 사랑을 독차지하는 것의 긍정적 측면은 물론 부정적 측면을 파악하도록 도움을 주었다.

D. 편애 관련 숙제를 다루는 과정에서 비록 거의 모든 부모가 자녀를 사랑하지만 여러 형제들 중에서 애정이 가장 많이 가는 자녀가 있다는 현실을 내담자에게 상기시켜 주었다.

29. 칭찬과 격려에 대한 열린 대응 가르치기 (29)

A. 내담자가 타인으로부터의 칭찬과 격려에 자신이 어떻게 대응하는지를 인식하도록 도움을 주었다.

B. 내담자가 긍정적인 다시 챙겨주기에 마음을 열지 못하게 막는 장애물이 무엇인지를 파악했다.

C. 칭찬과 격려에 긍정적으로 대응하는 새로운 방법을 내담자에게 가르쳤다.

D. 역할 연기, 모델링, 행동 연습을 사용해 내담자에게 칭찬과 격려에 대한 새로운 수용 반응을 연습할 기회를 제공했다.

30. 부모에게 칭찬하기를 가르치기 (30)

A. 부모에게 내담자에게 언어적 애정 표현과 적절한 칭찬을 해 줄 수 있는 모든 가능한 방법을 열거하도록 지시했다.

B. 내담자가 기대되는 행동을 한 것에 대해 부모가 애정과 칭찬을 하는 것에 저항하는 것이 나타났으나 이를 해결했다.

C. 부모에게 언어적으로 애정을 표현하는 것과 적절한 칭찬을 해 줄 세 가지 방법을 고르도록 지시했고 각각의 방법을 적절한 경우에 내담자에게 적용하도록 지시했다.

D. 부모가 언어적으로 애정을 표현하는 것과 칭찬을 내담자에게 적용했다고 보고한 것에 대해 긍정과 강화를 해 주었다.

31. 거부 경험을 살펴보기 (31)

A. 내담자가 가족 및 친구들로부터 거부당한 경험을 조사했다.

B. 내담자가 자신이 화가 나는 수많은 이유를 열거할 때 적극적으로 경청해 주었다. 내담자가 화가 난 이유는 가족과 친구들로부터 거부당한 것에 바탕을 두고 있었다.

C. 내담자는 화가 나는 것이 거부당한 경험 때문이 아니라고 부인했고, 이것을 그의 말 그대로 받아들여 주었다.

32. 형제에 대한 읽기 자료 할당 (32)

A. 부모와 자녀는 형제자매 : 당신들은 서로 엉켜 있으므로 함께해라(*Siblings : You're Stuck With Each Other So Stick Together*)(Crist & Verdick)를 읽고 구현하기 위한 개입 몇 가지를 선택하도록 요청받았다.

B. 부모가 독서 과제 서적에서 선택한 기법을 실행하는 데 도움을 주었고, 새로운 기법 사용 기술과 그에 대한 부모의 자신감을 향상시키기 위해 부모에게 역할 연기를 활용했다.

C. 부모가 새로운 기법을 시도하는 데 저항하는 것이 발견되었고 새로운 접근법을 사용하면 좋은 점을 부모에게 소개했다.

D. 가족은 형제자매에 대한 자료를 읽지 않았고, 그렇게 하도록 재지시받았다.

33. 부모의 공격성, 거부, 말다툼을 줄이기 (33)

A. 부모가 보이는 공격성과 거부의 행동 경향이 가족치료 회기에서 발견되었다.

B. 부모에게 자신들의 양육법에서 공격적 행동과 거부 메시지를 제거하도록 도움을 주었다.

C. 부모에게 따뜻하고 단호하지만 상냥한 방식으로 내담자에게 대응하는 다양한 방법의 시범을 보여 주었다.

D. 부모의 거부 메시지를 봉쇄했으나, 이런 메시지를 치료 시간에 지적해 주었다.

34. *천사 같은 우리 애들 왜 이렇게 싸울까* 할당하기 (34)

A. 부모에게 천사 같은 우리 애들 왜 이렇게 싸울까?(*Siblings Without Rivalry*)(Faber & Mazish)[7]를 읽고 치료사와 그 내용을 짚고 넘어가도록 지시했다.

B. 천사 같은 우리 애들 왜 이렇게 싸울까?를 읽은 것에 기초하여 부모가 아이들의 경쟁을 줄일 두 가지 새로운 방법을 인지했고 이를 가족 안에 도입하기 시작했다.

C. 부모가 천사 같은 우리 애들 왜 이렇게 싸울까?를 읽으면서 습득한 새로운 방법을 가족 내의 경쟁 정도를 줄이기 위해 도입했고 이로부터 긍정적인 결과를 얻었다고 보고했다.

D. 부모가 새로운 양육법을 일관성 있게 사용하지 못해 성공과 실패가 혼재된 결과를 경험한 것에 대해 많은 핑계를 댔다.

E. 부모가 형제자매 간의 경쟁에 대한 자료를 읽지 않았으나, 이를 읽도록 다시 지시했다.

35. 양육 지원 단체에 문의하기 (35)

A. 부모에게 양육 지원 단체가 있음을 알려 주고 모임에 참석하도록 권유했다.

B. 부모가 지원 단체 모임에 참석해 유용한 다시 챙겨주기와 격려를 얻었다고 보고했다.

C. 부모가 지원 단체 모임에 참석하지 않은 것에 대해 몇 가지 이유를 제시했으나, 부모에게 모임에 참석하도록 다시 지시했다.

36. 행동 수정 계획을 활용하기 (36)

A. 부모와 치료사가 내담자를 위해 형제자매 간의 협조적인 상호작용을 목적으로 하는 행동 수정 계획을 개발했다.

B. 부모에게 긍정적인 형제자매 상호작용 강화에 초점을 맞춘 행동 수정 프로그램을 효과적으로 실행하고 유지하는 법을 가르쳐 주었다.

C. 부모가 행동 수정 계획을 실행한 것을 모니터링했고 부모가 계속해서 이를 실시해 나가도록 격려해 주었다.

D. 부모가 내담자의 긍정적 상호작용을 즉각적으로 강화하지 못하는 상황에 부딪혔다.

E. 형제자매 간의 긍정적 상호작용 강화에 초점을 맞춘 행동 수정 계획이 그러한 긍정적 행동을 성공적으

---

7) 역자 주 : 서진영 역(2007), 여름언덕.

로 증가시켰고 형제자매 간의 갈등을 감소시켰다.

37. 평가의 시간을 갖기 (37)

A. 행동 수정 계획의 효과성을 내담자, 부모와 검토했고 계획을 실행한 것에 대해 긍정적인 다시 챙겨주기를 주었다.

B. 형제자매 간의 긍정적인 상호작용에 초점을 맞춘 행동 수정 계획에 대한 기대치가 비현실적으로 높았기 때문에 내담자, 부모가 계획의 몇몇 측면을 수정했다.

C. 부모와 내담자에게 행동 수정 계획을 따르지 않는 것을 지적했고, 계획에 대한 저항 문제가 나타나 이를 해결했다.

38. 갈등 이면에 존재하는 역학관계와 동맹관계를 평가하기 (38)

A. 가족 내에 존재하는 역학관계와 동맹관계를 가족치료 시간에 평가했다.

B. 가족 구성원 간에 새롭고 보다 건강한 동맹관계를 형성하기 위해 가족에게 구조적 개입을 실시했다.

C. 형제자매 간의 갈등을 일으키고 조장하는 핵심 역학관계가 가족 안에서 나타났다.

39. 무례함과 맞서고 갈등 해결 기술 가르치기 (39)

A. 가족치료 시간에 가족 구성원들 간의 무례한 상호작용을 집중 조명하고 이것을 가족들에게 대면시켰다.

B. 갈등 해결 기술을 부모와 형제자매에게 가르쳐 주었다.

C. 가족 구성원들에게 효과적인 갈등 해결 기술을 가르치고 이들에게 이런 새로운 기술을 직접 연습해 볼 기회를 주기 위해 가족 구성원들에게 역할 연기, 행동 연습, 모델링을 활용했다.

D. 가족은 아동 심리치료 과제계획서(Jongsma, Peterson, & McInnis)의 '문제 해결 연습'을 할당받았다.

E. 가족 구성원들이 쉽게 포기하고 말다툼하고 욕을 하던 옛 습성으로 돌아감에 따라 갈등 해결 기술을 실행하는 데 어려움을 겪었다. 이러한 행동 경향이 있음을 가족 구성원들에게 알려 주었다.

40. 정신감정/심리평가 권유하기 (40)

A. 내담자와 가족에게 정신감정 혹은 심리평가를 실시할 수 있다고 설명해 주었다.

B. 내담자에게 정신감정을 받아 보도록 권유했다.

C. 내담자에게 심리평가를 받아 보도록 권유했다.

D. 부모에게 평가에 잘 따르고 그 결과를 치료사에게 알려 주겠다는 약속을 언어로 하도록 지시했다.

41. 평가 제안 실행 모니터링하기 (41)

A. 부모와 내담자가 정신감정/심리평가를 받으라는 제안을 실행하도록 도움을 주었다.

B. 내담자에 대한 평가 제안을 따르는 것의 중요성을 부모에게 강조했다.

C. 부모와 내담자가 평가 제안을 일관성 없이 따른 것에 대해 지적해 주었다.

D. 내담자와 부모가 각각의 평가 제안을 수행했다고 보고했고 이런 노력을 보인 것에 대해 긍정적인 언어로 칭찬해 주었다.

제27장 신체적·정서적 학대 피해자 보살피기

내담자 소개

1. **성인에 의해 신체적으로 학대가 있었다는 보고가 확인됨 (1)[1]**

    A. 부모로부터 구타를 당했다는 내담자의 자기 보고가 아동 보호 서비스 직원에 의해 확인되었다.

    B. 내담자의 부모 중 한 사람이 내담자에게 한 차례 이상 신체적 폭행을 가했다고 나머지 부모 한 사람이 보고했다.

    C. 내담자가 부모에 의한 폭행과 그로 인한 부상에 대해 자세히 설명했다.

    D. 내담자가 보고한 신체적 학대는 강제 보고 법령에 따라 아동 보호 서비스에 보고되었다.

2. **학대의 증거 (2)**

    A. 내담자의 몸에 구타로 인한 멍들이 선명히 남아 있었다.

    B. 내담자가 몸에 난 상처에 대해 해명하려고 했고 상처를 입힌 어른에게 책임을 돌리는 것을 거부했다.

    C. 과거에 멍이 들었던 흔적과 상처가 내담자가 구타(학대)당한 정도를 보여 줬다.

    D. 치료를 받으러 온 이후, 내담자가 보호 제공자로부터 멍이나 상처를 입었다는 보고를 하지 않았다.

3. **두려워함/위축됨 (3)**

    A. 내담자가 타인을 매우 두려워하고 사람들로부터 위축되어 있는 것으로 나타났고 필요한 대인관계 접촉 외에 모든 접촉을 회피했다.

    B. 내담자가 타인과 접촉할 때 두려움에 압도되어 있는 것으로 보인다.

    C. 내담자가 보호 제공자로부터 신체적 구타(학대)를 더 받을까 봐 두렵다고 언어로 표현했다.

    D. 상담 시간에 신뢰를 쌓은 이후 내담자가 덜 두려워하고 덜 주눅 들기 시작했으며 자기 자신에 대해 좀 더 마음을 열기 시작했다.

---

[1] 괄호 안의 숫자들은 아동 심리치료 치료계획서(*The Child Psychotherapy Treatment Planner*), 제5판(Jongsma, Peterson, McInnis, Bruce 공저, 2014년, Hoboken, NJ : Wiley)에서 동일한 제목을 지닌 관련 장의 치료 중재의 숫자와 연결된다.

4. 폐쇄적임/무심함 (3)

A. 내담자가 타인과 사물에 흥미를 거의 보이지 않으면서 폐쇄적이고 무심한 태도를 보였다.

B. 내담자가 상담 과정에 흥미를 거의 보이지 않았고 자신에 대해 중요한 점을 어느 것 하나라도 드러나지 않게 하려고 조심했다.

C. 내담자가 매우 폐쇄적으로 보였으며, 타인과의 안전거리를 유지하고 자신은 어둠 속에 있기 위해 의식적으로 노력했다.

D. 치료사와 관계를 형성한 이후 내담자가 덜 두려워하고 자신에 대해 더 공개하기 시작했다.

5. 의심이 많음/불안해함 (3)

A. 내담자가 타인과 상호작용할 때 의심을 많이 하고 안절부절못하는 태도를 보인다.

B. 내담자의 몸짓과 표정을 보면 내담자가 타인, 특히 어른에 대해 높은 수준의 불신을 갖고 있는 것처럼 보인다.

C. 내담자가 가족 안의 어른들이 약속을 거의 지키지 않았고 내담자에게 해를 자주 끼쳤기 때문에 그들을 믿지 못하게 된 과거사를 들려주었다.

D. 내담자가 아동기의 고통과 현재의 무심한 태도 및 타인에 대한 두려움 사이에 연관성을 언어로 표현하기 시작했다.

6. 낮은 자존감 (3)

A. 내담자가 다른 사람들과 눈을 거의 마주치지 않고 빈번하게 자기 비하적 발언을 하는 것으로 보아 내담자의 자아상이 매우 낮은 것처럼 보였다.

B. 내담자가 기억하는 한 자신은 무가치하고 사랑받지 못하는 느낌을 받는다고 말했다.

C. 내담자가 상담 환경을 받아들인 경험을 통해 자신의 자존감을 높이기 시작했다.

7. 화가 남/공격적임 (4)

A. 내담자가 거의 모든 사람에게 공격적이고 화가 난 태도로 대한다.

B. 내담자가 동료와 어른들에게 화를 내고 공격적인 행동을 나타내는 빈도와 강도가 증가했다고 보고했다.

C. 내담자가 자신의 공격 행동을 다른 사람들 탓으로 돌렸다.

D. 내담자가 성격이 급해 자신의 물건을 많이 부수게 된다고 보고했다.

E. 내담자가 자신이 받은 신체적 · 정서적 학대를 털어놓기 시작하면서 내담자의 분노와 공격성이 크게 줄었다.

F. 내담자가 자신의 분노와 공격성이 집에서 자신이 보고 경험한 것의 결과라는 것을 깨닫기 시작했다.

8. 학대의 기억 (5)

A. 내담자가 과거의 정서적 · 신체적인 학대(폭력)에 관한 비참한 기억이 계속 머릿속을 맴돈다고 말했다.

B. 내담자가 학대받은 기억이 다양한 상황에서 의식 속에 잠재되어 있다고 보고했다.

C. 내담자가 계속되는 정서적 · 신체적인 학대의 피해자였던 혼란스러운 어린 시절의 기억에 대해 이야기했다.

D. 머릿속에 잠재되어 있는 학대의 기억이 크게 줄었다.

E. 내담자가 과거의 고통과 현재의 무심한 태도 및 타인에 대한 두려움 사이의 약간의 연관성을 언어로 표현하기 시작했다.

9. 가해자가 근처에 있으면 격한 감정을 느낌 (6)[2]

A. 내담자가 자신을 학대한 가해자와 접촉하게 될 때마다 격한 분노와 격분에 휩싸인다고 말했다.

B. 내담자를 학대한 가해자가 근처에 있으면 내담자가 즉시 울고 두려워한다고 보호 제공자들이 보고했다.

C. 내담자가 가해자와 마주칠 때마다 두려움, 분노, 격분이 혼재된 감정을 경험한다고 보고했다.

D. 내담자가 치료 시간에 이야기를 한 이후 가해자와 접촉하게 되어도 이전처럼 격한 감정을 느끼거나 두려운 기분이 들지 않는다고 말했다.

10. 우울함/신경질적임 (7)

A. 내담자가 우울한 기분이었고 신경질이 표출되는 날카로운 태도를 보였다.

B. 내담자의 우울증과 이와 함께 나타나는 과민성 사이에서 내담자가 상담 시간에 자신에 대해서 털어놓을 의사가 없거나 그렇게 할 여력이 안 되었다.

C. 내담자가 사회적으로 위축되고 감정으로부터 이탈하는 행동 경향을 보인다고 말했다.

D. 항우울제 복용을 시작한 이후 내담자의 우울증과 과민성이 줄어들었고, 내담자가 상담 시간에 자기노출을 하기 시작한다.

11. 소극적/무감각함 (7)

A. 내담자가 자신 또는 다른 사람들에게 생길 일들에 관심이 거의 없다는 것을 보여 주는 소극적이고 무감각한 면이 강하게 나타났다.

B. 내담자의 무감각하고 수동적인 태도 때문에 내담자가 상담 과정에 관심을 거의 보이지 않았다.

C. 내담자는 자신이 기억하는 한 자신은 자기에게 일어나는 일에 관심을 가진 적이 없다고 말했다.

D. 내담자가 더 적극적으로 치료에 참여하게 된 이후 내담자가 무감각함과 수동성을 덜 보였다.

12. 퇴행 행동 (8)

A. 내담자가 수많은 퇴행 행동(예 : 아기 말투로 말하기, 엄지손가락 빨기)을 보였다.

B. 학대가 시작된 이후 내담자가 잘 때 이불에 오줌을 싼다고 보고했다.

C. 내담자가 신체적·정서적 학대를 받았던 과거를 털어놓기 시작한 이후 내담자의 퇴행 행동이 줄어드는 것으로 나타났다.

13. 수면장애 (9)

A. 내담자가 잠드는 것이 어려워 자주 깨고 아침에는 피곤하고 밤새 쉬지 못한 기분이 들어 힘들다고 보고했다.

B. 내담자가 잦은 야경증(night terror)과 반복적인 악몽을 겪고 있다고 말했다.

C. 내담자가 자신이 당한 학대에 대해 이야기하기 시작했고 이제 야경증에 덜 시달리고 좀 더 편안하게

---

2) 역자 주 : 피해자 보호 장치와 프로그램이 필요하고 동시에 마주치지 않도록 분리 조사가 필요하며 피해자가 여성이라면 여성 경찰관(조사원), 학대관련 식견이 있는 전문가(수사관, 심리학자)가 조사하는 것이 필요하다.

잠을 잔다고 보고했다.

D. 내담자가 자신의 수면장애와 학대받은 과거사 사이의 연관성을 파악하기 시작했다.

14. 가출 (10)

A. 내담자가 신체적 학대를 피해 여러 차례 가출을 한 적이 있다고 보고했다.

B. 내담자가 자신의 집에서 벌어지는 학대에 주의를 끌기 위한 시도로 가출을 한 것으로 보인다.

C. 내담자가 학대 문제를 다루기 시작하면서 가출을 한 사례가 없었다.

중재 실행

1. 신뢰 쌓기 (1)[3]

A. 무조건적 긍정적 존중의 사용을 통해 내담자와 일정 수준의 신뢰를 형성했다.

B. 내담자와 신뢰를 형성해 내담자가 학대에 관한 감정과 사실을 털어놓을 수 있게 하는 친근한 관계의 근간을 형성하기 위해 따뜻한 수용과 적극적 경청 기법을 활용했다.

C. 내담자가 신뢰에 기반한 관계를 형성해 학대에 대한 사실과 감정을 표현할 수 있는 능력이 높아졌다.

D. 무조건적 긍정적 존중, 따뜻한 수용, 적극적 경청을 사용했음에도 내담자가 학대에 관한 감정과 사실을 털어놓기를 여전히 주저했다.

2. 학대 사실을 명백하게 밝히기 (2)

A. 내담자가 학대와 관련된 사실을 명백히 밝히고 표현하도록 도움을 주었다.

B. 내담자가 학대 관련 사실을 공개하는 정도를 높이기 위해 내담자에게 지지와 격려를 해 주었다.

C. 지지와 격려를 내담자에게 해 주었음에도 내담자가 여전히 학대 관련 사실을 표현하고 명확히 밝히는 데 어려움을 겪었다.

D. 내담자가 가장 최근에 자신이 겪었던 학대 사실을 솔직하게 설명했고 이런 용기를 보인 것에 대해 칭찬해 주었다.

3. 개별 놀이치료를 실천하기 (3)

A. 내담자에게 학대 관련 사실과 감정을 드러낼 기회를 주는 환경을 제공하기 위해 개별 놀이치료를 실천했다.

B. 내담자가 기꺼이 개별 놀이치료 시간에 참여했다.

C. 내담자가 개별 놀이치료 시간에 적극적으로 참여하는 것을 통해 학대에 관한 몇 가지 사실과 감정을 털어놓기 시작했다.

D. 놀이치료 시간 동안 내담자의 놀이가 방어적이고 조심스러웠으며 내담자는 학대와 관련된 어떠한 사실이나 감정도 털어놓기를 회피했다.

---

3) 괄호 안의 숫자들은 **아동 심리치료 치료계획서**(*The Child Psychotherapy Treatment Planner*), 제5판(Jongsma, Peterson, McInnis, Bruce 공저, 2014년, Hoboken, NJ : Wiley)에서 동일한 제목을 지닌 관련 장의 치료 중재의 숫자와 연결된다.

4. **신체적 학대(구타) 보고하기 (4)**

   A. 신체적 학대의 성격과 범위를 입증하기 위해 내담자에게 평가를 실시했다.

   B. 내담자를 의사에게 보내어 신체적인 학대 사실을 확인하고 이를 문서화하도록 했다.

   C. 보다 심도 있는 조사를 위해 내담자의 신체적인 학대 사실이 주 정부의 아동 보호 기관에 보고되었다.

   D. 부모에게 내담자의 신체적인 학대 사실의 공개를 통보했고, 법이 요구하는 대로 그 사실을 주 정부의 아동 보호 기관에 보고했다.

5. **혐의의 진실성을 평가하기 (5)**

   A. 내담자의 신체적 학대 사실에 관한 진술의 진실성을 평가하기 위해 내담자의 가족, 의사 그리고 형사 사법부서의 관계자들과 협의했다.

   B. 신체적인 학대와 관련된 내담자 진술의 진실성이 가족, 의사 그리고 아동 보호 서비스 직원으로부터 확인됐다.

   C. 가족, 의사, 아동 보호 서비스 직원과의 협의 결과 내담자의 학대 진술의 진실성에 대해 의견이 여러 갈래로 나뉘었다.

6. **집에서 다른 안전한 곳으로 거처를 옮겨야 할 것인지에 대해 평가하기 (6)**

   A. 가족 환경이 내담자에게 안전한지를 판단하기 위해 가족 환경을 평가했다.

   B. 가족 환경이 내담자에게 안전하지 않은 것으로 판명 났고, 내담자를 집 이외의 안전한 임시 거처로 옮겼다.

   C. 가족 환경에 대한 평가를 실시한 후 가해자에 대한 임시 접근금지 조치를 시도하자는 제안이 나왔다.

7. **아이에게 안전한 가정 만들기 (7)**

   A. 가해자가 집 밖으로 거처를 옮기고 비학대 부모와 아동 보호 서비스 직원이 허락할 때까지 집을 방문하지 않는 데 동의했다

   B. 가해자에 대해 접근금지 명령을 신청할 것을 비학대 부모에게 충고했다.

   C. 비학대 부모가 접근금지 명령을 받아 내고 이를 일관성 있게 실시하는 데 도움을 주었다.

   D. 비학대 부모가 가해자와 피해자 사이의 접촉이 발생하지 않게 일관성 있게 노력하는 것을 모니터링하고 지지해 주었다.

   E. 비학대 부모가 피해자로부터 가해자를 떼어 놓으려는 접근금지 명령의 실행을 일관성 없이 실행한 점을 비학대 부모에게 지적했다.

8. **내담자를 보호하고 있음을 알려 주고 안심시키기 (8)**

   A. 다른 사람들이 내담자가 더 이상 학대받는 일이 없도록 내담자에게 관심과 보호를 제공할 것이라고 내담자를 거듭 안심시켰다.

   B. 비학대 부모를 비롯한 내담자의 안전을 위해 주의를 기울이는 다른 사람들이 내담자를 안심시켰다.

   C. 내담자가 자신의 안전에 대해 안심하게 되면서 내담자의 불안 수준이 줄어든 것으로 보인다.

9. **동반 조건을 위한 평가 (9)**

   A. 내담자는 자기 개념 욕구를 파악하는 데 도움을 주기 위한 자존감 설문을 관리받았다.

B. 내담자는 감정적인 요소가 그/그녀의 표현(presentation)에 기여하고 있는지 여부를 확인하는 데 도움을 주는 심리 테스트를 받았다.

C. 내담자는 평가 과정에서 비협조적이고 저항적이었고 더 나은 노력을 제공할 것을 촉구했다.

D. 내담자가 정직하고 올바른 태도로 심리 검사에 접근하고 검사자에게 협력했다고 언급되었다.

E. 심리 평가에 관한 다시 챙겨주기는 내담자, 가족 및 학교 당국에 제공되었다.

10. 학대(구타)에 관한 감정 표현을 살펴보기 (10)

A. 가해자에 대한 내담자의 감정을 파악하고 살펴보았다.

B. 내담자의 개방성 연습을 돕기 위해 내담자에게 아동 심리치료 과제계획서(Jongsma, Peterson, & McInnis)에 나오는 '내 생각과 감정(My Thoughts and Feelings)'에서 제안한 연습을 완료하고 점검하도록 지시했다.

C. 내담자를 격려·지지해 주어 내담자가 학대 경험과 관련된 자신의 감정을 표현하고 명확하게 밝히는 데 도움을 주었다.

D. 내담자가 학대받은 경험을 이야기하면서 고통, 분노, 공포를 표현했다. 이와 같은 어려운 이야기를 하는 동안 내담자를 지지해 주었다.

E. 내담자에게 솔직하게 털어놓는 것이 건강으로 이어지지만 마음에 담아 둔 채 비밀로 하면 계속 아픈 상태가 지속됨을 상기시켰다.

F. 내담자가 자신의 생각과 감정을 솔직하게 표현한 것을 강화해 주었다.

G. 내담자가 여전히 정서적으로 마음을 닫은 상태이고 솔직하게 감정을 표현하려는 의지가 없으며, 내담자가 더 솔직해지는 것을 방해하는 요소들이 있는지 살펴보고 이를 파악하고 제거했다.

11. 통찰력 수준의 평가 (11)

A. 내담자는 보이는 문제들을 향한 통찰 수준으로 평가되었다.

B. 내담자는 보이는 문제들에 관하여 그의 통찰의 동조적인 본성 대 이질적인 본성에 따라 평가되었다.

C. 내담자는 행동과 증상에서 문제가 되는 본성에 대한 좋은 통찰을 하도록 보여 주었다.

D. 내담자가 다른 사람들의 우려에 동의하는 것이 목격되어 변화에 힘쓰도록 동기유발되었다.

E. 내담자는 묘사된 문제에 대해 양면성이 있음이 드러났고 그 문제들을 우려사항으로 보는 것을 꺼렸다.

F. 내담자는 문제 영역의 인식에 관해 저항적인 것으로 나타났고, 걱정하지 않았으며, 변화에 대한 동기가 없었다.

12. 관련 장애의 평가 (12)

A. 내담자는 연구 기반의 관련 장애들의 증거에 의해 평가되었다.

B. 내담자는 자살에 대한 취약성 수준으로 평가되었다.

C. 내담자는 동반장애를 가진 것으로 확인되었고, 치료는 이를 처리할 수 있도록 조정되었다.

D. 내담자는 또 다른 관련 장애가 있는지 평가되었지만 아무것도 발견되지 않았다.

13. 문화적으로 혼란스러운 문제에 대한 평가 (13)

A. 내담자는 그의 임상 행동을 더 잘 이해하도록 도울 수 있는 나이 관련 쟁점으로 평가되었다.

B. 내담자는 그의 임상 행동을 더 잘 이해하도록 도울 수 있는 성별 관련 쟁점으로 평가되었다.

C. 내담자는 그의 임상 행동을 더 잘 이해하도록 도울 수 있는 문화의 증후군, 고통의 문화적 관용구, 혹은 문화적으로 감지된 사건으로 평가되었다.

D. 다른 요인들이 내담자의 현재 정의된 '문제 행동'에 기여할 것이라고 확인되었고 이 요인들은 그의 치료에 반영되었다.

E. 내담자의 현재 정의된 '문제 행동'을 설명할 수 있는 문화적 기반 요인들은 조사되었지만 중대한 요인은 발견되지 않았다.

14. 장애의 심각성 평가 (14)

A. 내담자의 장애의 심각성은 보호의 적절한 정도를 결정하기 위해서 판단되었다.

B. 내담자는 사회적·관계적·교육적인 노력에서의 손상 정도로 평가되었다.

C. 내담자는 그의 장애가 자신의 기능에 가볍거나 중간 정도의 영향을 끼친다는 것을 알았다.

D. 내담자는 그의 장애가 자신의 기능에 심각하거나 더 심각한 영향을 끼친다는 것을 알았다.

E. 내담자의 치료의 효율성과 적절성, 그리고 장애의 심각성은 꾸준히 평가되었다.

15. 병원의 돌봄 평가 (15)

A. 병원의 돌봄과 관심으로 내담자의 집, 학교, 지역사회가 평가되었다.

B. 내담자의 다양한 환경은 아동의 욕구에 지속적인 무관심, 돌보는 사람의 잦은 변화, 안정적 애착의 제한된 기회, 가혹한 훈육 혹은 다른 심각한 부적절한 돌봄이 있었는지 평가되었다.

C. 병원의 돌봄이 확인되었고 치료계획에 이러한 우려를 관리하고 바로잡는 것과 아동을 보호하는 전략이 포함되었다.

D. 어떠한 병원의 돌봄도 확인되지 않았고, 이것은 내담자와 돌보는 사람에게 반영되었다.

16. 가족과 가해자의 부인과 맞서기 (16)

A. 가족치료 시간을 진행하는 동안 가족이 내담자의 학대(구타) 사실을 부인하는 상황에 직면했고 이것에 이의를 제기했다.

B. 가해자에게 자신의 학대를 합리화하는 모든 이유를 열거하도록 지시했다.

C. 가해자의 학대 합리화와 관련된 사유를 점검하는 데 대질 방법을 사용했다.

D. 가해자가 내담자에 대한 학대 사실을 부인하는 것을 역전시키기 위해 가해자와 피해자를 대질시켰다.

E. 대질과 반론 제기를 한 것이 가해자의 혐의 부인을 무력화하는 데 효과적이었고, 가해자가 이제 학대 행동(구타)의 책임을 자신에게 귀속시키고 자신의 행동에 대한 책임을 진다.

F. 가해자의 학대 합리화에 대질 및 반론을 제기했음에도 가해자가 여전히 내담자를 학대(구타)한 사실을 부인한다.

17. 가해자의 학대를 감싸 주는 내담자에게 맞서기 (17)

A. 내담자에게 자신이 가해자로부터 학대를 당한 이유를 목록으로 작성하고 이를 살펴보도록 지시했다.

B. 내담자가 가해자의 학대(구타) 행위를 감싸 줄 때마다 내담자를 제지시키고 내담자가 학대(구타)당할 이유가 없음을 상기시켰다.

C. 내담자가 비록 완벽하지는 않다고 하더라도 그로 인해 학대를 당할 이유가 없다는 메시지를 내담자에게 전달했다.

D. 내담자가 계속해서 학대를 가한 가해자를 이해하고 자책에 빠질 때마다 내담자의 사고를 다시 교정해 주었다.

E. 내담자가 학대에 대한 책임을 가해자에게로 명확히 돌리고 자책하는 것을 멈춤에 따라 긍정적인 다시 챙겨주기를 내담자에게 제공했다.

18. 학대받을 이유가 없음을 확신시키기 (18)

A. 내담자가 혹시라도 잘못한 것이 있다고 하더라도 내담자가 당한 것처럼 신체적 학대를 받을 이유가 전혀 없음을 내담자에게 확신시켰다.

B. 어떤 일이 있었는지를 불문하고 학대를 받을 이유가 전혀 없다는 메시지를 내담자에게 계속 전달했다.

C. 내담자가 한 인격으로서 마땅히 존중받아야 하며 처벌받는 상황에서도 조절된 대우를 받아야 함을 내담자에게 교육했다.

19. 가해자에게 책임을 묻는 반응을 강화하기 (19)

A. 내담자가 가해자에게 학대의 책임을 돌린 모든 발언을 강화했다.

B. 내담자에게 가해자가 학대(구타)에 대한 책임을 져야 하는 모든 이유를 열거하도록 지시했다.

C. 내담자가 어떤 잘못을 했든 간에 학대(구타)가 발생한 것은 여전히 가해자의 탓임을 내담자에게 상기시켰다.

D. 내담자가 일관성 있게 단호하게 학대(구타)의 책임을 가해자에게 지운 것에 대해 긍정적 다시 챙겨주기를 제공했다.

20. 학대와 관련해 가해자와의 대질을 하도록 지지하기 (20)

A. 내담자가 학대(구타)를 가한 가해자를 대면할 수 있도록 자신감을 심어 주기 위해 가족치료 시간에 내담자를 준비시켰다.

B. 역할 연기를 사용해서 내담자에게 가해자를 대면하는 경험을 제공했다.

C. 가족치료 시간을 가졌고, 치료 시간에 비학대 부모와 내담자가 학대 가해자와 대면했다.

D. 비학대 부모가 가족치료 시간에 구타자와 대면하는 시범을 보였다.

E. 가족치료 시간에 내담자가 가해자에게 학대(구타)의 책임을 묻는 이유를 적은 편지를 낭독했다.

F. 내담자가 가족치료 시간에 가해자와 대면하는 것을 거절했고, 내담자의 결정을 수용했다.

21. 가해자에게 사과를 받아 내기 (21)

A. 내담자에게 가해자로부터 사과를 받아 내고 이를 수용할 의향이 있는지를 점검했다.

B. 가해자의 사과가 진정성이 있고 솔직한지를 점검했다.

C. 가족치료 시간을 진행했고, 치료 시간에 가해자가 내담자와 가족에게 학대를 행한 것을 사과했다.

D. 가해자의 사과가 불성실하고 솔직하지 않은 것으로 판명됐고 그렇기 때문에 가족치료 시간에 적절한 사과를 한 것으로 수용하지 않았다.

22. 가해자를 집단치료 모임에 참석시키기 (22)

A. 내담자가 참석을 요구받은 효과적 양육 및 분노 조절 집단치료 모임에 참석하고 참여했다.

B. 가해자가 집단 안에서 얻은 이득을 모니터링하고 강화했다.

C. 가해자가 집단 모임 참석 요구에 불응한 점을 가해자에게 지적했다.

23. 가해자를 심리적 평가 · 치료에 회부하기 (23)

A. 가해자에게 심리적 평가를 받아 보도록 지시했다.

B. 가해자가 평가의 모든 항목에 협조했다.

C. 평가에서 나온 모든 치료 제안을 가해자에게 알려 주고 설명해 주었다.

D. 가해자에게 평가에서 나온 각각의 치료 제안을 따르겠다는 서약을 하도록 지시했다.

24. 가족의 약물 남용에 따른 문제점을 평가하기 (24)

A. 가족 내에 약물 사용 및 남용의 문제가 있는지를 평가하기 위해 가족치료 시간을 실시했다.

B. 부모에게 약물 남용 평가를 받도록 지시했다.

C. 부모가 요구받은 약물 남용 평가에 협조하고 이를 마쳤다.

D. 가족 내에서 약물 남용 및 사용 문제를 평가하려는 노력에 가족들이 거부하고 저항했다.

E. 가해자에게 약물 남용 치료 프로그램에 참여하도록 지시했다.

F. 가해자가 성공적으로 약물 남용 치료 프로그램을 마쳤고 지금은 추후 보호 중이다.

G. 가해자에게 약물 남용 치료 프로그램을 받도록 지시했으나 프로그램 이수를 거부했다.

25. 부모와 훈육의 한도에 대해 상담하기 (25)

A. 내담자의 부모에게 어떤 것이 적절한 훈육 한도이고 어떤 것이 그렇지 않은지에 대해 상담을 실시했다.

B. 학대적인 처벌(구타)의 원인이 된 과거의 부적절한 훈육 한도에 대해 치료 시간에 다루었고 새로운 적절한 한도를 설정했다.

C. 부모가 새로 설정한 비학대적이고 이성적인 훈육 한도를 지키고 이행하는지를 모니터링했다.

D. 부모가 비학대적이고 이성적인 훈육 방법을 성공적으로 실행했다고 보고했다.

26. 부모의 적절한 훈육법의 목록을 평가하기 (26)

A. 부모에게 자신들이 생각할 수 있는 모든 적절한 훈육 행동을 목록으로 작성하도록 지시했다.

B. 부모의 적절한 훈육 행동 목록을 검토했고, 합리적인 접근법은 격려하고 강화해 주었다.

C. 부모가 이성적이고 예의 바른 행동과 적절한 한도를 강화하는 훈육 방법을 사용하는 것에 대해 모니터링을 실시했다.

D. 부모의 훈육법이 비이성적이고 무례할 경우 이를 지적하고 재조정해 주었다.

27. 학대를 판별하는 가계도를 작성하기 (27)

A. 가족 구성원들과 다세대 가족 가계도를 구성했다.

B. 가족 구성원들이 다세대 가족 가계도에서 신체적 학대의 유형을 파악하도록 도움을 주었다.

C. 가족들이 가족 내에서 신체적 학대 유형을 근절하는 방법을 생각해 내고 실행해 나가는 데 긍정적 다시 챙겨주기를 제공했다.

D. 가족 구성원들이 다세대에 걸친 신체적 학대 양상이 존재한다는 것을 인정하고 자신들의 가족 내에서 이런 행동 양상을 중단시키겠다고 맹세한 것에 대해 이들을 지지해 주었다.

28. 가족의 스트레스 유발 요인을 평가하기 (28)

A. 학대 발생에 기여한 스트레스 유발 요인과 사건을 찾아내기 위해 가족 내의 역학관계를 평가했다.

B. 학대 발생 가능성을 줄이기 위해 가족 구성원들이 가족의 스트레스 요인에 대처할 수 있는 효과적인 방법을 생각해 내도록 도움을 주었다.

C. 가족의 스트레스 유발 요인에 효과적으로 대처할 수 있는 핵심 지역사회 및 전문적 자원을 가족에게 알려 주었다.

D. 가족 구성원들이 폭력 촉발에 영향을 끼칠지도 모르는 환경적 스트레스 유발 요인을 줄이기 위해 취할 조치를 생각해 내도록 도움을 주었다.

E. 가족 구성원들에게 가족의 스트레스 유발 요인을 파악하도록 지시했고 이 문제에 대해 좀 더 솔직해질 것을 요구했다.

29. 가족의 지원과 양육을 강화하기 (29)

A. 내담자에 대한 정서적 지지와 양육의 중요성과 각 사람이 이것을 어떻게 내담자에게 제공할지를 가족 구성원들에게 가르쳐 주었다.

B. 가족 구성원들이 내담자에게 준 지지와 양육의 사례를 보여 줌에 따라 가족 구성원들에게 긍정적 강화를 주었다.

C. 가족들이 내담자가 이제 학대를 잊고 앞으로 나아가야 한다는 입장을 취했고 이를 검토했으며 가족 구성원들에게 내담자가 완전하게 치료받기 위해서는 계속적인 지지와 양육이 필요함을 상기시켰다.

30. 가해자에게 편지 쓰기를 지시하기 (30)

A. 내담자에게 자신의 상처, 공포, 분노의 감정을 표현한 편지를 가해자에게 쓰도록 지시했다.

B. 가해자에게 쓴 편지의 완성본을 검토했고, 내담자가 학대와 관련된 감정을 표현한 것에 조력과 지지를 제공했다.

C. 내담자가 편지 쓰기를 완수하지 못한 것을 살펴보았고 내담자에게 맺힌 응어리들이 관찰되어 이를 다뤘다.

D. 내담자에게 학대에 관한 자신의 감정을 표현한 편지를 가해자에게 쓰도록 지시했지만 내담자가 다시는 그런 감정들을 겪고 싶지 않다며 이를 거부했다.

31. 가해자에 의해 유발된 분노와 공격성을 해석하기 (31)

A. 내담자의 분노 및 공격성 표현이 가해자에 대한 감정으로 촉발된 것으로 해석되었다.

B. 겉보기에는 무관한 분노와 공격성 표출이 내담자가 가해자를 향해 느끼고 있을 분노를 나타내는 것임을 내담자에게 알려 주었다.

C. 내담자가 가해자에게 집중된 자신의 분노에서 통찰을 하게 되자 내담자에게 전반적으로 나타나던 분노 및 공격성이 줄어든 것으로 나타났다.

D. 내담자가 자신의 분노 및 공격성이 가해자에 대한 감정 때문에 촉발되었다는 개념 수용을 거부했으며, 가능하면 이것을 고려해 보도록 내담자를 독려했다.

32. 자기 보호 전략 알아보기 (32)

A. 미래의 학대로부터 자신을 보호하기 위해 내담자가 취할 여러 가지 행동을 살펴보고 강화했다.

B. 만약 상황이 용납된다면 내담자가 스스로를 보호하기 위해 필요한 조치를 취할 수 있는 힘을 내담자에게 실어 주기 위해 노력을 기울였다.

C. 내담자에게 자신을 보호하는 데 힘이 되는 말을 계속 들려주었다.

33. '권능 부여 편지' 작성 연습을 마치기 (33)

A. 내담자는 학대로부터 생존, 그에 대한 대처, 이를 극복한 것에 관한 자신의 생각과 감정을 작성하도록 도움받았다.

B. 내담자가 학대에 관련된 생각과 감정을 표현하도록 돕기 위해 내담자에게 **아동 심리치료 과제계획서** (Jongsma, Peterson, & McInnis)에 나오는 '권능 부여 편지(Letter of Empowerment)' 작성을 마치도록 지시했다.

C. 무조건적 긍정적 존중과 적극적 경청을 사용해 내담자가 학대와 관련된 생각과 감정을 표현하는 것을 도왔다.

D. 학대에 관한 내담자의 생각과 감정 표현을 막는 장애물과 방어기제를 밝히고, 이를 다루고 제거했다.

E. 내담자가 학대에 관한 생각과 감정을 표현하도록 내담자를 격려했던 노력이 효과가 없었고, 내담자가 여전히 학대에 관해서 입을 열지 않는 상태이다.

F. 내담자가 '권능 부여 편지' 작성 연습을 마쳤고, 편지 쓰기가 학대와 관련된 자신의 생각과 감정을 표현할 수 있도록 내담자에게 힘을 주었다는 점을 인식하도록 도움을 주었다.

G. 내담자가 권능 부여 연습을 마치는 데 실패했으나, 이것을 끝까지 해내도록 다시 지시했다.

34. 자존감의 근거를 인지하기 (34)

A. 내담자가 자기 가치관의 근거를 찾도록 도움을 주기 위해 내담자가 가진 재능과 정신적 가치 그리고 내담자가 타인에게 얼마나 중요한 존재인지를 내담자에게 되짚어 주었다.

B. 내담자에게 발견된 각각의 긍정적 강점과 속성을 언어로 긍정하도록 내담자에게 지시했다.

C. 내담자의 강점과 속성에 관한 긍정적 자기 대화를 개발해 내담자가 이것을 매일 자신을 긍정하는 데 사용하도록 했다.

35. 긍정적 진술을 강화하기 (35)

A. 내담자가 말한 모든 긍정적 자기 기술문을 긍정해 주고 강화했다.

B. 내담자의 부정적 자기 기술문을 지적하고 재구성했다.

C. 내담자가 부정적 자기 기술문보다 긍정적인 자기 기술문을 더 많이 사용하는 경향을 발견했고, 이를 강화하고 격려했다.

36. 용서의 편지 쓰기를 지시하기 또는 연습하기 (36)

A. 내담자에게 용서가 지닌 힘에 대해 특별히 강조하면서 용서의 핵심 측면을 교육했다.

B. 가해자에게 용서의 편지를 쓰도록 내담자에게 지시하되 편지 내용에 안전할 권리를 주장하도록 요구했다.

C. 내담자에게 용서하기 연습을 내주고 다음번 시간에 이를 점검했다.

D. 용서의 편지 쓰기를 검사했고, 그 경험에서 얻는 명백한 힘을 강화했다.

E. 내담자가 용서의 편지 쓰기 연습을 하지 않았으며, 연습을 끝내지 않은 이유를 살펴보았다.

37. 떨쳐 버리기 연습하기 (37)

A. 분노와 상처를 떨쳐 버리는 과정이 지닌 잠재적 이익을 내담자와 검토했다.

B. 가해자에 대한 분노 목록을 땅에다 묻는(bury, 잊어버리는) 떨쳐 버리기 연습을 하도록 내담자에게 지시했다.

C. 떨쳐 버리기 연습을 실시한 것을 내담자와 점검했고, 연습에서 느낀 감정을 살펴보고 표현했다.

D. 내담자가 상처받은 감정과 분노를 떨쳐 버리는 것을 어려워하고 아직 이 목표를 수행할 능력을 갖추지 않았다. 준비가 되면 이 연습을 하도록 내담자를 격려했다.

E. 내담자가 학대로부터 얻은 상처 및 분노의 감정을 성공적으로 떨쳐 버리는 데 성공했다고 보고했고 이를 점검하고 지지해 주었다.

38. 미래 계획 세우기 (38)

A. 내담자에게 어떤 미래 계획을 세우고 싶은지 생각해 보라고 지시했다.

B. 미래 계획에 대한 아이디어를 얻도록 도움과 격려를 주기 위해 내담자에게 다음과 같은 빈칸 채우기를 하도록 지시했다. '나는 _____할 것을 상상한다.' '나는 _____를 할 것이다.' '나는 언젠가 _____를 할 것을 꿈꾼다.'

C. 내담자의 미래 계획 안에 동료, 가족과의 상호작용도 포함시키도록 내담자를 격려했다.

D. 내담자에게 지지와 격려를 해 주었음에도 내담자가 미래 계획을 설계하는 데 어려움을 겪었다.

39. 활동 참여를 격려하기 (39)

A. 동료 집단 상호작용과 방과 후 활동에 적극적으로 참여하도록 내담자를 격려했다.

B. 사회적 참여 증가를 피하려는 내담자의 핑계와 방해물을 살펴보고 제거했다.

C. 사회적 상황에서의 내담자의 사회적 기술과 자신감 수준을 높이기 위해 동료 집단과 방과 후 활동과 관련된 상황에 대해 내담자와 역할 연기를 했다.

D. 내담자의 동료 집단과 방과 후 활동 참여 증가에 대하여 긍정적인 다시 챙겨주기를 해 주었다.

E. 격려와 사회적 기술 쌓기 연습에도 불구하고 내담자가 여전히 동료 집단 및 방과 후 활동 참여에 거부감을 가지고 있다.

40. 피해자 지원 단체에 참여하기 (40)

A. 내담자가 지원 단체 모임에 참석하며 얻는 이점을 인식시키고 논의했다.

B. 내담자가 학대(구타) 피해를 입은 사람은 자기밖에 없을 것이라고 느끼는 경향을 줄이기 위해 내담자에게 학대 아동을 위한 지원 단체 모임에 참석해 보도록 지시했다.

C. 내담자가 자신과 같은 상황에 놓인 타인들과 함께 지원 단체 모임에 참석한 경험을 점검했다.

D. 적극적 경청 기법을 사용해 내담자가 지원 단체 모임에 참여한 다른 모든 사람들과 자신이 다르다고 느꼈다고 말한 것을 들어 주었다.

E. 내담자가 같은 학대(구타) 피해자들의 지원 단체 모임에 참석한 후 힘을 얻고 남들이 자신을 이해해 주는 느낌을 받았다고 보고했다.

41. 성인에 대한 신뢰 상실을 살펴보기 (41)

A. 내담자가 성인에 대한 신뢰를 상실한 점을 표현하도록 격려했다.

B. 내담자가 신뢰의 상실을 가해자의 학대(구타)와 다른 사람들이 자신을 보호해 주지 못한 점과 연관 짓는 데 도움을 주었다.

C. 내담자가 신뢰의 상실을 인지하고 표현하는 것을 거부했고 여전히 어른들을 믿는다며 단호한 태도를 보였다.

42. 신뢰 가능 여부 판별법을 가르치기 (42)

A. 내담자에게 신뢰할 수 있는 사람을 판별하는 과정에 대한 교육을 실시했다.

B. 내담자가 신뢰할 수 있는 사람과 그렇지 않은 사람을 구분 짓는 핵심 요소를 인식하는 데 도움을 주었다.

C. 인물에 대한 다양한 시나리오를 내담자에게 제시해 신뢰 가능 여부 판별 기술을 연습할 수 있도록 했다.

43. '공유 견제' 기법을 가르치기 (43)

A. 개인의 신뢰 가능 여부를 평가하는 내담자의 기술을 향상시키기 위해 내담자에게 '공유 견제(share-check)'[4] 기법을 가르쳤다.

B. 내담자의 공유 견제 기법 사용 기술을 높이고 이 기법에 대한 내담자의 자신감을 증가시키기 위해 역할 연기 상황을 내담자에게 사용했다.

C. 내담자에게 공유 견제 기법을 사용하고 그 경험을 보고하겠다는 약속을 하도록 요구했다.

D. 내담자가 타인에 대한 점진적 신뢰 형성을 위한 공유 견제 기법을 사용하는 데 성공을 거두었다고 보고했고, 이것에 대한 이점을 짚고 넘어갔다.

44. 자아상 그리기 (44)

A. 내담자에게 자신을 어떻게 느끼고 있는지를 반영한 그림을 그리도록 지시했다.

B. 내담자가 자신을 어떻게 느끼고 있는지를 보여 주는 자세한 그림을 그렸고, 이 그림을 검토했다.

C. 내담자가 격려 속에서 추상적이고 간략한 자아상을 몇 개 그렸다.

D. 내담자가 기꺼이 자신이 그린 그림에 대해 이야기하고 자신에 대해 느끼는 감정을 인지했고 이런 점을 검토했다.

E. 내담자가 그림 그리는 것 같은 '어리석고 유치한 일'을 하지 않겠다고 거부했으나, 이런 기법이 지닌 이점을 내담자에게 상기시켰다.

45. 자기 얼굴 그리기 (45)

A. 내담자에게 학대(구타) 발생 전, 발생 중, 발생 후의 자기 얼굴을 그리도록 지시했다.

B. 내담자가 세 가지 얼굴을 자세히 그렸고, 그림을 설명하면서 자신이 경험했던 감정들을 점검했다.

C. 내담자가 학대 발생 전, 발생 중, 발생 후의 자기 얼굴을 그리는 것을 시도했으나 그리지 못했다. 그럼에도 이런 노력을 한 것에 대해 내담자를 지지해 주었다.

46. 아동중심 놀이치료 실시하기 (46)

A. 내담자의 학대 경험에 대한 공포, 죄책감, 비탄, 분노 해소를 위해 필요한 지지적 환경을 내담자에게

---

4) 역자 주 : 각 사람이 얼마나 믿을 만한지에 따라 그 사람에게 털어놓는 정보자료의 양을 달리하는 방법.

제공하기 위해 참신한 재미를 주는 아동중심 접근법과 무조건적 긍정적 존중을 내담자에게 시도했다.

B. 놀이치료 시간 동안 드러난 감정을 일관성 있게 내담자에게 반사시켜 주었다.

C. 내담자의 놀이 방향이 학대 경험과 관련된 공포와 분노를 없애는 것을 도와줄 것이라고 이것을 일관성 있게 믿을 것을 내담자에게 전달했다.

D. 내담자가 적극적으로 아동중심 놀이치료 시간에 참여한 것이 학대와 관련된 자신의 감정을 해소하기 시작하는 결과를 가져왔다.

보 충 자 료

"울음을 안 그쳐서" 8개월 아들 때려 숨지게 한 30대 냉정한 母情, 초등생 딸 양육 맡길 곳 찾는다며 열흘 넘게 시신 아파트 베란다에 방치

한 살 아들을 때려 숨지게 한 엄마가 열두 살 딸 맡길 곳을 찾는다며 아들 시신을 열흘 넘게 아파트 베란다에 버려 둔 것으로 드러났다. 아들은 헤어진 동거남과의 사이에서 낳았고 딸의 아빠와는 그전에 이혼했다.

인천지방경찰청은 16일 아동학대범죄의 처벌 등에 관한 특례법(아동학대치사 등) 위반 혐의로 홍 모 씨(39 · 여)에 대해 구속영장을 신청했다고 밝혔다.

경찰에 따르면 홍 씨는 2018년 1월 4일 오후 4시경 인천 남동구의 임대 아파트에서 낳은 지 8개월 된 아들 A 군 얼굴을 손으로 수차례 때려 숨지게 한 혐의다. 홍 씨는 아들의 시신을 이불로 감싸 여행용 가방에 담아 베란다에 방치한 혐의도 받고 있다.

홍 씨는 경찰에서 아들이 침대에서 떨어진 뒤 울음을 그치지 않아 몇 차례 때렸는데 깨어나지 못했다고 진술한 것으로 알려졌다. 홍 씨는 "몇 달 전에도 아들이 자꾸 울고 칭얼거려 때린 적이 있다"고 밝혔다고 한다.

또 아들 시신을 베란다에 둔 것은 자신이 경찰에 붙잡혀 구속되면 홀로 있게 될 초등학생 딸(12)을 돌보아 줄 곳을 알아보기 위해서였다고 진술했다. 어머니 홍 씨는 아들을 숨지게 한 사건에 대하여 지인과 상의를 했으며, 이 지인이 경찰에 그 사실을 신고했다. 경찰이 발견했을 때 이미 아들의 얼굴에는 멍 자국과 핏 자국이 뒤섞여 있었으며, 홍 씨 딸은 지역 내 아동보호전문기관에서 위탁보호를 받고 있었다(서울신문 2018. 1. 15.).

제28장 외상 후 스트레스 장애(PTSD)[1]

내담자 소개

1. 외상적 사건 (1)[2]

A. 내담자가 죽음의 위협에 노출되었던 외상적 사건에 대해 묘사했다.

B. 내담자가 자신 그리고/또는 타인들에게 중상을 입힌 외상적 사건에 대해 묘사했다.

C. 내담자가 신체적 그리고/또는 성적인 학대를 받았던 과거를 이야기했다.

D. 내담자가 경험했던 외상적 사건(들)에 대해 솔직했고 사건 이야기를 많이 했다.

E. 내담자가 경험했던 외상적 사건(들)에 대해 이야기하는 것을 조심스러워했고 사건에 대해 이야기하는 것을 꺼렸다.

2. 불쑥불쑥 떠오르는 괴로운 생각들 (2)

A. 내담자가 외상적 사건에 관해 괴로운 생각이나 이미지가 불쑥불쑥 떠오르는 일을 자주 경험한다고 보고했다.

B. 내담자가 외상적 사건의 고통스러운 이미지를 설명할 때 눈에 띄게 기분이 언짢았다.

C. 내담자가 최근에는 외상적 사건에 관해 불쑥불쑥 떠오르는 괴로운 생각이나 이미지를 전혀 경험하지 않았다고 부인했다.

D. 내담자가 외상적 사건에 대한 자신의 생각과 감정을 이겨 내기 시작하면서 내담자에게 괴로운 생각이나 이미지가 불쑥불쑥 떠오르는 빈도와 강도가 줄어들기 시작했다.

3. 끔찍한 꿈을 꿈 (3)

A. 내담자가 외상적 사고가 처음 일어난 이후 악몽이나 끔찍한 꿈을 자주 꾼다고 보고했다.

---

1) PTSD를 다룬 교재용 전공 양서들이 주로 성인/노인의 사례를 소개, 설명하고 있는 데 비해 이 책은 그 대상을 아동과 청소년에게 초점을 두고 다루는 것이 장점이다.

2) 괄호 안의 숫자들은 아동 심리치료 치료계획서(*The Child Psychotherapy Treatment Planner*), 제5판(Jongsma, Peterson, McInnis, Bruce 공저, 2014년, Hoboken, NJ : Wiley)에서 동일한 제목을 지닌 관련 장의 치료 중재의 숫자와 연결된다.

B. 내담자가 외상적 사건·사고와 관련된 끔찍한 꿈을 계속 꿔서 괴로워한다.

C. 내담자가 끔찍한 꿈을 꾸는 빈도가 경미한 감소를 보였다.

D. 내담자가 마지막 치료 시간 이후 외상적 사건에 대한 끔찍한 꿈을 꾸지 않았다.

4. 환각의 재현 현상, 환각 또는 착각 (4)

A. 내담자가 외상적 사건이 반복되는 환각의 재현 현상(플래시백)[3], 환각 또는 착각을 무수히 경험한다고 보고했다.

B. 내담자가 오늘 치료 시간에 외상적 사건에 대해 이야기를 나눌 때 환각의 재현 현상 또는 환각을 경험했다.

C. 내담자가 치료 시간을 생산적으로 활용함에 따라 내담자의 환각의 재현 현상, 환각 또는 착각의 빈도가 줄어들기 시작했다.

D. 내담자가 최근에는 환각의 재현 현상, 환각 또는 착각을 일절 경험하지 않았다고 부인했다.

5. 강한 정서적 고통 (5)

A. 내담자가 외상적 사건이 처음 일어난 이후 상당한 정서적인 고통과 혼란을 경험했다.

B. 내담자가 외상적 사건에 대해 이야기할 때 눈에 띄게 괴로워하고 속상해했다.

C. 외상적 사건에 대해 이야기할 때 느끼는 내담자의 정서적 고통의 강도가 줄어들기 시작했다.

D. 내담자가 상당한 정서적 고통을 보이지 않고도 외상적 사건에 대해 이야기할 수 있게 되었다.

6. 강한 생리학적 반응 (6)

A. 내담자가 외상적 사건이 떠오르면 강한 생리학적 반응(예 : 부들부들 떨거나 몸이 흔들림, 심장이 두근거림, 현기증, 호흡이 가쁨, 진땀을 흘림)을 자주 보인다고 보고했다.

B. 내담자가 오늘 치료 시간에 외상적 사건에 대해 이야기할 때 강한 생리학적 반응(예 : 부들부들 떨거나 몸이 흔들림, 호흡이 가쁨, 진땀을 흘림)을 보였다.

C. 외상적 사건에 대해 이야기를 나눌 때 내담자가 보이던 부정적인 생리학적인 반응들이 줄어들기 시작했다.

D. 내담자가 외상적 사건에 대해 이야기할 때 어떠한 생리학적 반응도 경험하지 않았다.

7. 외상적 사건·사고에 대한 대화 회피 (7)

A. 내담자가 외상적 사건·사고에 관한 대화를 회피했고 그것에 대해 생각하는 것 역시 회피하려고 한다.

B. 내담자가 외상과 관련된 감정을 회피하기 위한 시도로 외상에 대해 이야기하는 것에 저항했다.

C. 내담자가 외상적 사건에 대해 이야기하는 것을 거부한다고 부모가 보고했다.

D. 내담자가 외상이란 주제를 전반적으로 피하는 경향이 줄었고, 이에 대해 가볍게 이야기할 의향이 있다.

E. 내담자가 이제 감정에 압도될지도 모른다는 공포감 없이 외상에 대해 생각하고, 이야기하고, 감정을 경험할 수 있게 되었다.

8. 외상과 관련된 활동을 회피함 (8)

A. 내담자가 외상적 사건과 관련된 활동에 참여하거나 장소에 가거나 혹은 사건과 관련된 사람들과 상호

---

3) 역자 주 : 과거의 회상 장면으로의 전환(되돌림).

작용하는 것을 피해 왔다.

B. 내담자가 강한 감정에 사로잡힐까 봐 두려워서 외상적 사건이 떠오르는 활동, 장소, 사람들을 피한다고 인정했다.

C. 내담자가 감정에 압도되지 않고서도 외상적 사건을 떠오르게 하는 활동, 장소 또는 사람들과 만나는 것을 견뎌 내기 시작했다.

D. 내담자가 외상적 사건과 관련된 사람들 또는 장소를 피하지 않고 외상적 사건 발생 전 수준으로 심신의 기능을 되찾았다.

9. 제한적인 기억 (9)

A. 내담자가 외상적 사건의 몇몇 중요한 측면을 기억하지 못한다고 보고했다.

B. 내담자의 정서적 고통이 너무 커서 외상적 사건에 대해 자세하게 기억하지 못한다.

C. 내담자가 외상적 사건의 몇몇 중요한 사항들을 기억해 내기 시작했다.

D. 내담자가 외상적 사건의 중요한 측면 대부분을 기억해 냈다.

10. 흥미 결핍 (10)

A. 내담자가 외상적 사건 발생 전에 보통의 경우 즐거움을 느끼던 활동에 흥미를 거의 보이지 않는다.

B. 내담자가 외상적 사건 발생 이후 사회적 또는 방과 후 활동 참여를 크게 줄였다.

C. 내담자가 사람들과 어울리거나 방과 후 활동에 참여하는 데 흥미가 거의 혹은 전혀 없다고 언어로 표현했다.

D. 내담자가 사회적 또는 방과 후 활동에 더 많이 참여하기 시작했다.

E. 내담자가 규칙적이고 일관성 있게 사회적 또는 방과 후 활동에 참여했다.

11. 사회적 유리 (11)

A. 내담자가 외상적 사건이 처음 발생한 이후 점점 위축되었다.

B. 내담자가 오늘 치료 시간에 무관심하고 무심해 보였다.

C. 내담자가 좀 더 많은 동료들과 어울리기 시작했다.

D. 내담자가 좀 더 외향적으로 변했고 동료들과 정기적으로 일관성 있게 어울리기 시작했다.

12. 정서적으로 억눌림 (12)

A. 내담자가 외상적 사건 이후 전반적으로 정서 표현이 밋밋하고 억제되어 있는 것으로 나타났다.

B. 외상적 사건에 대해 이야기할 때 내담자의 정서가 밋밋하고(flat) 억제된 것으로 보였다.

C. 내담자가 감정 통제를 잃을 것에 대한 두려움 때문에 외상적인 사건과 관련된 더 깊은 감정들을 털어놓는 것을 꺼린다고 인정했다.

D. 내담자가 치료 시간에 외상적인 사건에 대해 좀 더 다양한 범주의 정서를 보이기 시작했다.

E. 내담자가 감정에 압도되지 않고 외상적인 사건에 대한 자신의 진솔한 감정을 표현할 수 있게 되었다.

13. 비관적 관점 (13)

A. 내담자가 미래에 대한 비관적 관점을 갖고 있으며 종종 무력감과 절망감에 압도되는 것을 느낀다.

B. 내담자가 오늘 치료 시간 동안 무력감과 절망감을 언어로 표현했다.

C. 내담자가 점차 미래에 대한 좀 더 밝은 관점을 갖기 시작했다.

D. 내담자가 오늘 치료 시간에 새롭게 품은 미래의 소망을 표현했다.

E. 내담자가 자기 자신을 주장하고 건강한 위험을 감수하려는 의지는 내담자의 소망 및 권능감이 반영된 것이다.

14. 수면장애 (14)

A. 내담자가 외상적 사건 경험 이후 수면 패턴에 큰 교란이 생겼다.

B. 내담자가 잠드는 것이 어렵다고 보고했다.

C. 내담자가 아침 일찍 잠을 자주 깬다고 보고했다.

D. 내담자가 요즘에는 잠을 좀 잘 잔다고 보고했다.

E. 내담자가 정상적인 수면 패턴으로 돌아왔다고 보고했다.

15. 과민성 (15)

A. 내담자가 외상 발생 이후 과민성과 변덕스러움(moodiness)을 보였다.

B. 내담자의 과민성 때문에 작은 일에도 언어적으로 화가 폭발하는 많은 일들이 일어났다.

C. 부모는 내담자가 사소한 자극에도 예민하게 반응한다고 보고했다.

D. 외상을 다루고 내재된 감정들을 해소하자 내담자의 민감성이 줄어들었다.

16. 주의집중 부족 (16)

A. 내담자가 학교 공부를 하거나 다른 과업을 수행할 때 주의집중을 유지하지 못한다.

B. 부모와 교사가 내담자가 외상적 사건 이후 주의집중력을 유지하는 데 어려움을 겪고 있다고 보고했다.

C. 내담자가 외상적 사건에 대한 환각의 재현 현상 때문에 자신의 주의집중력이 흩뜨려진다고 말했다.

D. 외상과 관련된 감정 문제가 해결되자 내담자의 주의집중력이 좋아지고 있다.

17. 과다 경계/불신 (17)

A. 내담자가 외상적 사건 때문에 타인에 대한 깊은 불신이 생겼다.

B. 내담자가 공공 장소에 나가면 혹시나 있을지도 모를 해나 위험성에 대한 두려움 때문에 과도하게 경계한다고 말했다.

C. 내담자가 오늘 치료 시간 동안 조심스럽고 불신에 가득 찬 것으로 보였다.

D. 내담자가 천천히 신뢰를 형성하기 시작했고 몇몇 개인들로부터 수용을 얻었다.

E. 내담자의 타인에 대한 신뢰 증가가 내담자의 기분을 안정시키는 데 도움이 되었고 외상적 사건에 대한 내담자의 생각, 감정 중 많은 부분을 이겨 내는 것을 허락했다.

18. 불안/두려움 (17)

A. 외상적 사건이 내담자의 높은 불안감과 두려움을 유발하는 주요 요소이다.

B. 외상적 사건에 대해 이야기할 때 내담자가 눈에 띄게 불안하고 두려워했다.

C. 내담자가 외상적 사건에 대해 이야기하자 내담자의 불안감과 두려움의 강도가 줄어들기 시작했다.

D. 내담자의 불안한 기분과 두려움의 빈도와 강도가 확연히 줄어들었다.

19. 과장된 놀람 반응 (18)

A. 내담자가 갑작스럽고 예상치 못한 자극에 노출되면 종종 과장된 놀람 반응을 보였다.

B. 내담자가 오늘 치료 시간에 과장된 놀람 반응을 보였다.

C. 내담자가 예상치 못한 자극에 노출되어도 쉽게 또는 과장되게 놀라지 않는다고 보고했다.

20. 1개월 이상 증상의 지속 (19)

A. 외상적 사건에 대한 반응으로 형성된 증상들이 내담자에게 한 달 이상 나타나고 있다.

B. 외상적 사건이 수개월 전에 발생했음에도 증상 유형이 지난 몇 주 전부터 나타났다.

C. 부모가 외상적 사건이 몇 개월 전에 발생한 이후 내담자의 증상이 갑작스럽게 나타난 것으로 보인다고 보고했다.

D. 치료가 시작된 이후 내담자의 증상이 점진적으로 완화되고 있다.

E. 내담자가 외상적 사건과 관련된 모든 증상이 사라졌다고 보고했다.

21. 죄책감 (20)

A. 내담자가 외상적 사건이 처음 발생한 이후 강한 죄책감에 시달렸다.

B. 내담자가 외상적 사건에서 살아남은 것, 사건을 일으킨 것 또는 그 사건을 막지 못한 것에 대한 죄책감을 표현했다.

C. 내담자가 외상적 사건에 대한 죄책감을 이겨 내고 해소하기 시작했다.

D. 내담자가 외상적 사건에 대한 어떠한 죄책감도 겪고 있지 않았다고 언어로 부인했다.

E. 내담자가 외상적 사건에 대한 죄책감을 성공적으로 해소했다.

22. 우울감 (20)

A. 내담자가 외상적 사건이 처음 발생한 이후 상당한 우울감(depression)과 불행감(unhappiness)을 경험했다고 보고했다.

B. 내담자가 외상적 사건에 대한 강한 슬픔과 상처의 감정을 표현했다.

C. 내담자가 외상적 사건에 대한 생각과 감정의 많은 부분을 이겨 냄에 따라 내담자의 우울감 정도가 감소하기 시작했다.

D. 내담자가 외상적 사건에 대해 이야기할 때 슬프거나 우울해 보이지 않았다.

E. 내담자의 우울한 기분의 빈도와 강도가 크게 줄었다.

23. 낮은 자존감 (20)

A. 외상적 사건 이후 내담자의 자존감이 크게 낮아졌다.

B. 내담자가 낮은 자존감, 부적합감, 불안정감을 언어로 표현했다.

C. 내담자가 자신의 자존감을 향상시키고 긍정적인 자아상을 발달시키기 위한 조치를 취하기 시작했다.

D. 내담자가 오늘 치료 시간에 긍정적인 자기 기술문을 언어로 표현했다.

E. 내담자가 외상적 사건을 둘러싼 자기 감정의 많은 부분을 극복했고 건강한 자아상을 발달시켰다.

24. 분노 폭발/공격성 (21)

A. 내담자가 격한 분노 폭발 또는 물리적 공격성을 보이는 패턴이 계속 나타난다고 묘사했다.

B. 내담자가 외상적 사건에 대한 강한 분노와 격분을 표현했다.

C. 내담자가 자신의 적대적 · 공격적 충동을 조절하려고 애썼다.

D. 내담자가 분노와 적개심을 전보다 훨씬 적게 보이면서 외상적 사건에 대해 이야기할 수 있게 되었다.

E. 내담자의 분노 폭발과 공격 행동의 빈도와 정도가 크게 줄었다.

중재 실행

1. 치료적 신뢰 쌓기 (1)[4]

A. 오늘 치료 시간의 초점은 지속적인 눈 맞추기, 적극적 경청, 무조건적인 긍정적 존중, 따뜻한 수용 방법의 사용을 통해 내담자와 신뢰를 쌓는 것에 두었다.

B. 내담자가 외상적 사건과 관련된 감정을 인지하고 표현하는 능력을 향상시키도록 돕기 위해 내담자에게 무조건적인 긍정적 존중과 따뜻한 수용을 해 주었다.

C. 치료 시간이 내담자와 신뢰 수준을 형성하는 데 도움이 되었다.

D. 내담자가 외상적 사건에 대해 이야기하는 것을 여전히 조심스러워함에 따라 치료 시간이 내담자와 신뢰를 형성하는 것에 유용하지 못한 것으로 나타났다.

2. 불안 증상의 본질을 평가하기 (2)

A. 내담자에게 불안 증상, 두려움, 회피의 빈도, 정도, 지속 시간과 내력에 대해 물어보았다.

B. '아동을 위한 불안장애 면담 스케줄－부모용' 혹은 '아동용'(Silverman & Albano)을 사용해서 내담자의 불안 증상을 평가했다.

C. 외상 후 스트레스 장애 증상에 대한 이해를 위해 **아동 심리치료 과제계획서**(Jongsma, Peterson, & McInnis)의 'PTSD[5] 사건 보고서(PTSD Incident Report)' 연습과 **청소년 심리치료 과제계획서**(Jongsma, Peterson, & McInnis)의 '당신의 PTSD 증상 설명하기(Describe Your PTSD Symptoms)'를 연습할 것을 지시했다.

D. 내담자의 불안 증상 평가 결과 내담자의 증상이 심하고 생활을 심각하게 방해하는 것으로 나타났다.

E. 내담자의 불안 증상 평가 결과 이런 증상들이 중간 정도이고 이따금씩 내담자의 일상 기능을 방해하는 것으로 나타났다.

F. 내담자의 불안 증상 평가 결과 이런 증상들이 경미하고 일상 기능을 거의 방해하지 않는 것으로 나타났다.

G. 내담자의 불안 증상 평가 결과를 내담자와 함께 검토했다.

3. 심리검사를 실시하기 (3)

A. PTSD 증상의 존재와 강도를 평가하기 위해 심리검사를 활용했다.

B. 내담자는 '어린이 PTSD 증상 척도(CPSS)'(Foa et al.)를 관리받았다.

---

4) 괄호 안의 숫자들은 **아동 심리치료 치료계획서**(*The Child Psychotherapy Treatment Planner*), 제5판(Jongsma, Peterson, McInnis, Bruce 공저, 2014년, Hoboken, NJ : Wiley)에서 동일한 제목을 지닌 관련 장의 치료 중재의 숫자와 연결된다.

5) PTSD(Posttraumatic Stress Disorder)

C. 내담자는 '아동 외상 후 스트레스 반응 지수(CPTS-RI)'(Frederick et al.)를 관리받았다.

D. 내담자에게 '임상가용 아동 및 청소년을 위한 PTSD 척도(CAPS-C)'(Nader et al.)를 사용했다.

E. 심리검사 결과 내담자의 PTSD 증상이 심하고 생활을 심각하게 방해하는 것으로 나타났다.

F. 심리검사 결과 내담자의 PTSD 증상이 중간 정도이고 이따금씩 생활을 심각하게 방해하는 것으로 나타났다.

G. 심리검사 결과 내담자의 PTSD 증상이 경미하고 생활을 거의 방해하지 않는 것으로 나타났다.

H. 내담자가 심리검사를 완료하는 것을 거부했으며, 이로 인해 치료의 초점이 바뀌었다.

4. 외상적 사건 관련 사실을 살펴보기 (4)

A. 내담자에게 외상적 사건의 전체 이야기를 해 보라고 부드럽게 권유했다.

B. 내담자가 외상적 사건에 대해 기억하는 것을 털어놓을 기회를 제공했다.

C. 오늘 치료 시간에 외상적 사건 발생 전, 발생 중, 발생 후의 사건들을 순서대로 살펴보았다.

D. 청소년 심리치료 과제계획서(Jongsma, Peterson, & McInnis)에 나오는 '외상과 그에 대한 자기 감정 설명하기(Describe the Trauma and Your Feelings)' 연습을 사용해 외상적 사건에 관한 사실과 느낌을 기억해 내도록 도왔다.

E. 격려에도 불구하고 내담자가 외상적 사건에 관한 정보자료를 공개하는 것을 어려워했다.

5. 우울증/자살 가능성을 평가하기 (5)

A. 내담자의 우울증을 평가했다.

B. 내담자의 자살 가능성을 평가했다.

C. 내담자의 우울증 및 자살 가능성 정도에 맞는 적절한 치료의 필요성이 제기됐다.

D. 내담자의 높은 우울증 및 자살 가능성에 따른 적절한 사전 안전 조치를 취했다

E. 내담자가 매우 낮은 정도의 우울증을 갖고 있고 자살 가능성이 별로 높지 않다고 판단했다.

6. 통찰력 수준의 평가 (6)

A. 내담자는 보이는 문제들을 향한 통찰 수준으로 평가되었다.

B. 내담자는 보이는 문제들에 관하여 그의 통찰의 동조적인 본성 대 이질적인 본성에 따라 평가되었다.

C. 내담자는 행동과 증상에서 문제가 되는 본성에 대한 좋은 통찰을 하도록 보여 주었다.

D. 내담자가 다른 사람들의 우려에 동의하는 것이 목격되어 변화에 힘쓰도록 동기유발되었다.

E. 내담자는 묘사된 문제에 대해 양면성이 있음이 드러났고 그 문제들을 우려사항으로 보는 것을 꺼렸다.

F. 내담자는 문제 영역의 인식에 관해 저항적인 것으로 나타났고, 걱정하지 않았으며, 변화에 대한 동기가 없었다.

7. 관련 장애의 평가 (7)

A. 내담자는 연구 기반의 관련 장애들의 증거에 의해 평가되었다.

B. 내담자는 자살에 대한 취약성 수준으로 평가되었다.

C. 내담자는 동반장애를 가진 것으로 확인되었고, 치료는 이를 처리할 수 있도록 조정되었다.

D. 내담자는 또 다른 관련 장애가 있는지 평가되었지만 아무것도 발견되지 않았다.

8. 문화적으로 혼란스러운 문제에 대한 평가 (8)

A. 내담자는 그의 임상 행동을 더 잘 이해하도록 도울 수 있는 나이 관련 쟁점으로 평가되었다.

B. 내담자는 그의 임상 행동을 더 잘 이해하도록 도울 수 있는 성별 관련 쟁점으로 평가되었다.

C. 내담자는 그의 임상 행동을 더 잘 이해하도록 도울 수 있는 문화의 증후군, 고통의 문화적 관용구, 혹은 문화적으로 감지된 사건으로 평가되었다.

D. 다른 요인들이 내담자의 현재 정의된 '문제 행동'에 기여할 것이라고 확인되었고 이 요인들은 그의 치료에 반영되었다.

E. 내담자의 현재 정의된 '문제 행동'을 설명할 수 있는 문화적 기반 요인들은 조사되었지만 중대한 요인은 발견되지 않았다.

9. 장애의 심각성 평가 (9)

A. 내담자의 장애의 심각성은 보호의 적절한 정도를 결정하기 위해서 판단되었다.

B. 내담자는 사회적·관계적·교육적인 노력에서의 손상 정도로 평가되었다.

C. 내담자는 그의 장애가 자신의 기능에 가볍거나 중간 정도의 영향을 끼친다는 것을 알았다.

D. 내담자는 그의 장애가 자신의 기능에 심각하거나 더 심각한 영향을 끼친다는 것을 알았다.

E. 내담자의 치료의 효율성과 적절성, 그리고 장애의 심각성은 꾸준히 평가되었다.

10. 병원의 돌봄 평가 (10)

A. 병원의 돌봄과 관심으로 내담자의 집, 학교, 지역사회가 평가되었다.

B. 내담자의 다양한 환경은 아동의 욕구에 지속적인 무관심, 돌보는 사람의 잦은 변화, 안정적 애착의 제한된 기회, 가혹한 훈육 혹은 다른 심각한 부적절한 돌봄이 있었는지 평가되었다.

C. 병원의 돌봄이 확인되었고 치료계획에 이러한 우려를 관리하고 바로잡는 것과 아동을 보호하는 전략이 포함되었다.

D. 어떠한 병원의 돌봄도 확인되지 않았고, 이것은 내담자와 돌보는 사람에게 반영되었다.

11. 약물치료를 위한 검사를 권유하기 (11)

A. 내담자가 기분을 안정시키고 화난 감정의 강도를 줄이는 데 도움을 주기 위해 내담자에게 약물치료를 받아 보도록 권유했다.

B. 내담자와 부모가 약물치료를 받겠다고 동의했다.

C. 내담자가 자신의 기분을 안정시키고 정서적 고통을 줄이는 보조 수단으로 약물을 처방받는 것에 강하게 반대했다.

12. 약물 효과를 모니터링하기 (12)

A. 내담자의 약물 반응에 대해 오늘 치료 시간에 논의했다.

B. 약물 복용이 내담자의 기분을 안정시키고 화난 감정의 강도를 감소시키는 데 도움이 된 것으로 나타났다.

C. 내담자가 약물을 복용한 이후에도 기분 혹은 분노 조절에 거의 또는 전혀 개선이 없는 것으로 나타났다.

D. 내담자가 약물을 처방받은 대로 일관성 있게 복용한 것을 강화해 주었다.

E. 내담자가 약물을 처방받은 대로 복용하는 데 실패했고, 그렇게 하도록 다시 지도했다.

13. 외상 집중 CBT 시행하기 (13)

A. 개별 회기는 외상 집중 인지-행동 치료 접근 방식과 일치하여 실시되었다.

B. 그룹 회기는 외상 집중 인지-행동 치료 접근 방식과 일치하여 실시되었다.

C. 필요에 따라 부모는 외상 집중 인지-행동 치료에 참여했다.

14. PTSD 증상에 관해서 논의하기 (14)

A. 외상에 노출된 뒤 PTSD가 발생하는 과정 그리고 불쑥 떠오르는 외상의 기억들, 근거 없는 공포심, 불안감, 나른 부정석인 성서에 대한 취약성 등 PTSD가 유발하는 것에 대한 논의를 벌였다.

B. 내담자에게 PTSD 증상의 발생 및 이것이 개인에게 영향을 끼치는 방식에 대한 구체적인 예를 제시했다.

C. 내담자가 PTSD의 역학에 대한 명확한 이해를 보였고 이 점에 대해 긍정적 다시 챙겨주기를 받았다.

D. 내담자가 PTSD의 역학을 이해하는 데 어려움을 겪었고 이 점에 대해 교정적 다시 챙겨주기를 받았다.

15. 불안에 관한 책 읽기를 지시하기 (15)

A. 부모에게 PTSD에 관한 서적에서 심리교육학 관련 장 혹은 치료 설명서를 읽도록 지시했다.

B. 부모가 PTSD에 관한 독서 과제를 읽었고, 핵심 내용을 다시 짚고 넘어갔다.

C. 부모가 PTSD에 관한 독서 과제를 읽지 않았으나 이것을 읽어 보도록 다시 지시했다.

16. 치료의 이론적 근거를 논의하기 (16)

A. 내담자에게 PTSD 치료 배후에 관한 전반적인 이론적 근거에 대해 가르쳐 주었다.

B. 내담자에게 PTSD 치료의 합당한 목적이 무엇인지 파악하도록 지시했다.

C. 내담자에게 대처 전략, 인지 재구조화, 노출 기법을 가르쳐 주었다.

D. 내담자가 자신감을 형성하고 공포에 대한 민감도를 줄이고 이를 극복하면서 자신과 다른 사람들, 세상을 덜 두려워하는 그리고/또는 덜 우울한 태도로 대하는 것에 도움이 되는 기법을 배웠다.

E. 내담자가 PTSD 치료의 이론적 근거에 대해 명확한 이해를 보인 것에 대해 강화해 주었다.

F. 내담자가 PTSD 치료의 이론적 근거를 이해하는 데 어려움을 겪었고 이런 면에 대해 추가적인 다시 챙겨주기를 제공했다.

17. PTSD에 관한 서면 정보자료 읽기를 지시하기 (17)

A. 부모에게 PTSD 서적이나 치료 설명서에 나오는 스트레스 면역(stress inoculation)[6], 인지 재구조화 그리고/또는 노출에 기반한 치료법을 읽어 보도록 지시했다.

B. 부모는 PTSD에 대한 장기간 노출 요법-10대 워크북(*Prolonged Exposure Therapy for PTSD−Teen Workbook*)(Chrestman et al.)의 특정 장을 할당받았다.

C. 부모는 좋은 생각-좋은 감정 : 어린이를 위한 인지 행동 치료 워크북(*Think Good-Feel Good : A Cognitive Behaviour Therapy Workbook for Children*)(Stallard)의 특정 장을 할당받았다.

D. 부모는 어린이를 위한 이완과 스트레스 감소 워크북(Shapiro & Sprague)의 특정 장을 할당받았다.

E. 내담자에게 PTSD에 관한 지정 읽기 자료를 읽도록 지시했으며, 핵심 개념을 검토했다.

---

6) 역자 주 : 사람들이 만약 자신이 하고 있는 활동이 무엇인지 그리고 왜 이런 일이 일어나는지를 바로 알 수만 있다면 그들은 보다 건강한 생활양식을 향해서 움직이려고 동기화될 것이라는 전제하에서 행해지는 스트레스 대처 · 관리 기법의 하나.

F. 부모가 PTSD에 관한 지정 읽기 자료를 읽지 않았으나, 이것을 읽어 보도록 다시 지시했다.

18. 부모 관리 교육 사용하기 (18)

A. Patterson과 Forgatch에 의해 개발된 '부모 관리 교육'이 사용되었다.

B. 부모는 부모-자식 행동의 상호작용은 긍정 또는 부정적 행동을 장려 또는 억제할 수 있음을 배웠다.

C. 부모는 부모-자녀 상호작용의 핵심 요소를 변경하는 것은 긍정적인 변화를 촉진하기 위해 사용될 수 있다는 것을 배웠다.

D. 부모는 긍정적 행동을 시도하고 강화하는 것이 어떻게 긍정적 변화를 촉진할 수 있는지에 대한 특정한 예시를 제공받았다.

E. 부모는 '부모 관리 교육' 접근법의 사용에 대한 긍정적인 다시 챙겨주기를 제공받았다.

F. 부모는 '부모 관리 교육' 접근법을 사용하지 않았고 그렇게 하도록 재지시되었다.

19. 부모교육 자료 읽기 (19)

A. 부모는 파괴적인 행동을 관리하는 부모교육 방법과 일치하는 자료를 읽도록 요청되었다.

B. 부모는 반항하는 아이를 양육하는 Kazdin의 방법(Kazdin)을 읽도록 할당받았다.

C. 부모는 변화를 통한 양육(Forgatch)을 읽도록 할당받았다.

D. 부모는 Patterson의 자녀와 함께 살기를 읽도록 할당받았다.

E. 부모는 할당된 자료를 읽었고 주요 개념이 처리되었다.

F. 부모는 할당된 자료를 읽지 않았고 그렇게 하도록 재지시되었다.

20. 상황 측면을 정의하도록 부모를 가르치기 (20)

A. 부모는 문제 행동을 어떻게 구체적으로 정의하고 식별하는가에 대해 배웠다.

B. 부모는 행동에 대해 구체적으로 어떻게 자신의 반응을 확인하는지와 반응이 행동을 장려 또는 지양시키는지의 여부를 결정하는지에 대해 배웠다.

C. 부모는 문제 행동에 대한 대안을 생성하는 것을 배웠다.

D. 부모에게 문제 행동, 반응, 결과 및 대안을 구체적으로 정의하고 식별하는 그들의 능력에 관해 긍적적인 되짚어 주기를 제공하였다.

E. 부모는 문제 행동, 반응, 응답 및 대안을 올바르게 식별하기 위해 애씀에 따른 치료 다시 챙겨주기를 제공받았다.

21. 일관된 양육법 가르치기 (21)

A. 부모는 일관된 기준으로 핵심 양육 실제를 구현하는 방법을 배웠다.

B. 부모는 허용하고 받아들일 수 없는 행동에 대한 현실적이고 나이에 맞는 역할을 만드는 법에 대해 배웠다.

C. 부모는 긍정적인 행동을 자극하고 긍정적인 강화를 사용하는 방법에 대해 배웠다.

D. 부모는 시간 제한 및 문제 행동에 대한 다른 특권의 상실 기술뿐만 아니라 명확하고 직접적인 지시에 대해 배웠다.

E. 부모가 일관성 있는 양육 방법을 개발할 수 있게 됨에 따라 긍정적인 다시 챙겨주기를 제공받았다.

F. 부모는 일관성 있는 양육 방법을 개발하지 않았고, 그들은 그렇게 하도록 재지시되었다.

22. 양육 기술 구현을 위한 가정에서의 연습 할당하기 (22)

A. 부모는 자녀 양육 기술을 구현하고 구현 연습의 결과를 기록하는 가정에서의 연습을 할당받았다.

B. 부모는 **청소년 심리치료 과제계획서**(Jongsma, Peterson, & McInnis)의 '명확한 규칙, 긍정적 강화, 적절한 처벌'을 읽도록 할당받았다.

C. 숙제 연습에 대한 부모의 구현은 회기 내에서 검토되었다.

D. 교정 다시 챙겨주기는 기술의 향상되고 적절하고 일관된 사용을 개발하는 데 도움이 되었다.

E. 부모는 할당된 숙제를 완료하지 않았고 그렇게 하도록 재지시받았다.

23. 증상 관리 기술 가르치기 (23)

A. 내담자가 치료를 진행하는 데 필요한 기술을 배우면서 친화적 관계가 형성되었다.

B. 내담자는 감정의 확인, 표시 및 관리 등의 기술을 배웠다.

C. 내담자는 감정 표시, 진정 기술 및 대처 기술 등의 감정 조절 기술을 배웠다.

D. 내담자는 스트레스 관리 능력에 대한 명확한 이해를 위해 강화되었다.

E. 내담자는 이완, 호흡 조절, 자기 말하기 관리, 내재적 모델링 및 기타 감정 조절 기술에 대한 추가적인 예시를 제공받았다.

F. 역할 연기는 내담자가 관련 기술을 효과적으로 사용하는 것을 지원하는 데 사용되었다.

24. 대인 간 기술 가르치기 (24)

A. 내담자는 독단적 의사소통, 문제 해결 및 갈등 해결과 같은 대인 간 기술을 배웠다.

B. 내담자는 부정적인 영향을 주는 개발 역량을 재개하는 데 집중하고, 대인 간 갈등을 완화하고 관리하는 기술을 사용할 것을 요구받았다.

C. 행동 기술 훈련 방법은 대인 관계에서 기술을 지시하고 모델링하고 연습하고 발전시키기 위해 사용되었다.

D. 강화와 지원된 교정적 되짚어 주기는 대인 간 기술의 사용을 개선 및 통합하도록 사용되었다.

25. 왜곡된 생각을 파악하기 (25)

A. 내담자가 불안 반응을 매개하는 왜곡된 도식과 관련 자동적 사고를 인지하는 데 도움을 주었다.

B. 내담자에게 왜곡된 생각이 정서적 반응을 유발하는 역할을 한다는 점을 가르쳐 주었다.

C. 내담자는 **아동 심리치료 과제계획서**(Jongsma, Peterson, & McInnis)의 '긍정적인 자기 말하기로 부정적인 생각 바꾸기' 활동을 할당받았다.

D. 내담자가 인지적 신념과 자신의 불안 반응을 매개하는 인지적 메시지에 대한 이해를 언어로 표현한 것에 대해 강화해 주었다.

E. 내담자가 왜곡된 메시지를 긍정적이고 현실적인 인지로 대체하도록 도움을 주었다.

F. 내담자가 자신의 왜곡된 생각과 인지를 파악하는 데 실패했고, 이것에 대한 대략적인 예를 내담자에게 제공했다.

26. 자기 대화 숙제 내주기 (26)

A. 내담자에게 두려움에 찬 자기 대화를 파악하고 현실에 근거한 대안을 만드는 숙제 연습을 내주었다.

B. 내담자가 자기 대화 및 현실에 근거한 대안 만들기 관련 숙제를 마쳤고, 숙제를 성공적으로 끝낸 내담

자에게 긍정적 강화를 해 주었다.

C. 내담자가 자기 대화 및 현실에 근거한 대안 만들기 숙제를 마쳤으나 자기 대화를 제대로 인지하지 못하고 이를 현실에 근거한 대안으로 대체하지 못했다. 이에 대해 교정적 다시 챙겨주기를 제공했다.

D. 내담자가 두려움에 찬 자기 대화와 현실에 근거한 대안 찾기 관련 숙제를 하려고 시도하지 않았고, 이 숙제를 하도록 다시 지시했다.

27. 불안 자극 위계를 구성하기 (27)

A. 내담자가 외상적 사건에 대해 기술하는 이야기를 만드는 데 도움을 주었다.

B. 내담자가 외상 이야기와 관련된 불안 유발 상황의 위계를 구성하는 데 도움을 주었다.

C. 상상 노출을 발달시키도록 도움을 주기 위해 **아동 심리치료 과제계획서**(Jongsma, Peterson, & McInnis)에 나오는 '나의 불안 유발 요인을 찾아내기(Finding My Triggers)' 연습을 하도록 내담자에게 지시했다.

D. 내담자의 불안 유발 요소들이 여전히 꽤 모호하기 때문에 내담자가 자극 상황 위계를 구성하는 것이 어려웠다.

E. 내담자가 성공적으로 특정 자극 상황에 대한 분명한 위계를 설정했고, 이 위계를 검토했다.

F. 내담자에게 상상 노출에 사용할 좀 더 자세한 외상 이야기를 구성하도록 지시했다.

28. 상상 노출을 이용하기 (28)

A. 내담자에게 외상적 사건을 점점 더 자세하게 설명하되, 자세한 정도는 내담자가 결정하도록 했다.

B. 내담자에게 외상적 사건과 관련된 불안감이 줄어들고 안정될 때까지 자신이 고른 자세한 정도로 외상적 경험에 대해 계속 설명하도록 지시했다.

C. 내담자에게 치료 시간에 녹음한 것을 주어 치료 시간과 치료 시간 사이사이에 듣도록 지시했다.

D. 내담자에게 **아동 외상 후 스트레스 장애를 위한 인지행동치료**(*Cognitive Behavioral Treatment for Pediatric Posttraumatic Stress Disorder*)(Amaya-Jackson et al.)에 설명된 대로 상상 노출을 실시하도록 지시했다.

E. 내담자가 상상 노출에서 진전을 거둔 것에 대해 강화를 해 주었다.

F. 상상 노출의 장애물 문제를 해결하도록 내담자에게 도움을 주었다.

29. 노출에 관한 숙제를 내주기 (29)

A. 내담자에게 자신이 두려워하는 자극에 자신을 노출시키고 그 경험을 기록하는 숙제를 내주었다.

B. 내담자의 노출 기법 사용을 검토하고 강화했다.

C. 내담자가 노출 기법을 실행하는 데 어려움을 겪었고 내담자에게 교정적 되짚어 주기를 제공했다.

D. 내담자가 노출 기법 사용을 시도하지 않아서 이를 시도하도록 다시 지시했다.

30. 외상 슬픔의 평가 (30)

A. 외상으로 인한 슬픔의 정도가 외상의 결과라는 것이 평가되었다.

B. 내담자는 외상 슬픔을 표현하도록 도움을 받았고, 이를 받아들이고 해결하기 위해 노력했다.

31. 사고중지 기법을 가르치기 (31)

A. 내담자에게 사고중지 기법을 가르쳐 주었다.

B. 내담자에게 원하지 않는 외상 기억 또는 원치 않는 부정적인 생각이 떠오를 때 즉시 속으로 '멈춰'라고

외치도록 가르쳐 주었다.

C. 내담자에게 원하지 않는 외상 기억 또는 원치 않는 부정적인 생각이 떠오를 때 즉시 정지의 개념을 대표하는 것(예 : 빨간 신호등)을 상상하도록 지시했다.

D. 내담자가 자신의 사고중지 기법 사용을 검토하는 데 도움을 주었고 이 기법을 적절히 사용한 것에 대해 내담자에게 긍정적 되짚어 주기를 제공했다.

E. 내담자가 사고중지 기법 사용을 익히지 못했기 때문에 내담자에게 다시 지도해 주었다.

32. 실수와 재발에 대해 논의하기 (32)

A. 내담자가 실수와 재발을 구별하는 데 도움을 주었다.

B. 실수는 증상, 공포 또는 회피하고 싶은 충동이 처음으로 한 번 되돌아오는 것과 관련이 있다.

C. 재발은 두렵고 피하고 싶은 행동 패턴으로 돌아가겠다는 결정을 수반한다.

D. 내담자가 실수와 재발 사이의 차이점을 이해했으므로 내담자에게 지지와 격려를 제공했다.

33. 실수 상황을 파악하고 그에 대한 대응 시연하기 (33)

A. 내담자에게 미래에 어떤 상황이나 환경에서 실수가 발생할 수 있는지를 파악하도록 지시했다.

B. 내담자에게 잠재적인 실수 상황을 관리하는 시연을 해 보도록 지시했다.

C. 내담자가 잠재적 실수 상황에 어떻게 대처해야 하는지를 인지하고 시연을 보인 것에 대해 강화해 주었다.

D. 내담자에게 잠재적 실수 상황을 가장 잘 벗어나는 법에 대한 유용한 되짚어 주기를 제공했다.

E. 내담자가 잠재적 실수 상황을 파악하거나 그런 상황을 관리하는 법을 시연하는 것을 거부했고 이런 저항을 재조정했다.

34. 치료 전략 사용을 격려하기 (34)

A. 내담자에게 치료 시간에 연습한 전략을 주기적으로 사용하도록 격려했다.

B. 내담자에게 사회적 상호작용과 관계를 형성할 때 인지 재구조화, 사회적 기술, 노출 기법을 사용하도록 독려했다.

C. 내담자가 사회적 상호작용과 관계 속에서 치료 기법을 정기적으로 사용한 것에 대해 강화해 주었다.

D. 내담자가 사회적 상호작용과 사회적 관계 형성을 돕기 위해 치료 기법을 사용한 많은 상황을 인지하지 못했고, 이런 상황들을 찾아보도록 내담자에게 다시 지시했다.

35. 대처 카드 만들기 (35)

A. 내담자에게 특정 대처 전략이 기입된 대처 카드를 주었다.

B. 내담자가 자신에게 유용한 대처 전략을 열거할 수 있도록 자신의 대처 카드를 만드는 것을 도와주었다.

C. 내담자가 불안을 유발하는 상황으로 어려움을 겪을 경우 자신의 대처 카드를 사용하도록 격려했다.

36. 치료에 가족을 참여시키기 (36)

A. 가족 구성원들에게 내담자의 발달 과정에 맞는 치료 목표를 가르쳐 주었다.

B. 가족 구성원들에게 내담자가 공포에 직면했을 때 어떻게 지지해 주는지를 가르쳐 주었다.

C. 가족 구성원들이 내담자의 공포와 회피 강화를 막는 법을 이해하도록 도움을 주었다.

D. 가족이 내담자의 증상 유형에 맞춰 내담자와 상호작용하는 것에 대해 격려와 지지, 방향 재설정을 해 주었다.

E. 가족 구성원들이 내담자의 치료에 참여한 것에 대해 긍정적인 되짚어 주기를 제공했다.

37. 가족 구성원들의 감정 조절을 도와주기 (37)

A. 내담자의 외상 경험에 대해 가족이 느끼는 어려운 감정을 가족 구성원들이 인지하도록 도움을 주었다.

B. 가족 구성원들이 내담자의 외상 경험에 대한 자신들의 고통스러운 감정적 반응을 조절하도록 도움을 주었다.

C. 가족 구성원들이 내담자의 외상에 대한 자신들의 감정적 반응을 조절함에 따라 내담자의 긍정적인 행동 변화를 더욱 지지해 줄 수 있게 되었다.

D. 가족 구성원들이 자신들의 감정 조절에 어려움을 겪음에 따라 그들에게 교정적 되짚어 주기를 제공했다.

38. 기술과 칭찬 모델링 격려하기 (38)

A. 가족 구성원들에게 그들이 배운 건설적 기술을 내담자에게 모델로 제시해 내담자의 긍정적인 행동 변화를 도와주도록 격려했다.

B. 가족 구성원들에게 내담자가 치료 기술을 사용할 때 내담자를 칭찬하도록 격려했다.

C. 가족 구성원들이 진정 기법 사용을 시범 보이고 이를 사용한 것에 대해 칭찬해 준 것으로 나타났다.

D. 가족 구성원들이 인지 재구조화 사용법을 시범 보이고, 내담자의 인지 재구조화 사용을 칭찬해 준 것에 대해 강화해 주었다.

E. 가족 구성원들이 비현실적인 공포를 회피하지 않는 방법을 계속 시범 보이고 이를 사용할 때 칭찬해 주도록 가족 구성원들을 격려했다.

F. 가족 구성원들이 치료 기술을 시범 보이지 않았고 치료 대상자의 이런 기술 사용을 칭찬해 주지 않았으나, 이를 실시하도록 가족 구성원들에게 다시 지시했다.

39. 공유된 치료 활동 검토하기 (39)

A. 결합 회기는 내담자와 부모가 공유 치료 활동을 검토하여 주도되었다.

B. 열린 대화는 관련된 치료 활동에 대하여 내담자와 부모 사이에서 촉진되었다.

C. 내담자는 자신의 발전을 위해 긍정적으로 강화되었다.

D. 모델링은 내담자를 위한 발전을 긍정적으로 강화하는 방법으로서 부모에게 소개되었다.

40. EMDR을 활용하기 (40)

A. 외상적 사건에 대한 내담자의 정서 반응성을 줄이기 위해 안구운동 민감성 소실 및 재처리 요법(EMDR)을 사용했다.

B. 외상적 사건에 대한 내담자의 정서 반응을 감소시키는 데 도움을 주기 위해 아이의 눈으로 : 아동에게 EMDR 실시하기(*Through the Eyes of a Child : EMDR with Children*)(Tinker & Wilson)에 나오는 EMDR 기법을 사용했다.

41. 신체적 운동을 하도록 권장하기 (41)

A. 내담자에게 규칙적인 운동을 하는 것에 대해 의사와 상의하도록 격려했다.

B. 내담자에게 적절한 운동 처방을 위해 헬스 트레이너를 만나 보도록 지시했다.

C. 건강을 유지하고 스트레스를 줄이기 위해 규칙적인 운동을 하도록 내담자를 격려했다.

D. 내담자가 규칙적인 운동을 한 것에 대해 강화해 주었다.

E. 내담자가 규칙적인 운동을 하지 않았고 운동을 하도록 다시 지시했다.

42. 아동중심 놀이치료를 사용하기 (42)

A. 내담자에게 외상적 사건을 둘러싼 자신의 감정을 인지하고 표현할 기회를 주기 위해 아동중심 놀이치료를 실시했다.

B. 내담자가 외상적 사건을 둘러싼 자신의 감정을 인지하고 표현하는 것을 돕기 위해 내담자에게 무조건적 긍정적인 존중과 따뜻한 수용을 제공했다.

C. 내담자의 놀이에서 나타난 감정을 도덕적 판단을 하지 않은 채 내담자에게 다시 들려주었다.

D. 아동중심 놀이치료 시간이 내담자가 외상적 사건을 통해 성장하고 사건과 관련된 고통에 대처하는 역량을 강화해 주었다.

E. 놀이치료 시간이 내담자가 외상적 사건을 둘러싼 자신의 고통스런 감정의 많은 부분을 이겨 내고 해소할 수 있도록 도움을 주었다.

43. 정신분석학적 놀이치료 활용하기 (43)

A. 내담자가 외상적인 사건과 관련된 자신의 감정을 표현하고 이겨 낼 수 있는 기회를 내담자에게 주기 위해 정신분석학적 놀이치료가 실시됐다.

B. 정신분석학적 놀이치료 회기에서 내담자가 주도권을 갖고 외상적인 사건과 관련된 자신의 고통스러운 감정을 살펴보는 것을 시작하도록 허용했다.

C. 내담자의 놀이가 외상적인 사건에 대한 내담자의 분노, 상처, 슬픔을 반영하는 것으로 드러났다.

D. 오늘 치료 시간에 실시한 내담자의 놀이가 외상적인 사건 동안 내담자가 경험했던 공포와 취약성을 반영하는 것으로 해석됐다.

E. 놀이에 나타난 내담자의 감정을 해석했고 외상적인 사건과 관련된 내담자의 감정과 연계시켰다.

44. 서로 이야기하기 기법을 사용하기 (44)

A. 손인형, 인형, 봉제 동물인형을 사용한 상호 이야기하기 기법을 도입해 내담자가 과거의 외상적 사건에 관한 자신의 감정을 인지하고 이겨 내는 데 도움을 주었다.

B. 서로 이야기하기 기법을 사용해 치료사는 내담자가 자기 자신을 보호하고 힘을 얻는 데 사용할 수 있는 건설적인 강점을 시범 보이는 이야기를 창조했다.

C. 내담자가 손인형, 인형, 봉제 동물인형을 사용해 외상적 사건에 관한 자신의 감정을 반영하는 것으로 해석되는 이야기를 만들었다.

D. 내담자가 치료사의 이야기와 비슷하게 자신을 보호하고 자신도 할 수 있다고 느낄 수 있는 방법을 반영하는 이야기를 만들었다.

E. 상호 이야기하기 기법은 내담자가 과거의 외상적 사건에 대한 감정을 표현하는 것뿐만 아니라 어떻게

자신을 보호하고 자신도 할 수 있다고 느끼는 유용한 방법이었다.

45. 미술치료를 활용하기 (45)

A. 내담자에게 여러 가지 미술 재료를 주고 과거의 외상에 대한 자신의 기분을 보여 주는 그림을 그리거나 칠해 보도록 지시했다.

B. 내담자의 미술작품이 과거의 외상적 사건에 대한 자신의 분노를 반영하는 것으로 나타났다.

C. 내담자의 미술작품이 외상적 사건 동안 내담자가 경험한 공포, 불안, 무력감을 반영하는 것으로 나타났다.

D. 내담자의 그림이 과거의 외상적 사건에 대한 내담자의 슬픔과 상처를 반영하는 것으로 나타났다.

E. 내담자의 그림 내용을 검토했고, 내담자에게 직접적으로 자신의 감정을 표현할 기회를 주었다.

46. 수면 양상을 모니터링하기 (46)

A. 내담자에게 매일 밤 수면 시간이 얼마나 되는지 기록을 작성하도록 권유했다.

B. 내담자에게 수면 유도에 유용한 긴장 이완 기법을 사용하는 것을 훈련시켰다.

C. 내담자에게 수면 유도에 유용한 긍정적 심상을 사용하는 것을 훈련시켰다.

D. 내담자의 수면 유도를 위해 약물 복용이 필요한지를 판단하기 위해 내담자에게 약물치료상의 평가를 받아 보도록 권유했다.

47. 현실에 기반한 인지 메시지를 강화하기 (47)

A. 내담자의 긍정적, 현실에 기반한 인지적 메시지를 강화했다.

B. 내담자가 자신의 자신감을 고양하고 적응 행동을 증가시킬 수 있도록 도움을 주었다.

C. 내담자가 긍정적이고 현실에 기반한 인지적 메시지를 증가시켰고 그에 따라 내담자의 자신감과 적응적 행동도 증가한 것으로 나타났다.

D. 내담자의 긍정적, 현실 기반 인지 메시지 수준이 향상되지 않았고 이 점에 대해 내담자에게 교정적 조력을 제공했다.

"내 몸속 파편 8개, 월드컵 이맘때면 더 아파와"

우리나라엔 월드컵이 고통스러운 사람들이 있다. 4년 전 '한일 월드컵' 결승전 전날(6월 29일), 북한 경비정의 선제 기습 공격으로 꽃 같은 청춘의 해군 6명이 숨지고 18명이 부상당했다. 이들은 몸에 깊숙이 박힌 파편을 빼내지 못하고, 화염에 휩싸인 전우의 모습을 악몽으로 안고 산다. '대~한민국'을 외치는 함성 속에서 포성을 듣고, 붉은 응원의 물결 속에서 동료의 피를 연상하는 '서해교전'의 부상자들.

서해교전 부상자 김승환 씨(25)가 4주기를 앞둔 지난 26일 관련 기념품들이 전시돼 있는 충남 당진군 삽교호 함상공원을 찾아 추모 현수막 앞에서 깊은 생각에 잠겨 있었다. 참수리 357호에서 6명의 동료들을 떠나보내고 자신 역시 온몸에 20개의 파편이 박히는 부상을 입은 김 씨는 "바다에서는 여전히 진지하고 조심스럽다"고 말했다. 2002년 해군 병장으로 참수리호에서 소총수를 맡았던 김 씨는 왼쪽 겨드랑이, 엉덩이, 허벅지에 8개의 포탄 파편을 그대로 지닌 채 살고 있다. 부상당한 그의 몸은 4년이 지났지만, 정밀 검진을 거부하고 있다. 정밀 검진 시 사용하는 MRI(자기공명영상법) 장비를 김 씨 몸에 갖다 대면 몸속에 박힌 날카로운 쇳조각들이 반응하면서 움직이면 바로 옆 살을 파고드는 것이다. 김 씨는 "워낙 아파서 엉덩이 쪽 파편 하나만 검사하고 그 후로는 꿈도 못 꿨다"고 말했다. 교전 때 그의 몸에 박힌 파편은 20개. 12개를 빼냈지만 워낙 깊이 박힌 8개는 그의 삶을 지배하고 있다. 김 씨는 "이번 월드컵 때 용기를 내 친구들과 함께 길거리 응원에 나섰다가 옆에서 터뜨리는 폭죽에서 나오는 화약 냄새에 놀라 도로 집으로 뛰어 들어왔다"고 했다.

역시 소총수였던 김택중 씨(25)는 토목공학과 4학년생으로 "입대 전 공사 현장을 주름잡고 싶다"며 토목과를 지원했으나, 이제 그 꿈을 접고 9급 행정직 공무원 시험을 준비하고 있다. 축구와 농구를 좋아했던 그는 담담히 말했다. "토목과는 건설 현장에서 활동적인 일을 해야 하는데 몸이 그러니까 다분히 현실적으로 생각한 거죠. 몸 안에 파편이 4~5개쯤 있거든요." 김 씨는 "어느 날 밤인가는 우연히 서해교전 전사자 6명의 얼굴을 떠올렸는데 그중 한 사람의 이름이 생각이 안 나 밤새 울었다"고 말했다.

불면의 밤과 악몽에 등판이 젖어 새벽을 맞지만, 외상이 없는 부상자들은 국가유공자 지정조차 받지 못하고 있다.

당시 소총수였던 고경락 씨(25)는 "사고 직후 1년 넘게 하루 3시간 이상을 자지 못했다"고 했다. 고 씨는 당시 불바다로 변한 함정 위에서 동료들이 화염에 휩싸여 까맣게 타고 포탄에 머리가 날아가는 현장을 목격했고, 엄청난 함포 소리로 가는귀까지 먹었다. 그러나 국가유공자 자격 심사를 위해 군 병원을 찾았다가 냉대만 받았다고 했다. "담당 의사가 정신적인 것은 무시하고 다친 것만 보여 달라고 그러더군요. 그러더니 '이런 정도까지 국가유공자를 해 주면 국가 예산에도 안 좋다' 그런 식으로 얘기를 하더군요. 너무 슬펐습니다. 제가 무슨 나라 돈 뜯어먹는 사람도 아니고…." 고 씨는 "비록 유공자 선정 기준이 있다는 것은 알고 있지만, 제가 당한 고통을 짐작이나 하셨을지 의문"이라고 말했다. 일본어를 전공한 그는 2002년 7월 제대 이후 오랜 방황기를 거쳐 현재 경기도의 한 자동화기계 공장에서 일하고 있다.

요즘도 서해교전 당시 악몽을 꾼다는 참전자 김면주 씨(26) 역시 국가유공자를 두 번 신청했다가 모두 떨어졌다. 그는 "다친 외상은 크지 않지만, 정신적 후유증이나 나라를 지키기 위해서 노력한 것들이 외면당하는 것 같아 그저 서운할 뿐"이라고 말했다.

당시 함정 탄약고를 관리했던 대학생 김상영 씨(24)는 "이제 정부에 더 기대도 안 한다. 지정해 주었을지는 모르겠지만, 국가유공자 신청도 아예 안 했다"고 말했다(조선닷컴 2006. 6. 28.).

제29장   등교 거부[1]

내담자 소개

1. 학교 가는 것을 꺼리거나 거부함 (1)[2]

A. 내담자가 학교에 가는 것을 꺼리거나 거부하는 모습을 끊임없이 보여 왔다.

B. 내담자가 분리불안과 집을 떠나는 것에 대한 두려움 때문에 학교를 상당히 많이 결석했다.

C. 내담자가 오늘 치료 시간에 학교로 돌아가는 것에 대해 이야기할 때 눈에 띄게 불안해했다.

D. 내담자가 최근 부분적으로 수업에 참석하며 학교에 출석하기 시작했다.

E. 내담자가 학교를 정기적으로 온종일 출석한다.

2. 등교 전 정서적 고통을 보임 (2)

A. 내담자가 등교를 위해 집을 나서기 전 심한 정서적 고통을 자주 보인다고 내담자와 부모가 보고했다.

B. 내담자가 오늘 치료 시간에 부모와 떨어지는 것에 대해 눈에 띄게 불안해했고 부모와 떨어지는 것을 힘들어했다.

C. 내담자가 아침에 등교 전 겪는 정서적 고통의 강도가 점진적으로 줄어들기 시작했다.

D. 내담자가 최근에 정서적인 고통을 심하게 겪지 않고도 학교 갈 준비를 할 수 있게 되었다고 보고한다.

E. 내담자가 집을 나서기 전에 괴로움을 보이는 일 없이 일관성 있게 등교했다.

3. 등교 후에 정서적 고통을 보임 (2)

A. 부모와 교사가 내담자가 학교에 도착한 뒤 정서적인 고통을 많이 보인다고 보고했다.

B. 내담자가 부모에게 전화를 걸어도 되는지 아니면 학교에 도착한 뒤 집에 가도 되는지를 자주 문의했다.

---

1) 자퇴생, 학교 밖 청소년, 가정(부모) 사정으로 학교를 다니지 않는 학생이 대상이고 고교까지 의무교육이므로 부모는 자녀를 학교에 보내야 할 의무가 있다. 초등학교에 취학해야 하는 아동이 학교에 오지 않아서 경찰이 그 경위를 조사했는데 친부·양어머니에게 학대, 치사를 당해서 사망한 사건이 2017년 12월에 밝혀져서 충격을 주었다.

2) 괄호 안의 숫자들은 아동 심리치료 치료계획서(*The Child Psychotherapy Treatment Planner*), 제5판(Jongsma, Peterson, McInnis, Bruce 공저, 2014년, Hoboken, NJ : Wiley)에서 동일한 제목을 지닌 관련 장의 치료 중재의 숫자와 연결된다.

C. 학교 도착 후에 내담자의 정서적 고통의 강도가 점진적으로 줄어들기 시작했다.

D. 내담자가 최근에는 학교에 도착한 뒤에도 마음이 편하고 침착한 상태를 유지한다고 보고한다.

E. 내담자가 학교에 도착한 뒤 마음이 편하고 침착한 상태를 일관성 있게 유지한다.

4. 울고 애원함 (2)

A. 내담자가 아침에 학교 가기 전 집에 있게 해 달라고 울고 애원하는 양상을 계속 보였다.

B. 내담자가 학교에 도착한 후에 집에 보내 달라고 울고 애원하는 일이 잦다.

C. 집을 나서기 전 또는 학교에 도착한 뒤 내담자가 울고 애원하는 강도와 지속 시간이 점진적으로 줄어들기 시작했다.

D. 내담자가 최근에 집을 나서기 전 또는 학교에 도착한 후 울거나 애원하는 모습을 보인 적이 없다고 말한다.

E. 내담자가 울거나 과도하게 애원하는 일 없이 일관성 있게 학교에 갔다.

5. 분노 폭발 (2)

A. 내담자가 아침에 등교하기 위해 집을 나서기 전에 격한 분노 폭발을 자주 보였다.

B. 내담자가 학교에 도착한 뒤 집에 돌아갈 수 있을지도 모른다는 희망에 격한 분노 폭발을 보였다.

C. 집을 나서기 전 또는 학교 도착 후에 내담자가 보이는 분노 폭발의 빈도와 강도가 서서히 줄기 시작했다.

D. 내담자가 집을 나서기 전 또는 학교 도착 후에 분노 폭발을 하나도 보이지 않았다.

E. 내담자가 분노 폭발을 보이는 일 없이 일관성 있게 학교를 다닌다.

6. 신체증상의 호소 (3)

A. 내담자가 학교에 가기 위해 집을 나서기 전에 신체증상(예 : 두통, 복통, 어지러움)을 자주 호소한다고 부모가 보고한다.

B. 학교 관계자들이 내담자가 종종 학교에 도착한 후에 신체증상을 호소한다고 보고한다.

C. 내담자가 오늘 치료 시간에 학교 출석에 대해 이야기를 나눌 때 몸이 별로 좋지 않다고 불평했다.

D. 내담자의 신체증상 호소의 빈도와 강도가 최근에는 줄어들기 시작했다.

E. 내담자가 신체증상을 호소하는 빈도와 강도에 큰 감소를 보였다.

7. 과도하게 매달림/졸졸 따라다님 (4)

A. 내담자가 아침에 등교를 위해 집을 나서야 할 것이 예상되면 종종 부모에게 심하게 매달린다고 부모가 보고했다.

B. 내담자가 오늘 치료 시간에 부모와 떨어져 있으라고 요청했을 때 부모에게 심하게 매달렸다.

C. 내담자가 집을 나서기 전 또는 학교 도착 후에 매달리는 행동을 하는 강도와 지속 시간이 서서히 감소하기 시작했다.

D. 내담자가 최근에 과도하게 매달리거나 부모를 졸졸 따라다니지 않고 부모와 떨어져 학교에 갈 수 있었다.

E. 내담자가 일관성 있게 과도하게 부모에게 매달리거나 부모를 따라다니는 일 없이 학교에 갔다.

8. **퇴행 행동 (4)**

    A. 내담자가 학교에 가기 위해 부모와 떨어지기 전 퇴행 행동을 보이고 어린아이 같은 태도로 행동했다.

    B. 내담자가 오늘 치료 시간에 학교 출석에 대해 이야기를 나눌 때 어린아이 같고 미성숙한 태도로 말했다.

    C. 내담자의 미성숙하고 퇴행적인 행동의 빈도가 최근에 줄어들기 시작했다.

    D. 내담자가 최근에 집을 나서기 전 혹은 학교 도착 후 나이에 맞는 방식으로 행동했다고 부모가 말했다.

    E. 밀착된 가족 관계가 내담자의 미성숙하고 퇴행적인 행동의 출현에 영향을 끼쳤다.

9. **가족의 과잉 밀착 (4)**

    A. 내담자와 부모 간의 지나치게 밀착된 그리고 과도한 의존관계가 내담자의 등교 회피 또는 거부를 일으키는 데 상당히 기여했다.

    B. 부모가 자신들이 내담자의 과도한 의존성을 강화시켜 내담자가 학교에 가는 것을 꺼리게 된 것을 언어로 인정했다.

    C. 부모가 내담자가 좀 더 독립적으로 변하기 위한 방안을 실천하도록 내담자를 격려했다.

    D. 부모가 최근에 내담자의 지나치게 의존적인 행동, 과도한 매달림 그리고 분노 폭발에 대한 한계를 설정하기 시작했다.

    E. 내담자의 지나치게 의존적인 행동, 과도한 매달림 그리고 분노 폭발에 대한 부모의 한계 설정 능력의 향상이 내담자가 온종일 학교에 머물도록 도움을 주었다.

10. **학교에 대한 부정적 발언 (5)**

    A. 부모와 교사가 내담자가 종종 학교에 대해 부정적인 발언을 많이 한다고 보고했다.

    B. 내담자가 오늘 치료 시간 동안 학교에 관한 몇 가지 부정적인 발언을 했다.

    C. 내담자가 학교에서의 경험 또는 학업 수행에 대해 말하는 부정적인 발언의 빈도가 최근 줄어들기 시작했다.

    D. 내담자가 오늘 치료 시간 동안 학교에 대한 긍정적인 발언을 몇 가지 했다.

    E. 내담자가 일관성 있게 자신의 학교 경험 또는 학업 수행에 대한 긍정적인 발언을 언어로 표현할 수 있게 되었다.

11. **비현실적인 공포 또는 걱정 (6)**

    A. 내담자가 미래에 어떤 불행이 닥쳐와 자신이 학교에 가면 부모와 떨어지게 될 것이라는 끈질기고 비현실적인 공포를 발달시켰다.

    B. 내담자가 오늘 치료 시간에 미래의 어떤 불행이 자신을 부모와 분리시킬 것이라는 불안을 털어놓았다.

    C. 내담자가 자신에게 떠오르는 미래의 어떤 불행에 대한 공포가 얼마나 비현실적이고 비이성적인지 언어로 인정했다.

    D. 내담자가 최근에는 자신을 부모와 떨어뜨려 놓을 미래의 불행에 대한 비현실적인 공포나 걱정을 언어로 표현하지 않았다.

    E. 내담자가 자신을 부모와 떨어뜨려 놓을 다소 불행한 사건들에 대한 비현실적인 공포나 걱정을 경험하는 것을 중단했다.

12. 분리/상실 (6)

A. 내담자가 큰 분리 또는 상실을 경험한 이후 학교 등교를 거부하거나 학교 가기를 꺼린다.

B. 내담자가 오늘 치료 시간에 분리 또는 상실에 대해 이야기를 나눌 때 눈에 띄게 불안해하고 속상해 보였다.

C. 내담자가 과거의 분리 또는 상실에 대해 이야기하는 것에 방어적이었고 그것에 대해 얘기하는 것을 꺼렸다.

D. 내담자가 오늘 치료 시간에 과거의 분리 또는 상실에 관해 솔직했고 그에 대해 말을 많이 했다.

E. 내담자가 과거의 분리 또는 상실에 관한 자신의 생각과 감정의 많은 부분을 성공적으로 이겨 낸 이후 규칙적으로 온종일 학교생활을 할 수 있게 되었다.

13. 외상적 사건 (6)

A. 내담자가 외상적 사건(traumatic event)을 겪은 이후 학교 출석에 어려움을 겪었다.

B. 내담자가 외상적 사건에 대해 오늘 치료 시간에 얘기할 때 눈에 띄게 불안해하고 속상해했다.

C. 내담자가 과거의 외상적 사건에 대해 이야기하는 데 방어적이었고 그것에 대해 얘기하는 것을 꺼렸다.

D. 내담자가 오늘 치료 시간에 과거의 외상적 사건에 대해 솔직했고 그에 대해 이야기를 많이 했다.

E. 내담자가 과거의 외상적 사건에 대한 자신의 생각과 감정의 많은 부분을 성공적으로 이겨 낸 이후 온종일 학교생활을 규칙적으로 할 수 있게 됐다.

14. 낮은 자존감 (7)

A. 내담자의 낮은 자존감과 자신감 결핍이 내담자의 학교 출석 공포에 상당한 영향을 끼치는 요소이다.

B. 내담자가 성공적인 학교생활을 하는 것에 대해 불안정감과 자신의 능력에 대한 강한 자기 회의를 내보였다.

C. 내담자가 오늘 치료 시간에 성공적인 학교생활을 할 수 있는 자신의 능력에 대한 긍정적인 자기 진술문을 언어로 표현했다.

D. 내담자의 학교 출석 증가가 내담자의 자신감 및 자존감 향상과 동시에 일어났다.

E. 내담자가 자신감을 갖고 학교를 규칙적으로 다녔고 자신의 학교 경험을 긍정적인 용어로 주로 이야기했다.

15. 실패 또는 조롱에 대한 두려움 (8)

A. 내담자가 자신의 학업 성취에 대해 갖는 실패 및 불안에 관한 강한 공포가 내담자의 학교 출석 회피 또는 거부에 상당한 영향을 끼치는 요소이다.

B. 내담자가 실패, 조롱 또는 거부를 경험한 이후 등교에 어려움을 겪었다.

C. 내담자의 실패 또는 조롱에 대한 공포가 최근 줄어들기 시작했고, 건강한 위험을 감수할 수 있게 됐다.

D. 내담자가 일관성 있게 실패 또는 조롱에 대한 강한 공포를 전혀 겪지 않고 학교생활에 열중할 수 있었다.

16. 익숙하지 않은 사람들 앞에서 움츠러들거나 이들을 피함 (9)

A. 내담자가 학교 환경에서 익숙하지 않은 사람들을 만나면 움츠러들거나 이들과의 접촉을 회피하는 계속적인 행동 양상을 보인다.

B. 내담자가 타인에 의해 조롱당하거나 관찰당하는 것에 대한 사회적 불안과 공포가 내담자의 등교거부에 상당한 영향을 끼치는 요소이다.

C. 오늘 치료 시간에 내담자가 학교에서 친하지 않은 사람들과 어울리는 것에 대한 불안감을 언어로 표현했다.

D. 내담자가 학교에서 친하지 않은 사람들과 상호작용하는 것에 좀 더 자신감을 느끼기 시작했다.

E. 내담자가 친하지 않은 사람들과 상호작용하는 것에 대한 불안감을 성공적으로 이겨 냈고, 다른 사람들과 규칙적으로 어울린다.

중재 실행

1. 신뢰감을 형성하기 (1)[3]

A. 오늘 치료 시간의 목적은 내담자와 신뢰감을 형성해 내담자가 등교와 관련된 자신의 감정을 인지·표현하는 것을 시작할 수 있게 하는 것이었다.

B. 일관성 있는 눈 맞추기, 적극적 경청, 무조건적 긍정적 존중, 따뜻한 수용을 통해 내담자와 일정 수준의 신뢰감을 형성하려고 시도했다.

C. 치료 시간 동안 내담자의 생각과 감정 표현을 공감하며 지지해 주었다.

D. 치료 시간이 내담자와 일정 수준의 신뢰감을 형성하는 데 도움이 되었다.

E. 내담자가 등교와 관련된 자신의 생각과 느낌에 대해 이야기를 나눌 때 방어적인 태도를 유지함에 따라 치료 시간에 내담자와의 신뢰감 형성에 성공을 거두지 못했다.

2. 등교 거부 역학 조사하기 (2)

A. 학교 출석에 대한 내담자의 감정과 행동이 조사되었다.

B. 학교 출석에 대한 내담자의 거부에 대한 구체적인 이유가 조사되었다.

C. 부모들은 거부의 이면에 있는 원인뿐만 아니라 학교 출석과 거부에 대한 아이의 패턴의 인식에 관해 면담을 실시했다.

3. 심리검사 실시/권유하기 (3)

A. 내담자의 불안, 우울증 또는 총체적인 정신병리의 심각도를 평가하고 내담자의 등교 거부에 영향을 끼치는 내재된 역동성에 대한 보다 많은 통찰을 얻기 위해 내담자에게 심리 평가를 받아 보도록 권유했다.

B. 내담자가 심리검사를 받는 동안 매우 방어적이고 쭈뼛거렸다.

C. 내담자가 심리검사에 참여하는 것이 눈에 띄게 불안해 보였다.

D. 내담자가 정직하고 솔직한 태도로 심리검사를 받았으며 자신에게 제시된 어떤 검사에도 협조적이었다.

E. 심리검사와 관련된 되짚어 주기를 내담자와 부모에게 제공했다.

---

3) 괄호 안의 숫자들은 아동 심리치료 치료계획서(*The Child Psychotherapy Treatment Planner*), 제5판(Jongsma, Peterson, McInnis, Bruce 공저, 2014년, Hoboken, NJ : Wiley)에서 동일한 제목을 지닌 관련 장의 치료 중재의 숫자와 연결된다.

4. 심리교육 평가를 실시/권유하기 (4)

A. 내담자가 등교를 거부하거나 꺼리는 원인일 수도 있는 학습장애의 존재 가능성을 배제시키기 위해 심리교육 평가를 받았다.

B. 내담자가 심리교육 평가를 받는 동안 불안해 보였고 자기 능력에 자신감을 갖지 못한 것처럼 보였다.

C. 내담자가 심리교육 평가를 받는 동안 비협조적이었고 제대로 된 노력을 기울이려고 하는 것으로 보이지 않았다.

D. 내담자와 친화적 관계를 쉽게 형성했고, 내담자가 심리교육 평가를 받는 동안 최선을 다하려는 동기를 가진 것으로 보였다.

E. 내담자, 부모, 학교 관계자들에게 심리교육 평가 되짚어 주기를 제공했다.

5. 통찰력 수준의 평가 (5)

A. 내담자는 보이는 문제들을 향한 통찰 수준으로 평가되었다.

B. 내담자는 보이는 문제들에 관하여 그의 통찰의 동조적인 본성 대 이질적인 본성에 따라 평가되었다.

C. 내담자는 행동과 증상에서 문제가 되는 본성에 대한 좋은 통찰을 하도록 보여 주었다.

D. 내담자가 다른 사람들의 우려에 동의하는 것이 목격되어 변화에 힘쓰도록 동기유발되었다.

E. 내담자는 묘사된 문제에 대해 양면성이 있음이 드러났고 그 문제들을 우려사항으로 보는 것을 꺼렸다.

F. 내담자는 문제 영역의 인식에 관해 저항적인 것으로 나타났고, 걱정하지 않았으며, 변화에 대한 동기가 없었다.

6. 관련 장애의 평가 (6)

A. 내담자는 연구 기반의 관련 장애들의 증거에 의해 평가되었다.

B. 내담자는 자살에 대한 취약성 수준으로 평가되었다.

C. 내담자는 동반장애를 가진 것으로 확인되었고, 치료는 이를 처리할 수 있도록 조정되었다.

D. 내담자는 또 다른 관련 장애가 있는지 평가되었지만 아무것도 발견되지 않았다.

7. 문화적으로 혼란스러운 문제에 대한 평가 (7)

A. 내담자는 그의 임상 행동을 더 잘 이해하도록 도울 수 있는 나이 관련 쟁점으로 평가되었다.

B. 내담자는 그의 임상 행동을 더 잘 이해하도록 도울 수 있는 성별 관련 쟁점으로 평가되었다.

C. 내담자는 그의 임상 행동을 더 잘 이해하도록 도울 수 있는 문화의 증후군, 고통의 문화적 관용구, 혹은 문화적으로 감지된 사건으로 평가되었다.

D. 다른 요인들이 내담자의 현재 정의된 '문제 행동'에 기여할 것이라고 확인되었고 이 요인들은 그의 치료에 반영되었다.

E. 내담자의 현재 정의된 '문제 행동'을 설명할 수 있는 문화적 기반 요인들은 조사되었지만 중대한 요인은 발견되지 않았다.

8. 장애의 심각성 평가 (8)

A. 내담자의 장애의 심각성은 보호의 적절한 정도를 결정하기 위해서 판단되었다.

B. 내담자는 사회적 · 관계적 · 교육적인 노력에서의 손상 정도로 평가되었다.

C. 내담자는 그의 장애가 자신의 기능에 가볍거나 중간 정도의 영향을 끼친다는 것을 알았다.

D. 내담자는 그의 장애가 자신의 기능에 심각하거나 더 심각한 영향을 끼친다는 것을 알았다.

E. 내담자의 치료의 효율성과 적절성, 그리고 장애의 심각성은 꾸준히 평가되었다.

9. 병원의 돌봄 평가 (9)

A. 병원의 돌봄과 관심으로 내담자의 집, 학교, 지역사회가 평가되었다.

B. 내담자의 다양한 환경은 아동의 욕구에 지속적인 무관심, 돌보는 사람의 잦은 변화, 안정적 애착의 제한된 기회, 가혹한 훈육 혹은 다른 심각한 부적절한 돌봄이 있었는지 평가되었다.

C. 병원의 돌봄이 확인되었고 치료계획에 이러한 우려를 관리하고 바로잡는 것과 아동을 보호하는 전략이 포함되었다.

D. 어떠한 병원의 돌봄도 확인되지 않았고, 이것은 내담자와 돌보는 사람에게 반영되었다.

10. 의학적 검사를 받아 보도록 권유하기 (10)

A. 내담자의 건강 문제가 진성(genuine) 이상이 있는 것인지 아니면 정신신체증인 것인지 판단하기 위해 내담자에게 자세한 의학적 검사를 받도록 권유했다.

B. 내담자의 의사와 의학적 검사 결과를 놓고 협의를 가졌다.

C. 의학적 검사 결과 내담자의 건강에 실제로 문제가 있음이 드러났고, 그에 따라 내담자에게 약물 처방 그리고/또는 적절한 치료를 실시했다.

D. 의학적 검사 결과 내담자의 건강에 아무런 이상이 없는 것으로 나타났다. 오히려 내담자의 신체증상 호소가 본질적으로 정신신체증인 것으로 보인다.

E. 내담자의 실제 건강 문제로 처방된 약물을 복용하도록 내담자를 격려했다.

11. 약물치료 권유/모니터링하기 (11)

A. 내담자의 불안감 또는 정서적 고통 감소에 도움을 주기 위해 내담자에게 약물치료상의 검사를 받아 보도록 지시했다.

B. 내담자가 자신의 기분 안정 그리고/또는 불안감, 두려움 감소를 돕기 위한 약물 처방을 받는 것에 강하게 반대했다. 내담자의 걱정을 점검하고 검토했다.

C. 내담자가 약물을 처방받은 대로 복용하고 있다고 보고함에 따라 긍정적 되짚어 주기를 제공했다.

D. 내담자가 규칙적인 약물 복용에 따르지 않았고, 이것을 약을 처방한 임상의사에게 전달했다.

E. 내담자가 약물이 불안감과 정서적 고통을 줄이는 데 도움이 되었다고 보고했다.

F. 내담자가 약물 복용에도 증상이 거의 또는 전혀 개선되지 않았다고 보고해서 약물을 처방한 임상의사를 만나 보도록 지시했다.

G. 내담자가 처방된 약물의 부작용을 경험했다고 보고해서 약물을 처방한 임상의사를 만나 보도록 지시했다.

12. 학부모/교사 교육을 조직화하기 (12)

A. 부모는 일관된 학교 출석을 지원하기 위해 행동 관리 전략을 배웠다.

B. 부모는 학교 시간에 가정 기반 강화를 감소하는 것에 대해 배웠다.

C. 부모는 자녀를 학교로 데려가는 과정에 대한 계획을 도움받았다.

D. 부모와 교사는 대처 행동과 출석의 긍정적인 강화를 식별하는 것을 도움받았다.

13. 학교 복귀에 대해 협의하기 (13)

A. 학교 직원은 학생의 복귀를 위한 준비를 논의하기 위해 먼저 내담자를 학교로 돌려보내도록 협의했다.

B. 학교 직원은 학생이 학교에 도착해서 정착하는 것을 돕기 위한 기술을 식별하도록 지원받았다.

C. 긍정적인 강화의 사용과 계획된 무시는 학교 직원에게 강조되었다.

D. 학교 직원은 학문적, 사회적, 감정적으로 학생을 수용하는 것에 관하여 협의했다.

14. 부모/학교 관계자와 협의하기 (14)

A. 학교 도착 후 내담자의 정서적 고통과 부정적인 정서적 폭발을 다루기 위한 계획을 짜기 위해 부모와 학교 관계자와 협의했다.

B. 부모가 성공적으로 학교 도착 후에 자녀와 효과적으로 헤어지는 것을 돕기 위해 오늘 치료 시간에 행동 계획을 구성했다.

C. 부모에게 학교 도착 후에 내담자와의 긴 작별 행동을 멈추도록 지시했다.

D. 내담자에게 학교 도착 후에 마음이 괴로워지기 시작하면 교장실로 가도록 지시했다.

E. 부모에게 학교 도착 후에 자녀가 자신을 진정시킬 수 있는 능력을 강화시키도록 지시했다.

15. 성공 확률이 높은 수업 과제를 계획하기 (15)

A. 치료 초기 단계 동안 자녀가 좀 더 많은 성공을 체험할 수 있는 과제를 내주는 계획을 세우기 위해 자녀를 지도하고 있는 교사와 협의를 가졌다.

B. 교사에게 자녀의 관심사 중 하나와 관련된 과제를 내담자에게 내주도록 권유했다.

C. 교사에게 자녀의 불안감을 줄이는 데 도움이 되도록 과제의 길이를 조절하도록 권유했다.

D. 학생의 불안을 감소시키는 것을 돕고 학업 성취의 기회를 제공하기 위해 내담자를 친구나 친구가 많은 동료와 짝을 지어 숙제를 수행하게 하도록 교사에게 권유했다.

16. 보조 교사/긍정적 동료의 관심을 활용하기 (16)

A. 학생의 학교 출석 공포와 불안을 줄이는 데 도움을 주기 위해 학생에게 보조 교사를 붙여 주는 것에 대해 학교 관계자들과 협의를 가졌다.

B. 학생에게 보조 교사를 붙여 주어 자신의 학습 문제를 다루는 데 도움을 받도록 하자는 제안이 나왔다.

C. 학생이 학교에 등교할 때 긍정적인 동료 역할 모델과 짝 지어 내담자가 학교에 오는 것에 대한 불안과 두려움을 조절하도록 도움을 주자는 의견을 교직원과 협의한다.

D. 학생을 긍정적인 동료 역할 모델과 짝 지어 학생이 학교에서 수용감(acceptance)과 소속감(belonging)을 느낄 수 있도록 도움을 주자는 의견이 나왔다.

E. 학생이 교사의 보조 교사 또는 긍정적인 동료 역할 모델로부터 지원을 받는 것이 학교에 오는 것에 대한 두려움과 불안감을 줄이는 데 도움이 되었다고 보고했다. 내담자에게 이 방법을 계속 활용하도록 격려했다.

17. 부정적 인지 메시지를 살펴보기/대면하기 (17)

A. 오늘 치료 시간에 학교 가는 것에 대한 학생의 불안과 공포를 조장하는 비이성적·부정적 인지 메시지를 살펴보았다.

B. 학생이 학교 가는 것에 대한 자신의 불안과 공포를 조장하는 비이성적·부정적 인지 메시지를 인식하

도록 도움을 주었다.

 C. 학생에게 학교 가는 것에 대한 불안과 공포를 조장하는 비이성적 · 부정적 인지 메시지에 도전하는 것을 강하게 격려했다.

 D. 오늘 치료 시간이 내담자가 학교 가는 것에 대한 자신의 두려움이 비이성적이거나 비현실적임을 깨닫는 데 도움이 되었다.

 E. 학생의 학교 출석에 대한 공포가 얼마나 비이성적이거나 비현실적인지를 내담자가 깨닫도록 도와주기 위해 인지 행동 치료 접근법을 사용했다.

 F. 학생이 자신의 비현실적 · 부정적인 사고가 얼마나 자기 파괴적이고 불안 또는 우울감을 악화시키는지 깨닫도록 도움을 주었다.

18. 긍정적 인지 메시지를 개발하기 (18)

 A. 학생이 불안감 또는 공포를 줄이거나 이에 대처하는 데 도움이 되도록 긍정적인 자기 대화를 사용하도록 격려했다.

 B. 학생에게 자신의 부정적인 자기 대화를 내담자의 자신감을 향상시켜 주고 학교 출석에 대한 불안감이나 공포에 대처하는 능력을 강화시켜 주는 긍정적인 인지 메시지로 대체하도록 강하게 격려했다.

 C. 부모는 학생의 인지 변화에 대해 지원이 되는 방법에 대해 배웠다.

 D. 부모는 자녀가 등교 거부할 때 : 인지 행동 치료 접근법－부모를 위한 워크북(*When Children Refuse School : A Cognitive-Behavioral Therapy Approach Parent Workbook*)(Kearney & Albano)의 일부를 읽도록 격려되었다.

 E. 학생이 긍정적 인지 메시지를 사용한 것이 자신의 자신감을 향상시켜 주는 동시에 불안감과 공포감을 줄여 주었다고 보고했다. 이런 진전을 계속 이어 나가도록 내담자를 격려했다.

 F. 학생이 불안감과 두려움 감소를 돕는 긍정적 인지 메시지를 사용하는 것에 실패했고, 이 기법을 사용하는 법을 내담자에게 상기시켰다.

19. 긴장 이완/유도된 심상 기법을 가르치기 (19)

 A. 학생이 학교 출석에 대한 자신의 불안감과 공포를 줄이는 것을 돕기 위해 내담자에게 긴장 이완 기법과 유도된 심상 기법을 가르쳤다.

 B. 학생은 아이를 위한 이완과 스트레스 감소 워크북 : 스트레스, 불안, 불안을 자극하는 상황을 관리하기 위한 전환에 대처하는 아이들을 위한 도움말(Shapiro & Sprague)의 일부를 읽을 것을 추천받았다.

 C. 학생은 아동 심리치료 과제계획서(Jongsma, Peterson, & McInnis)의 '심호흡 연습'을 할당받았다.

 D. 학생은 자신의 불안, 공포 감소에 도움을 얻기 위해 긴장 이완 또는 유도된 심상 기법을 사용한 것에 긍정적인 반응을 얻었다고 보고했고, 이런 기법을 계속 사용하도록 내담자를 격려했다.

 E. 학생은 일관성 있게 긴장 이완 또는 유도된 심상 기법을 사용하는 데 실패했고, 그 결과 학교 출석에 대한 불안과 두려움을 계속 경험했다. 이런 실패를 유발한 조건들을 검토하고 문제를 해결했다.

20. 사회적 의사소통 기술 가르치기 (20)

 A. 학생은 사회적 의사소통 기술을 배웠다.

 B. 학생은 공통의 사회적 스크립트, 대화, 주장, 갈등 해결 기술을 배웠다.

C. 예측 가능한 사회적 만남을 연습했다.

D. 숙제 활동은 학생의 기술 연습을 돕기 위해 할당되었다.

E. 학생은 **아동 심리치료 과제계획서**(Jongsma, Peterson, & McInnis)의 '동료에게 인사하기' 활동을 할당받았다.

F. 학생은 **아동 심리치료 과제계획서**(Jongsma, Peterson, & McInnis)의 '당신의 강점 보여 주기' 활동을 할당받았다.

21. '나의 권리 주장하기' 게임하기 (21)

A. 오늘 치료 시간에 내담자와 라포 형성을 돕기 위해 '나의 권리 주장하기(Stand Up for Yourself)' 게임(Shapiro)을 했다.

B. 오늘 치료 시간에 '나의 권리 주장하기' 게임을 사용해 내담자가 좀 더 자신 있게 학교생활을 하도록 유용하게 사용할 수 있는 몇 가지 자기주장 및 의사소통 기술을 내담자에게 가르쳐 주었다.

C. '나의 권리 주장하기' 게임을 한 뒤 내담자가 학교에서 좀 더 자신감을 갖고 주변 사람들이 편하게 느낄 수 있도록 도움을 주는 몇 가지 자기주장 및 의사소통 기술을 인지할 수 있었다.

D. 내담자에게 '나의 권리 주장하기' 게임에서 배운 자기주장 기술을 연습하는 숙제를 내주었다.

E. 내담자가 성공적으로 새로 습득한 자기주장 기술을 연습할 수 있었다고 보고했고 이에 대해 긍정적인 다시 챙겨주기를 제공했다.

F. 내담자가 새로 습득한 자기주장 기술을 성공적으로 연습하지 못했고 이것을 다시 연습하도록 지시했다.

22. 공격적이거나 위협을 가하는 동료에 관한 독서 지시하기 (22)

A. 내담자에게 학교에서 공격적이거나 위협을 가하는 동료에게 효과적으로 대응할 수 있는 방법을 가르쳐 주기 위해 독서 과제를 내주었다.

B. 내담자에게 공격적 혹은 위협을 가하는 동료에게 대응하는 효과적인 방법을 가르쳐 주기 위해 **왜 모두들 항상 나만 괴롭히는 거야? 악동들에 대한 이해를 위한 청소년용 지침서**(*Why Is Everybody Always Picking on Me? A Guide to Understanding Bullies for Young People*)(Webster-Doyle)를 읽도록 지시했다.

C. 오늘 치료 시간에는 내담자에게 내준 공격적 혹은 위협을 가하는 동료들에게 대응하는 효과적 방법에 대한 독서 과제 내용을 다루는 데 초점을 맞췄다.

D. 독서 과제를 읽은 뒤에 내담자가 학교에서 공격적 또는 위협을 가하는 동료들을 효과적으로 다루는 방법을 파악하는 데 도움이 되었다.

E. 내담자가 등교 거부 관련 증상을 해소하는 데 유익한 자료를 읽고서 실천해 보도록 격려했다.

F. 내담자가 관련 책들이 학교에서 공격적 또는 위협을 가하는 동료들에게 효과적으로 대응하는 법을 익히는 데 도움이 되었다고 말했고, 이런 진전의 이점을 검토했다.

23. 실제 상황에 대해 체계적 둔감화를 실행하기 (23)

A. 내담자, 부모, 학교 관계자들과 사례 협의회를 열어 실제 상황에 대한 체계적 둔감화 프로그램을 설계, 가동해 내담자가 불안을 조절하고 점진적으로 좀 더 긴 시간 동안 학교생활을 할 수 있도록 도움을

주는 것에 대해 논의했다.

B. 내담자는 **청소년 심리치료 과제계획서(Jongsma, Peterson, & McInnis)의 '공포의 점진적인 노출(Gradual Exposure to Fear)'** 활동을 할당받았다.

C. 내담자와 부모가 내담자로 하여금 학교를 점진적으로 좀 더 긴 시간 참석할 수 있도록 도와주는 현재의 실제 상황에 대해 체계적 둔감화 프로그램을 실행하는 것을 따르겠다고 동의했다.

D. 실제 상황에 대한 체계적 둔감화 프로그램이 실행되었으며 내담자가 점진적으로 좀 더 긴 시간 동안 학교에 머물 수 있도록 도움을 주었다.

E. 실제 상황에 대한 체계적 둔감화 프로그램이 내담자가 정규 수업 전체에 참석하며 학교로 돌아오도록 하는 것에 성공을 거둔 것으로 나타났다.

F. 내담자가 불안감 그리고 부모와 떨어지는 것에 어려움을 겪어 특정 시간 동안 학교를 결석한 것으로 나타났다.

24. 보상체계와 유관 계약 설계/실행하기 (24)

A. 내담자와 부모가 점점 더 긴 시간 동안 학교에 머물도록 내담자를 강화하는 데 사용할 수 있는 보상 목록을 작성하는 데 도움을 주었다.

B. 점점 더 긴 시간 동안 학교 수업에 참석한 내담자를 강화하기 위해 보상체계를 고안했다.

C. 내담자, 부모, 치료사가 특정 시간 동안 학교 수업에 빠지면 내담자가 받게 될 부정적 결과를 적시한 유관 계약에 서명했다.

D. 내담자, 부모, 치료사가 유관 계약의 내용에 언어로 동의를 표했다.

E. 보상체계 그리고/또는 유관 계약이 내담자로 하여금 점점 더 긴 시간 동안 학교 수업에 참석하도록 도움을 주었다.

F. 부모가 유관 계약과 보상체계를 실행하지 않아 이것을 사용하도록 다시 지시했다.

25. 토큰 경제 고안/실시하기 (25)

A. 내담자의 학교 출석을 강화하기 위해 토큰 경제를 고안했다.

B. 내담자, 부모, 학교 관계자들이 토큰 경제 프로그램에 적시된 조건에 동의했고 이것의 실행을 잘 따르겠다고 동의했다.

C. 검토한 결과, 토큰 경제가 내담자의 학교 출석을 높이는 데 성공을 거둔 것으로 나타났다.

D. 토큰 경제를 검토했고 내담자의 출석 향상에 성공을 거두지 못한 것으로 나타났다.

E. 부모가 토큰 경제를 사용하지 않았고 이를 사용하도록 다시 지시했다.

26. 내담자가 학교에 갔던 시기를 파악하기 (26)

A. 오늘 치료 시간에 내담자가 심한 정서적 고통을 보이지 않고 학교에 갈 수 있었던 날이나 시기를 알아보았다.

B. 내담자가 과도한 공포 또는 불안감을 보이지 않고 학교에 갈 때 사용했던 비슷한 대처 전략을 사용하도록 내담자를 격려했다.

C. 내담자가 다른 동료들이나 학교 관계자들과의 대화가 학교 도착 후에 자신의 불안감과 두려움을 줄이는 데 도움이 되었다고 깨달은 점을 이야기할 때 적극적인 경청 기술을 사용했다.

D. 오늘 가족치료 시간에 부모가 내담자에게 격려를 했으며 내담자의 성질 폭발, 속이기 행동 또는 과도한 매달리기에 한계를 설정할 때 내담자가 많은 고통을 보이는 일 없이 등교를 할 수 있었다는 점이 드러났다.

27. 부모에게 스트레스 유발 요인을 예상하도록 가르치기 (27)

A. 부모에게 내담자의 등교에 대한 공포와 불안감을 다시 일으킬 수 있는 스트레스 유발 요인 또는 사건 (예 : 질병, 단기 방학, 방학)을 예상하도록 알려 주었다.

B. 내담자가 학교 단기 혹은 장기 방학 직전 또는 직후에 퇴행하고 고통을 더 호소할 수 있음을 부모에게 알려 주었다.

C. 내담자와 부모에게 미래에 내담자가 퇴행 행동을 하고 학교 출석에 대한 공포 또는 불안을 경험할 때 내담자가 과거에 학교에 가는 것을 성공적으로 도와준 대처 전략을 사용하도록 격려했다.

D. 내담자와 부모가 미래에 내담자의 학교 등교에 영향을 끼칠 수 있는 발생 가능한 잠재적 스트레스 유발 요인을 깨닫는 데 도움을 주었다.

E. 내담자와 부모가 미래에 내담자가 경험할 만한 스트레스에 관한 대처를 도와줄 방안을 알아보고 대응 계획을 개발하는 데 도움을 주었다.

28. 성과와 관계를 살펴보기 (28)

A. 내담자에게 학교에 가기 위해 출발하기 전 자신의 불안 또는 공포를 다루기 위한 수단으로 긍정적인 자기 대화를 활용하도록 격려했다.

B. 내담자에게 학교 도착 후 자신의 불안 또는 공포를 다루기 위한 수단으로 긍정적인 자기 대화를 활용하도록 격려했다.

C. 내담자에게 학교에서 거둔 성과에 대해 적어도 하나의 긍정적인 진술을 언어로 표현하도록 지시했다.

D. 내담자에게 매일 긍정적인 학교 경험을 적어도 하나씩 일기에 기록하는 숙제를 내주었다.

E. 내담자가 동료관계를 향상시키는 데 도움을 주기 위해 내담자에게 학교에서 보는 타인에 대한 긍정적인 진술을 언어로 표현하도록 격려했다.

F. 내담자가 자기 자신, 학교, 타인에 대한 긍정적인 말하기를 실행하지 않았고 이것을 실천하도록 다시 지시했다.

29. 신체 증상의 호소에 대한 대응 계획을 개발하기 (29)

A. 내담자의 신체 증상 호소를 다루기 위한 대응 계획을 세우기 위해 부모와 학교 관계자들과 협의회를 열었다.

B. 부모와 학교 관계자들에게 내담자의 상투적인 정신신체적 증상 호소를 무시하고 내담자에게 다른 과업을 지시하도록 지도했다.

C. 내담자가 집에 가도록 허락받기 전 학교의 양호실에 가서 자신의 아픈 증상을 검사받기 위해 체온을 재도록 하는 대응 계획을 개발했다.

D. 내담자에게 신체적 증상에서 자신의 주의를 돌리기 위해 유도된 심상, 긴장 이완 기법을 사용하도록 권유했다.

E. 내담자가 신체적 증상에서 주의를 돌리기 위해서 필요한 유도된 심상, 긴장 이완 기법을 사용하지 않

앗으나 이 기법을 사용하도록 다시 지시했다.

30. 치료의 초점을 신체 증상 호소에서 정서적 갈등으로 옮기기 (30)

A. 오늘 치료 시간에는 내담자의 논의 초점을 신체 증상 호소에서 정서적 갈등과 감정 표현으로 재조절했다.

B. 오늘 치료 시간이 내담자가 자신의 신체 증상 호소가 내재된 정서적 갈등과 고통스러운 감정과 어떤 식으로 연결되어 있는지를 깨닫는 데 도움이 되었다.

C. 점점 심해지는 내담자의 신체 증상들이 나타날 확률을 줄이는 데 도움을 주기 위해 내담자에게 스트레스와 갈등에 대처하는 좀 더 효과적인 방법을 인식하도록 도와주었다.

D. 내담자가 자신의 감정을 보다 직접적으로 전달하도록 도움을 주기 위해 효과적인 의사소통 및 자기주장 기술을 사용하도록 내담자에게 가르쳐 주었다.

31. 가족 내 역학관계를 평가하기 (31)

A. 내담자의 등교 거부 증상 출현에 기여하는 가족체계 내의 역학관계를 파악하기 위해 가족치료 시간을 실시했다.

B. 가족에게 부정적 영향을 주었던 스트레스 요인을 열거하도록 가족 구성원들에게 요청했다.

C. 가족 구성원들에게 가족 내에서 바뀌었으면 하는 희망 사항을 열거하도록 했다.

32. 집 그리기를 지시하기 (32)

A. 오늘 치료 시간에 내담자에게 우선 집 그림을 하나 그리도록 지시하고 그런 다음 그 집에서 사는 것이 어떨지를 보여 주는 이야기를 하나 만들도록 지시했다.

B. 미술치료 기법(예 : 내담자에게 집 그림 그리기 시키기)이 내담자의 학교 거부 증상 출현에 기여한 가족 내의 역학관계 속에서 통찰을 얻는 데 도움이 되었다.

C. 미술치료 기법이 내담자가 한쪽 부모와 어떻게 하여 지나치게 밀착된 관계를 형성하게 되었는지를 보여 주었다.

D. 미술치료 기법이 내담자가 무심한 부모와 어떻게 소원한 관계를 형성했는지를 밝히는 데 도움이 되었다.

E. 미술치료 기법의 사용이 자녀 양육에 무심한 부모의 관여를 높일 수 있을지에 대한 논의로 이끌었다.

33. 자녀 양육에 무관심한 부모에게 학교 데려다주기 지시하기 (33)

A. 자녀 양육에 무관심한 부모에게 내담자를 매일 아침 학교에 데려다주도록 지시했다.

B. 지나치게 밀착된 관계를 형성한 부모에게는 내담자를 학교에 데려다줄 때 옆에 있지 않도록 지시했다.

C. 자녀 양육에 무관심한 부모에게 학교까지 운전해 가는 동안 내담자의 불안과 공포를 줄이는 데 도움을 줄 수 있도록 게임을 하거나 내담자와 대화를 하도록 지시했다.

D. 가족은 아동 심리치료 과제계획서(Jongsma, Peterson, & McInnis)의 '즐거운 여행(A Pleasant Journey)'을 할당받았다.

E. 치료사가 부모의 상사와 연락을 취해 부모가 내담자를 매일 아침 학교에 데려다줄 수 있도록 근무 시간을 조정할 수 있게 허락해 달라고 양해를 구했다.

F. 자녀 양육에 무심한 부모가 내담자를 매일 아침 학교에 데려다주는 일을 시작하지 않았고 이런 실패에 대한 이유를 검토하고 문제를 해결했다.

34. 부모에게 자율성을 강화하도록 격려하기 (34)

A. 부모에게 내담자의 자율 행동을 칭찬하고 긍정적으로 강화하도록 강하게 권면했다.

B. 부모에게 내담자의 지나치게 의존적인 행동 혹은 퇴행 행동에 한계를 설정하도록 강하게 권면했다.

C. 부모에게 내담자가 특정 기간 동안 학교에 출석한 것에 대해 내담자를 칭찬해 주도록 권고했다.

D. 부모에게 내담자가 학교 과제를 혼자 한 것을 칭찬해 주고 강화해 주도록 권고했다.

E. 부모에게 내담자와 함께 아침마다 교실에 들어서는 것을 중단하도록 지시했다.

F. 부모가 의존성을 보상하고 자율성을 강화하지 않는 행동을 계속했다. 이런 행동 양상을 보인 이유를 검토하고 문제를 해결했다.

35. 부모에게 침착함을 유지하도록 격려하기 (35)

A. 오늘 치료 시간에 부모가 침착함을 유지하고 그들의 불안을 내담자에게 전달하지 않는 것의 중요성을 강조했다.

B. 부모가 불안하거나 걱정하고 있다는 것을 내담자가 인지하면 내담자의 불안감이 증가한다는 것을 부모가 깨닫도록 도움을 주었다.

C. 내담자가 괴로워하거나 집에 있게 해 달라고 조르거나 애원하면 부모는 단호한 태도를 유지하며 내담자는 학교에 가야 한다는 점을 명확하게 전달하도록 지도했다.

D. 역할 연기와 모델링 기법을 사용해 부모에게 내담자의 불안, 두려움 또는 정서적 고통을 다루는 효과적인 방법을 가르쳐 주었다.

E. 부모에게 내담자가 학교에서의 스트레스 또는 불안을 감당할 수 있는 능력을 그들이 확신한다는 점을 언어로 표현하도록 지도했다.

F. 부모들이 계속해서 불안감을 보였고, 이런 불안감은 내담자의 등교 거부를 유발했다. 부모에게 그들의 불안감을 전달하는 일을 줄이도록 다시 지도했다.

36. 부모가 자녀에게 긍정적 조치 강화하기 (36)

A. 내담자가 등교에 대해 가진 두려움 또는 불안감을 이겨 내도록 돕기 위해 부모가 긍정적 조치를 시도한 것에 대해 칭찬해 주고 강화해 주었다.

B. 부모가 격려와 일관성 있는 한계를 설정한 것이 내담자의 규칙적인 학교 출석을 돕는다는 점을 인지하도록 도움을 주었다.

C. 부모가 내담자가 큰 고통을 보이지 않고 등교하는 것을 돕기 위해 긍정적 조치를 취했다는 점을 인지했고, 이런 진전을 이룬 것에 대해 부모를 강화해 주었다.

D. 부모에게 내담자의 규칙적인 등교를 계속 돕기 위해 동일한 조치를 시행하도록 강하게 격려했다.

37. 부모가 한계를 설정하는 것을 강화하기 (37)

A. 내담자의 성질 폭발과 속이는 행동에 대한 단호하고 일관된 한계를 설정하도록 부모를 격려했다.

B. 부모에게 내담자의 과도한 매달리기 또는 애원에 단호하고 일관된 한계를 설정하도록 격려했다.

C. 부모가 그들이 내담자의 성질 폭발 또는 정서적 고통 증가에 대응하는 것을 피하고 싶은 욕망에 관하여 단호하고 일관된 한계 설정을 꺼려 왔음을 인정했다. 이런 한계를 설정하도록 부모를 격려했다.

D. 부모가 한계 설정을 시작하면 처음에는 내담자의 성질 폭발, 애원, 매달리기의 강도가 증가할 확률이

높다는 점을 부모에게 알려 주었다.

E. 부모에게 내담자의 성질 폭발, 속이기 행동 또는 과도한 매달리기에 한계를 설정하기 시작할 때 침착함을 유지하고 통제를 잃지 말도록 지도했다.

38. 부모에게 격려의 편지를 쓰도록 지시하기 (38)

A. 부모에게 내담자에게 아동 심리치료 과제계획서(Jongsma, Peterson, & McInnis)에 나오는 '격려의 편지 (Letter of Encouragement)'에 기초한 편지를 쓰도록 지시했다. 편지에는 학교 출석의 중요성 그리고 내담자가 공포 또는 불안감을 진정시키기 위해 사용할 수 있는 대처 전략을 명확하게 알려 주는 내용을 포함하도록 지시했다.

B. 부모에게 '격려의 편지'를 내담자의 공책에 껴 놓아 내담자가 필요한 때에 학교에 있는 동안 겁이 나거나 불안해지면 읽어 보라고 지도했다.

C. 내담자가 부모의 '격려의 편지'가 학교에서 불안하거나 겁이 나기 시작할 때 자신을 진정시키는 데 도움이 되었다고 보고했다. 이 기법의 이점을 부각시켰다.

D. '격려의 편지' 연습이 부모가 학교 출석의 중요성에 대한 명확한 메시지를 내담자에게 전달하는 것에 도움이 되었다.

E. 부모가 '격려의 편지' 쓰기 지시에 따르는 것은 실패했고 편지를 쓰도록 부모에게 다시 지시했다.

39. 내담자와 밀착된 부모의 역할을 알아보기 (39)

A. 오늘 치료 시간에 내담자와 지나치게 밀착된 또는 과잉보호하는 부모가 어떤 식으로 내담자의 의존성과 비이성적인 공포를 강화하는지를 파악하는 데 도움을 주었다.

B. 오늘 치료 시간에는 왜 내담자와 밀착된 또는 과잉보호하는 부모들이 내담자의 지나치게 의존적인 행동 그리고/또는 퇴행 행동에 대한 한계 설정에 실패하는지 그 이유를 살펴보았다.

C. 내담자와 밀착된 또는 과잉보호하는 부모가 그들이 어떤 식으로 내담자가 무서움을 느끼기 시작할 때 보이는 과도한 매달리기 또는 애원하기 행동을 강화하는지를 깨닫도록 도움을 주었다.

D. 내담자와 밀착된 또는 과잉보호하는 부모에게 내담자의 지나치게 의존적인 행동이나 비이성적인 공포를 다룰 수 있는 보다 효과적인 방법을 가르쳐 주었다.

E. 내담자의 마음 또는 주의를 비이성적인 공포를 다룰 수 있는 활동에 참여시키거나 대화를 하도록 부모에게 권유했다.

40. 역설적 개입을 활용하기 (40)

A. 가족의 저항을 어느 정도 극복하고 내담자를 과잉보호하는 부모로부터 분리시키기 위해 역설적 개입을 활용했다.

B. 역설적 개입[4]이 가족의 저항을 어느 정도 무마시키고 내담자를 과잉보호하는 부모로부터 떼어 놓는

---

4) 심리치료법이나 심리상담의 실제에서 역설적 심리치료(Paradox Psycotherapy) 방법론에서 인지행동 또는 현실치료의 실제에서 쓰이는 행동 수정(behaviour modification)의 사례로 소개한다. 달리는 말에 채찍질한다는 말처럼 일하기 싫은 자는 먹지도 말게 하라는 말처럼 잘못을 고치게 하기 위해서 온정적으로 과잉보호하지 않고 무정, 냉정하게 대하므로 정신 차리게 한다. 성결교회의 큰 어른인 목사가 기독교(CBS) 방송에 출현해서 간증을 했는데 물건을 훔치는 버릇이 쉽게, 고쳐지지 않으니까 차에 태워서 낯선 곳에 홀로 내리게 해 놓고 '너는 훔치는 버릇 때문에 내 자식이 아니므로 여기서 살아야 한다'는 말을 남기고 모른 척하고 떠났더니 아들이 청천벽력 같은 엄중한 처벌에 놀라고 사색이 되어서 훔치는 행동을 고쳤다는 간증을 했다.

데 성공을 거둔 것으로 나타났다.

C. 역설적 개입이 좀 더 자율성 있게 기능하려는 내담자의 동기부여를 증가시키는 데 도움이 되었다.

D. 오늘 치료 시간에는 역설적 개입을 따르는 것에 대한 가족의 저항을 다루었다.

41. 외상 병력을 알아보기 (41)

A. 오늘 치료 시간에 학교 등교에 대한 내담자의 불안과 공포가 이전의 미해결된 분리, 상실, 외상 또는 현실적 위험과 연계되어 있는지를 살펴보았다.

B. 평가 결과, 내담자가 아주 큰 분리 또는 상실을 경험한 이후 학교 등교에서 어려움을 겪기 시작한 것으로 드러났다.

C. 평가 결과 내담자가 외상적 사건을 겪은 이후 등교에 어려움을 겪기 시작한 것으로 드러났다.

D. 평가 결과 내담자가 현실적 위험에 노출된 이후 등교에 어려움을 겪기 시작한 것으로 드러났다.

42. 외상에 관한 감정 표현을 강화하기 (42)

A. 내담자가 과거의 분리, 상실, 외상 또는 현실적 위험에 관련된 자신의 감정을 표현하는 것에 격려와 지원을 해 주었다.

B. 내담자가 과거의 분리, 상실, 외상 또는 현실적 위험과 관련된 자신의 감정을 인지하고 명확화하는 것에 도움을 주었다.

C. 내담자 중심 치료 원칙을 사용해 내담자가 과거의 분리, 상실, 외상 또는 현실적 위험을 둘러싼 자신의 감정을 표현하는 것을 격려와 지지를 해 주었다.

D. 빈 의자 기법을 사용해 내담자가 과거의 분리, 상실, 외상 또는 현실적인 위험과 관련된 자신의 감정을 표현하고 이겨 내는 데 도움을 주었다.

E. 내담자에게 일기를 활용해서 분리, 상실, 외상 또는 현실적 위험과 관련된 자신의 생각과 감정을 표현하도록 격려했다.

F. 내담자가 계속해서 자신의 외상 병력에 관한 감정을 표현하는 것에 어려움을 겪었고 이것을 극복할 수 있다는 기분이 들었을 때 이런 감정들을 표현하도록 내담자를 격려했다.

43. 외상에 관한 편지 쓰기를 지시하기 (43)

A. 내담자에게 이전의 분리 또는 상실에 관한 자신의 생각과 감정을 표현하는 편지를 쓰도록 지시했다.

B. 내담자에게 과거의 외상적 사건 또는 위험한 사건에 관한 자신의 생각과 감정을 표현하는 편지를 쓰는 숙제를 내주었다.

C. 오늘 치료 시간에 내담자의 편지 내용을 검토했다.

D. 내담자의 편지가 과거의 분리, 상실, 외상 또는 현실적 위험에 대한 강한 분노를 반영하는 것으로 나타났다.

E. 내담자의 편지가 과거의 분리, 상실, 외상 또는 현실적 위험에 대한 슬픔, 상처, 취약성을 반영하는 것으로 나타났다.

F. 내담자가 자신의 생각과 감정을 표현하는 편지 쓰기 숙제를 마치지 않았고 이 숙제를 마치도록 다시 지시했다.

44. 동료 집단 활동에 참여하는 것을 격려하기 (44)

A. 내담자가 다른 사람들 주변에서 좀 더 편하고 느긋한 기분을 느낄 수 있도록 내담자에게 학교에서 방과 후 활동 또는 긍정적 동료 집단 활동에 참여하는 것을 강하게 권장했다.

B. 내담자가 학교에서 의미 있는 우정을 쌓을 기회를 제공하는 데 도움을 줄 긍정적인 동료 집단 활동 목록을 작성하는 것을 도와주었다.

C. 내담자가 자신의 불안정감과 불편함이 학교에서 방과 후 활동 또는 동료 집단 활동 참여를 꺼리게 만든다는 것을 이해했다고 언어로 표현함에 따라 내담자를 지지해 주었다.

D. 내담자가 최근에 방과 후 활동 또는 동료 집단 활동에 참여한 것이 학교에서 좀 더 마음을 편하고 느긋하게 먹는 데 도움을 주었다고 보고했다. 내담자에게 이런 참여를 계속해 나가도록 격려했다.

E. 내담자가 계속해서 부모와 떨어지는 것에 어려움을 겪었고 방과 후 활동 또는 긍정적 동료 집단 활동에 전혀 참여하지 않았다. 작은 규모로 이런 활동을 하도록 내담자를 격려했다.

45. 동료들과 어울리는 시간 보내기를 지시하기 (45)

A. 내담자에게 방과 후 또는 주말에 일정 시간 동안 동료들과 시간을 보내라는 지침을 지시했다.

B. 내담자가 방과 후 또는 주말에 동료들과 하고 싶은 활동을 목록으로 작성하는 데 도움을 주었다.

C. 내담자가 방과 후 또는 주말에 동료들과 더 많이 어울린 것이 좀 더 적응된 태도로 부모와의 분리에 대응하도록 도와주었다.

D. 내담자가 분리불안과 거부 또는 조롱에 대한 두려움 때문에 동료들과 방과 후 또는 주말에 어울리는 것을 여전히 거부한다. 내담자에게 좀 더 적은 시간이라도 동료들과 어울리는 것을 시도해 보도록 독려했다.

46. 사회적 접촉을 하도록 지시하기 (46)

A. 내담자에게 친하지 않은 사람들과 또는 새로운 사회적 환경에서 사회적 접촉을 매주 세 번 시도하도록 지침을 내렸다.

B. 내담자에게 대화를 시작하는 적절한 방법을 가르치기 위해 역할 연기와 모델링 기법을 활용했다.

C. 친하지 않은 사람들 또는 새로운 사회적 환경에서 사회적 접촉을 개시하는 것에 대한 내담자의 생각과 느낌을 점검했다.

D. 내담자가 매주 적어도 세 번의 사회적 접촉을 개시하라는 지침을 지켰고, 내담자의 이런 경험을 검토했다.

E. 내담자가 사회적 불안감 때문에 매주 적어도 세 번의 사회적 접촉을 개시하라는 지침을 지키지 못했고 이 지침을 실천하도록 다시 지시했다.

47. 정신분석학적 놀이치료를 활용하기 (47)

A. 정신분석학적 놀이치료 접근법을 사용해 내담자가 자신의 등교 거부에 영향을 끼치는 무의식적인 갈등 또는 핵심 불안감을 살펴보는 것에 주도권을 갖도록 허락해 주었다.

B. 정신분석학적 놀이치료 접근법을 사용해 내담자의 학교 출석에 관련된 핵심 갈등과 불안감을 파악하고 다루었다.

C. 오늘 치료 시간에는 내담자에게 나타난 전이 문제를 다루고 해결했다.

D. 놀이에서 나타난 내담자의 감정과 두려움을 해석했고 이것을 학교 등교에 대한 내담자의 공포와 연관 지었다.

E. 정신분석학적 놀이치료 시간이 내담자가 자신의 등교 거부에 영향을 끼치는 문제들을 이겨 내고 해결 하는 데 도움이 되었다.

48. 상호 이야기하기 기법을 응용하기 (48)

A. 내담자가 적극적으로 상호 이야기하기 연습에 참여했다.

B. 상호 이야기하기 기법을 사용해 치료사가 내담자에게 학교 등교에 대한 자신의 불안감이나 공포를 극복하는 효과적인 방법을 모델로 제시했다.

C. 내담자가 손인형, 인형 또는 봉제 동물인형을 사용해 이야기를 구성했고, 그 이야기가 내담자의 학교 등교에 대한 두려움을 반영하는 것으로 나타났다.

D. 내담자가 손인형, 인형 또는 봉제 동물인형을 사용해 자신의 두려움이나 불안감에 효과적으로 대처하 는 방법을 보여 주는 이야기를 구성하는 데 도움을 주었다.

E. 내담자가 상호 이야기 기법이 등교에 대한 자신의 불안이나 공포를 이겨 내는 전략을 재미있게 배우는 유용한 방법이라고 인지했다.

49. 미술치료 기법을 활용하기 (49)

A. 내담자에게 학교에 갔을 때 자신에게 일어날까 봐 두려워하는 일을 보여 주는 그림을 그리거나 조각을 만들어 보도록 지시했다.

B. 오늘 치료 시간에 내담자의 미술작품의 내용을 점검했고 내담자의 학교 출석에 대한 공포가 현실적인 것인지 비현실적인 것인지를 논의했다.

C. 내담자의 미술작품이 부모와 떨어져 있는 동안 나타나는 학교에서 스트레스 요인 또는 책임감을 대변 하는 것에 대한 두려움을 반영하는 것으로 나타났다.

D. 내담자의 미술작품이 학교에서 거부 또는 실패를 경험하는 것에 대한 불안감 또는 두려움을 반영하는 것으로 나타났다.

E. 미술작품을 완성한 뒤 내담자가 등교에 대한 자신의 두려움을 극복할 수 있는 효과적인 방법을 생각해 내도록 도움을 주었다.

50. '분노의 탑' 기법을 활용하기 (50)

A. 내담자가 자신의 등교 거부에 영향을 끼치는 내재된 분노를 발견하고 표현하는 것을 돕기 위해 오늘 치료 시간에 '분노의 탑' 기법(Saxe)을 활용했다.

B. '분노의 탑' 기법이 내담자가 분노의 대상을 공개적으로 지목하는 데 도움이 되었다.

C. '분노의 탑' 놀이(Angry Tower Game)를 한 뒤 내담자가 분노의 대상에게 직접적으로 분노의 감정을 표현하고 싶은지를 생각해 보았다.

D. 치료 게임(분노의 탑)을 한 것이 내담자가 자신의 분노를 좀 더 효과적으로 표현하는 방법에 대한 논 의를 하도록 이끌었다.

E. 내담자가 강한 분노를 경험할 때 집에서 '분노의 탑' 놀이를 하도록 내담자와 부모를 지도해 주었다.

51. 내담자와 밀착된 부모에게 치료받아 볼 것을 권유하기 (51)

A. 내담자와 과도하게 밀착된 부모에게 검사를 실시해 이 부모가 내담자의 등교 거부에 영향을 끼칠 지도 모르는 불안장애 또는 우울장애를 가지고 있는지 가능성을 살펴보았다.

B. 내담자와 과도하게 밀착된 부모가 불안 또는 우울감을 줄이는 데 도움을 얻도록 약물치료상의 검사를 받아 보도록 권유했다.

C. 과도하게 밀착된 부모의 우울감 또는 불안감을 줄이는 데 도움을 주기 위해서 개별 치료를 받도록 하자는 제안이 나왔다.

D. 지나치게 밀착된 부모가 약물치료를 받아 보라는 권유를 따른 것에 대해 긍정적 되짚어 주기를 제공했다.

E. 지나치게 밀착된 부모가 우울감 또는 불안감을 줄이기 위해 개별 치료를 받아 보라는 말을 따른 것에 대해 긍정적 되짚어 주기를 제공했다.

제30장

분리불안

내담자 소개

1. **분리가 예상될 때 과도한 고통을 호소함 (1)[1]**

   A. 내담자가 부모 또는 주요 애착 대상과 떨어질 것이 예상될 때 종종 엄청난 정서적 고통을 보인다.

   B. 내담자가 오늘 치료 시간에 부모와 떨어질 때 눈에 띄게 속상해했고 부모와 떨어지는 것에 어려움을 겪었다.

   C. 내담자가 점진적으로 분리에 좀 더 효과적으로 대처하기 시작했고 전처럼 많은 괴로움을 보이지 않는다.

   D. 내담자가 오늘 치료 시간에 어떠한 정서적 고통도 보이지 않고 부모 또는 보호 제공자와 떨어질 수 있었다.

   E. 내담자가 일관성 있게 정서적인 고통을 보이지 않고도 부모 또는 보호 제공자(caregivers)와 떨어질 수 있게 되었다.

2. **울고 애원함 (1)**

   A. 부모가 내담자가 자신들과 떨어질 것이 예상될 때 빈번하게 울기 시작하고 같이 있게 해 달라고 떼를 쓴다고 보고한다.

   B. 내담자가 오늘 치료 시간에 부모 또는 보호 제공자와 떨어지는 것에 많은 어려움을 겪었고 울면서 그들과 함께 있게 해 달라고 조르기 시작했다.

   C. 내담자의 울고 애원하는 행동의 강도와 지속 시간이 점점 줄어들기 시작했다.

   D. 내담자가 울거나 조르는 일 없이 부모 또는 보호 제공자와 효과적으로 잘 떨어질 수 있었다.

   E. 내담자가 부모 또는 보호 제공자와 함께 있게 해 달라고 울거나 애원하는 일 없이 이들과 떨어지는 것을 일관성 있게 조절할 수 있다.

---

1) 괄호 안의 숫자들은 아동 심리치료 치료계획서(*The Child Psychotherapy Treatment Planner*), 제5판(Jongsma, Peterson, McInnis, Bruce 공저, 2014년, Hoboken, NJ : Wiley)에서 동일한 제목을 지닌 관련 장의 치료 중재의 숫자와 연결된다.

3. **퇴행 행동 (1)**

   A. 부모가 내담자가 그들과 떨어질 것이 예상될 때 종종 퇴행 행동을 하고 미성숙한 태도로 행동한다고 보고한다.

   B. 내담자가 오늘 치료 시간에 부모나 보호 제공자와 떨어져 있도록 지시했을 때 퇴행 행동을 하고 미성숙한 행동을 보였다.

   C. 내담자의 퇴행 행동 또는 미성숙한 태도의 빈도가 점차 줄어들기 시작했다.

   D. 내담자가 오늘 치료 시간에 퇴행 행동 또는 미성숙한 태도를 보이지 않고 부모나 보호 제공자와 효과적으로 떨어질 수 있었다.

   E. 내담자가 분리가 예상될 때 퇴행 행동 또는 미성숙한 태도를 보이던 패턴을 중단했다.

4. **분노 폭발 (1)**

   A. 부모는 내담자가 자신들과 잠깐 동안 헤어질 것이 예상될 때 격한 분노 폭발을 빈번하게 보인다고 보고한다.

   B. 내담자가 오늘 치료 시간에 부모 또는 보호 제공자와 떨어지도록 지시했을 때 분노 폭발을 보였다.

   C. 분리 상황에서 내담자가 보이는 분노 폭발의 빈도와 강도가 점진적으로 줄어들기 시작했다.

   D. 내담자가 오늘 치료 시간에 성질 폭발 없이 부모나 보호 제공자와 떨어질 수 있었다.

   E. 내담자가 부모와 헤어져야 하는 상황에서 분노 폭발을 보이는 빈도와 강도가 현저히 감소했다.

5. **발생할 수 있는 위해에 대한 비현실적인 걱정 (2)**

   A. 내담자가 부모나 보호 제공자에게 발생할 수 있는 위해에 대한 끊임없는 비현실적인 걱정을 한다.

   B. 오늘 치료 시간에 내담자가 자신의 부모나 보호 제공자에게 일어날 수 있는 어떤 위해에 대한 걱정을 표현했다.

   C. 내담자가 자신의 부모나 보호 제공자에게 일어날 수 있는 위해(危害, harm)에 대한 걱정과 불안이 비현실적이라는 것을 깨닫고 그러한 걱정과 불안의 빈도와 강도가 점차 줄어들기 시작했다.

   D. 오늘 치료 시간에 내담자가 자신의 부모나 보호 제공자에게 일어날 수 있는 위해에 대한 아무런 걱정이나 불안을 언어로 표현하지 않았다.

   E. 내담자가 자신의 부모나 보호 제공자에게 발생할 수 있는 위해에 대한 과도하거나 비현실적인 걱정을 극복했다.

6. **미래의 불행에 대한 비이성적인 공포 (3)**

   A. 내담자가 미래에 어떤 불행이 생겨서 자신을 부모나 보호 제공자로부터 분리시킬 것이라는 끊임없는 비현실적인 두려움을 갖고 있다.

   B. 내담자가 미래에 어떤 불행이 생겨서 자신을 부모나 보호 제공자로부터 분리시킬 것이라는 끊임없는 비현실적인 두려움을 오늘 치료 시간에 표현했다.

   C. 내담자가 미래에 어떤 불행이 생겨서 자신을 부모나 보호 제공자로부터 분리시킬 것이라는 끊임없는 비현실적인 두려움의 강도에 약간의 감소가 있었다고 보고했다.

   D. 내담자가 오늘 치료 시간 동안에는 아무런 비이성적인 공포를 표현하지 않았다.

   E. 내담자가 미래에 어떤 불행이 생겨서 자신을 부모나 보호 제공자로부터 분리시킬 것이라고 끊임없이

비현실적인 걱정을 하는 것을 중단했다.

7. 분리 이후 정서적 고통 (4)

A. 내담자가 종종 집 또는 주요 애착 대상과의 분리를 경험한 뒤 상당한 정서적 고통을 보였다.

B. 내담자가 오늘 치료 시간에 부모나 보호 제공자와 떨어진 이후 눈에 띄게 속상해했고 격렬하게 항의했다.

C. 내담자가 점차 분리에 좀 더 효과적으로 대처하기 시작했고 부모나 보호 제공자와의 분리 이후에도 이전처럼 많은 고통을 보이지는 않았다.

D. 내담자가 오늘 치료 시간에 과도한 정서적 고통을 보이지 않고 부모나 보호 제공자와 떨어지는 것을 견뎌 냈다.

E. 내담자가 집 또는 주요 애착 대상과의 분리 이후에 경험하는 정서적 고통의 강도가 크게 줄었다.

8. 과도한 매달림 (5)

A. 부모는 내담자가 자신들과 떨어질 것이 예상될 때 과도하게 매달린다고 보고한다.

B. 내담자가 오늘 치료 시간에 부모와 떨어지도록 지시했을 때 부모에게 매달리기 시작했다.

C. 내담자의 매달리기의 강도와 지속 시간이 점진적으로 줄어들기 시작했다.

D. 내담자가 오늘 치료 시간에 부모나 보호 제공자와 떨어지도록 지시했을 때 매달리는 행동을 하지 않았다.

E. 내담자가 일관성 있게 과도한 매달림 없이 효과적으로 분리를 감당할 수 있게 되었다.

9. 가족의 과잉 애착/과잉보호하는 부모(들) (5)

A. 내담자가 자신의 부모와 매우 높은 애착관계를 형성했고 이런 관계가 내담자의 분리불안에 영향을 끼친다.

B. 부모가 자신들의 과잉보호 경향이 내담자의 과도한 의존성을 강화시킨다는 점을 언어로 인정했다.

C. 부모가 내담자에게 좀 더 독립적이 되고 동료들과 놀거나 어울리도록 권유했다.

D. 부모가 내담자의 긍정적이고 사회적 행동을 강화했고 과도하게 의존적인 내담자의 행동에 한계를 설정했다.

E. 내담자가 동료들과 어울리는 것과 부모·가족 구성원들과 시간을 재미있고 가치 있게 보내는 것 (quality time) 사이에 건강한 균형점을 달성했다.

10. 밤 시간 공포 (6)

A. 내담자가 밤에 부모와 떨어져 자기 방에서 혼자 자야 할 시간이 되면 상당한 두려움과 고통을 호소한다.[2]

B. 내담자가 밤에 같은 방에서 부모 없이 잠드는 것을 종종 거부했다.

C. 오늘 치료 시간에 내담자가 혼자 잠자는 것에 대한 두려움을 언어로 표현했다.

D. 내담자의 밤 시간 공포가 점점 줄어들었고, 잠잘 시간에 부모와 떨어지는 것에도 괴로움을 덜 보였다.

E. 내담자가 일관성 있게 어떠한 정서적 고통 또는 두려움을 보이지 않고도 자신의 방에서 혼자 잠을

---

[2] 초등학교 고학년 또는 그 전까지 어릴 때에는 부모 곁에서 재우다가 크게 되면 자녀 방에서 잠잘 때까지 동화나 자장가를 들려주면서 편안하게 잘 잘 수 있도록 하고, 자기 방에서 왜 따로 자야 하는지 어린 자녀가 이해할 수 있도록 설명해 준다.

졌다.

11. 반복되는 악몽 (7)

A. 내담자가 주요 애착 대상과 분리되는 주제의 악몽을 자주 꾼다.

B. 내담자가 악몽을 꾼 후 밤에 부모의 방으로 자주 온다.

C. 내담자가 분리를 주제로 한 악몽을 계속해서 꾼다.

D. 내담자가 최근에는 어떠한 악몽도 꾸지 않았다.

E. 내담자가 악몽을 꾸는 빈도가 크게 줄었다고 보고했다.

12. 잦은 신체증상 호소 (8)

A. 내담자가 집 또는 주요 애착 대상과의 분리가 예상될 때 신체증상을 자주 호소했다.

B. 내담자가 오늘 치료 시간에 부모나 보호 제공자와 떨어진 후에 신체증상을 호소했다.

C. 내담자의 신체증상 호소의 빈도와 감도가 점진적으로 줄어들기 시작했다.

D. 내담자가 오늘 치료 시간에 어떠한 신체증상 호소도 없이 부모와 떨어질 수 있었다.

E. 치료 개시 이후 내담자의 신체증상 호소의 빈도와 강도가 크게 줄었다.

13. 외상적 사건에 대한 경험이 있음 (9)

A. 내담자가 외상적 사건을 경험한 이후 주요 애착 대상과 분리되는 것에 많은 어려움을 겪었다.

B. 내담자가 외상적 사건을 경험한 이후 더 불안해하고 두려움에 떤다고 언어로 인정했다.

C. 내담자가 과거의 외상적 사건에 대한 자신의 두려움과 고통스러운 감정을 표현하고 이겨 내기 시작한 이후 내담자의 분리불안이 줄어들기 시작했다.

D. 내담자가 오늘 치료 시간에 과거의 외상적 사건에 대해 이야기하는 것에 방어적이었고 이에 대해 이야기하는 것을 꺼렸다.

E. 내담자가 오늘 치료 시간에 과거의 외상적인 사건에 대해 솔직하게 많은 이야기를 했다.

F. 내담자가 과거의 외상적인 사건을 둘러싼 자신의 공포와 감정의 많은 부분을 이겨 내기 시작한 이후 분리불안의 큰 감소를 보였다.

14. 분리, 상실, 유기당한 경험이 있음 (9)

A. 내담자가 큰 분리, 상실, 유기를 겪은 이후 내담자의 분리불안에 큰 증가를 보였다.

B. 내담자가 오늘 치료 시간에 과거의 분리, 상실 또는 유기 경험에 대해 이야기를 나눌 때 눈에 띄게 불안해하고 속상해 보였다.

C. 내담자가 오늘 치료 시간에 과거의 분리, 상실 또는 유기 경험에 대해 이야기를 나눈 것에 방어적이었고 이야기하는 것을 꺼렸다.

D. 내담자가 과거의 분리, 상실 또는 유기에 대해 솔직했고 이야기를 많이 했다.

E. 내담자가 과거의 분리, 상실 또는 유기에 대한 자신의 두려움과 감정을 이겨 내기 시작함에 따라 내담자의 분리불안이 감소하기 시작했다.

F. 내담자가 성공적으로 과거의 분리, 상실 또는 유기에 대한 자신의 감정을 이겨 냈고 더 이상 분리불안의 조짐을 보이지 않는다.

15. 과도한 재확인 욕구 (9)

A. 부모가 내담자가 발생 가능한 위해나 위험으로부터 자신의 안전과 보호에 대해 빈번하게 재확인을 받고 싶어 한다고 말한다.

B. 오늘 치료 시간에 내담자가 부모로부터 자신의 안전에 대해 재확인을 구했다.

C. 내담자가 천천히 자기 자신을 진정시키기 시작했고 이전처럼 위해 또는 위험으로부터 자신의 안전과 보호에 대한 재확인을 요구하지 않았다.

D. 부모가 내담자가 발생 가능한 위해나 위험으로부터 자신의 안전이나 보호에 대한 재확인을 거의 요구하지 않는다고 보고한다.

16. 낮은 자존감 (10)

A. 내담자의 낮은 자존감과 자신감 부족이 홀로 지내는 것 또는 사회적 활동에 참여하는 것에 대한 공포를 일으키는 데 기여했다.

B. 오늘 치료 시간에 내담자가 타인과 어울리거나 사회적 활동에 참여하는 것에 대한 강한 부적합감과 불안정감을 표현했다.

C. 오늘 치료 시간 동안 내담자가 애착 대상들과 분리되는 것에 대한 강한 불안감을 표현했다.

D. 오늘 치료 시간에 내담자가 타인과 어울리고 사회적 활동에 참여하는 자신의 능력에 대한 자신감을 언어로 표현했다.

E. 내담자가 어떠한 분리 불안도 보이지 않았고 정기적으로 사회적 활동에 참여한다.

중재 실행

1. 치료적 신뢰감을 쌓기 (1)[3]

A. 오늘 치료 시간의 목적은 내담자와 신뢰를 형성해 내담자가 자신의 감정을 인지하고 표현하기를 시작하도록 하는 것이다.

B. 지속적인 눈 맞추기, 적극적 경청, 무조건적인 긍정적 존중, 따뜻한 수용을 통해 내담자와 일정 수준의 신뢰를 쌓으려는 시도를 했다.

C. 두려운 생각과 감정에 대한 믿을 수 있는 표현을 유도하기 위해 **아동 심리치료 과제계획서**(Jongsma, Peterson, & McInnis)에 나오는 '미술을 통한 공포 표현(Expressions of Fear Through Art)' 연습을 지시했다.

D. 치료 시간 동안 내담자가 표현한 생각과 감정을 공감하는 자세로 지지해 주었다.

E. 치료 시간이 내담자와 보통 수준의 신뢰를 형성하는 데 도움이 되었다.

F. 내담자가 자신의 공포와 불안에 영향을 끼치는 요인에 대해 이야기를 나눌 때 방어적인 태도를 유지함에 따라 치료 시간에 내담자와 신뢰를 형성하는 데 성공하지 못했다.

---

3) 괄호 안의 숫자들은 **아동 심리치료 치료계획서**(*The Child Psychotherapy Treatment Planner*), 제5판(Jongsma, Peterson, McInnis, Bruce 공저, 2014년, Hoboken, NJ : Wiley)에서 동일한 제목을 지닌 관련 장의 치료 중재의 숫자와 연결된다.

2. 불안 증상의 본질을 평가하기 (2)

A. 내담자에게 불안 증상, 공포, 회피의 빈도, 강도, 지속 시간과 이력에 대해 물어보았다.

B. '아동을 위한 불안장애 면담 스케줄-부모용' 또는 '아동용'(Silverman & Albano)을 사용해 내담자의 불안 증상을 평가했다.

C. 내담자의 불안 증상을 평가한 결과 내담자의 증상이 심하고 생활을 심각하게 방해하는 것으로 나타났다.

D. 내담자의 불안 증상을 평가한 결과 이런 증상들이 중간 정도이고 이따금씩 일상 기능을 방해하는 것으로 나타났다.

E. 내담자의 불안 증상을 평가한 결과 이런 증상들이 경미하고 일상 기능을 거의 방해하지 않는 것으로 나타났다.

F. 내담자의 불안 증상을 평가한 결과를 내담자와 함께 검토했다.

3. 객관적인 평가 도구 시행 (3)

A. 객관적인 평가 도구는 내담자의 두려움, 걱정, 불안 증상의 성격과 정도의 평가를 돕기 위해 시행되었다.

B. '개정된 아동의 분명한 불안 척도'(Reynolds & Richmond)는 내담자의 두려움, 걱정, 불안 증상에 대한 수준을 평가하는 데 사용되었다.

C. 어린이를 위한 다차원 불안 척도'(March et al.)는 두려움, 걱정, 불안 증상에 대한 내담자의 수준을 평가하는 데 사용되었다.

D. '불안 관련 정서적 장애에 대한 영화 : 아동 및/또는 부모 버전'(Birmeher et al.)은 두려움, 걱정, 불안 증상에 대한 내담자의 수준을 평가하는 데 사용되었다.

E. '객관적인 평가 도구는 치료 절차를 평가하기 위해 재시행되었다.

4. 통찰력 수준의 평가 (4)

A. 내담자는 보이는 문제들을 향한 통찰 수준으로 평가되었다.

B. 내담자는 보이는 문제들에 관하여 그의 통찰의 동조적인 본성 대 이질적인 본성에 따라 평가되었다.

C. 내담자는 행동과 증상에서 문제가 되는 본성에 대한 좋은 통찰을 하도록 보여 주었다.

D. 내담자가 다른 사람들의 우려에 동의하는 것이 목격되어 변화에 힘쓰도록 동기유발되었다.

E. 내담자는 묘사된 문제에 대해 양면성이 있음이 드러났고 그 문제들을 우려사항으로 보는 것을 꺼렸다.

F. 내담자는 문제 영역의 인식에 관해 저항적인 것으로 나타났고, 걱정하지 않았으며, 변화에 대한 동기가 없었다.

5. 관련 장애의 평가 (5)

A. 내담자는 연구 기반의 관련 장애들의 증거에 의해 평가되었다.

B. 내담자는 자살에 대한 취약성 수준으로 평가되었다.

C. 내담자는 동반장애를 가진 것으로 확인되었고, 치료는 이를 처리할 수 있도록 조정되었다.

D. 내담자는 또 다른 관련 장애가 있는지 평가되었지만 아무것도 발견되지 않았다.

6. 문화적으로 혼란스러운 문제에 대한 평가 (6)

A. 내담자는 그의 임상 행동을 더 잘 이해하도록 도울 수 있는 나이 관련 쟁점으로 평가되었다.

B. 내담자는 그의 임상 행동을 더 잘 이해하도록 도울 수 있는 성별 관련 쟁점으로 평가되었다.

C. 내담자는 그의 임상 행동을 더 잘 이해하도록 도울 수 있는 문화의 증후군, 고통의 문화적 관용구, 혹은 문화적으로 감지된 사건으로 평가되었다.

D. 다른 요인들이 내담자의 현재 정의된 '문제 행동'에 기여할 것이라고 확인되었고 이 요인들은 그의 치료에 반영되었다.

E. 내담자의 현재 정의된 '문제 행동'을 설명할 수 있는 문화적 기반 요인들은 조사되었지만 중대한 요인은 발견되지 않았다.

7. 장애의 심각성 평가 (7)

A. 내담자의 장애의 심각성은 보호의 적절한 정도를 결정하기 위해서 판단되었다.

B. 내담자는 사회적 · 관계적 · 교육적인 노력에서의 손상 정도로 평가되었다.

C. 내담자는 그의 장애가 자신의 기능에 가볍거나 중간 정도의 영향을 끼친다는 것을 알았다.

D. 내담자는 그의 장애가 자신의 기능에 심각하거나 더 심각한 영향을 끼친다는 것을 알았다.

E. 내담자의 치료의 효율성과 적절성, 그리고 장애의 심각성은 꾸준히 평가되었다.

8. 병원의 돌봄 평가 (8)

A. 병원의 돌봄과 관심으로 내담자의 집, 학교, 지역사회가 평가되었다.

B. 내담자의 다양한 환경은 아동의 욕구에 지속적인 무관심, 돌보는 사람의 잦은 변화, 안정적 애착의 제한된 기회, 가혹한 훈육 혹은 다른 심각한 부적절한 돌봄이 있었는지 평가되었다.

C. 병원의 돌봄이 확인되었고 치료계획에 이러한 우려를 관리하고 바로잡는 것과 아동을 보호하는 전략이 포함되었다.

D. 어떠한 병원의 돌봄도 확인되지 않았고, 이것은 내담자와 돌보는 사람에게 반영되었다.

9. 약물치료를 위한 검사를 받을 것을 권유하기 (9)

A. 내담자에게 의사를 찾아가 불안 증상 통제에 도움이 되는 향정신성 약물 복용을 위한 검사를 받도록 지시했다.

B. 내담자가 약물치료 권유에 순응했고 검사에 응했다.

C. 내담자가 향정신성 약물치료를 위한 의사와 진료 약속을 잡는 것을 거부했으나, 내담자에게 그렇게 하고 싶은 기분이 들 때 언제라도 검사를 받도록 격려했다.

10. 약물 순응도/효과성 모니터링하기 (10)

A. 부모, 내담자와 함께 약물 순응도와 효과성 문제를 다루었다.

B. 내담자의 약물 복용 거부 문제가 나타나 이의를 제기했다.

C. 내담자의 약물 순응도와 효과성에 관한 정보자료를 내담자의 의사에게 전달했다.

D. 내담자가 책임감 있게 약물 복용에 순응하는 것을 언어로 강화해 주었다.

E. 내담자가 향정신성 약물 복용이 자신의 불안감을 감소시키는 데 효과적이었다고 보고했다.

11. 분리 공포 논의하기 (11)

A. 분리 공포가 흔하고 자연스러운 것이지만 근거는 없는 것이라는 점에 대해 논의했다.

B. 내담자의 분리 공포는 나약함의 신호는 아니지만 불필요한 고통과 무능력함을 일으킨다고 내담자에게 강조해 주었다.

C. 내담자의 두려움이 어떤 식으로 불필요한 고통과 무능력함을 일으키는지 내담자로부터 관련된 예들을 도출했다.

12. 노출의 이점을 논의하기 (12)

A. 노출이 어떤 식으로 공포를 줄여 주고 자신감을 형성하고 더 안전한 기분을 이끌어 내는지에 대해 논의했다.

B. 분리 불안을 극복한 성공적인 경험의 역사를 확립하기 위해 노출을 사용하는 것을 강조했다.

C. 대처 C. A. T. 시리즈(WorkbookPublishing.com)에 나오는 기법들을 사용해 노출을 통한 성공적인 경험 형성을 이해하도록 도움을 주었다.

D. 내담자와 부모가 성공적인 경험의 새로운 역사를 형성하기 위해 노출을 사용하는 것에 대한 이해를 보임에 따라 이를 강화해 주었다.

E. 내담자와 부모가 성공적인 경험 형성을 위한 노출 사용에 대해 이해를 잘하지 못했고 이 분야에 대한 추가적인 되짚어 주기를 해 주었다.

13. 불안 관리 기술을 가르치기 (13)

A. 내담자에게 불안 관리 기술을 가르쳤다.

B. 내담자에게 행동 목표와 긍정적 자기 대화에 집중하도록 가르쳤다.

C. 아이를 위한 이완과 스트레스 감소 워크북(Shapiro & Sprague)에 있는 기법을 내담자에게 가르쳤다.

D. 불안 해소에 유익한 근육 이완 및 횡격막 (심)호흡 기법을 내담자에게 가르쳤다.

E. 내담자가 불안 관리 기술과 그 사용법에 대한 명확한 이해를 보임에 따라 내담자를 강화해 주었다.

F. 내담자가 새로운 분노 관리 기술을 사용하지 않았으므로 이것을 사용하도록 지시했다.

14. 불안 해소 기술을 연습하도록 지시하기 (14)

A. 내담자에게 매일 불안 해소 기술을 연습하는 숙제를 내주었다.

B. 내담자는 아동 심리치료 과제계획서(Jongsma, Peterson, & McInnis)의 '심호흡 연습'을 할당받았다.

C. 내담자가 매일 불안 해소 기술을 연습하는 것을 자세히 모니터링했다.

D. 내담자가 매일 불안 해소 기술 사용에 성공한 것을 강화해 주었다.

E. 내담자가 매일 불안 해소 기술 연습에 실패한 것에 대해 교정적 되짚어 주기를 제공했다.

15. 되짚어 주기 기법을 사용하기 (15)

A. 내담자의 긴장 이완 기술 습득 성공을 촉진하기 위해 되짚어 주기 기법을 사용했다.

B. 내담자가 긴장 이완 기법 훈련에 생리학적 반응을 보이는 것에 대해 내담자에게 일관성 있는 되짚어 주기를 제공했다.

C. 내담자가 되짚어 주기 훈련을 통해 긴장 이완 기술 사용 향상을 거둔 것에 대해 강화해 주었다.

D. 내담자가 되짚어 주기 기법 사용을 통한 기술 습득을 증가시키지 못했고 수정 교육을 해 주었다.

16. 왜곡된 생각을 인지하기 (16)

A. 내담자가 왜곡된 도식과 불안 반응을 매개하는 관련 자동적 사고를 인지하도록 도움을 주었다.

B. 내담자에게 왜곡된 사고가 감정적 반응을 촉진한다는 것을 알려 주었다.

C. 내담자가 인지적 신념과 자신의 불안 반응을 매개하는 메시지를 이해했음을 언어로 표현함에 따라 내담자를 강화해 주었다.

D. 내담자가 왜곡된 메시지를 긍정적이고 현실적인 인지로 대체하는 데 도움을 주었다.

E. 내담자가 자신의 왜곡된 사고와 인지를 깨닫지 못했고 이 분야에 대한 실제적인 예를 내담자에게 제공했다.

17. 행동 기법을 통해 긍정적인 자기 대화하기를 가르치기 (17)

A. 내담자에게 심각한 결과 없이 불안 증상을 견디도록 준비시켜 주는 긍정적인 자기 대화를 사용하는 것을 훈련시켰다.

B. 유용한 자기 대화를 가르치기 위해 행동 기법을 사용했다.

C. 모델링과 상상 시연을 통해 내담자의 긍정적인 자기 대화를 훈련시켰다.

D. 교정적 되짚어 주기와 사회적 강화를 통해 내담자가 불안 증상을 견딜 수 있도록 돕는 긍정적인 자기 대화 사용을 훈련시켰다.

E. 내담자가 긍정적인 자기 대화 사용을 증가한 것에 대해 내담자를 강화해 주었다.

F. 내담자가 긍정적인 자기 대화를 사용하지 않았고 이를 사용하도록 다시 지시했다.

18. 자기 대화 연습을 하도록 지시하기 (18)

A. 내담자에게 두려움을 주는 자기 대화가 무엇인지를 알아보고 현실에 근거한 대안을 만드는 숙제를 내주었다.

B. 내담자는 아동 심리치료 과제계획서(Jongsma, Peterson, & McInnis)의 '긍정적인 자기 말하기로 부정적인 생각 바꾸기' 활동을 할당받았다.

C. 내담자가 두려움을 주는 자기 대화를 현실에 기반한 대안으로 대체하는 것을 검토했다.

D. 내담자가 현실에 근거한 대안이 두렵다고 자신에게 호소한 감정을 성공 경험으로 대체해 내도록 강화했다.

E. 내담자가 두려움을 가져다주는 자기 대화를 현실에 근거한 대안으로 대체하는 데 실패함에 따라 이에 대해 교정적 되짚어 주기를 제공했다.

F. 내담자가 두려움을 주는 자기 대화와 관련된 숙제를 끝내지 않았으나 이를 끝내도록 다시 지시했다.

19. 불안 자극 위계를 구성하기 (19)

A. 내담자가 두세 가지 걱정과 관련된 분리불안 유발 상황에 대한 위계를 구성하는 데 도움을 주었다.

B. 내담자의 분리불안 원인이 꽤 모호한 상태로 남아 있어서 내담자가 자극 상황 위계를 구성하는 것이 어려웠으므로 내담자가 위계를 완성하는 데 도움을 주었다.

C. 내담자가 성공적으로 분리불안을 점진적으로 증가시키는 특정 자극 상황에 대한 분명한 위계를 설정했고, 이 위계를 검토했다.

20. 초기 노출 수준을 정하기 (20)

A. 불안 유발 상황 위계에서 성공 확률이 높을 것 같은 것으로 초기 노출 수준을 선정했다.

B. 초기 노출 동안 나타날 증상을 관리할 계획을 내담자와 개발했다.

C. 청소년 심리치료 과제계획서(Jongsma, Peterson, & McInnis)의 '점진적으로 특정 공포에 직면하기 (Gradually Facing a Phobic Fear)'를 사용해 노출 동안 내담자의 증상을 관리하는 계획 개발에 도움을 주었다.

D. 내담자가 상상을 통해 노출 관련 증상을 관리하는 계획을 연습하는 데 도움을 주었다.

E. 내담자가 증상관리 기법을 유용하게 사용한 것에 대해 긍정적 되짚어 주기를 제공했다.

F. 내담자에게 증상관리 기법을 향상시킬 방법을 다시 알려 주었다.

21. 상황적 노출에 관한 정보자료 읽기를 지시하기 (21)

A. 내담자의 부모에게 노출에 기반한 치료법이 유익할 수 있다는 내용을 담은 정보자료를 읽도록 지시했다.

B. 부모에게 대처 CAT 시리즈(WorkbookPublishing.com)를 발췌해서 읽어 보도록 지시했다.

C. 부모에게 불안하고 걱정 많은 아이, 어떻게 도와줄까?(Rapee et al.)를 읽어 보도록 지시했다.

D. 부모가 노출에 근거한 치료 기법에 관한 독서 과제를 수행했고 핵심 내용을 검토했다.

E. 부모가 노출에 근거한 치료 기법에 관한 독서 과제를 수행하지 않았고 이를 실천하도록 다시 지시했다.

22. 연습 상황에서 노출하는 시간을 실천하기 (22)

A. 내담자는 대처를 위한 회피보다는 공포에 직면하는 과정과 협력하도록 권장하였다.

B. 내담자가 연습 상황에서 노출을 시도하는 데 도움을 주었다.

C. 내담자는 아동 심리치료 과제계획서(Jongsma, Peterson, & McInnis)의 '모리스가 자신의 두려움에 직면하다(Maurice Faces His Fear)'를 할당받았다.

D. 단계별 목표 설정, 모델링, 내담자의 성공 강화를 사용해 내담자가 점진적으로 노출 강도를 높이는 연습을 하는 데 도움을 주었다.

E. 특정 연습 노출에서는 내담자와 애착 대상이 조정을 실시했다.

F. 내담자에게 애착 대상이 없어도 내담자가 점차 덜 불안해한다는 점을 알려 주었다.

G. 내담자가 연습 노출 시간에 계속해서 큰 불안감을 가지고 있었으며 이에 대해 교정적 기법을 실천했다.

23. 상황적 노출에 대한 숙제를 할 것을 지시하기 (23)

A. 내담자에게 걱정 노출을 실행하고 경험을 기록하는 숙제를 내주었다.

B. 내담자에게 아동·청소년의 분리불안(*Separation Anxiety in Children and Adolescents*)(Eisen & Schaefer) 자료에 나오는 상황적 노출 숙제를 해결해 보도록 지시했다.

C. 내담자의 걱정 노출 기법 사용을 검토하고 강화했다.

D. 내담자가 걱정 노출 기법 실행에 어려움을 겪었고 이에 대해 교정적 기법을 실시했다.

E. 내담자가 걱정 노출 기법 사용을 시도하지 않았고 이를 시도하도록 다시 지시했다.

24. 인지 행동 집단 치료 시행 (24)

A. 집단 치료는 Flannery-Schroeder와 Kandall의 불안한 아동을 위한 인지 행동 요법(*Cognitive Behavioral*

Therapy for Anxious Children)의 개념에 따라 시행되었다.

   B. 인지 행동 집단 치료는 내담자가 불안의 인지적 · 행동적 · 정서적 구성 요소에 대한 가르침으로 구성 되었다.

   C. 인지 행동 집단 치료는 내담자가 불안에 대처하기 위한 기술을 학습 및 구현하고 몇 가지 불안 자극 상황에서 새로운 기술을 연습하는 것으로 구성되었다.

   D. 내담자는 적극적으로 인지 행동 집단 치료에 참여했고, 이것의 장점이 조사되었다.

   E. 내담자는 적극적으로 인지 행동 치료에 참여하지 않았으며 그렇게 하도록 상기되었다.

25. 인지 행동 가족치료 시행하기 (25)

   A. 인지 행동 가족치료는 불안 어린이를 위한 인지 행동 치료 가족치료 : 집단 치료를 위한 치료사 매뉴얼 (*Cognitive-Behavioral Family Therapy for Anxious Children : Therapist Manual for Group Treatment*) (Flannery-Schroeder & Kendall)의 개념에 따라 검토가 실시되었다.

   B. 인지 행동 가족치료는 가족 구성원이 불안의 인지적 · 행동적 · 정서적 구성 요소에 대한 학습으로 시 행되었다.

   C. 인지 행동 가족치료는 가족 구성원이 불안에 대처하기 위한 기술을 학습 및 구현하고 부모가 치료 절차를 촉진하기 위한 양육 기술을 배우는 것으로 시행되었다.

26. 아이의 불안 관리에 대해 부모를 가르치기 (26)

   A. 부모는 아이의 불안을 관리하기 위한 건설적인 기술을 배웠다.

   B. 부모는 용감한 행동을 촉진하고 보상하는 방법에 대해 배웠다.

   C. 부모는 과도한 불평 및 기타 회피 행동을 감정적으로 무시하는 것에 대해 배웠다.

   D. 부모는 자신의 불안을 관리하고 회기에서 배운 행동을 모델링하는 것에 대해 배웠다.

   E. 부모는 불안하고 걱정 많은 아이, 어떻게 도와줄까?(Rapee et al.)의 일부를 읽을 것을 권장받았다.

   F. 부모는 당신의 아이가 분리 불안 또는 등교 거부를 극복하도록 돕는 것 : 부모를 위한 단계별 가이드(Eison & Engler)의 일부를 읽을 것을 권장받았다.

   G. 부모는 울지 않게 하는 분리 불안 해결법 : 6개월에서 6살까지 쉽게 작별인사를 하는 점잖은 방법(*The No-Cry Separation Anxiety Solution : Gentle Ways to Make Goodbye Easy from Six Months to Six Years*)(Pantley)을 읽도록 권장받았다.

27. 문제 해결 및 의사소통 기술 가르치기 (27)

   A. 가족 구성원들에게 치료를 통한 내담자의 개선을 돕기 위해 문제 해결 기법을 가르쳐 주었다.

   B. 가족 구성원들에게 치료를 통한 내담자의 진전을 돕기 위해 구체적인 의사소통 기술을 가르쳐 주었다.

   C. 가족 구성원들이 문제 해결 및 의사소통 기술을 사용한 것에 대해 가족 구성원들에게 긍정적 되짚어 주기를 해 주었다.

   D. 가족 구성원들이 문제 해결 및 의사소통 기술 사용에 자주 실패했고 이를 성공적으로 사용하도록 다시 지시했다.

28. 부모의 한계 설정 격려하기 (28)

   A. 오늘 치료 시간에는 부모에게 내담자의 성질 폭발 그리고/또는 과도한 매달리기 또는 칭얼거림에 대한

단호하고 일관성 있는 한계 설정의 중요성을 가르치는 데 집중했다.

 B. 부모가 그들이 내담자의 성질 폭발 또는 정서적 고통 증가에 대응하는 것을 피하고 싶은 욕망에 단호하고 일관된 한계 설정을 꺼렸음을 인정했다. 그래도 이런 한계를 설정해야 함을 부모에게 상기시켰다.

 C. 부모에게 내담자의 성질 폭발, 과도한 매달리기 또는 칭얼거림에 처음으로 한계를 설정하기 시작할 때 침착함을 유지하고 단호하게 통제를 잃지 않도록 지도했다.

 D. 부모가 좀 더 단호하고 일관성 있는 한계를 설정했다.

29. 보상체계/유관 계약 개발하기 (29)

 A. 내담자와 부모가 내담자가 과도한 정서적 고통을 보이지 않고 부모와 분리되는 것을 강화하는 보상을 파악했다.

 B. 내담자가 침착하고 자신 있는 태도로 부모와 분리되는 것을 강화하기 위해 보상체계를 개발했다.

 C. 내담자, 부모, 치료사가 분리 시점에서 발생하는 성질 폭발, 과도한 매달리기 또는 칭얼거림에 대한 부정적 결과를 적시한 유관 계약에 서명했다.

 D. 내담자, 부모, 치료사가 유관 계약의 조항에 언어로 동의를 표명했다.

 E. 보상체계 그리고/또는 유관 계약이 내담자가 과도한 정서적 고통을 보이지 않고 부모와 떨어지는 것을 감당하도록 도움을 주었다. 이런 체계를 계속 유지해 나가도록 이들을 격려했다.

 F. 내담자와 부모가 침착하고 자신 있는 태도로 부모와의 분리를 감당하는 내담자를 강화하기 위한 보상체계/유관 계약을 사용하지 않았고 이런 유용한 기법을 사용하도록 다시 지시했다.

30. 과거에 시도했던 성공적인 대처 기제를 알아보기 (30)

 A. 오늘 치료 시간에 내담자가 과도한 매달리기, 애원하기, 울기 또는 저항하기를 보이지 않고 부모와 분리될 수 있었던 때에는 내담자가 어떤 다른 행동을 했는지 알아보았다.

 B. 내담자를 위한 성공적인 대처 전략을 인지하는 데 도움을 주기 위해 **아동 심리치료 과제계획서**(Jongsma, Peterson, & McInnis)에 나오는 '부모의 출타 시간(Parents' Time Away)' 연습을 지시했다.

 C. 오늘 치료 시간은 내담자가 과거에 부모와의 분리를 성공적으로 해냈을 때 사용했던 긍정적인 대처 전략을 파악하는 데 유용했다.

 D. 과거에 내담자가 과도한 매달리기, 애원하기, 울기 또는 저항하기 없이 부모와 효과적으로 떨어질 때 사용했던 것과 비슷한 대처 기법을 사용하도록 내담자를 강하게 격려했다.

 E. 적극적인 경청 기법을 사용하여 내담자가 동료들과 이야기하거나 노는 것이 분리 시점에서 자신의 불안과 두려움을 감소시키는 데 도움이 되었음을 깨달았다고 얘기하는 것을 들어 주었다.

 F. 오늘 가족치료 시간을 통해서 내담자가 과거에 부모가 격려를 해 주고 내담자의 성질 폭발, 애원하기, 울기, 저항하기 또는 과도한 매달리기에 한계를 설정했을 때 분리에 효과적으로 대응했음이 드러났다.

31. 동료 집단 활동에 참여하도록 격려하기 (31)

 A. 내담자에게 타인과 있어도 편안하고 느긋한 마음을 느끼는 데 도움을 얻도록 방과 후 또는 긍정적 동료 집단 활동에 참여하도록 강하게 권유했다.

 B. 내담자가 학교에서 의미 있는 우정을 쌓을 기회를 제공하는 데 도움을 줄 긍정적 동료 집단 활동 목록을 작성하는 것을 도와주었다.

C. 내담자가 성공적인 대처 전략을 인지하는 데 도움을 주기 위해 **아동 심리치료 과제계획서**(Jongsma, Peterson, & McInnis)에 나오는 '자신의 강점 보여 주기' 연습을 사용했다.

D. 내담자가 자신의 불안정감과 부적격감이 학교에서 방과 후 활동 또는 동료 집단 활동 참여를 꺼리게 만든다는 것을 이해했다고 언어로 표현하는 것을 적극적 경청 기법을 사용해 들어 주었다.

E. 내담자가 최근에 방과 후 활동 또는 동료 집단 활동에 참여한 것이 분리에 좀 더 효과적으로 대처하는 데 도움을 주었다고 보고했고, 이것을 계속해 나가도록 내담자를 격려했다.

F. 내담자가 계속해서 부모와 떨어지는 것으로 어려움을 겪었고 최근에 방과 후 활동 또는 긍정적 동료 집단 활동에 참여하지 않았다. 이런 유용한 기법을 사용하도록 내담자를 상기시켰다.

32. 행동 연습/역할 연기를 통해 대처 기술을 가르치기 (32)

A. 내담자에게 자신의 사회적 불안감을 줄여 주는 긍정적·사회적 기술과 대처 전략을 가르치는 것을 돕기 위해 행동 연습과 역할 연기 기법을 활용했다.

B. 내담자에게 사회적 불안감을 줄여 주는 사회적 기술을 가르치는 것을 돕기 위해 **아동 심리치료 과제계획서**(Jongsma, Peterson, & McInnis)에 나오는 '동료들과 인사하기' 연습을 사용했다.

C. 내담자가 행동 연습과 역할 연기 연습에 참여한 후 몇 가지 사회적인 기술을 인지하는 데 도움을 주었다.

D. 치료 시간에 역할 연기를 한 후 내담자가 새로 배운 사회적인 기술을 자신의 일상 상황에 연습하고 싶어 하는 의지를 보였다.

E. 내담자에게 다음 치료 시간까지 새로 배운 사회적인 기술을 적어도 3~5번 연습하는 숙제를 내주었다.

33. 친구와 일박하도록 지시하기 (33)

A. 내담자에게 일박을 위해 친구를 집으로 초대하거나 친구네 집에서 일박을 하도록 지침을 내렸다.

B. 내담자가 친구네 집에서 하룻밤 잘 때 자신의 불안을 줄이는 데 사용할 수 있는 긍정적인 대처 전략을 생각해 내도록 도움을 주었다.

C. 부모에게 내담자가 친구를 집으로 하룻밤 동안 초청한 것 혹은 친구네 집에서 하룻밤 묵은 것에 대해 내담자를 칭찬해 주고 강화해 주도록 강하게 격려했다.

D. 내담자가 성공적으로 일박을 한 것에 대해 칭찬·강화해 주었다.

E. 친구와 일박하는 것을 꺼리는 데 영향을 끼치는 내담자의 두려움에 대해 살펴보았다.

34. 독립 놀이에 시간을 쓰도록 지시하기 (34)

A. 내담자에게 점진적으로 좀 더 긴 시간 동안 독립 놀이를 하거나 방과 후 친구들과 시간을 보내도록 지시했다.

B. 내담자가 점진적으로 독립 놀이를 하거나 방과 후 친구들과 시간을 보내는 것을 돕기 위한 행동 계획을 개발했다.

C. 내담자가 점진적으로 독립 놀이를 하거나 방과 후 친구들과 시간을 보내는 것을 강화하기 위해 보상체계를 고안하고 실시했다.

D. 부모에게 내담자가 점진적으로 독립 놀이를 하거나 방과 후 친구들과 시간을 보내는 것을 칭찬하고 강화하도록 강하게 권유했다.

E. 내담자가 부모나 보호 제공자들과 떨어져 더 많은 시간을 독립 동료 집단 놀이에 소비하는 것으로 나타났다.

35. 탐험 활동을 통한 자율성을 격려하기 (35)

A. 내담자의 자율성을 키우기 위해 내담자에게 인접 지역을 탐험해 보도록 격려했다.

B. 내담자의 자율성을 더 키우고 독립 놀이 또는 집 밖의 활동에 참여하는 시간을 증가시키는 데 도움을 주기 위해 내담자에게 **아동 심리치료 과제계획서**(Jongsma, Peterson, & McInnis)에 나오는 '**당신의 세계를 탐험하기**(Explore Your World)' 연습을 지시했다.

C. 내담자가 부모 또는 애착 대상과의 분리를 좀 더 효과적으로 감내하도록 도움을 주기 위해 내담자에게 '당신의 세계를 탐험하기' 연습을 지시했다.

D. 내담자가 불길하고 나쁜 징조가 있는 주변 환경에 대한 자신의 두려움의 강도를 줄이도록 도움을 주기 위해 내담자에게 '당신의 세계를 탐험하기' 연습을 지시했다.

E. 내담자와 부모가 '당신의 세계를 탐험하기' 연습이 내담자가 부모와의 분리를 좀 더 효과적으로 견디도록 도움을 주었다고 말했다. 이런 진전이 갖는 이점을 검토했다.

F. 내담자가 '당신의 세계를 탐험하기' 연습이 자신의 불안감과 두려움의 강도를 줄이는 데 도움이 되었다고 보고했다. 이 기법을 계속 사용하도록 내담자를 격려했다.

G. 내담자가 '당신의 세계를 탐험하기' 연습을 사용하지 않았고, 이 기법 사용을 가로막는 장애물을 점검하고 검토해서 개선시켰다.

36. 부모에게 주간 외출 지시하기 (36)

A. 내담자가 좀 더 효과적으로 분리를 감내하는 법을 배우도록 돕기 위해 부모에게 내담자 없이 주간 외출을 하도록 지시했다.

B. 내담자에게 부모가 주간 외출을 해서 집에 없는 동안 자신의 분리불안을 줄이는 데 도움이 되는 이완 및 심호흡 기법을 가르쳐 주었다.

C. 내담자에게 부모가 주간 외출을 하느라 집을 비운 동안 자신의 분리불안을 줄이는 데 도움을 얻기 위해 친구에게 전화를 걸거나 형제자매와 놀이를 하도록 지도했다.

D. 부모가 내담자 없이 주간 외출을 하라는 지침을 따랐다고 보고했다.

E. 오늘 치료 시간에 내담자 없이 주간 외출을 하는 것에 대해 부모가 저항한 이유를 살펴보았다.

37. 실수와 재발을 구별하기 (37)

A. 실수와 재발을 구분 짓는 것에 대해 내담자와 논의했다.

B. 실수는 증상, 공포 또는 회피하고 싶은 충동이 처음으로 한 번 되돌아오는 것과 관련이 있다.

C. 재발은 두렵고 피하고 싶은 행동 패턴으로 돌아가겠다는 결정을 수반한다.

D. 내담자가 실수와 재발 사이의 차이점을 이해했음을 보임에 따라 내담자에게 지지와 격려를 제공했다.

E. 내담자가 실수와 재발 사이의 차이점을 이해하는 데 어려움을 겪었고 이에 대해 교정적 되짚어 주기를 제공했다.

38. 실수 위험 상황을 관리하는 문제를 논의하기 (38)

A. 내담자가 실수가 발생할 수 있는 미래 상황을 파악하도록 도움을 주었다.

B. 치료 시간에 실수가 발생할 수 있는 미래 상황 또는 환경을 관리하는 연습에 전념했다.

C. 내담자가 실수 관리 기술을 적절하게 사용한 것에 대해 강화해 주었다.

D. 내담자가 실수 관리 기술을 제대로 사용하지 못해 다시 지도해 주었다.

39. 전략의 일상적 사용 격려하기 (39)

A. 내담자에게 치료 시간에 배운 전략(예 : 인지 재구조화, 노출)을 일상적으로 사용하도록 지도했다.

B. 내담자에게 자신의 새로운 전략을 최대한 많이 생활 속에 도입할 방법을 찾도록 독려했다.

C. 내담자가 자신의 생활과 일상에 대처 전략을 도입한 방식을 보고한 것에 대해 내담자를 강화해 주었다.

D. 내담자에게 자신의 일상과 생활에 새로운 전략을 도입하는 방법에 대해 다시 지도해 주었다.

40. 대처 카드를 만들기 (40)

A. 내담자에게 특정 대처 전략이 기입된 대처 카드를 주었다.

B. 내담자가 자신에게 유용한 대처 전략을 열거할 수 있도록 자신의 대처 카드를 만드는 것을 도와주었다.

C. 내담자가 불안을 유발하는 상황으로 어려움을 겪을 경우 자신의 대처 카드를 사용하도록 격려했다.

41. 내담자와 밀착된 부모를 평가하기 (41)

A. 내담자와 지나치게 밀착된 부모에게 불안 또는 정서 장애가 있는지를 평가했다.

B. 내담자와 지나치게 밀착된 부모가 불안 또는 정서 장애를 가진 것으로 나타났고, 이런 정보자료를 부모와 공유했다.

C. 부모에게 정신장애 치료를 위한 약물치료 검사를 받아 보도록 권유했다.

D. 지나치게 내담자와 밀착된 부모에게 정신장애 치료를 위해 개별 치료를 받도록 권유했다.

E. 지나치게 내담자와 밀착된 부모의 밀착되려는 경향이 감소함에 따라 부모의 불안 또는 정서 장애에 차도가 있는 것으로 나타났다.

F. 지나치게 내담자와 밀착된 부모가 정신장애 치료를 받으라는 권유를 따르지 않았고 이를 따르도록 다시 지시했다.

42. 결혼한 부부 평가/치료하기 (42)

A. 갈등 또는 다각화의 가능성을 점검하기 위해 결혼한 부부를 평가했다.

B. 자녀의 분리불안 문제 발현에 영향을 끼치는 가족 내의 역학관계를 알아보기 위해 가족치료 회기를 실시했다.

C. 가족치료 시간에 치료 대상자의 분리불안 문제에 영향을 끼치는 몇 가지 역학이 밝혀졌다.

D. 가족 내의 역학관계를 가족치료 시간에 다루었다.

E. 가족에게 추가적인 가족치료를 받도록 권유했다.

F. 부모에게 부부치료를 받도록 권유했다.

43. 불안과 과거 경험의 연관성을 평가하기 (43)

A. 내담자의 불안과 공포가 과거의 분리, 상실, 학대, 외상 또는 위험한 상황과 관련 있는지를 평가했다.

B. 내담자의 공포가 과거의 경험과 관련이 있는 것으로 나타났다고 내담자에게 알려 주었다.

44. 과거의 경험에 대한 감정 표현을 격려하기 (44)

A. 내담자의 분리, 상실, 외상 또는 위험한 상황에 대한 경험을 살펴보았다.

B. 내담자가 분리, 상실, 외상 또는 위험한 상황의 경험을 묘사한 것에 대해 격려와 지지를 해 주었다.

C. 내담자가 과거의 경험과 관련된 감정을 표현한 것에 대해 강화해 주었다.

D. 내담자가 과거의 경험과 관련된 감정을 표현하는 것을 꺼렸고, 안전하다고 느끼면 이것을 해 보도록 격려했다.

45. 감정에 관한 편지 쓰기를 지시하기 (45)

A. 내담자에게 과거의 분리, 상실, 외상 또는 위험에 대한 자신의 감정을 표현하는 편지를 쓰도록 지시했다.

B. 내담자가 과거의 분리, 상실, 외상 또는 위험에 대한 자신의 감정을 담은 편지 작성을 마쳤고, 이 편지를 치료사와 함께 검토했다.

C. 과거의 경험에 대한 내담자의 편지를 검토하면서 내담자를 지지해 주었다.

D. 내담자가 과거의 경험과 관련된 자신의 감정을 담은 편지 쓰기를 끝내지 않아서 이것을 끝내도록 다시 지시했다.

46. 아동중심 놀이치료를 사용하기 (46)

A. 아동중심 놀이치료에서 원칙의 사용을 강조했다.

B. 내담자가 자기 자신에 대해 더 많이 깨달을 수 있도록 내담자에 대한 진정한 관심, 무조건적인 긍정적 배려 그리고 내담자의 성장 역량에 대한 신뢰의 표명을 통해 내담자에게 도움을 주었다.

C. 내담자가 도덕적 판단을 배제한 태도로 감정 고찰을 하는 것을 통해 분리에 대한 공포를 극복하려는 동기부여를 높이도록 격려했다.

D. 내담자가 놀이치료에 긍정적으로 반응했고 자신에 대한 깨달음을 더 많이 얻고 공포를 극복하려는 동기가 향상된 것으로 나타났다.

47. 상호 이야기하기 기법을 사용하기 (47)

A. 상호 이야기하기 기법을 응용해 감정과 공포의 표현을 도와주었다.

B. 치료사의 이야기는 공포와 불안감을 극복하는 적절한 방법의 모델이 되었다.

C. 내담자에게 치료사의 이야기와 비슷한 이야기를 만들도록 격려하되, 내담자가 만든 이야기 속 인물들이 공포와 불안감을 이겨 내는 내용을 포함하도록 요청했다.

48. 미술치료 기법을 사용하기 (48)

A. 내담자에게 주요 애착 대상과의 분리로 일어날 수 있는 일에 대한 자신의 두려움을 보여 주는 그림을 그리도록 지시했다.

B. 내담자가 두려워하는 것에 대한 그림을 완성한 뒤, 무엇이 현실적이고 무엇이 비현실적인지 내담자가 파악하도록 도움을 주었다.

49. '나의 권리 주장하기' 게임 놀이하기 (49)

A. 내담자에게 자기주장 기술을 가르쳐 주기 위해 치료 시간에 '나의 권리 주장하기(Stand Up for

Yourself)' 게임을 사용했다.

  B. 내담자가 '나의 권리 주장하기' 게임을 한 뒤 자기주장 기술의 향상을 보인 것을 강화해 주었다.

50. 집단치료에 참여하도록 권유하기 (50)

  A. 내담자에게 분리불안 증상을 위한 소규모 집단치료에 참여하도록 권유했다.

  B. 내담자가 사회적 기술 및 자기주장 향상과 사회적 불안 감소를 목적으로 하는 집단치료에 등록했다.

  C. 참여 가능한 집단이 없었기 때문에 내담자에게 집단치료 모델에 기반한 개별 치료를 제공했다.

  D. 내담자가 분리불안을 위한 집단치료에 참여했고, 그 경험을 검토하고 점검했다.

  E. 내담자가 사회적 불안 문제를 다루기 위한 집단치료에 참여하지 않았으나, 이 프로그램에 참여할 것을 다시 지시했다.

제31장

성폭력 피해 아동과 청소년을 보살피기[1]

내담자 소개

1. 성적 학대에 관한 자기보고 (1)[2]

A. 내담자가 성적 학대를 받았다고 보고했다.

B. 내담자가 한 번이라도 성적 학대를 받은 적이 있는지를 질문받았을 때 방어적이었고 대답을 회피했다.

C. 내담자가 이전에 성적 학대를 받았다고 보고했지만 그 이후 이런 초기의 진술을 철회했다.

D. 내담자가 성적 학대를 받았음을 암시하는 다른 증거가 있음에도 성적 학대를 받은 적이 없다고 언어로 부인했다.

2. 성적 학대의 신체적 증거 (2)

A. 의학적 검사에서 성적 학대와 관련된 신체적 증거가 드러났다.

B. 의학적 검사에서 성적 학대와 관련된 신체적 증거가 아무것도 드러나지 않았다.

3. 성 문제에 대한 강한 관심 (3)

A. 내담자가 성적 피해를 입은 이후 성 관련 문제에 강한 관심 또는 호기심을 보인다.

B. 내담자가 치료 시간에 성 관련 문제에 강한 관심 또는 호기심을 보였다.

C. 내담자의 성 관련 문제에 대한 강한 관심 또는 호기심은 자신의 성적 피해에 대한 더 깊은 슬픔, 상처,

---

1) 역자 주 : 우리나라에서도 빈발하는 성적 학대(폭력) 피해와 관련된 대표적인 사례가 상습적 성폭행범인 조두순이 저지른 나영이 (초등학교 2학년, 8살 여아) 사건이다. 만기 출소 예정자인, 초등학교 2학년 여학생 나영이를 교회 화장실에서 성폭행한 전과자인 조두순의 석방에 대한 시민 항의와 반대 여론이 많으며 수감 생활 기간 어떤 치료 대책과 효과, 변화의 증거가 있었는지 관련 자료가 공개되지 않았다는 문제가 있다. 교사가 학생을, 직장 상사가 여직원을, 군 장교가 부하 여군을 상습적으로, 기혼 남자가 미혼 · 기혼 여직원을 성희롱, 폭력을 행사하는 사례, 내로남불(내가 하는 불륜은 로맨스이고 남이 하는 성폭력, 희롱은 불륜이라 는 주장)의 사례가 근절되지 않고 있으며 교사가 학생을 대상으로 저지르는 성희롱 사건의 경우에 학교장 직권으로 파면권을 행사해야 하며(연금 수급권을 박탈할 수 있도록 강제하고 있는데도 불구하고 근절되지 않고 있다) 상습 성폭행범에게 화학적 거세도 가능하다. 기혼자가 주인공인 경우에 부부가 성상담과 치료 대상자로 판단된다.

2) 괄호 안의 숫자들은 아동 심리치료 치료계획서(*The Child Psychotherapy Treatment Planner*), 제5판(Jongsma, Peterson, McInnis, Bruce 공저, 2014년, Hoboken, NJ : Wiley)에서 동일한 제목을 지닌 관련 장의 치료 중재의 숫자와 연결된다.

무력감을 감추는 것이다.

D. 내담자가 자신의 성적 학대 문제를 다루기 시작한 이후 성 관련 문제에 덜 몰두하는 모습을 보였다.

4. 진전된 수준의 성 지식 (3)

A. 내담자가 자기 또래의 아이에 비해 진전된 수준의 성 지식을 갖고 있다.

B. 내담자가 과거의 성적 피해 때문에 진전된 수준의 성 지식을 갖게 됐다.

C. 내담자가 오늘 치료 시간에 복잡한 성 행위에 대해 이야기했다.

D. 내담지가 나이에 맞는 성 지식을 발달시켰다.

5. 성적인 행동 (4)

A. 내담자가 고도로 성적인 행동을 가족 구성원, 다른 어른들과 동료들에게 보였다.

B. 내담자가 자신보다 어린 또는 나이가 같은 아이들과 부적절한 성적 행동을 했다.

C. 내담자의 과거 성적 피해가 내담자의 진전된 성적 행동을 유발한다.

D. 내담자가 자신의 의존 욕구를 충족시키려는 의도로 타인과 성적 행동을 한다.

E. 내담자가 최근에는 부적절한 성적 행동을 하지 않았다.

6. 놀이/미술작품에 성적인 주제가 나타남 (4)

A. 부모와 교사가 내담자의 놀이 또는 미술작품에서 성적인 주제가 자주 등장한다고 보고했다.

B. 오늘 치료 시간 동안 내담자의 놀이에서 성적인 주제가 나타났다.

C. 내담자의 미술작품이 강한 성적 집착을 반영했다.

D. 내담자가 최근에 동료들과 성적인 놀이를 했다.

E. 성적인 주제가 내담자의 최근 놀이나 미술작품에서 나타나지 않았다.

7. 성적인 학대 기억이 반복적으로, 불쑥불쑥 떠오름 (5)

A. 내담자가 과거 성적 학대에 대한 반복적이고, 불쑥불쑥 떠오르는 불쾌한 기억들을 경험했다.

B. 내담자가 가해자와의 접촉이 있은 이후 그리고/또는 성적인 주제에 노출된 이후 과거의 성적 학대에
대한 불쾌한 기억이 불쑥불쑥 떠오르는 것을 재경험했다.

C. 내담자가 성적 학대 기억이 불쑥불쑥 떠오르는 일이 되었지만 더 이상 힘들지 않다고 부인했다.

8. 반복적인 악몽 (5)

A. 내담자가 과거의 성적 학대에 대한 악몽을 계속 꾼다.

B. 내담자가 과거의 성적 학대에 대한 악몽이 반복되어서 계속 힘들다고 보고했다.

C. 내담자가 가해자와의 접촉 이후 그리고 또는 성적인 주제에 노출된 이후 성적 학대에 대한 악몽을
다시 꾼다.

D. 내담자가 더 이상 과거의 성적인 학대에 대한 악몽으로 힘들지 않다고 말했다.

9. 해리성 환각의 재현 현상, 망상 또는 환각 (6)

A. 내담자가 과거에 경험했던 성적 학대에 대한 해리성 환각의 재현 현상(dissociative flashback)을 경험했
다고 보고했다.

B. 내담자가 과거 성적 학대에 관련된 망상과 환각을 경험했다고 보고했다.

C. 내담자가 가해자와의 접촉이 있은 이후 그리고/또는 성적 주제에 노출된 이후 해리성 환각의 재현 현상, 망상 또는 환각을 재경험했다고 보고했다.

D. 내담자가 해리성 환각의 재현 현상, 망상 또는 환각이 멈췄다고 말했다.

10. 분노와 격분 (7)

A. 내담자가 과거의 성적 학대에 대한 강한 분노와 격분의 감정을 표현했다.

B. 내담자가 성적 학대가 시작된 이후 잦은 분노 폭발, 격분 일화를 보였다.

C. 내담자가 좀 더 안전하다고 느끼고 성적 학대에 대한 자신의 감정을 이겨 내기 시작하면서 내담자의 분노 폭발의 빈도와 강도가 줄어들었다.

D. 내담자가 과거의 성적 학대에 대해 이야기를 할 때마다 내담자의 분노 강도가 줄어들었다.

E. 내담자가 분노 폭발과 격분 일화의 빈도와 강도에 감소를 보였다.

11. 기분과 정서의 동요 (8)

A. 내담자가 성적 학대가 발생한 이후 우울증, 불안감, 자극 과민성을 빈번하게 경험하며, 이런 기분이 한 번 나타나면 길게 지속된다.

B. 내담자가 성적 학대에 대해 이야기할 때 눈에 띄게 우울해했다.

C. 내담자가 성적 학대에 대해 이야기할 때 불안해 보였다.

D. 내담자가 과거의 성적 학대에 대한 슬픔, 불안, 불안정, 분노의 감정을 이겨 냄에 따라 내담자의 기분이 점차 안정되기 시작했다.

E. 내담자의 기분이 안정되었고 우울감, 불안감 또는 자극 과민성이 더 이상 빈번하게 나타나거나 오래 지속되지 않는다고 보고한다.

12. 퇴행 행동 (9)

A. 내담자가 성적 학대를 당한 이후 퇴행 행동(예 : 엄지손가락 빨기, 아기처럼 말하기, 이불에 오줌 싸기)을 자주 보였다.

B. 내담자가 오늘 치료 시간에 과거의 성적 학대에 대한 이야기를 시작할 때 퇴행 행동을 보였다.

C. 내담자가 집에서 다른 곳으로 거처를 옮긴 이후에 더 많은 퇴행 행동을 보인다.

D. 내담자가 오늘 치료 시간에 어떠한 퇴행 행동을 하지 않고 성적 학대 문제에 대해 이야기할 수 있었다.

E. 내담자의 퇴행 행동의 빈도가 크게 감소했다.

13. 두려움/불신 (10)

A. 내담자가 성적인 학대를 당한 이후 강한 두려움을 느끼며 타인에 대한 현저한 불신이 생겼다고 말했다.

B. 내담자의 두려움이 천천히 줄어들기 시작했고, 중요한 타인과 신뢰를 형성하기 시작했다.

C. 가족과 가족 외의 개인으로부터 받는 강한 지원이 내담자의 두려움과 불신을 누그러뜨리는 데 도움이 되었다.

D. 내담자가 성공적으로 성적인 학대에 관한 자신의 감정 중 많은 부분을 이겨 냈고 중요한 타인과 친밀하고 신뢰하는 관계를 형성했다.

14. 사회적 위축 (10)

A. 내담자가 성적인 학대를 당한 이후 다른 사람들로부터 더 많이 위축되었다.

B. 내담자가 오늘 치료 시간에 성적인 학대에 대한 주제를 다룰 때[3] 무심하고 위축되어 보였다.

C. 내담자가 낮은 자존감과 타인에 대한 불신 때문에 점점 위축된다고 인정했다.

D. 내담자가 좀 더 자신 있게 행동하고 가족 구성원, 다른 어른, 동료들과의 상호작용에서 개방적인 모습을 보이기 시작했다.

15. 가족의 부인 (10)

A. 오늘 치료 시간에 참석한 가족 구성원들이 내담자가 성적인 학대를 받았다는 사실을 믿을 수가 없다고 말했다.

B. 내담자의 가족 구성원들이 현재 성적 학대를 받았다는 내담자의 말을 믿을 것인지 말 것인지에 관해서 의견이 갈렸다.

C. 내담자의 가족 구성원들이 성적 학대가 발생했다는 점은 인정했지만 그 문제가 내담자에게 갖는 중요성이나 영향은 축소했다.

D. 가족체계 내에서 성적 학대에 대한 부인이 중단됐다.

16. 가족의 은닉 (10)

A. 내담자와 가족 구성원들이 성적 학대 사례를 숨기는 경향이 있고 최근까지 가족 외의 다른 개인이나 기관에 이것을 알리지 않았다.

B. 오늘 치료 시간에 핵심 가족 구성원들이 자녀가 성적인 학대의 피해자였다는 사실을 모르는 것으로 드러났다.

C. 치료 시간이 가족 내의 성적인 학대에 대한 은닉을 제거하는 데 도움이 되었다.

17. 부적절한 부모-자녀 경계 (10)

A. 가족체계 내의 부적절한 부모-자녀 경계가 성적 학대 발생을 일으키는 중요 요인 중 하나였다.

B. 부모가 매우 약하고 부적절한 부모-자녀 경계(boundary)를 형성했다.

C. 부모가 적절한 부모-자녀 경계를 형성하기 위해 적극적으로 방안을 강구하기 시작했다.

D. 치료 시간이 적절한 부모-자녀 경계를 설정하고 미래의 성적 학대 발생 위험을 현저히 줄이기 위해 가족 안에서의 일반적 경계선을 형성하는 데 도움이 되었다.

18. 죄책감과 수치감 (11)

A. 내담자가 과거의 성적 학대에 대해 강한 죄책감과 수치감을 표현했다.

B. 내담자에게 성적 학대가 발생한 것이 내담자의 탓이 아니라고 안심시켜 주었음에도 내담자가 과거에 경험한 성적 학대에 대한 강한 죄책감과 수치감을 계속 호소한다.[4]

---

3) 성심리학, 성의학 관련 양서들이 이 주제를 다루고 있다.
   (1) 문인옥, 정혜영, 배정원 공역(2013), 성상담의 이론과 실제, 서울 : (주)시그마프레스.
   (2) 오영희, 노영희, 김성희, 권젬마, 이은경 공역(2009), 성심리학, 서울 : (주)시그마프레스.
4) 성적 학대나 폭력, 강간 문제에 대한 대응이나 성심리나 성교육 실제 시에 이 불행한 사건의 발생은 피해자인 내가 아니라 가해자에게 잘못이 있으며 그래서 그는 처벌대상이고 가해자가 잘못을 인정, 사과해야 한다는(그럴지라도 가해자를 만나기를 싫어함) 점을 유념해야 한다.

C. 내담자가 성적 학대의 책임이 가해자에게 있음을 이제 인지했으며 그 이후 내담자의 죄책감과 수치감이 줄어들기 시작했다.

D. 내담자가 과거의 성적 학대에 대한 죄책감과 수치감을 성공적으로 이겨 내고 해소했다.

19. 낮은 자존감 (11)

A. 내담자가 과거의 성적 학대를 받은 사실에 대한 낮은 자존감과 불안정감을 강하게 표현했다.

B. 내담자가 과거의 성적 학대에 관한 자신의 감정을 이겨 내기 시작하면서 내담자의 자존감이 향상되기 시작했다.

C. 가족의 강한 지원이 내담자의 자존감을 높이는 데 도움이 되었다.

D. 내담자가 오늘 치료 시간 동안 몇 개의 긍정적인 자기기술적 문구를 언어로 표현했다.

중재 실행

1. 신뢰 쌓기 (1)[5]

A. 오늘 치료 시간의 초점은 지속적인 눈 맞추기, 적극적 경청, 무조건적인 긍정적 존중, 따뜻한 수용의 방법 사용을 통해 내담자와 일정 수준의 신뢰를 쌓는 데 두었다.

B. 치료 시간이 내담자와 신뢰 수준을 형성하는 데 도움이 되었다.

C. 내담자가 성적 학대에 대해 이야기하는 것을 여전히 조심스러워함에 따라 치료 시간이 내담자와 신뢰를 형성하는 데 유용하지 못했던 것으로 나타났다.

2. 감정 표현을 개발하기 (2)

A. 내담자가 성적 학대를 당한 것에 대한 전체 이야기를 말하고 학대를 당할 때와 학대 이후의 자신의 기분을 표현하도록 내담자에게 격려와 지지를 해 주었다.

B. 내담자가 성적 학대 발생 전, 발생 도중, 발생 후의 사건들을 순서대로 이야기했지만 어떠한 감정도 보이거나 표현하지 않았다.

C. 내담자가 과거 성적 학대에 대한 자신의 감정을 표현하는 데 격려와 지지를 해 주기 위해 내담자 중심 원칙을 사용했다.

D. 내담자가 집에서 성적 학대에 대한 자신의 생각과 감정을 표현할 기회를 주도록 부모를 격려했다.

E. 내담자가 성적 학대에 대한 전말을 이야기하지 못하고 성적 학대를 당할 때와 그 이후 경험했던 감정들을 표현하지 못해서 이에 대해 이야기하도록 내담자에게 지시했다.

3. 해부학적 인형을 사용하기 (3)

A. 내담자가 성적 학대를 받았는지를 평가하기 위해 해부학적 인형(anatomical doll)을 사용했다.

B. 내담자가 어떤 식으로 성적 학대를 받았는지 이야기하고 보여 줄 수 있도록 해부학적 인형을 사용했다.

C. 내담자의 과거 성적 학대에 관한 설명을 할 때 치료사가 주도해 나가지 않도록 주의했다.

---

5) 괄호 안의 숫자들은 아동 심리치료 치료계획서(The Child Psychotherapy Treatment Planner), 제5판(Jongsma, Peterson, McInnis, Bruce 공저, 2014년, Hoboken, NJ : Wiley)에서 동일한 제목을 지닌 관련 장의 치료 중재의 숫자와 연결된다.

    D. 해부학적 인형 사용을 통해 내담자가 자신이 어떤 식으로 성적 학대를 당했는지에 관해서 이야기할 수 있었다.

    E. 해부학적 인형을 사용한 것이 내담자가 과거의 성적 학대에 관한 자신의 감정을 언어로 표현하는 데 도움을 주었다.

4. 성적 학대 사실을 보고하기 (4)

    A. 적절한 아동 보호 기관에 성적 학대 사실을 보고했다.

    B. 형사 사법부서 관계자들에게 성적 학대 사실을 알렸다.

    C. 내담자에게 성적 학대의 물리적 증거가 있는지 그리고/또는 성적 학대로 인해 발생한 건강상의 문제가 있는지를 평가하기 위해 내담자에게 의학적 검사를 실시했다.

    D. 내담자와 가족 구성원들이 성적 학대를 적절한 아동 보호 기관 또는 형사 사법부서에 통보하는 데 협조적이었다.

    E. 내담자와 가족 구성원들이 성적 학대 사실을 적절한 아동 보호 기관 또는 형사 사법부서에 보고하는 데 반대했다.

5. 성적 학대 혐의의 진실성을 평가하기 (5)

    A. 아동 보호 기관의 사례 관리자, 형사 사법부서 관계자와 내담자의 성적 학대 혐의의 진실성을 평가하기 위한 협의회를 가졌다.

    B. 성적 학대 혐의의 진실성을 평가하기 위해 내담자를 진단한 의사와 협의회를 가졌다.

    C. 아동 보호 기관 사례 관리자, 형사 사법부서 관계자, 의사와 가진 협의회에서 성적 학대를 받았다는 내담자의 보고를 강하게 뒷받침했다.

    D. 아동 보호 기관 사례 관리자, 형사 사법부서 관계자, 의사와 가진 협의회에서 내담자가 성적 학대를 받았는지의 여부에 대한 불확정적인 증거가 나왔다.

    E. 아동 보호 기관 사례 관리자, 형사 사법부서 관계자, 의사와 가진 협의회에서 성적 학대를 받았다는 내담자의 보고에 대한 근거가 거의 또는 전혀 나오지 않았다.

6. 통찰력 수준의 평가 (6)

    A. 내담자는 보이는 문제들을 향한 통찰 수준으로 평가되었다.

    B. 내담자는 보이는 문제들에 관하여 그의 통찰의 동조적인 본성 대 이질적인 본성에 따라 평가되었다.

    C. 내담자는 행동과 증상에서 문제가 되는 본성에 대한 좋은 통찰을 하도록 보여 주었다.

    D. 내담자가 다른 사람들의 우려에 동의하는 것이 목격되어 변화에 힘쓰도록 동기유발되었다.

    E. 내담자는 묘사된 문제에 대해 양면성이 있음이 드러났고 그 문제들을 우려사항으로 보는 것을 꺼렸다.

    F. 내담자는 문제 영역의 인식에 관해 저항적인 것으로 나타났고, 걱정하지 않았으며, 변화에 대한 동기가 없었다.

7. 관련 장애의 평가 (7)

    A. 내담자는 연구 기반의 관련 장애들의 증거에 의해 평가되었다.

    B. 내담자는 자살에 대한 취약성 수준으로 평가되었다.

    C. 내담자는 동반장애를 가진 것으로 확인되었고, 치료는 이를 처리할 수 있도록 조정되었다.

D. 내담자는 또 다른 관련 장애가 있는지 평가되었지만 아무것도 발견되지 않았다.

8. 문화적으로 혼란스러운 문제에 대한 평가 (8)

A. 내담자는 그의 임상 행동을 더 잘 이해하도록 도울 수 있는 나이 관련 쟁점으로 평가되었다.

B. 내담자는 그의 임상 행동을 더 잘 이해하도록 도울 수 있는 성별 관련 쟁점으로 평가되었다.

C. 내담자는 그의 임상 행동을 더 잘 이해하도록 도울 수 있는 문화의 증후군, 고통의 문화적 관용구, 혹은 문화적으로 감지된 사건으로 평가되었다.

D. 다른 요인들이 내담자의 현재 정의된 '문제 행동'에 기여할 것이라고 확인되었고 이 요인들은 그의 치료에 반영되었다.

E. 내담자의 현재 정의된 '문제 행동'을 설명할 수 있는 문화적 기반 요인들은 조사되었지만 중대한 요인은 발견되지 않았다.

9. 장애의 심각성 평가 (9)

A. 내담자의 장애의 심각성은 보호의 적절한 정도를 결정하기 위해서 판단되었다.

B. 내담자는 사회적·관계적·교육적인 노력에서의 손상 정도로 평가되었다.

C. 내담자는 그의 장애가 자신의 기능에 가볍거나 중간 정도의 영향을 끼친다는 것을 알았다.

D. 내담자는 그의 장애가 자신의 기능에 심각하거나 더 심각한 영향을 끼친다는 것을 알았다.

E. 내담자의 치료의 효율성과 적절성, 그리고 장애의 심각성은 꾸준히 평가되었다.

10. 병원의 돌봄 평가 (10)

A. 병원의 돌봄과 관심으로 내담자의 집, 학교, 지역사회가 평가되었다.

B. 내담자의 다양한 환경은 아동의 욕구에 지속적인 무관심, 돌보는 사람의 잦은 변화, 안정적 애착의 제한된 기회, 가혹한 훈육 혹은 다른 심각한 부적절한 돌봄이 있었는지 평가되었다.

C. 병원의 돌봄이 확인되었고 치료계획에 이러한 우려를 관리하고 바로잡는 것과 아동을 보호하는 전략이 포함되었다.

D. 어떠한 병원의 돌봄도 확인되지 않았고, 이것은 내담자와 돌보는 사람에게 반영되었다.

11. 성적 학대 사실을 가족에게 공개하기 (11)

A. 핵심 가족 구성원 또는 보호 제공자에게 학대 사실을 공개하기 위해 합동 치료 회기를 진행했다.

B. 내담자의 성적 학대 사실에 대한 은닉을 제거하기 위해 가족치료 회기를 진행했다.

C. 성적 학대의 본질, 빈도 그리고 지속 기간을 핵심 가족 구성원 그리고/또는 보호 제공자에게 공개하기 위해 합동 치료 회기가 추진되었다.

12. 가족체계 내의 부인과 맞서기 (12)

A. 가족 구성원들이 내담자의 건강한 적응에 필요한 지지를 제공하는 것을 시작할 수 있도록 가족 구성원들이 성적인 학대의 영향에 대해 부인하는 것을 지적하고 이에 관해서 이의를 제기했다.

B. 가족 구성원들이 성적 학대 사실을 부인하는 것을 강하게 반박했고 성적 학대에 대한 책임을 가해자에게 물었다.

C. 치료 시간이 가족 구성원들의 성적 학대 사실을 부인하는 것을 이겨 내는 데 유용했고 가족 구성원들

이 내담자에게 필요한 치료와 지원에 따르겠다고 동의했다.

D. 치료 시간이 가족 구성원들의 성적 학대 사실[6]을 부인하는 것을 해결하는 데 성공하지 못했다.

13. 가해자를 집에서 옮기기 (13)

A. 가해자를 집에서 다른 안전한 곳으로 옮겨야 할지 여부를 결정하기 위해 형사 사법부서 관계자, 아동 보호 기관 사례 관리자와 협의회(case conference)를 열었다.

B. 내담자와 형제자매를 미래의 성적 학대 발생으로부터 보호하기 위해 가해자를 집에서 다른 안전한 곳으로 옮기라는 제안이 나왔다.

C. 가해자에게 집을 떠나 내담자 그리고/또는 가족 구성원들과 일절 접촉을 하지 말라는 법원 명령이 나왔다.

D. 가해자가 집에서 다른 곳으로 거처를 옮기라는 명령을 받았지만 감독자의 관리하에 내담자 그리고/또는 가족 구성원을 방문하는 것은 허용됐다.

E. 가해자가 치료를 받는 데 동의하고 이 조치를 따르는 조건하에 집에서 머무는 것을 허락하자는 제안이 나왔다.

14. 내담자와 다른 아동들을 보호하기 (14)

A. 내담자와 집의 다른 아동들을 미래의 성적 학대로부터 보호하기 위해 필요한 조치를 실시하는 데 대해 형사 사법부서 관계자, 아동 보호기관 사례 관리자와 협의회를 열었다.

B. 내담자와 집 안의 다른 아동들을 미래의 성적 학대로부터 보호해야 할 필요성과 이를 위한 적절한 조치를 취하는 것에 대해 논의하기 위해 가족치료 회기를 실시했다.

C. 내담자가 자신이 안전하다고 느끼려면 필요한 조치가 무엇인지를 알아볼 기회를 내담자에게 주기 위해 개별 치료 회기를 진행했다.

15. 내담자의 배치를 고려하기 (15)

A. 내담자를 집에 그대로 살 수 있도록 하는 것이 안전한지 아니면 다른 안전한 곳으로 옮겨야 할지를 평가하기 위해 형사 사법부서 관계자, 아동 보호 기관 사례 관리자와 협의회를 열었다.

B. 내담자는 집에 머물러 있되 가해자가 집을 떠나도록 강제하는 결정이 제안되었다.

C. 비학대적 부모가 내담자를 미래의 성적 학대로부터 보호할 것이라고 느껴졌기 때문에 내담자를 계속 집에 머물러 있게 하자는 결정이 제안되었다.

D. 미래의 성적 학대로부터 내담자를 확실히 보호하기 위해 내담자를 위탁가정에 배치하자는 제안이 나왔다.

E. 미래의 성적 학대로부터 내담자를 확실히 보호하고 내담자의 정서 · 행동 문제를 치료하기 위해 내담자를 수용시설 치료 프로그램에 배치하자는 제안이 나왔다.

16. 내담자에게 힘을 실어 주기 (16)

A. 오늘 치료 시간은 내담자가 자신을 보호하기 위해 필요한 조치를 강화하는 것을 통해 내담자에게 힘을

---

6) 역자 주 : 친부모가 친딸이나 아들을 또는 양아버지가 어린 딸을 성폭행, 성희롱하는 사례가 있다. 이와 같은 사례의 가해자에게 형사처벌 이외의 성교육을 부부가 함께 받도록 하는 것이 재범률을 감소시키는 데 도움이 된다는 연구자료가 있다. 즉 사법적 처벌 대상이면서 동시에 성교육이나 성심리치료 대상이다.

실어 주려고 시도했다.

   B. 오늘 치료 시간에 내담자가 자신의 성적 학대 사실을 적절한 개인 또는 기관에 보고하기로 한 결정을 칭찬하고 강화해 주는 것을 통해 내담자에게 힘을 실어 주려고 시도했다.

   C. 아동 보호 핫라인, 경찰, 또는 미래에 성적 학대를 당하는 일이 있다면 치료사에게 연락하도록 내담자를 강하게 격려했다.

   D. 내담자가 성적 학대를 받을 위험을 느끼면 갈 수 있는 대피소(피난처)를 생각해 내는 데 도움을 주었다.

   E. 내담자가 자기 권리를 주장하고 안전하다고 느끼도록 도움을 주기 위해 내담자에게 효과적인 자기주장 및 의사소통 기술을 가르쳐 주었다.

17. 가족체계 내에 경계 설정하기 (17)

   A. 내담자와 집 안의 다른 아동들을 미래의 성적 학대로부터 확실하게 보호하기 위해 가족 구성원과 적절한 부모-자녀 경계 설정에 대한 상담을 실시했다.

   B. 가족 구성원과 사생활, 신체 접촉 그리고 언어의 내용에 관해 적절한 어른-아동 한계선 설정에 대한 상담을 실시했다.

   C. 가족체계의 평가 결과 약하고 모호한 부모-자녀 경계가 드러났다.

   D. 오늘 치료 시간은 비학대 부모의 역할과 책임감을 강화해 적절한 사생활, 신체 접촉, 언어의 내용 그리고 어른-아동 한계를 설정하도록 하는 데 목표를 두었다.

   E. 가족체계 내에 적절한 한계가 설정되지 않은 것으로 나타났고 적절한 사생활, 신체 접촉, 언어의 내용과 어른-아동 한계를 설정하도록 비학대 부모를 지도했다.

18. 동반 조건 평가 (18)

   A. 내담자는 자기 개념 욕구의 결정을 돕기 위해 자존감 진단용 설문을 시행했다.

   B. 내담자는 감정적인 요소가 자신의 프레젠테이션에 기여하고 있는지 여부를 확인하는 데 도움을 주는 심리 검사를 받았다.

   C. 내담자는 평가 과정에서 비협조적이고 저항했고 더 나은 노력을 제공할 것이 촉구되었다.

   D. 내담자는 정직하고 올바른 태도로 심리 검사에 접근하고 심사관과 협력하라고 언급되었다.

   E. 심리 평가에 관련한 되짚어 주기는 내담자, 가족 및 학교 당국에 제공되었다.

19. 스트레스 유발 요인 또는 촉발 사건을 알아보기 (19)

   A. 오늘 치료 시간에 성적 학대 발생에 영향을 끼치는 스트레스 유발 요인 또는 촉발 사건을 살펴보았다.

   B. 오늘 치료 시간에 성적 학대 발생에 기여한 가족 내의 역학관계에 대해 살펴보았다.

   C. 오늘 치료 시간이 성적 학대 발생에 영향을 끼치는 스트레스 유발 요인 또는 촉발 사건을 파악하는 데 유용했다.

   D. 오늘 치료 시간에 성적 학대 발생에 영향을 끼치는 몇 가지 가족 내의 역학관계를 파악했다.

   E. 가족 구성원들이 스트레스를 조절하고 인지된 문제를 이겨 내도록 도움을 주기 위해 가족 구성원들에게 긍정적인 대처 전략과 효과적인 문제 해결 접근법을 가르쳐 주었다.

20. 집 안에서 학대가 발생한 경우 학대 발생 장소에 대한 자세한 정보자료를 얻기 (20)

   A. 성적 학대를 일으킨 요인 또는 촉발 사건에 대한 보다 깊은 통찰을 얻기 위해 내담자에게 집 안에서

성적 학대가 발생한 곳이 어딘지 집의 도표를 그리는 과제를 주었고, 누가 어느 곳에서 잤는지도 표시하도록 했다.

B. 내담자가 성적 학대가 발생한 집 안의 장소를 도표로 그리면서 성적 학대 이야기를 자세히 함에 따라 적극적 경청 기술을 사용해서 경위를 들어 주었다.

C. 내담자가 그린 성적 학대가 발생한 곳의 그림을 검토했고 그림이 성적 학대 발생으로 이어지는 촉발 사건을 파악하는 데 유용했다.

D. 내담자가 집 안에서 성적 학대가 발생한 곳을 도표로 그렸지만 자세한 이야기를 하거나 성적 학대로 이어진 촉발 사건에 대해 이야기하는 것에는 방어적이었다. 이에 따라 성적 학대가 일어난 경위를 진솔하게 말하도록 내담자를 지지해 주고 격려해 주었다.

E. 내담자가 성적 학대가 발생한 곳을 도표로 그리는 과제를 마치는 것을 거부했고 그 이유가 무엇인지 검토했다.

21. 집 그림 그리기 지시하기 (21)

A. 내담자에게 집을 하나 그린 다음 그 집에서 살면 어떨지를 묘사한 이야기를 하나 만들도록 지시했다.

B. 가족 내의 역학관계를 평가하는 데 도움을 얻기 위해 오늘 치료 시간에 내담자의 그림과 이야기를 점검했다.

C. 내담자의 그림과 이야기가 과거의 성적 학대에 대한 불안감과 두려움을 반영하는 것으로 나타났다.

D. 내담자의 그림과 이야기가 과거의 성적 학대에 대한 분노를 반영하는 것으로 나타났다.

E. 내담자의 감정이 그림과 이야기에서 표현된 대로 나타났고, 이런 감정들을 과거의 성적 학대에 대한 내담자의 감정과 연결시켰다.

22. 가족의 성적 학대 가계도를 작성하기 (22)

A. 내담자와 가족 구성원들이 가족 내의 성적 학대 내력을 밝히는 다세대 가족 가계도를 작성하는 데 도움을 주었다.

B. 다세대 가족 가계도를 만드는 작업이 내담자가 다른 가족 구성원들도 성적 학대를 받았다는 것을 깨닫고 자신이 혼자가 아님을 깨닫는 데 도움을 주었다.

C. 다세대 가족 가계도를 만드는 작업이 가해자가 확대가족 안에서 경계 침범의 주기가 반복되고 있음을 깨닫도록 하는 데 도움을 주었다.

D. 다세대 가족 가계도를 만드는 작업이 가족 구성원들이 자신의 가족 안의 성적 학대의 고리를 끊기 위해 필요한 조치를 취하겠다는 다짐을 언어로 표명하는 데 도움을 주었다.

E. 내담자와 가족이 다세대에 걸친 가족의 성적 학대 문제를 경시하는 경향을 보였고 이 점에 대해 더 완전한 정보자료를 제공하도록 지도했다.

23. 가해자에게 편지 쓰기를 지시하기 (23)

A. 가해자에게 편지를 써서 다음 치료 시간에 이 편지를 검토하도록 가지고 오는 과제를 내담자에게 내주었다.

B. 내담자가 가해자에게 쓴 편지 속에 성적 학대에 대한 강한 슬픔, 상처, 실망감을 표현한 것으로 나타났다.

C. 내담자가 가해자에게 쓴 편지 속에 성적 학대에 대한 강한 분노가 담겨 있는 것으로 나타났다.

D. 내담자가 그 편지 내용을 직접적으로 가해자에게 들려주겠다는 의향을 표시한 것에 대해 내담자를 지지해 주었다.

E. 편지를 검토한 후 내담자가 성적 학대에 대한 자신의 생각과 감정을 가해자에게 직접적으로 전달할 준비가 되어 있지 않다고 보고했다.

24. 가해자를 향한 감정 표현을 위해 미술치료를 활용하기 (24)

A. 내담자가 가해자를 향한 자신의 감정을 인지하고 표현하는 것을 돕기 위해 미술치료 기법(예 : 그림 그리기, 색칠하기, 조각하기)을 사용했다.

B. 내담자가 치료 시간을 생산적으로 사용했고 자신의 미술작품 속에서 가해자를 향한 강한 분노를 표현할 수 있었다.

C. 내담자의 미술작품이 가해자와의 관계와 관련해 자신이 경험하는 슬픔, 분노, 상처, 실망감을 반영한 것으로 나타났다.

D. 내담자가 미술을 통해 가해자를 향한 자신의 감정을 표현하는 것을 불편해하고 어려워했다. 내담자가 이를 좀 더 편안하게 느끼기 시작하면 이것을 시도해 보도록 내담자를 격려했다.

25. '분노의 탑' 기법 사용하기 (25)

A. 내담자가 과거의 성적 학대에 대한 자신의 분노를 표현하는 것을 돕기 위해 '분노의 탑' 기법(Saxe)을 사용했다.

B. 내담자가 '분노의 탑' 놀이를 하면서 가해자를 향한 강한 분노감을 배출한 것에 대해 지지를 제공했다.

C. '분노의 탑' 기법 사용을 통해 내담자가 자신을 성적 학대로부터 보호해 주지 못한 비학대 부모를 향한 강한 분노감을 표현했다.

D. '분노의 탑' 기법이 내담자가 과거의 성적 학대를 둘러싼 자신의 감정을 표현하고 이겨 내는 데 도움을 주었다.

26. 유도된 환상 및 심상 기법 가르치기 (26)

A. 내담자가 성적 학대와 관련된 자신의 생각과 감정을 인지하고 표현하는 것을 돕기 위해 유도된 환상 및 심상 기법을 가르쳤다.

B. 내담자가 유도된 환상 및 심상 기법의 사용이 자신의 생각, 감정 그리고 성적 학대와 관련해 충족되지 못한 욕구를 인지하는 데 도움이 되었다며 긍정적인 반응을 보였다.

C. 유도된 환상 및 심상 기법을 사용했으나 내담자가 여전히 자신의 생각, 감정 그리고 성적 학대와 관련해 충족되지 못한 욕구를 인지하고 표현하는 데 어려움을 겪었다.

27. 죄책감과 수치감을 알아보기/해소하기 (27)

A. 성적 학대와 연결된 내담자의 죄책감과 수치감을 살펴보았다.

B. 내담자가 성적 학대와 관련된 감정을 표현하고 죄책감과 수치감을 줄이는 데 도움을 주기 위해 내담자에게 아동 심리치료 과제계획서(Jongsma, Peterson, & McInnis)에 나오는 '너는 혼자가 아니야(You Are Not Alone)' 연습을 과제로 내주었다.

C. 내담자가 '너는 혼자가 아니야' 연습이 자신의 죄책감, 수치감, 분노, 공포를 줄이는 데 유용했다고 보

고했다.

   D. 비탄/수치감 연습이 성적 학대가 내담자의 삶에 끼친 영향에 대해 내담자가 이야기를 할 수 있도록 도움을 주었다.

   E. 내담자가 비판/수치감 연습을 마치라는 지시를 따르지 않아서 내담자에게 다시 과제를 내주었다.

   F. '너는 혼자가 아니야' 이야기를 오늘 집단치료 시간에 읽어 주어 성적 학대가 집단 구성원들에게 어떤 영향을 끼쳤는지에 대한 논의를 촉진하고자 했다.

28. 삶에 대한 영향을 표현하는 미술치료 방법을 활용하기 (28)

   A. 내담자에게 성적 학대가 자신의 삶에 끼친 영향과 자신에 대한 감정을 반영하는 그림 또는 조각물을 만들도록 지시했다.

   B. 내담자가 미술치료 시간을 생산적으로 활용했고 성적 학대가 자신의 삶과 자신에 대한 감정에 어떤 영향을 끼쳤는지를 생생하게 표현할 수 있었다.

   C. 내담자의 미술작품이 성적 학대로 인해 내담자가 자신을 작고 무력하고 연약한 존재로 인지하게 되었음을 반영했다.

   D. 내담자의 미술작품이 성적 학대에 대해 내담자가 느끼는 죄책감과 수치감을 반영하는 것으로 나타났다.

   E. 내담자가 치료 시간에 마음이 편해 보이지 않았으며 성적 학대가 내담자의 삶 그리고 자신에 대해 느끼는 감정에 어떤 영향을 끼쳤는지 미술작품을 통해 표현하는 데 어려움을 겪었다는 점을 내담자에게 반영해 주었다.

29. 외상 후 스트레스 장애 유무 평가하기 (29)

   A. 내담자에게 외상 후 스트레스 장애(PTSD) 증상이 존재하는지 알아보기 위해 체계적인 평가를 실시했다.

   B. PTSD 증상이 나타나지 않았고, 이것을 내담자와 부모에게 알려 주었다.

   C. PTSD 증상이 있다고 나타났고, 이것을 가족 구성원들에게 알려 주었다.

   D. 치료 대상자의 PTSD 증상에 치료를 집중했다.

30. 성 중독과 성적 학대로부터의 회복에 관한 자료 읽기를 지시하기 (30)

   A. 부모에게 성적 학대와 회복 문제에 대한 그들의 지식을 향상시키기 위해 독서 과제를 내주었다.

   B. 내담자는 내 몸은 나의 것, 나의 감정은 나의 것 : 성인 안내서가 있는 어린이들을 위한 신체 안전 이야기 책(*My Body Is Mine, My Feeling Are Mine : A Storybook About Body Safety for Young Children with an Adult Guidebook*)(Hoke)을 읽는 것을 도움받았다.

   C. 부모는 자녀가 성희롱을 당했을 때 : 치유와 회복을 위한 부모 가이드(*When Your Child Has Been Molested : A Parent's Guide to Healing and Recovery*)(Brohl & Potter)를 읽도록 지시되었다.

   D. 부모는 성적 학대로부터 자녀의 회복을 돕기(*Helping Your Children Recover from Sexual Abuse*)(Adams & Fey)를 읽도록 지시되었다.

   E. 내담자의 부모와 가족 구성원들이 독서 과제를 읽었고, 책의 내용이 성적 학대로부터의 내담자의 회복을 도울 수 있는 방법을 깨닫고 성 중독적인 행동에 대한 지식을 확장하는 데 유용했음을 알았다.

   F. 부모가 독서 과제를 읽지 않아서 이를 읽도록 다시 지시했다.

31. 비학대 부모와 시간을 보내도록 격려하기 (31)

A. 무심한 비학대 부모에게 내담자와 여가 시간, 학교 또는 가사활동에 더 많은 시간을 보내도록 지시했다.

B. 내담자와 무심한 비학대 부모가 서로 함께하고 싶은 활동을 생각해 내는 데 도움을 주었다.

C. 내담자가 무심한 비학대 부모와 여가 시간, 학교 또는 가사활동에 더 많은 시간을 보내고 싶은 욕구를 언어로 표현한 것에 대해 지지해 주었다.

D. 무심한 비학대 부모가 내담자와 더 많은 시간을 보내겠다는 약속을 언어로 한 것을 강화해 주었다.

E. 오늘 치료 시간에 내담자와 비학대 부모의 관계가 소원하도록 영향을 끼치는 요인을 알아보았다.

F. 무심한 비학대 부모가 내담자와 여가 시간, 학교 또는 가사활동에 소비하는 시간을 늘리지 않았고 이런 약속을 지키는 것이 필요함을 부모에게 상기시켰다.

32. 비학대 부모와 상호 이야기하기 기법 사용하기 (32)

A. 오늘 부모-자녀 놀이치료 시간에 비학대 부모와 내담자 사이의 보다 친밀한 관계 형성을 돕기 위해 상호 이야기하기 기법을 사용했다.

B. 상호 이야기하기 기법 사용을 통해서 내담자가 비학대 부모 앞에서 과거의 성적 학대에 대한 자신의 감정을 털어놓을 수 있었다.

C. 상호 이야기하기 기법을 사용해 비학대 부모가 과거의 성적 학대에 대한 내담자의 감정을 파악하도록 도와주었다.

D. 비학대 부모에게 과거의 성적 학대에 대한 내담자의 감정 표현에 공감 및 지지를 해 주도록 격려했다.

E. 내담자와 비학대 부모에게 상호 이야기하기 기법을 사용해 그들의 관계를 견고하게 하도록 격려했다.

33. 가해자와 대면하기 (33)

A. 가해자가 성적 학대 사실을 부인하는 상황에 맞닥뜨렸다.[7]

B. 내담자가 성적 학대와 관련해 가해자와의 대질을 준비하는 데 도움을 주었다.

C. 내담자가 성적 학대가 자신의 삶과 자신에 대한 감정에 얼마나 부정적인 영향을 끼쳤는지를 이야기하며 가해자에게 맞섰다.

D. 가해자가 성적 학대의 심각성을 축소하고 있음을 지적했다.

E. 가해자에게 성적 학대의 사실을 들이댔지만 계속해서 내담자를 성적으로 학대한 사실을 부인했다.

34. 사과하는 시간을 마련하기 (34)

A. 가해자가 내담자와 다른 가족 구성원들에게 성적 학대에 대한 사과를 준비하는 데 도움을 주었다.

B. 가해자가 내담자와 가족 구성원들에게 성적 학대를 한 것에 대해 사과하고 학대에 대한 전적인 책임을 진 것에 대해 긍정적 되짚어 주기를 제공했다.

C. 가해자가 성적 학대에 대한 내담자와 가족 구성원들의 분노, 상처, 실망감을 적절한 태도로 경청했고, 그런 후 진심이 담긴 사과를 했다. 이런 과정을 거치는 내담자, 가족 그리고 가해자에게 지지를 해 주었다.

D. 가해자가 내담자와 가족 구성원들에게 진심을 담은 혹은 참된 사과를 할 준비가 되어 있지 않은 것으로 나타나 사과의 시간을 연기하는 결정을 내렸다.

---

7) 역자 주 : 가해자는 자기 방어 욕구로 인해서 성적 학대(폭행) 사실을 부인한다.

35. 가해자에게 성 범죄자 집단치료를 받도록 권유하기 (35)

A. 가해자에게 자신의 부적절한 성적 행동 문제를 다루기 위해 성 범죄자 집단 모임에 참석하도록 권유했다.

B. 법원에서 가해자에게 성 범죄자 집단 모임에 참석할 것을 요구했다.

C. 가해자가 일관성 있게 성 범죄자 집단 모임에 참석했고 여기서 배운 것들을 검토했다.

D. 가해자가 성 범죄자 집단에 적극적으로 참여했고 이것이 자신의 부적절한 성적 행동에 영향을 끼치는 요인을 인지하는 데 도움이 되었다고 말했다.

E. 가해자가 일관성 있게 성 범죄자 집단 모임에 참석하는 데 실패했으며 모임에 참석하도록 다시 지시했다.

36. 용서의 편지/용서 연습을 해 보도록 지시하기 (36)

A. 내담자에게 가해자를 용서하는 편지를 써서 다음 시간에 검토하기 위해 갖고 오도록 하는 숙제를 내주었다.

B. 내담자의 편지에 내담자가 가해자 그리고/또는 중요한 가족 구성원을 용서해 줄 준비가 되어 있음이 드러나 있는 것으로 나타났다.

C. 내담자가 오늘 치료 시간에 가해자 그리고/또는 중요한 가족 구성원을 용서한다고 언어로 말했고, 이런 성장을 거둔 것에 대해 내담자를 지지해 주었다.

D. 내담자의 편지를 검토한 결과 내담자가 아직까지 가해자 그리고/또는 중요한 가족 구성원을 용서할 준비가 되어 있지 않음이 명백했다.

37. 아동중심 놀이치료를 실시하기 (37)

A. 내담자가 과거의 성적 학대를 둘러싼 자신의 감정을 인지하기 시작하도록 도움을 주기 위해 아동중심 놀이치료 접근법을 활용했다.

B. 오늘 치료 시간에 내담자가 과거의 성적 학대에 대한 자신의 감정을 극복해 내는 동안 내담자에게 무조건적으로 긍정적 존중, 따뜻한 수용, 지지를 제공했다.

C. 내담자의 감정이 놀이에서 표현한 것과 일치하는 것으로 나타났고, 그런 다음 이런 감정들을 과거의 성적 학대와 관련된 내담자의 감정과 연결 지었다.

D. 아동중심 놀이치료 시간이 내담자가 과거의 성적 학대에 대한 자신의 감정을 표현하기 시작하는 데 도움을 주었다.

E. 아동중심 놀이치료 시간이 내담자가 과거의 성적 학대와 관련된 자신의 감정 중 많은 부분을 이겨 내는 데 도움을 주었다.

38. 상호 이야기하기 기법을 활용하기 (38)

A. 내담자가 상호 이야기하기 연습에 적극적으로 참여했다.

B. 내담자가 자신을 보호하고 좀 더 힘이 있다고 느낄 수 있는 건설적인 방법을 시범으로 보여 주기 위해 상호 이야기하기 기법을 사용했다.

C. 내담자가 손인형, 인형 또는 봉제 동물인형을 사용해서 자신의 무력감과 취약성을 가르쳐 주는 이야기를 창조했다.

D. 내담자가 손인형, 인형, 또는 봉제 동물인형을 사용해서 자신이 안전하게 보호받고 있다는 느낌을 받기 위해 취할 방법을 가르쳐 주는 이야기를 만드는 데 도움을 주었다.

E. 내담자가 상호 이야기하기 기법이 자신을 어떻게 보호하는지를 배우는 데 유용하다고 보았다.

39. 미술 기법을 통한 감정을 알아보기 (39)

A. 내담자에게 다른 감정을 보이는 그림을 그리도록 지시했고, 그런 다음 성적 학대와 관련해 이런 다른 감정들을 언제 느끼는지를 물어보았다.

B. 아동 심리치료 과제계획서(Jongsma, Peterson, & McInnis)에 나오는 '감정과 표정'을 사용해 내담자가 과거의 성적 학대와 관련된 자신의 무수한 감정을 표현하는 데 도움을 주었다.

C. 내담자가 '감정과 표정' 연습이 성적 학대에 대한 자신의 다른 여러 감정을 인지하고 표현하는 데 도움이 되었다고 보고했다.

D. '감정과 표정' 연습을 마친 후 내담자가 성적 학대에 대한 자신의 다른 여러 감정을 가족 구성원 또는 중요한 타인에게 표현할 수 있게 되었다.

E. 내담자가 '감정과 표현' 연습을 마치는 데 실패했으나 이를 다시 실시하도록 지도해 주었다.

40. '인생 채색' 기법을 활용하기 (40)

A. 내담자가 성적 학대에 관한 감정을 표현하도록 돕기 위해 '인생 채색' 기법(O'Connor)을 사용했다.

B. '인생 채색' 기법을 사용해 내담자가 과거의 성적 학대에 대한 강한 슬픔과 상처를 표현했다.

C. '인생 채색' 기법이 내담자가 과거의 성적 학대에 대한 분노를 인지하고 표현하도록 도움을 주었다.

D. '인생 채색' 기법이 과거의 성적 학대가 내담자로 하여금 불안감, 공포, 무력감을 느끼도록 한 점을 내담자가 인지하는 데 도움을 주었다.

E. '인생 채색' 기법을 사용한 결과 내담자가 가해자를 향해 양면적인 감정(애증)을 가지고 있다는 것이 나타났다.

41. '생존자의 여행' 놀이하기 (41)

A. 내담자가 좀 더 힘을 얻은 기분을 느끼도록 도움을 주기 위해 내담자를 '생존자의 여행(Survivor's Journey)' 게임에 참여시켰다.

B. 내담자가 '생존자의 여'행 놀이를 하는 동안 스스로에게 힘을 실어 주는 몇 가지 발언을 했음을 내담자에게 알려 주었다.

C. 내담자가 힘을 얻은 듯한 기분을 계속 느끼는 것을 지지해 주고 강화해 주었다.

D. '생존자의 여행' 게임을 사용했음에도 내담자가 자신에게 역량이 부족하다는 식의 태도를 계속 보였고 이 점에 대해 치료적 조력을 제공해 주었다.

42. 독서 지시하기 (42)

A. 오늘 치료 시간에 내담자가 과거의 성적인 학대에 대한 자신의 감정을 언어로 표현하고 자신이 보호받거나 자신에게도 힘이 있음을 느끼기 위해 취할 수 있는 방법을 인지하도록 도움을 주기 위해 정말 감동적인 책(A Very Touching Book)(Hindman)을 내담자에게 읽어 주었다.

B. 내담자가 과거의 성적 학대에 대한 자신의 감정을 언어로 표현하는 것을 돕기 위해 난 말할 수 없어요(I Can't Talk About It)(Sanford)를 읽어 주었다.

C. 성적 학대의 발생이 내담자의 탓이 아님을 강화해 주기 위해 네 잘못이 아니야(*It's Not Your Fault*) (Jance)를 읽어 주었다.

D. 지정 도서에서 제시한 핵심 개념을 내담자와 함께 다루었다.

E. 지정 도서를 읽은 것이 내담자가 과거의 학대에 대한 자신의 감정을 인지하고 표현하는 데 도움을 주었다.

43. 생존자 집단 모임에 참석하도록 권유하기 (43)

A. 내담자가 자기 혼자만 성적 학대를 당한 것이 아니라는 점을 깨닫는 데 도움을 주고자 내담자에게 다른 아동들과 피해자 집단 모임에 참석하도록 권유했다.

B. 내담자에게 집단치료 시간에 적어도 한 번 정도 자기노출을 하라는 지침을 내렸다.

C. 내담자가 다른 아동들과 피해자 집단 모임에 참여한 것이 자신만 성적 학대를 경험한 것이 아님을 깨닫는 데 도움을 주었다.

D. 내담자가 피해자 집단치료 시간에 적극적으로 참여했고 과거의 성적 학대에 대한 자신의 감정 중 많은 부분을 언어로 표현했다.

E. 내담자가 피해자 집단의 다른 구성원들이 과거의 성적 학대 경험에 대한 그들의 생각과 감정을 털어놓을 때 그들에게 지지를 제공했다.

F. 내담자가 성적 학대 피해자 집단 모임에 참석하지 않아서 이 집단 모임에 참석하지 않은 이유를 점검했다.

44. 지원군을 사용하기 (44)

A. 내담자에게 자신이 지원, 지도, 인정을 요청할 수 있는 가족 외에 조력자들을 목록으로 작성하도록 지시했다.

B. 내담자에게 다음 치료 시간 전까지 가족 외의 한 사람에게 지원 또는 지도를 구하는 숙제를 내주었다.

C. 내담자가 가족 외에 개인으로부터 지원, 지도, 인정을 받은 것에서 이득을 얻었다고 보고할 때 적극적인 경청 기술을 사용해 들어 주었다.

D. 내담자가 가족 외에 조력자로부터 지원을 받은 것이 내담자가 성적 학대로 인한 외상에 대처하는 데 도움을 준 것으로 나타났다.

E. 내담자가 불신 때문에 가족 외의 조력자에게 지원, 지도, 인정을 구하는 것을 망설였고, 조금씩 이런 시도를 해 보도록 내담자를 강하게 독려했다.

45. 고통스런 감정을 성적인 행동과 연관 짓기 (45)

A. 치료 시간이 내담자의 내재된 고통스러운 감정(예: 공포, 상처, 슬픔, 불안)이 내담자의 성적인 또는 유혹하는 행동의 출현과 관련이 있음을 내담자에게 인식시키는 데 유용했다.

B. 내담자가 자신의 성적인 또는 유혹하는 행동들이 과거의 성적 학대로부터 나오는 내재된 고통스러운 감정과 관련이 있음을 인정함에 따라 내담자를 지지해 주었다.

C. 내담자가 자신의 내재된 고통스러운 감정과 성적인 또는 유혹하는 행동 사이의 관련성을 파악하도록 도움을 주기 위해 내담자 중심 치료 접근법을 활용했다.

D. 내담자에게 자신의 내재된 고통스러운 감정을 표현하는 적절한 방법을 시범 보이기 위해 역할 연기와

모델링 기법을 사용했다.

E. 내담자가 자신의 고통스러운 감정을 표현하고 성적인 또는 유혹적인 행동을 하는 대신 자신의 욕구를 충족시킬 수 있는 보다 적절한 방법을 깨닫는 데 도움을 주었다.

F. 내담자가 자신의 내재된 고통스러운 감정을 표현하는 데 더욱 적절한 방법을 사용하지 않았고 이런 면에 대해 교정적인 조력을 제공했다.

46. 성적으로 유혹하는 행동의 대체 행동을 알아보기 (46)

A. 내담자가 성적인 또는 유혹하는 행동으로 자신의 욕구를 충족하려고 시도했음을 인지하는 데 도움을 주었다.

B. 내담자가 성적인 또는 유혹하는 행동을 통해서가 아닌 보다 적응적 행동으로 자신의 욕구를 충족시키는 방법을 깨닫는 데 도움을 주었다.

C. 내담자가 성적인 또는 유혹하는 행동 대신 자신의 욕구를 충족하기 위해 자신이 사용한 좀 더 적응적인 방법을 생각해 냈고 이것을 점검했다.

D. 내담자가 성적인 또는 유혹하는 행동 대신 자신의 욕구를 충족할 적응적인 방법을 생각해 내는 데 실패했고, 이런 방법에 대한 대략적인 예를 내담자에게 제공했다.

47. 법정 참석을 준비하기 (47)

A. 역할 연기 기법을 사용해 내담자의 법정 참석을 준비시켰다.

B. 증언하는 것에 대한 내담자의 불안감을 줄여 주기 위해 내담자를 계속 안심시켰다.

C. 봉제 동물인형과 인형을 사용해 법정에서 만날 다양한 사람들을 표현했고 그들이 맡은 역할을 내담자와 검토했다.

D. 내담자가 치료 시간에 법정 출두를 연습하기 위해 역할 연기와 모델링 기법을 사용한 이후 법정에서 증언하는 것에 대해 훨씬 덜 불안해하는 것으로 나타났다.

48. 약물치료를 위한 검사를 권유하기 (48)

A. 내담자가 기분을 안정화하는 데 도움을 주기 위해 내담자에게 약물치료를 받아 보도록 권유했다.

B. 내담자와 부모가 의사에 의한 약물치료를 받는 것을 따르겠다고 동의했다.

C. 내담자가 기분의 안정화를 돕기 위해 약물 처방을 받는 것에 대한 강한 반대를 언어로 표명했다.

D. 내담자가 약물 복용이 자신의 기분 안정에 도움을 주었다고 보고했고, 이것을 약을 처방한 임상의사에게 전달했다.

E. 내담자가 약물 복용 이후에도 기분 변화가 거의 또는 전혀 없다고 보고했고, 이것을 약을 처방한 임상의사에게 전달했다.

F. 내담자가 일관성 있게 처방받은 대로 약물을 복용했다고 보고했다.

G. 내담자에게 약물의 부작용을 약을 처방한 의사 그리고/또는 정신건강과 의사에게 보고하도록 격려했다.

제32장 수면장애(불면증)

내담자 소개

1. **수면에 대한 정서적 고통과 요구 사항이 있음 (1)[1)]**

   A. 부모가 내담자가 잠드는 데 어려움을 겪으며 계속 부모와 함께 자게 해 달라고 요구한다고 말했다.

   B. 부모가 내담자가 잠드는 것 혹은 수면상태를 계속 유지하는 데 어려움을 겪어 정서적으로 고통스러워한다고 보고했다.

   C. 내담자가 끊임없이 울고 침대에서 나오는 행동 때문에 부모가 인내심의 한계를 넘어섰다.

   D. 내담자의 고통을 줄이기 위해 고안되고 부모에 의해 실행된 새로운 전략들이 내담자가 잠들고 수면을 유지하는 것을 도와주었다.

2. **수면과 관련해 부모에게 요구를 함 (2)**

   A. 부모가 내담자가 그들에게 아주 많은 요구를 하지 않고 잠든 적이 별로 없다고 말했다.

   B. 잠잘 시간에 내담자가 이것저것 요구해서 부모가 제대로 잠을 잘 수가 없고 극도로 짜증이 난다고 보고했다.

   C. 부모가 내담자가 잠들기 전에 밤마다 이것저것을 요구한다고 보고했다.

   D. 부모가 내담자가 이제 아무런 어려움이나 요구 사항 없이 잠들며 대부분 밤새 깨지 않고 잘 잔다고 말한다.

3. **자다가 무서운 꿈을 꾸어서 괴로워함 (3)**

   A. 내담자가 무서운 꿈을 꿔서 자다가 깨서 울고 맥박이 빨라지며 그다음에는 잠들까 봐 무서워한다고 부모가 말했다.

   B. 내담자가 자신에게 고통을 주는 꿈을 자세히 보고했고, 내담자 또는 중요한 타인이 위협당하는 것이

---

1) 괄호 안의 숫자들은 **아동 심리치료 치료계획서**(*The Child Psychotherapy Treatment Planner*), 제5판(Jongsma, Peterson, McInnis, Bruce 공저, 2014년, Hoboken, NJ : Wiley)에서 동일한 제목을 지닌 관련 장의 치료 중재의 숫자와 연결된다.

그 내용이다.

  C. 내담자가 무서운 꿈을 꾸는 바람에 밤에 푹 잠드는 날이 별로 없고, 그 때문에 내담자가 종종 피곤하고 짜증이 난 상태일 경우가 많아 학교 성적에도 나쁜 영향을 끼친다.

  D. 부모가 내담자가 무서운 꿈을 덜 꾸고 이제 자다가 깨는 일 없이 푹 자는 날이 많아졌다고 보고했다.

4. 명백히 잠든 상태에서 돌아다님 (4)[2]

  A. 부모가 내담자가 잠든 상태에서 밤중에 다른 시간대에 집 안을 걸어 다니는 것을 반복적으로 목격한다고 보고한다.

  B. 부모는 집에서의 내담자의 몽유병에 대해 우려를 표명했다.

  C. 내담자가 잠든 상태에서 걸어 다니는 것이 부모의 수면에 부정적 영향을 끼쳤고 자녀를 안전하게 지키지 못하는 것에 대한 그들의 두려움을 증가시켰다.

  D. 내담자가 잠든 상태로 걸어 다녔다고 부모가 말해 주었지만 정작 본인은 그러한 사실을 기억하지 못한다고 말했다.

  E. 부모가 내담자가 꽤 긴 시간 동안 잠든 상태로 걸어 다니는 일이 없어졌다고 보고했다.

5. 꿈 내용을 기억하지 못한 채 갑작스럽게 확 잠에서 깸 (5)

  A. 부모가 내담자가 갑자기 비명을 지르며 깨는 일이 잦고 내담자의 불안감을 아무리 달래 줘도 잦아들지 않는다고 보고했다.

  B. 내담자가 비명을 지르며 깬 꿈들이 부분적으로도 전혀 기억나지 않는다고 말했다.

  C. 내담자가 기억 못하는 꿈에서 느낀 불안감과 그로 인해 자동으로 깨는 것 때문에 밤에 잠드는 것을 무서워한다.

  D. 내담자와 부모가 가족 내의 다양한 문제를 다루기 시작하면서 내담자가 갑작스럽게 비명을 지르며 깨는 빈도가 줄었다.

6. 긴 수면 시간 또는 과도하게 긴 낮잠 시간 (6)

  A. 내담자가 긴 시간 동안 잠을 자는 습관을 지녔지만 잠을 자서 푹 쉬었다는 기분 대신 매우 피곤한 기분이 든다.

  B. 내담자가 밤에도 잠을 많이 자고 낮에도 과도한 낮잠을 자도 여전히 계속 피곤해한다고 부모가 말했다.

  C. 내담자가 잠을 아주 많이 자도 항상 피곤하다고 말한다.

  D. 내담자가 낮잠을 덜 자고 밤잠을 잘 자고 나면 좀 더 쉰 것 같고 개운한 기분으로 시작했다고 부모가 보고했다.

---

2) 역자 주 : 악몽(nightmare)과 다른 이 야경증(夜驚症, night terror)은 자다가 갑자기 비명을 지르면서 잠을 깬다. 공포에 질린 표정으로 일어나 앉은 어린이는 동공이 확대되어 눈의 초점이 흐려지며 식은땀이 나고 숨이 가빠지며 맥박이 빨라지기도 한다. 또 일어나서 울면서 이 방 저 방 돌아다니고 자기 옷을 넣어 둔 옷장 서랍을 열어서 옷을 꺼내 놓기도 한다. 이러한 혼란 상태는 수 분 내지 10여 분간 지속되며 어린이가 다시 잠들 때까지 20~30분이 걸린다. 어린이는 혼란 상태에 있을 동안에도 묻는 말에 대답할 수 있지만 아침에 일어나면 지난밤의 일을 전혀 기억하지 못한다. 어린이가 지난밤(낮)에 한 일을 설명하는 경우도 있지만 그것은 스스로 기억해 낸 내용이 아니라 어른들이 하는 이야기를 듣고 짐작한 내용일 뿐이다. 이 야경증은 4~5세부터 시작될 수가 있는데 남아가 여아보다 많은 편이며 중추신경계가 아직 성숙되지 않은 단계에서 나타난다. 성장과정에서 별다른 치료 없이 없어지기도 하지만 오래도록 반복·재발되면 소아·청소년 정신건강의학과 전문의의 치료가 필요하다. 약물치료가 가능하다.

중재 실행

1. 전 수면과 수면 패턴 평가하기 (1)[3]

A. 내담자의 전 수면(presleep) 및 수면 패턴을 부모, 내담자와 살펴보았다.

B. 내담자의 전 수면 및 실제 수면 패턴을 평가했고 개입을 위한 핵심 요소들을 파악했다.

C. 내담자는 잠들기 위한 대기시간, 밤 동안의 행동, 야간에 깨어나는 횟수와 기간에 대해 평가되었다.

D. 내담자는 저녁 활동, 취침 두려움과 행동 어려움, 침실 환경, 수면 동안의 비정상적인 사건의 패턴에 대해 평가되었다.

E. 부모의 도움하에 내담자의 수면 행동 패턴에서 파악한 핵심 요소들에 대한 개입 전략을 개발했고 실행 계획을 작성했다.

F. 내담자의 수면 유도를 돕기 위한 전략을 부모가 실행하는 것을 모니터링했고, 필요한 경우 방향 재설정과 격려를 해 주었다.

G. 내담자의 수면 패턴이 좀 더 규칙적이고 가족 일상을 덜 방해하는 방향으로 바뀌었고, 이런 진전의 이점을 검토했다.

2. 주간 생활 양식 평가 (2)

A. 내담자의 주간 생활 양식이 수면 패턴에 미치는 영향에 관하여 평가되었다.

B. 내담자의 활동 수준, 학교 적응, 심리·사회·가족 기능이 평가되었다.

C. 스트레스받는 생활 사건이 내담자의 수면 패턴에 미치는 영향에 관해서 조사했다.

3. 수면 및 보호 제공자의 대응 기록 지시하기 (3)

A. 부모에게 문서 양식을 하나 주고 내담자의 전 수면 활동, 수면 시간, 자다가 깨는 것, 아동에 대한 보호 제공자의 대응과 관련된 정보자료를 도표로 작성하도록 요청했다.

B. 부모는 **아동 심리치료 과제계획서**(Jongsma, Peterson, & McInnis)의 '유년기 수면 패턴(Childhood Sleep Patterns)' 활동을 할당받았다.

C. 내담자의 전 수면 및 수면 활동 기록을 검토했고 과다자극, 보호 제공자 강화, 그리고 스트레스 기여 요인에 대해 평가했다.

D. 과다자극, 보호 제공자 강화, 높은 스트레스에 대한 내용을 담은 기록 평가 내용을 부모와 공유했다.

E. 과다자극, 보호 제공자 강화, 스트레스 유발 요인을 줄이기 위한 전략을 부모와 함께 살펴보았다.

F. 과다자극, 보호 제공자 강화, 스트레스 유발 요인의 감소로 내담자가 더 일관성 있고 방해를 덜 받는 수면 패턴을 갖게 된 것으로 보인다.

G. 부모가 일관성 있게 수면 행동과 대응을 양식에 기록하는 데 실패했고 부모로부터 도표 작성을 성실히 하겠다는 약속을 받았다.

4. 수면 연구를 위한 참조 (4)

A. 내담자는 수면 구조와 생리학적 기반 수면 교란을 평가하는 수면다원검사(PSG)에 관한 수면 연구를

---

3) 괄호 안의 숫자들은 **아동 심리치료 치료계획서**(*The Child Psychotherapy Treatment Planner*), 제5판(Jongsma, Peterson, McInnis, Bruce 공저, 2014년, Hoboken, NJ : Wiley)에서 동일한 제목을 지닌 관련 장의 치료 중재의 숫자와 연결된다.

위해 참조되었다.

  B. 내담자는 수면 연구에 참여하고 결과가 검토되었다.

  C. 내담자는 수면 연구에 참여하지 않았고 가족들은 이것을 조정하도록 재지시되었다.

5. 우울증의 역할을 평가하기 (5)

  A. 내담자는 내담자의 수면장애의 원인 제공자로서 가능한 정신건강 장애의 역할에 대해 평가되었다.

  B. 내담자의 우울증 수준이 내담자의 수면장애 유발 가능 원인인지 여부를 평가했다.

  C. 내담자의 불안 수준이 수면장애에 대한 가능한 원인으로 평가되었다.

  D. 평가 결과 내담자의 우울증과 수면장애 사이에 분명한 연관관계가 존재하는 것으로 드러났고 우울증 치료를 받도록 제안했다.

  E. 평가 결과 우울증이 내담자의 수면장애에 큰 역할을 하지 않는 것으로 결론 났다.

  F. 평가 결과 내담자의 우울증이 수면장애를 일으키므로 우울증을 주요 문제로 다룰 것이 제안되었다.

6. 최근의 외상적 사건을 알아보기 (6)

  A. 최근에 경험한 외상적 사건이 내담자의 수면에 영향을 끼치는 범위를 판단하기 위해 내담자와 최근의 외상적 사건에 대해 살펴보았다.

  B. 내담자의 수면장애 패턴의 원인일 수도 있는 외상적 사건이 최근에 없었던 것으로 나타났다.

  C. 내담자의 수면장애가 내담자의 삶에 발생한 최근의 외상적 사건에 크게 영향을 받은 것으로 판단됐다.

  D. 내담자와 부모가 외상적 사건 문제를 다룬 이후 수면 방해를 덜 받는다고 보고했다.

  E. 내담자가 최근의 외상적 사건에 대해 이야기하는 것을 꺼렸고 마음이 편안해지면 이러한 외상적 사건에 대해 이야기하도록 내담자를 격려했다.

7. 성적 학대를 조사하기 (7)

  A. 내담자가 혹시 성적 학대 피해를 받았는지를 조심스럽게 살펴보았다.

  B. 성적 학대가 있었는지 내담자와 살펴본 결과 내담자가 학대 피해를 입은 몇 가지 사건이 드러났다.

  C. 성적 학대가 있었는지 내담자, 부모와 살펴보았지만 과거의 학대 사건을 알아내는 데 실패했다.

  D. 내담자에게 성적 학대 피해자를 위한 전문 프로그램에 참여하도록 권유했다.

  E. 현지 법과 기관 지침에 따라 성적 학대 사실을 주 정부 아동 보호 서비스 기관에 보고했다.

8. 내담자를 괴롭히는 꿈을 살펴보기 (8)

  A. 내담자를 괴롭히는 꿈을 점검해 생활 스트레스 요인과 관련이 있는지를 살펴보았다.

  B. 내담자를 괴롭히는 꿈을 검사해 꿈과 내담자의 생활 속 현재 스트레스 유발 요인들을 연관 지었다.

  C. 내담자의 꿈과 생활 속 스트레스 유발 요인 간에 아무런 관계를 설정할 수 없었다.

  D. 내담자가 생활 속에서 스트레스 유발 요인 문제를 다루기 시작했고 이제 괴로운 꿈을 덜 꾼다고 보고되었다.

  E. 내담자가 자신의 괴로운 꿈을 살펴보는 것을 꺼렸고 내담자가 말할 수 있을 때 이런 꿈에 대해 이야기를 하도록 내담자를 격려했다.

9. 통찰력 수준의 평가 (9)

A. 내담자는 보이는 문제들을 향한 통찰 수준으로 평가되었다.

B. 내담자는 보이는 문제들에 관하여 그의 통찰의 동조적인 본성 대 이질적인 본성에 따라 평가되었다.

C. 내담자는 행동과 증상에서 문제가 되는 본성에 대한 좋은 통찰을 하도록 보여 주었다.

D. 내담자가 다른 사람들의 우려에 동의하는 것이 목격되어 변화에 힘쓰도록 동기유발되었다.

E. 내담자는 묘사된 문제에 대해 양면성이 있음이 드러났고 그 문제들을 우려사항으로 보는 것을 꺼렸다.

F. 내담자는 문제 영역의 인식에 관해 저항적인 것으로 나타났고, 걱정하지 않았으며, 변화에 대한 동기가 없었다.

10. 관련 장애의 평가 (10)

A. 내담자는 연구 기반의 관련 장애들의 증거에 의해 평가되었다.

B. 내담자는 자살에 대한 취약성 수준으로 평가되었다.

C. 내담자는 동반장애를 가진 것으로 확인되었고, 치료는 이를 처리할 수 있도록 조정되었다.

D. 내담자는 또 다른 관련 장애가 있는지 평가되었지만 아무것도 발견되지 않았다.

11. 문화적으로 혼란스러운 문제에 대한 평가 (11)

A. 내담자는 그의 임상 행동을 더 잘 이해하도록 도울 수 있는 나이 관련 쟁점으로 평가되었다.

B. 내담자는 그의 임상 행동을 더 잘 이해하도록 도울 수 있는 성별 관련 쟁점으로 평가되었다.

C. 내담자는 그의 임상 행동을 더 잘 이해하도록 도울 수 있는 문화의 증후군, 고통의 문화적 관용구, 혹은 문화적으로 감지된 사건으로 평가되었다.

D. 다른 요인들이 내담자의 현재 정의된 '문제 행동'에 기여할 것이라고 확인되었고 이 요인들은 그의 치료에 반영되었다.

E. 내담자의 현재 정의된 '문제 행동'을 설명할 수 있는 문화적 기반 요인들은 조사되었지만 중대한 요인은 발견되지 않았다.

12. 장애의 심각성 평가 (12)

A. 내담자의 장애의 심각성은 보호의 적절한 정도를 결정하기 위해서 판단되었다.

B. 내담자는 사회적·관계적·교육적인 노력에서의 손상 정도로 평가되었다.

C. 내담자는 그의 장애가 자신의 기능에 가볍거나 중간 정도의 영향을 끼친다는 것을 알았다.

D. 내담자는 그의 장애가 자신의 기능에 심각하거나 더 심각한 영향을 끼친다는 것을 알았다.

E. 내담자의 치료의 효율성과 적절성, 그리고 장애의 심각성은 꾸준히 평가되었다.

13. 병원의 돌봄 평가 (13)

A. 병원의 돌봄과 관심으로 내담자의 집, 학교, 지역사회가 평가되었다.

B. 내담자의 다양한 환경은 아동의 욕구에 지속적인 무관심, 돌보는 사람의 잦은 변화, 안정적 애착의 제한된 기회, 가혹한 훈육 혹은 다른 심각한 부적절한 돌봄이 있었는지 평가되었다.

C. 병원의 돌봄이 확인되었고 치료계획에 이러한 우려를 관리하고 바로잡는 것과 아동을 보호하는 전략이 포함되었다.

D. 어떠한 병원의 돌봄도 확인되지 않았고, 이것은 내담자와 돌보는 사람에게 반영되었다.

14. 약물치료를 위한 검사를 권유하기 (14)

A. 내담자가 항우울제를 복용할 필요가 있는지를 내담자의 부모와 의논했다.

B. 내담자의 항우울제 약물 검사를 준비했다.

C. 내담자와 부모가 항우울제 약물 검사에 협조하고 검사를 마쳤다.

D. 부모와 내담자에게 약물 검사의 모든 제안을 따르겠다는 다짐을 언어로 하도록 요구했다.

15. 약물 순응도 모니터링하기 (15)

A. 내담자와 부모에게 약물을 처방받은 대로 일관성 있게 복용할 필요성을 설명하고 강화했다.

B. 내담자와 부모에게 약물에 부작용이 조금이라도 있다면 이 점을 약을 처방한 정신건강의학과 의사 또는 치료사에게 알리도록 지시했다.

C. 내담자의 약물 복용이 효과를 보이는지, 그리고 나타날지도 모르는 부작용이 있는지 모니터링했다.

D. 내담자가 처방받은 대로 약물을 일관성 있게 복용하는지 내담자와 부모를 모니터링했다.

E. 약물 복용이 내담자의 수면 패턴에 긍정적인 영향을 끼친 것으로 나타났다.

F. 약물 복용이 내담자의 수면 패턴을 개선시키는 데 효과적이지 못했으며 이 점을 약을 처방한 임상의사에게 전달했다.

16. 가족 내의 긴장과 갈등 평가/해결하기 (16)

A. 가족 단위 안에 존재하는 갈등과 긴장의 수준을 평가하기 위해 가족치료 회기를 진행했다.

B. 가족 구성원들에게 가족 단위 안에서 그들이 보는 갈등과 긴장 영역이 무엇인지를 인지하도록 지시했다.

C. 가족치료 시간에 가족 구성원들이 인지한 갈등을 점검했고 해결했다.

D. 가족 내의 갈등, 긴장 수준 그리고 이것이 내담자의 수면에 끼치는 부정적인 영향을 줄이기 위해 중재 방안을 개발했고 가족과 실행에 옮겼다.

E. 가족 갈등의 감소가 내담자의 수면 패턴을 개선시킨 것으로 나타났다.

17. 결혼한 부부를 평가하기 (17)

A. 오늘 치료 시간은 부모의 결혼관계에서 존재하는 스트레스 수준을 평가하기 위해 부모와 만나는 시간이었다.

B. 부모가 내담자의 수면 행동에 영향을 끼칠 수 있는 그들의 결혼 갈등을 살펴보는 데 도움을 주었다.

C. 부모에게 부부 상담을 받도록 권유했다.

D. 부모가 부부 상담을 받고 진전을 보이는지를 모니터링했고, 진전을 보일 경우에 이를 칭찬해 주었다.

E. 부모가 부부관계 내의 스트레스 수준을 줄이기 위해 노력한 것에 대해 긍정적 다시 챙겨주기를 제공했고, 부모의 이러한 노력이 내담자의 수면 문제와 관련된 많은 걱정을 덜어 주었다.

18. 행동 기반 접근법 구현하기 (18)

A. 행동 기반 치료 접근법이 구현되었다.

B. 부모는 밤새 잠자기(*Sleeping Through the Night*)에서 Mindell에 의해 검토된 기술을 활용하도록 격려되었다.

C. 좋은 수면 위생에 대한 심리교육이 제공되었다.

D. 아이가 독립적으로 잠들기를 배우도록 도와주는 주요 치료 개입의 이론적 근거가 검토되었다.

E. 부모는 일관된 수면-기상 주기, 일관성 없는 침실 일상, 수면에 도전하는 침실 환경, 자극 감소에 대해 배웠다.

19. 일관된 수면-기상 주기 설정하기 (19)

A. 부모는 내담자에 대한 일관된 수면-기상 주기를 설정하도록 도움받았다.

B. 부모는 나이에 맞는 취침, 영·유아를 위한 규칙적인 낮잠, 평일과 주말 취침과 기상 시간은 최대 1~2시간 차이가 나도록 상담받았다.

C. 부모는 일관된 수면-기상 주기 설정을 시도했고 이것에 대해 강화되었다.

D. 부모는 일관된 수면-기상 주기를 설정하는 문제를 해결하는 데 도움을 받았다.

20. 긍정적인 자극 제어 기술 개발하기 (20)

A. 부모는 내담자의 취침을 위한 긍정적인 자극 제어 기술 개발을 지원받았다.

B. 부모는 매일 밤 같은 활동을 활용하도록 권장되었다.

C. 부모는 20~30분 이상 지속되지 않는 일관된, 즐거운, 고요한 야간 활동을 개발하도록 격려되었다.

21. 수면 위생 교육하기 (21)

A. 부모는 좋은 수면 위생에 관한 교육을 받았다.

B. 부모는 편안하고, 시원하고, 어둡고, 조용한 것을 포함하여 수면에 도전하는 침실 환경을 만드는 방법에 대해 조언을 받았다.

C. 부모는 잠재적으로 깨우는 것(예 : 텔레비전, 컴퓨터, 휴대전화)이 될 수 있는 모든 기기를 제거하도록 권장받았다.

22. 카페인 사용 검토하기 (22)

A. 아이에 의해 소비되는 모든 잠재적 카페인이 함유된 제품이 검토되었다.

B. 부모는 카페인이 함유된 제품의 오후와 저녁 사용을 없애도록 권장되었다.

23. 혼자 있는 것에 대한 두려움을 평가하기 (23)

A. 침실에 혼자 남는 것에 대해 내담자가 갖는 공포의 본질, 심각도와 그 유래를 내담자와 살펴보았다.

B. 내담자가 자신이 두려움을 느끼는 모든 이유를 열거하도록 도움을 주었다.

C. 내담자가 혼자 남는 것에 대한 두려움을 살펴보고 그 두려움과 맞서자 두려움이 줄어들었다. 이런 공포를 극복한 것에 대해 내담자를 지지해 주었다.

24. 취침 의식을 설정하기 (24)

A. 내담자와 부모가 취침 전 내담자의 두려움을 줄여 주고 침착함을 유도하는 데 도움이 되는 취침 의식을 설정하도록 도움을 주었다.

B. 부모에게 야간 의식의 구체적인 예(예 : 부모가 잠들기 전 이야기 들려주기, 내담자의 침대 주변에 봉제 동물인형들을 둘러 요새 만들어 주기, 부모가 근처에 있음을 기억할 수 있도록 어머니의 향수를 딸의 손목에 뿌려 주기)를 제공했다.

C. 부모는 아동 심리치료 과제계획서(Jongsma, Peterson, & McInnis)의 '심야 공포 줄이기(Reduce Nighttime Fears)'를 할당받았다.

D. 부모에게 밤마다 취침 의식을 이용하도록 지시했다.

E. 부모는 아이의 두려움이 해결됨에 따라 '안전 단서'를 점진적으로 없애고 제거하도록 권장되었다.

25. 가족 애완동물 이용을 격려하기 (25)

A. 내담자가 밤에 느끼는 공포와 불안감을 줄일 수 있도록 부모에게 애완동물을 내담자의 방에서 재우는 것을 허락하도록 격려했다.

B. 부모가 내담자가 밤에 느끼는 공포와 불안감을 줄이기 위해 애완동물을 밤에 내담자의 방에서 재우는 것을 허락하겠다고 동의했고, 이런 결정을 내린 것에 대해 부모를 지지해 주었다.

26. 부모에게 한계 설정을 권유하기 (26)

A. 부모가 내담자의 속이는 행동에 취약한 특정 영역을 파악하는 데 도움을 주었다.

B. 부모가 내담자의 속이는 행동에 단호한 한계를 설정하고 이를 실행하도록 도움을 주었다.

C. 부모가 새로운 단호한 행동에 대한 한계 설정을 실행하는 기술과 이에 대한 자신감을 쌓기 위해 역할 연기와 행동 연습 기법을 사용했다.

D. 부모가 일관성 있게 새로운 단호한 한계 설정을 실행하는지를 모니터링했고 필요한 경우 격려와 방향 재설정을 해 주었다.

E. 부모가 일관성 있게 새로운 단호한 행동 한계를 설정하는 것을 지켜 나감에 따라 내담자의 속이는 행동이 줄어들었다. 부모에게 이런 한계 설정을 계속하도록 격려했다.

F. 부모가 내담자의 속이는 행동에 대해 규칙적으로 한계를 설정하지 않아서 한계를 설정하도록 다시 지시했다.

27. 보상과 유관 계약을 고안하기 (27)

A. 내담자가 자기 침대에서 자고 밤에 부모의 방에 오지 않는 목표를 달성했을 때 내담자를 강화할 보상 체계를 설계했다.

B. 내담자와 부모가 내담자의 수면 목표 달성 시 내담자를 강화하는 데 사용할 수 있는 보상을 개발하는 데 도움을 주었다.

C. 보상체계를 적용한 것이 내담자가 밤에 혼자 자기 목표를 달성하는 데 도움을 주는 것으로 나타났다.

D. 부모가 적절한 수면 패턴에 대한 보상체계를 정기적으로 사용하지 않았고 이 기법을 사용하도록 다시 지시했다.

28. 부정적 대가에 대한 브레인스토밍하기 (28)

A. 내담자가 제시간에 자는 것을 피하기 위해 속이는 행동을 할 때 내담자에게 올 수 있는 부정적 대가를 떠올리도록 도움을 주었다.

B. 부모가 내담자에게 유용하게 부과할 수 있는 부정적 대가의 목록을 떠올리는 데 어려움을 겪었고 부모에게 구체적인 예(예 : 그다음 날 더 일찍 잠자리에 들기, TV 시청 금지 또는 비디오 게임 금지 같은 특권 빼앗기)를 제공했다.

C. 제시간에 잠자는 것을 피하기 위해 내담자가 속이는 행동을 하는 것에 대한 구체적인 대가를 부모가 고르는 데 도움을 주었다.

D. 내담자가 그릇된 행동을 해도 일관성 있게 대가를 부과하는 것을 따르도록 부모를 격려했다.

E. 부모가 자녀의 잘못된 불량행동(misbehavior)에는 부정적인 결과가 반드시 수반된다는 것이 자녀 훈육 상의 확고한 지침이라는 것을 경험하게 해야만 한다.[4]

F. 부모가 속이는 행동에 부정적인 대가를 부과하는 것을 따르지 않아서 그 이유를 점검하고 검토했다.

29. 검사 절차 개발하기 (29)

A. 부모는 최적의 검사 절차를 검토하도록 지원받았다.

B. 부모는 아이가 잠들 때까지 합의된 간격으로 검사하도록 권장되었다.

C. 부모는 부모의 관용과 아이의 기질에 따라 필요한 만큼 자주 검사를 시작하는 것이 허용되었다.

D. 아동이 검사될 동안의 합의된 간격을 확인한 후 부모는 이 패턴을 유지하도록 권장받았다.

30. 차분하고 일관된 검사 절차를 격려하기 (30)

A. 부모는 검사 절차 동안 침착하고 지속적으로 아동에 응답하도록 격려되었다.

B. 부모는 아이가 잠을 유도하기 위한 개입 활용 없이 자기 진정 능력을 개발해야 한다는 것을 상기했다.

C. 부모는 진정, 일관성, 아동의 정기적인 검사의 준수를 위해 강화되었다.

D. 부모는 자녀에 대한 검사의 빈도와 태도를 유지하기 위해 분투함을 보고했고 이 분야에서 추가 지원을 제공받았다.

31. 점진적인 시간 지연을 가르치기 (31)

A. 부모는 취침 시위 또는 거절에 응답하는 것 사이의 점진적인 시간 지연을 포함하는 점진적인 소멸 절차에 대해 배웠다.

B. 부모는 울거나 항의하는 아이를 검사할 때 편안함을 점점 더 짧은 간격으로 사용하는 것을 배웠다.

C. 부모는 **자녀의 수면 문제를 해결하기**(*Solve Your Child's Sleep Problems*)(Ferber)의 일부분을 읽을 것을 권장받았다.

D. 부모는 점진적인 소멸 절차의 사용을 위해 강화되었다.

E. 부모는 점진적인 소멸 절차를 적절하게 사용하기 위해 노력하고 이 분야에서 교정적 다시 챙겨주기를 제공받았다.

32. 점진적이지 않은 소멸 가르치기 (32)

A. 부모는 지정된 시간에 자녀를 잠자리에 들게 하고 아이의 저항을 무시하는 소멸 절차에 대해 배웠다.

B. 부모는 자녀의 항의를 무시하는 것과의 투쟁에 대한 지원을 도움받았다.

33. 중재에 대한 반응 기록 검토하기 (33)

A. 부모는 관련된 치료 중재에서 아이의 준수에 대한 서면 기록을 유지하도록 할당받았다.

B. 상대적 치료 중재에서 아이의 준수에 대한 부모의 기록을 검토했다.

C. 부모는 중재의 성공적인 구현을 위해 강화되었다.

---

4) 역자 주 : 남녀노소 공히 개인이나 집단과 사이좋게 공존하려면 타인과 상부상조하고 배려하고 공감하면서 살아가야 하는 것이 기본 덕목이므로 상사나 동료, 고객과 친하게 지내는 등 사회지능이 요구된다. 그러므로 사회생활과 가정생활, 학교생활에서도, 상사와의 인간관계도 본인이 잘 처신하면 이익이 생기고 처신을 잘 못하고 동료나 상급자나 고객과의 갈등이 있거나 인간관계가 안 좋으면 개인 당사자와 주위 인물에게 피해가 발생하므로 사회생활에서 인간 친화 지능을 학습하도록 이러한 사항을 **아동 심리 치료 과제계획서**(Jongsma, Pertson, & McInnis)에서 관련 처방으로 제안했다.

D. 부모는 중재의 장애물 문제 해결을 지원받았다.

34. 계획된 각성 절차 가르치기 (34)

A. 부모는 자신의 전형적인 야간 각성 시간의 약 15분 전에 아이를 깨우는 계획된 각성 절차에 대해 배웠다.

B. 부모는 일주일 동안 계획된 각성 절차를 지속하고, 그 이후 중지 및 효과를 평가하도록 권장했다.

C. 계획된 각성 절차는 점차 줄어들었다.

35. 긍정적인 자기 대화를 가르치기 (35)

A. 내담자의 비이성적인 공포를 파악하고 이에 맞섰다.

B. 내담자에게 긍정적이고 현실적인 자기 대화 기법 사용을 가르쳤고, 비이성적 공포에 맞서기 위해 적용할 수 있는 방법을 개발하는 데 도움을 주었다.

C. 역할 연기와 행동 연습을 활용해 내담자에게 긍정적이고 현실적인 자기 대화 기법으로 공포에 맞서는 연습을 할 기회를 주었다.

D. 내담자가 두려움에 맞서기 위해 긍정적 자기 대화를 활용했을 때 격려와 언어적 칭찬을 해 주었다.

E. 내담자의 긍정적, 현실적 자기 대화 사용이 내담자의 수면에 대한 공포가 지닌 힘을 줄이는 데 도움이 되는 것으로 나타났다.

36. 긴장 이완 기법을 가르치기 (36)

A. 내담자에게 심부근육 이완 기술을 훈련시켰고, 음성녹음 자료를 사용한 훈련과 이를 사용하지 않은 훈련 두 가지를 다 실시했다.

B. 내담자가 수면 유도를 위해 심부근육 이완 기술을 사용하는 능력을 키워 주기 위해 심부근육 이완 기술을 연습하는 데 도움을 주었다.

C. 내담자는 아이를 위한 이완과 스트레스 감소 워크북(Shapiro & Sprague)의 일부를 읽도록 추천받았다.

D. 내담자의 심부근육 이완 기술 사용을 모니터링했고, 일관성 있게 수면 유도를 위해 기술을 사용한 것에 대해 칭찬해 주었다.

E. 심부근육 이완 연습을 일관성 있게 사용한 것이 내담자가 공포와 불안감에 보다 효과적으로 대처하는 데 도움이 되었기 때문에 이 기술을 일관성 있게 사용한 것을 강화해 주었다.

F. 내담자가 두려움과 불안감에 대처하는 데 심부근육 이완 기술을 사용하지 않았고 이를 사용하도록 다시 지시했다.

37. 긴장 이완 테이프 사용을 훈련하기 (37)

A. 내담자에게 취침 준비로서 자신을 진정시키기 위해 긴장 이완 테이프를 사용하도록 훈련시켰다.

B. 내담자가 매일 밤 취침 준비의 일부로 긴장 이완 테이프를 사용하겠다는 약속을 한 것에 대해 내담자를 강화해 주었다.

C. 내담자가 잠들기 위해 긴장 이완 테이프를 사용하는지를 모니터링했고 필요한 경우 방향 재설정을 해 주었다.

D. 내담자가 취침 준비의 일환으로 긴장 이완 테이프를 일관성 있게 사용한 것이 잠들고 난 뒤 수면상태를 유지하는 능력을 향상시킨 것으로 나타났다.

E. 내담자가 취침 준비 과정에서 긴장 이완 기법을 일관성 있게 사용하지 않아서 이를 사용하도록 다시 지시했다.

38. 꿈 내용 바꾸기를 가르치기 (38)

A. 내담자에게 꿈이 긍정적인 양상으로 끝나는 것을 상상하는 것을 통해 악몽에서 깬 후의 불안감과 공포를 줄이는 법을 가르쳐 주었다.

B. 내담자가 악몽을 긍정적인 꿈으로 바꾸는 상상을 하는 여러 가지 방법을 생각해 낸 것에 대해 내담자를 지지해 주었다.

C. 내담자에게 악몽을 긍정적인 내용의 꿈으로 바꾸는 구체적인 예(엄마나 아빠가 구출해 주러 오는 것을 그리기, 내담자가 꿈속에서 경찰에 신고해 침입자, 강도 또는 가해자를 체포해 가도록 하기)를 제시했다.

D. 내담자가 악몽을 긍정적인 내용의 꿈으로 바꾸는 기법을 사용한 것에 대해 긍정적 강화를 해 주었다.

E. 내담자가 긍정적인 꿈으로 바꾸기 기법을 사용하지 않아서 이 기법을 활용할 방법을 개발하는 데 도움을 주었다.

39. EMG 바이오피드백 사용하기 (39)

A. 내담자의 성공적인 긴장 이완 반응을 훈련하고 강화하기 위해 내담자에게 근전도(electromyographic, EMG) 바이오피드백[5]을 실시했다.

B. EMG 바이오피드백에 대한 내담자의 반응을 평가했고 효과성이 있는지 모니터링했다.

C. 내담자가 EMG 훈련 이후 좀 더 일관성 있고 효과적으로 이완할 수 있게 되었다고 보고했고, 이것은 수면의 질 개선으로 나타났다.

D. 내담자가 EMG 바이오피드백 훈련을 사용했음에도 일관성 있고 효과적인 긴장 이완을 하지 못했으며, 왜 이것이 실패했는지를 판단하기 위해 바이오피드백 훈련 기술을 다시 검토했다.

40. 놀이치료 기법을 활용하기 (40)

A. 내담자가 자신의 감정과 정서적 갈등을 표현하고 해소하는 것을 돕기 위해 내담자 중심의 놀이치료 기법을 활용했다.

B. 내담자의 정서적 갈등을 평가하고 이것을 해소할 건전한 방법들을 알아보기 위해 정신분석학적 놀이치료 접근법을 사용했다.

C. 내담자가 놀이치료 시간에 적극적으로 참여한 것에 대해 내담자를 지지해 주었다.

D. 놀이치료 기법이 내담자가 자신의 정서적 갈등을 살펴보고 해소하는 데 도움을 주었다.

41. 놀이치료 행동을 해석하기 (41)

A. 내담자의 놀이치료 행동을 가족 구성원들을 향한 내담자 감정의 반영으로 해석했다.

B. 내담자가 자신의 놀이치료 행동을 가족 구성원들을 향한 자신의 감정의 반영이란 해석을 수용했다.

C. 내담자가 자신의 놀이치료 행동을 가족 구성원들을 향한 자신의 감정의 반영이란 해석을 거부했다.

D. 내담자가 자신의 놀이치료 행동에 대한 해석을 수용했고 자신이 특정 가족 구성원들에게 품은 감정들을 인지했다.

---

5) 역자 주 : 생체 자기 제어라는 용어도 사용함.

제33장　사회 불안

내담자 소개

1. 시선 접촉이 없음 (1)[1]

A. 부모와 교사가 내담자가 타인과의 사회적 상호작용에서 시선 접촉을 거의 하지 않는다고 보고한다.

B. 내담자가 오늘 치료 시간 동안 매우 서투른 시선 접촉을 보였다.

C. 내담자가 자신이 편하게 느끼는 개인과는 만족스러운 수준의 양호한 시선 접촉을 보였지만 낯선 사람들과는 매우 어색한 시선 접촉을 보인다.

D. 내담자가 오늘 치료 시간 동안 양호한 시선 접촉을 유지했다.

E. 부모와 교사가 내담자가 일관성 있게 양호한 시선 접촉을 유지한다고 보고한다.

2. 조용하고 내성적임 (1)

A. 내담자가 사회적 상호작용의 대다수 상황에서 조용하고 내성적이었다고 보고했다.

B. 내담자가 오늘 치료 시간에 매우 조용했고 대화를 먼저 시작한 법이 거의 없었다.

C. 내담자가 종종 다른 사람들의 제안에 응하지 않는다.

D. 내담자가 치료 시간에 좀 더 마음 편한 모습을 보이기 시작했고, 내담자가 시작한 대화의 숫자가 그 증거이다.

E. 내담자가 오늘 치료 시간에 훨씬 더 개방적이었고 말이 많았다.

3. 수줍음/사회적 불안 (2)

A. 내담자가 많은 사회적 상황에서 수줍어하고 불안감을 느낀다고 말했다.

B. 내담자가 오늘 치료 시간 동안 불안하고(예 : 손 떨림, 시선 접촉 결여, 만지작만지작함, 안절부절못함, 말을 더듬음) 억압되어 보였다.

---

1) 괄호 안의 숫자들은 아동 심리치료 치료계획서(*The Child Psychotherapy Treatment Planner*), 제5판(Jongsma, Peterson, McInnis, Bruce 공저, 2014년, Hoboken, NJ : Wiley)에서 동일한 제목을 지닌 관련 장의 치료 중재의 숫자와 연결된다.

C. 내담자의 사회적 불안이 점차 줄어들기 시작했고 타인과의 대화도 훨씬 편하게 느껴진다고 보고한다.

D. 내담자가 최근에 있었던 대부분의 사회적 상호작용에서 자신감을 느꼈고 마음이 편했다고 보고했다.

E. 내담자가 과도한 공포나 불안 없이 정기적이고 일관성 있게 동료들과 사회적 교류를 했다.

4. 낯선 사람 회피 (2)

A. 내담자가 낯선 사람들과의 접촉을 일관성 있게 회피해 왔다.

B. 내담자가 낯선 사람들과의 교류에 불안감을 표현했다.

C. 내담자가 낯선 사람들과 더 많은 대화를 개시하기 시작했다.

D. 내담자가 일관성 있게 낯선 사람들과 사회적 접촉을 시작했다.

5. 새로운 사회적 상황에서 위축됨 (2)

A. 부모와 교사가 내담자가 사회적 상황에서 타인들로부터 위축된다고 보고한다.

B. 내담자가 새로운 사회적 상황에 처해 낯선 사람들과 교류하는 데 대해 갖는 불안감을 언어로 표현했다.

C. 내담자가 최근에 새로운 사회적 상황에서 자신을 드러내기 시작했다.

D. 내담자가 새로운 사회적 상황에서 규칙적이고 일관성 있게 다른 사람들과 교류했다.

6. 사회적 고립/위축 (3)

A. 내담자가 대부분의 사회적 상황에서 위축되거나 자신을 고립시키는 행동 패턴을 반복적으로 보인다고 묘사했다.

B. 내담자가 사회적 위축으로 우정을 형성하고 유지하는 능력이 방해를 받는다고 인정했다.

C. 내담자가 점점 더 넓은 범위의 동료들과 어울리기 시작했다.

D. 내담자가 점점 더 외향적으로 변했고 동료들과 정기적으로 일관성 있게 어울린다.

7. 과도한 독자 활동 (3)

A. 내담자가 동료들과 어울리는 대신 독자 활동에 과도하거나 무절제하게 시간을 소비한다.

B. 내담자가 자신의 과도한 독자 활동이 우정 형성 기회를 방해함을 이해했다고 언어로 표현했다.

C. 내담자가 독자 활동에 시간을 덜 소비하고 동료들과의 교류를 추구하기 시작했다고 보고한다.

D. 내담자가 독자 활동과 타인과의 교류에 소비하는 시간 사이에서 건강한 균형을 달성했다.

8. 친한 친구가 없음 (4)

A. 내담자는 자신의 삶에서 친한 친구가 있었던 적이 거의 또는 전혀 없다고 말했다.

B. 내담자에게 현재 친한 친구가 없다.

C. 내담자가 친한 친구를 가지지 못한 것에 대한 슬픔과 외로움을 표현했다.

D. 내담자가 친한 친구를 만들기 위해 몇 가지 방법(예 : 다른 사람에게 인사하기, 다른 사람을 칭찬하기, 긍정적인 자기기술 문구 만들기, 끈끈한 우정 만들기를 시도하기)을 시도하기 시작했다.

E. 내담자가 이제 학교 그리고/또는 지역사회에서 친한 친구를 만들었다.

9. 지나치게 밀착된 가족 관계 (4)

A. 내담자가 부모와 지나치게 밀착된 관계를 설정했고 이런 관계가 동료들과 어울리는 기회를 방해한다.

B. 부모가 동료 간의 우정 형성을 희생시키면서 내담자의 과도한 의존성을 강화했음을 언어로 인정했다.

C. 부모가 내담자에게 좀 더 독립적인 사람이 되라고 격려했다.

D. 부모가 내담자의 긍정적 사회적 행동을 강화했고 과도하게 의존적인 행동에 한계를 설정했다.

E. 내담자가 동료들과 어울리는 것 그리고 가족 구성원들과 시간을 보내는 것 사이에서 건강한 균형을 달성했다.

10. 지나치게 완고한 부모 (4)

A. 부모가 완고하고 엄격하게 규칙과 한계를 설정해 내담자가 동료들과 어울릴 기회가 줄어들었다.

B. 내담자가 부모가 지나치게 완고해 동료들과 어울릴 기회를 많이 주지 않는 것에 대해 불만을 표현했다.

C. 내담자가 효과적으로 부모에게 자기주장을 했고 동료들과 더 어울릴 기회를 달라고 요청했다.

D. 부모가 내담자에게 동료들과 어울릴 기회를 좀 더 허용해 주기 위해 규칙과 한계를 조금 느슨하게 만들 필요가 있음을 언어로 인정했다.

E. 부모가 적절하고 공평한 한계를 설정해 내담자가 동료들과 보낼 수 있는 시간을 얻고 집과 학교에서 자신의 책임을 다할 수 있게 되었다.

11. 비판/거부에 대한 과민 반응 (5)

A. 내담자가 비판, 불승인, 인지할 수 있는 거부 신호를 직면하는 것에 대한 두려움 때문에 다른 사람들과 관계를 맺는 것을 매우 망설인다.

B. 내담자가 과도하거나 부당한 비판, 불승인 그리고 부모로서 거부를 당한 경험과 관련된 내력을 이야기했다.

C. 내담자가 비판, 거절 또는 거부의 조짐이 조금이라도 나타나면 과잉 반응을 보이는 경향이 있고 결과적으로 타인으로부터 움츠러든다는 점을 인정했다.

D. 내담자가 타인으로부터의 비판이나 거절을 보다 효과적으로 견디기 시작했다.

E. 내담자가 비판·거부되거나 타인에게 무시를 당하는 것이 느껴지더라도 타인과의 교류를 계속했다.

12. 과도한 재확인 욕구 (6)

A. 내담자가 사람들이 자신을 좋아하거나 수용해 줄 것이란 강한 확신을 갖지 않는 이상 타인과 관계를 맺는 것을 매우 꺼린다.

B. 내담자가 자신에 대한 긍정적인 기분을 느끼기 위해 타인에게 종종 이를 재확인받고자 한다.

C. 내담자가 타인에게 승인과 긍정을 받기 위해 과도하게 매달리는 대신 긍정적인 자기 대화로 자기 자신을 안심시키기 시작했다.

D. 내담자가 자기 자신을 주장하고 타인으로부터 인정을 추구하는 것 사이에서 건전한 균형을 달성했다.

13. 위험 감수를 꺼림 (7)

A. 내담자가 망신 또는 경멸을 받을 가능성 때문에 새로운 활동에 참여하거나 개인적인 위험 감수를 하는 것을 꺼린다.

B. 내담자가 자신의 자존감을 향상시키고 우정 형성에 도움을 받기 위해 새로운 활동이나 건전한 위험을 감수하려는 욕망을 언어로 표현했다.

C. 내담자가 즐거움을 느끼고 자존감을 쌓고 우정을 형성하기 위해 건전한 위험을 감수하기 시작했다.

D. 내담자가 새로운 활동에 참여하고 망신 혹은 경멸에 대한 과도한 공포심 없이 건전한 위험을 감수했다.

14. 부정적인 자아상 (8)

A. 내담자의 부정적인 자아상과 자신감 결핍이 내담자의 우정 형성 능력을 해쳤다.

B. 내담자가 몇 가지 자기 비하적(self derogatory) 발언을 언어로 표현했고 자신을 비호의적인 방식으로 타인과 비교한다.

C. 내담자가 자신을 사회적으로 매력이 없는 사람으로 본다고 털어놓았다.

D. 내담자의 향상된 자신감이 내담자가 더 외향적인 사람이 되도록 도움을 주었다.

E. 내담자가 다른 사람들 앞에서 자신에 대한 긍정적 문구를 일관성 있게 언어로 표현했다.

15. 서투른 사회적 기술 (8)

A. 내담자가 서투른 사회적 기술을 가지고 있고 사회적으로 미성숙해 보인다.

B. 내담자가 종종 중요한 사회적 신호 또는 의미 있는 관계를 형성하고 유지하는 데 필요한 대인 간의 뉘앙스를 파악하는 데 실패했다.

C. 내담자가 의미 있는 관계 형성에 필요한 사회적 기술에 대한 이해를 보이기 시작했다.

D. 내담자가 최근에 동료들, 어른들과의 교류에서 훌륭한 사회적 기술을 선보였다.

E. 내담자가 일관성 있게 다른 사람들 앞에서 자기 자신에 대한 긍정적 문구를 언어로 표현했다.

16. 자기 주장의 부족 (9)

A. 내담자가 사회적 상황에서 자기 주장이 요구될 때 이것을 실행하는 데 많은 어려움을 겪었다.

B. 내담자가 갈등 가능성이 있는 사회적 상황을 전반적으로 피해 왔다.

C. 내담자가 대인 문제 또는 갈등에서 위축되는 대신 자기 주장을 더 자주 하기 시작했다.

D. 내담자가 최근 타인과의 갈등에서 효과적인 태도로 자기주장을 했다.

17. 과도한 비판의 가족력을 지님 (9)

A. 내담자가 부당한 혹은 과도한 비판을 가족 구성원으로부터 받은 내력에 대해 보고했다.

B. 내담자가 과거에 가족 구성원으로부터 받은 비판을 묘사할 때 슬프고 불안하고 속상해 보였다.

C. 부모가 자신에게 과도하게 가혹하거나 비판적인 발언을 한 것이 내담자의 사회적 불안, 수줍음, 낮은 자존감에 영향을 끼쳤음을 인정했다.

D. 내담자가 부모의 지나치게 비판적인 발언을 하는 경향에 대해 자기 주장을 펼쳤고 부모에게 그런 비하적인 발언은 앞으로 하지 말라고 부탁했다.

E. 부모가 내담자를 향해 더 긍정적인 발언을 하는 빈도를 높였으며 내담자에 대한 지나치게 비판적이거나 적대적인 발언을 하는 것을 중단했다.

18. 생리적 고통 (10)

A. 내담자의 사회적 불안이 생리적 고통(예 : 심장박동이 빨라짐, 땀이 지나치게 많이 남, 입이 바짝 마름, 근육이 긴장함, 부들부들 떨기)의 증가로 나타난다.

B. 내담자가 자신의 사회적 관계에 대해 이야기할 때 눈에 띄게 불안해 보였다(떨림, 몸이 부들부들 흔들림, 땀을 흘림, 긴장하고 완고함).

C. 내담자가 최근 타인과의 상호작용에서 생리적 고통을 덜 경험했다고 보고했다.

D. 내담자가 일관성 있게 다양한 사회적 상황 속에서 어떠한 생리적 고통을 보이지 않고 타인과 교류할

수 있게 되었다.

중재 실행

1. 신뢰감 쌓기 (1)[2]

    A. 오늘 치료 시간의 초점은 지속적인 눈 맞추기, 적극적 경청, 무조건적인 긍정적 존중, 따뜻한 수용의 방법 사용을 통해 내담자와 신뢰감을 쌓는 데 두었다.

    B. 무조건적 긍정적 존중과 따뜻한 수용을 사용한 것이 내담자가 감정을 인지하고 표현하는 능력을 향상시키는 데 도움을 주었다.

    C. 내담자가 점점 더 마음을 열고 긴장을 푼 것으로 보아 치료 시간이 내담자와의 일정 수준의 신뢰감 형성에 도움이 되었다.

    D. 내담자가 여전히 조용하고 상호작용에 내성적인 태도를 유지해 치료 시간이 내담자와의 일정 수준의 신뢰감 형성에 도움이 되지 않았다.

2. 사회적 불편감 증상의 본질을 평가하기 (2)

    A. 내담자에게 사회적 불편감 증상, 공포, 회피의 빈도·강도·지속 기간과 그 내력에 대해 질문했다.

    B. DSM-IV 불안장애 면담 도구(The Anxiety Disorders Interview Schedule for DSM IV)(DiNardo, Brown, & Barlow)를 사용해 내담자의 사회적 불편감 증상을 측정했다.

    C. 내담자의 사회적 불편감 증상 평가 결과 내담자의 증상이 심하고 생활을 심각하게 방해하는 것으로 나타났다.

    D. 내담자의 사회적 불편감 증상 평가 결과 내담자의 증상이 중간 정도이고 일상 기능을 이따금씩 방해하는 것으로 나타났다.

    E. 내담자의 사회적 불편감 증상 평가 결과 내담자의 증상이 경미하고 일상 기능을 거의 방해하지 않는 것으로 나타났다.

    F. 내담자의 사회적 불편감에 대한 평가 결과를 내담자와 검토했다.

3. 사회적 불편감에 대한 자극 상황 살펴보기 (3)

    A. 내담자가 사회적 불편감을 초래하는 구체적인 자극 상황을 인지하는 데 도움을 주었다.

    B. 내담자가 사회적 불편감을 유발하는 구체적인 자극 상황을 파악하지 못했고, 이런 상황들이 예상치 못하게 일정한 패턴 없이 발생한다는 점을 내담자가 인지하도록 도움을 주었다.

    C. 내담자가 기본적인 사회적 상호작용에 대한 예상 행동이 기대될 때 자신의 사회적 불편감 증상이 발생하는 것을 인지하도록 도움을 주었다.

4. 사회적 불안감에 대한 평가를 실시하기 (4)

    A. 내담자의 사회적 공포와 회피의 깊이와 범위를 더 자세히 평가하기 위해 내담자에게 사회적 불안 측정을 실시했다.

---

2) 괄호 안의 숫자들은 아동 심리치료 치료계획서(*The Child Psychotherapy Treatment Planner*), 제5판(Jongsma, Peterson, McInnis, Bruce 공저, 2014년, Hoboken, NJ : Wiley)에서 동일한 제목을 지닌 관련 장의 치료 중재의 숫자와 연결된다.

B. 내담자에게 사회적 상호작용 불안 척도(Social Interaction Anxiety Scale) 그리고/또는 사회적 공포 척도 (Social Phobia Scale)(Mattick & Clarke)를 실시했다.

C. 사회적 불안 평가 결과 높은 수준의 사회적 공포와 회피가 나타났고 이것을 내담자에게 전달했다.

D. 사회적 불안 평가 결과 중간 수준의 사회적 공포와 회피가 나타났고 이것을 내담자에게 전달했다.

E. 사회적 불안 평가 결과 낮은 수준의 사회적 공포와 회피가 나타났고 이것을 내담자에게 전달했다.

F. 내담자가 사회적 불안 평가에 참여하는 것을 거부했고 치료의 초점을 이런 저항을 다루는 것으로 옮겼다.

5. 통찰력 수준의 평가 (5)

A. 내담자는 보이는 문제들을 향한 통찰 수준으로 평가되었다.

B. 내담자는 보이는 문제들에 관하여 그의 통찰의 동조적인 본성 대 이질적인 본성에 따라 평가되었다.

C. 내담자는 행동과 증상에서 문제가 되는 본성에 대한 좋은 통찰을 하도록 보여 주었다.

D. 내담자가 다른 사람들의 우려에 동의하는 것이 목격되어 변화에 힘쓰도록 동기유발되었다.

E. 내담자는 묘사된 문제에 대해 양면성이 있음이 드러났고 그 문제들을 우려사항으로 보는 것을 꺼렸다.

F. 내담자는 문제 영역의 인식에 관해 저항적인 것으로 나타났고, 걱정하지 않았으며, 변화에 대한 동기가 없었다.

6. 관련 장애의 평가 (6)

A. 내담자는 연구 기반의 관련 장애들의 증거에 의해 평가되었다.

B. 내담자는 자살에 대한 취약성 수준으로 평가되었다.

C. 내담자는 동반장애를 가진 것으로 확인되었고, 치료는 이를 처리할 수 있도록 조정되었다.

D. 내담자는 또 다른 관련 장애가 있는지 평가되었지만 아무것도 발견되지 않았다.

7. 문화적으로 혼란스러운 문제에 대한 평가 (7)

A. 내담자는 그의 임상 행동을 더 잘 이해하도록 도울 수 있는 나이 관련 쟁점으로 평가되었다.

B. 내담자는 그의 임상 행동을 더 잘 이해하도록 도울 수 있는 성별 관련 쟁점으로 평가되었다.

C. 내담자는 그의 임상 행동을 더 잘 이해하도록 도울 수 있는 문화의 증후군, 고통의 문화적 관용구, 혹은 문화적으로 감지된 사건으로 평가되었다.

D. 다른 요인들이 내담자의 현재 정의된 '문제 행동'에 기여할 것이라고 확인되었고 이 요인들은 그의 치료에 반영되었다.

E. 내담자의 현재 정의된 '문제 행동'을 설명할 수 있는 문화적 기반 요인들은 조사되었지만 중대한 요인은 발견되지 않았다.

8. 장애의 심각성 평가 (8)

A. 내담자의 장애의 심각성은 보호의 적절한 정도를 결정하기 위해서 판단되었다.

B. 내담자는 사회적·관계적·교육적인 노력에서의 손상 정도로 평가되었다.

C. 내담자는 그의 장애가 자신의 기능에 가볍거나 중간 정도의 영향을 끼친다는 것을 알았다.

D. 내담자는 그의 장애가 자신의 기능에 심각하거나 더 심각한 영향을 끼친다는 것을 알았다.

E. 내담자의 치료의 효율성과 적절성, 그리고 장애의 심각성은 꾸준히 평가되었다.

9. 병원의 돌봄 평가 (9)

A. 병원의 돌봄과 관심으로 내담자의 집, 학교, 지역사회가 평가되었다.

B. 내담자의 다양한 환경은 아동의 욕구에 지속적인 무관심, 돌보는 사람의 잦은 변화, 안정적 애착의 제한된 기회, 가혹한 훈육 혹은 다른 심각한 부적절한 돌봄이 있었는지 평가되었다.

C. 병원의 돌봄이 확인되었고 치료계획에 이러한 우려를 관리하고 바로잡는 것과 아동을 보호하는 전략이 포함되었다.

D. 어떠한 병원의 돌봄도 확인되지 않았고, 이것은 내담자와 돌보는 사람에게 반영되었다.

10. 약물치료를 위한 검사를 권유하기 (10)

A. 내담자의 사회적 불편감 증상 경감을 위한 향정신성 약물 복용을 고려할 목적으로 내담자가 의사를 만나 검사를 받을 약속을 잡도록 준비했다.

B. 내담자가 의사를 만나 자신의 불안감을 일으키는 어떠한 기질적 원인이 있는지, 그리고 불안 반응을 조절하기 위해 향정신성 약물 복용이 필요한지를 알아보기 위하여 필요한 검사를 받아야 한다는 의사의 처방에 잘 따랐다.

C. 내담자가 약물치료를 위한 검사를 위해 의사를 만나 보라는 권유에 협조하지 않았고 여기에 협조하도록 격려했다.

11. 약물 순응도 모니터링하기 (11)

A. 내담자가 처방된 약물을 일관성 있게 복용했으며 이것이 불안 조절에 도움이 되었다고 보고했다. 이 점을 약을 처방한 임상의사에게 전달했다.

B. 내담자가 처방된 약물을 일관성 있게 복용하지 않았다고 보고했고, 일관성 있게 이것을 복용하도록 내담자를 격려했다.

C. 내담자가 처방된 약물을 복용했지만 아무런 유익한 효과를 보지 못했다고 말했다. 이 점을 약을 처방한 임상의사에게 전달했다.

D. 내담자가 검사를 받았지만 의사로부터 아무런 향정신성 약물을 처방받지 않았다.

12. 집단치료 권유하기 (12)

A. 내담자에게 사회적 불안감 해결을 위한 소규모(비공개 등록) 집단치료를 받도록 권유했다.

B. 내담자가 아동기 사회공포증의 행동 치료(*Behavioral Treatment of Childhood Social Phobia*)(Beidel, Turner, & Morris)에 정의된 사회적 불안 집단에 등록했다.

C. 내담자가 아동기 사회공포증 치료(*The Treatment of Childhood Social Phobia*)(Spence, Donovan, & Brechman-Toussaind)에 정의된 사회적 불안 집단에 등록했다.

D. 내담자가 참여할 집단이 없어서 내담자가 집단치료 모델에 기반한 개별 치료를 받았다.

E. 내담자가 사회적 불안을 위한 집단치료에 참여했고, 이런 경험을 검토하고 점검했다.

F. 내담자가 사회적 불안 문제로 집단치료에 참석하지 않았고 여기에 참석하도록 다시 지시했다.

13. 인지 편향성 논의하기 (13)

A. 타인에 의한 부정적 평가를 과대평가하고 자신의 가치를 과소평가하고, 종종 불필요한 회피로 이끄는 인지 편향성에서 사회적 불안이 발생한다는 것과 관련해 논의를 전개했다.

B. 내담자에게 사회적 불안 증상의 바탕이 되는 인지 편향성의 예를 제공했다.

C. 내담자가 자신의 인지 편향성을 깨달은 것을 강화해 주었다.

D. 내담자가 자신의 불안 증상을 일으키는 인지 편향성을 파악하지 못했고 이 점에 대한 대략적인 예를 제공했다.

14. 인지 재구조화 논의하기 (14)

A. 인지 재구조화와 노출이 어떤 식으로 학습된 공포에 대한 민감성을 낮추고 사회적 기술과 자신감을 형성하는지 그리고 현실을 시험하는 왜곡된 생각에 대한 논의를 벌였다.

B. 내담자가 학습된 공포에 대한 민감성을 낮추고 사회적 기술 및 자신감을 형성하기 위한 인지 재구조화 및 노출의 사용 그리고 현실을 시험하는 왜곡된 생각에 대한 명확한 이해를 보임에 따라 내담자를 강화해 주었다.

C. 내담자가 인지 재구조화와 노출의 사용에 대한 명확한 이해를 보이지 않았고 이 점에 대해 교정적 다시 챙겨주기를 제공했다.

15. 사회적 불안, 회피, 치료에 관한 정보자료 읽기 (15)

A. 부모에게 사회적 불안감과 회피의 주기를 설명하고 치료의 이론적 근거를 제공하는 사회적 불안 관련 정보자료를 읽도록 지시했다.

B. 부모에게 불안하고 걱정 많은 아이, 어떻게 도와줄까?(Rapee et al.)에 나오는 사회적 불안, 회피, 치료에 대한 정보자료를 읽도록 지시했다.

C. 부모는 수줍음과 사회 불안 워크북(*The Shyness and Social Anxiety Workbook*)(Antony & Swinson)의 일부를 읽도록 지시되었다.

D. 내담자는 부끄러움과 작별하기(*Saying Goodbye to Being Shy*)(Brozobich & Chase)의 일부를 읽도록 할당받았다.

E. 부모가 사회적 불안, 회피, 치료에 대한 정보자료를 읽었고 핵심 개념을 검토했다.

F. 부모가 사회적 불안, 회피, 치료에 대한 독서 과제를 읽지 않아서 이를 읽도록 다시 지시했다.

16. 불안 관리 기술을 가르치기 (16)

A. 내담자에게 불안 관리 기술을 가르쳤다.

B. 내담자에게 행동 목적에 계속 집중하고 불안의 물결에 편승하는 법에 대해 가르쳤다.

C. 근육이완 및 횡격막 호흡 기법을 내담자에게 가르쳤다.

D. 내담자와 부모는 아이를 위한 이완과 스트레스 감소 워크북(Shapiro & Sprague)의 일부를 읽도록 권장되었다.

E. 내담자가 불안 관리 기술을 명확하게 이해하고 사용한 것에 대해 강화해 주었다.

F. 내담자가 새로운 분노 관리 기법을 사용하지 않아서 이 기법을 사용하도록 다시 지시했다.

17. 왜곡된 생각을 인지하기 (17)

A. 내담자가 왜곡된 도식과 불안 반응을 매개하는 관련 자동적 사고를 인지하도록 도움을 주었다.

B. 내담자에게 왜곡된 사고가 감정적 반응을 촉진함을 알려 주었다.

C. 내담자는 아동 심리치료 과제계획서(Jongsma, Peterson, & McInnis)의 '긍정적인 자기 말하기로 부정적

인 생각 바꾸기' 활동을 할당받았다.

D. 내담자가 인지적 신념과 자신의 불안 반응을 매개하는 메시지를 이해했음을 언어로 표현함에 따라 내담자를 강화해 주었다.

E. 내담자가 왜곡된 메시지를 긍정적이고 현실적인 인지로 대체하는 데 도움을 주었다.

F. 내담자가 자신의 왜곡된 사고와 인지를 깨닫지 못했고, 이 분야에 대한 대략적인 예를 내담자에게 제공했다.

18. 자기 대화 연습을 하도록 지시하기 (18)

A. 내담자에게 두려움을 주는 자기 대화가 무엇인지를 알아보고 현실에 근거한 대안을 만드는 숙제를 내주었다.

B. 내담자에게 수줍음과 사회 불안 워크북(Antony & Swinson)에 나오는 연습을 실시하도록 지시했다.

C. 내담자에게 불안하고 걱정 많은 아이, 어떻게 도와줄까?(Rapee et al.)에 나오는 과제를 완수하도록 지시했다.

D. 내담자가 두려움을 주는 자기 대화를 현실에 기반한 대안으로 대체한 것을 평가했다.

E. 내담자가 성공적으로 두려움을 주는 자기 대화를 현실에 기반한 대안으로 대체한 것에 대해 강화해 주었다.

F. 내담자가 두려움을 가져다주는 자기 대화를 현실에 근거한 대안으로 대체하는 것을 실패함에 따라 이에 대해 교정적 되짚어 주기를 제공했다.

G. 내담자가 두려움을 주는 자기 대화와 관련된 숙제를 마치지 않아서 이를 마치도록 다시 지시했다.

19. 사회적 및 의사소통 기술 쌓기 (19)

A. 내담자의 전반적인 사회적 및 의사소통 기술을 쌓기 위해 교수, 모델링, 역할 연기를 사용했다.

B. 사회적 유능성 치료(*Social Effectiveness Therapy*)(Turner, Beidel, & Morris)에 나오는 기법을 사용해 내담자에게 사회적 및 의사소통 기술을 가르쳤다.

C. 내담자가 사회적 및 의사소통 기술 사용의 향상을 보인 것에 대해 긍정적 다시 챙겨주기를 제공했다.

D. 사회적 및 의사소통 기술에 대한 교수, 모델링, 역할 연기를 사용했음에도 내담자가 이 기법을 사용하는 데 계속 어려움을 겪었고 이 분야에 대한 추가적 다시 챙겨주기를 내담자에게 제공했다.

20. 진정 및 문제 해결 기술 가르치기 (20)

A. 내담자는 연령에 적합한 사회적 문제 해결 능력을 배웠다.

B. 내담자는 인지적 · 신체적 기술을 포함하여 진정 기술을 배웠다.

C. 내담자는 문제 지정하기, 해결 옵션 생성하기, 각 옵션의 장단점 나열하기, 옵션 선택하기, 옵션 구현하기 및 정제하기를 포함하여 문제 해결 능력을 배웠다.

D. 내담자는 정기적으로 연령에 적합한 사회적 문제 해결 능력을 맞게 사용하도록 요청받았다.

21. 갈등 해결 기술 가르치기 (21)

A. 내담자는 모델링, 역할 연기, 행동 연습을 통해 갈등 해결 기술을 배웠다.

B. 내담자는 공감하고 적극적인 청취에 대해 배웠다.

C. 내담자는 '나 전달법', 존중된 의사소통, 공격성 없는 주장, 타협에 대해 배웠다.

D. 내담자는 갈등 해결 능력에 대한 명확한 이해를 위해 강화되었다.

E. 내담자는 갈등 해결 능력의 이해 부족을 나타냈고 치료 다시 챙겨주기가 제공되었다.

22. 기술 연습 할당하기 (22)

A. 내담자는 주장, 문제 해결 및 갈등 해결 기술을 연습하도록 할당되었다.

B. 긍정적인 강화가 내담자의 대처 기술 사용을 강화하기 위해 사용되었다.

C. 내담자는 정기적으로 대처 능력을 연습하지 않아서 그렇게 하도록 재지시받았다.

23. 불안 자극 위계를 구성하기 (23)

A. 내담자가 특정 공포와 관련된 불안 유발 상황에 대한 위계를 구성하는 데 도움을 주었다.

B. 내담자가 느끼는 공포의 원인이 꽤 모호한 상태로 남아 있어서 내담자가 자극 상황 위계를 구성하는 것이 어려웠으므로 내담자가 불안 자극 위계를 완성하는 데 도움을 주었다.

C. 내담자가 성공적으로 불안을 점진적으로 증가시키는 특정 자극 상황에 대한 분명한 위계를 설정했고, 이 위계를 검토했다.

24. 성공 확률이 높은 노출을 선택하기 (24)

A. 내담자에게 성공 경험을 제공할 확률이 높은 것 같은 초기 실제 또는 역할 연기된 노출을 선택했다.

B. 행동 전략(예 : 모델링, 행동 연습, 사회적 강화)을 사용해 노출을 실시하는 중에 그리고 노출을 실시한 이후에 인지 재구조화가 이뤄졌다.

C. 실제 혹은 역할 연기된 노출을 사용한 것을 내담자와 검토했다.

D. 내담자가 자신의 노출 사용과 관련해 긍정적인 다시 챙겨주기를 받았다.

E. 내담자가 실제 혹은 역할 연기된 노출을 사용하지 않았으나 이를 사용하도록 다시 지시했다.

25. 노출에 관한 숙제를 내주기 (25)

A. 내담자에게 감각 노출을 실행하고 그 경험을 기록하는 숙제를 내주었다.

B. 내담자의 감각 노출 기법 사용을 검토하고 강화했다.

C. 내담자가 감각 노출 기법 실행에 어려움을 겪었고 이에 대해 교정적 다시 챙겨주기를 제공했다.

D. 내담자가 감각 노출 기법 사용을 시도하지 않았으나 이를 다시 시도하도록 지시했다.

26. 동료 집단 활동 참여가 증가하도록 격려하기 (26)

A. 내담자에게 의미 있는 우정을 쌓을 기회를 제공하기 위해 방과 후 혹은 긍정적 동료 집단 활동에 참여하도록 강하게 권유했다.

B. 내담자가 학교에서 의미 있는 우정을 쌓을 기회를 제공하는 데 도움을 줄 긍정적인 동료 집단 활동 목록을 작성하는 것을 도와주었다.

C. 내담자는 **아동 심리치료 과제계획서**(Jongsma, Peterson, & McInnis)의 '동료에게 인사하기' 활동을 할당받았다.

D. 내담자가 자신의 불안정감과 부적합함이 학교에서 방과 후 활동 또는 동료 집단 활동 참여를 꺼리게 만든다는 것을 이해했다고 언어로 표현함에 따라 내담자를 지지해 주었다.

E. 내담자가 최근 긍정적인 동료 집단 활동에 참여했다고 보고했고 이것을 칭찬해 주었다.

F. 내담자가 최근 어떠한 방과 후 혹은 긍정적인 동료 집단 활동에 참여하지 않았다고 부인했고 이 유용한 방안을 사용하도록 격려했다.

27. 친구와 일박을 하도록 지시하기 (27)

A. 내담자에게 일박을 위해 친구를 집으로 초대하거나 친구네 집에 가는 것을 추진하는 과제를 내주었다.

B. 내담자에게 친구를 하룻밤 집으로 초청하거나 친구네 집에서 하룻밤 묵는 약속을 하는 것에 대한 두려움과 불안감을 표현하고 이겨 낼 기회를 주었다.

C. 내담자가 친구와의 일박을 하라는 지침을 지켰고, 그 과정에서 불안감을 좀 느꼈지만 과업 성취에 대한 자긍심도 얻었다.

D. 내담자가 친구와의 일박 약속을 잡는 데 실패했고 이 과업 시도에 다시 초점을 맞추도록 했다.

28. 사회화에 관한 주제로 학교 관계자와 연락하기 (28)

A. 내담자의 사회화를 증가시키기 위한 방안(예 : 학교 신문에 기고하기, 인기가 더 많은 동료의 학과목 지도하기, 수업 과제 수행을 위해 다른 인기 있는 동료와 내담자를 짝 지어 주기)을 찾기 위해 학교 관계자들과 연락을 취했다.

B. 학교 관계자들이 내담자가 동료들과 어울릴 수 있는 과업 혹은 활동을 지시하겠다고 동의했다.

C. 학교 관계자들과의 협의회가 내담자의 동료들과의 사회화를 향상시키는 데 유용했다.

D. 학교 관계자들이 내담자의 사회화를 증가시키기 위한 방안을 실행하지 않았고, 이런 유용한 기법의 사용을 촉진하기 위해 추가적인 협의회를 가졌다.

29. 실수와 재발을 구별하기 (29)

A. 실수와 재발을 구분 짓는 것에 대해 내담자와 논의했다.

B. 실수는 증상, 공포 또는 회피하고 싶은 충동이 처음으로 한 번 되돌아오는 것과 관련이 있다.

C. 재발은 두렵고 피하고 싶은 행동 패턴으로 돌아가겠다는 결정을 수반한다.

D. 내담자가 실수와 재발 사이의 차이점을 이해했음을 보임에 따라 내담자에게 지지와 격려를 제공했다.

E. 내담자가 실수와 재발 사이의 차이점을 이해하는 데 어려움을 겪었고 이에 대해 교정적 되짚어 주기를 제공했다.

30. 실수 위험 상황 관리에 대해 논의하기 (30)

A. 내담자가 실수가 발생할 수 있는 미래 상황을 파악하도록 도움을 주었다.

B. 치료 시간에 실수가 발생할 수 있는 미래 상황 또는 환경을 관리하는 연습을 하는 데 전념했다.

C. 내담자가 실수 관리 기술을 적절하게 사용한 것에 대해 강화해 주었다.

D. 내담자가 실수 관리 기술을 제대로 사용하지 못한 것에 대해 다시 지도해 주었다.

31. 전략의 일상적 사용 격려하기 (31)

A. 내담자에게 치료 시간에 배운 전략(예 : 인지 재구조화, 노출)을 일상적으로 사용하도록 지도했다.

B. 내담자에게 자신의 새로운 전략을 최대한 많이 생활 속에 도입할 방법을 찾도록 독려했다.

C. 내담자가 자신의 생활과 일상에 대처 전략을 도입한 방식을 보고한 것에 대해 내담자를 강화해 주었다.

D. 내담자에게 자신의 일상과 생활에 새로운 전략을 도입하는 방법에 대해 다시 지도해 주었다.

32. 대처 카드를 만들기 (32)

A. 내담자에게 특정 대처 전략이 기입된 대처 카드를 주었다.

B. 내담자가 자신에게 유용한 대처 전략을 열거할 수 있도록 대처 카드 만드는 것을 도와주었다.

C. 내담자가 불안을 유발하는 상황으로 어려움을 겪을 경우 대처 카드를 사용하도록 격려했다.

33. 가족에게 건설적 기술을 시범 보이도록 격려하기 (33)

A. 가족에게 그들이 사회적 수줍음을 다루기 위해 배운 건설적 기술을 시범 보이도록 독려했다.

B. 가족에게 내담자가 배우고 있는 치료적 기술(예 : 진정, 인지 재구조화, 비현실적 공포 피하지 않기)을 시범 보이도록 격려했다.

C. 내담자가 치료적 기술을 사용하는 법에 대한 건설적인 예를 제공받았다고 보고했다.

34. 문제 해결 및 의사소통 기술을 가르치기 (34)

A. 가족 구성원들에게 내담자가 치료를 통해 진전을 이루는 것을 돕기 위한 문제 해결 기법을 가르쳐 주었다.

B. 내담자가 치료를 통해 진전을 이루는 것을 돕기 위해 가족 구성원들에게 구체적인 의사소통 기술을 가르쳐 주었다.

C. 가족 구성원들이 문제 해결 및 의사소통 기술을 사용한 것에 대해 긍정적 다시 챙겨주기를 제공했다.

D. 가족 구성원들이 문제 해결 및 의사소통 기술을 사용하는 데 빈번히 실패했고, 이를 시도하도록 다시 지시했다.

35. 기술 시범 및 칭찬을 사용하도록 격려하기 (35)

A. 가족 구성원들에게 그들이 내담자의 긍정적인 행동 변화를 돕기 위해 배운 건설적 기술을 시범 보이도록 격려했다.

B. 가족 구성원들에게 내담자가 치료 기술을 사용할 때 내담자를 칭찬해 주도록 격려했다.

C. 가족 구성원들이 진정 기법의 사용법을 시범 보이고 이를 사용한 것에 대해 칭찬해 준 것으로 나타났다.

D. 가족 구성원들이 인지 재구조화 사용법을 시범 보이고 내담자의 인지 재구조화 사용을 칭찬해 준 것에 대해 강화해 주었다.

E. 가족 구성원들이 비현실적인 공포를 회피하지 않는 방법을 계속 시범 보이고 이것을 사용할 때 칭찬해 주도록 가족 구성원들을 격려했다.

F. 가족 구성원들이 치료 기술을 시범 보이지 않았고 치료 대상자의 이런 기술의 사용을 칭찬해 주지 않았으나 이것을 실천하도록 가족 구성원들에게 다시 지시했다.

36. 동료들과 유사점을 발견하기 (36)

A. 내담자가 자신과 동료들 간의 비슷한 점을 목록으로 작성하는 데 도움을 주었다.

B. 아동 심리치료 과제계획서(Jongsma, Peterson, & McInnis)에 나오는 '동료들과 인사하기' 연습을 사용해 내담자가 자신과 같은 관심과 능력을 가진 동료들과의 접촉을 늘리도록 독려했다.

C. 내담자가 동료들과 하고 싶은 활동을 목록으로 작성하는 데 도움을 주었다.

D. 내담자에게 자신과 비슷한 관심사를 지닌 동료들과 자신의 관심사를 공유하도록 격려했다.

E. 내담자가 동료들과 자신의 관심사를 공유하지 않았고 이것을 실시하도록 다시 지시했다.

37. 강점 연습 지시하기 (37)

A. 내담자에게 사회적 접촉을 개시하고 우정을 형성하는 데 사용할 수 있는 자신의 강점 또는 관심사를 찾는 숙제 연습을 하도록 지시했다.

B. 내담자가 사회적 접촉을 개시하고 우정을 형성하는 데 사용할 수 있는 자신의 강점 또는 관심사를 찾아내는 데 도움을 주기 위해 내담자에게 **아동 심리치료 과제계획서**(Jongsma, Peterson, & McInnis)에 나오는 '자신의 강점 보여 주기' 연습을 지시했다.

C. 내담자가 성공적으로 '자신의 강점 보여 주기' 연습을 마쳤고 동료들이 그 결과를 수용하는 자세를 보였기 때문에 그들과 연습 결과에 대해 이야기한 것을 기분 좋게 느꼈다.

D. 내담자는 '자신의 강점을 보여 주기' 연습이 자신의 자존감과 자신감을 증진하는 데 도움이 되었으며 **아동 심리치료 과제계획서**가 유익했다고 회상했다.

E. 내담자가 자신의 강점을 다른 사람들에게 이야기한 것이 학교나 이웃에서 동료들로부터 수용받는 듯한 기분을 느끼는 데 도움이 되었다고 보고했고, 이를 계속해 나가도록 내담자를 격려했다.

F. 내담자가 '자신의 강점 보여 주기' 연습 완료에 동참하지 않았고 이 연습을 하도록 다시 지시했다.

38. 외상 병력을 살펴보기 (38)

A. 내담자의 배경을 조사해 내담자의 낮은 자존감과 사회적 불안감에 영향을 끼쳤을지도 모르는 거부 경험, 가혹한 비판, 유기 또는 외상이 있는지를 살펴보았다.

B. 내담자에게 일어난 일 중 긍정적인 일이든 부정적인 일이든 내담자의 인생에서 중요한 사건이 있었는지를 떠올리면서 연대표를 작성하는 데 도움을 주었다.

C. 내담자가 낮은 자존감과 사회적 불안을 느끼기 시작한 무렵과 같은 시기에 유기 그리고/또는 외상적 경험의 내력이 있음을 알아냈고, 이러한 연관성을 강조했다.

D. 내담자의 환경을 조사한 결과 내담자의 사회적 불안감이 발생하는 데 영향을 끼친 의미 있는 거부 또는 외상적 사건이 드러나지 않았다.

39. 외상과 관련된 감정을 알아보기 (39)

A. 내담자에게 과거의 거부 경험, 가혹한 비판, 유기 또는 외상 관련 경험에 대한 감정을 표현할 기회를 주었다.

B. 내담자가 과거의 거부 경험, 가혹한 비판, 유기 또는 외상 관련 경험에 대한 감정을 표현할 때 공감과 지지를 해 주었다.

C. 내담자에게 일기를 사용해 과거의 거부 경험, 가혹한 비판, 유기 또는 외상 관련 경험에 대한 생각과 감정을 기록하도록 지시했다.

D. 과거의 거부 경험, 가혹한 비판, 유기 또는 외상 관련 경험에 대한 내담자의 감정 표현을 촉진하기 위해 빈 의자 기법을 사용했다.

E. 내담자에게 과거의 거부 경험, 가혹한 비판, 유기 또는 외상 관련 경험에 대한 감정을 반영하는 그림을 그리도록 지시했다.

F. 내담자가 외상과 관련된 감정을 살펴볼 수 있도록 여러 차례 시도했음에도 내담자가 이런 종류의 감정에 여전히 방어적이고 조심스러운 태도를 보였고, 할 수 있다는 기분이 들 때 감정을 표현하도록 내담자를 격려했다.

40. 아동중심 놀이치료를 활용하기 (40)

A. 내담자가 사회 불안을 극복하고 사회적 상황에서 좀 더 자신감을 느끼도록 도움을 주기 위해 아동중심 놀이치료 원칙을 사용했다.

B. 내담자가 불안감과 불안정감을 표현하는 동안 내담자에게 무조건적인 긍정적 존중과 따뜻한 수용을 해 주었다.

C. 놀이에서 나타난 내담자의 감정을 내담자에게 반영해 주었고 이것을 내담자가 매일의 사회적 상황에서 느끼는 공포, 불안, 불안정감과 연결시켰다.

D. 아동중심 놀이치료 시간이 내담자의 자기 성장 역량을 긍정해 주었고, 사회 불안을 극복하는 능력을 강화해 주었다.

E. 아동중심 놀이치료 시간이 내담자로 하여금 자신의 사회 불안을 극복하고 사회적 상황에서 좀 더 자신감을 느낄 수 있게 도움을 주었다.

41. 에릭슨의 놀이치료 기법을 활용하기 (41)

A. 치료사가 '슬기로운 인형(wise doll)'(또는 손인형)을 통해 다른 인형 혹은 손인형 관객들에게 말하면서 내담자에게 긍정적인 사회적 기술을 가르치는 에릭슨의 놀이치료 기법을 활용했다.

B. 내담자가 손인형 놀이 또는 스토리텔링 기법이 긍정적인 사회적 기술을 배우는 재미있고 유익한 방법이라고 인지했다.

C. 이야기를 마친 뒤 내담자가 '슬기로운 인형'이 가르쳐 준 긍정적인 사회적 기술을 파악하는 데 도움을 주었다.

D. 내담자에게 '슬기로운 인형'에게서 배운 사회적 기술을 매일의 사회적 상황에서 연습하도록 격려했다.

E. 내담자에게 '슬기로운 인형'이 가르쳐 준 긍정적인 사회적 기술 중 적어도 하나씩 매일 연습하는 숙제를 내주었다.

42. 스토리텔링 기법을 사용하기 (42)

A. 치료사가 손인형, 인형, 그리고 봉제 동물인형을 사용해서 긍정적인 사회적 기술을 시범 보이는 이야기를 만들었다.

B. 치료사가 손인형, 인형, 그리고 봉제 동물인형을 사용해 자신을 소개하고 타인에게 인사하는 적절한 방법을 시범 보이는 이야기를 만들었다.

C. 손인형, 인형 또는 동물 봉제인형을 사용해서 치료사가 매일의 사회적 상황에서 자신과 타인에 관한 긍정적 발언을 하는 것의 중요성을 가르쳐 주는 이야기를 만들었다.

D. 손인형, 인형 그리고 동물 봉제인형을 사용한 스토리텔링 기법을 활용해서 내담자에게 사회적 상황에서 좀 더 자신감 있고 확신을 가진 것같이 보이는 기법을 시범 보였다.

E. 내담자에게 손인형, 인형, 봉제 동물인형을 사용한 이야기를 통해 배운 긍정적 사회적 기술을 매일 적어도 하나씩 연습하도록 지시했다.

F. 내담자가 스토리텔링 및 손인형 기법을 통해 배운 기술을 사용하지 않았고 이러한 효과적인 전략을 사용하도록 내담자를 격려했다.

43. 사회 불안을 반영하는 미술작품 만들기를 지시하기 (43)

A. 내담자에게 주변에 낯선 사람이 있거나 새로운 상황에 놓였을 때 느끼는 기분을 반영하는 그림을 그리거나 조각상을 만들도록 지시했다.

B. 그림 또는 조각상을 완성한 후 낯선 사람들이 주변에 있거나 새로운 사회적 상황에 놓였을 때 내담자가 느끼는 불안정감에 대해 이야기를 나눴다.

C. 내담자의 미술작품이 타인들 앞에서 망신당하거나 멸시당하는 것에 대한 공포를 반영하는 것으로 나타났다.

D. 내담자의 미술작품이 타인에 의해 무시당하거나 거부당하는 것에 대한 공포를 반영한 것으로 나타났다.

E. 내담자의 미술작품에 대한 논의가 낯선 사람들이 주변에 있거나 새로운 사회적 상황에 처했을 때 보다 편안한 마음을 느끼기 위해 내담자가 할 수 있는 일에 대한 논의로 이어졌다.

44. 긍정적 속성을 상징하는 그림 그리기를 지시하기 (44)

A. 내담자에게 커다란 종이 또는 포스터 보드에 자신의 긍정적 속성을 상징하는 물건이나 상징물을 그리도록 지시했다.

B. 자신의 긍정적 속성을 파악한 뒤 내담자가 어떻게 하면 자신의 강점을 활용해 동료 간의 우정을 형성할 수 있는지에 대해 논의했다.

C. 내담자에게 다음 주 동안 동료들에게 자신의 강점 또는 관심사를 3~5번 이야기하도록 지시했다.

D. 내담자가 미술 과제를 하면서 자신에 대해 더 긍정적인 기분을 느끼는 데 도움이 되었다고 말했다.

E. 내담자가 자신의 강점과 관심사를 동료들에게 정기적으로 이야기하기 시작했고 이런 진전을 이룬 것에 대해 언어로 강화해 주었다.

F. 내담자가 자신의 강점과 관심사를 지난주 동안 동료들에게 이야기하지 않았으나 이를 실천하도록 다시 지시했다.

제34장 특정 공포증

내담자 소개

1. 계속되는 비이성적인 공포[1] (1)[2]

A. 내담자가 공포 자극과 마주칠 때마다 즉각적인 불안 반응을 보였다.

B. 내담자가 자신의 공포 반응의 강도가 지난 몇 달 동안 계속 증가해 왔다고 보고했다.

C. 내담자가 자신이 경험하는 공포 자극에 대한 두려움 수준이 몸이 마비될 정도라고 말했다.

D. 내담자가 공포증이 최근에 발생했지만 짧은 시간에 매우 반복적이고 비이성적으로 나타난다고 말했다.

E. 내담자가 치료에 참여함에 따라 공포 반응의 강도와 빈도가 줄어들었다.

2. 공포를 회피하고 참음 (2)

A. 내담자가 공포 자극의 회피가 일상생활에 큰 방해를 준다고 보고했다.

B. 내담자가 공포 자극에 대해 느끼는 불안 강도 때문에 개인적 고통을 눈에 띄게 겪는다고 지적했다.

C. 내담자가 자신이 공포를 과연 해결할 수 있을지에 관해서 의문을 제기했다.

D. 내담자가 공포 자극이 더 이상 내담자의 일과를 방해하거나 큰 고통을 주지 않는 수준으로 상태가 호전되었다.

3. 비이성적으로 보이는 공포 (3)

A. 내담자가 자신의 끊임없는 공포가 과도하고 비이성적으로 보인다는 것을 인정했다.

B. 내담자가 자신의 공포를 과도하고 비이성적으로 인지한 것이 치료 협조와 변화 시도 순응에 대한 훌륭한 동기부여를 제공했다.

---

[1] 이 공포는 임박하거나 위기가 예상 또는 발생된 상황, 조건, 대상, 인물, 북한의 핵이나 생화학 세균전이나 6 · 25전쟁, 흉년, 지진, 폭풍우, 화재, 가뭄과 관련된 공포는 객관적 집단과 사회가 공유하는 공포지만 이 장에서 다루어지는 공포는 주관적 · 개인적 공포다.

[2] 괄호 안의 숫자들은 **아동 심리치료 치료계획서**(*The Child Psychotherapy Treatment Planner*), 제5판(Jongsma, Peterson, McInnis, Bruce 공저, 2014년, Hoboken, NJ : Wiley)에서 동일한 제목을 지닌 관련 장의 치료 중재의 숫자와 연결된다.

4. 수면장애 (4)

A. 내담자가 두려워하는 자극에 대한 꿈을 자주 꿔서 수면장애를 겪고 있다고 보고했다.

B. 내담자가 숙면을 취하지 못하는 경향이 자신의 일상 기능에 영향을 끼치기 시작했다고 말했다.

C. 내담자가 두려워하는 자극을 해결하기 위해 노력하면서부터 수면의 질과 양이 향상됐다.

5. 극적인 공포 반응 (5)

A. 내담자가 공포 자극에 대한 언급을 살짝만 해도 극적인 공포 반응을 보인다고 지적했다.

B. 내담자의 공포 자극 반응이 너무 극적이고 강렬해서 스스로 진정시키는 것이 어렵다.

C. 내담자가 자신의 공포 반응이 매우 빠른 시간에 점점 더 극적으로 변하고 있다고 보고했다.

D. 내담자가 치료 시간에 노력을 기울이기 시작하면서 공포 자극에 대한 내담자의 극적인 공포 반응이 눈에 띄게 줄었다.

6. 부모의 강화 (6)

A. 부모가 내담자의 공포를 키우고 결국 강화시키고 증가시켰다.

B. 부모의 공포가 내담자에게 투사되어 내담자의 과잉행동으로 나타나는 것으로 보인다.

C. 부모가 내담자의 공포에 대한 자신들의 반응을 조절하려고 노력했고, 그 결과 내담자가 체험하는 공포 수준이 눈에 띄게 감소했다.

중재 실행

1. 신뢰감 쌓기 (1)[3]

A. 무조건적인 긍정적 존중의 사용을 통해 내담자와 초기 수준의 신뢰감을 형성했다.

B. 따뜻한 수용과 적극적인 경청 기법을 활용해 신뢰하는 관계의 근간을 형성했다.

C. 내담자와의 신뢰 수준을 높이는 데 도움을 얻기 위해 **아동 심리치료 과제계획서**(Jongsma, Peterson, & McInnis)에 나오는 '미술을 통한 공포 표현(Expressions of Fear Through Art)'을 사용했다.

D. 내담자가 신뢰감에 기초한 관계를 형성했고 자신의 무서운 생각과 감정을 표현하기 시작하도록 독려했다.

E. 적극적 경청, 따뜻한 수용, 무조건적인 긍정적 존중을 사용했음에도 내담자가 신뢰하고 자신의 생각과 감정을 털어놓는 데 망설이는 태도를 보인다.

2. 공포와 회피 평가하기 (2)

A. 내담자에게 객관적인 공포 조사를 실시해 내담자의 특정 공포의 깊이와 범위를 평가했다.

B. '아동을 위한 불안장애 면담 목록―부모용' 혹은 '아동용'(Silverman & Albano)을 사용해 공포 증상의 정도를 평가했다.

C. 공포 조사 결과 내담자의 공포가 심하고 생활을 심각하게 방해하는 것으로 나타났다.

---

3) 괄호 안의 숫자들은 **아동 심리치료 치료계획서**(*The Child Psychotherapy Treatment Planner*), 제5판(Jongsma, Peterson, McInnis, Bruce 공저, 2014년, Hoboken, NJ : Wiley)에서 동일한 제목을 지닌 관련 장의 치료 중재의 숫자와 연결된다.

D. 공포 조사 결과 내담자의 공포가 중간 정도이고 이따금씩 일상 기능을 방해한다고 나타났다.

E. 공포 조사 결과 내담자의 공포가 경미하고 생활을 방해하는 일이 거의 없는 것으로 나타났다.

F. 공포 조사의 결과를 내담자와 검토했다.

3. 내담자 보고 자료 측정을 시행하기 (3)

A. 내담자 보고 자료 측정을 시행해 내담자의 공포 반응의 깊이와 폭을 더 자세히 평가하는 것을 시도했다.

B. '특정 공포증 측정(Measures for Specific Phobias)'(Antony)을 사용해 내담자의 공포 반응의 깊이와 폭을 평가했다.

C. 내담자 보고 자료의 측정 결과 내담자의 공포가 심하고 생활을 심각하게 방해하는 것으로 나타났다.

D. 내담자 보고 자료의 측정 결과 내담자의 공포가 중간 정도이고 이따금씩 일상 기능을 방해하는 것으로 나타났다.

E. 내담자 보고 자료의 측정 결과 내담자의 공포가 경미하고 생활을 방해하는 일이 거의 없는 것으로 나타났다.

F. 내담자가 내담자 보고 자료의 측정을 마치는 것을 거부했고, 치료의 초점을 이런 저항의 해결로 옮겼다.

4. 통찰력 수준의 평가 (4)

A. 내담자는 보이는 문제들을 향한 통찰 수준으로 평가되었다.

B. 내담자는 보이는 문제들에 관하여 그의 통찰의 동조적인 본성 대 이질적인 본성에 따라 평가되었다.

C. 내담자는 행동과 증상에서 문제가 되는 본성에 대한 좋은 통찰을 하도록 보여 주었다.

D. 내담자가 다른 사람들의 우려에 동의하는 것이 목격되어 변화에 힘쓰도록 동기유발되었다.

E. 내담자는 묘사된 문제에 대해 양면성이 있음이 드러났고 그 문제들을 우려사항으로 보는 것을 꺼렸다.

F. 내담자는 문제 영역의 인식에 관해 저항적인 것으로 나타났고, 걱정하지 않았으며, 변화에 대한 동기가 없었다.

5. 관련 장애의 평가 (5)

A. 내담자는 연구 기반의 관련 장애들의 증거에 의해 평가되었다.

B. 내담자는 자살에 대한 취약성 수준으로 평가되었다.

C. 내담자는 동반장애를 가진 것으로 확인되었고, 치료는 이를 처리할 수 있도록 조정되었다.

D. 내담자는 또 다른 관련 장애가 있는지 평가되었지만 아무것도 발견되지 않았다.

6. 문화적으로 혼란스러운 문제에 대한 평가 (6)

A. 내담자는 그의 임상 행동을 더 잘 이해하도록 도울 수 있는 나이 관련 쟁점으로 평가되었다.

B. 내담자는 그의 임상 행동을 더 잘 이해하도록 도울 수 있는 성별 관련 쟁점으로 평가되었다.

C. 내담자는 그의 임상 행동을 더 잘 이해하도록 도울 수 있는 문화의 증후군, 고통의 문화적 관용구, 혹은 문화적으로 감지된 사건으로 평가되었다.

D. 다른 요인들이 내담자의 현재 정의된 '문제 행동'에 기여할 것이라고 확인되었고 이 요인들은 그의 치료에 반영되었다.

E. 내담자의 현재 정의된 '문제 행동'을 설명할 수 있는 문화적 기반 요인들은 조사되었지만 중대한 요인은 발견되지 않았다.

7. 장애의 심각성 평가 (7)

A. 내담자의 장애의 심각성은 보호의 적절한 정도를 결정하기 위해서 판단되었다.

B. 내담자는 사회적·관계적·교육적인 노력에서의 손상 정도로 평가되었다.

C. 내담자는 그의 장애가 자신의 기능에 가볍거나 중간 정도의 영향을 끼친다는 것을 알았다.

D. 내담자는 그의 장애가 자신의 기능에 심각하거나 더 심각한 영향을 끼친다는 것을 알았다.

E. 내담자의 치료의 효율성과 적절성, 그리고 장애의 심각성은 꾸준히 평가되었다.

8. 병원의 돌봄 평가 (8)

A. 병원의 돌봄과 관심으로 내담자의 집, 학교, 지역사회가 평가되었다.

B. 내담자의 다양한 환경은 아동의 욕구에 지속적인 무관심, 돌보는 사람의 잦은 변화, 안정적 애착의 제한된 기회, 가혹한 훈육 혹은 다른 심각한 부적절한 돌봄이 있었는지 평가되었다.

C. 병원의 돌봄이 확인되었고 치료계획에 이러한 우려를 관리하고 바로잡는 것과 아동을 보호하는 전략이 포함되었다.

D. 어떠한 병원의 돌봄도 확인되지 않았고, 이것은 내담자와 돌보는 사람에게 반영되었다.

9. 약물치료를 위한 검사에 응할 것을 권유하기 (9)

A. 내담자의 공포 불편감 증상을 경감시키기 위해 향정신성 약물 복용을 고려할 의도로 내담자에게 의사의 검사를 실시하기 위한 조치를 취했다.

B. 내담자가 의사를 만나 불안감을 유발하는 기질적 요인이 있는지 그리고 불안 반응을 조절하기 위해 향정신성 약물을 처방할 필요가 있는지를 진단하기 위한 검사를 받는 것을 따랐다.

C. 내담자가 의사를 찾아가 약물 검사를 받으라는 권유에 협조하지 않았고 이에 협조하도록 격려했다.

10. 약물 순응도 모니터링하기 (10)

A. 내담자가 처방받은 약물을 일관성 있게 복용했으며 불안 조절에 도움이 되었다고 보고했다. 이것을 약물을 처방한 임상의사에게 전달했다.

B. 내담자가 처방받은 약물을 일관성 있게 복용하지 않았다고 보고했으며 일관성 있게 복용하도록 내담자를 격려했다.

C. 내담자가 처방받은 약물을 복용했지만 약물 복용으로 유익한 효과를 보지 못했다고 보고했다. 이 점을 약물 처방 임상의사에게 전달했다.

D. 내담자에게 검사를 실시했지만 의사가 향정신성 약물을 처방하지 않았다.

11. 공포증을 정상화하기 (11)

A. 공포증이 얼마나 흔한지에 대해 이야기를 나눴다.

B. 공포증이 흔한 것이지만 우리의 싸움 또는 회피 반응의 비이성적 표현이란 점에 내담자를 집중시켰다.

C. 공포증이 나약함의 뜻이 아니라 불필요한 고통과 장애를 유발하는 요인임을 내담자에게 강조했다.

D. 내담자가 공포증의 본질적 측면에 대한 보다 나은 이해를 보임에 따라 내담자를 강화해 주었다.

E. 내담자가 공포증의 본질적 측면을 이해하는 데 어려움을 겪었고 이에 대해 교정적 다시 챙겨주기를 제공했다.

12. 공포 주기에 관해서 이야기하기 (12)

A. 내담자에게 공포가 원치 않는 공포와 회피라는 공포 주기로 유지되며 공포 주기가 두려워하는 물건이나 상황으로 긍정적, 교정적 경험을 하는 것을 방해한다는 점을 가르쳐 주었다.

B. 내담자가 긍정적, 교정적인 경험을 통해 치료로 공포 주기를 무너뜨리는 것에 대해 배웠다.

C. 내담자에게 당신의 특정 공포증을 극복하는 법−치료사용 지침서(*Mastery of Your Specific Phobia−Therapist Guide*)(Craske, Antony, & Barlow)에 나오는 공포 주기 관련 정보자료를 가르쳤다.

D. 내담자에게 특정 공포증(*Specific Phobia*)(Bruce & Sanderson)에 나오는 정보자료로부터 공포 주기에 대한 자료를 얻도록 가르쳤다.

E. 내담자가 원치 않은 공포와 회피의 공포 주기에 대해 더 잘 이해하고 치료가 어떤 식으로 주기를 깨는지에 대해 이해를 보임에 따라 내담자를 강화해 주었다.

F. 내담자가 공포 주기에 대한 서투른 이해를 보였고 교정적 다시 챙겨주기를 통해 이해를 도왔다.

13. 스토리텔링 기법을 사용하기 (13)

A. 스토리텔링 기법을 사용해 내담자가 자신의 공포, 기원, 해결법을 인지하는 데 도움을 주었다.

B. 아동 심리치료 과제계획서(Jongsma, Peterson, & McInnis)에 나오는 '모리스가 자신의 두려움에 맞서다' 연습을 사용해 내담자가 두려움의 구성 요소를 밝히는 데 도움을 주었다.

C. 내담자가 자신의 공포, 그 기원과 해결방법을 설명한 것에 대해 지지해 주었다.

D. 내담자가 자신의 공포를 해소하지 못했고 이에 추가적인 지원을 제공했다.

14. 비현실적인 위협, 물리적 공포, 회피에 대해 이야기하기 (14)

A. 공포증이 비현실적인 위협의 인지, 공포의 신체적 표현, 위협 대상에 대한 회피와 관련되어 있으며 이런 요소들이 상호작용하여 문제를 유지시킨다는 것에 대해 이야기했다.

B. 내담자가 비현실적 위협, 공포의 신체적 표현 그리고 회피가 합쳐져 공포증 문제를 유지시킨다는 점에 명확한 이해를 보였고, 이런 통찰을 강화했다.

C. 상호작용하여 문제를 유지시키는 요소들에 대한 구체적 정보자료를 제공했음에도 내담자가 이런 문제에 대한 이해도가 부족했으며 이 분야에 대한 교정적 정보자료를 내담자에게 제공했다.

15. 자기노출의 이점을 논하기 (15)

A. 자기노출이 학습된 공포에 대한 민감성을 낮추고 자신감을 심어 주며 성공적인 새로운 경험을 통해 안전한 기분을 느낄 수 있도록 해 준다는 것에 대해 논의했다.

B. 내담자에게 불안하고 걱정 많은 아이, 어떻게 도와줄까?(Rapee et al.)에 나온 대로 자기노출에서 얻는 이점을 가르쳤다.

C. 내담자에게 당신의 자녀를 불안에서 해방시키기(*Freeing Your Child from Anxiety*)(Chansky)에 나온 대로 노출에서 얻는 이점을 가르쳤다.

D. 내담자가 노출이 어떤 식으로 학습된 공포에 대한 민감성을 낮추고 자신감을 심어 주며 새로운 성공 경험을 통해 안전한 기분을 느낄 수 있게 해 주는지에 대한 명확한 이해를 보였고, 이런 통찰을 강화했다.

E. 노출이 어떤 식으로 학습된 공포에 대한 민감성을 낮추고 자신감을 심어 주며 새로운 성공 경험을

통해 안전한 기분을 느낄 수 있게 해 주는지에 대한 구체적인 정보자료를 제공했음에도 내담자가 이런 문제에 대한 이해를 잘 못했고 이에 대한 교정적 정보자료를 내담자에게 제공했다.

16. 불안 관리 기술을 가르치기 (16)

A. 내담자에게 불안 관리 기술을 가르쳤다.

B. 내담자에게 행동 목적에 계속 집중하고 불안의 물결에 편승하는 법에 대해 가르쳤다.

C. 근육 이완 및 횡격막 호흡 기법을 내담자에게 가르쳤다.

D. 내담자가 불안 관리 기술을 명확하게 이해하고 사용한 것에 대해 강화해 주었다.

E. 내담자가 새로운 분노 관리 기법을 사용하지 않았고 이를 사용하도록 다시 지시했다.

17. 진정 기술 연습을 지시하기 (17)

A. 내담자에게 매일 진정 기술을 연습하는 숙제를 내주었다.

B. 부모와 자녀는 어린이를 위한 이완과 스트레스 감소 워크북(Shapiro & Sprague)을 읽을 것을 권장받았다.

C. 내담자가 매일 진정 기술을 연습하는 것을 자세히 모니터링했다.

D. 내담자가 매일 진정 기술 사용에 성공한 것을 강화해 주었다.

E. 내담자가 매일 진정 기술 연습에 실패한 것에 대해 교정적 되짚어 주기를 제공했다.

18. 바이오피드백 기법을 사용하기 (18)

A. 내담자의 긴장 이완 기술 습득 성공을 촉진하기 위해 되짚어 주기 기법을 사용했다.

B. 내담자가 긴장 이완 기법 훈련에 생리학적 반응을 보이는 것에 대해 내담자에게 일관성 있는 다시 챙겨주기를 제공했다.

C. 내담자가 되짚어 주기 훈련을 통해 이완 기술 사용이 향상된 것에 대해 강화해 주었다.

D. 내담자가 되짚어 주기 기법 사용을 통한 기술 습득을 증가시키지 못했고 치료 교육을 해 주었다.

19. 일일 응용 긴장 연습 지시하기 (19)

A. 내담자에게 매일 응용 긴장 기술을 연습하는 숙제를 내주었다.

B. 내담자에게 자신의 목과 상체 근육을 팽팽하게 하여 뇌에서 흘러나오는 혈류의 양을 줄이는 방법을 가르쳐 주어 공포의 대상 또는 피, 주사, 상해와 관련된 상황과 맞닥뜨렸을 때 실신하는 것을 방지하는 데 도움을 주었다.

C. 행동 연구와 치료(*Behavior Research and Therapy*)(Ost, Fellenius, & Sterner)의 '혈액 공포증 치료에서의 응용 긴장, 실제 노출 그리고 단독 긴장'이란 제목이 붙은 부분에서 제시한 것에 따라 내담자에게 구체적인 응용 긴장 기술을 지도했다.

D. 내담자의 응용 긴장 기법 사용에 긍정적 되짚어 주기를 제공했다.

E. 내담자가 응용 긴장 기법을 적절하게 사용하는 데 어려움을 겪었고 이 분야에 대해 교정적 되짚어 주기를 제공했다.

20. 일일 응용 긴장 이완 연습 지시하기 (20)

A. 내담자에게 매일 응용 긴장 이완 기술을 사용하는 연습을 숙제로 내주었다.

B. 내담자가 매일 응용 긴장 이완 기법을 사용하는 것을 검토했다.

C. 내담자가 매일 응용 긴장 이완 기술을 사용하는 데 성공을 거두어 내담자를 강화해 주었다.

D. 내담자가 적절하게 매일 응용 긴장 기술을 사용하는 데 실패해 내담자에게 교정적 되짚어 주기를 제공했다.

21. 왜곡된 생각을 알아보기 (21)

A. 내담자가 불안 반응을 매개하는 왜곡된 도식과 관련 자동적 사고를 인지하는 데 도움을 주었다.

B. 내담자에게 왜곡된 생각이 정서적 반응을 유발하는 역할을 한다는 점을 가르쳐 주었다.

C. 내담자가 인지적 신념과 자신의 불안 반응을 매개하는 인지적 메시지에 대한 이해를 언어로 표현한 것에 대해 강화해 주었다.

D. 내담자가 왜곡된 메시지를 긍정적이고 현실적인 인지로 대체하도록 도움을 주었다.

E. 내담자가 자신의 왜곡된 생각과 인지를 파악하는 데 실패했고, 이것에 대한 대략적인 예를 내담자에게 제공했다.

22. 자기 대화 숙제를 내주기 (22)

A. 내담자에게 두려움에 찬 자기 대화를 파악하고 현실에 근거한 대안을 만드는 숙제 연습을 내주었다.

B. 내담자는 아동 심리치료 과제계획서(Jongsma, Peterson, & McInnis)의 '긍정적인 자기 말하기로 부정적인 생각 바꾸기' 활동을 할당받았다.

C. 내담자가 자기 대화 기법을 사용하는 것을 검토하고 강화했다.

D. 내담자가 자기 대화 기법을 실시하는 데 어려움을 겪었고 교정적 되짚어 주기를 받았다.

E. 내담자가 자기 대화 기법의 사용을 시도하지 않아서 이것을 시도하도록 다시 지시했다.

23. 자기 대화 시범/시연해 보이기 (23)

A. 내담자가 불안 증상을 이겨 내고 심각한 결과 없이 이것을 견디는 능력을 지녔음을 스스로에게 확신시켜 주는 긍정적인 자기 대화를 사용하도록 모델링과 행동 연습을 사용해 내담자를 훈련시켰다.

B. 내담자가 심각한 결과를 겪지 않고 불안감을 견디는 능력이 스스로에게 있음을 확신시켜 주는 긍정적인 자기 대화를 사용했고, 이런 진전을 이룬 것에 대해 내담자를 강화했다.

C. 내담자가 불안감을 견디는 데 도움을 얻기 위해 긍정적인 자기 대화를 사용하지 않았고, 이 점에 대해 추가적인 지도를 해 주었다.

24. 불안 자극 위계를 구성하기 (24)

A. 내담자가 걱정의 두세 가지 영역과 관련된 불안감 유발 상황의 위계를 작성하는 데 도움을 주었다.

B. 내담자의 불안 원인이 꽤 모호한 상태여서 내담자가 자극 상황 위계를 작성하는 데 어려움을 겪었다. 그러나 내담자가 위계를 완성하도록 도움을 주었다.

C. 내담자가 점진적으로 증가하며 불안을 조성하는 특정 자극 상황 위계를 명확하게 작성하는 데 성공했고 작성된 위계를 검토했다.

25. 유관 계약 개발하기 (25)

A. 자녀와 부모는 자녀의 노출 작업 및 보상을 자세히 설명하는 유관 계약 개발을 지원받았다.

B. 계층 구조의 단계는 점진적 노출 작업을 식별하는 데 사용되었다.

C. 부모는 각 노출 작업의 성공적인 완료에 대한 보상 승인에 관하여 협의했다.

26. 노출을 가능하게 하는 전략 가르치기 (26)

A. 부모는 두려워하는 물체나 상황에 대한 어린이의 노출 또는 접근 행동을 촉진하는 전략을 배웠다.

B. 부모는 긍정적 강화, 형성, 소거, 마무리, 일관성에 대해 배웠다.

C. 부모는 자녀의 노출 또는 접근 행동을 촉진하기 위한 전략 사용을 위해 강화되었다.

D. 부모는 자녀의 노출 또는 접근 행동을 촉진하는 역할을 수용하지 않아서 그렇게 하도록 재 지시되었다.

27. 상황적 노출에 관한 정보자료 읽기를 지시하기 (27)

A. 내담자의 부모에게 노출에 기반한 치료법이 유익할 수 있다는 내용을 담은 정보자료를 읽도록 지시했다.

B. 부모에게 불안하고 걱정 많은 아이, 어떻게 도와줄까?(Rapee et al.)를 읽도록 지시했다.

C. 부모가 노출에 근거한 치료 기법에 관한 독서 과제를 수행했고 핵심 내용을 검토했다.

D. 부모가 노출에 근거한 치료 기법에 관한 독서 과제를 수행하지 않았으나 이것을 실시하도록 다시 지시했다.

28. 초기 노출 수준을 정하기 (28)

A. 불안 유발 상황 위계에서 성공 확률이 높을 것 같은 것으로 초기 노출 수준을 선정했다.

B. 내담자는 청소년 심리치료 과제계획서(Jongsma, Peterson, & McInnis)의 '점진적으로 공포증 두려움에 직면하기' 연습을 할당받았다.

C. 내담자가 초기 노출 동안 나타날 증상을 관리할 계획을 개발했다.

D. 내담자가 상상을 통해 노출 관련 증상관리 계획을 행동 연습하도록 도움을 주었다.

E. 내담자가 증상관리 기법을 유용하게 사용한 것에 대해 긍정적으로 되짚어 주기를 제공했다.

F. 내담자에게 증상관리 기법을 향상시킬 방법을 다시 알려 주었다.

29. 연습 노출 회기 실시하기 (29)

A. 내담자가 연습 상황에서 노출을 실시하는 데 도움을 주었다.

B. 단계별 목표 설정, 모델링, 내담자의 성공 강화를 사용해 내담자가 점진적으로 노출 강도를 높이는 연습을 하는 데 도움을 주었다.

C. 내담자가 연습 노출 회기에 계속해서 큰 불안감을 가지고 있었으며 이에 대해 교정적 기법을 실시했다.

30. 상황적 노출에 대한 숙제를 해결할 것을 지시하기 (30)

A. 내담자에게 걱정 노출을 실행하고 경험을 기록하는 숙제를 내주었다.

B. 내담자에게 특정 공포증 정복-내담자 지침서(Mastery of Your Specific Phobia-Client Manual)(Antony, Craske, & Barlow)에 나오는 상황 노출 연습을 숙제로 내주었다.

C. 내담자에게 공포와 함께 살기(Living with Fear)(Marks)에 나오는 상황적 노출 숙제를 내주었다.

D. 내담자의 걱정 노출 기법 사용을 검토하고 강화했다.

E. 내담자가 걱정 노출 기법 사용에 어려움을 겪었고 내담자에게 교정적 되짚어 주기를 제공했다.

F. 내담자가 걱정 노출 기법 사용을 시도하지 않았고 이를 시도하도록 다시 지시했다.

31. 정서적 이미지 접근법 사용 (31)

A. 정서적 이미지 접근법은 자기 고양 이야기로 체계적 탈감작을 사용하여 어둠의 두려움을 극복하는 데 사용되었다.

B. 영웅 이미지는 불안에 대한 경쟁 응답으로 사용되었다.

C. 내담자는 불안 증상과 경쟁하는 방법으로 영웅 이미지를 개발하도록 지원받았다.

32. 가족 불안 관리 회기를 실시하기 (32)

A. 가족에게 내담자의 용기 있는 행동을 어떻게 조장하고 보상하는지를 가르쳐 주었다.

B. 가족에게 내담자의 과도한 불평과 다른 회피 행동에 공감하면서도 이를 무시하는 법을 기르쳐 주었다.

C. 가족에게 자신들의 불안을 관리하고 치료 시간에 배운 행동을 그대로 따라 하는 법에 대해 가르쳐 주었다.

D. '아동을 위한 친구들(FRIENDS) 프로그램'(Barrett, Lowry-Webster, & Turner)에 기반해 가족 불안 관리 회기를 실시했다.

33. 가족 강화물 제거하기 (33)

A. 가족이 내담자의 공포증을 강화시키는 경향을 극복하는 데 도움을 주었다.

B. 가족 구성원들에게 내담자의 공포증을 강화시킬지도 모르는 특정 방식과 이런 경향을 바꾸는 방법을 가르쳤다.

C. 내담자의 공포증이 줄어듦에 따라 가족 구성원들은 내담자의 진전을 보상하는 건설적인 방법을 배웠다.

34. 문제 해결 및 의사소통 기술 가르치기 (34)

A. 가족 구성원들에게 치료를 통한 내담자의 개선을 돕기 위해 문제 해결 기법을 가르쳐 주었다.

B. 가족 구성원들에게 치료를 통한 내담자의 진전을 돕기 위해 구체적인 의사소통 기술을 가르쳐 주었다.

C. 가족 구성원들이 문제 해결 및 의사소통 기술을 사용한 것에 대해 가족 구성원들에게 긍정적 되짚어 주기를 제공했다.

D. 가족 구성원들이 문제 해결 및 의사소통 기술 사용에 자주 실패했으나 이것을 성공적으로 사용하도록 다시 지시했다.

35. 특정 공포증에 대한 자료 읽기 지시하기 (35)

A. 부모에게 특정 공포증에 대한 자료를 읽어 보도록 지시했다.

B. 부모에게 불안하고 걱정 많은 아이, 어떻게 도와줄까?(Rapee et al.)에서 자료를 발췌해서 읽어 보도록 지시했다.

C. 부모가 특정 공포증과 관련된 정보자료를 읽었고 치료 시간에 독서한 내용의 핵심 부분을 검토하고 점검했다.

D. 부모가 특정 공포증에 대한 정보자료를 읽지 않았으나 이 자료를 읽도록 다시 지시했다.

36. 실수와 재발을 구별하기 (36)

A. 실수와 재발을 구분 짓는 것에 대해 내담자와 논의했다.

B. 실수는 증상, 공포 또는 회피하고 싶은 충동이 처음으로 한 번 되돌아오는 것과 관련이 있다.

C. 재발은 두렵고 피하고 싶은 행동 패턴으로 돌아가겠다는 결정을 수반한다.

D. 내담자가 실수와 재발 사이의 차이점을 이해했음을 보임에 따라 내담자에게 지지와 격려를 제공했다.

E. 내담자가 실수와 재발 사이의 차이점을 이해하는 데 어려움을 겪었고, 이에 대해 교정적 되짚어 주기를 제공했다.

37. 실수 위험 상황 관리에 대해 논의하기 (37)

A. 내담자가 실수가 발생할 수 있는 미래 상황을 파악하도록 도움을 주었다.

B. 치료 시간에 실수가 발생할 수 있는 미래 상황 또는 환경을 관리하는 연습을 하는 데 전념했다.

C. 내담자가 실수 관리 기술을 적절하게 사용한 것에 대해 강화해 주었다.

D. 내담자가 실수 관리 기술을 제대로 사용하지 못하여 다시 지도해 주었다.

38. 전략의 일상적 사용을 격려하기 (38)

A. 내담자에게 치료 시간에 배운 전략(예: 인지 재구조화, 노출)을 일상적으로 사용하도록 지도했다.

B. 내담자에게 새로운 전략을 최대한 많이 생활 속에 도입할 방법을 찾도록 독려했다.

C. 내담자에게 일상과 생활에 새로운 전략을 도입하는 방법에 대해 다시 지도해 주었다.

39. 대처 카드를 만들기 (39)

A. 내담자에게 특정 대처 전략이 기입된 대처 카드를 주었다.

B. 내담자가 자신에게 유용한 대처 전략을 열거할 수 있도록 대처 카드 만드는 것을 도와주었다.

C. 내담자가 불안을 유발하는 상황으로 어려움을 겪을 경우 대처 카드를 사용하도록 격려했다.

40. 자극 둔감화 중재를 실시하기 (40)

A. 유쾌한 그림, 이야기 그리고 공포 자극 상황과 관련된 스토리텔링으로 내담자를 둘러싸는 치료 회기를 내담자와 함께 실시했다.

B. 내담자가 공포 자극 상황이 그림, 정보자료, 스토리텔링에 나타나는 동안 내담자가 침착함과 마음의 평온을 유지했다.

C. 특정 공포를 대면하는 내담자의 능력을 긍정해 주었고 대처 능력을 강화했다.

D. 내담자가 그림, 독서, 공포 상황과 관련된 스토리텔링에 극심한 반응을 보였고 이런 불안이 느껴지는 동안 대처 기법을 사용한 것에 대해 지지해 주었다.

41. 중간중간에 유머를 사용하기 (41)

A. 상황적 유머, 농담, 수수께끼, 공포 자극에 대한 이야기를 사용해 내담자의 긴장감과 공포에 대한 심각성을 줄였다.

B. 내담자에게 매일 부모에게 농담, 수수께끼 또는 공포 자극에 대한 어리석은 이야기를 들려주는 것으로 하루를 시작하도록 지시했다.

C. 내담자가 말한 각 문제/공포에서 웃긴 부분을 지적해 주었다.

42. 공포 상황의 상징적 의미를 살펴보기 (42)

A. 내담자의 공포 자극이 지닐 수 있는 상징적 의미를 살펴보고 이야기를 나눴다.

B. 공포 자극에 대한 해석을 몇 가지 골라 내담자에게 제공했고, 각 해석을 내담자와 짚고 넘어갔다.

43. 현재의 고통과 과거의 고통을 명확화/구별하기 (43)

A. 내담자에게 자신의 현재 두려움을 열거하고 현재의 공포와 관련될 수 있는 정서적으로 고통스러웠던 과거의 경험도 열거하도록 지시했다.

B. 내담자가 현재의 비이성적 공포, 과거의 정서적 경험과 고통스러운 경험을 명확하게 밝히고 이 둘을 분리하는 데 도움을 주었다.

C. 내담자가 과거에 경험했던 정서적으로 고통스러운 감정들을 현재로부터 성공적으로 분리시킨 이후 내담자가 느끼는 특정 공포감이 줄어든 것으로 나타났다.

44. 외상에 관한 감정 표현을 강화하기 (44)

A. 내담자에게 감정 표현의 긍정적 가치를 강조했다.

B. 적극적 경청 및 무조건적 긍정적 존중 기법을 사용해 내담자가 과거의 고통스러운 경험과 관련된 감정을 표현하도록 내담자를 격려했다.

C. 내담자가 과거의 감정을 털어놓는 것을 돕기 위해 내담자에게 정중하게 질문하기 기법을 사용했다.

D. 내담자가 과거의 고통스러운 경험과 관련해 털어놓은 감정을 긍정해 주고 지지했다.

45. 과거의 고통과 현재의 불안을 연결 짓기 (45)

A. 내담자가 과거의 정서적 고통과 현재의 불안 사이에 관계를 설정하는 것을 지적했다.

B. 내담자가 현재 공포에 대해 이야기할 때 내담자에게 그것이 과거의 정서적 고통과 어떤 식으로 연결되어 있는지 상기시켰다.

C. 내담자가 정서적으로 고통스러운 과거의 경험을 현재로부터 성공적으로 분리시킨 이후 내담자에게서 특정 공포가 줄어든 것으로 나타났다.

제35장 말하기/언어장애

내담자 소개

1. 저조한 표현성 언어 평가 결과 (1)[1]

A. 말하기/언어 평가 결과 내담자의 표현성 언어 능력이 기대 수준보다 현저히 낮은 것으로 나타났다.

B. 말하기/언어 평가 결과 내담자의 표현성 언어 능력이 기대 수준보다 다소 낮은 것으로 나타났다.

C. 말하기/언어 평가 결과 내담자의 표현성 언어 능력이 기대 수준보다 약간 낮은 것으로 나타났다.

D. 말하기/언어 평가 결과 내담자의 표현성 언어 능력에 별다른 심각한 문제가 나타나지 않았다.

2. 표현성 언어 결함이 나타남 (2)

A. 내담자의 표현성 언어 결함이 제한적인 어휘 수준, 시제 사용에서의 잦은 실수, 단어를 잘 기억하지 못함, 발달 단계상 적절한 길이의 문장 혹은 복합 문장 구성의 어려움으로 나타난다.

B. 내담자가 오늘 치료 시간에 제한된 어휘 수준 때문에 자신의 생각과 감정을 전달하는 데 어려움을 겪었다.

C. 내담자가 단어를 기억하거나 발달 과정상 적절한 길이의 문장 또는 적절한 복합 문장을 구성하는 데 어려움을 겪는다는 말하기/언어병리학자의 보고가 있었다.

D. 내담자가 말하기/언어치료 서비스를 받기 시작한 이후 내담자의 표현성 언어 능력이 최근 향상되기 시작했다.

E. 말하기/언어치료 서비스가 내담자의 표현성 언어 능력을 기대 수준으로 향상시키는 데 도움을 주었다.

3. 낮은 수용성 언어 평가의 결과 (3)

A. 말하기/언어 평가 결과 내담자의 수용성 언어 능력이 기대 수준보다 현저히 낮은 것으로 나타났다.

B. 말하기/언어 평가 결과 내담자의 수용성 언어 능력이 기대 수준보다 다소 낮은 것으로 나타났다.

---

1) 괄호 안의 숫자들은 아동 심리치료 치료계획서(*The Child Psychotherapy Treatment Planner*), 제5판(Jongsma, Peterson, McInnis, Bruce 공저, 2014년, Hoboken, NJ : Wiley)에서 동일한 제목을 지닌 관련 장의 치료 중재의 숫자와 연결된다.

    C. 말하기/언어 평가 결과 내담자의 수용성 언어 능력이 기대 수준보다 약간 낮은 것으로 나타났다.

    D. 말하기/언어 평가 결과 내담자의 수용성 언어 능력에 별다른 심각한 문제가 나타나지 않았다.

4. 수용성 언어 결함이 나타남 (4)

    A. 내담자의 수용성 언어 결함이 간단한 단어 또는 문장 이해의 어려움 그리고 공간적 용어 또는 길고 복잡한 문구 같은 특정 단어 종류를 이해하는 데 어려움으로 나타난다.

    B. 내담자가 오늘 치료 시간에 자신의 수용성 언어 결함 때문에 핵심 개념을 이해하는 데 어려움을 겪었다.

    C. 내담자가 자신의 수용성 언어 결함 때문에 여러 개의 복잡한 지시사항을 따르고 이해하는 데 어려움을 겪었다.

    D. 내담자의 수용성 언어 능력이 향상되기 시작했다는 말하기/언어병리학자의 보고가 있었다.

    E. 내담자가 자신의 수용성 언어 능력을 기대 수준만큼 향상시켰다는 말하기/언어병리학자의 보고가 있었다.

5. 표현성/수용성 언어 결함²⁾으로 인한 학업 문제 (5)

    A. 내담자의 표현성 언어 결함이 내담자의 학업 성취를 방해했다.

    B. 내담자의 수용성 언어 결함이 내담자의 학업 성취를 방해했다.

    C. 내담자가 자신의 말하기/언어 문제 그리고 동료들의 눈에 자신이 멍청하게 비칠 것이라는 두려움 때문에 수업 시간에 질문을 하거나 도움을 구하는 것을 종종 꺼리게 된다고 인정했다.

    D. 내담자가 말하기/언어치료 서비스를 받기 시작한 이후 내담자의 학업 성취도가 향상되기 시작했다.

    E. 내담자가 자신의 학업 성취도를 자신의 역량 수준만큼 향상시켰다.

6. 표현성/수용성 언어 결함으로 인한 의사소통 문제 (5)

    A. 말하기/언어병리학자와 교사들이 내담자가 언어 지체 때문에 자신의 생각과 감정을 전달하는 데 어려움이 있다고 보고했다.

    B. 내담자가 언어 결함 때문에 자신의 생각과 감정을 오늘 치료 시간에 언어로 표현하는 데 어려움을 겪었다.

    C. 내담자가 언어 결함 때문에 자신의 감정을 인지하고 표현하는 데 어려움을 겪는다.

    D. 내담자가 발달 과정상 요구되는 발화 소리를 사용하거나 만들어 내는 데 계속 실패하는 것이 학업 성취와 사회적 의사소통을 현저히 방해한다.

    E. 내담자가 말하기/언어치료 서비스를 받기 시작한 이후 교실에서 말을 더 많이 하기 시작했다.

    F. 내담자가 오늘 치료 시간에 자신의 생각과 느낌을 효과적인 태도로 전달했다.

7. 언어 조음 문제 (6)

    A. 내담자가 말하기/언어병리학자로부터 심각한 언어 조음 문제를 가진 것으로 진단받았다.

    B. 내담자가 오늘 치료 시간 동안 언어 조음 문제를 보였다.

    C. 내담자가 다음의 글자 발음 ＿＿, ＿＿, ＿＿, ＿＿[빈칸 채워 넣기]을 잘 못한다고 말하기/언어병리학자가 보고했다.

---

2) 역자 주 : 학습장애(LD)에서 나타나는 실어증의 증상일 수도 있으며 대뇌에서 언어 기능을 담당하는 부위(브로카 · 베르니케 영역)에 이상이 생겨서 나타나는 장애이다. 전자는 의사표현에, 후자는 남의 말을 알아듣는 데 있어 문제이다.

D. 내담자의 언어 조음 문제가 오늘 치료 시간 동안 자신의 생각과 감정을 효과적인 태도로 전달하는 것을 방해하지 않았다.

E. 내담자가 자신의 연령에 적합하고 지역 방언에 맞는 말소리를 내는 데 숙달됐다.

8. 말을 더듬음 (7)

A. 내담자와 부모가 내담자가 많은 사회적 상황에서 말을 더듬는다고 보고했다.

B. 내담자가 오늘 치료 시간에 정서적으로 부담되거나 불안감을 유발하는 주제에 대해 이야기할 때 말을 더듬기 시작했다.

C. 내담자가 불안하거나 불안정하면 말을 더듬는 경향이 심해진다고 보고했다.

D. 내담자가 오늘 치료 시간에 말을 더듬지 않았다.

E. 내담자의 말 더듬기가 멈췄고, 이제 유창하게 그리고 규칙적이고 일관성 있게 정상적인 속도로 말할 수 있다.

9. 선택적 함구증 (8)

A. 부모가 내담자가 특정 사회적 상황에서는 말하기를 거부한다고 보고했다.

B. 학교 관계자들이 내담자가 학교에서 말하기를 거부한다고 보고했다.

C. 내담자가 오늘 치료 시간에 말하기를 거부했다.

D. 내담자가 서서히 더 넓은 범위의 사회적 상황에서 더 자주 이야기하기 시작했다.

E. 내담자가 오늘 치료 시간에 처음으로 치료사에게 말을 했다.

F. 내담자의 선택적 함구증이 제거되었고, 내담자가 다른 사람들과 다양한 사회적 상황에서 규칙적으로 의사소통한다.

10. 사회적 위축 (9)

A. 내담자의 표현성 언어 결함이 내담자의 사회적 위축과 많은 사회적 상황에서의 자기주장 부족을 일으키는 원인이다.

B. 내담자의 수용성 언어 결함이 내담자의 사회적 위축과 많은 사회적 상황에서의 자기주장 부족을 일으키는 원인이다.

C. 내담자의 언어 조음 문제가 내담자의 위축과 많은 사회적 상황에서의 자기주장 부족을 일으키는 원인이다.

D. 내담자의 말 더듬음에 대한 공포가 내담자의 사회적 위축과 많은 사회적 상황에서의 자기주장을 제대로 못하는 원인이다.

E. 내담자가 최근 동료들과 더 많이 어울리기 시작했다.

11. 언어 문제에 대한 불안 (9)

A. 내담자가 자신의 언어/말하기 문제를 오늘 치료 시간에 다루자 불안해 보였다.

B. 내담자가 사회적 상황에서 이야기를 해야 할 경우 불안이 크게 증가한다고 보고했다.

C. 내담자의 높은 불안감 수준이 말 더듬는 문제에 영향을 끼쳤다.

D. 내담자가 오늘 치료 시간 동안 자신의 말하기/언어 문제에 대해 이야기할 때 마음이 편해 보였다.

E. 내담자의 향상된 말하기/언어 능력이 내담자의 불안감 수준의 감소와 동시에 발생했다.

12. 낮은 자존감 (9)

A. 내담자의 말하기/언어 문제가 낮은 자존감, 부적격성, 불안정성을 느끼게 만드는 데 기여했다.

B. 내담자가 말하기/언어 문제에 대해 오늘 치료 시간에 부적격감과 불안정감을 표현했다.

C. 내담자가 핵심 개념 또는 용어 이해에 어려움을 겪기 때문에 많은 학교 과제를 쉽게 포기하는 경향이 있다고 인정했다.

D. 내담자가 오늘 치료 시간 동안 자신의 향상된 말하기/언어 능력에 대해 긍정적인 자기 기술문을 언어로 표현했다.

E. 내담자가 자신의 말하기/언어 문제를 건강한 방식으로 수용했고 집과 학교에서 그리고 동료들과 많은 논의에 적극적으로 참여한다.

13. 행위표출, 공격, 부정적인 관심 끌기 행동 (10)

A. 내담자가 불안정감을 느끼거나 자신의 말하기/언어 문제로 좌절감을 느낄 때 행위표출, 공격 또는 부정적인 관심 끌기 행동을 반복적으로 하는 경향을 보였다.

B. 내담자가 오늘 치료 시간 동안 자신의 말하기/언어 문제에 대한 분노와 좌절감을 표현했다.

C. 내담자가 분노, 상처 그리고 자신의 말하기/언어 문제로 동료들로부터 받은 놀림 또는 비판으로 인한 슬픔을 표현했다.

D. 내담자가 좀 더 효과적인 방법으로 자신의 말하기/언어 문제에 대처하는 것을 배운 이후 내담자의 행위표출, 공격, 부정적인 관심 끌기 행동의 빈도와 정도가 점진적으로 감소하기 시작했다.

E. 내담자가 자신의 말하기/언어 문제로 좌절감을 느낄 때 하던 행위표출, 공격, 부정적인 관심 끌기 행동을 하던 행동 경향을 중단했다.

중재 실행

1. 말하기/언어 평가 권유하기 (1)[3]

A. 내담자에게 장애가 있는지를 평가하고 특수교육을 받을 요건이 되는지를 판단하기 위해 말하기/언어 평가를 받도록 권유했다.

B. 말하기/언어 평가의 결과 내담자가 말하기/언어치료 서비스를 받을 요건이 되는 것으로 나타났다.

C. 말하기/언어 평가의 결과 내담자가 말하기/언어장애 기준을 충족시키지 않았으며, 특수교육을 받을 요건이 되지 않는 것으로 나타났다.

D. 말하기/언어 평가의 결과를 내담자, 부모와 공유했다.

2. 청력/의학적 검사 권유하기 (2)

A. 내담자의 말하기/언어 발달을 방해할지도 모르는 청력 문제의 존재 가능성을 배제하기 위해 내담자에게 청력 검사를 받도록 권유했다.

B. 내담자의 말하기/언어 발달을 방해할지도 모르는 건강 문제의 존재 가능성을 배제하기 위해 내담자에

---

3) 괄호 안의 숫자들은 아동 심리치료 치료계획서(*The Child Psychotherapy Treatment Planner*), 제5판(Jongsma, Peterson, McInnis, Bruce 공저, 2014년, Hoboken, NJ : Wiley)에서 동일한 제목을 지닌 관련 장의 치료 중재의 숫자와 연결된다.

게 의학적 검사를 받도록 권유했다.

C. 청력 검사 결과 내담자의 말하기/언어 발달을 방해해 온 청력 손실의 존재가 드러났다.

D. 의학적 검사 결과 내담자의 말하기/언어 발달을 방해해 온 건강상의 문제가 드러났다.

E. 청력 그리고/또는 의학적 검사 결과 내담자의 말하기/언어 발달에 영향을 끼치는 청력 또는 건강상 문제가 나타나지 않았다.

F. 청력/의학적 검사 결과를 내담자, 부모와 공유했다.

3. 신경학적/신경심리학적 검사를 받아 보도록 권유하기 (3)

A. 내담자의 말하기/언어 문제 발생에 기여할지도 모르는 기질적 요인의 존재 가능성을 배제시키기 위해 내담자에게 신경학적 검사를 받도록 권유했다.

B. 내담자가 말하기/언어 문제 발생에 기여할지도 모르는 기질적 요인의 존재 가능성을 배제시키기 위해 신경심리학적 검사를 받았다.

C. 신경학적 검사 결과 내담자의 말하기/언어 발달을 방해해 온 기질적 요인의 존재가 드러났다.

D. 신경심리학적 검사 결과 내담자의 말하기/언어 발달을 방해해 온 기질적 요인의 존재가 드러났다.

E. 신경학적 그리고/또는 신경심리학적 검사 결과 내담자의 말하기/언어 발달에 기여하는 기질적 요인의 존재가 드러나지 않았다.

F. 신경학적/신경심리학적 검사 결과를 내담자, 부모와 공유했다.

4. 심리교육 평가를 받아 보도록 권유하기 (4)

A. 내담자가 자신의 지적 능력을 평가해 다른 발생 가능한 학습장애의 존재 가능성을 제거하기 위해 심리교육 평가를 받았다.

B. 내담자가 심리교육 평가 동안 협조적이었고 최선을 다하려는 의욕을 가진 것으로 보였다.

C. 내담자가 심리교육 평가 동안 비협조적이었고 제대로 노력을 하는 것으로 보이지 않았다.

D. 심리교육 평가의 결과 특정 학습장애(LD)의 존재가 드러났다.

E. 심리교육 평가의 결과 특정 학습장애(LD)의 존재가 드러나지 않았다.

F. 심리교육 평가의 결과를 내담자, 부모와 공유했다.

5. 행동/심리 검사를 받아 보도록 권유하기 (5)

A. 내담자의 정서적 요소 혹은 ADHD가 말하기/언어 발달을 방해하는지 판단하기 위해 내담자가 심리학적 평가를 받았다.

B. 내담자가 정직하고 솔직한 태도로 심리검사에 임했고 자신에게 요구된 어떠한 요청에도 협조적이었다.

C. 내담자가 비협조적이었고 검사가 실시되는 동안 저항했다.

D. 심리검사 결과 내담자의 발달을 방해해 온 ADHD의 존재가 드러났다.

E. 심리검사 결과 내담자의 말하기/언어 발달을 방해한 내재된 정서적 문제의 존재가 드러났다.

F. 심리검사 결과를 내담자, 부모와 공유했다.

6. 약물치료를 위한 검사를 받아 보도록 권유하기 (6)

A. 내담자에게 기분 안정을 돕는 약물치료를 위한 검사를 받아 보도록 권유했다.

B. 내담자의 말하기/언어 발달을 방해하는 ADHD 증상을 다루기 위해 내담자에게 약물치료를 위한 검사

를 받아 보도록 권유했다.

C. 내담자와 부모가 약물치료를 위한 검사를 따르기로 동의한 것에 대해 긍정적 되짚어 주기를 했다.

D. 내담자와 부모가 기분 안정 그리고/또는 ADHD 증상 접근을 위한 약물 복용에 반대했고, 이런 고려사항들을 점검했다.

E. 약물의 효과성을 모니터링하기 위해 내담자와 부모에게 정신과 의사 또는 약물을 처방한 의사와 정기적 연락을 유지하도록 격려했다.

7. 통찰력 수준의 평가 (7)

A. 내담자는 보이는 문제들을 향한 통찰 수준으로 평가되었다.

B. 내담자는 보이는 문제들에 관하여 그의 통찰의 동조적인 본성 대 이질적인 본성에 따라 평가되었다.

C. 내담자는 행동과 증상에서 문제가 되는 본성에 대한 좋은 통찰을 하도록 보여 주었다.

D. 내담자가 다른 사람들의 우려에 동의하는 것이 목격되어 변화에 힘쓰도록 동기유발되었다.

E. 내담자는 묘사된 문제에 대해 양면성이 있음이 드러났고 그 문제들을 우려사항으로 보는 것을 꺼렸다.

F. 내담자는 문제 영역의 인식에 관해 저항적인 것으로 나타났고, 걱정하지 않았으며, 변화에 대한 동기가 없었다.

8. 관련 장애의 평가 (8)

A. 내담자는 연구 기반의 관련 장애들의 증거에 의해 평가되었다.

B. 내담자는 자살에 대한 취약성 수준으로 평가되었다.

C. 내담자는 동반장애를 가진 것으로 확인되었고, 치료는 이를 처리할 수 있도록 조정되었다.

D. 내담자는 또 다른 관련 장애가 있는지 평가되었지만 아무것도 발견되지 않았다.

9. 문화적으로 혼란스러운 문제에 대한 평가 (9)

A. 내담자는 그의 임상 행동을 더 잘 이해하도록 도울 수 있는 나이 관련 쟁점으로 평가되었다.

B. 내담자는 그의 임상 행동을 더 잘 이해하도록 도울 수 있는 성별 관련 쟁점으로 평가되었다.

C. 내담자는 그의 임상 행동을 더 잘 이해하도록 도울 수 있는 문화의 증후군, 고통의 문화적 관용구, 혹은 문화적으로 감지된 사건으로 평가되었다.

D. 다른 요인들이 내담자의 현재 정의된 '문제 행동'에 기여할 것이라고 확인되었고 이 요인들은 그의 치료에 반영되었다.

E. 내담자의 현재 정의된 '문제 행동'을 설명할 수 있는 문화적 기반 요인들은 조사되었지만 중대한 요인은 발견되지 않았다.

10. 장애의 심각성 평가 (10)

A. 내담자의 장애의 심각성은 보호의 적절한 정도를 결정하기 위해서 판단되었다.

B. 내담자는 사회적·관계적·교육적인 노력에서의 손상 정도로 평가되었다.

C. 내담자는 그의 장애가 자신의 기능에 가볍거나 중간 정도의 영향을 끼친다는 것을 알았다.

D. 내담자는 그의 장애가 자신의 기능에 심각하거나 더 심각한 영향을 끼친다는 것을 알았다.

E. 내담자의 치료의 효율성과 적절성, 그리고 장애의 심각성은 꾸준히 평가되었다.

11. 병원의 돌봄 평가 (11)

A. 병원의 돌봄과 관심으로 내담자의 집, 학교, 지역사회가 평가되었다.

B. 내담자의 다양한 환경은 아동의 욕구에 지속적인 무관심, 돌보는 사람의 잦은 변화, 안정적 애착의 제한된 기회, 가혹한 훈육 혹은 다른 심각한 부적절한 돌봄이 있었는지 평가되었다.

C. 병원의 돌봄이 확인되었고 치료계획에 이러한 우려를 관리하고 바로잡는 것과 아동을 보호하는 전략이 포함되었다.

D. 어떠한 병원의 돌봄도 확인되지 않았고, 이것은 내담자와 돌보는 사람에게 반영되었다.

12. IEPC 회의 참석하기 (12)

A. 부모, 교사, 말하기/언어병리학자, 학교 관계자들과 개별화된 교육계획위원회(IEPC) 회의를 개최해 내담자에게 특수교육을 실시할지를 결정하고, 교육 중재를 고안하고 말하기/언어 목표를 설정하고 상담에서 다룰 필요가 있는 정서적 문제를 약술했다.

B. 내담자의 말하기/언어 결함을 다루기 위해 내담자에게 특수교육을 받도록 하자는 제안을 IEPC에서 했다.

C. 내담자가 말하기/언어장애 준거를 충족시키기지 않으므로 특수교육을 받을 필요가 없다고 IEPC 회의에서 결정되었다.

D. IEPC 회의가 구체적인 말하기/언어 목표를 생각해 내는 데 도움이 되었다.

E. IEPC 회의가 치료 시간에 다뤄야 할 정서적 문제를 파악하는 데에 도움이 되었다.

13. 중재 전략에 대해 협의하기 (13)

A. 내담자, 부모, 교사, 말하기/언어병리학자와 함께 내담자의 강점에 기반하되 약점은 보강해 주는 효과적인 중재 전략을 고안하는 데 대한 협의회를 가졌다.

B. 내담자, 부모, 교사, 말하기/언어병리학자가 내담자가 자신의 말하기/언어 능력 향상에 사용할 수 있는 몇 가지 학습 또는 개인적 강점을 발견했다.

C. 내담자, 부모, 교사, 말하기/언어병리학자와의 협의회에서 내담자의 약점 그리고 말하기/언어 문제 극복에 활용할 수 있는 중재 전략을 파악했다.

14. 개인 말하기/언어병리학자에게 도움 요청하기 (14)

A. 내담자에게 말하기/언어 능력을 향상시키는 데 추가적인 조력을 얻기 위해 개인 말하기/언어병리학자에게 문의하도록 권유했다.

B. 내담자와 부모가 개인 말하기/언어병리학자를 고용하라는 제안에 따랐다.

C. 내담자와 부모가 개인 말하기/언어병리학자와 접촉하라는 제안을 따르는 데 실패했고 이 방법을 사용하도록 이들을 격려했다.

D. 내담자가 개인 말하기/언어병리학자를 고용해 치료를 받기 시작한 이후 내담자의 말하기/언어 능력이 향상된 것으로 나타났다.

E. 내담자가 개인 말하기/언어병리학자를 고용한 것이 내담자가 말 더듬는 문제를 조절 또는 극복하도록 도움을 주었고 이런 진전의 이점을 검토했다.

F. 내담자가 개인 말하기/언어병리학자를 고용한 것이 말하기/언어 문제를 극복하는 데 도움이 되지 않

았고, 내담자의 기능을 최대화하기 위해 추가적인 치료 서비스를 검토했다.

15. 집과 학교 사이에 의사소통을 유지하기 (15)

A. 부모, 교사, 학교 관계자들에게 전화 통화 또는 짧은 편지를 통해 내담자의 학업·행동·정서·사회적 진전에 관해 정기적인 연락을 유지하도록 격려했다.

B. 교사들에게 내담자의 학업 진전, 특히 내담자의 말하기/언어 발달과 관련해 진전 사항을 알려 주는 일일 혹은 주간 경과기록서를 부모에게 발송하라고 지시했다.

C. 말하기/언어병리학자에게 내담자의 말하기/언어치료에서의 진전 사항을 부모에게 알려 주는 정기적인 경과기록서를 집으로 보내도록 격려했다.

D. 집과 학교 간의 의사소통이 잘 이루어지지 않았고, 이러한 연락 교환을 증가시키기 위한 구체적인 조치를 실시했다.

16. 부모에게 말하기/언어장애 교육시키기 (16)

A. 내담자의 부모에게 내담자의 말하기/언어장애의 징후와 증상에 대해 교육을 실시했다.

B. 치료 시간이 부모가 내담자의 말하기/언어장애의 징후와 증상을 보다 더 잘 이해할 수 있도록 도움을 주었다.

C. 부모에게 자녀의 말하기/언어장애에 대한 자신들의 생각과 감정을 표현할 기회를 주었다.

D. 부모가 내담자의 말하기/언어장애에 대한 슬픔을 언어로 표현한 것에 대해 지지해 주었다.

E. 교육 노력에도 내담자의 부모가 내담자의 말하기/언어장애 문제에 대한 명확한 이해를 보이지 않았고 이 점에 대해 교정적 정보자료를 부모에게 제공했다.

17. 말하기/언어 문제 부인 평가/직면하기 (17)

A. 내담자의 말하기/언어 문제를 둘러싼 부모의 부인을 평가하기 위해 가족치료 회기를 실시했다.

B. 내담자의 말하기/언어 문제에 대한 부모의 부인을 직면했고 부모가 내담자를 위한 배치와 중재 제안에 협조를 시작하도록 하기 위해 부모의 부인에 이의를 제기했다.

C. 치료 시간이 내담자의 말하기/언어 문제를 둘러싼 부모의 부인 문제를 다루는 데 도움이 되었고, 부모들이 배치 및 중재와 관련된 제안을 따르겠다고 동의했다.

D. 부모가 여전히 내담자의 지적 결함을 부인하며 배치 및 교육적 중재에 관한 제안을 따르는 것을 반대했고, 이런 문제들을 검토했다.

18. 말하기에 대한 보상체계 고안하기 (18)

A. 말하기/언어병리학자와 협의회를 열어 내담자가 말하기 치료에서 자신의 목적을 달성하고 새로운 말하기 행동을 숙달하는 것을 강화하기 위한 보상체계를 고안하는 것에 대해 논의했다.

B. 내담자와 부모가 내담자의 말하기 치료 목적 달성을 강화하는 데 사용할 수 있는 보상 목록을 떠올리는 데 도움을 주었다.

C. 보상체계의 사용이 내담자의 말하기 치료 목적 달성에 도움이 된 것으로 나타났다.

19. 부모의 긍정적 강화를 격려하기 (19)

A. 부모에게 내담자의 말하기/언어 발달에 대해 잦은 칭찬과 긍정적 강화를 제공하도록 격려했다.

B. 부모에게 내담자가 새로운 언어 발음을 익히려고 시도할 때 칭찬해 주도록 격려했다.

C. 부모에게 내담자가 자신의 말하기/언어 목적을 달성한 것에 대해 칭찬해 주고 긍정적으로 강화해 주도록 격려했다.

D. 부모에게 내담자가 용기를 내서 말하고 새로운 상황에서 자기주장을 한 것에 대해 칭찬과 강화를 해 주도록 강하게 격려했다.

E. 오늘 치료 시간에 내담자에게 칭찬과 긍정적 강화를 제공하는 데 부모가 저항하는 이유를 살펴보았다.

20. 독서 및 언어 프로그램 이용을 지시하기 (20)

A. 부모가 내담자에게 일주일에 네 번씩 15분간 책을 읽어 준 다음, 내담자의 어휘 향상을 돕기 위해 그 이야기를 부모에게 다시 들려주도록 지시했다.

B. 내담자의 어휘 증강을 돕기 위해 아동 심리치료 과제계획서(Jongsma, Peterson, & McInnis)에 나오는 '가정에 기반한 독서 및 언어 프로그램(Home Based Reading and Language Program)'을 활용했다.

C. 내담자가 자신의 생각과 의견을 언어로 표현하는 데 더 편안함과 자신감을 느끼도록 돕기 위해 '가정에 기반한 독서 및 언어 프로그램'을 실시했다.

D. 표현성 및 수용성 언어 기술 향상에 대한 내담자의 관심과 동기부여를 유지하는 것을 돕기 위해 내담자와 부모에게 '가정에 기반한 독서 및 언어 프로그램'에서 약술한 보상체계를 가동하도록 격려했다.

E. 내담자와 부모가 '가정에 기반한 독서 및 언어 프로그램'이 내담자가 자신의 생각과 의견을 표현하는 데 좀 더 자신감을 느끼도록 도움을 주었다고 보고했다. 이 프로그램을 계속해 나가도록 그들을 격려했다.

F. 내담자와 부모가 읽기 및 언어 프로그램을 사용하지 않았으며 이런 유용한 기법을 사용하도록 그들을 상기시켰다.

21. 가족 외출에 대한 감정을 언어로 표현하도록 내담자를 격려하기 (21)

A. 내담자와 가족에게 주간 가족 외출을 실시한 후 내담자의 표현성 및 수용성 언어 능력 향상을 위해 내담자에게 가족 외출에 대한 자신의 생각과 감정을 이야기하도록 지시하라는 지침을 내렸다.

B. 부모가 내담자의 주간 가족 외출 경험 다시 말하기 연습이 내담자로 하여금 자신의 생각과 감정 표현에 좀 더 자신감을 갖도록 하는 데 도움을 주었다고 보고했다. 이 연습을 계속해 나가도록 그들을 격려했다.

C. 내담자가 주간 가족 외출에 대해 다시 말하기를 하는 것을 자주 칭찬해 주고 긍정적 강화를 해 주도록 부모에게 지시했다.

D. 내담자와 부모에게 아동 심리치료 과제계획서(Jongsma, Peterson, & McInnis)에 나오는 '그것에 관한 모든 것 이야기하기(Tell All About It)'를 사용해서 내담자가 자신의 생각과 느낌을 표현하는 것에 대한 자신감을 향상시키도록 도와주라고 지시했다.

E. 내담자의 말하기/언어 발달에 대한 부모의 지지와 참여를 높이기 위해 '그것에 관한 모든 것 이야기하기' 프로그램을 활용했다.

F. 내담자와 부모가 가족 외출을 정기적으로 실시한 뒤 내담자의 표현성 및 수용성 언어 능력 향상을 위해 내담자로 하여금 그 경험을 다시 이야기하도록 시키는 것을 하지 않았고, 이런 유용한 기법을 사용하지 않은 사실을 내담자와 부모에게 지적했다.

22. 부모에게 노래 부르기를 지시하기 (22)

    A. 내담자가 집에서 말하는 것을 훨씬 편하게 느끼도록 도움을 주기 위해 부모에게 내담자와 함께 노래를 부르도록 지시했다.

    B. 부모가 내담자와 노래 부르기 연습이 내담자가 자신의 생각과 감정을 집에서 표현하는 것을 좀 더 편안하게 느끼고 자신 있어 하도록 하는 데 도움이 되었다고 보고했다. 그들에게 이 연습을 계속하도록 지시했다.

    C. 부모가 내담자와 노래 부르기 연습이 내담자가 자신의 말하기/언어 문제에 대해 덜 불안해하도록 도움을 주었다고 보고했다. 이 쉽고도 유용한 기법을 계속 사용해 나가도록 그들을 격려했다.

    D. 부모가 내담자의 자신감 향상 및 말하기/언어 문제에 대한 불안감 감소를 위한 노래 부르기 기법을 사용하지 않았다고 인정했고, 이 기법을 다시 사용하도록 지시했다.

23. 부모-자녀 상호작용 관찰하기 (23)

    A. 가족 의사소통 패턴이 내담자의 말하기/언어 발달에 어떻게 영향을 끼치는지를 평가하기 위해 오늘 치료 시간에 부모-자녀 상호작용을 관찰했다.

    B. 오늘 가족치료 시간에 내담자가 말하기/언어 문제에 대해 불안해하기 시작하면 부모와 가족 구성원들이 내담자를 대신해서 말해 주는 것으로 드러났다.

    C. 오늘 가족치료 시간에서 내담자가 말을 더듬기 시작하면 부모가 종종 말을 대신 하고 대화의 공백을 채워 넣는 것으로 드러났다.

    D. 오늘 가족치료 시간에 내담자가 가족 구성원들 안에서 대화를 먼저 시작하는 법이 거의 없음이 드러났다.

    E. 오늘 가족치료 시간에 부모와 가족 구성원들이 내담자의 말하기/언어 문제에 대해 종종 비판적인 발언을 하는 것으로 드러났다.

    F. 치료 시간에 관찰된 부모-자녀 상호작용 패턴을 내담자와 부모에게 조심스럽게 제시했다.

24. 한계 수용 발달시키기 (24)

    A. 오늘 치료 시간에는 내담자와 부모가 내담자의 말하기/언어장애를 둘러싼 한계를 이해하고 수용하도록 도움을 주었다.

    B. 내담자와 부모가 내담자의 말하기/언어장애를 둘러싼 한계에 대한 자신들의 감정을 표현한 것에 대해 지지를 해 주었다.

    C. 오늘 치료 시간에 부모가 내담자의 말하기/언어장애에 대한 자신들의 슬픔을 표현하고 이겨 내도록 이들을 만났다.

    D. 내담자와 부모가 내담자의 말하기/언어장애를 둘러싼 한계에 대한 건강한 이해를 얻고 이를 수용함에 따라 내담자와 부모에게 긍정적 다시 챙겨주기를 제공했다.

25. 부모의 과도한 압박에 대처하기 (25)

    A. 부모가 내담자에게 '똑바로 말하라고' 과도하거나 비현실적인 압박을 주는 것은 아닌지 평가하기 위해 가족치료 회기를 실시했다.

    B. 부모가 내담자에게 '똑바로 말하라고' 과도하거나 비현실적인 압박을 주는 것을 지적하고 이에 이의를 제기했다.

C. 부모가 내담자의 말하기/언어 문제를 극복하기 위해 내담자에게 과도하거나 비현실적인 압박을 행사한 것을 인정함에 따라 부모를 지지해 주었다.

D. 부모가 내담자에게 '똑바로 말하라고' 과도한 압박을 행사하는 것을 멈추겠다고 동의함에 따라 긍정적인 다시 챙겨주기를 제공했다.

E. 치료 시간에 내담자에게 명확하게 혹은 유창하게 말하도록 과도하거나 비현실적인 압박을 행사한 것을 부모에게 지적하자 부모가 방어적인 자세를 취했다.

26. 부모가 내담자를 대변하는지를 평가하기 (26)

A. 오늘 치료 시간에는 내담자가 말하기에 대해 불안감 또는 불안정감을 느끼지 않도록 보호하기 위해 부모가 내담자를 대변해 주거나 대화가 중간에 끊기면 이를 이어 나가는지 살펴보았다.

B. 부모가 자신들이 종종 내담자가 말하기에 대해 불안감 또는 불안정감을 느끼지 않도록 보호하기 위해 내담자를 대변해 주거나 대화가 중간에 끊기면 이를 이어 나가는 일이 잦았음을 인정할 때 적극적 경청 기술을 사용해 들어 주었다.

C. 내담자가 불안정감을 느끼기 시작할 때 내담자를 대변해 주거나 끊긴 대화를 이어 가는 일을 멈추겠다고 부모가 동의함에 따라 부모를 지지해 주었다.

D. 부모가 내담자 대신 말해 주거나 끊어진 대화를 이어 가는 것을 중단한 이후 내담자가 좀 더 자신감을 느끼고 덜 불안해하기 시작했다고 보고했다. 이런 진전을 이룬 것의 이점을 내담자와 검토했다.

E. 오늘 치료 시간에 내담자가 불안해하거나 불안정감을 느끼기 시작할 때 내담자 대신 말해 주거나 끊긴 대화를 이어 나가는 것을 중단하라는 제안을 부모가 거부하는 이유에 대해 알아보았다.

27. 내담자에게 대화 개시 격려하기 (27)

A. 내담자가 주도권을 갖고 대화를 좀 더 자주 개시하고 이어 나가도록 허용해 주라고 부모를 강하게 격려했다.

B. 내담자와 부모에게 매일 하루에 10~15분씩 함께 시간을 들여 내담자가 대화를 시작하고 이어 나가는 주도권을 주도록 지도했다.

C. 내담자가 집에서 대화를 개시하는 것을 강화하기 위한 보상체계를 고안했다.

D. 내담자가 집에서 대화를 개시하거나 이어 나가는 것에 저항하게 만드는 요인을 살펴보았다.

E. 내담자와 부모가 내담자가 주도적으로 더 자주 대화를 개시하고 이어 나간다고 보고한 것에 대해 긍정적 다시 챙겨주기를 제공했다.

28. 의사소통 기술을 가르치기 (28)

A. 내담자의 말하기/언어 발달을 촉진하고자 내담자와 부모에게 효과적인 의사소통 기술[예 : 적극적 경청, 느낌 반사하기, '내 탓(I statements)']을 가르쳤다.

B. 역할 연기 기법을 사용해 내담자에게 효과적인 의사소통 기술을 가르쳤다.

C. 부모에게 적극적 경청 기술을 사용해 내담자의 말하기/언어 발달을 촉진하는 것을 도울 수 있도록 내담자의 감정을 반사해 주도록 격려했다.

D. 내담자에게 '나 전달법'을 활용해 자신의 생각, 느낌, 욕구를 더 명확하고 효과적으로 전달하도록 가르쳤다.

29. 부드럽게 위축과 맞서기 (29)

   A. 내담자가 자신의 말하기/언어 문제에 따른 불안 경험을 회피하기 위해 사회적 환경에서 위축되는 경향이 있음을 부드럽게 지적했다.

   B. 내담자가 사회적 환경에서 위축되는 경향을 보이는 이유를 살펴보았다.

   C. 내담자가 사회적 환경에서 좀 더 자신감을 느끼고 불안감을 덜 느끼도록 돕기 위해 효과적인 의사소통 및 자기주장 기술을 가르쳤다.

   D. 내담자가 자신이 말을 더듬는 것 때문에 비난 혹은 조롱당하는 것을 피하기 위해 종종 사회적 환경에서 물러난다고 인정할 때 적극적 경청 기술을 사용해 들어 주었다.

   E. 내담자가 자신의 언어 발음 문제 때문에 부끄럽거나 불안해서 사회적 환경에서 종종 위축된다고 인정함에 따라 내담자에게 지지와 격려를 제공했다.

30. 교실에서 한 마디 하기 지시하기 (30)

   A. 내담자가 다른 사람들과 이야기하는 것에 대한 자신감을 증가시키기 위해 내담자에게 수업 시간에 토론할 때 적어도 한 마디씩 발언을 하는 과제를 내주었다.

   B. 내담자가 매일 적어도 교실에서 한 마디 하기 과제가 다른 사람들과 대화할 때 자신감을 더 높이는 데 도움이 되었다고 보고했다. 이 연습을 계속해 나가도록 내담자를 격려했다.

   C. 내담자가 매일 적어도 한 마디씩 수업시간 토론에 발언하는 것을 따르는 데 실패한 이유를 살펴보았다.

   D. 내담자가 매일 수업 토론 시간에 한 마디씩 하는 것을 강화하기 위해 보상체계를 활용했다.

   E. 내담자가 수업 토론 시간 도중 아무런 발언을 하지 않았고 이런 조치를 취하도록 내담자를 상기시켰다.

31. 보여 주고 말하기를 지시하기 (31)

   A. 내담자에게 학교에서 보여 주고 말하기 시간 동안 자신의 장난감과 또는 개인 사물을 사람들에게 보여 주는 과제를 내주었다.

   B. 내담자가 학교에서 보여 주고 말하기 활동에 참여했다고 보고했고 이런 경험이 사람들과 있을 때 자신을 표현하는 데 어떤 식으로 자신감을 높여 주었는지를 인지하도록 도움을 주었다.

   C. 부모와 교사에게 말하기 시간 동안 내담자가 자신의 장난감 또는 개인 사물을 보여 주고 설명하는 것을 칭찬하고 강화해 주도록 강하게 격려했다.

   D. 내담자가 학교에서 보여 주고 말하기 시간에 참여하는 것에 저항하는 이유를 살펴보았다.

32. 음독 프로그램 설계하기 (32)

   A. 말하기/언어병리학자, 교사들과 협의회를 열어 내담자에게 교실에서 구절을 소리 내서 읽히되 구절의 길이와 난이도를 높여서 읽히는 프로그램을 설계하는 것에 대해 논의했다.

   B. 내담자가 교실에서 소리 내어 읽는 것에 대해 갖는 불안감과 불안정감을 살펴보았다.

   C. 내담자가 교실에서 소리 내어 지문을 읽은 것에 대해 많은 칭찬과 긍정적 강화를 해 주었다.

   D. 내담자가 교실에서 소리 내어 읽는 것을 강화하기 위한 보상체계를 고안했다.

   E. 내담자가 교실에서 소리 내어 읽기 시작하면서 자신의 생각과 감정을 언어로 표현하는 능력에 대한 자신감이 향상되는 경험을 했다.

   F. 내담자가 교실에서 소리 내어 읽는 것에 참여하지 않았고 어떤 식으로든 자신이 할 수 있는 (제한적

인) 방식으로 이 기법을 사용하도록 격려했다.

33. 긍정적 대처기제를 활용하도록 가르치기 (33)

A. 내담자가 말하기/언어 문제에 대해 갖는 좌절감에 대처하는 것을 도와주기 위해 심호흡과 심부근육 이완 기법을 가르쳤다.

B. 내담자가 말하기/언어 문제에 대한 좌절감에 대처하는 것을 돕기 위해 내담자에게 긍정적 자기 대화를 활용하도록 격려했다.

C. 내담자가 말하기/언어 문제에 대한 좌절감에 대처하는 것을 돕기 위해 내담자에게 인지 재구조화 기법을 가르쳤다.

D. 내담자가 자신이 배운 긍정적 대처기제(예 : 심호흡, 심부근육 이완 기법, 긍정적 자기 대화, 인지 재구조화)가 말하기/언어 문제를 겪을 때 나타나는 좌절감을 줄여 주는 데 도움이 되었다고 보고했다.

E. 내담자가 이완 기법, 긍정적 자기 대화 또는 인지 재구조화를 사용했음에도 불안감 또는 좌절감 수준이 거의 또는 전혀 줄어들지 않았다고 보고했고, 이런 경험을 검토하고 문제를 해결했다.

F. 내담자가 긍정적 대처기제를 사용하지 않았고 이런 유용한 기법을 사용하도록 다시 지시했다.

34. 불안정감을 털어놓도록 격려하기 (34)

A. 내담자에게 자신의 말하기/언어 문제에 대한 불안정감을 언어로 표현하도록 격려했다.

B. 내담자가 자신의 말하기/언어 문제에 대한 불안정감을 인지하고 그것을 표현하도록 도움을 주기 위해 **아동 심리치료 과제계획서**(Jongsma, Peterson, & McInnis)에 나오는 '샤우나의 노래(Shauna's Song)'를 읽도록 지시했다.

C. 내담자가 단편 '샤우나의 노래'에 나오는 복습 질문에 대답한 것을 검토했다.

D. 내담자가 말하기/언어 문제를 이해하고 수용하도록 도움을 주기 위해 내담자와 부모에게 '샤우나의 노래'를 읽도록 지시했다.

E. 내담자가 단편 '샤우나의 노래'가 말하기/언어 문제에 대한 불안감을 느낄 때 자신이 어떤 식으로 위축되는지를 깨닫는 데 도움을 주었다고 보고했고 이런 보고를 한 내담자를 지지해 주었다.

F. 내담자가 단편 '샤우나의 노래'가 동료 집단 또는 학교 환경에서 수용을 얻는 데 사용할 수 있는 자신의 개인적 강점을 파악하는 데 도움을 주었다고 보고함에 따라 내담자를 격려해 주었다.

35. 상호 이야기하기 기법을 사용하기 (35)

A. 내담자가 적극적으로 상호 이야기하기 연습에 참여했다.

B. 상호 이야기하기 기법을 사용해 치료사가 내담자에게 말하기/언어 문제를 둘러싼 자신의 불안정감과 좌절감을 다룰 효과적인 방법을 시범 보였다.

C. 내담자가 손인형, 인형 또는 봉제 동물인형을 사용해 말하기/언어 문제를 둘러싼 자신의 불안정감과 좌절감을 반영한 이야기를 만들어 내는 데 도움을 주었다.

D. 내담자가 손인형, 인형 또는 봉제 동물인형을 사용해 말하기/언어 문제를 둘러싼 자신의 좌절감에 대처하는 효과적인 방법을 담은 이야기를 만들어 내는 데 도움을 주었다.

E. 내담자가 상호 이야기하기 기법이 말하기/언어 문제를 둘러싼 자신의 좌절감을 조절하는 재미있고 유용한 방법이라고 말했다.

36. 자기통제 전략을 가르치기 (36)

A. 내담자가 말하기/언어 문제로 좌절감을 겪을 때 행위표출 행동을 하고 싶거나 부정적인 관심 끌기 행동을 하고 싶은 충동을 제어하도록 심호흡 및 이완 기법을 가르쳐 주었다.

B. 내담자에게 말하기/언어 문제로 좌절감을 겪을 때 행위표출 또는 부정적 관심 끌기 행동을 하는 대신 긍정적 자기 대화를 활용하도록 격려했다.

C. 내담자가 말하기/언어 문제로 좌절감을 겪을 때 행위표출 또는 부정적 관심 끌기 행동을 하고 싶은 충동을 억제하도록 명상 및 자기통제 전략(예 : '멈추기, 듣기, 생각하기, 행동하기')을 가르쳤다.

D. 내담자가 말하기/언어 문제로 좌절감을 겪을 때 행위표출 또는 부정적 관심 끌기 행동을 하고 싶은 충동을 억제하는 데 도움을 주기 위해 내담자에게 인지 재구조화 기법을 가르쳐 주었다.

E. 내담자가 자기통제 기법의 사용이 말하기/언어 문제를 둘러싼 좌절감에 대처하고 행위표출 및 부정적 관심 끌기 행동을 하는 빈도를 줄이는 데 도움을 주었다고 보고했다.

F. 내담자가 배운 자기통제 전략을 사용하지 않아서 이를 사용하도록 지시했다.

37. 불안 감소 기법을 가르치기 (37)

A. 내담자가 느끼는 사회적 상황에서의 예기불안을 줄여 주고 말 더듬기를 통제하도록 도움을 주기 위해 심호흡 및 이완 기법을 가르쳐 주었다.

B. 내담자가 사회적 상황에서 예기불안을 느낄 때 말 더듬기를 통제하는 데 도움을 줄 수 있도록 긍정적 자기 대화를 활용하라고 격려했다.

C. 내담자에게 사회적 상황에서의 예기불안을 줄이고 말 더듬기를 통제하는 데 도움을 주기 위해 인지 재구조화 기법을 가르쳐 주었다.

D. 내담자에게 아동용 스트레스 줄이기와 긴장해소용 과제장(Shapiro & Sprague)에서 필요한 내용을 읽고 따라해 보도록 권고했다.

E. 내담자가 불안 감소 기법이 자신의 사회적 상황 속의 예기불안을 줄이는 데 도움이 되었다고 보고했고 이 기법을 계속 사용해 나가도록 내담자를 격려했다.

F. 내담자가 불안 감소 기법을 사용하지 않았고, 이런 실패를 검토하고 점검해 문제를 해결했다.

38. 매일 3회 사회적 접촉을 하도록 지시하기 (38)

A. 내담자가 말 더듬기와 관련된 불안감과 불안정감을 대면하고 이겨 내는 데 도움을 주기 위해 내담자에게 동료들과 매일 세 번씩 사회적 접촉을 개시하는 숙제를 내주었다.

B. 내담자에게 동료들에게 인사하고 대화를 개시하는 적절한 방법을 가르쳐 주기 위해 역할 연기와 모델링 기법을 활용했다.

C. 내담자가 동료들과 사회적 상호작용을 하는 빈도를 증가하고 말 더듬기와 관련된 불안감과 불안정감을 대면하고 이겨 내는 데 도움을 주기 위해 **아동 심리치료 과제계획서**(Jongsma, Peterson, & McInnis)에 나오는 '동료들과 인사하기' 연습을 사용했다.

D. '동료들과 인사하기' 연습이 내담자의 사회적 고립을 줄이는 데 도움을 주었고 내담자가 자신의 말 더듬기 문제와 관련된 불안감을 직시하고 이겨 낼 수 있도록 해 주었다.

E. 내담자가 '동료들과 인사하기' 연습이 사회적 접촉을 증가시키고 말 더듬기 문제와 관련된 불안감을 극복하는 데 도움이 되었다고 보고했다.

39. 역할 연기 및 긍정적 대처 전략을 사용하기 (39)

A. 오늘 치료 시간에 역할 연기를 활용해 다양한 사회적 환경에서 말 더듬기를 촉발하는 불안감을 제거하는 효과적인 방법을 내담자에게 시범 보였다.

B. 내담자에게 다양한 사회적 환경에서 말 더듬기를 촉발하는 불안감을 제거하기 위해 인지 재구조화 기법의 사용을 훈련시켰다.

C. 내담자에게 다양한 사회적 환경에서 말 더듬기를 촉발하는 불안감을 제거하는 수단으로 긍정적 자기 대화를 활용하도록 강하게 격려했다.

D. 내담자가 역할 연기 기법이 자신의 불안감을 줄이는 데 유용했다고 보고했다.

E. 내담자가 인지 재구조화 기법 및 긍정적 자기 대화가 말 더듬기를 촉발하는 불안감을 없애는 데 도움이 되었다고 보고했다.

40. 실제 둔감화 프로그램을 고안하기 (40)

A. 내담자가 말 더듬기와 관련된 불안감을 극복하도록 도움을 주기 위해 실제 둔감화 프로그램을 개발하는 것에 대해 말하기/언어병리학자와 협의했다.

B. 내담자의 말 더듬기와 관련된 불안감 감소를 줄이는 데 도움을 주기 위해 내담자에게 실제 둔감화 프로그램을 심부근육 이완 기법 사용을 훈련시켰다.

C. 실제 둔감화 프로그램이 말 더듬기 문제와 관련된 내담자의 불안감 감소에 도움이 된 것으로 나타났다.

D. 내담자가 실제 둔감화 프로그램이 내담자의 말 더듬기 빈도와 심각도를 줄이는 데 도움이 되었다고 보고했고, 이를 계속 시도하도록 내담자를 격려했다.

E. 지금까지 실제 둔감화 프로그램이 말 더듬기 문제와 관련된 내담자의 불안감을 감소시키는 데 성공을 거두지 못한 것으로 나타났고, 이 기법의 사용을 재검토했다.

41. 정신분석학적 놀이치료 접근법 사용하기 (41)

A. 정신분석학적 놀이치료 접근법을 사용해 내담자가 주도권을 갖고 자신의 선택적 함구증 발생에 영향을 끼치는 무의식적 갈등 또는 핵심 불안감을 검토하도록 허용했다.

B. 내담자가 선택적 함구증 출현에 기여한 과거의 상실, 외상 또는 학대와 관련된 자신의 감정들을 이겨 내는 것을 돕기 위해 정신분석학적 놀이치료 접근법을 활용했다.

C. 놀이에서 표현된 내담자의 감정과 두려움에 대한 해석을 시도했고 이를 선택적 함구증 출현과 연결시켰다.

D. 정신분석학적 놀이치료 기법이 내담자가 선택적 함구증 출현에 영향을 준 문제들을 이겨 내고 해결하도록 도움을 주었다.

42. 미술치료 기법을 활용하기 (42)

A. 내담자와 라포를 형성하고 내담자의 감정 표현 시작을 허용하기 위해 미술치료 기법을 치료의 초기 단계에 사용했다.

B. 미술치료 시간이 내담자가 자신의 감정을 이겨 내는 것을 시작하도록 도움을 주었다.

C. 내담자의 미술작품이 선택적 함구증 출현에 기여하는 요소에 대한 통찰을 드러내는 것으로 나타났다.

D. 오늘 치료 시간에 내담자의 미술작품의 내용을 점검하고 그것을 내담자의 선택적 함구증의 출현과

연관 지었다.

E. 미술치료 시간이 내담자와 치료사 간의 신뢰 형성에 도움을 주어 내담자가 직접적으로 자신의 생각과 감정을 언어로 표현하기 시작했다.

43. 가족 내의 역학관계를 평가하기 (43)

A. 내담자가 일부 상황에서 말하기를 거부하는 것에 영향을 끼치는 가족 내의 역학관계를 평가하기 위해 가족치료 회기를 실시했다.

B. 가족 구성원들에게 자신의 가족에게 부정적 영향을 준 스트레스 유발 요인들을 열거하도록 지시했다.

C. 가족 구성원들에게 자신의 가족체계 내에서 바꿨으면 하는 점들을 말해 보도록 지시했다.

D. 가족치료 시간이 일부 상황에서 내담자가 말하기를 거부하는 데 영향을 주는 요인들을 파악하는 데 유용했다.

44. 과거의 상실, 외상 또는 피해 알아보기 (44)

A. 오늘 치료 시간에 내담자의 선택적 함구증 개시에 영향을 끼쳤을지도 모르는 상실, 외상 또는 피해의 내력이 있는지 내담자의 배경을 조사했다.

B. 오늘 치료 시간에 내담자가 심각한 상실 또는 외상적 사건을 경험한 이후 선택적 함구증이 발생했음이 드러났다.

C. 내담자가 과거의 상실, 외상 또는 피해와 관련된 자신의 감정을 표현하기 시작하고 이를 이겨 내도록 도움을 주기 위해 개별 놀이치료 시간을 실시했다.

D. 내담자의 선택적 함구증 발생에 영향을 끼칠 만한 별다른 상실, 외상 또는 피해 등을 과거에 경험하지 않았음에도 이런 역학관계를 내담자와 부모와 검토했고 이러한 경험이 선택적 함구증을 유발할 수 있음을 인지하도록 부모에게 요청했다.

참고문헌

고두현. 안도 다다오. 한국경제신문 천자칼럼. 2016. 5. 9.

고은이. 강성노조에 굴복하는 정부는 실업률을 끌어내릴 수 없다. 한국경제신문 A 17. 2013. 7. 20.

고빛샘 옮김. (2010). 심리학의 눈으로 본 창조의 조건. 서울 : 21세기북스.

김성희. 창의적 의사결정의 기술. 한국경제 신문 B7. 2013. 1. 11.

김옥길. 쓸모없는 사람. 조선일보. (1998). 일사일언(一事一言). 제15658호.

김정미 옮김. (2009). 아이코노클라스트 : 생각의 틀을 깨고 최초가 된 사람들. 서울 : 비즈니스 맵. (Berns, G., (2008). Iconoclast. Boston : Harvard Business Press.)

김중술, 이한주, 한수정. (2007). 사례로 읽는 임상심리학. 서울 : 서울대학교 출판부.

김정휘 편저. (2003). 英才 學生, 그들은 누구인가. 서울 : 교육과학사.

김정휘, 주영숙, 문정화, 문태형. (2004). 영재학생을 위한 교육－교사와 부모를 위한 지침서－. 서울 : 박학사.

김정휘, 우동하 옮김. (2007). 우리 아이, 영재로 키우기. 서울 : 민지사.

김정휘. (2009). 영재성 육성에 무엇이 어떻게 작용하는가. 서울 : 국제과학영재학회. 제3권 제1호.

김정휘, 우동하 옮김. (2018). 창의성 심리학 ～인간 혁신의 과학. (인쇄 중)

김정휘 편저. (2014). 지능, 창의성, 천재성. 서울 : 박학사.

김정휘 옮김. (2012). 지능 심리학 : 다양한 관점에서 지능 연구하기. 서울 : (주)시그마프레스.

김정휘, 추연구, 허주연 옮김. (2014). 인간의 지능 탐구 : 지능 심리학. 서울 : 박학사.

김희섭. 미국, 교사 노조가 교육개혁을 방해. 조선일보. 2007. 2. 21.

방승양 옮김. (2012). 학문의 즐거움. 서울 : 김영사.

백승현. '재즈의 아버지' 루이 암스트롱. 한국경제신문 A2. 2013. 7. 6.

안진환 옮김. (2011). 스티브 잡스. 서울 : 민음사.

윤샘이나. 세계 연구중심 대학을 가다. 서울신문 23. 과학. 2013. 1. 15.

임주리 옮김. (2006). 행복한 영재로 키우는 칼비테(Karlwitte) 영재 교육법. 서울 : 푸른 육아.

이덕환 옮김. (2011). 아인슈타인 삶과 우주. 서울 : 까치. (Isaacson, W., (2010). Einstein : His Life and Universe.)

이장희. 라이트 형제의 첫 비행지 노스캘로라이나 킬테빌힐스. 동아일보 O2. B7. 2012. 5. 19~20

장현갑, 이진환, 신현정, 정봉교, 이광오, 정영숙 옮김. (2004). 힐가드와 애트킨슨의 심리학 원론. 서울 : 박학사. (Smith, E. E., Nolen-Hoeksma,S., Fredrickson, B., Loftus, G. R.(2003). Atkinson & Hilgard's Introduction to Psychology. New York : Thomson.)

조갑제. (2010). 박정희의 결정적 순간들 : 62년 생애의 62개 장면. 서울 : 기파랑.

조용헌. 살롱(805). 운(運)과 애교. 조선일보. 2011. 10. 3. 제 28228 호.

최광숙. 꼴지들의 반란. 서울신문 씨줄 날줄. 2012. 10. 11.

최상돈 옮김. (2001). 프린키피아의 천재. 서울 : 사이언스 북스. (Westfall. R., The Life of Isaac Newton. New York : Cambridge University Press.)

최재천. 졸업식 축사. 자연과 문화(319). 조선일보. 2015. 6. 7.

한기찬 옮김. (1999). 지식의 지배 : 부는 지식이 결정한다. 서울 : 생각의 나무. (Thurow, L. C., (1999). Building Wealth. New Jersey : c/o Leioghco, Inc.)

함인희. 한국사회 인재관에 물음표를. 한국경제신문. 오피니언. 2011. 10. 1.

Beauport, E. D., (1996). The Three Faces of Mind : Developing Your Mental, Emotional, and Behavioral Intelligences. Wheaton : Quest Books.

Goertzel. V., (1962). Cradles of Eminence : Childhoods of More Than 700 Famous Men and Women. America—Asia Books, Inc.

Weber, K., (Eds.) (2012). A Steven Spielberg Film Lincoln A President For The Ages. New York : Public Affairs.

지은이 소개

Arthur E. Jongsma, Jr.

Practice Planners® 시리즈의 편집자. 현재 미국 미시간주 그랜드래피즈 생활지도서비스협회(Life Guidance Services) 이사

L. Mark Peterson

미시간주 그랜드래피즈의 베서니 크리스천 거주 치료 및 가족상담 서비스(Bethany Christian Service's Residential Treatment and Family Counseling) 프로그램 매니저

William P. McInnis

미시간주 그랜드래피즈의 애스펀 심리치료소(Aspen Psychological Services)와 개인 클리닉 운영

David J. Berghuis

Practice Planners® 시리즈의 공동 저자. 10년 이상 지역공동체 정신치료 분야에서 근무하며 사설 클리닉 운영

옮긴이 소개

김 정 휘

중앙대학교 문리과대학 심리학과 졸업
서울대학교 학생지도연구소 연구생과정 수학(상담 심리학 전공)
서울대학교 교육대학원 석사
한국교원총연합회 재직
중앙대학교 대학원 박사
국민대학교 대학원 박사과정 수료(교육심리학)
강원대학교, 서울여자대학교, 덕성여자대학교, 한림성심대학, 한림대학교 출강
이화여자대학교 객원교수
춘천교육대학교 명예교수

[저서 및 역서]

지능심리학(역서, (주)시그마프레스, 2006) (2007년 문화체육관광부 추천 우수학술도서 선정)

영재학생을 위한 교육(공저, 전정판, 박학사, 2004)

학교 · 학생 · 교사 · 교육(교육신서 148, 배영사, 1990)

노인심리학(역서, 성원사, 1992)

영재학생, 그들은 누구인가(교육과학사, 2003)

교사의 직무 스트레스 연구(공저, 교육신서 202, 배영사, 1994)

정서와 행동문제 및 학습장애를 갖고 있는 아동과 청소년의 이해(편저, 원미사, 1996)

영재학생의 발달에 영향을 끼치는 필요 · 충분조건들 : 가정, 영재 자신, 학교의 영향(편저, 원미사, 1996)

교육심리학 탐구(공저, 형설출판사, 1998)

대학 교수의 자화상(역서, 교육과학사, 2000)

영재성 발달에 영향을 끼치는 가족의 역할(교육과학사, 2001)

위기에 처한 청소년 지도의 이론과 실제(민지사, 2001)

교육심리학 입문(공저, 원미사, 2001)

남성의 폭력성에 관하여(공역, 이화여자대학교출판부, 2002) (2005년 문화체육관광부 추천 우수학술도서 선정)

영재교육 : 심리학과 교육학에서의 조망(공역, 이화여자대학교출판부, 2004) (2006년 대한민국 학술원이 추천하는
우수학술도서 선정)

화폐심리학(공역, 학지사, 2003)

아동과 청소년의 발달정신병리학(공저, (주)시그마프레스, 2004)

천재인가, 광인인가 - 저명 인사들의 창의성과 광기의 연관성 논쟁 분석 - (역서, 이화여자대학교출판부, 2007)

교육의 위기 : 교사의 직무 스트레스와 탈진(역서, 박학사, 2009)

영재학생 식별 편람(원미사, 1998)

교사의 직무 스트레스와 탈진 : 교육의 위기(공저, 박학사, 2006)

아동과 청소년 발달 문제론(공저, (주)시그마프레스, 2010)

발달장애아동과 청소년 문제의 예방원리와 실제(역서, (주)시그마프레스, 2009)

지능, 창의성, 천재성(박학사, 2014)

교육심리학 사전(공저, 학지사, 2018)

홍종관

독일 Köln 대학교 교육학부 학사/석사(상담심리 전공)
독일 Köln 대학교 교육학부 박사(상담심리 전공)
독일 Köln 대학교 교육학부 교육학부 교수자격과정(Habilitation) 수료(상담심리 전공)
독일 Köln 대학교 교육학부 시간강사(상담심리학) 역임
한국학교상담학회 회장, 한국인간중심상담학회 회장, 한국진로상담학회 부회장, 한국교정상담학회 부회장,
　한국초등상담교육학회 회장 역임
현재 대구교육대학교 교육학과 교수

[저서 및 역서]

Personenzentriertes Lehren und Lernen fuer Schule und Hochschule(Peter Lang Verlag, 1994)
수행평가(공저, 교육과학사, 1998)
교육심리학 용어사전(공저, 학지사, 2000)
아동 생활지도와 상담(공저, 교육과학사, 2000)
초등학교 생활지도와 상담(공저, 교육과학사, 2003)
상담 및 심리치료의 이해(공역, 학지사, 2004)
최신특수교육학의 이해(공저, 양서원, 2009)
심리학과 목회상담(역서, 학지사, 2010)
영광스러운 상처(공역, 학지사, 2011)
상담이론과 실제(공저, 학지사, 2013)
학교폭력의 예방과 대책(공저, 학지사, 2013)
학교상담 사례연구(공저, 학지사, 2013)
한국형 초등학교 생활지도와 상담(공저, 학지사, 2014)
인간중심상담훈련(공역, 학지사, 2014)
학교폭력의 예방과 상담(공저, 학지사, 2016)
최신 특수교육학개론(공저, 양성원, 2017)
아동과 청소년의 인성교육의 실제(공저, 학지사, 2017)

허주연

숙명여자대학교 대학원 아동복지학과 아동심리치료 전공 박사 학위 과정 수료
아이나라 아동청소년발달센터 놀이 치료사
서일대학 사회복지학과 겸임 교수
경기공업대학 아동보육복지학과 출강
마음사랑 인지행동치료 심리검사 워크숍, MMPI-2 워크숍, 인지행동센터 TCI 교육 이수, MBTI 초급 과정 이수

[역서]

인간의 지능 탐구 : 지능 심리학(공역, 박학사, 2014)

김은영

강원대학교 심리학과 졸업
연세대학교 미래교육원 상담연수과정 수료(2급)

[저서]

교육심리학 사전(공저, 학지사, 2018)